宁海县政协志

NINGHAI XIAN ZHENGXIE ZHI

（2007—2017）

《宁海县政协志》编纂委员会　编

方志出版社
Publishing House of Local Records

序

《宁海县政协志（2007—2017）》出版了，这是宁海政协历史上的一件大事。

盛世修志、志载盛世。2007—2017 年，是我县经济和社会快速发展的十年。十年来，县政协在中共宁海县委的领导和县人民政府的大力支持下，高举爱国主义、社会主义旗帜，坚持团结和民主两大主题，认真贯彻执行中国共产党的路线、方针、政策，紧紧围绕全县经济社会发展中的重大问题和人民群众关注的热点难点问题，积极履行政治协商、民主监督、参政议政三大职能，有力促进了宁海经济社会的发展，在增进共识、维护稳定、巩固和发展爱国统一战线中做出了积极贡献。

本志书是县政协十年工作的历史记录，志书立足于政协工作特点设立篇章条目，注重彰显部门特色和时代特点，与时俱进，编目名称力求科学化、现代化，使内容归属更具时代性、地方性、特殊性，从而保证志书的质量、规格和水平。志书围绕县政协的性质、主要职能和作用，全方位反映了政协事业的全貌，总结了政协工作的新经验、新探索，它对于社会各界进一步认识和了解政协性质、地位和作用，研究当地政治、经济、文化、社会发展史和统一战线史有着重要的参考价值，充分发挥出政协“存史、资政、团结、育人”的重要作用。

《宁海县政协志（2007—2017）》的出版，是中共宁海县政协党组和政协主席会议领导、社会各界关心支持、政协工作者积极参与、编辑人员辛勤耕耘的结果，本志书的编纂工作也得到了历届政协老领导、老同志以及委员们的大力支持和无私帮助，在此一并表示感谢。

以史为鉴，可以知未来。我殷切希望县政协新老委员、机关干部及关心支持政协工作的各界人士都来阅读它和利用它，全面了解县政协的历史，并从当今实际出发，从中汲取有益的东西，有利于我们把政协的各项工作做得更好。

宁海县政协主席　尤玲娟

2021 年 4 月

凡　　例

一、本志以马克思列宁主义、毛泽东思想、邓小平理论、“三个代表”重要思想、科学发展观、习近平新时代中国特色社会主义思想为指导，坚持辩证唯物主义和历史唯物主义的立场、观点和方法，遵循存真求实的志书编写原则，全面记述2007—2017年宁海县政协的发展历史。

二、本志为2008年版《宁海政协志》的续志，上限2007年，下限2017年。为记述完整，个别事件作适当伸延。

三、全志分卷首、正文、丛录三部分。图照、序言和大事记列卷首，正文共8篇为本志主体。丛录选辑有关文件、资料，备作查考。

四、本志正文分篇记述，每篇设章节，辅以条目，反映宁海县政协工作全貌和特色。层次设置因篇而异，不求一律。各篇之首，列无题小序、综述梗概。

五、“政协委员”篇收录政协委员名录和政协主席会议成员简介。简介的记述下限，为记述对象在政协任职的下限，调离后之行状，不予记载。

六、政治协商、民主监督、参政议政是中国人民政治协商会议全国委员会和地方委员会的主要职能，为记述方便，分设三篇独立叙述，各有侧重，又互相交错。

七、事物名称，首次出现时用全称，后用简称。如：中国共产党宁海县委员会简称中共宁海县委或县委，中国人民政治协商会议浙江省宁海县委员会简称政协宁海县委员会或县政协。

八、计量单位，一般采用公制，考虑到社会使用习惯，全书中亩不统一换算。

九、本志资料主要来源为县政协档案室所藏档案、图书报刊和采访实录，未注出处。

2011 年 5 月 19 日，省政协原主席王家扬（中）到宁海县参加第十届徐霞客开游节活动。图为王家扬在活动间隙座谈

2011 年 12 月 9 日，全国政协文史和学习委员会原副主任、浙江省政协原主席刘枫（左二）考察前童镇

2016 年 5 月 17 日，全国政协文史和学习委员会副主任、浙江省政协原主席周国富（右三）到宁海县调研茶产业

2016 年 7 月，时任省政协主席乔传秀（右三）到宁海县调研湾区经济发展

2014 年 6 月，时任市政协主席唐一军（右二）到梅林街道调研

2016 年 10 月 10 日，时任市政协主席杨戌标（左三）到宁海县调研

2011 年 1 月 10 日，时任县委书记王剑侯在县政协八届五次会议上讲话

2012 年 2 月 18 日，时任县委书记卞吉安在县政协九届一次会议上讲话

2016 年 1 月 28 日，时任县委书记褚银良在县政协九届五次会议上讲话

2017 年 2 月 19 日，时任县委书记杨勇在县政协十届一次会议上讲话

2007 年 2 月 3 日，县政协主席杨加和在县政协八届一次会议上作报告

2015 年 1 月 11 日，县政协主席尤玲娟在县政协九届四次会议上作报告

2007 年 2 月 7 日，宁海县第八届政协领导班子合影

2012 年 2 月 18 日，宁海县第九届政协领导班子合影

2011 年 1 月 12 日，县政协主席杨加和（左）和县政协党组书记尤玲娟（右）在县政协八届五次会议上交接

2011 年 1 月 6 日，县政协八届五次会议常委合影

2016 年 1 月 25 日，县政协九届五次会议第一次全体会议会场

2016 年 1 月 28 日，县政协九届五次委员投票选举

2009 年 9 月 27 日，纪念人民政协成立 60 周年暨 2009 年中秋招待会

2010 年 12 月 28 日，县政协八届十八次常委会议

2013 年 6 月 5 日，全国十九县（市、区）政协工作交流会第四十一次会议在宁海县举行

2013 年 7 月 10 日，县政协宣传和社情民意信息工作座谈会

2013 年 9 月 16 日，庆祝县政协成立 30 周年座谈会

2014 年 8 月 7 日，政情通报会

2014 年 12 月 8 日，县政协、县政府对接年度协商计划会议

2015 年 5 月 6 日，县政协九届四次会议重点提案办理协商会

2016 年 10 月 21 日，宁海县政协与宜良县政协缔结友好政协县区

2017 年 10 月，县政协在浙江大学举行第二期培训班

2010 年 9 月 21 日，县政协主席会议视察活动

2010 年 10 月 28 日，县政协八届十六次常委会视察活动

2013 年 4 月 28 日，县政协视察下洋涂围垦工程

2015 年 3 月 27 日，县政协视察再生资源交易市场

2015 年 6 月 1 日，县政协开展"六一"慰问活动

2015 年 7 月 14 日，县政协主席尤玲娟（左一）在台风后走访受灾委员

2015 年 7 月 16 日，县政协现场督办提案

2015 年 9 月，县政协慈善爱心捐款赠送仪式

2016 年 8 月 30 日，政协宁海县委员会委员联络站成立仪式

2017 年 10 月 26 日，县政协“六送下乡”惠民服务活动

2012 年 9 月 5 日，县政协之友社七届一次会议

2016 年 3 月 31 日，宁海平调研究会第二届理事会换届会议合影

目　　录

概述 …… 1

大事记 …… 5

第一篇　政协组织

第一章　政协宁海县委员会及其常委会 …… 47

　第一节　第八届委员会及其常委会 …… 48

　第二节　第九届委员会及其常委会 …… 49

　第三节　第十届委员会及其常委会 …… 51

第二章　政协专门委员会、工委 …… 53

　第一节　第八届委员会工作机构 …… 53

　第二节　第九届委员会工作机构 …… 55

　第三节　第十届委员会工作机构 …… 58

第三章　中共宁海县政协党组织 …… 60

　第一节　组织沿革 …… 60

　第二节　党务工作 …… 63

第四章　县政协机关 …… 70

　第一节　机构设置 …… 70

　第二节　机关事务 …… 77

第二篇　政协会议

第一章　政协宁海县委员会全体会议 …… 83

　第一节　第八届委员会全体会议 …… 83

　第二节　第九届委员会全体会议 …… 86

　第三节　第十届委员会全体会议 …… 90

第二章　政协宁海县委员会常委会议 …… 91

　第一节　第八届委员会常委会议 …… 91

　第二节　第九届委员会常委会议 …… 97

　第三节　第十届委员会常委会议 …… 104

第三章　政协宁海县委员会主席会议 …… 106
第一节　第八届委员会主席会议 …… 106
第二节　第九届委员会主席会议 …… 114
第三节　第十届委员会主席会议 …… 122

第三篇　政治协商

第一章　整体协商 …… 127
第二章　专题协商 …… 137
第三章　对口协商 …… 147

第四篇　民主监督

第一章　提案工作 …… 155
第一节　审查立案 …… 156
第二节　提案办理 …… 158
第三节　提案选例 …… 186
第二章　委员视察 …… 229
第一节　基础建设 …… 230
第二节　经济发展 …… 239
第三节　社会治安 …… 245
第四节　教科文卫 …… 251
第三章　其他监督 …… 257
第一节　民主评议 …… 257
第二节　政情交流 …… 263
第三节　民主监督组 …… 268

第五篇　参政议政

第一章　大会发言 …… 275
第一节　全会建言 …… 275
第二节　参政议政发言选 …… 277
第三节　发言存目 …… 295
第二章　调查研究 …… 302
第一节　经济发展 …… 303

第二节　城市建设 …… 310
第三节　教科文卫 …… 317
第四节　人民生活 …… 325
第三章　建言献策 …… 332
第一节　经济发展 …… 332
第二节　精神文明建设 …… 340
第四章　社情民意和信息工作 …… 349

第六篇　团结联谊

第一章　促进祖国统一 …… 369
第二章　联谊联络 …… 370
第三章　政协之友 …… 379
第四章　诗书画缘 …… 383
第五章　平调研究 …… 390
第六章　服务社会 …… 394

第七篇　文史资料

第一章　史料征集 …… 399
第二章　编辑出版 …… 400

第八篇　政协委员

第一章　主席会议成员简介 …… 407
第二章　委员名录 …… 411
第三章　在宁海的省市政协委员名录 …… 419

从　录

一、文件辑录 …… 423
中共宁海县委关于加强和完善人民政协政治协商的意见 …… 423
中共宁海县委关于加强人民政协民主监督的意见 …… 426
中共宁海县委关于印发《加强人民政协政治协商的办法》的通知 …… 430
中国人民政治协商会议宁海县委员会提案工作条例 …… 434

政协领导走访委员制度 …… 439
二、领导讲话与报告摘录 …… 440
在政协第八届宁海县委员会第一次会议上的讲话 …… 440
政协第七届宁海县委员会常务委员会工作报告（摘录） …… 443
在政协第九届宁海县委员会第一次会议闭幕式上的讲话 …… 450
政协第八届宁海县委员会常务委员会工作报告（摘录） …… 452
在政协第十届宁海县委员会第一次会议闭幕式上的讲话 …… 458
政协第九届宁海县委员会常务委员会工作报告（摘录） …… 460

编后记 …… 467

概　　述

中国人民政治协商会议是中国人民爱国统一战线的组织，是中国共产党领导的多党合作和政治协商的重要机构，是中国政治生活中发扬社会主义民主的重要形式，是社会主义协商民主的重要渠道和专门协商机构，是国家治理体系的重要组成部分，是具有中国特色的制度安排。中国人民政治协商会议宁海县委员会是中国人民政治协商会议的地方组织。2007—2017年，是县政协发展历史上重要的十年。十年来，在中共宁海县委的领导下，县政协坚持贯彻中国共产党同各民主党派和无党派人士“长期共存、互相监督、肝胆相照、荣辱与共”的方针，牢牢把握团结和民主两大主题，紧紧围绕县委、县政府的中心任务，认真履行政治协商、民主监督、参政议政职能，为推进宁海的改革开放和现代化建设，全面建设惠及全县人民的小康社会，开创中国特色社会主义事业新局面，发挥了重要的作用，取得了不平凡的业绩，见证了中国共产党领导的多党合作和政治协商制度的独特优势，彰显了中国特色社会主义协商民主的旺盛生命力。

围绕中心，致力发展，服务大局。县八届政协以来，常委会紧扣中心，围绕全县重大战略布局，运用议政、调研、监督等形式，凝聚委员智慧力量，讲真话、进净言、谋良策，全力助推改革发展。高度关注重要规划制定。县政协着眼全县经济社会发展中全面性、综合性、前瞻性问题进行调研，为县委、县政府科学决策提供参考。围绕“十二五”“十三五”规划的制定，召开主席议政会、常委会议，听取编制情况通报，进行专题协商讨论，并向政府部门反映意见和建议。组织力量就“促进中小企业发展规划”“三门湾重点区域开发”等课题进行调研，形成建议案报送县政府，分别被吸纳到宁海县出台的创业创新50条、扶持中小企业21条等政策举措中和三门湾区域发展规划中。常委会还就构建农业现代化体系、县域总体规划修编、旅游业发展规划等事关宁海长远发展的战略问题开展全方位、多层次、宽领域的协商建言，提出一大批高质量的意见建议，在党政部门制定有关政策文件、重要规划中得到较好体现。大力推进经济转型升级。围绕提升开发区建设管理水平，增强工业经济竞争力，对模具、现代物流、生物医药和新能源汽车产业发展等课题进行专题协商，为突破发展瓶颈，培育壮大战略性新兴产业献智献策。为加快国家级循环经济示范区建设，缓解企业融资难题，助推“中国制造2025”国家战略在宁海落实，组织课题调研组，撰写《滋养企业家精神，提升宁海制造“精气神”》《以人才引领创新驱动，提升“宁海智造”竞争力》《培养更多“金蓝领”　提升宁海制造质量》等建议，被吸纳到县政府出台的有关政策举措中，为加快产业转型升级提供重要参考。精心谋划城乡统筹发展，就打造美丽乡村、加快农业综合开发投入、加快农村金融普惠发展等方面形成的调研报告，提出许多建议，都在县政府新农村建设的相关文件中得到体现，其中构建现代农业经济体系的建议，还被全国政协批转到农业部办理。全力参与生态文明建设，围绕全县五大溪流治理，开展深入调研，提出科学合理规划建议和治理意见，《人民政协报》作专题报道。组织委员开展“百名委员同行，共推‘五水共治’”“宁海江河四季访”等系列活动，督查河道治理工作，提出意见建议，其中《推动水源地生态补偿长效机制建设的建议》得到省、市领导批示，直接促使宁波生态补偿标准作出调整。县八届政协以来，组织委员调研380余次，提出的意见建议以建议案形式向县委、县政府呈报80余件。

以人为本、倾力民生，履职为民。县八届政协以来，自觉践行“人民政协为人民”的根本宗旨，聚焦民生问题，搭建服务平台，努力体现“情为民所系，言为民所建，利为民所谋”的履职要求。尽力为民建言，多谋民利，围绕教育、养老、食品药品安全等重要民生问题积极建言。在教育事业方面，召开“城区教育均衡发展”政情交流会，提出“落实好中小学布点专项规划”“建立城乡一体化教师轮岗机制”等建议，成为县政府均衡化发展决策中的内容。在养老事业发展方面，召开专题协商会，提出“推进医养服务信息化建设”“推广抱团养老新模式”等建议。就食品药品安全和水电气等群众关心的热点问题，深入开展专题调研，每年向5个部门派驻民主监督小组，开展专项民主监督，有力推动工作的落实。积极反映社情汇聚民意。发挥反映社情民意工作在服务为民中的重要作用，建立健全信息工作网络，坚持委员约谈制度，扩大信息来源，挖掘信息深度，提高信息量，为党政领导了解民情、掌握民意发挥积极作用。县八届政协以来，共向上级报送社情民意信息1800余条，不少信息被上级录用。真情服务基层助解民忧。组织委员回报社会、奉献爱心，广泛开展各类送温暖献爱心“惠民”活动，上高山、下海岛、进社区、到农村，开展“送文化、送卫生、送科技、送教育、送法律、送体育”活动，开展在线服务800余次，接受医疗等服务的群众1.86万余人次，帮助群众解决实际困难。2013年创立县政协慈善爱心基金，委员捐款215.85万元，开展“金秋助学”“关爱孤寡老人”等多项慈善公益活动。

协调关系，凝聚力量，团结民主。县八届政协以来，坚持弘扬团结、民主主题，充分发挥人民政协包容性强、联系面广的优势，深化合作，加强联谊，努力为全县改革发展营造良好社会氛围。切实加强党派团体合作。坚持和完善联系走访民主党派、工商联和无党派人士制度，及时沟通情况，主动征求对政协工作的意见建议，安排民主党派、工商联和无党派人士在政协重要会议上发表见解和主张，注重加强课题调研、专项民主监督等履职联动，高度重视他们撰写的提案和社情民意，鼓励和优先安排大会发言。广泛开展联络联谊工作。加强与港澳台同胞、海外侨胞的联系和交往，走访和慰问侨界人士450余户，接待海外华侨1400余人次、港澳台同胞及亲属1700余人次。积极参与香港宁海同乡会返乡考察投资活动，建立县政协领导班子与宗教界人士联系制度，经常走访宗教界人士，发挥他们在构建和谐社会中的独特作用，促成慈云佛学院的建立。加强同省市及兄弟县政协的交流，举办参与全国部分县（市、区）政协工作交流会，积极协助各级政协在宁海县的调研考察。开展异地商会联谊会工作，为在外宁海人士返乡创业牵线搭桥。举办人民政协成立和县政协成立纪念活动，会同县委统战部举办中秋茶话会。认真做好文史资料工作。坚持“广征博采、求真求实”的原则，积极收集、整理、出版宁海县地方各种史料，编辑出版《宁海楹联集成》、《辛亥革命时期宁海人》、《宁海当代诗词选》（上、下）、《方孝孺自述编年》、《诗咏宁海三百首》、《抢救宁海平调》、《宁海抗日史汇》（上、下）、《宁海当代诗词精选》等文史资料9册。大力宣传社会主义核心价值观，牵头组织“万人共写文明语”活动。精心组织参与省“兰亭奖”“天一奖”中小学生书法比赛。支持政协之友社、书画院、平调研究会、跃龙诗社等社团开展团结联谊活动。

务实创新，注重实效，激发政协工作活力。县八届政协以来，常委会坚持以创新为动力，在继承发扬优良传统的基础上，积极探索政协工作的新机制、新载体、新方法，不断提高工作效能。有效拓展协商议政渠道。认真贯彻县委召开的全县政协工作会议精神，积极推动政协民主协商渠道建设，建立界别协商、季度协商，创设“社区协商厅”，开展社区事务协商，邀请相关部门主要负责人与社区群众面对面协商，现场研究解决问题方案，不断把社会主义协商民主落到实处。人民网、《人民政协报》、《宁波日报》等媒体对这一创新做法进行报道。注重创新民主监督方式。组织民主监督组，入驻党政部门开展专项民主监督，提出《民主监督意见书》，支持部门更好地开展工作。建立询政制度，召开询政会议，帮助政府部门改进工作短板，引起社会广泛关注。探索联动监督机制，与党政监督部门一起，对全县重大项目推进工作进行联合督查，使政协民主监督的力度不断加大，在社会上产生较大影响。《建立联动监督机制，提升民主监督实效》在全国政协工作信息中刊出，相关做法入选2015年度浙江省政协工作创新案例。不断完善提案工作机制。创新提案办理协商方式，开展即提即办协商、重点提案办理协商和重点部门提案办理“三见面”协商，推进提案办理网络平台建设，为提、办、服务三方全程参与提案工作拓展渠道。开展提案办理民主评议，坚持提案办理“回头看”，完善与县委、县政府督查室联合督办机制，不断推动提案办理工作取得实效。县八届政协以来，共收到立案的委员提案1904件，经承办部门办理，得到采纳和基本采纳的达87%以上，委员对提案办理的满意率98%以上，为促进全县经济社会发展做出积极贡献。

健全机制，夯实基础，加强政协自身建设。县八届政协以来，县政协致力强化自身建设，在加强学习、提高素质、强化服务上下功夫，政协队伍素质和机关服务能力不断提升。着重抓好思想理论建设。始终把思想理论建设放在首要位置，坚持理论联系实际学风，充分利用各种学习载体深入学习中国共产党的政策方针、人民政协理论以及习近平总书记系列重要讲话精神，准确把握党的重大战略决策部署及对政协工作的新要求，使之贯彻落实到政协履职的各个方面。县八届政协以来共举行报告会专题学习会180余次。扎实开展“三思三创”（思进思变思发展、创业创新创一流）、党的群众路线教育、“三严三实”（严以修身、严以用权、严以律己）、“两学一做”（学党章党规、学系例讲话，做合格党员）

等教育活动，着力解决干部作风建设方面存在的突出问题，提高新形势下做好群众工作的能力。严格贯彻落实中央八项规定和政协相关规章制度。强化委员主体作用，在县委重视下，成立委员工作委员会，完善委员服务管理体制。建立健全履职数据库和工作档案，修订出台《关于委员履行职责的若干规定》，完善委员考核、退出和激励机制，坚持每年对委员进行培训，参训委员达2500人次。组织委员集体视察、专题视察、对重大问题跟踪视察等民主监督活动350余次，参加委员5500余人次。扎实提升机关服务水平。加强政协机关建设，努力在完善机制、强化服务、提升效能上下功夫，进一步增强机关的责任意识、大局意识和服务意识，提高政协机关的能力和服务水平。重新制定《政协领导走访委员制度》《加强和改进调查研究工作的意见》等12项制度，使政协履职工作进一步制度化、规范化、程序化。县政协机关被评为县文明机关，政协办公室被评为党建先进单位，为县政协更好履行职能搭建坚实平台。

十年风雨，十年辉煌。当前，中国特色社会主义进入新时代，开启全面建设社会主义现代化国家的新征程，政协工作面临着新的形势、新的任务。肩负着继往开来重任的县政协，正满怀豪情，积极组织政协参加单位和广大政协委员，紧密团结在以习近平同志为核心的党中央周围，在县委的坚强领导下，坚持以马克思列宁主义、毛泽东思想、邓小平理论、“三个代表”重要思想、科学发展观、习近平新时代中国特色社会主义思想为指导，认真贯彻落实中共十九大精神和县委的决策部署，按照“学习新思想、携手新时代、聚焦高质量、服务高水平、画好同心圆”的总体思路，把推动经济高质量发展、促进社会和谐作为重要责任，认真履行好政治协商、民主监督、参政议政职能，充分发挥人民政协作为专门协商机构的重要作用，为推进宁海高水平全面建成小康社会和高水平全面建设社会主义现代化，推进新时代中国特色社会主义在宁海的生动实践，为浙江建设新时代全面展示中国特色社会主义制度优越性的重要窗口做出应有贡献。

大 事 记

2007年

2月3—6日　县政协举行第八届一次会议，选举产生县政协八届主席、副主席、秘书长和常务委员。杨加和当选为主席，项松春、赵秀萍（女）、潘作飞、张水仙（女）、杨象轮当选为副主席，朱行开当选为秘书长，王坚等38人当选为常务委员。

2月7日　县政协在县委党校召开八届一次常委会议。

同日　县政协召开八届一次主席会议。

2月25日　县政协召开八届二次主席会议。

同日　宁波市政协副主席李秀琍等一行，到深甽镇走访调研“联镇带村”工作。

3月7日　宁波市政协经济和科技委员会到宁海县就“新农村建设”课题进行调研活动。

3月8日　宁波市政协教文卫体委员会到宁海县调研学前教育有关情况。

同日　县政协八届女委员在香溢大酒店举行联谊活动。

3月12日　县政协召开八届三次主席会议，视察越溪乡下岙芦自然村弹涂鱼养殖基地和双盘涂地下海水恒温养殖基地。

3月14日　省政协常务副主席梁平波、副市长成岳冲在县委书记林静国、县政协副主席项松春的陪同下参观“十里红妆”。

3月30日　县政协召开传达学习全国两会精神会议。全体政协常委、镇（街道）政协工委副主任，政协各专委会委员，各界别负责人，政协机关干部，政协机关退休老同志，政协之友社理事参加。

4月4日　省政协原副主席厉德馨到宁海县调研。

4月5日　全县建议提案交办工作会议召开，县政协副主席项松春出席。

4月6日　县政协之友社召开六届一次会议，会议选举产生新一届理事会成员。

4月9日　县政协主席杨加和参加市政协十二届二十四次常委会议。

4月11日　县政协副主席张水仙、杨象轮带领农林界委员视察果蔬市场、竹口三大村改造等民生工程。

4月12日　县政协主席杨加和，副主席项松春、张水仙、杨象轮，带领县政协各专委会主任到象山县政协交流考察。

4月17日　县政协主席杨加和随同县长王剑侯赴广州参加广交会有关活动。

4月18日　省政协副主席李青、文史委主任眭孝忠等一行16人，在市政协有关领导的陪同下到宁海县考察非物质文化遗产管理与保护等工作情况。

4月19—20日　县政协副主席项松春到北仑参加宁波市政协之友社经验交流会。

4月24日　慈溪市政协到宁海县交流考察。

4月25日　县政协召开八届四次主席会议。

5月11日　县政协书画院召开五届一次会议，选举产生新一届领导班子。

5月16—17日　苏州市政协到宁海县进行考察交流活动，县政协主席杨加和，副主席项松春、潘作飞，秘书长朱行开陪同。

5月17—18日　省政协副主席张蔚文率“发展和谐劳动关系”调研组到宁海县调研。

5月20日　全国政协副主席王文元在县政协主席杨加和、副主席张水仙、秘书长朱行开的陪同下，考察宁海湾旅游度假区、前童古镇、天河景区、东海云顶、伍山石窟等名胜景点。

5月30日　县政协召开八届五次主席会议。

6月5日　县政协召开八届二次常委会议。

6月8日　县政协召开八届六次主席会议。

6月10—12日　省政协之友社到宁海县政协参观考察。

6月10—14日　县政协副主席项松春、秘书长朱行开带领有关人员赴青岛参加全国十五县（市、区）政协工作横向联系会第二十九次会议。

6月20日　县政协召开八届七次主席会议。

6月25—27日　县政协主席杨加和随同宁海考察团赴绍兴、萧山、江阴等地进行学习考察。

6月29日　县政协召开八届八次主席会议。

7月3日　县政协召开食品药品安全工作民主评议动员暨培训会议。

7月6日　县政协召开食品药品安全工作民主评议活动通报会，对全县食品药品安全工作开展民主评议。

7月9日　宁波市政协全体主席会议成员视察宁海循环经济工作。

7月18日　县政协副主席赵秀萍带领部分政协委员视察食品生产加工企业。

7月27日　县政协召开政情通报会。听取上半年度经济工作情况、党风廉政建设、反腐败工作情况和公安工作情况通报。

7月31日—8月2日　县政协主席杨加和、副主席项松春、秘书长朱行开参加全省政协主席读书会。

8月9日　县政协主席杨加和，副主席赵秀萍、潘作飞，秘书长朱行开到跃龙街道、长街镇参加委员约谈会。

同日　副主席项松春参加宁波市政协十三届二次常委会议。

8月23日 县政协召开八届九次主席会议。

8月29日 县政协召开食品药品安全工作民主评议会，听取县食品药品监督管理局关于食品药品安全监管工作情况通报。县政协民主评议调研组就食品药品安全监管工作开展民主评议和参政议政发言。

9月3日 宁波市政协副主席、市总工会主席胡建岳到宁海县调研工会工作情况。

9月25日 召开中秋茶话会。

10月10日 县政协召开八届三次常委会议。

10月12日 省政协旅游保护与开发调研组到宁海县调研。

10月16日 海宁市政协到宁海县进行考察交流活动。

同日 象山县政协社法委到宁海县进行考察交流活动。

10月18日 县政协副主席项松春，秘书长朱行开带领县政协委员学习考察组赴椒江、黄岩学习考察政协工委建设情况。

10月23—25日 县政协副主席项松春、秘书长朱行开带领政协之友社理事会成员赴江西三清山、兰溪诸葛村开展学习考察活动。

10月26日 县政协召开八届十次主席会议。

10月30日 慈溪市政协组团到宁海县考察了解慈溪籍移民情况。

10月31日 县政协副主席项松春参加宁波市政协视察工作座谈会。

11月1日 县政协副主席项松春带领社法委全体委员视察社区警务室建设。

同日 县政协副主席赵秀萍带领教文卫体委视察乡镇标准卫生院建设。

11月1—9日 县政协副主席张水仙参加在江西南昌举行的全国政协理论培训班学习。

11月4—14日 县政协副主席项松春带领县经贸考察团赴台湾考察。

11月5日 县政协召开八届十一次主席会议。

11月9日 上海闵行区政协、嘉兴秀洲区政协到宁海县参观考察。

11月13—16日 县政协副主席张水仙、杨象轮带领政协有关工作人员赴广西南宁参加全国十五县（市、区）政协工作横向联系会第三十次会议。

11月13日 仙居县政协主席腾显木一行25人到宁海县交流学习考察。

11月14日 宁波市政协副主席常敏毅到宁海县政协调研2008年工作思路。

11月27日 县政协召开八届十二次主席会议。

11月28日 县政协组织政协常委、各界别负责人、在宁海的市政协委员、政协之友社副理事长、镇（街道）政协工委副主任视察县重点实事工程建设情况。

11月29—30日 县政协主席杨加和、副主席张水仙分别参加29日、30日的市政协十二届三次常委会议。

12月10—14日 县政协召开政协界别、工委负责人座谈会。

12月13—14日 宁波市政协行政工作会议在宁海县召开。

同日　县政协组织政协常委、各界别负责人视察县城管局、县公建中心和县水务集团工作情况。

12 月 21 日　县政协副主席张水仙带领部分政协委员视察县城乡客运一体化建设情况。

12 月 24 日　绍兴县政协一行到宁海县参观考察。

12 月 25 日　县政协召开八届十三次主席会议。

2008 年

1 月 3 日　宁波市政协社法和民宗、港澳台侨和外事委员会座谈会在宁海县召开。

1 月 11 日　县政协召开八届十四次主席会议。

1 月 14—18 日　县政协主席杨加和参加省政协十届一次会议。

1 月 22 日、31 日　县政协分别在宁海宾馆国际厅、县委县政府大会议室召开八届四次常委会议。

1 月 28 日　县政协召开八届十五次主席会议。

1 月 29 日　县政协副主席潘作飞参加宁波市政协十二届四次常委会议。

2 月 19—21 日　县政协召开八届二次会议。其间，八届五次常委会议召开，听取会议期间各组讨论情况的汇报。

2 月 23—26 日　县政协主席杨加和、副主席潘作飞、秘书长石道伟参加宁波市政协十三届二次会议。

3 月 6 日　县政协组织机关干部和部分政协退休老干部到茶院乡东腾村调研考察新农村建设。

3 月 7 日　宁波市政协副主席华长慧带领宁波市政协教文卫体委委员到宁海县就校企结合、培养专业人才等问题进行调研。

3 月 13 日　县政协召开八届十六次主席会议。

3 月 19—24 日　县政协副主席张水仙、杨象轮，七届副主席葛斌带领“节能减排”调研组到北京、天津等地考察学习。

3 月 20 日　宁波市政协副主席胡建岳带领调研组到宁海县调研基层工会工作。

同日　象山县政协到宁海县参观考察。

3 月 24—25 日　县政协副主席项松春分别参加全市政协之友社联谊会工作交流会和宁波市人民政协理论研究会成立大会。

3 月 26 日　县政协召开八届十七次主席会议。

3 月 27 日—4 月 7 日　县政协主席杨加和随宁波市政协赴英国、丹麦等国开展城市规划学习考察。

同日　县政协副主席张水仙陪同华东电力勘测设计研究院的专家就茶山抽水蓄能电站规划前期工作开展调研。

4月1—2日　舟山市政协到宁海县参观考察。

4月2日　县政协之友社召开全体理事会议。

4月2—9日　县政协副主席赵秀萍带领环境卫生调研组到四川考察调研。

4月3日　县政协召开镇（街道）政协工委负责人座谈会。

4月7—12日　县政协副主席项松春随县委组织的旅游开发、开发区建设调研组到海南、广西考察调研。

4月15日　县政协召开全国两会精神传达学习会。

4月16—17日　平湖市政协到宁海县，对土地流转工作情况进行交流考察。

4月24日　县政协主席杨加和带领各办委有关人员到奉化市政协进行学习交流。

4月25日　召开纪念中共中央发布“五一口号”六十周年座谈会。

4月28日　县政协召开八届十八次主席会议。

同日　县政协副主席杨象轮参加市政协十三届七次常委会议。

4月28日—5月8日　县政协副主席赵秀萍带领经贸考察团赴台湾考察。

5月5—6日　永嘉市政协到宁海县考察城市建设与管理工作情况。

5月6日　县政协召开“两城联创”工作政情交流和民主评议会。

同日　省政协副主席王永昌率“发展海洋经济、建设海上浙江”课题调研组到宁海县考察调研。

5月7—8日　临安市政协到宁海县考察公共交通工作情况。

5月8—9日　县政协主席杨加和、秘书长石道伟参加市政协特邀一组界别活动。

5月12日　县政协举行政协机关工会第二届委员会会议。

5月15日　县政协举行四川汶川大地震捐款活动。

5月27—28日　县政协召开八届十九次主席会议。

6月5日　县政协召开八届六次常委会议。

6月18日　宁波市政协副主席郁义康带领“中小民营企业创新与转型情况”课题调研组到宁海县调研。

6月22—28日　县政协主席杨加和带领有关人员赴云南晋宁参加全国十六县市区政协工作横向联系会。

6月30日　县政协副主席赵秀萍参加县政协之友社跃龙诗社第十一次会议。

7月10—11日　县政协副主席项松春随同宁海考察团赴鄞州、北仑等地考察工业经济。

7月22—24日　县政协主席杨加和参加全省政协主席读书会。

7月25日　富阳市政协到宁海县进行考察交流活动。

7月29日　县政协召开八届二十次主席会议。

7月30日　县政协召开政情通报会。全体政协委员、政协之友社成员参加会议。

8月6日　县政协经济界召开关于企业创新转型工作座谈会。

8月8日　县政协工商联界组织委员召开座谈会。

8月11日　宁波市政协副主席华长慧和诺丁汉大学外籍专家到宁海县研讨宁海温泉地热专题。

8月12—19日　县政协副主席张水仙随同宁波市政协赴内蒙古学习考察。

8月13日　宁波市政协副主席常敏毅一行到宁海县考察政协委员企业运行情况，了解企业存在的困难和问题。

8月20日　县政协副主席项松春参加省政协社会法制工作研讨会。

8月21日　县政协召开八届七次常委会议。

8月24—31日　县政协主席杨加和、副主席潘作飞带领在宁海的省市政协委员赴山西、内蒙古调研考察。

8月29日　县政协召开八届二十一次主席会议。

9月5日　三门县政协到宁海县考察旗门港开发有关事宜。

9月10日　县政协、县委统战部联合举行中秋文艺晚会，宁波市政协副主席张明华出席。

9月16日　宁波市政协主席王卓辉、副主席华长慧到宁海县调研。

9月17日　县政协主席杨加和等一行赴三门县政协学习考察。

9月24日　宁波市政协调研组到宁海县调研粮食生产有关情况。

9月27日　县政协召开八届二十二次主席会议。

10月10日　县政协组织医卫界部分专家医生到胡陈乡梅山村开展送医下乡活动。

10月22—23日　象山县政协到宁海县考察农业产业化基地建设、农业循环经济和土地流转等工作情况。

10月27日　县政协副主席赵秀萍参加市政协纪念改革开放30周年暨宁波实施计划单列市25周年书画大会。

10月29日　县政协召开八届二十三次主席会议。

11月7日　全国政协常委、中国佛教协会会长一诚法师参观考察广德寺。

11月10日　县政协主席杨加和参加市政协改革开放30周年与人民政协事业新发展座谈会。

11月11日　宁波市政协“三下乡”活动在宁海县长街镇举行。

11月14日　县政协召开八届二十四次主席会议。

11月16日　县政协副主席项松春参加市政协举行的纪念包玉刚90周年诞辰大会。

11月17—23日　县政协副主席赵秀萍等一行赴广东番禺参加全国十七县（市、区）政协工作横向联系会。

11月19日　全国政协原副主席张怀西在省政协副主席丁德云、市政协原副主席陈守义陪同下到宁海县考察。

11 月 21—25 日　县政协主席杨加和赴长春、沈阳参加人才招聘会。

12 月 4 日　县政协举办纪念改革开放三十周年暨县政协成立二十五周年书画展。

同日，召开县政协各界别负责人会议。

12 月 5 日　杭州市余杭区政协到宁海县调研考察。

12 月 10 日　宁海县政协之友社赴奉化开展学习交流活动。

12 月 18 日　县政协主席杨加和、副主席潘作飞应邀参加县第七次归侨侨眷代表大会。

12 月 25 日　县政协副主席项松春、张水仙带领经济界、工商联界部分政协委员视察柑橘产销情况。

12 月 30 日　县政协召开八届二十五次主席会议。

2009 年

1 月 7 日　县政协召开八届二十六次主席会议。

同日　县政协主席杨加和应邀参加市政协十三届九次常委会议。

1 月 13 日　县政协召开八届二十七次主席会议。

1 月 14 日　县政协召开八届八次常委会议。

同日　县政协副主席赵秀萍带领文艺体育界政协委员到胡陈梅山村开展送文化下乡活动。

2 月 3 日　省政协研究室到宁海县调研政协文化建设等有关情况。

2 月 10—12 日　县政协召开八届三次会议，会议选举骆再松为县八届政协秘书长。

2 月 15—19 日　县政协主席杨加和、副主席潘作飞、秘书长骆再松参加市政协十三届三次会议。

2 月 27 日　县政协召开八届二十八次主席会议。

3 月 3 日　县政协主席杨加和随同县党政考察团到绍兴市新昌县学习考察工业经济发展的先进经验。

同日　县政协机关支部召开全体党员会议，选举娄培宗、邬雷科、潘微琼、齐荣清、应霞红 5 名同志为新一届机关支部委员会组成人员。

3 月 5—6 日　宁波市政协经济科技人资环和城建委工作交流会在宁海县召开。

3 月 8—9 日　上海市政协到宁海县参观考察。

3 月 10—11 日　宁波市各县（市、区）政协之友社联谊会在宁海县召开。

3 月 12 日　宁波市政协副主席郁义康、张明华带领市政协促进山区经济社会发展课题调研组到宁海县调研。

3 月 18 日　县政协主席杨加和参加市政协传达全国政协十一届二次会议精神报告会。

3 月 20 日　县政协副主席项松春参加县议、提案交办工作会议。

3 月 26 日　镇海区政协到宁海县交流考察旅游经济发展情况。

4月3日　县政协召开八届二十九次主席会议。

4月13—15日　全省各市政协秘书长座谈会在宁海县召开。

4月16—17日　桐乡市政协到宁海县参观考察。

4月17日　县政协召开传达全国两会精神学习会，全体与会人员还视察下洋涂围垦工程。

4月29日　县政协召开八届三十次主席会议。

5月6—8日　南京市浦口区政协到宁海县参观考察交流。

5月11日　县政协副主席项松春参加宁波市政协十三届十二次常委会议。

5月20—24日　县政协副主席项松春带领有关人员赴江苏东台参加全国十七县（市、区）政协工作横向联系会。

5月21—23日　上海市闵行区政协到宁海县参观考察。

5月26日　县政协召开八届三十一次主席会议。

6月3日　县政协召开八届十次常委会议。

6月5日　宁波市政协副主席郁义康、傅丹带领在甬省政协委员视察宁海县下洋涂围垦工程。

6月10日　县政协副主席赵秀萍、潘作飞、张水仙、杨象轮，秘书长骆再松带领县政协机关各办委负责人和部分委员视察城市建设重点工程。

6月22日　县政协主席杨加和参加宁波市政协政情交流会。

同日下午、30日下午　县政协召开八届三十二次主席会议。

7月16日　县政协组织主席会议成员和政协机关各办委负责人及西店镇的部分县政协委员，视察西店滨海区块二期工程和西店湾围垦工程。

7月27日　县政协召开“保增促调政策措施落实情况”政情交流会。

同日　县政协副主席项松春、张水仙带领经济界部分政协委员慰问县消防大队官兵。

7月28—30日　县政协副主席项松春参加全省政协主席读书会。

7月31日　县政协主席杨加和、副主席赵秀萍视察正学中学建设工程。

8月4日　县政协副主席杨象轮参加市政协政情通报会。

同日　副主席赵秀萍参加市政协文史工作会议。

8月18日　舟山市普陀区政协到宁海县参观考察交流。

8月27日　县政协召开八届三十三次主席会议。

9月1日　县政协主席杨加和参加宁波市庆祝人民政协成立60周年暨全市政协工作会议。

9月9日　广东省连平县政协到宁海县参观考察交流。

9月9—10日　县政协主席杨加和带领县有关部门负责人赴四川青川考察对口援建工作。

9月18日　县政协主席杨加和参加市政协举办的庆祝新中国和人民政协成立60周年座谈会暨《我与人民政协》一书首发式。

9月22日　县政协召开新型农村合作医疗工作专题协商议政会。

9月27日　县政协举行纪念人民政协成立60周年暨2009年中秋茶话会。

10月5—7日　全国政协副主席、民革中央常务副主席厉无畏在市政协主席王卓辉、副主席王建康、秘书长王必恒陪同下，到宁海县视察调研指导工作。

10月12日　县政协召开八届三十四次主席会议。

10月15日　县政协召开八届十二次常委会议。

同日　台州市政协原主席朱福初等一行到宁海县调研考察。

10月19—20日　县政协副主席张水仙参加市政协十三届十三次常委会议。

10月27—30日　县政协副主席张水仙带领有关人员到厦门同安参加全国十七县（市、区）政协工作横向联系会。

10月29日　县政协召开八届三十五次主席会议。

11月2—4日　县政协副主席赵秀萍参加中国（浙江）政协文化论坛。

11月3日　宁波市政协副主席常敏毅到宁海县政协指导工作。

11月5日　县政协召开重点提案民主评议会。

同日　县政协听取县规划局关于规划工作情况通报。

11月16日　县政协召开八届三十六次主席会议。

11月19日　县政协副主席张水仙带领部分县政协委员对全县“十小”行业质量安全整治和规范工作进行视察。

11月20日　县委召开全县政协工作会议。

11月23日　宁波市政协副主席郁义康带领市政协经济界委员到宁海县视察。

11月25日　县政协组织政协委员对县重点实事工程项目建设情况进行视察。

同日　省政协副秘书长、农工党省委会副主委陆同钦带领省政协农工党界别组到宁海县开展农村生活污水处理课题调研。

11月26日　县政协召开八届三十七次主席会议。

12月3日　县政协副主席赵秀萍带领医卫界委员到茶院乡东腾村开展送医下乡活动。

12月15—16日　县政协主席杨加和、副主席潘作飞、秘书长骆再松参加市政协特邀界一组活动。

12月17—18日　县政协副主席赵秀萍参加市政协教文卫体委工作座谈会。

12月19—20日　新疆和田县政协到宁海县进行学习考察活动。

12月24日　台州市三门县政协到宁海县进行考察交流活动。

12月25日　县政协召开八届三十八次主席会议。

12月31日　县政协召开八届十三次常委会议。

2010年

1月7日　县政协召开八届三十九次主席会议。

1月14日　宁波市政协副主席张敏华到宁海县走访在宁海的市政协委员。

1月22日　县政协主席杨加和、副主席潘作飞带领在宁海的省市政协委员考察颜公河整治工程。

1月27—29日　县政协召开八届四次会议。其间，县政协在28日召开八届十四次常委会议。

2月2—5日　县政协主席杨加和、副主席潘作飞、秘书长骆再松参加宁波市政协十三届四次会议。

2月28日　桐乡市政协到宁海县考察交流。

3月4日　县政协召开八届四十次主席会议。

3月11日　舟山市普陀区政协到宁海县进行交流参观考察。

3月14日　温州市苍南县政协到宁海县参观考察交流。

3月16日　县政协副主席项松春参加全县议提案交办工作会议。

3月18—19日　县政协副主席项松春参加全市政协之友社工作交流会。

3月22—23日　杭州市余杭区政协到宁海县进行调研考察。

3月24日　宁波市政协副主席范谊带领市政协“加快宁波工业转型升级”课题调研组成员到宁海县调研。

3月30日　县政协召开八届四十一次主席会议。

3月31日　县政协副主席张水仙随同县考察团赴奉化开展农村住房“两改”工作调研。

4月16日　县政协召开八届四十二次主席会议。

4月19—28日　县政协主席杨加和随同县工贸考察团赴美国、加拿大考察调研。

4月20日　县政协召开八届十五次常委会议。

4月22—29日　县政协副主席项松春随县四套班子领导赴天津、河南、河北学习考察当地工业园区建设、小城镇建设、城市规划等情况。

5月5日　慈溪市政协到宁海县进行交流考察活动。

5月7日　县政协召开八届四十三次主席会议。

5月10日　县政协主席杨加和、副主席赵秀萍与政协经济管理体制课题调研组走访大梁山啤酒、松鹤文具等企业。

同日　县政协副主席项松春带领提案委成员到公安局、民政局走访，了解提案办理情况。

5月13日　县政协副主席张水仙到农林局就望海茶品牌管理与发展进行民主监督。

5月13—14日　县政协副主席项松春参加宁波市政协十三届十七次常委会议。

5 月 18—23 日　县政协副主席张水仙随市政协领导赴四川省青川县慰问宁波援建干部职工，考察援建工作。

5 月 19 日　全国政协副主席李金华在省市领导的陪同下到宁海县参观江南民间艺术馆。

5 月 27 日　县政协召开“社会保障和救助工作”政情交流会。

6 月 9 日　宁波市政协“加快城市化发展问题”课题调研组到宁海县调研。

6 月 10—11 日　县政协副主席张水仙随同县党政代表团到安吉县学习考察安吉建设“中国美丽乡村”工作情况。

6 月 13 日　县政协副主席张水仙在电镀城召开 13 家电镀企业负责人座谈会。

6 月 14—17 日　县政协副主席赵秀萍带领有关人员参加在上海闵行召开的全国十七县（市、区）政协工作横向联系会。

6 月 18 日　县政协主席杨加和、副主席潘作飞、秘书长骆再松参加宁波市政协特邀一组在余姚举行的界别活动。

6 月 23—24 日　县政协副主席张水仙带队赴杭州、海宁、鄞州考察学习电镀行业管理情况。

6 月 25 日　宁波市政协副主席盛昌黎到宁海县调研民办博物馆工作情况。

6 月 30 日　县政协召开八届四十四次主席会议。

7 月 6—7 日　县政协主席杨加和、秘书长骆再松带领企业属地管理调研组赴建德考察调研。

7 月 8—15 日　县政协副主席杨象轮随同县党政考察团赴新疆和田县考察。

7 月 9 日　县政协召开八届四十五次主席会议。

7 月 16 日　县政协组织在宁海的省市政协委员视察宁海湾保护与开发利用工作情况。

7 月 27 日　县政协副主席项松春参加宁波市政协举行的专题报告会，学习胡锦涛总书记在庆祝人民政协成立 60 周年大会上的重要讲话精神。

7 月 27—29 日　县政协主席杨加和参加全省政协主席读书会。

7 月 29 日　县政协召开八届四十六次主席会议。

8 月 3 日　县政协召开政情通报会，听取县委副书记、县长褚银良关于全县年上半年经济社会发展情况通报。会后，还开展委员培训活动。

8 月 5—6 日　县政协主席杨加和赴广东深圳参加双林公司上市庆典有关活动。

8 月 9 日　县政协副主席项松春参加宁波市政协政情通报会。

8 月 11 日　县政协召开八届四十七次主席会议。

8 月 19—20 日　安徽省太河县政协到宁海县考察医疗纠纷人民调解委员会工作情况。

同日　县政协主席杨加和，副主席项松春、赵秀萍、潘作飞、张水仙、杨象轮，秘书长骆再松参加县政府与县政协联合举行的工作交流座谈会。

8 月 23—24 日　嘉善县政协到宁海县学习考察农业工作情况。

8月26日　县政协主席杨加和、副主席项松春、秘书长骆再松带领相关政协委员到建设局开展重点提案督查。

8月26日—9月8日　县政协副主席杨象轮随团赴南非、埃及考察。

8月31日　县政协召开八届四十八次主席会议。

9月1—5日　县政协副主席项松春随同其他县级领导赴深圳参加东方日升上市庆典有关活动。

9月2—8日　县政协主席杨加和随同其他县领导赴青海、西藏考察生态保护情况，并看望援藏干部。

9月6—11日　县政协副主席项松春带领县政协社区矫正课题调研组赴厦门同安区学习考察。

9月7日　宁波市政协副主席陈大申一行到宁海县参观考察正学中学。

9月10—11日　县政协副主席张水仙赴广东招商引资，并走访宁海籍在深圳、东莞的企业家。

9月15—16日　县政协在开元新世纪大酒店、太平洋国际大酒店分组举行2010年中秋茶话会。

9月29日　余姚市政协到宁海县考察交流。

同日　县政协副主席赵秀萍参加市政协“天一奖”中小学生书法比赛工作交流会。

10月9日　县政协召开八届四十九次主席会议。

10月12—15日　县政协主席杨加和、秘书长骆再松赴江苏省江都市参加全国十七县（市、区）政协工作横向联系会。

10月18日　宁波市政协副主席胡建岳带领部分市政协委员视察宁海县基层人民法庭建设情况。

10月19—20日　县政协组织机关全体干部到上海市政协开展联谊活动。

10月20—21日　县政协副主席张水仙赴贵州晴隆县考察扶贫工作。

10月27日　县政协副主席张水仙带领部分县政协委员，对全县“十小”行业质量安全整治与规范工作进行视察。

10月28日　县政协召开八届五十次主席会议。

10月29日　县政协召开八届十六次常委会议。

11月3—8日　县政协副主席张水仙、杨象轮赴四川成都等地考察企业转型升级工作。

11月5日　宁波市政协系统首届书画作品巡回展在潘天寿艺术中心开幕。市政协副主席华长慧、县政协主席杨加和、副主席赵秀萍出席巡回展开幕式。

11月8—9日　镇海区政协到宁海县参观考察。

11月11日　宁波市政协副主席常敏毅一行到宁海县考察调研政协工作。

11月14—19日　县政协主席杨加和、秘书长骆再松带领在宁海的省市政协委员赴山东、河北等地学习考察。

11 月 16 日　县政协办公室和民进宁海支部组织医务人员到胡陈乡梅山村开展送医下乡活动。

11 月 17 日　县政协副主席赵秀萍带领社法委部分政协委员视察正学公寓、青少年宫。

11 月 18 日　四川省江油市政协到宁海县参观考察。

11 月 19 日　县政协副主席张水仙带领经科和城资环委全体组成人员视察西店污水处理厂和杨梅岭水库维修加固工程。

11 月 29 日　乐清市政协到宁海县参观交流政协工作。

11 月 30 日—12 月 6 日　县政协副主席张水仙随同县经贸考察团赴台湾开展经贸交流活动。

11 月 30 日、12 月 8 日　县政协召开八届五十一次主席会议。

12 月 2—3 日　县政协副主席赵秀萍随同市政协赴绍兴、武义开展书画交流活动。

12 月 13 日　县政协主席杨加和参加县委召开的政协及党外人士座谈会。

12 月 14—15 日　桐乡市政协到宁海县参观学习交流。

12 月 16—17 日　宁波市政协主席王卓辉、副主席郁义康参加在宁海举行的市政协特邀一组界别活动。

12 月 23 日　县政协召开八届五十二次主席会议。

12 月 28 日　县政协召开八届十八次常委会议。

12 月 30 日　县政协副主席项松春带领部分政协委员到县交通局就重点提案办理工作进行民主评议。

2011 年

1 月 4—5 日　县政协副主席项松春参加市政协社法和民宗委、港澳台侨和外事委员会工作座谈会，副主席张水仙参加全市政协经科委、人资环和城建委座谈会。

1 月 9 日　县政协主席杨加和，党组副书记尤玲娟，副主席项松春、赵秀萍、潘作飞、张水仙、杨象轮，秘书长骆再松参加县政协八届五次会议召集人会议。

1 月 10—12 日　县政协召开八届五次会议，选举尤玲娟为县八届政协副主席主持政协工作。

1 月 11 日　县政协召开八届十九次常委会议。

1 月 12 日　县政协召开八届二十次常委会议，会议协商通过有关人事事项，同意杨加和辞去县八届政协主席和委员职务。

2 月 16 日　县政协党组副书记、副主席尤玲娟参加宁波市政协新委员培训会。

2 月 20—24 日　县政协副主席尤玲娟、潘作飞、秘书长骆再松参加市政协十三届五次会议。

3月3日　县政协召开八届五十三次主席会议。

3月6—7日　县政协副主席潘作飞随县党政代表团赴深圳考察临港大工业和高新技术产业。

3月23—24日　县政协副主席尤玲娟、项松春、潘作飞、张水仙、杨象轮，秘书长骆再松随县党政考察团赴余姚、慈溪、宁波杭州湾新区考察学习。

3月24—25日　全国政协信息局副局长贾燕庚到宁海县进行调研考察活动。

3月29日　县政协召开八届五十四次主席会议。

3月30日　县政协副主席杨象轮参加三门湾、宁海湾区域海洋经济发展专题调研座谈会。

4月15日　宁波市政协副主席陈炳水带领市政协“扎实推进中心村建设”调研组到宁海开展专题调研。

4月19—20日　县政协副主席项松春率团赴南京市浦口区政协参观考察。

4月27日　县政协副主席项松春、杨象轮带领部分政协委员参观“全国检察机关惩治和预防渎职侵权犯罪展览”宁波巡展。

4月29日　县政协召开八届五十五次主席会议。

5月4—5日　县政协副主席赵秀萍参加在慈溪举行的第二届宁波市政协系统书画作品巡回展。

5月18—19日　宁波市政协副主席常敏毅到宁海县调研政协工作。

5月24—26日　县政协副主席项松春带领有关人员参加在四川温江举行的全国十七县（市、区）政协工作横向联系会第三十七次会议。

5月27日　象山县政协到宁海县参观考察。

5月29—31日　县政协副主席尤玲娟参加在香港举行的香港宁海同乡会成立大会。

5月31日　宁波市政协副主席范谊带领市政协调研组到宁海县国华浙能发电有限公司进行调研。

6月1日　县政协副主席尤玲娟、潘作飞参加市政协特邀一组在北仑举行的调研考察活动。

6月3日　县政协召开八届五十六次主席会议。

6月7日　县政协副主席尤玲娟参加宁波市政协十三届常委会学习讲座。

6月8日　县政协副主席项松春、张水仙参加县人大代表、政协委员视察部分重点实事工程活动。

6月9—13日　县政协副主席项松春带领提案委组成人员走访县城管局、县卫生局、县交通局、县教育局、县文广局等提案承办大户。

6月14日　县政协副主席项松春参加市政协提案工作座谈会。

6月15日　宁波市政协副主席陈炳水带领海洋经济调研组到宁海县调研考察。

6月21日—7月2日　县政协副主席张水仙随同县经贸考察团赴俄罗斯、法国、阿联酋等地考察。

6月27日　县政协副主席潘作飞参加全县统一战线纪念中国共产党成立90周年党外人士座谈会。

6月29日　县政协召开八届五十七次主席会议。

6月30日　县政协副主席赵秀萍参加宁波市政协十三届二十四次常委会议。

7月6日　县政协召开八届二十一次常委会议。

7月20—22日　县政协副主席尤玲娟参加全省政协主席读书会。

7月27日　县政协召开八届五十八次主席会议。

8月1日　县政协副主席尤玲娟、项松春、潘作飞、张水仙、杨象轮随县党政考察团赴舟山市普陀区考察海洋经济。

8月4日　县政协副主席尤玲娟参加宁波市政协举行的政情通报会。

8月11日　县政协副主席项松春、秘书长骆再松参加全市政协工作交流会。

8月18日　县政协召开政情通报会。

同日　宁波市政协秘书长会议在宁海县召开，市政协加强社会救助体系建设课题调研组到宁海县调研。

8月23日　县政协召开八届五十九次主席会议。

8月25—26日　嘉善县政协到宁海县参观考察交流。

8月25日　县政协召开八届二十二次常委会议。

8月30日　县政协召开八届六十次主席会议。

9月2—3日　桐庐市政协到宁海县进行交流考察。

9月4—17日　县政协副主席杨象轮参加全国政协在北戴河举办的第80期政协干部培训班。

9月6日　县政协副主席尤玲娟到长街岳井小学慰问教师。

9月7日　县政协举行中秋茶话会。

9月14—16日　县政协副主席尤玲娟参加市政协十三届二十五次常委会议。

9月22日　县政协副主席尤玲娟、项松春参加政协各界别召集人会议。

9月23日　县政协副主席尤玲娟、秘书长骆再松到县资产经营管理公司开展重点提案督办工作。

9月28日　县政协召开县政协八届二十三次常委会议。

10月12日　县政协副主席尤玲娟到北仑区宁波腾龙精绒集团为桑洲敬老院筹集帮扶资金。

10月13—14日　县政协副主席赵秀萍参加宁波市政协文史工作座谈会。

10月19日　县政协组织部分政协常委对全县部分重点实事工程项目建设情况进行

视察。

10月20日　县政协召开八届六十一次主席会议。

10月25日　县政协与民进宁海支部组织医卫界部分委员到桃源街道浦西社区开展送医活动。

10月26日　县政协召开“菜篮子”和“水电气”政情交流会。

10月27—28日　上海市闵行区政协到宁海县进行交流考察。

10月28日　县政协召开八届六十二次主席会议。

11月7—18日　县政协副主席赵秀萍随县经贸考察团赴澳大利亚、新西兰、新加坡考察学习。

11月9日　县政协在住建局召开政协提案民主评议会。

11月24日　县政协副主席尤玲娟参加在宁波市政协联谊中心召开的市政协十三届二十六次常委会议。

11月29日　县政协召开八届六十三次主席会议。

11月30日　县政协副主席项松春带领部分政协委员赴桃源街道开展“平安宁海”视察活动。

12月1—2日　县政协副主席张水仙赴台州市出席全省政协人资环委工作研讨会暨省政协人资环委全体会议。

12月6日　政协机关党支部召开全体党员会议，选举产生出席县第十三次党代会代表：原政协主席杨加和和秘书长骆再松。

12月9日　县政协副主席尤玲娟陪同全国政协文史和学习委原副主任、浙江省政协原主席刘枫考察前童。

同日　县政协副主席张水仙参加第十四届市政协委员推荐工作会议。

12月19—20日　县政协副主席赵秀萍赴鄞州区政协参加第三届宁波市政协系统书画作品巡回展。

12月29日　县政协召开八届六十四次主席会议。

12月30日　县政协召开八届六十五次主席会议。

同日　县政协副主席赵秀萍在县越剧团出席宁海县平调艺术传承中心挂牌仪式。

2012年

1月5日　县政协召开八届二十四次常委会议，协商通过关于召开县政协九届一次会议有关事项。

1月6日　县政协副主席尤玲娟、项松春、杨象轮分别到黄坛镇、桥头胡街道等地走访慰问困难职工和群众。

1月7日　县政协副主席尤玲娟赴杭州参加杭州宁波经济建设促进会2012年新春团

拜会。

1月9—12日　县政协党组书记、副主席尤玲娟，副主席项松春、潘作飞、张水仙、杨象轮，党组成员邬汝跃，秘书长骆再松参加中国共产党宁海县第十三次代表大会。

1月10—11日　县政协党组书记、副主席尤玲娟赴杭州参加省政协十届五次会议。

1月16日　县政协召开八届六十六次主席会议。会议协商讨论关于召开县政协九届一次会议的有关事项。

1月17日　县政协副主席潘作飞陪同宁波市委统战部部长郁伟年赴岔路镇开展“同心送温暖”宁海行惠民慰问活动。

1月19日　县政协召开八届二十五次常委会议

2月6日　县政协召开八届六十七次主席会议。

2月8日　县政协召开九届新任政协委员培训会。

2月9日　县政协副主席项松春出席“共青团与人大代表、政协委员面对面”集中座谈交流会。

2月13—18日　县政协召开九届一次会议。选举产生政协第九届宁海县委员会主席尤玲娟，副主席邬汝跃、潘作飞、张水仙、杨象轮、王鸿飞，秘书长骆再松及常务委员38名。

3月1—2日　县政协副主席邬汝跃赴慈溪市参加全市政协社法和民宗委、港澳台侨和外事委工作座谈会。

3月8日　县政协主席尤玲娟，副主席潘作飞、张水仙、王鸿飞分赴联系乡镇开展“进村入企”走访调研活动。

3月19日　县政协主席尤玲娟参加宁波市政协传达全国政协十一届五次会议精神报告会。

同日　县政协副主席邬汝跃参加宁波市政协十三届二十七次常委会议。

3月20日　县政协召开九届一次主席会议。

3月27日　县政协召开九届一次常委会议。

4月5日　县政协召开九届二次主席会议。

4月6日　县政协主席尤玲娟，副主席张水仙会同其他县领导陪同香港宁海同乡会家乡考察团一行考察宁海。

4月16—22日　县政协主席尤玲娟，副主席邬汝跃、张水仙，秘书长骆再松参加宁波市政协第十四届一次会议。

4月27日　县政协主席尤玲娟会同其他县领导，陪同余杭区党政代表团到宁海县参观考察。

4月28日　县政协副主席王鸿飞赴北京参加“中国旅游日创设一周年纪念暨徐霞客古道申遗论证”座谈会。

同日　县政协召开九届三次主席会议。

5月14—17日　县政协副主席杨象轮参加在沈阳市东陵区举行的全国十七县（市、区）政协工作横向联系会第三十九次会议。

5月28日—6月12日　县政协主席尤玲娟赴北戴河参加全国政协第84期干部培训班。

5月30—31日　县政协副主席邬汝跃陪同浙江省政协民族宗教委员会常务副主任赵一新一行调研宗教院校办学情况。

6月6—7日　县政协副主席潘作飞参加宁波市政协经科委、人资环和城建委工作交流会。

6月20日　县政协召开城市交通建设与管理工作政情交流会。

6月25日　县政协召开九届四次主席会议。

6月25—26日　县政协主席尤玲娟、秘书长骆再松参加宁波市政协特邀一组界别活动。

6月27日　县政协主席尤玲娟、副主席潘作飞陪同宁波市政协副主席徐明夫一行到宁海县调研象山港区域保护和建设工作。

6月29日　县政协机关党支部举行全体党员会议，选举娄培宗、潘微琼、王秋芬、薛慧、王家冕5人为新一届支部委员。

7月3日　县政协主席尤玲娟，副主席邬汝跃、潘作飞，秘书长骆再松带领县政协委员视察桑洲敬老院一期工程、兴华老年乐园等民生实事工程。

同日　县政协召开“我为推进重大项目献良策”活动动员会。

7月4—6日　县政协主席尤玲娟、秘书长骆再松随县党政考察团赴杭州市余杭区、临安市、淳安县、桐庐县等地进行学习考察。

7月8—15日　县政协主席尤玲娟随宁波市政协考察团赴黑龙江、吉林等地进行学习考察。

7月20日　县政协召开九届二次常委会议。

7月23—24日　县政协主席尤玲娟参加在衢州市龙游县召开的全省政协主席读书会和新任市、县（市、区）政协主席学习会。

7月26日　县政协副主席邬汝跃参加县政协提案委半年度工作会议。

7月30日　县政协召开九届五次主席会议。

7月31日　县政协主席尤玲娟参加宁波市政协十四届二次常委会议。

同日　县政协副主席张水仙出席县第四次留学人员和家属代表大会。

8月3日　县政协主席尤玲娟，副主席邬汝跃、潘作飞，秘书长骆再松参加县政协组织的对六大旧城改造工程的视察活动。

8月13日　县政协副主席潘作飞参加宁波市政协政情通报会。

8月23—24日　县政协主席尤玲娟、副主席邬汝跃、秘书长骆再松陪同嘉善县政协参观考察县旅游业和景文百货。

8月28日 县政协召开九届六次主席会议。

8月29日 县政协召开民主评议会，对象山港区域保护和建设工作进行民主评议。

9月5日 县政协之友社举行七届一次会议，选举产生新一届理事会成员，县政协主席尤玲娟、副主席邬汝跃、秘书长骆再松出席会议。

同日 县政协副主席杨象轮陪同宁波市政协副主席蒋剑巍一行走访宁海县学校慰问教师。

9月6日 县政协主席尤玲娟赴胡陈东仓小学、胡陈小学、茶院初中开展教师节慰问活动。

同日 县政协副主席邬汝跃参加宁波市政协提案工作座谈会。

9月7日 县政协副主席杨象轮出席宁海书画院六届一次会议。会议选举产生第六届书画院理事会。

9月12日 县政协召开九届七次主席会议。

9月15日 县政协副主席杨象轮出席2012年“宁海平调宁海行”专场巡回演出暨第十届中国“山花奖”颁奖仪式、《宁海平调音乐》首发式。

9月18日 县政协召开九届三次常委会议。

9月24—25日 县政协副主席杨象轮参加市政协十四届三次常委会议。

9月27日 县政协在金海开元名都大酒店举行2012年中秋茶话会，县政协主席尤玲娟，副主席邬汝跃、张水仙、杨象轮、王鸿飞，秘书长骆再松等出席。

10月16—22日 县政协主席尤玲娟赴四川大学参加宁波市第八期女领导干部培训班。

10月17日 县政协召开九届八次主席会议。

10月30日—11月2日 县政协主席尤玲娟在厦门参加全县女领导干部研修班。

11月2日 县政协副主席张水仙赴香港出席香港宁海经济合作恳谈会。

11月5日 县政协召开提案办理工作民主评议会。县政协主席尤玲娟，副主席邬汝跃、潘作飞，秘书长骆再松出席会议。

11月6日 县政协召开九届九次主席会议。

11月14日 县政协副主席张水仙、王鸿飞出席全县党外人士庆十八大联谊晚会。

11月26日 县政协召开九届十次主席会议。

12月19日 县政协主席尤玲娟、秘书长骆再松参加宁波市“南三县”政协工作座谈会。

12月25日、31日 县政协召开九届十一次主席会议。

2013年

1月6日 县政协召开九届四次常委会议。

1月20—23日 县政协在影都召开九届二次会议。其间22日，召开九届五次常委会议。

1月24—29日　县政协主席尤玲娟赴杭州参加浙江省政协十一届一次会议。

2月6日　县政协召开九届十二次主席会议。

2月16日　县政协主席尤玲娟，副主席邬汝跃、潘作飞、张水仙、杨象轮、王鸿飞赴联系乡镇开展走访基层活动。

2月18—22日　县政协主席尤玲娟、副主席张水仙、秘书长骆再松参加宁波市政协十四届二次会议。

3月1日—4月27日　县政协主席尤玲娟参加中共浙江省委党校2013年第一期领导干部进修二班学习。

3月6日　县政协召开九届十三次主席会议。

3月7日　县政协副主席潘作飞参加宁波市政协经科委、人资环和城建委工作交流会。

3月13日　县政协副主席杨象轮参加宁波市政协教文卫体委会议。

3月20日　县政协副主席邬汝跃参加宁波市政协召开的传达学习全国政协十二届一次会议精神报告会。

3月28日　县政协召开九届十四次主席会议。

4月8日　宁波市政协副主席王建康一行到宁海县调研新农村建设情况，县政协副主席潘作飞陪同调研。

4月9日　桐乡市政协一行到宁海县考察工业经济有效投入情况。

同日　平阳县政协一行到宁海县考察海洋经济发展情况。县政协副主席潘作飞、王鸿飞陪同。

4月13日　县政协副主席张水仙出席宁海纪念中共中央“五一口号”发布65周年广场服务活动暨统战文化图片展。

4月24日　县政协召开九届十五次主席会议。

5月8—9日　县政协副主席杨象轮赴余姚参加第五届宁波市政协系统书画作品巡回展。

5月28日　县政协召开九届十六次主席会议。

6月3—4日　县政协主席尤玲娟赴慈溪参加宁波市政协特邀一组界别活动。

6月5—7日　全国十九县（市、区）政协工作交流会第四十一次会议在宁海县召开。县政协主席尤玲娟，副主席邬汝跃、潘作飞、张水仙、杨象轮、王鸿飞，秘书长骆再松参加会议。

6月7日　县政协副主席王鸿飞参加宁波市政协常委会专题学习讲座。

6月19日　县政协召开九届六次常委会议。

6月26日　县政协主席尤玲娟参加宁波市政协十四届七次常委会议。

6月28日　县政协召开城区教育均衡发展情况政情交流暨委员学习会。

7月3日　县政协召开九届十七次主席会议。

7 月 5 日　县政协组织委员对力洋镇小青村、三门湾现代农业开发区物流园区、青珠农场的“三改一拆”工作及三门湾现代农业开发区内的宁波永丰园林有限公司建设情况进行视察，县政协主席尤玲娟，副主席邬汝跃、潘作飞，秘书长骆再松参加。

7 月 10 日　县政协召开宣传和社情民意信息工作座谈会，副主席邬汝跃出席会议。

7 月 11 日　县政协组织中共界、妇联界、特邀界委员进行“我为助推三个年再献良策”视察建言活动，实地视察香港时尚广场、金水路与兴海路道路改造工程和桃源商务楼项目现场。县政协主席尤玲娟、秘书长骆再松参加。

7 月 16 日　县政协组织社法委和相关界别政协委员进行“我为助推三个年再献良策”视察建言活动，实地考察毛屿港综合治理工程一期、自家坑养老中心和九顷汽配城等重大项目建设情况。县政协副主席邬汝跃参加。

7 月 17 日　县政协召开界别召集人和工委负责人座谈会，县政协主席尤玲娟，副主席邬汝跃、潘作飞、杨象轮、王鸿飞，秘书长骆再松出席会议。

同日　县政协组织无党派人士界、科协界、深甽镇政协委员进行“我为助推三个年再献良策”视察建言活动，实地考察华锦四星级酒店、深甽镇裸心泉温泉度假中心、深甽镇旅游小城镇综合开发项目。

7 月 18—19 日　县政协主席尤玲娟，副主席潘作飞带领经科委到温州市永嘉县政协开展工作交流学习活动。

7 月 24 日　县政协开展走基层访委员活动。

同日　县政协副主席邬汝跃参加全省政协主席读书会。

7 月 25—26 日　县政协组织调研组赴力洋、前童、西店等地调研县中心村建设情况。县政协主席尤玲娟、副主席潘作飞参加。

7 月 30 日　县政协开展走基层访委员活动，县政协主席尤玲娟，副主席潘作飞到县妇保院走访政协委员。

7 月 31 日　县政协组织教育界全体委员视察山水小学迁建和星海小学新建工程。

8 月 6 日　县政协主席尤玲娟参加宁波市政协政情通报会以及党的群众路线教育实践活动征求意见座谈会。

8 月 7—9 日　县政协组织委员为“我为助推三个年再献良策”活动进行调研。

8 月 13 日　县政协召开九届十八次主席会议。

8 月 14 日　县政协召开九届七次常委会议。

同日　县政协副主席张水仙、杨象轮、王鸿飞参加宁波市各民主党派工商联负责人和无党派代表人士 2013 年暑期读书会。

8 月 15 日　县政协组织调研组赴岔路镇开展“社会养老保障工作”课题调研，县政协副主席邬汝跃参加。

同日　副主席潘作飞带领经科委、梅林街道政协委员视察奔驰 4S 店项目。

8月15—16日　浙江省逸仙书画院、民革浙江省直文艺综合支部、民革浙江省直书画支部、宁海书画院共同举办“梦圆宁海”书画笔会，开展“文化进桑洲，大爱助学子”书画义拍活动。

8月16日　县政协组织科技界政协委员实地考察县科技园区梅桥区块、宁波方正汽车模具有限公司。

同日　县政协“社会养老保障工作”课题调研组赴长街镇开展调研活动。

8月21日—9月1日　县政协副主席王鸿飞赴北戴河参加全国政协第92期干部培训班。

8月22日　县政协“社会养老保障工作”课题调研组赴梅林街道凤潭村开展调研活动。

同日　台州市天台县政协副主席曹元新一行到宁海县考察交流活动。

8月26日　县政协召开九届十八次主席会议。

8月28日　县政协主席尤玲娟，副主席邬汝跃、潘作飞分别到茶院乡东腾村、宁海华天休闲用品有限公司等地开展下基层访委员活动。

8月29日　县政协召开提案工作座谈会，副主席邬汝跃，代秘书长顾海飞出席。

9月1—9日　县政协主席尤玲娟带领经贸考察团赴美国、巴西、加拿大开展经贸交流活动。

9月16日　县政协召开庆祝县政协成立三十周年座谈会。

9月17日　县政协举行庆祝政协成立三十周年书画展、图片展暨2013年中秋茶话会。

9月18日　县政协副主席邬汝跃、代秘书长顾海飞陪同宁波市政协副主席蒋剑巍、王建康一行在宁海县进行“加强社区矫正工作”课题调研活动。

9月24日　县政协主席尤玲娟参加宁波市政协十四届八次常委会议。

9月26—30日　县政协副主席潘作飞赴河南省临颍县学习考察中心村建设情况。

9月29日　县政协组织委员到桑洲镇送服务下乡活动，县政协主席尤玲娟、副主席杨象轮、代秘书长顾海飞参加。

9月30日　县政协召开九届二十次主席会议。

10月10—12日　县政协主席尤玲娟、副主席潘作飞、代秘书长顾海飞参加在四川省新津县召开的全国十九县（市、区）政协工作经验交流会第四十二次会议。

10月11日　县政协组织委员到宁波奇精机械有限公司、伍山石窟国家矿山公园及长街镇进行考察调研活动。

10月17日　县政协组织在宁海的市政协委员先后视察宁海县第一职业中学、星海小学、火车客运站前广场、中医院拆迁工程等重点实事工程。

10月22—23日　宁波市政协副主席陈炳水一行到宁海县进行“海洋经济核心示范区新平台建设”课题调研。

10月23日　县政协召开九届八次常委会议。

10月29日　县政协召开九届二十次主席会议。

同日　县政协组织委员赴跃龙街道车河社区调研政协委员联络室创建工作，同时对妇联界进行调研活动。

10月30—31日　县政协副主席杨象轮参加宁波市政协系统书画作品巡回展。

10月31日　县政协副主席张水仙、王鸿飞参加中国民主建国会宁波市宁海县支部成立大会。副主席王鸿飞当选民建宁海县支部主委。

同日　浙江省政协副主席、民建浙江省委会主委陈小平一行参观考察江南民间艺术馆和宁波美亚达汽车部件制造有限公司。

11月4—6日　县政协副主席邬汝跃参加全省政协提案工作座谈会。

11月6日　县政协主席尤玲娟参加全省政协工作会议。

11月8日　县政协举行重点提案办理工作民主评议会，对2013年6件重点提案办理工作进行民主评议。

11月11日　海曙区政协主席王黎明一行到宁海县进行新农村建设情况的考察活动。

11月12日　县政协主席尤玲娟，副主席邬汝跃、潘作飞、张水仙、杨象轮、王鸿飞，代秘书长顾海飞参加政协与县政府工作对接协商会。

11月20日　县政协组织委员赴梅林街道视察“平安社区”建设情况。

11月25日　宁波市政协副主席陈炳水一行到宁海县茶院乡开展进基层送服务活动，县政协主席尤玲娟、代秘书长顾海飞陪同。

12月31日　县政协组织委员赴黄坛镇双峰开展送服务下基层活动。

2014年

1月4—6日　县政协主席尤玲娟、副主席张水仙、代秘书长顾海飞参加宁波市政协十四届三次会议。

1月9日　县政协召开九届二十四次主席会议。

1月12日　县政协副主席张水仙会同其他县领导出席在上海举行的宁海上海商会成立大会。

1月13日　县政协召开九届九次常委会议。

1月20日　县政协主席尤玲娟、副主席潘作飞、代秘书长顾海飞赴黄坛镇看望慰问困难群众。

1月28日　县政协召开新委员培训会。

1月29日　县政协召开九届二十五次主席会议。

2月7日　宁波市政协主席唐一军到宁海县调研指导第二批党的群众路线教育实践活动，县政协副主席邬汝跃陪同。

2月8—12日　县政协九届三次会议在国际会展中心三楼宁海厅召开。

2月13日　县政协主席尤玲娟，副主席潘作飞、张水仙、杨象轮、王鸿飞，秘书长顾海飞陪同省政协副主席陈加元一行视察宁海县“五水共治”工作。

2月25—27日　县政协主席尤玲娟赴黄坛镇开展“走亲连心”蹲点调研。

2月27日　县政协主席尤玲娟，副主席邬汝跃、潘作飞、杨象轮，秘书长顾海飞出席省政协“三级政协联动万名委员同行助推五水共治”民主监督电视电话会议。

3月3日　县政协召开九届二十六次主席会议。

同日　县政协召开党的群众路线教育实践活动部署会。

3月6日　县政协主席尤玲娟、秘书长顾海飞赴一市镇开展一市港河道治理工作调研活动。

3月14日　县政协副主席邬汝跃出席全县建议提案交办工作会议。

3月25—26日　宁波市政协副主席徐明夫一行就“五水共治”工作和农业面源污染防治等内容到宁海县进行专题调研。县政协主席尤玲娟，副主席潘作飞、王鸿飞陪同。

3月27日　县政协召开“三争三为”主题活动动员会。

3月28日　县政协召开九届二十七次主席会议。

4月1—2日　县政协主席尤玲娟，副主席邬汝跃、潘作飞、张水仙、杨象轮、王鸿飞赴余姚参加县委组织的党的群众路线教育实践活动“三聚三谈”现场学习研讨会。

4月10日　县政协组织农林界委员专题视察全县春季农业生产工作。

4月15日　宁波市政协主席唐一军到宁海县调研党的群众路线教育实践活动开展情况，县政协主席尤玲娟陪同。

同日　县政协组织委员到跃龙街道开展城镇化建设调研活动。

4月17—18日　县政协主席尤玲娟、副主席王鸿飞、秘书长顾海飞带领县政协调研组成员赴上海开展返乡创业调研。

4月18日　县政协召开提案工作座谈会。

4月22日　金华市政协到宁海县学习考察宁海“五水共治”情况。

4月23日　县政协组织委员到桑洲镇开展“五水共治”民主监督活动。

4月24—25日　县政协组织委员开展法院工作民主评议调研活动。

4月25日　县政协召开民主监督安监局小组监督员会议。

4月28日　县政协副主席潘作飞视察三门湾现代农业开发区核心区项目。

4月29日　县政协组织委员到力洋法庭开展法院工作民主评议调研。

同日　县政协组织委员到水务集团开展“五水共治”民主监督活动。

5月6日　县政协召开九届二十八次主席会议。

5月8日　县政协组织“五水共治”民主监督组委员走访县农办。

5月13日　县政协民主监督组到县公建中心开展民主监督活动。

同日　岱山县政协到宁海县交流学习名人与旅游推介经验。

5月14日　县政协带领“五水共治”民主监督组视察洪溪治理工作。

5月15日　县政协副主席邬汝跃带领县政协调研组一行到舟山市政协学习考察。

5月16日　县政协带领民主监督组视察相关部门和“五水共治”工作。

5月21日　宁波市政协副主席陈炳水一行到宁海县调研农村生活污水处理工作。

5月22日　县政协主席尤玲娟带领政协相关人员到江东区政协进行工作学习交流活动。

同日　宁波市政协副主席崔秀玲一行到宁海县调研长洋溪整治工作。

5月23日　县政协带领民主监督第四组开展相关民主监督活动。

5月26日　县政协主席尤玲娟、秘书长顾海飞到一市港开展“五水共治”监督活动。

5月28日　县政协召开九届二十九次主席会议。

6月9日　宁波市政协主席唐一军到宁海县蹲点调研。

6月10日　县政协召开党的群众路线教育实践活动座谈会。

6月11日　县政协主席尤玲娟参加市政协特邀一组界别活动。

6月12日　县政协带领“五水共治”民主监督组对有关单位开展民主监督活动。

6月13日　江东区政协一行到宁海县调研幼儿园工作情况。

6月18日　县政协组织委员对“五水共治”工作进行调研。

同日　省政协副主席、省委统战部部长孙文友到宁海县调研统一战线工作，县政协主席尤玲娟、副主席张水仙陪同调研。

6月19日　县政协副主席潘作飞参加宁波市政协十四届十二次常委会议。

同日，县政协带领“五水共治”民主监督组对相关单位开展民主监督活动。

6月24日　宁波市政协副主席范谊一行到宁海县进行“加强古镇保护与开发”调研，县政协副主席杨象轮参加调研活动。

6月25日　县政协召开九届三十次主席会议。

6月26日　县政协召开民主评议法院工作座谈会。

7月2日　县政协召开九届十一次常委会议。

7月4日　县政协副主席邬汝跃、秘书长顾海飞带领政协委员到县志愿服务指导中心对志愿服务工作进行调研。

7月9日　县政协副主席邬汝跃参加宁波市政协提案工作会议。

7月10日　县政协主席尤玲娟、副主席潘作飞、秘书长顾海飞参加西店镇政协工委活动。

7月11日　县政协主席尤玲娟，副主席邬汝跃、潘作飞、张水仙、杨象轮，秘书长顾海飞参加县政协党组班子专题民主生活会，副主席王鸿飞应邀列席会议。

7月22日　宁波市政协副主席徐明夫一行到宁海县巡查车岙港水库情况。

同日　县政协组织特邀界委员开展履职活动。

7月24日　县政协召开法院工作民主评议会。

7月25—31日　县政协副主席潘作飞带领相关人员到胡陈乡、长街镇等地开展宁波南部（宁海）滨海新区调研。

7月30日　县政协副主席邬汝跃参加宁波市政协政情通报会。

8月7日　县政协召开政情通报会。

8月13日　县政协召开政协界别、镇（街道）政协工委座谈会。

8月15日　县政协组织政协委员对交通建设工作、安全生产工作开展调研。

9月5日　县政协举行庆祝人民政协成立65周年暨2014年中秋茶话会。县政协主席尤玲娟，副主席邬汝跃、潘作飞、张水仙、杨象轮、王鸿飞，秘书长顾海飞出席会议。

同日　县政协召开九届十二次常委会议。

9月10日　山西省晋城市政协到宁海县进行工作交流活动。

9月18日　江东区政协到宁海桑洲镇开展扶贫结对活动。

同日　县政协组织民主监督组到县公建中心开展民主监督活动。

9月19日　县政协组织相关委员、镇（街道）政协工委主任视察农业面源污染治理及三门湾现代农业园区建设情况。

9月23日　县政协副主席潘作飞参加"'五水共治'问效问责面对面"电视节目录制。

9月24日　县政协主席尤玲娟、秘书长顾海飞参加庆祝人民政协成立65周年暨全市政协工作会议。

9月25日　县政协召开政协民主监督组工作情况汇报会。

9月26日　县政协召开九届三十三次主席会议。

9月28—29日　县政协主席尤玲娟、副主席潘作飞带领相关人员赴上虞、诸暨开展专业市场建设调研活动。

9月29日　县政协副主席邬汝跃参加宁波市政协十四届十三次常委会议。

10月10日　县政协副主席潘作飞参加宁波市"五水共治"民主监督政协论坛。

10月13日　县政协组织医卫界委员开展界别活动。

10月14日　县政协组织委员开展助推"双清"行动专项履职活动。县政协主席尤玲娟，副主席邬汝跃、潘作飞、张水仙、杨象轮、王鸿飞，秘书长顾海飞参加该项活动。

10月16日　县政协副主席邬汝跃参加宁波市政协"河长制"管理民主监督。

10月17日　县政协召开法院民主评议工作整改反馈会议。

10月15—19日　县政协副主席潘作飞带领县政协经济界委员赴四川开展工作交流学习活动。

10月17—23日　县政协主席尤玲娟赴大连、兰州开展异地商会工作调研活动。

10月28日　县政协召开九届三十四次主席会议。

11月10日　县政协召开九届十三次常委会议。

11月19—20日　县政协组织委员对全县城乡环境综合整治月活动进行专项督查。

11月21日　县政协召开政协工作制度落实情况汇报会。

11月24日　县政协组织有关委员赴桑洲镇开展提案办理督查活动。

11月25日　县政协主席尤玲娟、秘书长顾海飞参加宁波市各县（市、区）政协主席、秘书长政协工作会议。

11月27日　浙江省政协中共界有关委员赴宁海调研基层党组织建设和“五水共治”工作情况。

11月28日　县委召开全县政协工作会议。

同日　县政协召开对安监局进行民主监督工作的座谈会。

12月3日　县政协组织委员对森林宁海课题进行调研活动。

同日　县政协组织相关监督组对农林局进行民主监督活动。

12月4日　县政协召开九届三十五次主席会议。

12月5日　县政协组织委员对平安社区建设工作进行视察活动。

12月8日　县政府、县政协召开政府政协工作对接会。

12月11日　宁波市政协副主席崔秀玲到宁海县视察“五水共治”工作。

12月12日　县政协召开提案委员会成员会议。

同日　县政协副主席潘作飞参加宁波市“五水共治”专项民主监督主席议政会。

12月17日　县政协书画院组织书画院成员开展书画采风活动。

12月23日　县政协召开九届三十六次主席会议。

12月30日　县政协召开九届十四次常委会议。

2015年

1月6日　县政协主席尤玲娟、副主席邬汝跃带领政协委员督查即提即办提案办理工作。

1月7日　宁波市政协副主席徐明夫到宁海县调研长街“五水共治”工作。县政协主席尤玲娟、副主席王鸿飞陪同。

1月9日　县政协主席尤玲娟一行赴宁波东部新城和宁波国家高新区进行考察调研活动。

1月11—14日　县政协九届四次会议在国际会展中心三楼宁海厅召开。

2月9日　县政协组织部分委员、各界别专业技术人员和志愿者到跃龙街道东海社区开展“送科技、送文化、送卫生、送法律”进社区活动。

同日　县政协主席尤玲娟走访慰问困难群众。

3月4日　县政协召开九届三十八次主席会议。

3月6日　县政协举行党外人士委员联络站挂牌仪式。

3月10—11日　舟山市普陀区政协到宁海县考察调研。

3月12—13日　县政协副主席潘作飞参加宁波市政协经科和城资环委工作现场交流会。

同日　县政协副主席杨象轮组织有关委员赴安吉、德清等地进行考察调研。

3月16日　县政协主席尤玲娟参加宁波市政协召开的全国政协十二届三次会议精神报告会。

3月17日　县政协组织农林界委员开展界别活动。

3月17—18日　县政协副主席邬汝跃陪同安徽省肥西县政协一行在宁海县调研考察民主监督小组工作开展情况。

3月21—23日　县政协副主席潘作飞一行赴广东佛山等地进行考察调研。

3月24日　县政协主席尤玲娟、秘书长顾海飞参加河长制监督活动。

3月25日　县政协举行跃龙街道车河社区委员联络站成立挂牌仪式，县政协主席尤玲娟，秘书长顾海飞出席。

同日　县政协民主监督组对县综合执法局进行民主监督活动。

3月26日　县政协副主席潘作飞参加宁波市政协“五水共治”民主监督座谈会。

3月27日　县政协召开九届三十九次主席会议。

4月2日　县政协组织政协委员对宁海县“黑河、臭河、垃圾河”整治情况进行专题视察。

4月9日　浙江省诗词与楹联学会会长祁茗田到宁海县考察“诗词之乡”创建工作情况。县政协副主席杨象轮陪同考察。

4月20日　辽宁省辽阳县政协一行到宁海县调研中小微企业发展情况。

4月28日　宁波市政协原副主席、政协之友联谊会副理事长陈大申等市政协之友联谊会成员一行到宁海县考察宁波南部滨海新区和茶院乡许家山村的发展情况。

4月29日　县政协召开九届四十次主席会议。

5月5日　县政协组织委员到大佳何镇开展基层工作情况调研。

5月5—6日　县政协组织相关委员到桐庐县开展调研考察活动。

5月6日　县政协主席尤玲娟、副主席邬汝跃参加县政协重点提案办理协商会。

5月11日　县政协副主席邬汝跃参加宁波市政协信息工作座谈会。

同日　县政协组织经济界委员开展界别活动。

5月27日　县政协召开九届四十一次主席会议。

同日　县政协组织新委员进行培训。

6月9日　县政协召开“依法治县”询政会。县政协主席尤玲娟，副主席邬汝跃、潘作飞、张水仙、杨象轮、王鸿飞，秘书长顾海飞参加会议。

6月12日　县政协组织政协委员视察城乡环境整治工作。

6月19日　县政协召开九届四十二次主席会议。

6月30日　县政协召开九届十六次常委会议。

7月6日　县政协主席尤玲娟陪同台州市政协主席元茂荣和宁波市政协领导一起调研三

门湾的联动发展问题。

7月9日 县政协举行深化行政审批制度改革季度协商会。

7月14日 县政协主席尤玲娟、副主席潘作飞、秘书长顾海飞走访慰问部分受台风灾害的县政协委员。

同日 县政协组织部分政协委员对城区易涝点排涝水情况开展专项视察监督活动。

7月21日 县政协副主席杨象轮参加茶山抽水蓄能电站建设工程领导小组（扩大）会议。

7月27日 县政协召开九届四十三次主席会议。

8月7日 县政协举行政情通报会。

8月11日 宁波市政协副主席徐明夫带领市政协科技界一组委员就宁波南部滨海新区开发建设情况进行视察。

8月18日 中央社会主义学院党组成员、副院长张峰带队调研宁海县基层协商民主建设工作。

8月25日 河南省新县政协主席施业盛一行到宁海县考察国家登山健身步道情况。县政协主席尤玲娟、副主席杨象轮、秘书长顾海飞陪同。

8月27日 县政协召开九届四十四次主席会议。

8月28日 县政协召开“森林宁海”政情交流会。

9月6—7日 宁波市政协主席唐一军带领市政协特邀界一组政协委员视察宁波南部滨海新区开发建设情况。县政协主席尤玲娟，副主席杨象轮、王鸿飞，秘书长顾海飞陪同。

9月11日 县政协副主席张水仙带领有关委员赴舟山市定海区进行学习考察。

9月15日 县政协召开城区交通管理季度协商会。

9月18日 县政协主席尤玲娟，副主席邬汝跃、潘作飞，秘书长顾海飞参加县政协开展的“共话履职”主题沙龙活动。

9月25日 县政协举行2015年中秋茶话会。

9月28日 县政协组织部分医卫界专家到深甽镇望海岗开展送医下乡活动。

9月29日 县政协召开九届四十五次主席会议。

10月12日 省政协副主席陈艳华一行到宁海县督查县“两路两侧”“四边三化”专题整治工作落实情况。

10月15日 县政协秘书长顾海飞带领部分政协委员到岔路镇梅花村开展送医送光明活动。

10月20日 县政协组织部分政协委员到长街镇隔洋塘村开展送农技下乡活动。

10月21日 县政协组织部分政协委员到跃龙街道屠岙胡村同乐园开展送文化下村活动。

10月22日 县政协召开提案办理工作民主评议会。

10 月 23 日　县政协召开九届四十六次主席会议。

10 月 27 日　县政协组织部分政协委员专题视察三门湾大桥及接线工程建设情况。

11 月 3 日　全国政协委员、广西壮族自治区政协副主席彭钊一行到宁海县考察现代渔业发展情况。

11 月 23 日　宁波市政协副主席徐明夫一行到宁海县长街镇视察“五水共治”工作。

12 月 2 日　县政协召开九届四十七次主席会议。

12 月 3—4 日　县政协副主席杨象轮参加县党政代表团赴慈溪、杭州湾新区学习考察。

12 月 4 日　县政协主席尤玲娟带领部分县政协委员对县政协九届四次会议提出的重点提案之一《关于加快“三车”治理工作的建议》办理落实情况进行督查。

12 月 7 日　县政协副主席杨象轮组织政协委员对深甽镇的乡村特色文化建设情况进行民主监督。

12 月 8 日　县政协主席尤玲娟带领县妇联、镇（街道）政协工委负责人就全县美丽庭院建设推进情况开展专题调研。

12 月 10 日　县政协召开有关部门负责人参加的政协工作座谈会。

12 月 15 日　县政协副主席潘作飞陪同省政协委员、省注册税务师协会会长邢幼平，市政协人资环和城建委副主任袁德云带领的省市“消除 6000”收入核查小组对全县“消除 6000”收入情况进行核查。

12 月 16 日　县政协主席尤玲娟到西店镇望海村检查指导新农村建设工作。

12 月 25 日　县政协主席尤玲娟、副主席邬汝跃带领部分政协委员对《关于加快解决宁海一市东岙饮水难问题的建议》的提案落实情况进行实地督查。

12 月 30 日　县政协召开九届四十八次主席会议。

2016 年

1 月 5 日　县政协召开“十三五”规划编制专题协商会。县政协主席尤玲娟，副主席邬汝跃、潘作飞、张水仙、杨象轮、王鸿飞，党组成员潘红月参加。

1 月 6 日　县政协召开九届四十九次主席会议。

1 月 8 日　县政协召开九届十八次常委会议。

1 月 9 日　宁波市经合局组织的由浙江省政协委员、宁波市政协常委、宁波佛教协会会长、天童禅寺方丈诚信法师和各界爱心人士组成的慰问组，到胡陈乡沙地下村走访慰问困难群众，县政协主席尤玲娟、副主席潘作飞陪同慰问组一行。

1 月 20 日　县政协主席尤玲娟组织在宁海的市政协委员到黄坛镇峰山村视察当地乡村旅游发展情况。

1 月 22—23 日　县政协主席尤玲娟参加浙江省政协十一届四次会议。

1 月 24—28 日　县政协九届五次会议在国际会展中心三楼宁海厅召开。

2月4日　县政协召开九届五十次主席会议。

2月19—25日　县政协主席尤玲娟、副主席张水仙参加市政协十四届五次会议。

3月1日　县政协召开九届五十一次主席会议。

3月11日　全县建议提案交办工作会议召开，县政协副主席邬汝跃出席。

3月14日　县政协主席尤玲娟、秘书长石道伟到西店镇香石村开展蹲点调研。

3月22日　宁波市政协副主席徐明夫一行视察宁海县“五水共治”工作，县政协副主席邬汝跃陪同视察活动。

同日　县政协组织部分政协委员视察监督棚户区改造工作，县政协主席尤玲娟，副主席杨象轮、潘红月，秘书长石道伟参加视察监督活动。

3月31日　宁海县平调研究会会员代表大会暨第二届理事会换届会议召开，选举产生新一届理事会成员。县政协主席尤玲娟、副主席杨象轮、秘书长石道伟参加。

4月1日　县政协副主席张水仙到西店镇参加宁波市各民主党派“同心·惠民”大型社会服务活动。

4月5日　县政协召开九届五十二次主席会议。

4月6—8日　县政协主席尤玲娟参加县考察组赴丽水、杭州两地学习考察当地特色小镇建设。

4月7日　宁波市政协副主席崔秀玲一行到深甽镇视察“五水共治”工作，县政协副主席邬汝跃陪同。

4月12—15日　县政协主席尤玲娟、副主席潘红月参加在徐州铜山区召开的全国部分县（市、区）政协工作交流会。

4月18日　宁波市政协副主席、党组副书记陈炳水一行到宁海县开展“加快打造宁波制造业创新中心”暨“加快杭州湾、象山港、三门湾保护和开发”课题调研。

4月20日　县政协主席尤玲娟陪同香港宁波同乡会会长、声宝—乐声（香港）有限公司主席李本俊率领的香港宁波同乡会代表团一行，考察宁海县经济社会发展情况。

4月23日　民建宁波市委会在深甽镇双湖小学开展“同心”阅览室成立暨赠书活动，县政协副主席张水仙、王鸿飞参加。

4月25—26日　县政协主席尤玲娟、秘书长石道伟参加市政协特邀一组在象山举行的界别活动。

4月28日　县政协召开特色小镇建设季度协商会。

同日　县政协召开九届五十三次主席会议。

5月5日　青田县政协到宁海县考察古镇开发和保护情况，县政协主席尤玲娟、秘书长石道伟陪同。

5月6日　县政协主席尤玲娟带领部分政协委员开展“进社区、访民生、察民情”活动。

5月10日　县政协开展重点实事工程视察监督活动，对回浦小学迁建工程、县中医院迁建工程、县第一医院住院楼扩建工程进行视察。

5月17日　全国政协文史和学习委员会副主任、中国国际茶文化研究会会长周国富一行调研宁海茶产业发展情况，县政协主席尤玲娟、秘书长石道伟陪同。

5月23—24日　县政协在县卫生计生局、县住建局召开九届五次会议提案办理协商会，县政协副主席邬汝跃参加。

5月30—31日　县政协主席尤玲娟、秘书长石道伟参加宁波市政协特邀一组在鄞州举行的界别活动。

5月31日　县政协召开九届五十四次主席会议。

6月2—3日　上海市金山区政协到宁海县调研新农村建设和乡村旅游开发工作，县政协主席尤玲娟、秘书长石道伟陪同。

6月3日　县政协副主席潘红月带领县政协民主评议工作组对县民政局工作开展调研。

6月6日　全国政协委员、浙江省政协副主席张泽熙带领文史委员一行到宁海县进行“发挥传统文化资源优势，促进旅游大平台建设”课题调研。县政协主席尤玲娟、副主席杨象轮陪同。

6月7日　宁波市政协副主席、市工商联主席崔秀玲到宁海县进行社会经济发展情况调研。县政协主席尤玲娟、秘书长石道伟陪同。

6月8日　余姚市政协到宁海县考察调研古镇旅游开发工作。

6月10日　县政协副主席杨象轮赴绍兴小百花艺术学校参加宁海县首批平调艺术传承班学员毕业汇报表演。

6月14日　县政协退休老干部到越溪乡开展视察活动。

6月15日　县政协开展“两路两侧”整治情况民主监督活动。

6月17日　县政协召开九届五十五次主席会议。

6月20—25日　县政协主席尤玲娟参加市第十九期执政能力建设专题进修班学习活动。

6月29日　县政协召开九届二十次常委会议。

7月1日　县政协组织有关委员到东海社区走访调研。

7月4日　宁波市政协副主席陈炳水一行到宁海县调研农业农村发展工作情况。县政协主席尤玲娟、副主席邬汝跃、秘书长石道伟陪同调研活动。

7月6—7日　省政协主席乔传秀，市委副书记、代市长、市政协主席唐一军一行到宁海县调研湾区开发和保护工作情况，县政协主席尤玲娟、秘书长石道伟陪同调研活动。

7月8日　县政协主席尤玲娟参加市政协常委会议。

7月12日　宁波市委副书记、代市长唐一军到宁海县调研经济社会发展情况，县政协主席尤玲娟陪同。

7月21日　县政协主席尤玲娟参加县党政代表团赴三门、天台学习考察。

7月22日　县政协召开九届五十六次主席会议。

7月26日　县政协召开九届二十一次常委会议。

7月27—28日　县政协主席尤玲娟参加省政协主席读书会。

同日　县政协副主席邬汝跃参加县党政代表团赴仙居、临海学习考察。

8月2—3日　县政协主席尤玲娟、秘书长石道伟参加市政协特邀一组在奉化举行的界别活动。

8月3—4日　县政协副主席杨象轮参加浙江宁海抽水蓄能电站工程建设征地移民安置规划大纲审查会议。

8月10日　县政协主席尤玲娟参加市政协政情通报会。

8月17日　宁波市政协副主席陈安平一行到宁海县走访慰问部分市政协委员。县政协主席尤玲娟、秘书长石道伟陪同。

8月18日　省政协副主席、党组副书记王建满一行调研宁海县居家养老工作情况。县政协主席尤玲娟、副主席潘红月、秘书长石道伟陪同。

同日　宁波市政协副主席郁伟年一行对宁海县开展“五水共治”提案办理民主督查活动，实地考察宁海县美丽乡村建设情况，县政协副主席邬汝跃陪同。

8月27日　县政协主席尤玲娟参加宁波市政协十四届二十六次常委会议。

8月29日　县政协召开九届五十七次主席会议。

8月30日　县政协召开养老产业发展季度协商会。

9月12日　县政协举行2016年中秋茶话会。

9月19日　市县两级政协到西店镇联动开展“三下乡”惠民服务活动，县政协主席尤玲娟、副主席杨象轮、秘书长石道伟参加。

9月29日　县政协召开九届五十八次主席会议。

10月8—9日　县政协主席尤玲娟、秘书长石道伟参加宁波市政协特邀一组在慈溪举行的界别活动。

10月10日　宁波市政协主席杨戌标到宁海县开展调研活动。县政协主席尤玲娟、副主席王鸿飞、秘书长石道伟陪同。

10月17日　县政协主席尤玲娟、秘书长石道伟带领部分县政协委员对县政协九届五次会议提出的重点提案《加快我县内涝防治体系建设的建议》办理落实情况开展督查活动。

10月18日　县政协在跃龙街道银河社区召开社区事务协商会，县政协主席尤玲娟、副主席潘红月、秘书长石道伟出席。

10月20日　县政协召开提案办理工作民主评议会，县政协副主席邬汝跃出席。

同日　县政协副主席杨象轮参加县平调传承班汇报演出暨平调艺术周启动仪式。

10月20—21日　县政协主席尤玲娟、秘书长石道伟参加市政协特邀一组在镇海举行的界别活动。

10月24日　县政协召开九届五十九次主席会议。

11月2日　县政协召开九届二十二次常委会议。

11月3日　县政协主席尤玲娟、副主席张水仙出席县两会代表选举暨政协委员协商推荐工作会议。

11月10日　县政协副主席杨象轮陪同中华诗词学会常务副会长李文朝带领的验收考评组检查验收宁海县创建“中华诗词之乡”情况。

11月11日　县政协举行县民政局工作民主评议会。

11月18日　宁波市政协中共界委员一行视察宁海生态文明建设。县政协主席尤玲娟、秘书长石道伟陪同视察。

同日　黑龙江省桦南县政协考察组一行到宁海县考察，县政协副主席潘红月陪同。

11月29日　县政协召开九届六十次主席会议。

12月1日　山东省临沂市罗庄区政协主席孙建中一行到宁海县进行考察调研。县政协主席尤玲娟、秘书长石道伟陪同考察。

12月8日　浙江省政协副主席、党组副书记陈加元一行到宁海县进行调研活动，县政协副主席王鸿飞、潘红月陪同。

12月14日　县政协召开专题协商会，协商讨论县第十四次党代会报告（征求意见稿）。

12月15日　县政协组织部分政协委员视察全县乡村旅游工作情况。

12月20日　县政协通过电话会议形式召开九届二十三次常委会议。

12月26—29日　县政协主席尤玲娟，副主席邬汝跃、张水仙、杨象轮、潘红月，代秘书长蒋善琪参加宁海县第十四次党代会。

2017年

1月5日　县政协召开九届六十一次主席会议。

1月9日　县政协召开九届六十二次主席会议。

1月11日　县政协主席尤玲娟、代秘书长蒋善琪到西店镇走访慰问困难职工和群众。

1月12日　县政协召开九届二十四次常委会议。

1月13日　县政协主席尤玲娟参加市政协政情通报会。

1月14—19日　县政协主席尤玲娟参加省政协十一届五次会议。

1月16日　上虞市政协到宁海县考察交流，县政协副主席潘红月陪同。

1月19日　县政协举办新委员培训会，县政协副主席邬汝跃出席。

1月25日　县政协召开九届六十三次主席会议。

2月3日　宁波市政协副主席李太武一行赴西店镇调研新农村建设情况，县政协主席尤玲娟、代秘书长蒋善琪陪同调研活动。

2月7日　县政协党组召开民主生活会。

2 月 13 日　县政协主席尤玲娟、副主席邬汝跃、代秘书长蒋善琪检查县政协十届一次会议布置及相关准备工作。

2 月 14—19 日　县政协十届一次会议在宁海国际会展中心三楼宁海厅召开。2 月 19 日选举产生政协第十届宁海县委员会主席尤玲娟，副主席邬汝跃、尤永成、杨象轮、华祥平、何建春、童青燕，秘书长蒋善琪和常务委员 43 名。

同日　县政协召开十届一次主席会议和十届一次常委会议。

2 月 28 日　县政协召开十届二次主席会议。

3 月 2 日　县政协会同有关部门举行首届“女性健康节”“关爱环卫女工”活动启动仪式，县政协副主席尤永成出席。

3 月 6 日　辽宁省本溪满族自治县政协到宁海县考察调研体育与旅游产业融合情况，县政协副主席童青燕陪同。

3 月 8 日　县政协主席尤玲娟参加市政协十四届二十七次常委会议。

3 月 10 日　县政协主席尤玲娟、秘书长蒋善琪组织部分政协委员和相关部门负责人视察洋溪河道整治工作。

3 月 14 日　江山市政协到宁海县考察调研城乡公交一体化建设情况，县政协副主席华祥平陪同调研。

3 月 16 日　县政协主席尤玲娟、副主席尤永成、秘书长蒋善琪组织在宁海的十五届宁波市政协委员举行座谈会。

3 月 21 日　县政协召开十届三次主席会议。

3 月 22 日　县政协主席尤玲娟，副主席邬汝跃、尤永成、杨象轮、华祥平、何建春、童青燕，秘书长蒋善琪参加省政协聚焦全面剿灭劣Ⅴ类水，深化开展“三级政协联动、万名委员同行、助推‘五水共治’决战治污水、大战防洪水排涝水”专项集体民主监督动员会暨“干、查、督”大行动启动仪式视频会议。

3 月 23 日　宁波市政协副主席徐明夫一行到宁海县开展“‘五水共治’决战治污水、大战防洪水排涝水”专项集体民主监督“干、查、督”大行动。县政协主席尤玲娟、副主席华祥平、秘书长蒋善琪陪同。

3 月 24 日　县政协主席尤玲娟参加宁波市政协委员学习会。

3 月 30 日　县政协主席尤玲娟参加市政协十四届二十八次常委会。

4 月 1—5 日　县政协组织委员奔赴全县 18 个乡镇（街道）开展“五水共治”专项集体民主监督“干、查、督”大行动。县政协副主席邬汝跃、尤永成、杨象轮、华祥平、何建春、童青燕，秘书长蒋善琪参加。

4 月 6—12 日　县政协主席尤玲娟参加宁波市政协十五届一次会议。

4 月 12—14 日　县政协副主席何建春组织有关委组赴南京市开展残疾人就业问题调研。

4 月 18—19 日　县政协副主席华祥平带队赴宁波、杭州湾开展开发区整合提升调研。

4月19日　江西省新余市政协一行到宁海县考察工业产业集群及产业服务体系建设情况。

4月19—20日　县政协主席尤玲娟率民主监督组暗访全县部分乡镇（街道）小微水体治理情况，副主席尤永成、华祥平，秘书长蒋善琪参加。

4月21日　县政协之友社召开八届一次会议。

4月22日　宁波市政协副主席、民建市委会主委张明华一行到宁海县开展以“让我们在阅读中一起成长”为主题的民建“同心阅览室”成立暨赠书活动。

4月25日　县政协主席尤玲娟，副主席邬汝跃、杨象轮、童青燕，秘书长蒋善琪参加“海峡两岸纪念潘天寿120周年诞辰大师故里系列活动”开幕式。

4月27日　县政协副主席何建春一行赴余姚市开展残疾人就业调研。

4月28日　县政协召开十届四次主席会议。

5月3日　县政协召开促进残疾人就业季度协商会。

5月3—5日　县政协主席尤玲娟随同县党政代表团赴云南省宜良县进行考察。

5月6日　云南省政协副主席杨嘉武一行到宁海县考察徐霞客游线及旅游文化价值的挖掘和利用工作，县政协副主席杨象轮陪同。

5月9日　县委书记杨勇到县政协调研。县政协主席尤玲娟，副主席邬汝跃、尤永成、杨象轮、华祥平、何建春、童青燕，秘书长蒋善琪参加。

5月9—12日　县政协副主席华祥平带队赴深圳开展开发区整合提升工作调研。

5月10—11日　省政协副主席陈艳华到宁海县调研，县政协主席尤玲娟、秘书长蒋善琪陪同。

5月11日　县政协在交通局召开县政协十届一次会议提案办理协商会，县政协副主席邬汝跃出席。

5月16日　江苏省江阴市政协到宁海县考察特色镇（村）建设情况，县政协副主席华祥平陪同。

同日　江西省武宁县政协一行到宁海县进行考察调研活动，县政协副主席何建春陪同。

5月16—17日　县政协副主席邬汝跃参加宁波市政协之友社活动。

5月17日　县政协主席尤玲娟、副主席华祥平、秘书长蒋善琪参加市政协民主监督暨民主评议调研活动。

5月23—26日　全国十九县（市、区）政协工作交流会在四川都江堰市政协召开，县政协副主席杨象轮参加。

5月27日　县政协召开政情交流会。

5月31日　县政协召开十届五次主席会议。

6月1日　宁波市政协副主席、民建市委会主委张明华到宁海县调研乡村旅游工作情况，县政协主席尤玲娟陪同。

同日　县政协副主席何建春参加全市政协社法和民宗委、港澳台侨委和外事委工作座谈会。

6月6日　县政协副主席邬汝跃参加宁波市提案工作座谈会。

6月7日　县政协主席尤玲娟，副主席尤永成、华祥平，秘书长蒋善琪赴长街开展小微水体整治督查活动。

6月8日　县政协主席尤玲娟、秘书长蒋善琪带领县发改局、国土资源局、水利局等单位相关负责人对全县高标准基本农田建设情况进行调研。

同日　福建省周宁县政协到宁海县考察调研，副主席尤永成陪同。义乌市政协到宁海县考察调研，县政协副主席何建春陪同。

6月9日　宁波市政协主席杨戌标带领在甬省政协委员一行到宁海县考察调研，县政协主席尤玲娟、秘书长蒋善琪陪同。

同日　县政协民主监督组到县体育管理中心开展民主监督活动，县政协副主席尤永成参加。

6月13日　县政协副主席何建春参加县公安局重点议提案办理工作会议。

同日　杭州桐庐县政协一行到宁海县考察调研活动，县政协副主席杨象轮陪同。

6月14日　丽水市松阳县政协一行到宁海县考察调研，县政协副主席何建春陪同。

6月14—16日　县政协副主席邬汝跃带领县政协之友社相关人员赴舟山开展活动。

6月15日　宁波市政协副主席、九三学社宁波市委会主委叶正波带领的市政协第九调研督导组，到宁海县调研地质灾害综合治理工作，县政协副主席华祥平陪同。

6月20日　县政协召开十届六次主席会议。

6月23日　县政协副主席杨象轮参加宁波市政协文史工作交流会。

6月27日　宁波市江北区政协主席邹宇明率市政协委员江北联络组到宁海县视察调研，县政协主席尤玲娟、副主席尤永成、秘书长蒋善琪陪同。

6月28日　县政协副主席华祥平参加宁波市政协“五水共治”专项集体民主监督工作推进会。

同日　县政协副主席、宁海抽水蓄能电站建设政策处理总指挥杨象轮出席浙江省宁海抽水蓄能电站建设征地和移民安置协议签约仪式。

6月29日　县政协召开十届二次常委会议。

6月30日　舟山市嵊泗县政协一行到宁海县考察调研，县政协副主席童青燕陪同。

7月4日　省政协副主席孙文友带领省政协监督调研组到宁海县监督调研“最多跑一次”改革举措落实情况，县政协主席尤玲娟、秘书长蒋善琪陪同。

7月6日　宁波市海曙区政协一行到宁海县考察调研，县政协主席尤玲娟、副主席何建春陪同。

7月7日　县政协组织在宁海的市政协委员视察全县“五水共治”推进情况，县政协主席尤玲娟，副主席尤永成、华祥平，秘书长蒋善琪参加。

7月10日　县政协主席尤玲娟、秘书长蒋善琪赴教育局开展“大脚板走一线，小分队破难题”学前教育提升调研活动。

同日　县政协副主席杨象轮参加县委书记杨勇到大佳何镇组织开展的“昼访夜谈、蹲点破难”抓落实系列活动。

7月11—12日　县政协副主席邬汝跃、华祥平、何建春、童青燕分赴各自联系社区开展“大脚板走一线，小分队破难题”助推城乡社区建设调研活动。

7月12—13日　宁波市政协机关到宁海县开展党建活动，县政协主席尤玲娟、副主席邬汝跃、秘书长蒋善琪陪同。

7月17日　嘉兴市秀洲区政协到宁海县考察调研，县政协副主席何建春陪同。

7月18日　县政协共青团（青联）界委员联络站召开座谈会，县政协副主席尤永成出席。

7月19日　县政协副主席华祥平参加宁波市政协经科委工作交谈会。

同日　河南省许昌市政协党组副书记熊广田一行到宁海县考察调研，副主席童青燕陪同。

7月20日　宜都市政协一行到宁海县考察调研，县政协副主席何建春陪同调研。

7月25—27日　县政协主席尤玲娟、秘书长蒋善琪带领部分政协专委会成员赴湖州市开展全域旅游和生态建设调研。

7月26日　贵州省晴隆县政协一行到宁海县考察调研，县政协副主席邬汝跃陪同。

7月27日　四川省都江堰市政协一行到宁海县考察调研，县政协副主席杨象轮、童青燕陪同。

7月28日　县政协召开十届七次主席会议。

7月31日　县政协副主席何建春参加宁波市政协“最多跑一次”改革举措落实情况专项集体民主监督市直部门专题汇报会。

8月8日　宁波市政协副主席林静国一行到宁海县调研县抽水蓄能电站建设情况和开展“最多跑一次”改革举措落实情况专项集体民主监督活动，县政协主席尤玲娟、副主席杨象轮、秘书长蒋善琪陪同。

8月9日　省政协常委、港澳台侨和外事办主任汤为平一行到宁海县调研基层文化建设工作，县政协主席尤玲娟、副主席何建春、秘书长蒋善琪陪同。

8月10日　县政协举行政情通报会。

8月14—15日　县政协主席尤玲娟随同县党政代表团赴鄞州区、慈溪市和湖州市安吉县等地学习考察。

8月28日　县政协召开十届八次主席会议。

9月7日　宁波市政协副主席崔秀玲一行到宁海县调研地方文献整理与出版情况，县政协副主席杨象轮陪同。

9月8日　县政协主席尤玲娟带领部分政协委员，对县政协《关于落实“最多跑一次”改革精神建议》这一重点提案的办理落实情况进行督查，并开展“最多跑一次”改革举措落实情况专项民主监督。县政协副主席邬汝跃、华祥平、童青燕，秘书长蒋善琪参加。

9月18日　县政协组织部分政协委员专题视察农业供给侧改革推进情况。县政协主席尤玲娟，副主席邬汝跃、华祥平、何建春、童青燕参加。

9月21日　县政协召开推动节庆持续发展季度协商会，县政协副主席尤永成、杨象轮、何建春出席。

9月25—28日　县政协在浙江大学举行第一期十届政协委员培训班，县政协副主席尤永成、华祥平、何建春，秘书长蒋善琪参加。

9月29日　县政协召开十届九次主席会议。

9月30日　县政协举行2017年中秋茶话会。

10月9—12日　县政协十届政协委员第二期培训班在浙江大学举行，县政协副主席邬汝跃、童青燕参加。

10月18日　县政协组织有关委员视察县中医医院。

10月19日　县政协召开提案办理工作民主评议会。

10月25日　县政协召开十届十次主席会议。

10月26日　县政协到强蛟镇组织开展以“学习贯彻十九大　共创美好新生活”为主题的“送文化、卫生、科技、教育、法律、体育”惠民服务活动。县政协主席尤玲娟，副主席邬汝跃、尤永成、杨象轮、童青燕，秘书长蒋善琪参加。

10月30日　县政协召开十届三次常委会议。

同日　县政协举办专题辅导讲座学习中共十九大精神。

11月8日　宁波市政协副主席郁伟年带队的市政协委员和致公党宁波市委会委员一行到宁海县调研美丽乡村建设，县政协副主席邬汝跃陪同。

11月16日　县政协主席尤玲娟到西店镇香石村宣讲中共十九大精神。

11月17日　省政协副主席郑继伟一行到宁海县调研传统文化保护与传承工作，县政协主席尤玲娟、副主席童青燕陪同。

11月21日—12月3日　县政协副主席华祥平赴青岛参加全国政协干部培训班学习。

11月23日　宁波市政协主席杨戌标一行到宁海县跃龙街道人大代表联络站，听取基层人大代表、有关部门和群众对《宁波市居家养老服务条例（草案修改稿）》的意见和建议，县政协主席尤玲娟、秘书长蒋善琪陪同。

12月1日　县政协召开十届十一次主席会议。

12月7—8日　县政协主席尤玲娟、秘书长蒋善琪参加宁波市政协特邀一组活动。

12月8日　嘉善县政协一行到宁海县考察调研全域旅游发展工作情况，县政协副主席邬汝跃陪同。

12月13日　县政协召开提案委员会会议，县政协副主席邬汝跃参加。

12月27日　县政协组织在县的市政协委员视察“城乡和美”精品线工程力洋段建设情况。

12月28日　县政协召开十届十二次主席会议。

12月29日　县政协主席尤玲娟参加宁波市政协常委会议。

同日　县政协召开各界别和工委述职座谈会，县政协副主席尤永成出席。

第一篇　政协组织

人民政协是全国人民的爱国统一战线组织，是中国共产党领导的多党合作和政治协商的重要机构，是我国政治生活中发扬社会主义民主的重要形式。中国人民政治协商会议浙江省宁海县委员会（以下简称县政协），由中国共产党、民主党派、工商联、无党派人士、人民团体、少数民族和经济、科技、教育、农林、医卫、文化、体育、新闻、宗教等各界的代表人士、港澳台同胞归侨侨眷的代表及特别邀请人士组成。主要职能是组织参加县政协的各党派、各团体和各界人士开展政治协商、民主监督、参政议政。

根据《中国人民政治协商会议章程》（以下简称《政协章程》）规定，县政协设常务委员会（以下简称常委会）主持会务，设置政协办公室、提案委员会、经济科技和城建资源环境委员会、教文卫体和文史资料委员会、社会法制和港澳台侨委员会、委员工作委员会等机关工作机构。

中共宁海县政协党组织有中共宁海县政协党组、中共宁海县政协机关党组、政协机关党总支、政协机关党支部和办公室退休党支部。

县政协每届任期按照修订的《政协章程》规定为5年。

第一章　政协宁海县委员会及其常委会

宁海县政协是中共宁海县委领导的多党合作和政治协商的重要机构，是宁海人民爱国统一战线的组织。

政协宁海县委员会的参加单位、委员名额和人选及界别设置，经政协主席会议审议同意后，由常务委员会协商决定。政协委员的产生，一般经过由有关人民团体、无党派人士、各个界别等协商提名推荐，由县委组织部、县委统战部和县政协党组反复协商形成建议名单，由县政协主席会议审议同意后，常务委员会协商决定。在每届委员会任内，如有必要增加或变更参加单位、委员名额和决定人选，由本届县政协常委会协商决定。

常委会是委员会常设机构。由政协主席、副主席、秘书长和常务委员组成，其候选人由参加县政协的各党派、团体和各界代表人士协商提名，经全体会议选举产生。县政协主席主持常务委员会工作，副主席、秘书长协助主席工作。按照需要，县政协设副秘书长1人至数人，协助秘书长工作。副秘书长人选由秘书长提名经常委会通过任免。

为贯彻中国共产党领导的多党合作和政治协商制度，县政协每届委员、常委名额中，中共党员与民主党派、无党派人士保持一定比例。

第一节 第八届委员会及其常委会

县政协第八届委员会自2007年2月至2012年2月，任期5年。

委员会

2007年1月15日，县政协七届二十次常委会议协商通过县政协第八届委员会委员名单，并在新闻媒体上向社会公布。县政协第八届委员会由18个界别221名委员组成。上届委员在第八届连任的有114名，占51.5%，新任委员107名，占总数的48.5%。在新任委员中有一批学历较高，在经济建设和促进祖国统一大业中发挥积极作用的代表人士。县政协第八届委员会委员平均年龄比七届委员平均年龄有所下降，51岁以上人数占委员总数的15.8%，40岁以下的占委员总数的34.4%。大专以上文化172名，占委员总数的77.8%，其中研究生5名，本科生105名，具有中高职称的83名。委员中，中共界15名，无党派人士界4名，共青团（青联）界9名，工会界9名，妇联界9名，工商联界16名，科协界7名，侨联界9名，文艺体育界13名，科技界13名，新闻社科界12名，经济界26名，农林界15名，教育界11名，医卫界10名，社会保障与福利界6名，宗教少数民族界8名，特邀界29名。委员中，中共党员86名，占委员总数的38.9%，民主党派和无党派人士135名，占委员总数的61.1%，妇女委员49名，占委员总数的22%。

2007年6月5日，县政协八届二次常委会议增补委员1名。2007年10月10日，县政协八届三次常委会议增补委员10名，辞去委员1名。2008年1月31日，县政协八届四次常委会议增补委员8名，辞去委员2名。2008年6月5日，县政协八届六次常委会议辞去委员2名。2009年1月14日，县政协八届八次常委会议增补委员5名，辞去委员2名。2009年6月23日，县政协八届十一次常委会议增补委员1名，辞去委员1名。2009年10月15日，县政协八届十二次常委会议增补委员12名，辞去委员10名。2010年4月20日，县政协八届十五次常委会议增补委员1名，辞去委员1名。2010年12月28日，县政协八届十八次常委会议增补委员1名，辞去委员1名。2011年1月12日，县政协八届二十次常委会议辞去委员1名。2011年8月25日，县政协八届二十二次常委会议增补委员1名。

常委会

2007年2月3日，县政协八届一次会议在宁海影都百花厅召开，选举产生第八届委员会主席、副主席、秘书长和常务委员共45人组成常委会。主席杨加和，副主席项松春、赵秀萍（女）、潘作飞、张水仙（女）、杨象轮，秘书长朱行开（2008年1月22日止），常委王坚、王必月、王伟平、王贤飞、王昌良、王秋芬（女，2009年10月15日止）、王爱明、王鸿飞、王维明、叶玉葵（女）、叶亚珍（女）、叶信礼、田永敏、冯建伟、任治江、邬岳伟、刘尚才、杨定为、何建春、何晓道、汪超英、张琼、张亚明、陈平、陈昌凯、陈维贵、胡金学、赵宏仁、顾初青、夏慧辉、徐和开、郭瑞远、屠伟勤、韩向民（女）、葛文跃（2008年8月30日止）、释有圆、游坚波、戴正。常委中，中共党员17名，占37.7%，民主党派和无党派人士28名，占62.3%，女常委6名。常委平均年龄46.1岁，大专以上文化程度36名。

2011年1月10日，县政协八届五次会议召开，增选尤玲娟（女）为县政协八届委员会副主席。

2007年2月7日，县政协八届一次常委会议召开，由秘书长朱行开提议，任命徐和开、陈平、张亚明、任治江4人为政协第八届宁海县委员会副秘书长。

2008年1月31日，县政协八届四次常委会议（延续）同意朱行开辞去政协第八届宁海县委员会秘书长、办公室主任职务，同意陈昌凯辞去八届政协常务委员和委员职务，增补石道伟为八届政协委员，任命石道伟为县八届政协副秘书长、代秘书长、办公室主任。

2008年2月19—21日，县政协八届二次会议召开，补选石道伟为县政协八届委员会秘书长，增选王建平为县政协八届委员会常委。

2008年6月5日，县政协八届六次常委会议同意石道伟辞去县政协八届委员会秘书长、办公室主任职务，同意葛文跃辞去县八届政协常委和委员职务。

2009年1月14日，县政协八届八次常委会议增补骆再松为八届政协委员，任命骆再松为县政协八届委员会副秘书长、代秘书长、办公室主任。

2009年2月12日，县政协八届三次会议召开，补选骆再松为县八届政协委员会秘书长。

第二节　第九届委员会及其常委会

县政协第九届委员会自2012年2月至2017年2月，任期5年。

委员会

2012年1月5日，县政协八届二十四次常委会议协商通过县政协第九届委员会委员名单，并在新闻媒体上向社会公布。县政协第九届委员会由18个界别246名委员组成。上届委员在第九届连任的有106名，占43.1%，新任委员140名，占总数的56.9%。在新任委员中，吸收了一批各党派、各人民团体、社会各界代表人士，增添了新鲜血液，增强了人民政协活力。县政协第九届委员会委员年龄结构：60岁以上3名，占委员总数的1.2%，51岁至60岁的38名，占委员总数的15.4%，41岁至50岁的133名，占委员总数的54.1%，

40岁以下72名，占委员总数的29.3%。大专以上文化程度的203名，占委员总数的82.5%，其中研究生21名，具有中高级职称的76名。委员中，中共界17名，无党派人士界6名，共青团（青联）界10名，工会界10名，妇联界10名，工商联界20名，科协界7名，侨联界12名，文艺体育界14名，科技界12名，新闻社科界13名，经济界28名，农林界18名，教育界12名，医卫界11名，社会保障与福利界7名，宗教少数民族界7名，特邀界32名。委员中，中共党员97名，占委员总数的39.4%，民主党派和无党派人士149名，占委员总数60.6%。妇女委员79名，占委员总数的32.1%。委员中一线工人、农民和社会组织人选均比上届政协有不同程度的增加。

2013年1月6日，县政协九届四次常委会议增补委员27名，辞去委员18名。2013年8月14日，县政协九届七次常委会议增补委员1名，辞去委员1名。2014年1月13日，县政协九届九次常委会议增补委员13名，辞去委员14名，撤销委员资格1名。2014年9月5日，县政协九届十二次常委会议增补委员5名，辞去委员7名。2014年12月30日，县政协九届十四次常委会议增补委员10名，辞去委员7名。2015年6月30日，县政协九届十六次常委会议决定增补委员3名。2016年1月8日，县政协九届十八次常委会议决定增补委员16名，辞去委员12名。2016年7月26日，县政协九届二十一次常委会议决定增补委员3名，辞去委员2名。2016年12月20日，县政协九届二十三次常委会议决定增补委员1名，辞去委员1名。

常委会

2012年2月18日，县政协九届一次会议在宁海影都百花厅召开，选举产生第九届委员会主席、副主席、秘书长和常务委员共45人组成常委会，主席尤玲娟（女），副主席邬汝跃、潘作飞、张水仙（女）、杨象轮、王鸿飞，秘书长骆再松，常委王坚、王为富、王宁芳（女）、王声旺、王贤飞、王照栈、尤飞君、方永杰、叶玉葵（女）、叶亚珍（女）、邬雷科、刘尚才、吴黎华、何建春、汪伟东、陈平、陈云苍、陈国盛、陈雪强、陈焕灿、陈维贵、林仙菊（女）、胡芳园（女）、胡金学、胡振飞、娄坚、娄培宗、骆武弘、夏慧辉、钱晓茗（女）、徐和开、葛永土、蒋敏、蒋震林、释显德（女）、童青燕（女）、谢敏慧（女）、谢常夫。常委中，中共党员17名，占39.7%，民主党派和无党派人士26名，占60.3%，女常委9名。常委平均年龄45.8岁。大专以上文化程度36名。

2012年3月27日，县政协九届一次常委会议召开，由秘书长骆再松提议，任命徐和开、陈平、谢常夫、邬雷科等4人为县政协第九届委员会副秘书长。

2012年9月18日，县政协九届三次常委会议召开，决定撤销葛永土县政协第九届委员会常委、委员资格。

2013年1月6日，县政协九届四次常委会议，同意王宁芳（女）、林仙菊（女）、童青燕（女）、谢敏慧（女）辞去常委、委员职务。

2013年1月20日，县政协召开九届二次会议，补选王朝衡、冯宗杰、张燕（女）、金玲丽（女）、高剑峰、蒋思才、蔡玲华（女）7人为政协宁海县第九届委员会常务委员。

2013年8月14日，县政协九届七次常委会议召开，同意骆再松辞去政协第九届宁海县委员会秘书长、办公室主任职务，增补顾海飞为县九届政协委员，任命顾海飞为副秘书长、代秘书长、办公室主任。

2014年1月13日，县政协九届九次常委会议同意谢常夫、王照栈、陈维贵辞去县政协九届委员会常委、委员职务。

2014年2月9日，县政协九届三次会议召开，补选顾海飞为县政协九届委员会秘书长，增选叶挺、胡国恩为县政协九届委员会常委。

2014年9月5日，县政协九届十二次常委会议同意徐和开、陈平、邬雷科辞去县政协九届委员会常委、委员职务。

2014年12月30日，县政协九届十四次常委会议召开，同意汪伟东辞去县政协九届委员会常委、委员职务。

2015年1月11日，县政协九届四次会议召开，增选叶元军、吕国平、周武军、俞伟平、储江为县政协九届委员会常委。

2016年1月8日，县政协九届十八次常委会议召开，同意顾海飞辞去县政协秘书长、办公室主任职务，增补石道伟为县九届委员，任命石道伟为副秘书长、代秘书长、办公室主任，同意叶挺、陈云苍、高剑峰辞去常委、委员职务。

2016年1月27日，县政协召开九届十九次常委会议，同意潘作飞辞去九届政协副主席、委员职务。

2016年7月26日，县政协九届二十一次常委会议召开，同意吕国平、俞伟平辞去常委、委员职务。

2016年12月20日，县政协九届二十三次常委会议召开，同意石道伟辞去县政协秘书长、办公室主任职务，增补蒋善琪为政协委员，任命蒋善琪为县政协副秘书长、代秘书长、办公室主任。

第三节　第十届委员会及其常委会

县政协第十届委员会自2017年2月至2022年，本志下限2017年，记述到本届第一年。

委员会

2017年1月12日，县政协九届二十四次常委会议协商通过县政协第十届委员会委员名单，并在新闻媒体上公布。县政协第十届委员会由18个界别259名委员组成（一次会议实际推荐政协委员241名)。上届委员在第十届连任的有110名，占委员总数的45.6%，新任委员131名，占总数的55.4%。在新任委员中，吸收了一批各党派、各人民团体、社会各界代表人士，增添了新鲜血液，增强了人民政协活力。委员中大专以上文化程度221名，占委员总数的91.7%，其中研究生22名，有中高级职称的73名，占委员总数的30.3%。县政协第十届委员会委员平均年龄比上一届有所下降，40岁以下占委员总数的40.6%。委员中，中共界16名，无党派人士界8名，共青团（青联）界10名，工会界10名，妇联界10名，工商联界19名，科协界8名，侨联界10名，文艺体育界14名，科技界10名，新闻社科界13名，经济界28名，农林界17名，教育界12名，医卫界11名，社会保障与福利界8名，宗教少数民族界7名，特邀界30名。委员中，中共党员84名，占委员总数的34.9%，民主党派和无党派人士157名，占委员总数的65.1%，符合《政协章程》规定的要求。妇女委员85名，占委员总数的35.3%。委员中，优秀“新宁海人”委员25名，占委员总数的10.4%，非公有制经济代表人士47名，占委员总数的19.5%。

2017年10月30日，县政协十届三次常委会议增补委员7名，辞去委员5名。2018年1月10日，县政协十届四次常委会议增补委员8名，辞去委员5名。

常委会

2017年2月15日，县政协十届一次会议在宁海国际会展中心三楼宁海厅召开，选举产生第十届委员会主席、副主席、秘书长和常务委员共51人组成常委会。主席尤玲娟（女），副主席邬汝跃、尤永成、杨象轮、华祥平、何建春、童青燕（女），秘书长蒋善琪，常委王琛、王声旺、王贤飞、王雪莲（女）、方永杰、叶元军、叶玉葵（女）、冯坚、刘巧丽（女）、刘永夫、刘尚才、李静（女）、励蓉蓉（女）、张燕（女）、陈庆宇、陈珍莹（女）、陈益强、陈海中、陈焕苗、金玲丽（女）、周武军、胡军、胡钢、胡芳园（女）、胡金学、娄坚、娄培宗、骆武弘、夏慧辉、高虹（女）、郭琴华（女）、章开望、葛军、葛永照、蒋敏、蒋思才、储江、释有圆、鲍薇（女）、褚孟法、蔡玲华（女）、裴东良、戴正。常委中，中共党员占34.9%，非中共党员占65.1%，符合《政协章程》规定的要求。

2017年2月19日，县政协十届一次常委会议召开，由秘书长蒋善琪提议，任命叶元军、褚孟法、娄培宗、胡军、陈庆宇、陈珍莹（女）等6人为县政协第十届委员会副秘书长。

2017年10月30日，县政协十届三次常委会议同意蒋敏辞去县十届政协常委、委员职务。

2018年1月10日，县政协十届四次常委会议决定免去蒋善琪县政协办公室主任职务，任命胡余亨为县政协副秘书长、办公室主任。

第二章　政协专门委员会、工委

根据《政协章程》规定，县政协按照实际情况和工作需要，每届设立若干专门委员会和工委，由常务委员会决定。专门委员会和工委设主任 1 名，副主任若干名，由常务委员会任命，设委员若干名，由主席会议任命。专门委员会和工委是在常委会和主席会议领导下，组织县政协委员进行经常性活动的专门机构。专门委员会和工委工作是政协工作的基础，是政协履行职能的重要方式。专门委员会和工委主要任务是按照政协宁海县委员会全体会议、常务委员会会议和主席会议提出的各项任务，团结和联系委员及各族、各界人士，学习、宣传党和国家的方针政策和法律法规；听取委员和各界人士的意见和要求，向县党政领导部门反映社情民意；组织视察调研，开展专题研讨，积极参政议政；受理委员提案和督促推动提案办理；加强与港澳台同胞和海外侨胞的联谊活动，促进祖国统一大业的实现；做好文史资料的征集研究和编辑出版工作。

第一节　第八届委员会工作机构

2007 年 2 月 7 日，经县政协八届一次常委会议研究决定，县政协八届专门委员会设置提案委员会、经济科技和城建资源环境委员会、教文卫体和文史资料委员会、社会法制和港澳台侨委员会，跃龙街道政协工委、桃源街道政协工委、梅林街道政协工委、桥头胡街道政协工委、长街镇政协工委、力洋镇政协工委、西店镇政协工委、深甽镇政协工委。

提案委员会

主　任　任治江（2007 年 2 月至 2011 年 8 月）
　　　　邬雷科（2011 年 8 月任）
副主任　邬雷科（2007 年 2 月至 2011 年 8 月）
　　　　王秋芬（女，2011 年 8 月任）
委　员　丁建标（2009 年 10 月离任）　王洁民　万吉良（2009 年 10 月离任）
　　　　王福宪　江永平（2009 年 10 月任）　何建春　陈焕龙
　　　　范建军（2009 年 10 月任）　郑英明　娄培宗　傅红光（2009 年 10 月离任）

黄才向（2009 年 10 月任）

经济科技和城建资源环境委员会

主　任　张亚明（2007 年 2 月至 2011 年 8 月）

　　　　谢常夫（2011 年 8 月任）

副主任　金唯军（2007 年 2 月至 2009 年 6 月）

　　　　吴黎华（2009 年 6 月任）

委　员　王必月　王伟平　王贤飞　石　柔　冯建伟　邬国贤　杨浩毅　李时捷

　　　　郑志华　项大川　娄建明　徐伟忠　韩向民（女）　葛文跃　魏章焕

教文卫体和文史资料委员会

主　任　陈　平

副主任　齐荣清（2007 年 2 月至 2011 年 8 月）

　　　　薛　慧（女，2011 年 8 月任）

委　员　孔立军　吕国平（2009 年 10 月离任）　刘尚才　杨定为　吴伟宏　胡　军

　　　　赵宏仁　钱荣江　舒静芬（女，2009 年 10 月任）　潘家萍

社会法制和港澳台侨委员会

主　任　徐和开

副主任　潘微琼（女）

委　员　王元法　王秋芬（女，2009 年 10 月离任）　叶玉葵（女）　汪超英

　　　　张珊桂（女，2009 年 10 月至 2010 年 12 月）　张　琼　陈昌凯　陈振根

　　　　周相辉　郑英明　夏慧辉　谢宏明

镇（街道）政协工委

长街镇政协工委

主　任　张群力

副主任　王贵月（女）

力洋镇政协工委

主　任　林　红（女，2008 年 8 月任）

　　　　胡姣蓉（女，2008 年 8 月离任）

副主任　潘松源

西店镇政协工委

主　任　应满云（2009 年 10 月任）

　　　　应必越（2009 年 10 月离任）
副主任　娄晓华（女，2009 年 10 月任）
　　　　王华芬（女，2009 年 10 月离任）

深甽镇政协工委

主　任　童东凯（2009 年 10 月任）
　　　　王日辉（2009 年 10 月离任）
副主任　胡志汉（2009 年 10 月任）
　　　　童东凯（2009 年 10 月离任）

跃龙街道政协工委

主　任　陈云苍
副主任　金礼斌（2009 年 10 月任）
　　　　林彩云（女，2009 年 10 月离任）

桃源街道政协工委

主　任　应必越（2009 年 10 月任）
　　　　骆春波（2009 年 10 月离任）
副主任　孔松彪

梅林街道政协工委

主　任　薛参明（2008 年 8 月任）
　　　　叶元旺（2008 年 8 月离任）
副主任　叶显斌

桥头胡街道政协工委

主　任　汪秀邦（2009 年 10 月任）
　　　　张华飞（2009 年 10 月离任）
副主任　麻昌二（2009 年 10 月任）
　　　　陈双寅（2009 年 10 月离任）

第二节　第九届委员会工作机构

2012 年 3 月 27 日，经县政协九届一次常委会议研究决定，县政协九届专门委员会设置提案委员会、经济科技和城建资源环境委员会、教文卫体和文史资料委员会、社会法制和港澳台侨委员会。2015 年 6 月 15 日，宁海县编委以宁编〔2015〕4 号文件，同意设立县政协委员工作委员会（正科级）。2015 年 11 月 9 日，县政协九届十七次常委会审议通过《政协第九届宁海县委员会关于增设委员工作委员会的决定》。2012 年 8 月 20 日，县委以宁党发〔2012〕36号文件同意县政协党组《关于要求明确重点镇、街道政协工作委员会正副主任人选的报告》。

提案委员会

主　任　邬雷科（2012年3月至2014年9月）
　　　　娄培宗（2014年9月任）
副主任　王秋芬（女，2012年3月至2014年9月）
　　　　潘微琼（女，2014年12月任）
委　员　王能选　叶亦金　江永平（2014年1月离任）
　　　　何建军　张　展　林　红（女）　林学东　夏慧辉　蒋　敏
　　　　卢华强（2014年11月任）　周武军（2014年11月任）

经济科技和城建资源环境委员会

主　任　谢常夫（2012年3月至2014年12月）
　　　　俞伟平（2014年12月至2016年1月）
　　　　褚孟法（2016年7月任）
副主任　吴黎华（2012年7月离任）
　　　　葛珍瑜（女，2012年9月至2016年1月）
　　　　陈珍莹（女，2016年8月任）
　　　　黄　珂（2016年1月至8月）
　　　　胡盛标（2015年6月任）
委　员　王贤飞　尤飞君　方永杰　李时捷　何建春　汪伟东　陈云苍　陈国盛
　　　　陈雪强　郑志华　胡金学　段建强　骆武弘　徐天勇　徐伟忠
　　　　葛永土（2014年1月离任）

教文卫体和文史资料委员会

主　任　陈　平（2012年3月至2014年9月）
　　　　吕国平（2014年9月至2016年7月）
　　　　胡　军（2016年7月任）
副主任　薛　慧（女，2012年3月至2014年11月）
　　　　陈珍莹（女，2014年12月至2016年8月）
　　　　黄　珂（2016年8月任）
　　　　郑文英（女，2016年8月任）
　　　　陈才军（2015年6月任）

委　员　王为富　王伟军　刘尚才　应伟建　陈　勇　陈庥秀（女）　陈焕灿
　　　　胡　军　葛珍瑜（女）　舒静芬（女）

社会法制和港澳台侨委员会

主　任　徐和开（2012 年 3 月至 2014 年 9 月）
　　　　叶元军（2014 年 9 月任）
副主任　潘微琼（女，2012 年 3 月至 2014 年 12 月）
　　　　王家冕（2014 年 12 月任）
　　　　何称松（2015 年 6 月至 8 月）
委　员　王元法　王宁芳（女）　王照栈　叶玉葵（女）　邬永飞　任建平
　　　　林仙菊（女）　陈振根　郑志会　娄　坚　钱晓茗（女）

委员工作委员会

主　任　陈庆宇（2016 年 1 月任）
副主任　胡春霞（女，2016 年 1 月任）

镇（街道）政协工委

长街镇政协工委

主　任　周平永
副主任　叶海曙

力洋镇政协工委

主　任　钱卫挺
副主任　梅　雪（女）

西店镇政协工委

主　任　董宜春
副主任　娄晓华（女）

深甽镇政协工委

主　任　童东凯（2013 年 5 月离任）
　　　　徐振标（2013 年 5 月任）
副主任　胡志汉

岔路镇政协工委

主　任　王　巍
副主任　蒋明阳（2013 年 5 月任）

跃龙街道政协工委

主　任　李　元

副主任　金礼斌

桃源街道政协工委

主　任　陈开才

副主任　陈开友

梅林街道政协工委

主　任　褚孔村

副主任　魏　健（2013 年 5 月离任）

　　　　王亚青（女，2013 年 5 月任）

桥头胡街道政协工委

主　任　郑有能（2013 年 5 月离任）

　　　　陈模曹（2013 年 5 月任）

副主任　麻昌二

第三节　第十届委员会工作机构

2017 年 2 月，县政协十届一次常委会议研究决定，县政协十届专门委员会设置提案委员会、经济科技和城建资源环境委员会、教文卫体和文史资料委员会、社会法制和港澳台侨委员会、委员工作委员会，确定各界别召集人。

提案委员会

主　任　娄培宗

副主任　潘微琼（女）

委　员　杨文红（女）　林学东　周必正　周武军　胡金学　娄筱庆（女）

　　　　夏智友（2017 年 12 月止）　夏慧辉　屠桂芳（女）　潘伟春（女）

　　　　董宜春（2017 年 12 月任）

经济科技和城建资源环境委员会

主　任　褚孟法

副主任　陈珍莹（女）

委　员　王贤飞　方永杰　陈海中　陈海蛟（女）　金唯军　段建强　胡　钢

　　　　骆武弘　章小荣（女）　储　江　葛　军　鲍　薇（女）

教文卫体和文史资料委员会

主　任　胡　军

副主任　黄　珂　郑文英（女）　赖喜利（2017 年 10 月任）
委　员　王伟军　叶小杰　刘尚才　应伟建　陈庥秀（女）　陈焕灿　陈益强
　　　　周　霞（女）　葛建标　蔡玲华（女）

社会法制和港澳台侨委员会
主　任　叶元军
副主任　王家冕
委　员　兰文聪　任建平　陆红霞（女）　陈明亮　郭清清（女）　葛永照　葛体员
　　　　董安民　蒋思才　释有圆

委员工作委员会
主　任　陈庆宇
副主任　胡春霞（女）
委　员　王芦放　王斯苗　吴　忠　陈　威　陈英杰　陈晗波　金　益　周绍宏
　　　　娄晓华（女）　徐旭东　蒋　敏

县十届政协各界别召集人
中　共　界　叶元军　蒋　敏（2017 年 12 月止）
　　　　　　葛体员（2017 年 12 月任）
无党派人士界　章开望　王浓浓（女）
共青团（青联）界　应　剑（2017 年 12 月止）　胡芳园（女）
　　　　　　胡　卿（女，2017 年 12 月任）
工　会　界　娄　坚　尤晓群（女）
妇　联　界　王文静（女）　赵苗青（女）
工　商　联　界　冯　坚　胡金学
科　协　界　陈海中　金唯军
侨　联　界　蒋思才　杨文红（女）
文艺体育界　刘尚才　王伟军
科　技　界　方永杰　徐兴友（2017 年 12 月任）
新闻社科界　葛建标　董安民（2017 年 12 月止）
　　　　　　顾长安（2017 年 12 月任）
经　济　界　段建强　骆武弘
农　林　界　章小荣（女）　王贤飞
教　育　界　周　霞（女）　陈益强

医　　卫　　界　叶小杰　陈庥秀（女）
社会保障与福利界　葛永照　周必正
宗教少数民族界　任建平　兰文聪
特　　邀　　界　葛体员（2017年12月止）　娄筱庆（女）
　　　　　　　　李海啸（2017年12月任）

第三章　中共宁海县政协党组织

宁海县政协党组织有中共宁海县政协党组、中共宁海县政协机关党组、宁海县政协机关党支部和政协机关退休干部党支部。

县政协党组经县委批准成立。党组成员由县委任命。尔后，根据政协换届，党组成员先后作调整。党组设书记、副书记和成员若干名。其主要任务是贯彻执行党的方针政策，围绕县委县政府中心工作，团结一切可以团结的力量，调动各界人士积极性，加强自身建设，在政协工作中发挥领导核心作用，保证政协职能的履行。每次召开政协全会、换届选举、重大事项，均向县委事前请示、事后汇报、年终总结报告。党组会议是县政协党组的主要活动方式，由党组书记召集主持，议程由党组书记指定，党组会议实行民主集中制。

政协机关党组成员由县委任命，在县政协党组领导下开展工作。其主要任务是完成政协党组交给的各项任务，做好政协机关的政治思想工作和指导政协机关党支部工作，认真贯彻落实党的方针政策。

县政协机关党支部，书记、委员由机关党员选举产生，并报中共县直机关党工委批准。党支部的主要任务是：宣传和执行党的路线、方针、政策，贯彻和执行上级党组织的决定、决议，组织党员学习党的基本理论知识，充分发挥党员的先锋模范作用，团结、组织党内外干部和群众，努力完成本单位的各项任务。

第一节　组织沿革

县政协党组

2007年2月，县政协换届后，县委对政协党组班子成员适时作了调整，县政协党组书记为杨加和，副书记张位胜、项松春，成员为曹善军、葛斌、潘作飞、张水仙（女）、杨象轮、朱行开。2008 年 1 月免去朱行开党组成员职务，增补石道伟为党组成员，2009 年 1 月，免去石道伟党组成员职务，增补骆再松为党组成员，2010 年 12 月，增补尤玲娟（女）为党组成员、副书记，2011 年 12 月，任命尤玲娟为政协党组书记。

书　记：杨加和（2011 年 1 月离任）

尤玲娟（女，2011 年 12 月任）

副书记：项松春

尤玲娟（女，2010 年 12 月任）

张位胜（2007 年 3 月离任）

成　员：曹善军（2007 年 3 月离任）　潘作飞　葛　斌（2007 年 3 月离任）

张水仙（女）　朱行开（2008 年 1 月离任）　杨象轮

石道伟（2008 年 1 月任、2008 年 6 月离任）　骆再松（2009 年 1 月任）

邬汝跃（2011 年 12 月任）

2012 年 2 月，县政协换届后，县委对县政协党组班子成员适时作了调整。县政协党组书记为尤玲娟（女），副书记邬汝跃、项松春（2012 年 3 月离任），成员潘作飞、张水仙（女）、杨象轮、骆再松（2013 年 7 月离任）、顾海飞（2013 年 7 月任）、石道伟（2016 年 1 月至 11 月）、蒋善琪（2016 年 11 月任）。

书　记：尤玲娟（女）

副书记：项松春（2012 年 3 月离任）

邬汝跃（2012 年 3 月任）

成　员：潘作飞（2016 年 3 月离任）　张水仙（女）　杨象轮

骆再松（2013 年 7 月离任）　顾海飞（2013 年 7 月任）

石道伟（2016 年 1 月至 11 月）　蒋善琪（2016 年 11 月任）

2017 年 2 月，县政协换届后，县委对政协党组班子成员适时作了调整。县政协党组书记为尤玲娟（女），副书记邬汝跃，成员杨象轮、华祥平、蒋善琪。

书　记　尤玲娟（女）

副书记　邬汝跃

成　员　杨象轮　华祥平　蒋善琪

县政协机关党组

2007 年 2 月，县政协换届后，政协机关党组由朱行开、徐和开、陈平、张亚明、任治江、娄培宗等人组成，朱行开为党组书记，2008 年 1 月免去朱行开党组书记职务，任命石道伟为党组书记，2008 年 6 月免去石道伟党组书记职务，2009 年 1 月任命骆再松为党组书记。

书　记：朱行开（2008 年 1 月离任）

石道伟（2008 年 1 月任，2008 年 6 月离任）

骆再松（2009 年 1 月任）

成　员：徐和开　陈　平　张亚明　任治江（2011 年 8 月离任）　娄培宗

邬雷科（2011 年 8 月任）　谢常夫（2011 年 8 月任）

张德浩（2009 年 6 月任）

2012 年 2 月，县政协换届后，县政协机关党组由骆再松、邬雷科、谢常夫、陈平、徐和开、娄培宗、张德浩等人组成，骆再松为党组书记，2013 年 7 月免去骆再松党组书记、成员职务，任命顾海飞为党组成员、书记，2016 年 1 月免去顾海飞党组书记、成员职务，任命石道伟为党组成员、书记，2016 年 11 月免去石道伟党组书记、成员职务，任命蒋善琪为党组成员、书记。

书　记：骆再松（2013 年 7 月离任）

顾海飞（2013 年 7 月至 2016 年 1 月）

石道伟（2016 年 1 月至 11 月）

蒋善琪（2016 年 11 月任）

成　员：谢常夫（2014 年 1 月离任）　邬雷科（2014 年 8 月离任）　娄培宗

陈　平（2014 年 8 月离任）　徐和开（2014 年 8 月离任）

张德浩（2014 年 8 月离任）　俞伟平（2014 年 12 月至 2016 年 6 月）

周武军（2014 年 8 月任）　叶元军（2014 年 8 月任）

吕国平（2014 年 8 月至 2016 年 6 月）　胡　军（2016 年 7 月任）

褚孟法（2016 年 7 月任）　陈庆宇（2015 年 10 月任）

2017 年 2 月，县政协换届后，县政协机关党组由蒋善琪、叶元军、褚孟法、娄培宗、胡军、陈庆宇、周武军等人组成，蒋善琪为党组书记。

书　记　蒋善琪

副书记　胡余亨（2018 年 1 月任）

成　员　叶元军　褚孟法　娄培宗　胡　军　陈庆宇　周武军

政协机关党支部

县八届政协换届前，政协机关党支部由娄培宗、邬雷科、潘微琼（女）、徐建国、潘满娣（女）等人组成，娄培宗为党支部书记，邬雷科为副书记，潘微琼（女）、徐建国、潘满娣（女）为委员。

书　记：娄培宗

副书记：邬雷科

委　员：潘微琼（女）　徐建国　潘满娣（女）

2009 年 3 月 3 日，政协机关召开党支部大会，改选县政协机关党支部，由娄培宗、邬雷科、潘微琼（女）、齐荣清、应霞红（女）5人组成。

书　记：娄培宗

副书记：邬雷科

委　员：潘微琼（女）　齐荣清　应霞红（女）

2012年2月，县政协换届后，县政协机关党支部于2012年6月29日召开党员大会进行换届选举，由娄培宗、潘微琼（女）、王秋芬（女）、薛慧（女）、王家冕等5人组成，党支部书记为娄培宗，副书记潘微琼，组织委员王家冕，宣传委员薛慧（女），纪检委员王秋芬（女）。

书　记：娄培宗

副书记：潘微琼（女）

委　员：王家冕　薛　慧（女）　王秋芬（女）

2014年8月，根据政协实际情况，建立政协机关退休干部党支部，于8月12日召开全体党员会议，选举徐建国、潘满娣（女）、周晓啸（女）为第一届支部委员。书记为徐建国，宣传委员潘满娣（女），组织委员周晓啸（女）。

书　记：徐建国

委　员：潘满娣（女）　周晓啸（女）

第二节　党务工作

政协党组

宁海县政协党组是中共宁海县委的派出机构，在县委领导下开展工作，对县政协进行直接领导，代表县委在县政协中起领导核心作用。县政协党组把保证党的基本路线、基本方针政策以及县委的重要工作部署的贯彻执行作为首要任务，团结一切可以团结的力量，调动全县各界人士的积极性，发挥政协优势和作用，保证政治协商、民主监督、参政议政基本职能的履行。

县政协党组根据新形势下人民政协发展需要，结合宁海县政协工作实际，及时研究提出意见措施上报县委。县八届政协以来每年政协工作总结报告县委，政协换届时有关界别设置、委员和常务委员名额确定和人选推荐及届中对委员和常务委员的调整，政协党组都在党组会上充分讨论、统一思想，根据政协工作实际向县委和有关部门适时提出建议，以便切实把热爱政协事业、政治素质好、代表性强和参政议政水平高的各界代表人士吸收到政协委员队伍中来。2007年3月，县政协党组向县委请示在重点镇、街道建立政协工作委员会并提出正副主任人选，县委以宁党发〔2007〕33号文件批转。2016年3月，为进一步规范县政协党组工作，推进党组工作制度化、规范化、程序化，充分发挥党组在政协工作中的领导核心作用，结合县政协实际，县政协党组制定《宁海县政协党组工作规则》共七章二十四条，进行认真贯彻落实。

县政协党组注重自身建设。2007年3月，为贯彻中央、省委、市委关于加强作风建设指示精神，落实县委、县政府关于在全县开展以“树立忧患意识谋发展，提高工作效率抓落实”为主题的“作风建设年”活动，政协党组进行认真学习，抓好落实，提出县政协机关要努力在五个方面取得明显成效：一是党员干部自身存在的问题得到进一步解决；二是机关效能建设进一步提升；三是领导干部和政协机关的形象进一步树立；四是机关作风建设的长效机制进一步形成；五是政协各项工作任务进一步落实，使“作风建设年”活动收到明显成效。2009年3月，根据中央、省委、市委和县委的统一部署，结合县政协实际，县政协党组深入开展学习实践科学发展观活动，以突出科学发展为主题，以发挥示范表率作用为重点，以充分发挥政协职能作用、服务宁海经济社会发展为实践载体，坚持讲党性、重品行、作表率，认真学习实践科学发展观，切实增强贯彻落实科学发展观的自觉性和坚定性，着力转变不符合、不适应科学发展要求的思想观念，着力提高按照科学发展观要求履行政协职能的第一要务，围绕影响和制约宁海科学发展的突出问题建言献策，着力在增强参政议政实效和提高服务水平上下功夫，为推动和谐新宁海建设做出新贡献。政协党组成员以身作则，积极参加学习实践活动，通过走访委员、召开座谈会、民主恳谈会、发放意见征求表、下基层调研等方式，虚心听取群众意见，征集意见建议30多条，认真制定整改落实方案，巩固和扩大学习实践活动成果。2012年3月，根据《中共宁海县委宁海县人民政府关于印发〈2012年“三思三创”主题教育实践活动工作方案的通知〉》精神，县政协党组紧紧围绕“建设滨海生态县、打造人居幸福地”的奋斗目标，大力弘扬“三思三创”精神、坚持“务实创新、开放统筹”的发展理念和“幸福引导、蓝色引擎、创新引领、标杆引行”的发展导向，着力在凝心聚力、破难创优上取得新突破，在务实创新、转型升级上取得新业绩，在改进作风、优化服务上取得新进展，在改善民生、城乡统筹上取得新成就，为建设宜居宜业宜游的滨海生态县、打造和善和美和谐的人居幸福地提供思想引领、精神动力和作风保证，组织委员认真履职，为县委、县政府中心工作建言献策，政协党组成员进村入企破解难题，认真履行政治协商、民主监督、参政议政职能。2013年4月，为认真贯彻落实中共十八大精神和县委提出实施的“五动战略”，政协党组开展“我为助推三个年再献良策”主题实践活动，组织和引导委员开展多献良策、多联项目、多解难题、多促成效，为宁海经济社会发展献计出力，增强委员履职能力。2014年2月，按照县委深入开展党的群众路线教育实践活动的统一部署，县政协党组认真学习贯彻习近平总书记系列重要讲话精神，认真贯彻《中共中央关于在全党深入开展党的群众路线教育实践活动意见》（中发〔2013〕4号）、《中共浙江省委关于深入开展党的群众路线教育实践活动的实施意见》（浙委发〔2013〕25号）、《中共宁波市委关于深入开展党的群众路线教育实践活动的实施意见》（甬党发〔2013〕21号）文件确定的指导思想、目标要求和方法步骤，紧紧围绕为民务实清廉主题，牢牢把握“照镜子、正衣冠、洗洗澡、治治病”的总要求，落实中央八项规定和《党政机关厉行节约反对浪费条例》、省委“28条办法”和“六项禁令”、市委“20条措施”和正风肃纪“十项规定”以及县委“20条意见”，坚决反对“四风”，突出“比、学、干”，紧扣科学发展第一要务，结合政协履职实际，倾力服务大局、真情服务群众、着力服务委员，进一步提高做好新形势下政协群众工作的能力。坚持实字为要、真字为先、效字为求，不折不扣，保质保量。坚持理论武装，坚持聚焦“四风”，坚持边学边改，坚持求真务实，坚持带头示范，按照党的群众路线教育实践活动工作的总体部署和要求，扎实完成了每个阶段的工作。7月17日，县政协党组用一天时间召开专题民主生活会，省委赴宁海督导组副组长姜广存以及督导组成员柴增元、陆亚鎳、陶玉林、周唯等同志到会指导，形成《宁海县政协党组专题民主生活会总结报告》。2015年，县政协党组根据中央、省市县委的统一部署开展“三严三实”专题教育，在教育中突出问题导向、贯彻从严要求，党组书记尤玲娟向政协机关全体党员作“‘三严三实’转作风，凝心聚力促发展”专题党课，在整个专题教育过程中列出了不严不实的清单，促使问题解决，巩固和扩大教育成果。2016年2月5日，县政协党组根据中纪委机关、中组部《关于开好“三严三实”专题民主生活会的通知》及省市纪委机关、组织部的部署要求，围绕“严以修身、严以用权、严以律己，谋事要实、创业要实、做人要实”主题，紧扣“争做‘四有四铁’好干部，勇当跨越发展急先锋”要求，联系班子和个人实际，深入查摆问题、严肃认真开展批评和自我批评，坚持真理，修正错误，立规执纪、抓好整改，召开了民主生活会。会前，班子成员深化学习研讨，广泛征求意见，开展谈心谈话。党组书记尤玲娟与党组成员谈，党组成员相互之间谈。会上每位政协党组成员进行深刻的自我批评，聚焦对党忠诚、干净干事、勇于担当，联系思想、工作、生活和作风实际讲问题、找根源、抓整改。专题民主生活会后，党组成员以普通党员身份参加所在支部、小组的专题组织生活会。2016年6月，县政协党组根据中央和省市县委部署要求，开展“学党章党规、学系列讲话，做合格党员”学习教育，并制订学习教育计划书，召开县政协党组“两学一做”学习教育动员部署会议，认真学习党章党规，认真学习习近平总书记系列讲话，以及《党委会议工作方法》和习近平总书记重要指示精神，开展领导干部带头讲党课，开展“进社区、访民生、察民情”活动，把学习教育与贯彻落实“五大发展理念”，实现全县“十三五”精彩开局紧密结合，着力助推宁海经济跨越发展。12月，县政协党组召开“两学一做”专题民主生活会，每位党组成员在充分征求意见、深入开展谈心的基础上，积极开展批评和自我批评。通过“两学一做”学习教育，进一步坚定了理想信念，增强了“四个意识”，强化了宗旨观念。

2017年11月，政协党组成员深入学习贯彻中共十九大精神，根据上级党委的统一部署，制订出台《政协宁海县委员会学习宣传贯彻党的十九大精神实施意见》，组织机关干部专题辅导讲座学习中共十九大精神，开展以“学习贯彻十九大，共创美好新生活”为主题的“送文化、卫生、科技、教育、法律、体育”下乡惠民服务活动，党组书记尤玲娟在西店镇香石村宣讲中共十九大精神。政协党组要求广大政协委员要将学习贯彻中共十九大精神作为当前和今后一段时间的首要政治任务，聚精会神抓学习，坚定不移抓落实，把学习贯彻活动不断引向深入。要做到“真学”，政协常委带头学，广大委员主动学，进一步营造学习贯彻中共十九大精神的浓厚氛围。要做到“真懂”，深刻领会中共十九大坚持和发展中国特色社会主义的主题，深刻领会新时代中国共产党的历史使命，努力把握中共十九大精神实质。要做到“真通”，深刻认识中共十九大各项战略部署的整体性、关联性、协同性，为全面做好各项工作夯实思想基础。要做到“真抓”，把学习中共十九大精神与谋划政协工作新方法新途径结合起来，切实做到学以致用、用以促学，推动政协工作更上一个台阶。

为进一步加强党对政协工作的领导，在历次政协全体委员会议开幕前，县委召集出席、列席全委会的中共党员开会，由县委负责政工的副书记讲话，代表县委宣布临时党委的组成人员名单，明确工作任务，各讨论小组建立临时党支部，临时党支部书记由临时党委提名确定，要求全体党员集中精力完成大会各项议程，发挥党员先锋模范作用，认真履行政协职能，正确行使政协民主权利。

政协机关党组

县政协机关党组在县政协党组的领导下，积极开展各项活动。政协机关党组会议由党组书记或受党组书记委托的副书记主持。政协机关党组会议讨论研究的主要内容：传达讨论县委的重要文件、重要会议精神和重大工作部署，结合政协机关工作实际，研究贯彻执行意见；研究讨论机关各办委提交党组的重要事项，听取机关党支部、工会和老干部工作等活动安排的汇报；分析机关干部职工的思想状况和工作表现，制定机关思想作风建设规划，监督机关各项规章制度的执行；讨论决定机关中层干部的聘用任免，讨论决定机关干部职工的奖惩及年终考核评比档次；研究确定机关年度财政预算安排。

县政协机关党组重视党风廉政建设。县八届政协以来，每年初制订中心组理论学习计划，加强党组成员理论水平和党风廉政建设。每年制订《党风廉政建设责任制》，明确规定政协机关党组成员对职责范围内的党风廉政负全面责任，一把手负总责，一级抓一级，层层抓落实。2007 年以来，机关党组在每年初结合机关各办委工作，制订和明确政协机关党风廉政建设和反腐败工作责任范围、责任分工和工作计划，抓好落实工作。

县政协机关党组重视思想作风建设。为全面加强政协机关作风建设，2007 年 4 月，根据县委县政府在全县开展以“树立忧患意识谋发展、提高工作效能抓落实”为主题的“作风建设年”活动的统一部署，紧密结合政协机关的实际，县政协机关认真开展“聚合力、加压力、增活力、强能力、高效率、树形象”活动，着力解决好机关党员干部在思想、工作、作风上存在的问题，着力建设“学习型、研究型、和谐型、节约型、效能型、创新型”

机关，努力实现机关作风的进一步转换。2008 年 1 月开始，根据省、市、县委统一部署，以“高举旗帜科学发展、常思忧患创业创新”为主题，以“重在全面深入、重在广泛持久、重在推动工作”为基本要求，紧密结合全县政协工作实际，组织机关全体党员干部深入学习贯彻中共十七大精神，把思想和行动统一到中共十七大精神上来，把智慧和力量凝聚到实现中共十七大以及县委十二届五次全会和政协八届二次会议提出的任务上来，为推进科学发展观促进社会和谐，实现宁海经济社会又好又快发展做出贡献。2009 年 3 月，根据《中共宁海县委关于开展深入学习实践科学发展观活动的实施意见》，县政协机关党组组织全体机关党员开展深入学习实践科学发展观活动，并制订出实施方案，通过学习实践活动，努力达到“五破五新”的目标要求：着力破解思想认识问题，凝聚科学发展观新共识；着力破解服务水平问题，增强科学发展观新本领；着力破解热点难点问题，激发科学发展观新活力；着力破解体制机制问题，再创科学发展观新优势；着力破解创新突破问题，实现科学发展观新跨越，为宁海经济社会平稳较快发展做出新贡献。2010 年 6 月，根据《县委组织部、县委宣传部关于深入开展以学习实践科学发展观建设服务型党组织为主要内容的创先争优活动的实施意见》，在政协机关党组织和党员中深入开展创先争优活动，重点围绕服务中心，改进作风、建设队伍，以“助推发展当先锋，联系群众作表率”为载体，同“讲党性、重品行”活动，加强机关效能建设结合起来，坚持和完善党组织结对共建、领导干部与党员群众定期对话交流等制度，落实服务措施，创新服务方式，切实改进作风，全面树立为民、廉洁、勤政、务实、高效的良好形象。2011 年 2 月，根据《中共宁海县委　宁海县人民政府关于在全县开展“思进思变思发展、创业创新创一流”主题教育实践活动意见》和《县委办公室　县政府办公室关于印发“三思三创”主题教育实践活动解放思想大讨论等四个专题活动实施方案的通知》精神，分三个阶段进行，至年底结束。县政协机关党组坚持以科学发展观为指导，以“三思三创”为主题，以解放思想为先导，围绕县委、县政府“一大开局、二大建设、三大突破、四大提升”中心工作，服务经济社会发展大局，认真履行政协职能，努力锻炼一流队伍，打造一流风气，建设一流机关，创造一流业绩，切实提高政协机关工作科学化水平。2014 年 2 月，按照县委深入开展党的群众路线教育实践活动的统一部署，根据县政协党组的要求，结合政协机关工作的实际，开展教育实践活动。认真学习贯彻习近平总书记系列重要讲话精神，认真贯彻党中央和省市县委关于开展群众路线教育实践活动的指导思想、目标要求和方法步骤，紧紧围绕为民务实清廉主题，牢牢把握“照镜子、正衣冠、洗洗澡、治治病”的总要求，紧扣科学发展观第一要务，把扎实开展党的群众路线教育实践活动作为机关当前首要的政治任务，每一位党员、干部在思想上高度重视，行动上高度自觉，积极投入、主动参与，高标准、严要求，按照县委、县政协党组要求，紧扣全县发展大局和政协工作实际，结合县政协工作重点任务，着力抓好学习教育、听取意见，查摆问题、开展批评，整改落实、建章立制三个基本环节，统筹安排，有序推进。通过教育实践活动，党员、干部宗旨意识和群众观念有新增强，机关作风有新改进，改进了文风会风，求真务实，立说立行，勤政廉洁，做群众工作有新提高，为民务实清廉形象有新提升，机关建设科学化水平再上新台阶。通过“四抓”（抓学习、抓作风、抓创新、抓落实），实现“四提高”（不断提高党员、干部政治业务素质，不断提高工作效能，不断提高服务保障水平，切实提高工作成效）。2015 年，根据中央和省市县委的统一部署，结合县政协机关实际，开展了“三严三实”学习教育活动。围绕“严以修身、严以用权、严以律己，谋事要实、创业要实、做人要实”主题，深入学习习近平总书记关于党员领导干部践行“三严三实”的新思想新观点新要求，学习党章和《中国共产党廉洁自律准则》《中国共产党纪律处分条例》等规章制度，认真召开政协机关党组民主生活会，积极开展批评和自我批评，对查找出来的问题，立行立改。2016 年，县政协机关党组根据省市县委部署要求，在县政协机关全体党员中开展“学党章党规、学系列讲话，做合格党员”学习教育活动，以尊崇党章、遵守党规为基本要求，以用习近平总书记系列讲话精神武装党员为根本任务，教育全体党员自觉按照党员标准规范言行，进一步坚定理想信念，提高党性觉悟，增强政治意识、大局意识、核心意识、看齐意识，勇于担当作为，为协调推进“四个全面”战略布局和贯彻落实“五大发展理念”在宁海的生动实践提供强有力的组织保障。2017 年 11 月，根据省市县委的统一部署，组织开展中共十九大精神学习宣传贯彻活动，提出学习贯彻中共十九大精神，是当前和今后一个时期的首要政治任务。要增强学习自觉，作为学习宣传贯彻中共十九大精神的组织者、推动者，政协机关党组成员必须先学一步、学深一层，必须学得更深、悟得更透、牢记于心，在学习贯彻上当好表率、作出示范，带头兴起深入学习贯彻中共十九大精神的热潮。要增强党建自觉，坚决落实新时代党的建设总要求，推动机关党建工作全面从严治党向纵深发展，在建好班子、带好队伍上下功夫，争创学习型、服务型、务实型、廉洁型机关。要深刻领会新时代、新思想、新矛盾、新方略、新使命、新征程、新部署、新任务，把学习贯彻中共十九大精神与政协工作结合起来，充分发挥职能作用，当好参谋助手，始终用习近平新时代中国特色社会主义思想武装头脑、指导工作，争做政治过硬靠得住、业务过硬拿得起、作风过硬立得牢、形象过硬叫得响的合格共产党员。

政协机关党支部

县政协机关党支部在中共宁海县委机关直属党工委领导下，围绕党和政府各个时期中心任务和政协机关自身工作，开展各项活动，组织学习党的基本路线、方针、政策，进行思想政治教育，提高党员干部素质，发挥党支部战斗堡垒作用，以适应政协事业不断发展的要求。

党支部的党员教育形式有：一是根据县委的统一部署和政协机关党组的具体要求进行系列思想作风教育活动。2007 年，根据县委、政协党组和政协机关党组的部署安排，在机关党员中开展“聚合力、加压力、增活力、强能力、高效率、树形象”的思想教育活动。2008 年 1 月，开展“高举旗帜科学发展，常思忧患创业创新”主题教育活动。2009 年 3 月开始，组织党员开展学习实践科学发展观主题教育活动。2010 年组织支部党员开展创先争优活动，切实改进作风，树立良好的党员形象。2011 年组织党员进行“三思三创”教育活动。2014 年 2 月，根据县委、县政协党组和政协机关党组的统一安排部署，开展党的群众路线教育实践活动。全体党员认真学习习近平总书记系列重要讲话精神，发扬理论联系实际学风认真开展马克思主义群众观点和党的群众路线的专题讨论，把反对“四风”作为重点，通过自己找、群众提、领导点、同事帮，切实解决存在的突出问题，结合政协机关工作和个人思想实际进行对照检查，认真查找问题，切实改进不足，做到了在思想上受教育，作风上有改进，行为上更规范，展示了县政协机关党员干部的新形象。2015 年，在政协机关党支部开展了“三严三实”学习教育，深入学习习近平总书记关于党员领导干部践行“三严三实”的新思想新观点新要求，开展“看齐创优当先锋”行动，教育引导党员时时铭记党员身份、处处对标对焦看齐、事事当好先锋模范。2016 年，根据上级统一部署，在全体党员中开展“两学一做”学习教育，党支部组织党员深入学习党章党规，学习习近平总书记系列讲话，做合格党员，坚持以知促行，争做讲政治、有信念，讲规矩、有纪律，讲道德、有品行，讲奉献、有作为的合格党员，为推进“两美”宁海建设、加快跨越发展贡献力量。每次主题教育活动，都经过精心设计、计划发动、学习教育、对照检查、整改提高等阶段，主动征求多方面的意见，政协领导、机关党组领导主动深入基层征求意见，进行交心谈心，接受社会各界的监督，全体党员做到在学习教育中提高政协工作的本领。2017 年 11 月，根据县委、县政协党组和政协机关党组的统一安排部署，认真开展中共十九大精神学习宣传贯彻活动。大家表示，作为一名中国共产党党员要带好头、作表率，深刻领会新时代、新思想、新矛盾、新方略、新使命、新征程、新部署、新任务，不忘初心、牢记使命，撸起袖子加油干，努力锻造一支适应宁海事业发展需要的“三勇”铁军。要把学习贯彻中共十九大精神作为当前和今后一个时期的首要政治任务，认真学、自觉学、结合实际学，始终用习近平新时代中国特色社会主义思想武装头脑、指导实践、推动工作，并结合办公室工作，抓实抓好中共十九大精神学习宣传贯彻，深入推动中共十九大精神全面贯彻落实到政协工作中去。二是开展爱国主义和革命传统教育。根据支部活动的年度工作安排，在清明节和“七一”前后，组织机关党员到烈士园或革命纪念馆，缅怀革命先烈，回忆革命足迹，开展各项教育活动，不忘初心，继续前进。三是开展结对扶贫助学活动。政协领导、机关党组成员每年走访慰问全县贫困青少年学生，到学校与他们谈心，并为助学对象送去助学金及其他学习生活用品。此外，动员机关全体干部向县慈善总会捐款，不定期给机关联系村的部分贫困老党员送去慰问品、慰问金。四是开展警示教育。根据县纪委安排，不定期组织机关干部收看警示教育电视片和警示教育图片展览等。此外，还结合机关工会活动，与县级有关部门进行联谊交流活动。县政协机关退休干部党支部成立后，根据自身特点，开展党员学习教育活动。2007 年，政协机关党支部被评为县“六好”机关党组织。

第四章　县政协机关

县政协机关先后设置办公室、提案委员会、经济科技和城建资源环境委员会、教文卫体和文史资料委员会、社会法制和港澳台侨委员会、委员工作委员会，在政协常委会和主席会议领导下，由秘书长负责处理机关日常工作。随着政协工作发展，机关人员渐增，领导力量加强。

第一节　机构设置

根据中共宁海县委办公室《关于印发〈中国人民政治协商会议宁海县委员会机关机构改革方案〉的通知》（宁党办〔2005〕68号），县政协机关设5个正科（局）级机构：办公室、提案委员会、经济科技和城建资源环境委员会、教文卫体和文史资料委员会、社会法制和港澳台侨委员会。2007年2月，经县委提名，县政协八届一次常委会议上，由秘书长朱行开提议徐和开、陈平、张亚明、任治江4人为八届政协副秘书长，朱行开兼任办公室主任，徐和开兼任社会法制和港澳台侨委员会主任，张亚明兼任经济科技和城建资源环境委员会主任，任治江兼任提案委员会主任。同时任命娄培宗为县政协办公室副主任，邬雷科为提案委员会副主任，金唯军为经济科技和城建资源环境委员会副主任，齐荣清为教文卫体和文史资料委员会副主任，潘微琼（女）为社会法制和港澳台侨委员会副主任。2008年1月，朱行开辞去秘书长、办公室主任职务，石道伟任秘书长、办公室主任。2008年8月，石道伟辞去秘书长、办公室主任职务。2009年1月，骆再松任县政协秘书长、办公室主任，吴黎华为县政协经济科技和城建资源环境委员会副主任。2011年8月免去张亚明县政协经济科技和城建资源环境委员会主任职务，免去任治江县政协提案委员会主任职务，免去邬雷科提案委员会副主任职务，免去齐荣清县政协教文卫体和文史资料委员会副主任职务，任命谢常夫为县政协经济科技和城建资源环境委员会主任，邬雷科为县政协提案委员会主任，王秋芬（女）为县政协提案委员会副主任，薛慧（女）为县政协教文卫体和文史资料委员会副主任。为明确机关内部职责，理顺上下关系，提高办事效率，经县编制委员会研究同意，县政协办公室内设机构为：秘书科、行政联络科、综合科。县政协驻会主席、副主席、秘书长和专职常委编制单列。县政协机关行政编制为9名。

县政协办公室

主　任　朱行开（2008年1月离任）

石道伟（2008 年 1 月至 2008 年 8 月）
骆再松（2009 年 1 月任）
副主任 娄培宗 张德浩（2009 年 6 月任）

秘书科

科 长 应霞红（女，2011 年 8 月离任）
副科长 刘吉余（2009 年 3 月离任）

行政科

科 长 潘满娣（女，2009 年 3 月离任）
刘吉余（2009 年 3 月任）

综合科

科 长 麻昌二（2009 年 6 月离任）
王家冕（2010 年 12 月任）
副科长 王家冕（2010 年 12 月离任）
夏方文（2010 年 12 月任）

县政协提案委员会

主 任 任治江（2007 年 2 月至 2011 年 8 月）
邬雷科（2011 年 8 月任）
副主任 邬雷科（2007 年 2 月至 2011 年 8 月）
王秋芬（女，2011 年 8 月任）

县政协经济科技和城建资源环境委员会

主 任 张亚明（2007 年 2 月至 2011 年 8 月）
谢常夫（2011 年 8 月任）
副主任 金唯军（2009 年 6 月离任）
吴黎华（2009 年 1 月任）

县政协教文卫体和文史资料委员会

主 任 陈 平
副主任 齐荣清（2011 年 8 月离任）
薛 慧（女，2011 年 8 月任）

县政协社会法制和港澳台侨委员会

主 任 徐和开

副主任　潘微琼（女）

2012年3月，县政协九届一次常委会议决定，任命骆再松为县政协办公室主任，娄培宗、张德浩为办公室副主任，邬雷科为县政协提案委员会主任，王秋芬（女）为副主任，谢常夫为县政协经济科技和城建资源环境委员会主任，吴黎华为副主任，陈平为县政协教文卫体和文史资料委员会主任，薛慧（女）为副主任，徐和开为县政协社会法制和港澳台侨委员会主任，潘微琼（女）为副主任。2012年7月，免去吴黎华县政协经济科技和城建资源环境委员会副主任职务，同年9月，任命葛珍瑜（女）为副主任。2013年7月，免去骆再松县政协办公室主任职务，任命顾海飞为县政协办公室主任。2014年9月，免去徐和开县政协社会法制和港澳台侨委员会主任职务，任命叶元军为县政协社会法制和港澳台侨委员会主任，免去邬雷科县政协提案委员会主任职务，免去娄培宗县政协办公室副主任职务，任命娄培宗为县政协提案委员会主任，免去陈平县政协教文卫体和文史资料委员会主任职务，任命吕国平为县政协教文卫体和文史资料委员会主任，任命周武军为县政协办公室副主任，免去张德浩县政协办公室副主任、王秋芬（女）县政协提案委员会副主任职务。2014年12月，免去谢常夫县政协经济科技和城建资源环境委员会主任职务，任命俞伟平为县政协经济科技和城建资源环境委员会主任，任命潘微琼（女）为县政协提案委员会副主任，免去其社会法制和港澳台侨委员会副主任职务，任命陈珍莹（女）为县政协教文卫体和文史资料委员会副主任，王家冕为县政协社会法制和港澳台侨委员会副主任。2016年1月，免去顾海飞县政协秘书长、办公室主任职务，任命石道伟为县政协副秘书长、代秘书长、办公室主任，免去葛珍瑜（女）县政协经济科技和城建资源环境委员会副主任职务，任命黄珂为县政协经济科技和城建资源环境委员会副主任。2016年7月，免去俞伟平县政协经济科技和城建资源环境委员会主任、吕国平县政协教文卫体和文史资料委员会主任职务，任命褚孟法为县政协经济科技和城建资源环境委员会主任，胡军为县政协教文卫体和文史资料委员会主任。免去黄珂县政协经济科技和城建资源环境委员会副主任职务，免去陈珍莹（女）县政协教文卫体和文史资料委员会副主任职务，任命黄珂、郑文英（女）为县政协教文卫体和文史资料委员会副主任、陈珍莹（女）为县政协经济科技和城建资源环境委员会副主任。2016年12月，免去石道伟县政协秘书长、办公室主任职务，任命蒋善琪为县政协副秘书长、代秘书长、办公室主任。

2014年1月30日，宁海县机构编制委员会发文同意县政协办公室增设委员联络科，2015年6月15日，宁海县机构编制委员会发文（宁编〔2015〕4号），同意设立县政协委员工作委员会，为正科级。

县政协办公室

主　任　骆再松（2013年7月离任）

　　　　顾海飞（2013年7月至2016年1月）

石道伟（2016年1月至2016年12月）
蒋善琪（2016年12月任）
副主任　娄培宗（2014年9月离任）
张德浩（2012年3月至2014年9月）
周武军（2014年9月任）

秘书科

科　长　夏方文（2012年9月任）
柴晓栋（2016年10月任）
副科长　周晓啸（女，2012年9月至2014年3月）
柴晓栋（2014年3月任）

综合科

科　长　王家冕（2012年9月至2014年12月）
薛英良（2016年2月任）
副科长　夏方文（2012年9月离任）
薛英良（2015年1月至2016年2月）

行政科

科　长　刘吉余（2012年9月至2014年3月）
周晓啸（女，2014年3月任）

委员联络科

科　长　胡春霞（女，2014年2月至2016年1月）
杨颖超（女，2016年12月任）

县政协提案委员会

主　任　邬雷科（2012年3月至2014年9月）
娄培宗（2014年9月任）
副主任　王秋芬（女，2012年3月至2014年9月）
潘微琼（女，2014年12月任）

县政协经济科技和城建资源环境委员会

主　任　谢常夫（2012年3月至2014年12月）
俞伟平（2014年12月至2016年7月）
褚孟法（2016年7月）
副主任　吴黎华（2012年7月离任）
葛珍瑜（女，2012年9月至2016年1月）

　　　　　黄　珂（2016 年 1 月至 2016 年 7 月）
　　　　　陈珍莹（女，2016 年 7 月任）

县政协教文卫体和文史资料委员会

主　任　陈　平（2012 年 3 月至 2014 年 9 月）
　　　　吕国平（2014 年 9 月至 2016 年 7 月）
　　　　胡　军（2016 年 7 月任）
副主任　薛　慧（女，2012 年 3 月至 2014 年 12 月）
　　　　陈珍莹（女，2014 年 12 月至 2016 年 7 月）
　　　　黄　珂（2016 年 7 月任）
　　　　郑文英（女，2016 年 7 月任）

县政协社会法制和港澳台侨委员会

主　任　徐和开（2013 年 3 月至 2014 年 9 月）
　　　　叶元军（2014 年 9 月任）
副主任　潘微琼（女，2014 年 12 月离任）
　　　　王家冕（2014 年 12 月任）

县政协委员工作委员会

主　任　陈庆宇（2016 年 1 月任）
副主任　胡春霞（女，2016 年 1 月任）

2017 年 2 月，县政协十届一次常委会议决定，任命叶元军、褚孟法、娄培宗、胡军、陈庆宇、陈珍莹（女）6 人为十届政协副秘书长，蒋善琪兼任县政协办公室主任，周武军为办公室副主任，娄培宗为县政协提案委员会主任，潘微琼（女）为副主任，褚孟法为县政协经济科技和城建资源环境委员会主任，陈珍莹（女）为副主任，胡军为县政协教文卫体和文史资料委员会主任，黄珂、郑文英（女）为副主任，叶元军为县政协社会法制和港澳台侨委员会主任，王家冕为副主任，陈庆宇为县政协委员工作委员会主任，胡春霞（女）为副主任。2018 年 1 月，免去蒋善琪办公室主任职务，任命胡余亨为十届政协副秘书长、办公室主任。

县政协办公室

主　任　蒋善琪（2018 年 1 月离任）
　　　　胡余亨（2018 年 1 月任）
副主任　周武军

秘书科

科　长　柴晓栋

综合科

科　长　薛英良

副科长　戴靖峰（2017 年 6 月任）

行政科

科　长　周晓啸（女，2017 年 8 月离任）

委员联络科

科　长　杨颖超（女）

县政协提案委员会

主　任　娄培宗

副主任　潘微琼（女）

县政协经济科技和城建资源环境委员会

主　任　褚孟法

副主任　陈珍莹（女）

县政协教文卫体和文史资料委员会

主　任　胡　军

副主任　黄　珂

　　　　郑文英（女）

县政协社会法制和港澳台侨委员会

主　任　叶元军

副主任　王家冕

县政协委员工作委员会

主　任　陈庆宇

副主任　胡春霞（女）

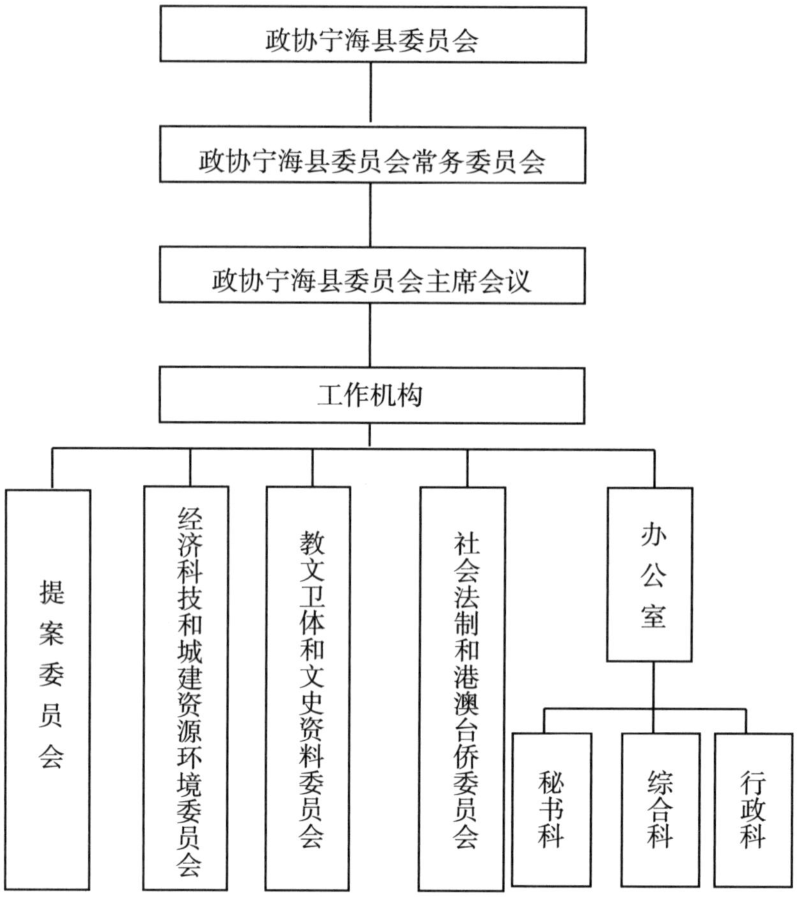

图 1–1　县八届政协组织机构设置图

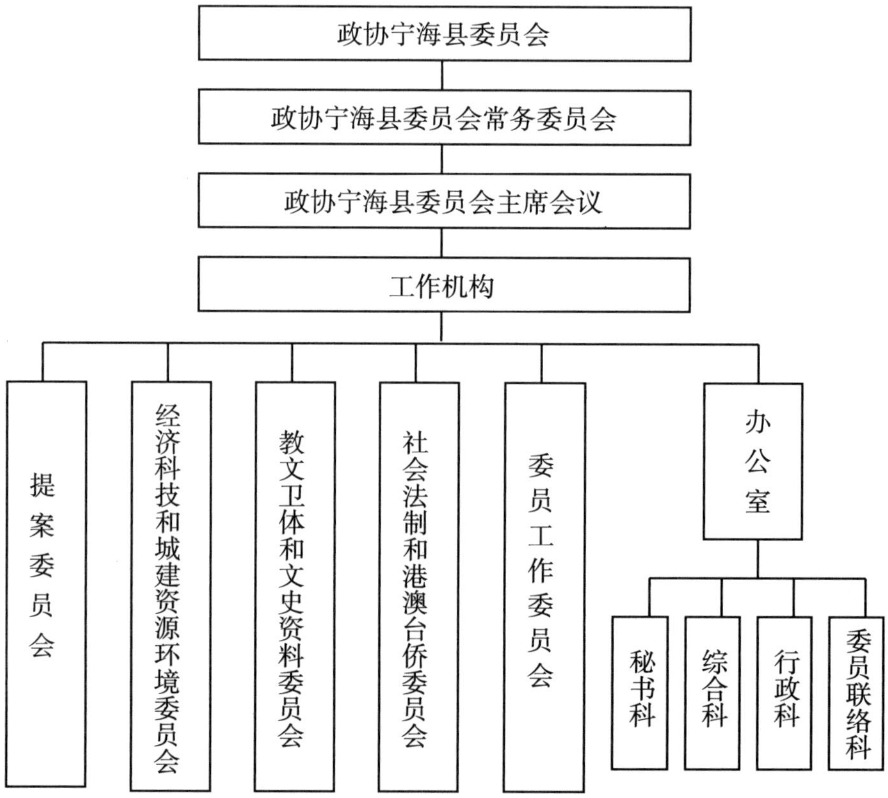

图 1–2　县九届、十届政协组织机构设置图

第二节　机关事务

政协机关是上下沟通、左右联系的纽带和桥梁，日常工作在秘书长统一领导下进行。随着政协事业的发展，县八届政协以来，十分重视“学习型、研究型、和谐型、节约型、效能型、创新型”机关建设。县政协机关事务工作按秘书工作、文书档案、宣传工作、后勤服务、内部建设内容进行记述。

秘书工作

秘书工作主要负责政协机关文字综合、报告起草和主席会议、常委会议、政协党组会议、政协机关党组会议及各种专题座谈会等会议记录，参与调研、视察、编辑《宁海政协》《意见与建议》《社情民意》《政协宁海县委员会常委会议纪要》《政协宁海县委员会主席会议纪要》和各类文件起草，撰写总结、记载本会工作活动、搜集有关资料及领导交办的其他文字工作。严格按有关规定办事，科学、规范、有序地开展工作。每年召开一次的县政协全会的开幕词、闭幕词、会议发言材料等和主席会议、常委会议、各专委会议、专题协商、经验交流、各类茶话活动的讲话稿、调研资料等由秘书科、综合科负责起草，各办公室领导审阅、定稿印发。县政协创办的《宁海政协》（2009 年创办为季刊）、《意见与建议》、《社情民意》、2012 年《“我为推进重大项目献良策”简报》、2013 年《“我为助推三个年再献良策”简报》和 2015 年 3 月决定编撰《政协委员建言专报》，由办公室负责编辑。《宁海政协》简报刊出 15 期。改刊后的《宁海政协》出版 25 期，较好地宣传了宁海政协。《“我为推进重大项目献良策”主题活动简报》5 期，《“我为助推三个年活动再献良策”简报》5 期，《政协委员建言专报》5 期，为县政协履行职能搭建了平台，为政协委员履职发挥了作用。创办的《意见与建议》自 2007 年以来已编 57 期，为县政协履行职能发挥了独特的作用。《社情民意》广集民智、倾听民声、接纳民意，协助党委政府释疑解惑、化解矛盾、维护社会稳定，至 2017 年，已编发 76 期。其间，对县政协履行职能活动、友好往来、团结联谊联络、服务社会等要事大事，逐年记载，以编年体形式，分月记载每年汇成一册，计 11 册。

文书档案

县政协文书档案工作，做到了规范化、制度化。按照档案工作的规定，先后制定了档案管理的一系列规章制度和职责，主要有档案室工作职责、档案工作人员职责及立卷归档、借阅统计等制度。重视档案管理人员的业务培训和持证上岗。文书收发登记、档案资料的整理归档、印章保管使用，严格按有关制度执行，保管质量不断提高，做到了来文及时登记、及时分类、及时转发，做到上传下达准确无误。有关报告、文件、会议记录、政协履职活动、日常工作形成的文书资料等，每年年终进行清理，认真收集，按照档案主管部门的要求，每年做好分类装订、立卷归档工作，立卷归档86本。按档案管理部门的要求，县政协办公室成立了综合档案室，置有一套完整的档案保存设备，所保存的史料，为《宁海县政协志》的编纂和出版发挥了重要的作用。2007年，县政协被评为县档案工作先进单位。

宣传工作

县政协宣传工作在人民政协事业科学发展中发挥了重要的推动和促进作用，县八届政协以来，重视宣传工作，做到了把准方向、创新载体、改进方法、拓展阵地、丰富形式、及时有效，很好宣传了宁海政协工作的创新发展，展示了政协委员的风采。《宁海县政协》简报在2009年3月改办为《宁海政协》期刊，创新了版面，丰富了内容，宣传人民政协的性质、地位、任务和作用，更好地贯彻执行党的统一战线政策，反映政协工作和委员对县内经济、政治和社会生活等要求呼声，交流学习心得、传递信息，有效宣传宁海政协工作。2011年3月，县政协还开设了政协学习宣传栏，宣传政协工作的新进展、民主监督的新推进、参政议政的新举措、自身建设的新加强，传递出政协工作的正能量。2012年7月，县政协还开通了宁海政协网站，接轨新媒体，加强了宣传工作的力度，网站设有“政协动态”等多个栏目，内容不断更新，有效地提高了政协宣传工作水平。

县政协重视宣传报道工作。政协召开的全会、常委会、主席会议、专题座谈会、政情交流会、民主评议会、季度协商会、中秋茶话会等重要会议和重要调研视察活动，电视台、广播电台、报社等宣传媒体都现场采访报道。每年一次的政协全体委员会议，组织专门力量，开辟专题栏目，在县内新闻媒体上作详尽报道宣传。2007年以来，县政协在《人民政协报》上发表多篇文章，专版宣传宁海，扩大了宁海政协的影响。其间，在省政协《联谊报》及《宁波日报》《今日宁海》上先后有300余篇文章被录用。2009年，县政协被宁波市政协授予信息工作二等奖。2011年，县政协社会法制和港澳台侨委员会被评为县法制宣传教育先进集体。2013年9月，为纪念县政协成立30周年，围绕“我与政协”主题，撰写纪念文章，抒写人民政协大有作为的情怀，广大新老政协领导与委员以深入的思考、饱满的感情、生动的笔触，在纪念文章中回顾总结了县政协履行政治协商、民主监督、参政议政职能的成果和体会，展示了历届委员的精神风貌，《宁海政协》期刊专刊进行刊出。

后勤服务

做好联谊接待工作。随着政协工作的深入开展，全国、省、市政协领导到宁海县政协调研、视察工作增多，兄弟省、市、县领导到宁海县工作交流也趋频繁。县八届政协以来，据不完全统计，共接待全国政协和省、市政协领导及兄弟省市县政协领导考察调研组团420余批次。2007年和2010年的5月19日“中国（宁海）徐霞客开游节”期间，分别接待了全国政协副主席王文元、张怀西、厉无畏、李金华，全国政协副秘书长及省市政协领导。在经常联谊接待中，主动热情做好服务工作，按规定要求做好接待工作，邀请有关部门介绍情况，或县政协领导陪同考察介绍工作经验，都做到周密安排、热情接待、周到服务，树立宁海政协的好形象。县政协还参加了全国十七县（市、区）政协工作横向联系会。通过与兄弟省、市、县政协学习交流，联络联谊，学习兄弟政协好经验好做法，加强了友谊，增进了共识，宣传了宁海。

做好会议服务工作。县政协召开的全体会议、常委会议、主席会议、情况通报会、专题座谈会、各种学习会议及重大节日庆祝会议等，机关工作人员做到周密安排、周到服务、分工协作，高效有序地做好会议的筹备组织工作，准备好各项工作报告及会议材料，布置好会议场所，做好会议接待，以保证会议圆满成功。

做好财务管理工作。每年根据政协工作安排，认真地编制年度预算报告，报批后，由县政府下达预算指标，按月拨款。每年一次全体会议、文史印刷费及其他大型重大活动等所需经费另行申请，专款专用。经费使用坚持勤俭节约原则，严格财务制度，遵守财政纪律，从严把好审批关。财务人员持证上岗，经费的使用做到了精打细算、公开透明。

做好老干部工作。县政协机关重视做好老干部工作，专门成立老干部工作领导小组，落实具体工作人员，经常走访慰问老干部，每年生日时节送上蛋糕进行慰问，县里召开各类大会或重要活动要求老干部参加时，都及时联系，派车接送，政协机关还适时组织老同志开展有利身心健康的活动，如组织参观、学习座谈，发挥老同志余热，听取老同志对政协工作的意见与建议。目前，县政协有退休干部 19 人，他们对做好县政协工作发挥着很重要的作用。

做好安全防事故工作。2017 年，县政协有大小车辆 8 台，有驾驶人员 8 人。为保证领导的安全用车，经常组织他们安全学习，牢固树立安全第一、文明驾驶思想，车辆使用修理努力做到节约。2016 年实行车改后，县政协认真贯彻县委、县政府车改规定，执行车改政策。现县政协办公用房在县政府大院二号楼，会议室、接待室、办公室置有电脑、打印机，设有文印室，为机关工作和委员活动提供良好条件。

内部建设

县政协机关设有办公室、提案委员会、经济科技和城建资源环境委员会、教文卫体和文史资料委员会、社会法制和港澳台侨委员会、委员工作委员会 6 个正科级办事机构，办公室内设秘书科、行政科、综合科、委员联络科。核定县政协机关编制 9 名（专职常委不占编），编外用工 10 名。县政协机关成立机关工会委员会，工会委员 3 名，其中工会主席 1 名、副主席 1 名、委员 1 名。

随着人民政协事业的深入发展，对政协机关的工作提出了更高要求。重视思想建设，组织和推动机关干部学习马克思列宁主义、毛泽东思想、邓小平理论、“三个代表”重要思想、科学发展观、习近平新时代中国特色社会主义思想，学习政治时事，使之提高思想认识，加深对政协工作的认识理解，振奋精神，做好政协工作。2007年，县政协机关被评为全县首批“学习型”机关；2016年，县政协办公室被评为“2011—2015年全县法治教育先进单位”。加强制度建设，为更好地完成政协机关工作、提高办事效率，县政协机关制订考勤、学习、接待、财务、卫生、保密等方面的内部多项管理制度。机关根据县目标管理考核办法，每年制订出岗位目标进行年度考核，评选年度先进，促进机关效能建设，县政协机关被评为县级机关文明单位。重视作风建设，县政协把改进和加强机关作风建设放在重要位置，以求真务实的态度，在调查研究、为委员热情服务、改进工作方法、提高机关工作人员素养等方面取得了很大进展，形成了团结民主、活泼有序、谦虚清廉、规范协作的好风气。县政协机关重视党风廉政建设，始终注重抓好教育、管理、监督三个环节，牢牢把握思想道德和党纪国法两道防线，认真抓紧抓好政协机关的廉洁自律工作。在学习的基础上切实做到“三牢记”“三反对”，即牢记自己是人民公仆，必须全心全意为人民服务，反对以权谋私；牢记艰苦奋斗的优良传统，反对讲排场、摆阔气；牢记党的纪律，与党中央保持一致，反对言行不一的市侩习气，使政协干部和职工树立起正确的世界观、人生观、价值观和良好的从政道德，堂堂正正做人，清清白白从政，踏踏实实办事。为加强对党风廉政建设工作的领导和责任的落实，切实搞好廉洁自律，成立了由一把手任组长的党风廉政建设责任制领导小组，明确了责任分工，分管主席分别联系各办委主任，各办委主任联系所属干部、职工，做到一级抓一级、层层抓落实，使领导班子成员和每位干部都做到职责明确、责任明确。要求每位干部不仅要严以律己，而且同时要管好自己的亲属和身边的工作人员；要求每位干部从日常做起、从小事做起，提倡勤俭节约，反对奢侈浪费；严格财政纪律，对购买物资、召开各类会议、外出考察学习落实经费等，做到从严掌握、从严审批。接待来宾，按规定执行。县政协机关始终把党风廉政建设和反腐败作为党建工作的重要内容，建立了党风廉政建设责任谈话制度，按照责任范围分管领导每年找所属干部廉政谈话不少于两次，进行情况交流和思想沟通。机关党组、党支部，在党员领导干部中每年开展一次述廉评廉工作，各级对照一年来廉洁自律执行情况，认真地开展批评和自我批评，把党员领导干部的廉洁自律工作制度化，并置于组织监督和群众监督中。同时还把执行廉洁自律情况与评选先进、干部使用、年度考核相挂钩，做到自觉抵制腐朽思想侵入，确保了政协机关廉洁从政的良好形象。

第二篇　政协会议

宁海县政协委员会全体会议、常务委员会会议和主席会议是县政协履行政治协商、民主监督、参政议政职能的主要形式。县政协全体委员会议每年举行一次，县八届政协至十届政协（2017 年）共举行 11 次。每届首次全体会议均举行换届选举。每次全体会议一般都听取和审议常委会工作报告和提案工作报告、列席县人民代表大会讨论审议政府工作报告及其他报告、县政协委员参政议政发言、讨论政协重大工作并作出决定。按照《政协章程》规定，政协委员会全体会议闭会期间，由其选举产生的常务委员会主持会务工作。常委会议一般每季度举行一次会议，必要时常委会议可临时举行，县八届政协至十届政协（2017 年）共举行 53 次。常务委员会会议闭会期间，由主席会议处理常委会的重要日常工作，主席会议一般每月召开一次，必要时可临时召开，县八届政协至十届政协（2017 年）共举行主席会议 142 次。

第一章　政协宁海县委员会全体会议

政协宁海县委员会从 2007 年至 2017 年，历经 3 届，先后举行全体委员会议 11 次。分别为八届 5 次、九届 5 次、十届 1 次。

第一节　第八届委员会全体会议

政协宁海县第八届委员会从 2007 年 2 月至 2012 年 2 月，共召开全体会议 5 次。

第一次全体会议　2007 年 2 月 3 日至 6 日在宁海城区举行。出席委员 221 名，列席人员 137 名。

会议由大会主席团主持，其成员是：杨加和、项松春、赵秀萍（女）、潘作飞、张水仙（女）、杨象轮、朱行开、王坚、王必月、王伟平、王贤飞、王昌良、王秋芬（女）、王爱明、王鸿飞、王维明、叶玉葵（女）、叶亚珍（女）、叶信礼、田永敏、冯建伟、任治江、邬岳伟、刘尚才、杨定为、何建春、何晓道、汪超英、张琼、张亚明、陈平、陈昌凯、陈维贵、胡金学、赵宏仁、顾初青、夏慧辉、徐和开、郭瑞远、屠伟勤、韩向民（女）、葛文跃、释有圆、游坚波、戴正。秘书长为朱行开。

会议听取并讨论中共宁海县委书记林静国讲话。讲话充分体现了县委对政协工作的高度重视，委员们深受鼓舞，所提的希望和要求，对做好政协工作具有重要的指导意义。听取并审议县政协主席杨加和所作县政协七届常委会工作报告和县政协副主席赵秀萍所作的提案工作报告。认为，在过去的四年中，县政协始终把握团结和民主两大主题，组织广大政协委员，紧紧围绕全县工作大局，认真履行政治协商、民主监督、参政议政职能，为宁海经济和社会各项事业发展做出了新贡献。报告中提出的今后工作建议切实可行，县政协要积极探索有效措施和途径，认真组织实施，把政协工作不断推向前进。

与会委员和列席人员列席县十六届人大一次会议，听取并讨论县长王剑侯所作《政府工作报告》和其他有关报告。认为《政府工作报告》实事求是地总结过去四年的工作，提出今后五年经济社会发展的总体目标、要求、任务和对策措施，既鼓舞人心，又切实可行。希望县政府认真组织实施，确保全县经济社会又好又快发展。会议期间，12位委员就农业、工业、商贸、卫生、文艺、城建、环境、教育、侨台等工作参政议政发言。提交提案193件。经民主协商，以无记名投票和等额选举方法，选举产生政协第八届宁海县委员会主席、副主席、秘书长和常务委员，为做好新一届政协工作提供了坚强有力的组织保障。

会议通过决议，要求全体政协委员和社会各界人士，要更加紧密地团结在以胡锦涛同志为总书记的中共中央周围，在中共宁海县委的领导下，积极发挥人民政协爱国统一战线组织的重要作用，围绕中共宁海县第十二次代表大会提出的目标任务，同心同德，锐意进取，为构建经济繁荣、城乡协调、环境优美、生活殷实、社会安定的和谐新宁海做出贡献。

第二次全体会议　2008年2月19日至21日在宁海城区举行，出席委员237名，列席人员126名。

会议由常委会主持。听取并讨论中共宁海县委书记林静国讲话。林静国讲话充分肯定了县八届政协开局之年的工作，对新形势下进一步发挥人民政协优势，促进科学发展，推进和谐社会建设提出新的要求。听取并审议政协副主席项松春代表常务委员会所作的常委会工作报告和政协副主席张水仙代表常务委员会所作的提案工作报告。认为过去的一年，县政协常委会坚持以邓小平理论和“三个代表”重要思想为指导，深入学习贯彻中共十七大精神，坚持团结、民主两大主题，紧紧围绕全县工作大局，充分发挥优势，认真履行职能，为促进全县经济社会又好又快发展做出了新贡献。委员们对常委会的工作和提案工作表示满意，要求常委会不断改进作风组织实施好工作报告中提出的2008年主要任务。

与会委员和列席人员列席县十六届人大二次会议，听取并讨论县长王剑侯所作的《政府工作报告》和其他有关报告。认为2007年县政府团结带领全县各级各部门和广大人民群众真抓实干、攻难克坚、积极有为，取得了经济社会各项事业新的成就。在新的一年里，希望县政府认真组织实施、务实创新、扎实工作，确保全年各项目标任务圆满完成。会议期间，18位委员就加强外来有害生物防控、促进农业经济健康发展、切实加强节能降耗工作、促进经济又好又快发展等作参政议政发言或书面交流。提交提案157件。经协商，补选石道伟为政协第八届宁海县委员会秘书长，增选王建平为县政协第八届委员会常委。

会议通过决议，要求全体政协委员牢牢把握团结和民主两大主题，发挥自身优势，有效履行职能，求真务实，探索创新，真抓实干，为提前建成全面小康社会而努力奋斗。

第三次全体会议　2009年2月10日至12日在宁海城区举行。出席委员237名，列席人员129名。

会议由常委会主持。听取并讨论县委书记王剑侯的讲话。王剑侯讲话充分肯定县政协过去一年的工作，要求县政协在新的一年继续发挥优势，切实履行职能，齐心协力推进全县经济社会平稳较快发展。委员们表示要把讲话精神认真贯彻落实到政协各项工作中去。听取并审议了政协主席杨加和代表常务委员会所作的常委会工作报告和政协副主席项松春代表常务委员会所作的提案工作报告。委员们对常委会工作报告和提案工作报告表示满意。在新的一年，县政协要高举中国特色社会主义伟大旗帜，以邓小平理论和“三个代表”重要思想为指导，深入贯彻科学发展观，按照县委、县政府关于“服务企业推进年”“重大项目推进年”“城市建设推进年”的总体部署，充分发挥自身优势、认真履行职能，切实发挥协调关系、汇聚力量、建言献策、服务大局的作用。

与会委员和列席人员列席县十六届人大三次会议，听取并讨论代县长褚银良所作的《政府工作报告》和其他有关报告。会议赞同县政府工作报告和其他报告。认为，2008年，县政府认真贯彻落实科学发展观与中央宏观调控政策，团结带领全县各级各部门和广大人民群众真抓实干、积极作为，取得了经济社会各项事业新的成就。在新的一年里，希望县政府认真组织实施报告中提出的工作任务目标，务实创新，扎实工作，确保各项目标任务圆满完成。会议期间，有19位委员就重视耕地保护、保障粮食生产、确保食品安全、重视城区道路交通管理、加强劳动用工管理、重视做好宗教场所平安建设等问题作参政议政发言或书面交流。提交提案127件。经协商，补选骆再松为政协第八届宁海县委员会秘书长。

会议通过决议，要求全体政协委员以更加饱满的政治热情、更加昂扬的精神状态，锐意进取，扎实工作，以实际行动迎接共和国60华诞，迎接人民政协成立60周年。

第四次全体会议　2010年1月27日至29日在宁海城区举行。出席委员238名，列席人员137名。

会议由常委会主持。听取并讨论县委书记王剑侯讲话。王剑侯的讲话，肯定了县政协过去一年来的工作，对做好新一年的工作提出要求。委员们表示要领会讲话精神，切实增强责任感、使命感，更好地履行职责，为宁海实现经济社会转型升级发展再建新功、再创佳绩。听取并审议了县政协主席杨加和代表常务委员会所作的常委会工作报告和县政协副主席项松春代表常务委员会所作的提案工作报告。委员们同意常委会工作报告和提案工作报告。认为，过去的一年，县政协常委会在中共宁海县委的领导下，坚持团结和民主两大主题，紧紧围绕全县工作大局，充分发挥优势，不断拓展工作领域，积极推进工作创新，切实履行政治协商、民主监督、参政议政职能，为促进全县经济社会平稳较快发展做出了新的贡献。

与会委员和列席人员列席县十六届人大四次会议，听取并讨论县长褚银良所作的《政府工作报告》和其他有关报告。委员们认为，过去的一年，县政府认真贯彻落实科学发展观，面对国际金融危机的冲击，迎难而上，求实奋进，保持全县经济平稳较快发展和社会安定和谐。县政府提出的2010年的目标任务和工作措施，符合宁海发展实际，符合人民群众的愿望。希望县政府认真做好组织实施，确保各项任务的完成。会议期间，有17名委员就振兴全县建筑业、城镇建设、提高教育质量、促进卫生事业发展等问题作参政议政发言或书面交流。提交提案141件。

会议通过决议，要求全体委员和政协各参加单位在中共宁海县委领导下，振奋精神、锐意进取、扎实工作，为开创全县政协工作新局面，为服务科学发展，助推“三大突破”，实现全县经济又好又快发展做出新贡献。

第五次全体会议 2011年1月10日至12日在宁海城区举行。出席委员238名，列席人员143名。

会议由常委会主持。听取和讨论县委书记王剑侯讲话。王剑侯充分肯定县政协在过去的一年里，牢牢把握团结和民主主题，紧紧围绕县委县政府中心工作，深入开展调查研究，坚持“在视察中支持、在支持中服务、在服务中监督”，认真履行政协职能，做了大量卓有成效的工作，县委表示满意。听取并审议了县政协副主席项松春所作的常委会工作报告和县政协副主席杨象轮所作的提案工作报告。委员们对常委会的工作表示满意，要求常委会用创新的思路和改革的办法，凝心聚力，积极作为，组织实施好工作报告中提出的2011年主要任务，把全县政协工作不断推向前进。

与会委员和列席人员列席县十六届人大五次会议，听取并讨论县长褚银良所作的《政府工作报告》、副县长褚孟形所作的“十二五”规划纲要和其他报告，会议赞同县政府工作报告、“十二五”规划纲要和其他报告。在新的一年里，希望县政府按照工作报告中提出的各项奋斗目标，认真组织实施，使宁海的经济建设和社会各项事业再上新台阶。会议期间，有18位委员就发展旅游业、保护生态环境、发展文化产业、加快模具产业发展、推动企业转型升级等问题作参政议政发言或书面交流。提交提案142件。经协商，增选尤玲娟（女）为政协第八届宁海县委员会副主席。

会议通过决议，要求全体政协委员紧紧围绕县委、县政府中心工作，深入调查研究、积极建言献策、认真履行职能，为宁海经济社会发展做出贡献。

第二节 第九届委员会全体会议

政协宁海县第九届委员会从2012年2月至2017年2月，共召开全体会议5次。

第一次全体会议 2012年2月13日至18日在宁海城区举行。出席委员246名，列席人员163名。

会议由大会主席团主持，其成员是：尤玲娟（女）、邬汝跃、潘作飞、张水仙（女）、杨象轮、王鸿飞、骆再松、王坚、王为富、王宁芳（女）、王声旺、王贤飞、王照栈、尤飞君、方永杰、叶玉葵（女）、叶亚珍（女）、邬雷科、刘尚才、吴黎华、何建春、汪伟东、陈平、陈云苍、陈国盛、陈雪强、陈焕灿、陈维贵、林仙菊（女）、胡芳园（女）、胡金学、胡振飞、娄坚、娄培宗、骆武洪、夏慧辉、钱晓茗（女）、徐和开、葛永土、蒋敏、蒋震林、释显德（女）、童青燕（女）、谢敏慧（女）、谢常夫。秘书长为骆再松。

会议听取并审议县政协主席尤玲娟代表县八届常委会所作的常委会工作报告和县政协副主席潘作飞所作的提案工作报告。认为在过去的五年中，县政协常委会坚持以邓小平理论和“三个代表”重要思想为指导，深入贯彻落实科学发展观，在中共宁海县委领导下，围绕中心，服务大局，突出团结民主主题，切实履行政治协商、民主监督、参政议政职能，为推动富民强县进程做出了积极贡献，履职为民，主动作为取得了新进展。报告中提出的今后工作意见建议切实可行，县政协要积极探索有效措施和途径，振奋精神，同心同德，求真务实，开拓进取，努力开创人民政协事业新局面。

与会委员和列席人员列席县十七届人大一次会议，听取并讨论县长褚银良所作的《政府工作报告》和其他有关报告。认为《政府工作报告》实事求是地总结过去五年工作，报告主题鲜明，内容翔实，讲成绩求真务实，谈问题客观实在，提出今后五年经济社会发展总目标、要求、任务思路清晰，措施有力，切实可行。会议希望县政府认真组织实施，确保全县经济社会又好又快发展。会议期间有21位委员就城区、环境、教育、卫生、商贸、农业、工业、宗教、侨台等工作进行参政议政发言和书面交流。提交提案212件。经民主协商，以无记名投票和等额选举方法，选举产生了政协第九届宁海县委员会主席、副主席、秘书长和常务委员，为做好新一届政协工作提供了坚强有力的组织保障。在会议的闭幕式上，县委书记卞吉安作了讲话，他充分肯定了过去五年县政协为推进全县经济社会发展做出的重要贡献，在新形势下，对政协工作提出了希望和要求。

会议通过决议，要求全体政协委员和社会各界人士，更加紧密地团结在以胡锦涛同志为总书记的中共中央周围，在中共宁海县委的坚强领导下，坚持以邓小平理论和“三个代表”重要思想为指导，深入落实科学发展观，以昂扬向上的进取精神和求真务实的工作态度，凝心聚力，共谋发展，以优异成绩迎接中共十八大的胜利召开。

第二次全体会议　2013年1月20日至23日在宁海城区举行。出席委员254名，列席人员149名。

会议由常委会主持。听取并讨论中共宁海县委书记卞吉安讲话。认为，卞吉安讲话充分肯定九届政协开局之年所取得的成绩，委员们深受鼓舞，所提的希望和要求，对做好新一年的政协工作具有重要的指导意义。听取并审议县政协主席尤玲娟代表常务委员会所作的常委会工作报告和县政协副主席邬汝跃所作的提案工作报告。认为过去的一年，县政协常委会在中共宁海县委的领导下，坚持以科学发展观为统领，紧紧围绕“建设滨海生态县，打造人居幸福地”目标，动员组织政协各参加单位和广大政协委员，牢牢把握团结民主两大主题，切实履行政协职能，为宁海经济社会发展做出了贡献，委员们对常委会工作和提案工作表示满意。

与会委员和列席人员列席县十七届人大二次会议。听取和讨论县长褚银良所作的《政府工作报告》和其他报告。会议认为，过去的一年，县政府在中共宁海县委领导下，解放思想，振奋精神，勇于开拓，大胆创新，带领全县人民克服各种困难，较好地完成县人代会提出的各项任务，委员们赞同县政府工作报告和其他有关报告。会议期间有19位委员就农村职业培训、生态环境建设、城区基础建设、弘扬宗教文化等方面作参政议政发言和书面交流。提交提案173件。经协商，补选王朝衡、冯宗杰、张燕（女）、金玲丽（女）、高剑峰、蒋思才、蔡玲华（女）为政协第九届宁海县委员会常务委员。

会议通过决议，要求全体政协委员和社会各界人士，认真学习贯彻中共十八大精神，更加紧密地团结在以习近平同志为总书记的党中央周围，在中共宁海县委的正确领导下，锐意进取，求真务实，凝心聚力，共谋发展，为开创全县政协工作新局面，为经济平稳增长、民生持续改善、社会稳定和谐、生态更加良好做出新的更大贡献。

第三次全体会议 2014年2月8日至12日在宁海城区举行。出席委员253名，列席人员155名。

会议由常委会主持。会议听取并审议县政协主席尤玲娟代表县政协常委会所作的常委会工作报告和县政协副主席张水仙所作的提案工作报告。会议认为，2013年县政协在中共宁海县委的领导下，坚持以邓小平理论、“三个代表”重要思想、科学发展观为指导，认真贯彻落实中共十八大和十八届三中全会精神，高举爱国主义和社会主义旗帜，紧紧围绕大局，倾力履行职能，服务改革发展，促进社会和谐，工作成效显著，为“建设滨海生态县，打造人居幸福地”做出了贡献，委员们对常委会工作和提案工作表示满意，认为2014年的工作部署符合实际切实可行。

与会委员和列席人员列席县十七届人大三次会议，听取和讨论县委书记、县长褚银良所作的《政府工作报告》和其他报告。认为，过去的一年，县政府认真贯彻落实科学发展观，面对严峻复杂的外部环境，攻坚克难，求实奋进，经济平稳较快发展，社会安定和谐，各项事业取得扎实成效。在新的一年里，希望县政府按照工作报告中提出的各项奋斗目标，认真组织实施，确保各项任务圆满完成。会议期间，有20位政协委员就发展全县电子商务、加强青年企业家培育、加快发展旅游产业、保护民营企业合法权益、加强农村财务管理、推动医疗事业发展等问题作参政议政发言或书面交流。提交提案168件。经协商，补选顾海飞为县九届政协秘书长，增选叶挺、胡国恩为县九届政协常委。在会议的闭幕式上，县委书记、县长褚银良作了讲话，对过去一年的政协工作予以充分肯定，在新的一年中提出希望和要求。

会议通过决议，要求全体政协委员和各参加单位，要更加紧密地团结在以习近平同志为总书记的中共中央周围，在中共宁海县委的领导下，同心同德，开拓创新，求真务实，团结奋进，为开创全县政协工作新局面，为经济持续健康发展、民生不断改善、社会稳定和谐、生态更加良好做出新的贡献。

第四次全体会议　2015年1月11日至14日在宁海城区举行。出席委员243名，列席人员142名。

会议由常委会主持。听取并讨论中共宁海县委书记褚银良讲话。听取并审议县政协主席尤玲娟所作的常委会工作报告和县政协副主席杨象轮所作的提案工作报告。委员们对常委会工作报告和提案工作报告表示满意。认为过去的一年，县政协在中共宁海县委领导下，深入贯彻中共十八大精神，切实履行政治协商、民主监督、参政议政职能，开创季度协商、社区协商，较好完成各项工作任务，为促进宁海经济社会又好又快发展做出了积极贡献。

与会委员和列席人员列席县十七届人大四次会议，听取并讨论代县长杨勇所作的《政府工作报告》和其他报告。会议赞同县政府工作报告和其他报告。在新的一年里，希望县政府按照工作报告中提出的各项奋斗目标，认真组织实施，使宁海的经济建设和社会各项事业再上新台阶。会议期间，有20位政协委员就推进全县返乡创业、加强志愿者服务工作、推动现代农业发展、拓展中小企业融资平台、加快体育产业发展、重视职业教育水平提高等方面作参政议政发言或书面交流。提交提案141件。经协商，增选叶元军、吕国平、周武军、俞伟平、储江为县政协九届委员会常委。

会议通过决议，要求全体政协委员和政协参加单位，要深入学习贯彻中共十八大精神，围绕县委、县政府中心任务，更好地履行政治协商、民主监督、参政议政职能，发挥优势，深入调研，积极建言献策，为全县经济社会发展做出更大贡献。

第五次全体会议　2016年1月25日至28日在宁海城区举行。出席委员259名，列席人员161名。

会议由常委会主持。听取并审议县政协主席尤玲娟所作的常委会工作报告和县政协副主席王鸿飞所作的提案工作报告。委员们认为县政协在过去的一年，围绕经济建设中心，发挥政协优势，认真履行职能，做了大量的工作，取得了显著成绩。大家对常委会工作和提案工作表示满意。

与会委员和列席人员列席县十七届人大五次会议，听取和讨论县长杨勇所作的《政府工作报告》和其他报告。委员们赞同县政府工作报告和其他有关报告。会议期间，有20位委员就企业转型升级、环境保护、加强交通建设、重视“五水共治”、科技创新、人才引进等问题进行参政议政发言或书面交流。提交提案204件。经协商，补选潘红月（女）为政协第九届宁海县委员会副主席，石道伟为政协第九届宁海县委员会秘书长。在会议的闭幕式上，县委书记褚银良作了讲话，他充分肯定过去一年县政协坚持围绕中心，服务大局，为推进全县经济社会发展做出了重大贡献，对政协工作提出要在“真抓实干”中施展才华、展现风采的具体要求。

会议通过决议，要求全体政协委员和政协参加单位，要紧密团结在以习近平同志为总书记的中共中央周围，围绕县委、县政府中心任务，认真履行政治协商、民主监督、参政议政职能，发挥自身优势，为宁海经济社会发展做出更大贡献。

第三节　第十届委员会全体会议

第一次全体会议　2017 年 2 月 14 日至 19 日在宁海城区举行。出席委员 241 名，列席人员 171 名。

会议由大会主席团主持，其成员是：尤玲娟（女）、邬汝跃、尤永成、杨象轮、华祥平、何建春、童青燕（女）、蒋善琪、王琛、王声旺、王贤飞、王雪莲（女）、方永杰、叶元军、叶玉葵（女）、冯坚、刘巧丽（女）、刘永夫、刘尚才、李静（女）、励蓉蓉（女）、张燕（女）、陈庆宇、陈珍莹（女）、陈益强、陈海中、陈焕苗、金玲丽（女）、周武军、胡军、胡钢、胡芳园（女）、胡金学、胡振飞、娄坚、娄培宗、骆武洪、夏慧辉、高虹（女）、郭琴华（女）、章开望、葛军、葛永照、蒋敏、蒋思才、储江、释有圆、鲍薇（女）、褚孟法、蔡玲华（女）、裴东良、戴正。秘书长为蒋善琪。

会议听取并审议县政协主席尤玲娟所作的县政协九届常委会工作报告和县政协副主席杨象轮所作的提案工作报告。认为，过去的五年，县政协坚持以中国特色社会主义理论体系为指导，认真贯彻中共十八大以来中央的一系列决策部署和习近平总书记系列重要讲话精神，坚持团结和民主两大主题，积极履行政治协商、民主监督、参政议政职能，团结动员各党派团体和各族各界人士，齐心协力谋发展，尽心竭力惠民生，凝心聚力促和谐，为建设"两美"宁海、高水平全面建成小康社会做出了积极贡献，取得显著成绩。报告中提出的今后工作意见切实可行，县政协要积极探索有效措施和途径，振奋精神，开拓创新，努力开创人民政协事业新局面。

与会委员和列席人员列席县十八届人大一次会议，听取并讨论代县长林坚所作的《政府工作报告》和其他有关报告。认为过去的五年，全县人民在中共宁海县委领导下，抓住机遇，克难攻坚、创新突破，有效应对各种困难和风险考验，谱写了宁海发展的新篇章。希望新一届县政府，切实按照中共中央和省、市、县委各项决策部署，准确把握历史定位，紧紧围绕实施"五优并进"战略举措，牢固树立和贯彻落实新发展理念，统筹推进"四个全面"战略布局在宁海的生动实践，努力做到"秉持浙江精神，干在实处、走在前列、勇立潮头"。会议期间有 19 位政协委员就企业创新发展、加快发展中医药事业、加强金融工作、做强农业主导产业、构建和谐劳动关系等工作进行参政议政发言或书面交流。提交提案 246 件。经民主协商，以无记名投票和等额选举方法，选举产生政协第十届宁海县委员会主席、副主席、秘书长和常务委员，为做好新一届政协工作提供了坚强有力的组织保障。在会议的闭幕式上，县委书记杨勇讲话，他充分肯定过去五年县政协为宁海经济和社会发展做出的重要贡献，在新形势下，对政协工作提出希望和要求。

会议通过了决议，要求全体政协委员和社会各界人士要更加紧密地团结在以习近平同志为核心的中共中央周围，在中共宁海县委的坚强领导下，按照县第十四次党代会的部署要求，紧紧围绕改革发展大局建言出力，持续深化“系列惠民生”工作，广泛汇聚强大正能量，不断推动政协工作改革创新，不忘初心、继续前进，走在前列、勇于担当，为宁海县早日跻身全国强县第一方阵贡献智慧力量。

第二章　政协宁海县委员会常委会议

政协宁海县常务委员会由主席、副主席、秘书长和常务委员组成。根据《政协章程》规定，常务委员会会议一般每季度召开一次，必要时可临时举行。县八届政协以来至2018年，共举行53次常委会议。

第一节　第八届委员会常委会议

第八届委员会常委会议共召开25次。

第一次会议　2007年2月7日在县委党校召开，出席常委44人，县七届政协副主席、政协机关各办委副主任、政协各界别负责人、政协工委副主任列席。县政协主席杨加和主持会议。听取宁波市政协研究室副主任陈正飞作政协理论知识辅导，讨论通过县政协2007年工作要点，协商决定县政协有关人事任免事项：徐和开、陈平、张亚明、任治江4人为县八届政协副秘书长，并分别兼任社会法制和港澳台侨委员会主任、教文卫体和文史资料委员会主任、经济科技和城建资源环境委员会主任、提案委员会主任。朱行开任政协办公室主任、娄培宗为副主任。邬雷科、金唯军、齐荣清、潘微琼（女）4人分别任县政协提案委员会副主任、经济科技和城建资源环境委员会副主任、教文卫体和文史资料委员会副主任、社会法制和港澳台侨委员会副主任。

第二次会议　2007年6月5日在县府大会议室召开，出席常委39人，县七届政协副主席、政协各界别负责人、政协工委副主任、机关各办委副主任、政协之友社副理事长、有关县级机关单位和乡镇（街道）负责人列席会议。县长王剑侯、县委副书记谢群华、县人大常委会副主任张文蛟、副县长邵兴杰应邀出席会议。县政协主席杨加和主持会议。听取《提升开发区建设和管理水平推动工业经济又好又快发展》《加强政府引导和服务　推进企业自主创新》《构建和谐劳动关系　促进企业良性发展》《切实加强企业文化建设　努力提升企业综合竞争力》的专题发言，并对参政议政发言进行讨论。王剑侯、邵兴杰分别在会上作了讲话。传达学习宁波市政协十三届一次会议精神。协商决定增补潘松源为县八届政协委员。

第三次会议　2007年10月10日在县政府大会议室召开，出席常委40人，县七届政协副主席、政协各界别负责人、镇（街道）政协工委副主任、政协机关各办委副主任、政协之友社副理事长、有关县级机关和乡镇负责人列席。县委书记林静国、县人大常委会副主任张兴良、副县长邬汝跃应邀出席会议。会议由县政协主席杨加和主持。听取县政协各调研组围绕“构建现代农业体系，促进新农村建设”课题作了参政议政发言。林静国、邬汝跃作了讲话。会议协商讨论有关人事事项，决定增补杨建国、何建强、林祥明、金玲丽（女）、胡建恩、胡爱莲（女）、柴银荣、徐群飞、黄照峰、蒋明阳为县八届政协委员，同意陈乾章辞去县八届政协委员职务。

第四次会议　2008年1月22日、31日在宁海宾馆四楼国际厅和县委县政府大会议室召开，出席常委41人，县七届政协副主席、政协各界别负责人、镇（街道）政协工委副主任、政协机关各办委副主任、有关县级机关单位负责人列席会议。会议由县政协主席杨加和主持。通报协商《县政府工作报告》，讨论通过有关召开县政协八届二次会议的议程（草案）和日程（草案），委员编组和召集人等有关事项，讨论通过县政协八届常委会工作报告和提案报告。决定有关人事任免事项，增补石道伟、王建平、童青燕（女）、柴小卡（女）、吴黎华、卢尚嘉、胡珊红（女）、邬仁宽8人为县政协八届委员会委员，同意朱行开辞去县政协秘书长、办公室主任职务，同意陈昌凯辞去县政协八届委员会常委职务，任命石道伟为县八届政协副秘书长、代秘书长、办公室主任。

第五次会议　2008年2月20日在开元新世纪大酒店四季厅召开，出席常委40人，县七届政协副主席、县有关单位负责人和各界别召集人列席会议。县委副书记谢群华，县委常委、常务副县长蒋裕伦应邀出席会议。县政协主席杨加和主持会议。听取各大组召集人汇报分组讨论情况，通过《县政协八届二次会议决议》（草案），讨论通过了2008年工作要点，协商确定秘书长和常务委员会候选人名单，提交大会选举。

第六次会议　2008年6月5日在县政府大会议室召开，出席常委42人，县七届政协副主席、政协各界别负责人、镇（街道）政协工委副主任、政协机关各办委副主任、政协之友社副理事长、县级机关有关单位负责人列席。县委副书记、代县长褚银良，县委副书记谢群华等领导应邀出席会议。县政协主席杨加和主持会议。围绕“建设资源节约型、环境友好型社会，促进节能减排工作”课题作参政议政发言并结合反映有关社情民意。褚银良作了讲话，对政协调研工作予以充分肯定。讨论通过有关人事事项，同意石道伟辞去县政协秘书长、办公室主任、政协委员职务，同意葛文跃辞去政协常委和委员职务。

第七次会议　2008年8月21日在县政府大会议室召开，出席常委39人，县七届政协副主席、政协各界别负责人、镇（街道）政协工委副主任、政协机关各办委副主任、政协之友社副理事长和重点实事工程建设责任单位、县级有关职能部门负责人列席。县委副书记、代县长褚银良，县委副书记谢群华等领导应邀出席。县政协主席杨加和主持会议。围绕“推进重点实事工程项目建设”的4个课题调研组进行参政议政发言并结合社情民意反映。褚银良认为，政协的课题调研，结合宁海县实际，立足当前，着眼长远，调研充分，问题把握准确，工作重点突出，对策措施有力，有很强的针对性和可操作性，给予充分肯定。

第八次会议 2009年1月14日在太平洋国际大酒店太平洋厅召开，出席常委40人，县七届政协副主席、各界别负责人、镇（街道）政协工委副主任、政协机关各办委副主任和政协之友社副理事长列席。县委副书记、纪委书记徐光宪，县委常委、常务副县长褚孟形应邀出席会议。县政协主席杨加和主持会议。协商讨论《县政府工作报告》，听取全县党风廉政建设情况和反腐败工作情况通报，讨论通过县政协八届三次会议的有关事项。协商有关人事任免事项，同意丁建标、王再亚（女）辞去县八届政协委员职务，决定增补骆再松、俞彩珍（女）、高同裕、夏建方、薛巧萍（女）等5人为县八届政协委员，任命骆再松为县政协副秘书长、代秘书长、办公室主任。

第九次会议 2009年2月11日在太平洋大酒店太平洋厅召开，出席常委41人，县七届政协副主席、各大组召集人、大会秘书处有关工作组组长列席。县委副书记谢群华，县委常委、常务副县长褚孟形应邀出席会议。县政协主席杨加和主持会议。听取各大组召集人汇报分组讨论情况，通过县政协2009年工作要点，讨论通过骆再松为八届政协秘书长正式候选人提交大会选举及通过确定有关选举事项。

第十次会议 2009年6月3日在县政府大会议室召开。出席常委40人，县七届政协副主席、政协各界别负责人、镇（街道）政协工委副主任、政协机关各办委副主任、政协之友社副理事长、县直有关部门负责人列席。县委副书记、县长褚银良，县委副书记谢群华，县委常委、常务副县长褚孟形，县人大常委会副主任张兴良应邀出席会议。受县政协主席杨加和委托县政协副主席项松春主持会议。听取政协3个课题调研组：关于促进全县中小企业发展的对策建议，强化交通管理、优化城区交通环境，宁海县国有资产经营管理情况调研的报告。褚银良讲话。他对政协委员的调研发言给予充分肯定，认为调研深入扎实、内容翔实客观、分析准确透彻、对策具体有效，对于做好政府工作，具有十分重要的借鉴和参考价值，并提出把意见建议“吸收进来、落实下去”的要求，及时细化分解、明确责任单位，采取有效措施，狠抓办理落实，做到一个问题一个问题地加以解决，努力使这些好的意见和建议在政府工作中日益体现。

第十一次会议 2009年6月23日在县政府大会议室召开，出席常委36人，县政协主席杨加和主持。会议讨论通过了有关人事事项。同意金唯军辞去县八届政协委员职务，同意增补张德浩为县八届政协委员，任命张德浩为县政协办公室副主任、吴黎华为县政协经济科技和城建资源环境委员会副主任。

第十二次会议 2009年10月15日在县政府大会议室召开，出席常委37人，县七届政协副主席、政协各界别负责人、镇（街道）政协工委副主任、政协机关各办委副主任、政协之友社副理事长和县直有关部门、单位主要负责人列席。县委书记王剑侯、县人大常委会副主任王劳旺、副县长邬汝跃应邀出席。县政协主席杨加和主持会议。听取“加快山区经济发展”“加强村级民主政治建设”调研组的发言并反映有关社情民意。王剑侯对政协两个课题调研十分肯定，他说两个专题调研，课题选得好，既符合刚刚召开的十七届四中全会精神，又切合宁海实际。一是起点高，富有前瞻性；二是分析问题透彻、符合实际；三是对策措施准确，具有可操作性。协商讨论有关人事事项。同意王建平、王秋芬（女）辞去县八届政协常委、委员职务，同意万吉良、傅红光、林彩云（女）、童东凯、陈双寅、王华芬（女）、胡爱莲（女）、吕国平、邵明、章兆林等10位同志辞去县八届政协委员职务。决定增补范建军、黄才向、江永平、金礼斌、胡志汉、麻昌二、娄晓华（女）、谢宏明、张珊桂（女）、舒静芬（女）、杨向东、赵基贵等12人为县八届政协委员。

第十三次会议 2009年12月31日在白云山庄三楼会议室召开，出席常委38人，县七届政协副主席、政协各界别召集人、镇（街道）政协工委副主任、政协机关各办委副主任和政协之友社副理事长列席。县委副书记、纪委书记徐光宪应邀出席。县政协主席杨加和主持会议。听取全县反腐倡廉情况通报，协商讨论《政府工作报告》、县政协常委会工作报告和提案工作报告，讨论通过关于召开县政协八届四次会议有关事项。

第十四次会议 2010年1月28日在县建设局六楼会议室召开，出席常委39人，县七届政协副主席、各大组召集人及县级机关有关部门负责人列席。县委副书记、纪委书记徐光宪，县委常委、常务副县长褚孟形应邀出席会议。县政协主席杨加和主持会议。会议听取各大组召集人分组讨论情况汇报，讨论通过《县政协八届四次会议决议》（草案），决定提交大会审议通过，讨论通过县政协2010年工作要点。

第十五次会议 2010年4月20日在县政府大会议室召开，出席常委31人，县七届政协副主席、政协各界别有关召集人、镇（街道）政协工委副主任、政协机关各办委副主任、政协之友社副理事长和县直有关部门、单位负责人列席。县人大常委会副主任王劳旺、副县长邬汝跃应邀出席会议。县政协副主席项松春受县政协主席杨加和委托主持会议。县政协主席杨加和主持会议。围绕“加快农房资源整合，推进住房制度改革”课题开展参政议政发言，并结合实际反映社情民意。副县长邬汝跃作了讲话，对政协调研工作和参政议政发言给予了充分肯定。协商讨论有关人事事项。同意张琼辞去县八届政协常委、委员职务，同意增补林仙菊（女）为县八届政协委员。

第十六次会议 2010年10月29日在县政府大会议室召开，出席常委30人，县七届政协副主席、政协各界别有关负责人、镇（街道）政协工委副主任、政协机关各办委副主任、政协之友社副理事长、在宁海的省市政协委员和县直有关部门、单位负责人列席。县委常委、常务副县长褚孟形，县委常委、政法委书记金伟平应邀出席。县政协主席杨加和主持会议。围绕“加强农村公共服务体系建设”和“社区矫正工作”课题开展参政议政发言并结合实际反映社情民意。金伟平作了讲话，认为政协的专题调研选题准、情况清、对策措施具有很强的针对性和可操作性，并表示县委县政府将在今后的工作中认真予以吸纳。会后，全体与会人员视察了宁东园区、下洋涂围垦工程、车岙港水库清淤工程等重点实事工程和海头村新农村建设示范点。

第十七次会议　2010 年 12 月 15 日在县政府大会议室召开，出席常委 37 人，县七届政协副主席、政协各界别有关召集人、镇（街道）政协工委副主任、政协机关各办委副主任、政协之友社副理事长等列席。县政协副主席项松春受主席杨加和委托主持会议。讨论通过了关于召开县政协八届五次会议的决议，定于 2011 年 1 月 10 日召开会议。协商讨论了《中共宁海县委关于制订“十二五”规划的建议（协商稿）》和《中共宁海县委关于加快推进生态县建设的决定（协商稿）》，听取县委副书记、纪委书记徐光宪关于纪检工作情况通报。

第十八次会议　2010 年 12 月 28 日在金海豪生大酒店召开，出席常委 36 人，县七届政协副主席、政协各界别有关召集人，镇（街道）政协工委副主任、政协机关各办委副主任、政协之友社副理事长和县政府办公室、县委组织部、县发改局等单位负责人列席。县委副书记俞小勋，县委常委、常务副县长褚孟形应邀出席。县政协主席杨加和主持会议。协商讨论《政府工作报告》（征求意见稿），协商“十二五”规划纲要（草案）、2011 年国民经济和社会发展主要指标安排、重点实事工程安排。讨论通过县政协八届五次会议议程（草案）和日程（草案）、列席人员名单、委员编组和召集人名单等有关事项。协商通过有关人事事项。同意增补尤玲娟（女）为县八届政协委员，并作为县八届政协副主席候选人建议名单提交县政协八届五次会议酝酿选举，同意张珊桂（女）辞去县八届政协委员职务。俞小勋在会上作了讲话，肯定了 2010 年县政协工作取得的成绩，并希望委员们继续为“十二五”规划编制工作献计出力，对市委和县委的人事安排决定有正确的认识。

第十九次会议　2011 年 1 月 11 日在金海豪生大酒店香港厅召开，出席常委 41 人，县七届政协副主席、各大组召集人、县有关单位负责人列席。县政协副主席项松春受县政协主席杨加和委托主持会议。县委副书记俞小勋，县委常委、常务副县长褚孟形，县政协党组副书记尤玲娟应邀出席会议。听取各大组召集人分组讨论情况汇报，讨论通过《县政协八届五次会议决议》（草案），提交大会审议通过。讨论通过《县政协八届五次会议选举办法》（草案），提交大会通过。确定尤玲娟（女）为县八届政协副主席候选人正式名单，提交大会选举。

第二十次会议　2011 年 1 月 12 日在金海豪生大酒店北京厅召开，出席常委 38 人，县七届政协副主席、政协各界别有关召集人、镇（街道）政协工委副主任、政协机关各办委副主任、政协之友社副理事长和县委办、县委组织部等单位负责人列席。县委副书记俞小勋应邀出席会议。县政协副主席项松春受县政协主席杨加和委托主持会议。协商通过有关人事事项。会议同意杨加和因年龄原因辞去县八届政协主席、委员职务，同意尤玲娟主持县政协工作。讨论通过《县政协2011年工作要点》。俞小勋作了讲话。县政协副主席尤玲娟表示，今后将努力把历届政协好传统、好作风、好经验继续传承好、发扬好，在中共宁海县委的领导下，紧紧依靠全体政协委员，围绕中心、服务大局，切实履行职能，努力做好协调关系、理顺情绪、化解矛盾、凝聚人心工作，做到不辱使命。

第二十一次会议 2011年7月6日在县政府大会议室召开，出席常委38人，县八届政协原主席、七届政协副主席、政协各界别有关召集人、镇（街道）政协工委副主任、政协机关各办委副主任、政协之友社副理事长、相关调研组成员和部分县直单位有关负责人列席。县委副书记俞小勋、县人大常委会副主任陈中建、县政府副县长邬汝跃应邀出席。县政协党组副书记、副主席尤玲娟主持会议。围绕“小流域治理”和“加强民间信仰活动场所管理”课题开展参政议政发言，反映社情民意。俞小勋和邬汝跃讲话。对政协的调研工作和常委会参政议政给予了充分肯定，要求相关部门对政协调研做好对接工作，努力使政协调研成果和委员们意见建议发挥作用。尤玲娟还通报了县政协上半年工作情况，并对下半年工作作了部署。

第二十二次会议 2011年8月25日在县政府大会议室召开，出席常委34人，县政协各办委副主任、县委组织部有关负责人列席。县政协党组副书记、副主席尤玲娟主持会议。讨论通过有关人事事项。同意增补谢常夫、王秋芬（女）、薛慧（女）为县八届政协委员。免去张亚明县政协副秘书长、经济科技和城建资源环境委员会主任职务，免去任治江县政协副秘书长、提案委员会主任职务，免去邬雷科县政协提案委员会副主任职务，免去齐荣清县政协教文卫体和文史资料委员会副主任职务。决定谢常夫任县政协副秘书长、经济科技和城建资源环境委员会主任，邬雷科任县政协副秘书长、提案委员会主任，王秋芬（女）任县政协提案委员会副主任，薛慧（女）任教文卫体和文史资料委员会副主任。

第二十三次会议 2011年9月28日在县政府大会议室召开，出席常委32人，县七届政协副主席、政协各界别有关召集人、镇（街道）政协工委副主任、政协机关各办委副主任、政协之友社副理事长，县直有关单位负责人列席。县人大常委会副主任王劳旺、副县长娄黛敏应邀出席。县政协党组副书记、副主席尤玲娟主持会议。围绕“优化城区教育布局”和“推进物业管理”课题开展参政议政发言，反映社情民意。娄黛敏作了讲话，认为政协的两个专题调研反映情况实事求是，分析问题透彻，意见建议有很强的针对性和可操作性，充分体现了政协委员关注民生、以民为本理念。对委员提出的意见建议将认真予以梳理，并在今后的工作中加以落实。尤玲娟对做好下阶段工作提出了要求。

第二十四次会议 2012年1月5日在县政府大会议室召开，出席常委36人，县委常委、组织部部长林惠明，县政协党组成员、副县长邬汝跃应邀出席，会议由县政协党组书记、副主席尤玲娟主持。会议协商通过《关于政协第九届宁海县委员会界别设置和委员名额的决定》，以及县九届政协委员名单，协商通过《关于召开中国人民政治协商会议第九届宁海县委员会第一次会议的决定》，听取县政协办公室关于常委会工作报告起草情况说明和提案委关于提案工作报告起草情况说明。与会人员围绕两个工作报告进行协商讨论，提出意见建议，并反映了社情民意。林惠明在会上作讲话，充分肯定八届政协常委会五年来所取得的成绩，并要求认真做好县政协九届一次会议筹备工作。

第二十五次会议　2012 年 1 月 19 日在开元新世纪大酒店召开，出席常委 34 人，县政协党组成员、副县长邬汝跃，副县长尤永成应邀参加会议。会议由县政协党组书记、副主席尤玲娟主持。会议听取县政府办公室关于《县政府工作报告》（征求意见稿）起草说明的汇报，会议认为，《县政府工作报告》（征求意见稿）主题明确，结构合理，条理清晰，简洁务实，报告中提出的目标任务符合宁海实情。会议听取县发改局关于 2012 年经济社会发展主要指标和 2012 年重点实事工程安排方案的情况通报。会议认为，2012 年全县经济社会发展指标安排和重点实事工程安排方案科学合理，符合宁海实际情况，表示原则赞同。会议听取县财政局关于宁海县 2011 年预算执行情况和 2012 年预算初步安排意见的通报。2011 年全县财政预算执行情况良好，财政收入大幅增长，预算收支基本平衡，会议对此表示充分肯定。会议听取关于县政协九届一次会议筹备工作情况说明，协商通过县政协九届一次会议有关事项。

第二节　第九届委员会常委会议

第九届委员会常委会议共召开 24 次。

第一次会议　2012 年 3 月 27 日在县人大常委会五楼会议室召开，出席常委 40 人，县八届政协副主席，政协机关各办委副主任、政协各界别召集人列席。县政协主席尤玲娟主持会议，会议协商决定徐和开、陈平、谢常夫、邬雷科为县政协副秘书长，并分别兼任县政协社会法制和港澳台侨委员会主任、县政协教文卫体和文史资料委员会主任、县政协经济科技和城建资源环境委员会主任、县政协提案委员会主任。任命骆再松为县政协办公室主任，娄培宗、张德浩为县政协办公室副主任，潘微琼（女）为县政协社会法制和港澳台侨委员会副主任，薛慧（女）为县政协教文卫体和文史资料委员会副主任，吴黎华为县政协经济科技和城建资源环境委员会副主任，王秋芬（女）为政协提案委员会副主任。会议审议通过了县政协 2012 年工作要点、委员参加会议和履职活动统计办法。会议传达并学习全国政协十一届五次会议精神。

第二次会议　2012 年 7 月 20 日在跃龙宾馆二楼腾龙厅召开，出席常委 38 人，县八届政协副主席、政协各界别召集人、政协机关各办委副主任及县级机关有关单位负责人列席，县人大常委会副主任陈中建、副县长娄黛敏应邀出席会议。会议由县政协主席尤玲娟委托县政协副主席潘作飞主持。围绕“加强公共文化服务体系建设”课题开展参政议政发言并结合反映社情民意。娄黛敏在会上作了讲话，她对县政协选择群众最关心、最迫切需要解决的民生问题进行深入调研，积极履行民主监督、参政议政职能表示感谢，并表示下一步将加快文化事业改革，加快建设步伐，加大保障力度，构建覆盖城乡、惠及全民的公共文化服务体系。会议协商通过了有关人事事项。决定免去吴黎华的县政协经济科技和城建资源环境委员会副主任职务。

第三次会议 2012年9月18日在县委、县政府大会议室召开，出席常委38人，县八届政协副主席、政协机关各办委副主任、镇（街道）政协工委主任、政协各界别有关召集人、县级机关有关单位负责人及大佳何镇、强蛟镇、西店镇、桥头胡街道等单位负责人列席。县人大常委会副主任赵秀萍、副县长尤永成应邀出席会议。会议由县政协主席尤玲娟主持。围绕“宁海湾旅游开发”课题开展参政议政发言并结合反映社情民意。会议协商通过有关人事事项。决定撤销葛永土县九届政协常委、委员资格。决定葛珍瑜任县政协经济科技和城建资源环境委员会副主任。尤永成对县政协的调研成果和委员们提出的意见建议给予了充分肯定，并表示下一步政府部门将建立机制，统筹工作，梳理规划工作，抓好项目落实和基础设施建设，积极推进宁海湾海洋旅游业发展。

第四次会议 2013年1月6日在县委、县政府大会议室召开，出席常委41人，政协各界别有关召集人，有关镇（街道）政协工委主任、政协参加单位负责人，政协机关各办委副主任列席。县委常委、组织部部长林惠明，副县长徐真民应邀出席会议。会议由县政协主席尤玲娟主持。协商讨论《县政府工作报告》（征求意见稿）、2013年经济社会发展主要指标和2013年县重点实事工程安排方案（草案）。协商通过有关人事事项和召开县政协九届二次会议有关事项，同意王宁芳（女）、林仙菊（女）、童青燕（女）、谢敏慧（女）辞去政协常委、委员职务。听取县政协办公室关于常委会工作报告和提案工作报告起草情况说明。会议对优秀提案、提案承办先进单位、提案承办先进个人进行表彰。

第五次会议 2013年1月22日在金海开元名都大酒店召开，出席常委37人，政协各大组召集人、县直有关单位负责人、大会秘书处有关工作组长列席。县委常委、常务副县长林坚，县委常委、组织部部长林惠明应邀出席会议。会议由县政协主席尤玲娟委托县政协副主席张水仙主持。听取各大组召集人分组讨论情况汇报，讨论通过《会议决议》（草案），提交大会审议通过，讨论通过县政协2013年工作要点，确定县政协常务委员候选人正式名单：王朝衡、冯宗杰、张燕（女）、金玲丽（女）、高剑峰、蒋思才、蔡玲华（女）。

第六次会议 2013年6月19日在县委、县政府大会议室召开，出席常委39人，政协各界别有关召集人，镇（街道）政协工委主任，政协机关各办委副主任，县政府办公室（金融上市办）、人行县支行等金融单位有关负责人列席。县人大常委会副主任赵秀萍、副县长徐云应邀出席会议。会议由县政协主席尤玲娟主持。围绕“金融服务”课题，调研组作了发言，与会人员围绕课题进行协商讨论，提出意见建议：发挥政府主导作用，优化金融信用环境；创新金融服务手段，提升金融市场服务能力；健全工作机制，深入推进金融消费权益保护工作。

第七次会议　2013年8月14日在县委、县政府大会议室召开，出席常委39人，政协各界别有关召集人，镇（街道）政协工委主任，政协机关各办委副主任，县政府办公室、县委组织部等单位有关负责人和跃龙街道政协委员，政协之友社理事列席。县委常委、常务副县长林坚应邀出席会议。会议由县政协主席尤玲娟主持。听取县政府半年度工作情况通报，上半年全县经济实现了“半年红”，但全年经济增长依然存在不确定因素。会议建议，县政协下半年要从以下三点去服务经济社会发展大局：一是正确认识和把握当前经济社会发展形势；二是积极为保持社会和谐稳定凝心聚力；三是着力为推动经济社会科学发展建言献策。会议通过有关人事事项。增补顾海飞为县政协委员，同意骆再松辞去县政协委员、县政协秘书长、办公室主任职务，决定任命顾海飞为县政协副秘书长、代秘书长、办公室主任。

第八次会议　2013年10月23日在县委、县政府大会议室召开，出席常委36人，政协各界别有关召集人，镇（街道）政协工委主任，政协机关各办委副主任，县发改局、县民政局、县财政局、县人力保障局、县国土资源局、县规划局、县卫生局等相关单位有关负责人列席。县人大常委会副主任张文蛟、副县长范建军应邀出席会议。会议由县政协主席尤玲娟主持。围绕“社会养老保障”课题，调研组作了发言，与会人员围绕课题进行协商讨论，提出意见建议：一要提高思想认识，增强养老工作合力；二要完善社保体系，满足养老保障需求；三要创新服务模式，提升养老服务能力；四要加强队伍建设，提高养老服务素质。

第九次会议　2014年1月13日在县委、县政府大会议室召开，出席常委40人，政协各界别有关召集人，镇（街道）政协工委主任、政协机关各办委副主任，县政府办公室、县委组织部、县发改局等相关单位有关负责人列席。副县长尤永成应邀出席会议。会议由县政协主席尤玲娟主持。协商讨论《县政府工作报告》（征求意见稿）和2014年经济社会发展主要指标和2014年县重点实事工程安排方案（草案）。协商通过有关人事事项和县政协九届三次会议有关事项。同意谢常夫、王照栈、陈维贵辞去县政协九届委员会常委、委员职务。听取县政协关于常委会工作报告和提案工作报告起草情况及优秀政协委员评选办法说明。协商通过政协第九届宁海县委员会常委会工作报告、提案工作报告及报告人名单。审议通过关于优秀政协委员评选办法。会议对优秀提案、提案承办先进单位、提案承办先进个人进行表彰。

第十次会议　2014年2月11日在开元新世纪大酒店召开，出席常委41人，各大组有关召集人，县委组织部、县发改局、县财政局主要负责人、大会秘书处有关工作组组长列席。县委常委、组织部部长林惠明，县人民法院院长杨永宗，县人民检察院检察长吕益军应邀出席。会议由县政协主席尤玲娟委托县政协副主席杨象轮主持。听取各大组召集人分组讨论情况汇报。会议讨论通过《会议决议》(草案)，提交大会审议通过。讨论通过县政协2014年工作要点。讨论通过《选举办法》(草案)，提交大会审议通过。审议通过县政协秘书长和常务委员候选人名单。会议确定顾海飞为县九届政协秘书长候选人，确定叶挺、胡国恩为县九届政协常务委员候选人，提交大会选举。会议审议通过总监票人、监票人建议名单，提交大会通过。

第十一次会议 2014年7月2日在县委、县政府大会议室召开，出席常委41人，政协各界别有关召集人，镇(街道)政协工委主任、政协机关各办委副主任，县政协之友社副理事长，县政府办公室、县农办、县发改局、县人力社保局、县国土资源局、县环保局、县规划局、县农林局等相关单位有关负责人列席。县委副书记、常务副县长林坚，县人大常委会副主任赵秀萍应邀出席。会议由县政协主席尤玲娟委托县政协副主席潘作飞主持。围绕“城镇化建设”课题，调研组作了发言。与会人员围绕课题进行协商讨论，提出意见建议，并以分组讨论和书面形式反映社情民意。会议建议，县政府及其相关部门要从以下几方面推动全县城镇化建设：一要统筹发展，强化城镇实体经济的支撑力；二要注重内涵，提升基础设施和服务配套；三要合理规划，做好发展要素的统筹保障；四要以人为本，推动社会治理能力现代化。

第十二次会议 2014年9月5日在开元新世纪大酒店二楼五洲厅召开，出席常委38人，会议由县政协主席尤玲娟主持。协商决定县政协有关人事事项。免去徐和开县政协副秘书长、社会法制和港澳台侨委员会主任职务，免去陈平县政协副秘书长、教文卫体和文史资料委员会主任职务，免去邬雷科县政协副秘书长、提案委员会主任职务，免去张德浩县政协办公室副主任职务，免去娄培宗县政协办公室副主任职务，免去王秋芬(女)县政协提案委员会副主任职务；任命叶元军为县政协副秘书长、社会法制和港澳台侨委员会主任，娄培宗为县政协副秘书长、提案委员会主任，吕国平为县政协副秘书长、教文卫体和文史资料委员会主任，周武军为县政协办公室副主任；同意徐和开、陈平、邬雷科辞去县九届政协常委、委员职务，同意张德浩、王秋芬(女)、杨敏杰、李元辞去县九届政协委员职务；增补吕国平、周武军、章哲、葛永照、潘海东为县九届政协委员。

第十三次会议 2014年11月10日在县委、县政府大会议室召开，出席常委35人，政协各界别有关召集人，镇(街道)政协工委主任、政协机关各办委副主任、调研员，县政协之友社副理事长，县政府办公室、县发改局、县国土资源局、县环保局、县规划局、县交通局、县水利局、县农林局、县招商中心、宁海经济开发区管委会、长街镇、胡陈乡、力洋镇、茶院乡等相关单位有关负责人列席。县委常委、宁海经济开发区党工委书记应亥宗，县人大常委会副主任赵秀萍应邀出席。会议由县政协主席尤玲娟委托县政协副主席潘作飞主持。围绕“加快三门湾宁海重点区域开发”课题，调研组作了发言。与会人员围绕这一课题进行协商讨论，提出意见建议：一要准确定位空间功能布局与发展次序；二要加快培育主导产业；三要完善基础设施和工艺配套；四要保障发展要素；五要创新招商手段；

六要创新体制机制。

第十四次会议　2014年12月30日在县委、县政府大会议室召开，出席常委33人，政协各界别有关召集人，镇（街道）政协工委主任，政协机关各办委正副主任、调研员，县政协之友社副理事长，县委办公室、县政府办公室、县发改局等相关单位有关负责人列席。县委副书记林坚、副县长尤永成应邀出席。会议由县政协主席尤玲娟主持。会议协商讨论《关于全面深化法治宁海建设的实施意见》（征求意见稿）、《政府工作报告》（征求意见稿）、2015年经济社会发展主要指标和2015年县重点实事工程安排方案。会议协商通过有关人事事项。任命俞伟平为县政协副秘书长、经济科技和城建资源环境委员会主任，潘微琼（女）为县政协提案委员会副主任，陈珍莹（女）为县政协教文卫体和文史资料委员会副主任，王家冕为县政协社会法制和港澳台侨委员会副主任；同意汪伟东辞去县九届政协常委、委员职务，同意林海亚（女）、王能选、卢华强、张畅芳（女）、周平永、褚孔村辞去县九届政协委员职务；增补王家冕、俞伟平、赵肇丰、蒋亚蓉（女）、顾振武、伍正明、苏朝阳、宋海兴、高为民、蒋伟君为县九届政协委员。会议审议通过《关于召开县政协九届四次会议的决定》、《县政协九届常委会工作报告》（草案）及报告人名单、《县政协九届常委会提案工作报告》（草案）及报告人名单及县政协九届四次会议其他有关事项。

第十五次会议　2015年1月13日在金海开元名都大酒店四楼开元厅召开，出席常委42人，政协各大组分组讨论召集人、大会秘书处有关工作组负责人列席。会议由县政协主席尤玲娟委托县政协副主席王鸿飞主持。听取各大组讨论情况汇报，审议通过《会议决议》（草案）提交大会通过，审议通过县政协2015年工作要点，审议通过《选举办法》（草案），提请大会通过，审议通过县政协常务委员候选人名单，审议通过总监票人建议名单、监票人名单。

第十六次会议　2015年6月30日在县委、县政府大会议室召开，出席常委41人，政协各界别有关召集人，镇（街道）政协工委主任，政协机关副科级以上干部、县政协之友社副理事长，县政府办公室、县委党校、县农办、县发改局、县公安局、县财政局、县国土资源局、县环保局、县住建局、县综合执法局、县交通局、县市场监管局、县招商中心、县规划管理中心、县审管办有关负责人列席会议，会议邀请县委副书记、县长杨勇，县人大常委会副主任赵秀萍，副县长尤永成出席。会议由县政协主席尤玲娟主持。围绕“综合环境整治提升”课题，分6个专题调研组发言。与会人员围绕课题进行协商讨论，提出意见建议，并以分组讨论和书面形式反映社情民意。杨勇对县政协参政议政发言表示充分肯定，认为政协调研组形成的调研材料质量高，所提意见建议切实可行，凝聚着政协各位委员的智慧和心血，结合这次调研课题，就如何抓好这项工作谈了四点想法。会议协商决定县政协有关人事事项。任命何称松为县政协社会法制和港澳台侨委员会副主任，陈才军为县政协教文卫体和文史资料委员会副主任，胡盛标为县政协经济科技和城建资源环境委员会副主任；增补王斯苗、吕宁、潘中南为县九届政协委员。

第十七次会议 2015年10月29日在县委、县政府大会议室召开，出席常委33人，政协各界别有关召集人，镇（街道）政协工委主任，政协机关副科级以上干部、县政协之友社副理事长，县委办、县府办、县纪委、县委组织部、县委宣传部、县委统战部、县民政局等单位主要负责人、乡镇（街道）宣传委员列席。县委副书记林坚，县委常委、副县长金勇应邀出席。会议由县政协主席尤玲娟主持。听取县纪委关于纪检监察工作情况通报，听取县政府办公室关于县政协九届四次会议提案办理情况通报。围绕“基层协商民主建设”课题，与会人员进行协商讨论，提出意见建议，并以分组讨论和书面形式反映社情民意。会上，林坚作了讲话，他对政协的调研和委员们的参政议政发言表示充分肯定，政协关于推进基层协商民主建设的调研报告，客观分析了全县基层协商民主建设中存在的问题，并针对性地提出了建议，认为这对县委下一步如何更好地推进相关工作很有帮助、很有参考价值，并就如何进一步抓好这项工作讲了四点想法。会议协商决定，政协第九届宁海县委员会增设委员工作委员会。

第十八次会议 2016年1月8日在县委、县政府大会议室召开，出席常委37人，政协各界别有关召集人，镇（街道）政协工委主任、政协机关副科级以上干部、县政协之友社副理事长、县府办、县发改局等单位主要负责人列席。副县长娄黛敏、李剑锋应邀出席会议。会议由县政协主席尤玲娟主持。听取县政府关于《政府工作报告》（征求意见稿）起草情况说明、“十三五”规划纲要（送审稿）和2016年县重点实事工程安排方案。委员们对《政府工作报告》（征求意见稿）起草情况说明、“十三五”规划纲要进行认真讨论，在充分肯定的同时，提出意见建议。会议审议通过县政协九届五次会议议程（草案）、《县政协九届常委会工作报告》（草案）以及报告人名单、《县政协九届常委会提案工作报告》（草案）以及报告人名单。会议还协商决定县政协有关人事事项，免去顾海飞县政协秘书长、办公室主任职务，免去葛珍瑜（女）县政协经济科技和城建资源环境委员会副主任职务；任命石道伟为县政协副秘书长、代秘书长、办公室主任，陈庆宇为县政协副秘书长、委员工作委员会主任，黄珂为县政协经济科技和城建资源环境委员会副主任，胡春霞（女）为县政协委员工作委员会副主任；同意叶挺、陈云苍、高剑锋辞去县九届政协常委、委员职务，同意顾海飞、葛珍瑜（女）、顾一冰、叶亦金、吕宁、陈模曹、徐振标、张哲、潘中南辞去县九届政协委员职务，增补石道伟、胡春霞（女）、黄珂、潘红月（女）、虞武君、陈海中、葛民越、胡钢、葛明星、叶小杰、宋亲要、王启堂、何称松、陈晗波、金益、胡小锋为县九届政协委员。

第十九次会议 2016年1月27日在世贸中心大酒店三楼米兰厅召开，出席常委37人，政协各大组分组讨论召集人、大会秘书处有关工作组负责人列席。县委副书记林坚，县委常委、组织部部长林惠明应邀出席。会议由县政协主席尤玲娟委托县政协副主席王鸿飞主持。听取各大组关于政协常委会工作报告、提案工作报告、政府工作报告、“十三五”规划纲要、计划和财政预算报告、两院工作报告、《会议决议》（草案）、《选举办法》（草案）、候选人建议名单和总监票人、监票人建议名单讨论情况汇报。审议通过《会议决议》（草案）、县政协2016年工作要点、《选举办法》（草案）、有关人事事项。确定县政协副主席、秘书长和常务委员候选人名单，确定监票人建议名单，通过总监票人名单。

第二十次会议　2016年6月29日在县委、县政府大会议室召开，出席常委40人，政协各界别有关召集人，镇（街道）政协工委主任、政协机关副科级以上干部，县政协之友社副理事长，县政府办公室、县委组织部、县经信局、县教育局、县科技局、县财政局、县人力社保局有关负责人和调研组有关成员列席。县委常委、常务副县长王军海应邀出席会议。会议由县政协主席尤玲娟主持。围绕“实体经济发展中的人才短板”课题开展参政议政发言。调研组成员王伟群代表“制造业创新人才发展”课题调研组作发言，赵宏仁代表“技工队伍建设”课题调研组作发言，杨建国代表“企业经营者队伍建设”课题调研组作发言。与会人员围绕课题进行协商讨论，提出意见建议，并以书面形式反映社情民意。王军海对政协调研工作和该次常委会参政议政发言作了充分肯定。尤玲娟听取常委参政议政发言后对实体经济健康发展存在的短板提出三点意见：一是要精准发力，打好“服务牌”；二是要补齐短板，念好“人才经”；三是要营造氛围，谱好“协奏曲”。

第二十一次会议　2016年7月26日在县委、县政府大会议室召开，出席常委41人，会议由县政协主席尤玲娟主持。听取并审议通过有关人事事项，同意吕国平、俞伟平辞去政协第九届宁海县委员会常委和委员职务，免去吕国平副秘书长、教文卫体和文史资料委员会主任职务，免去俞伟平副秘书长、经济科技和城建资源环境委员会主任职务。增补胡军、褚孟法、郑文英（女）为政协第九届宁海县委员会委员。决定任命褚孟法为县政协副秘书长、经济科技和城建资源环境委员会主任，胡军为县政协副秘书长、教文卫体和文史资料委员会主任，黄珂为县政协教文卫体和文史资料委员会副主任，免去黄珂其县政协经济科技和城建资源环境委员会副主任职务，任命郑文英（女）为县政协教文卫体和文史资料委员会副主任，任命陈珍莹（女）为县政协经济科技和城建资源环境委员会副主任、免去其县政协教文卫体和文史资料委员会副主任，免去何称松的县政协社会法制和港澳台侨委员会副主任职务。

第二十二次会议　2016年11月2日在县委、县政府大会议室召开，出席常委36人，政协各界别召集人，镇（街道）政协工委主任、政协机关副科级以上干部，县政协之友社副理事长，县政府办公室、县发改局、县教育局、县财政局、县人力社保局等单位负责人列席。副县长娄黛敏应邀出席。会议由县政协主席尤玲娟主持。听取学前教育普惠化调研报告，与会委员围绕推进学前教育中存在的一些问题，提出了有针对性的对策建议。尤玲娟就进一步推进学前教育普惠发展提出：一要统一思想，提高认识；二要把握定位，坚持导向；三要多措并举，增进共享。娄黛敏对政协的课题调研予以充分肯定，要求政府相关部门要认真研究调研报告，既要针对问题落实解决办法，又要把可行的对策建议落实到今后的具体工作中，推进全县学前教育普惠优质发展，对暂时还无法落实的对策建议，要向政协委员们做好沟通解释工作，就如何进一步推进全县学前教育普惠优质发展，表示：一要进一步加大财政投入力度；二要进一步扩充优质学前教育资源；三要进一步提升民办幼儿园办学水平；四要进一步完善学前教育保教队伍。

第二十三次会议 2016年12月20日，县政协九届二十三次常委会议通过电话形式召开。会议由县政协主席尤玲娟主持。会议协商决定县政协有关人事事项。同意石道伟辞去县九届政协委员、秘书长、办公室主任职务，增补蒋善琪为县九届政协委员，任命蒋善琪为县政协副秘书长、代秘书长、办公室主任。

第二十四次会议 2017年1月12日在县委、县政府大会议室召开，出席常委38人，政协各界别有关召集人，镇（街道）政协工委主任，政协机关副科级以上干部，县政协之友社副理事长，县府办、县委组织部、县发改局、县财政局、县委统战部等单位负责人列席。县委常委、组织部部长方勤，副县长范建军应邀出席会议。由县政协主席尤玲娟主持。协商讨论《政府工作报告》（征求意见稿）、2017年经济社会发展主要指标和2017年县重点实事工程安排方案、2016年财政预算执行情况和2017年财政预算初步安排意见，委员们对《政府工作报告》（征求意见稿）进行认真讨论，并提出意见建议。会议审议通过县十届政协界别和委员名额决定、县政协委员名单、十届一次会议有关事项。根据决定，县政协十届一次会议于2017年2月12日召开。

第三节 第十届委员会常委会议

第一次会议 2017年2月19日在金海开元名都大酒店四楼开元厅召开，出席常委40人。九届政协副主席和政协机关副科级以上干部列席了会议。会议由县政协主席尤玲娟主持。审议通过有关人事事项。决定叶元军、褚孟法、娄培宗、胡军、陈庆宇、陈珍莹（女）为县政协副秘书长；任命蒋善琪为县政协办公室主任，周武军为县政协办公室副主任；叶元军为县政协社会法制和港澳台侨委员会主任，王家冕为县政协社会法制和港澳台侨委员会副主任；褚孟法为县政协经济科技和城建资源环境委员会主任，陈珍莹（女）为县政协经济科技和城建资源环境委员会副主任；娄培宗为县政协提案委员会主任，潘微琼（女）为县政协提案委员会副主任；胡军为县政协教文卫体和文史资料委员会主任，黄珂为县政协教文卫体和文史资料委员会副主任，郑文英（女）为县政协教文卫体和文史资料委员会副主任；陈庆宇为县政协委员工作委员会主任，胡春霞（女）为政协委员工作委员会副主任。会议协商通过县政协2017年工作要点。

第二次会议 2017年6月29日在县委、县政府大会议室召开，出席常委37人，政协各界别有关召集人，镇（街道）政协工委负责人，政协机关副科级以上干部，县政府办公室、县编委办、县发改局、县经信局、县财政局、县国土资源局、县商务局、县规划管理中心、宁海科技园区管理中心、力洋镇、茶院乡等单位主要负责人和调研有关成员列席了会议。县人大常委会副主任王兴兵、宁海经济开发区管委会主任、双盘三山涂围垦工程指挥部总指挥骆再松应邀出席会议。会议由县政协主席尤玲娟主持。围绕“开发区整合提升”课题开展参政议政发言。县政协常委、经济科技和城建资源环境委员会主任褚孟法代表“开发区整合提升”课题调研组作发言。与会人员围绕课题进行协商讨论，提出了意见建议。

第三次会议　2017 年 10 月 30 日在县委、县政府大会议室召开，出席常委 36 人，政协各界别有关召集人，镇（街道）政协工委负责人，政协机关副科级以上干部，县政府办公室、县编委办、县财政局、县人力社保局、县卫生计生局等单位主要负责人和调研组有关成员列席会议。县人大常委会副主任赵秀萍、副县长范建军应邀出席会议。会议由县政协主席尤玲娟主持。会议审议通过县政协十届三次常委会议议程。会议协商通过有关人事事项。免去陈才军县政协教文卫体和文史资料委员会副主任职务；任命赖喜利为县政协教文卫体和文史资料委员会副主任；同意蒋敏辞去县十届政协常委、委员职务，同意应剑、董安民、王斯苗、娄晓华（女）、夏智友辞去县十届政协委员职务，增补胡卿（女）、徐兴友、顾长安、叶亦健、朱自权、李海啸、董宜春为县十届政协委员。会议听取县政府办公室副主任胡仁杰关于政协十届一次会议提案办理情况通报。会议围绕“推进我县医疗卫生事业发展”课题开展参政议政发言。县政协常委、教文卫体和文史资料委员会主任胡军代表“推进我县医疗卫生事业发展”课题调研组作发言。与会人员围绕课题进行协商讨论，提出意见建议。

第四次会议　2018 年 1 月 10 日在西子国际大酒店闻涛厅召开，出席常委 32 人，政协各界别有关召集人，镇（街道）政协工委负责人，政协机关副科级以上干部，县政府办公室、县委组织部、县委统战部、县发改局、县财政局等相关单位有关负责人列席会议，副县长范建军应邀出席会议。会议由县政协主席尤玲娟主持。会议表彰优秀提案、提案承办先进单位和先进个人。协商讨论《县政府工作报告》（征求意见稿）。协商讨论宁海县 2017 年财政预算执行情况和 2018 年财政预算初步安排意见。协商讨论 2018 年经济社会发展主要指标（送审稿）和 2018 年县重点实事工程安排方案（送审稿）。会议协商通过有关人事事项。免去蒋善琪县政协办公室主任职务；任命胡余亨为县政协副秘书长、办公室主任；同意叶元超、何生彬、竺宇、杨光勇、徐旭东辞去县十届政协委员职务，增补胡余亨、贺恒超、俞照东、祝伟亚（女）、王卫红（女）、金杰波、邬海燕（女）、葛斌俊为县十届政协委员。会议审议通过《关于召开县政协十届二次会议的决定》。审议通过县政协十届常委会工作报告（草案）及报告人名单。会议审议通过县政协十届常委会提案工作报告（草案）及报告人名单。会议审议通过县政协十届二次会议其他有关事项。

第三章 政协宁海县委员会主席会议

根据《政协章程》规定，政协主席会议由主席、副主席和秘书长组成，负责处理常务委员会的重要日常工作。主席会议受常务委员会委托，主持下一届第一次全体会议预备会议。主席会议一般每月召开一次，必要时可临时召集。主席会议议程由主席提出，或由秘书长和秘书长会议提出，报主席决定。会议可视情邀请有关人员列席。县政协自八届政协以来，至2017年，共召开142次主席会议。

第一节 第八届委员会主席会议

县政协第八届委员会共召开67次主席会议。

第一次会议 2007年2月7日召开。出席7人，政协机关副科长以上干部列席。县政协主席杨加和主持。讨论通过关于召开县政协八届一次常委会议的决定，讨论通过县政协八届一次常委会议议程（草案）和日程，讨论通过县政协2007年工作要点（草案）、提交县政协常委会协商决定，讨论通过政协领导分工，决定建立政协领导联系界别委员和政协工委制度，协商讨论县政协有关人事事项，明确政协各专委会委员的人选。同意将有关人事事项提交常委会议协商决定。

第二次会议 2007年2月25日召开。出席6人，政协机关副科长以上干部列席。县政协主席杨加和主持会议。讨论通过县政协2007年主要工作安排和部署3月工作，会议协商讨论了其他有关事项。

第三次会议 2007年3月12日召开。出席6人，县七届政协副主席、有关常委和政协机关副科长以上干部列席。县政协主席杨加和主持会议。听取县政协提案委员会关于提案立案情况汇报及重点提案的确定。听取县海洋渔业局关于全县海洋渔业工作情况的通报，提出建议，对海洋资源做到开发与保护并重，加快宁海县由养殖大县向海洋经济强县转变。

第四次会议 2007年4月25日召开。出席6人，县七届政协副主席、有关常委和政协机关副科长以上干部列席。县政协主席杨加和主持会议。听取宁波市工商局宁海分局关于全县工商行政管理工作情况的通报，会议原则通过《县政协关于开展界别小组、先进政协工委和先进委员考核评比办法》，要求政协办公室作进一步完善细化。讨论通过5月工作安排。

第五次会议　2007年5月30日召开。出席5人，县七届政协副主席、政协机关副科长以上干部列席。县政协主席杨加和主持会议。协商讨论关于召开县政协八届二次常委会议有关事项，会议决定县政协八届二次常委会议于6月5日召开，要求精心做好会议各项准备工作。讨论通过6月工作安排，并就有关专题调研和评议活动做了分工。

第六次会议　2007年6月8日召开。出席6人，县委常委、宣传部部长王建云应邀出席，县七届政协副主席、部分政协常委、委员和县政协机关副科长以上干部列席。会议由县政协主席杨加和主持。听取县“两城联创”工作情况的通报。与会人员分成村居环境、市容环境、公共卫生和行业行风等四个督查组，对城区城中村和城乡接合部的村庄环境卫生、城区市容、城区餐饮和菜场等公共卫生环境，以及部分单位窗口服务等情况，进行认真的视察督查，针对检查中暴露出来的问题，提出了意见建议。

第七次会议　2007年6月20日召开。出席7人，县七届政协副主席、政协机关副科长以上干部列席。县政协主席杨加和主持会议。组织学习《中共中央纪委关于严格禁止利用职务上的便利谋取不正当利益的若干规定》，原则通过《构建现代农业体系，促进新农村建设调研实施方案》和《食品药品安全工作民主评议活动实施方案》。

第八次会议　2007年6月29日召开。出席6人，县七届政协副主席、部分常委和政协机关副科长以上干部列席。县政协主席杨加和主持会议。听取县体育局关于体育工作情况的通报，针对情况提出建议。讨论通过县政协7月工作安排。

第九次会议　2007年8月23日召开。出席6人，县七届政协副主席、部分政协常委、提案委员会部分委员和政协机关科长以上干部列席。县政协主席杨加和主持会议。听取县政府办公室关于县政府办理县政协八届一次会议委员提案的情况通报，听取县环保局关于国家级生态县创建基本达标工作的情况通报，听取食品药品民主评议小组关于民主评议会筹备工作的情况汇报。讨论通过县政协9月的工作安排。

第十次会议　2007年10月26日召开。出席7人，县七届政协副主席、部分政协常委和政协机关副科长以上干部列席。县政协主席杨加和主持会议。听取县人口和计划生育局关于全县人口和计划生育工作情况通报，建议县委县政府及有关部门要进一步高度重视，采取切实有效的办法措施，扎扎实实地抓好人口和计划生育工作。会议通过县政协11月工作安排。

第十一次会议　2007年11月5日召开。出席5人，县七届政协副主席，有关常委和政协机关副科长以上干部列席。县政协主席杨加和主持会议。听取县财政局关于2007年财政预算调整方案意见的通报，会议原则赞同2007年财政预算调整的方案，进一步提高税收征管能力和水平，切实做到依法、公平、公正、合理地征税，充分发挥财政税收的经济杠杆作用，促进全县经济社会又好又快发展。

第十二次会议　2007年11月27日召开。出席6人，县七届政协副主席、县政协有关常委和政协机关副科长以上干部列席。县政协主席杨加和主持。听取全县安全生产工作情况通报，听取了县住房公积金管理中心关于全县住房分配货币化工作情况的通报，会议对《宁海县住房分配货币化实施办法》原则表示赞同。讨论通过县政协12月工作安排。

第十三次会议 2007年12月25日召开。出席7人，县七届政协副主席和政协机关副科长以上干部列席。县政协主席杨加和主持会议。协商讨论县政协2007年工作总结和2008年工作要点，听取各委办负责人关于2007年工作总结和2008年工作思路的情况汇报，听取关于县政协八届二次会议筹备工作情况汇报。讨论通过县政协2008年1月工作安排。

第十四次会议 2008年1月11日召开。出席7人，县七届政协副主席、有关常委和政协机关副科长以上干部列席。县政协主席杨加和主持会议。协商讨论县政协八届二次会议有关事项，讨论决定县政协八届四次常委会议有关事项，听取县发展和改革局关于2008年宁海县国民经济和社会发展主要指标和重点实事工程安排的说明。

第十五次会议 2008年1月28日召开。出席7人，县七届政协副主席和政协机关副科长以上干部列席。县政协主席杨加和主持会议。会议听取县财政局关于2007年财政预算执行情况和2008年财政预算安排情况的通报，协商讨论委员增补和有关人事事项、同意提交县政协八届四次常委会议协商决定。会议协商讨论县政协八届四次常委会（延续）有关事项。听取县水利局关于水利工程建设情况的通报，并视察部分水利重点工程。会议还讨论通过2月工作安排。

第十六次会议 2008年3月13日召开。出席7人，县七届政协副主席，政协机关副科长以上干部列席。县政协主席杨加和主持会议。听取县委副书记、纪委书记徐光宪关于全县2007年反腐倡廉工作情况和2008年工作任务的通报，讨论通过县政协2008年主要工作安排，讨论通过县政协政治协商计划安排、提交县委审定。讨论通过省示范文明县城和国家卫生县城创建工作政情交流和民主评议活动实施方案与“建设资源节约型、环境友好型社会、促进节能减排工作”课题调研方案，听取提案委关于提案审查立案工作情况汇报、并确定重点提案。

第十七次会议 2008年3月26日召开。出席7人，县七届政协副主席、政协有关常委和机关副科长以上干部列席。县政协主席杨加和主持会议。听取县城市管理局关于城市管理和执法工作的情况通报。讨论通过4月工作安排。

第十八次会议 2008年4月28日召开。出席6人，县七届政协副主席、县政协有关常委和政协机关副科长以上干部列席会议。县政协主席杨加和主持会议。听取县气象局关于气象工作情况通报，听取县统计局关于统计工作情况通报。讨论通过5月工作安排。

第十九次会议 2008年5月27日、28日召开。出席6人，县七届政协副主席、在深甽镇的政协委员和政协机关副科长以上干部列席。县政协主席杨加和主持会议。听取深甽镇党委政府工作情况通报，听取县委组织部关于县政协机关有关人事变动事项的情况说明、并同意将有关人事事项提交县政协八届六次常委会议协商决定。讨论通过6月工作安排，协商讨论了县政协八届六次常委会议有关事项。

第二十次会议　2008 年 7 月 29 日召开。出席 6 人，县七届政协副主席、部分县政协常委和政协机关副科长以上干部列席。县政协主席杨加和主持会议。听取县发改局关于 2008 年上半年全县经济运行情况通报，听取县审计局关于 2007 年度县财政执行和其他财政收支情况审计的情况通报。讨论通过 8 月工作安排。

第二十一次会议　2008 年 8 月 29 日召开。出席 5 人，县七届政协副主席、县政协提案委部分委员和政协机关副科长以上干部列席。县政协副主席项松春受县政协主席杨加和委托主持会议。听取县政府办公室关于县政府办理县政协八届二次会议委员提案的情况通报，听取县政府办公室、县建设局、县安监局、县水务集团、县药监局等六家重点提案办理单位的情况通报，讨论通过 9 月工作安排，讨论通过科技界别的负责人调整事项。

第二十二次会议　2008 年 9 月 27 日召开。出席 5 人，县七届政协副主席、跃龙街道部分政协委员和政协机关副科长以上干部列席。县政协主席杨加和主持会议。实地视察杏树社区居家养老中心、东苑小区、东景花园、汪家安置小区建设运行等情况，并听取县委常委、跃龙街道党工委书记葛建满关于跃龙街道工作情况通报。讨论通过 10 月工作安排。

第二十三次会议　2008 年 10 月 29 日召开。出席 5 人，县七届政协副主席、县政协有关常委和政协机关副科长以上干部列席。县政协主席杨加和主持会议。听取县发改局关于 2008 年生产总值和社会固定资产投资计划指标调整的说明，听取县财政局关于调整宁海县 2008 年财政预算的意见，听取县质监局关于质监工作的情况通报，讨论通过 11 月工作安排。

第二十四次会议　2008 年 11 月 14 日召开。出席 6 人，县七届政协副主席和政协机关副科长以上干部列席。县政协主席杨加和主持会议。听取桃源街道党工委关于桃源街道工作情况的通报。讨论通过 12 月工作安排。

第二十五次会议　2008 年 12 月 30 日召开。出席 6 人，县七届政协副主席和政协机关副科长以上干部列席。县政协主席杨加和主持会议。听取县规划局关于宁海县县域总体规划编制情况通报，听取县建设局关于城市建设工作情况通报。讨论通过县政协 2009 年 1 月工作安排。

第二十六次会议　2009 年 1 月 7 日召开。出席 6 人，县七届政协副主席和政协机关副科长以上干部列席。县政协主席杨加和主持会议。协商讨论宁海县 2009 年国民经济和社会发展主要指标安排，重点实事工程建设项目安排。协商讨论委员增补和有关人事事项及关于召开县政协八届三次会议有关事项，提交下次常委会议决定。讨论通过县政协八届一次、二次会议优秀提案和先进承办单位名单，讨论通过县政协八届八次常委会议有关事项。

第二十七次会议　2009 年 1 月 13 日召开。出席 6 人，县七届政协副主席和政协机关副科长以上干部列席。县政协主席杨加和主持会议。听取县财政局关于 2008 年财政预算执行情况和 2009 年预算安排初步意见的通报。

第二十八次会议　2009 年 2 月 27 日召开。出席 7 人，县七届政协副主席和政协机关副科长以上干部列席。县政协主席杨加和主持会议。会议传达学习宁波市政协十三届三次会议精神。讨论通过2009年县政协主要工作安排，讨论通过3月工作安排。协商讨论2009年县政协政治协商计划安排建议、决定提交县委审议通过。听取县政协提案委关于八届三次会议提案审查立案情况的汇报。

第二十九次会议 2009年4月3日召开。出席6人，县七届政协副主席、县政协有关常委和政协机关副科长以上干部列席。县政协主席杨加和主持会议。听取县经济发展局关于工业经济发展情况通报，听取县外经贸局关于外经贸局工作情况的通报，听取中国人民银行县支行关于全县金融工作情况的通报，听取县水利局关于双盘三山涂围垦工程及前期工作情况的通报。讨论通过4月工作安排。

第三十次会议 2009年4月29日召开。出席6人，县七届政协副主席、部分县政协常委和政协机关副科长以上干部列席。县政协主席杨加和主持会议。听取县民政局关于民政工作情况通报，听取县教育局关于教育工作情况通报，讨论通过5月工作安排。

第三十一次会议 2009年5月26日召开。出席7人，县七届政协副主席和政协机关副科长以上干部列席。县政协主席杨加和主持会议。听取强蛟镇工作情况的通报，并视察宁海湾经济示范区。讨论通过县政协八届十次常委会议有关事项，讨论通过6月工作安排。

第三十二次会议 2009年6月22日、30日召开。出席7人，政协机关副科长以上干部列席。县政协主席杨加和，县政协副主席项松春分别主持会议。会议听取县委组织部关于政协机关人事变动情况的说明，听取县卫生局关于卫生工作情况通报，听取县农林局关于全县农林工作情况的通报，讨论通过7月工作安排。

第三十三次会议 2009年8月27日召开。出席6人，县七届政协副主席和政协机关副科长以上干部列席。县政协主席杨加和主持会议。听取县政府办公室关于县政府办理县政协八届三次会议委员提案情况的通报，协商讨论《中共宁海县委、宁海县人民政府关于推动文化大发展大繁荣的若干意见》（征求意见稿），讨论通过9月工作安排，协商讨论纪念人民政协成立60周年暨2009年中秋茶话会有关事项。

第三十四次会议 2009年10月12日召开。出席7人，县七届政协副主席和政协机关副科长以上干部列席。县政协主席杨加和主持。讨论通过有关人事变动情况，决定提交下次政协常委会议通过。

第三十五次会议 2009年10月29日召开。出席5人，县七届政协副主席、在岔路镇的政协委员和政协机关各办委副主任以上干部列席。县政协主席杨加和主持会议。听取岔路镇工作情况的通报，并开展视察活动。讨论通过11月工作安排。

第三十六次会议 2009年11月16日召开。出席6人，县七届政协副主席和政协机关各办委副主任以上干部列席。县政协主席杨加和主持会议。听取县财政局关于调整宁海县2009年财政预算意见的通报。

第三十七次会议 2009年11月26日召开。出席6人，县七届政协副主席和政协机关副科长以上干部列席。县政协主席杨加和主持会议。听取县交通局关于宁海县综合交通规划修编暨“十二五”规划制订情况的通报，讨论通过12月工作安排。

第三十八次会议　2009年12月25日召开。出席5人，县政协有关常委和政协机关副科长以上干部列席。县政协主席杨加和主持会议。听取县工商联有关工商联工作情况通报，协商讨论县政协八届四次会议有关事项，提交下次常委会议讨论通过。讨论通过县政协2010年主要工作安排，讨论通过县政协2010年1月工作安排。

第三十九次会议　2010年1月7日召开。出席5人，县政协机关副科长以上干部列席。县政协副主席项松春受县政协主席杨加和委托主持会议。听取县财政局关于宁海县2009年财政预算执行情况和2010年财政预算安排意见的通报，听取县发展改革局关于西店镇深化改革加快发展卫星城市试点方案的通报。

第四十次会议　2010年3月4日召开。出席7人，县政协机关副科长以上干部列席。县政协主席杨加和主持会议。听取县政协提案委员会关于提案审查立案工作情况通报，并确定重点提案。协商讨论2010年度县政协政治协商计划安排建议，决定提交县委审议通过。

第四十一次会议　2010年3月30日召开。出席7人，县政协机关副科长以上干部列席。县政协主席杨加和主持会议。听取县人事局关于全县人事工作情况的通报，听取县粮贸局有关粮贸工作的情况通报，讨论通过各专委会民主监督方案，讨论通过4月工作安排。

第四十二次会议　2010年4月16日召开。出席5人，县政协机关副科长以上干部列席。县政协主席杨加和主持会议。协商讨论有关人事事项，提交县政协常委会议决定。协商讨论县政协八届十五次常委会议有关事项。

第四十三次会议　2010年5月7日召开。出席6人，县政协机关副科长以上干部列席。县政协主席杨加和主持会议。听取县发改局关于宁海县国民经济和社会发展“十二五”规划基本思路的汇报，听取县民宗局关于民族宗教工作情况的通报，听取县农办关于农办工作情况的通报。讨论通过6月工作安排。

第四十四次会议　2010年6月30日召开。出席7人，县政协机关副科长以上干部列席。县政协主席杨加和主持会议。听取县供电局关于供电工作情况通报，讨论通过7月工作安排。

第四十五次会议　2010年7月9日召开。出席5人，部分县政协常委和县政协机关副科长以上干部列席。县政协主席杨加和主持会议。听取县发改局关于全县物价改革方案的说明，县水务集团对有关情况进行补充。

第四十六次会议　2010年7月29日召开。出席6人，部分政协常委和政协机关副科长以上干部列席。县政协主席杨加和主持会议。听取县发改局关于宁海县2010年上半年经济社会运行情况的通报，讨论通过8月工作安排。

第四十七次会议　2010年8月11日召开。出席6人，部分县政协常委和县政协机关副科长以上干部列席。县政协主席杨加和主持会议。听取县绿化委员会办公室关于县树、县花评选工作情况通报。听取县规划局关于城区“排阻保畅”工程情况通报。

第四十八次会议 2010年8月31日召开。出席6人，部分政协常委和政协机关副科长以上干部列席。县政协主席杨加和主持会议。听取县政府办公室关于县政协八届四次会议以来县政府提案办理工作情况通报，听取力洋镇工作情况通报并开展视察活动，讨论通过县政协9月工作安排。

第四十九次会议 2010年10月9日召开。出席6人，县政协机关副科长以上干部列席。县政协主席杨加和主持会议。听取县质监局关于质监工作情况通报，讨论通过县政协10月工作安排。

第五十次会议 2010年10月28日召开。出席6人，县政协机关副科长以上干部列席。县政协主席杨加和主持会议。传达学习中共十七届五中全会精神。听取县财政局关于宁海县2010年财政预算调整意见的通报，听取县发改局关于《宁海县基本药物制度实施工作方案》的通报，讨论通过县政协11月工作安排。

第五十一次会议 2010年11月30日、12月8日召开。出席6人，县政协机关副科长以上干部和在长街的县政协委员列席。县政协主席杨加和主持会议。听取长街镇工作情况的通报，并视察金龙浦农业合作社、数控机械城、山头村。讨论通过县政协12月工作安排。

第五十二次会议 2010年12月23日召开。出席7人，县政协机关副科长以上干部列席。县政协主席杨加和主持会议。听取县财政局关于2010年预算执行情况和2011年预算初步安排意见通报，听取县文广新闻出版局关于文广新闻出版工作情况通报，协商讨论有关人事事项，协商讨论县政协八届五次会议有关事项，讨论通过县政协2011年1月工作安排。

第五十三次会议 2011年3月3日召开。出席7人，县政协机关副科长以上干部列席。县政协党组副书记、副主席尤玲娟主持会议。会议对2011年县政协各项工作任务进行责任分解，协商讨论2011年度县政协政治协商计划安排建议，提交县委审查决定。听取县政协提案委员会关于提案审查立案工作情况汇报，并确定重点提案。讨论通过3月工作安排。

第五十四次会议 2011年3月29日召开。出席6人，县政协机关副科长以上干部列席。县政协党组副书记、副主席尤玲娟主持会议。听取县资产经营管理公司关于资产经营管理工作情况通报，传达学习全国政协十一届四次会议精神，讨论通过4月工作安排。

第五十五次会议 2011年4月29日召开。出席7人，县政协机关副科长以上干部列席。县政协党组副书记、副主席尤玲娟主持会议。会议听取县科协关于科协工作情况的通报，听取县残联关于残联工作情况的通报，讨论通过5月工作安排。

第五十六次会议 2011年6月3日召开。出席5人，县政协机关副科长以上干部列席。县政协党组副书记、副主席尤玲娟主持会议。听取县委组织部关于村级组织换届选举工作总体情况通报，听取县民政局关于村民委员会换届工作情况通报，听取县委农办关于村经济合作社换届工作情况通报，听取县公安局关于村级换届选举维稳和打击贿选工作情况通报。

第五十七次会议 2011年6月29日召开。出席5人，县政协机关副科长以上干部列席。县政协党组副书记、副主席尤玲娟主持会议。听取县国土资源局关于国土资源管理工作情况通报，听取县水务集团关于水务工作情况通报，听取县经发局关于节能减排工作情况通报。讨论通过7月工作安排。

第五十八次会议 2011年7月27日召开。出席7人，县政协机关副科长以上干部列席。县政协党组副书记、副主席尤玲娟主持会议。会议协商讨论《中共宁海县委关于加强和创新社会管理的决定》（征求意见稿），听取县发改局关于2011年上半年国民经济运行情况通报。讨论通过8月工作安排。

第五十九次会议 2011年8月23日召开。出席7人，县政协机关副科长以上干部列席。县政协党组副书记、副主席尤玲娟主持会议。协商讨论有关人事事项，拟提交县政协八届二十二次常委会议决定。听取强蛟镇企业债务处理方案情况的通报。讨论通过9月工作安排。

第六十次会议 2011年8月30日召开。出席6人，县政协机关副科长以上干部列席。县政协党组副书记、副主席尤玲娟主持会议。听取县政府提案办理工作情况通报，并开展"大森林、大景区"建设视察活动。讨论通过9月工作安排。

第六十一次会议 2011年10月20日召开。出席7人，县政协机关副科长以上干部列席。县政协党组副书记、副主席尤玲娟主持会议。听取县财政局关于宁海县2011年预算调整方案的通报。

第六十二次会议 2011年10月28日召开。出席6人，在桥头胡的县政协委员和县政协机关副科长以上干部列席。县政协党组副书记、副主席尤玲娟主持会议。听取桥头胡街道党工委关于前三季度桥头胡街道主要工作进展情况、存在问题及2011年工作思路的通报，与会人员视察桥头胡街道水产城拆迁现场、桥头胡城中村改造地块一期工程施工现场和桥头胡街道双林村新农村建设情况。讨论通过11月工作安排。

第六十三次会议 2011年11月29日召开。出席6人，县政协机关副科长以上干部列席。县政协党组副书记、副主席尤玲娟主持会议。听取县电信局关于电信工作情况的通报，听取县邮政局关于邮政工作情况的通报。讨论通过12月工作安排。

第六十四次会议 2011年12月29日召开。出席6人，县政协党组成员邬汝跃及机关副科长以上干部列席。县政协党组书记、副主席尤玲娟主持会议。协商讨论《中国共产党宁海县第十三次代表大会报告》（征求意见稿）。

第六十五次会议 2011年12月30日召开。出席7人，县政协党组成员及机关副科长以上干部列席。县政协党组书记、副主席尤玲娟主持会议。协商讨论县第十三次党代会有关人事安排。协商讨论《关于政协第九届宁海县委员会界别设置和委员名额的决定》。协商讨论县九届政协委员名单。协商讨论关于召开县政协九届一次会议的决定。协商讨论县政协常委会工作报告和提案工作报告，提出报告人建议名单。讨论通过县政协优秀提案和提案承办先进单位。讨论通过县政协 2012 年 1 月工作安排。

第六十六次会议 2012 年 1 月 16 日召开。出席 7 人，县政协党组成员及机关副科长以上干部列席。县政协党组书记、副主席尤玲娟主持会议。协商讨论县政协九届一次会议议程（草案）和日程（草案）、主席团和秘书长建议名单，主席团常务主席会议主持人建议名单、执行主席分组建议名单、副秘书长建议名单、提案审查委员会建议名单、委员编组和召集人名单（草案）、列席人员名单（草案）、主席台就座人员建议名单、选举办法（草案）、总监票人和监票人建议名单、《县政协委员履行职责若干规定》，提交常委会协商决定。

第六十七次会议 2012 年 2 月 6 日召开。出席 6 人，县政协党组成员及机关副科长以上干部列席。县政协党组书记、副主席尤玲娟主持会议。听取县政协九届一次会议筹备工作情况汇报。讨论通过 2 月工作安排。协商讨论《校企合作推进我县模具产业发展调研报告》，为此提出加大扶持力度、办好模具教学工厂、适应发展需要、组建教育服务公司、整合多方资源、成立宁海职教集团、提升研发能力、推进“产学研基地”运作等建议。

第二节 第九届委员会主席会议

县政协第九届委员会共召开 63 次主席会议。

第一次会议 2012 年 3 月 20 日召开。出席 6 人，县政协主席尤玲娟主持会议。协商通过主席、副主席分工，协商讨论有关人事事项，协商讨论县九届政协副秘书长建议名单、各办委正副主任建议名单、提交县政协九届一次常委会议协商决定。协商通过各专委会委员名单和各界别召集人名单，协商讨论 2012 年工作要点，协商讨论委员参加会议和履职活动统计办法，听取提案委关于提案审查立案工作情况汇报并确定了重点提案和重要提案。

第二次会议 2012 年 4 月 5 日召开。出席 7 人，县政协机关副科级以上干部列席。县政协主席尤玲娟主持会议。听取县人口计生局关于人口和计划生育工作情况通报，听取县财政局关于 2011 年基金预算执行情况及 2012 年基金预算和社保基金预算编制的说明，协商通过政协机关有关规章制度。会议讨论通过 4 月工作安排。

第三次会议 2012 年 4 月 28 日召开。出席 6 人，县政协机关副科级以上干部和梅林街道市、县政协委员列席。县政协主席尤玲娟主持会议。与会人员视察梅林街道物流园区汽车 4S 店、凤潭敬老院和街道综治大队建设情况，听取梅林街道党工委关于梅林街道工作情况及下步工作打算的通报。讨论通过 5 月工作安排。会议学习传达宁波市政协十四届一次会议精神。

第四次会议 2012年6月25日召开。出席7人，县政协机关副科级以上干部和有关政协常委列席。县政协主席尤玲娟主持会议。听取县卫生局关于宁海县县级公立医院综合改革实施方案的通报。听取县交通局关于物流工作情况的通报，并提出意见建议。会议讨论通过7月工作安排。

第五次会议 2012年7月30日召开。出席7人，县政协机关副科级以上干部列席。县政协主席尤玲娟主持会议。讨论通过县政协“我为推进重大项目献良策”主题活动相关事宜，讨论通过8月工作安排及其他工作。

第六次会议 2012年8月28日召开。出席7人，县政协机关副科级以上干部和有关政协常委列席。县政协主席尤玲娟主持会议。听取县政府办公室关于县政府办理县政协九届一次会议委员提案的情况通报，听取县安监局关于安全生产工作情况的通报，会议讨论通过《政协宁海县委员会提案工作条例》和9月工作安排、《2012年中秋茶话会活动方案》以及其他事项。

第七次会议 2012年9月12日召开。出席7人，县政协机关副科级以上干部列席。县政协主席尤玲娟主持会议。协商通过有关人事事项，听取调研组“关于宁海湾旅游开发调研”课题工作汇报，与会人员围绕课题进行了协商讨论，并提出了意见建议。讨论通过县政协九届三次常委会议有关事项。

第八次会议 2012年10月27日召开。出席7人，县政协机关副科级以上干部和黄坛镇的市、县政协委员列席。县政协主席尤玲娟主持会议。与会人员视察黄坛镇得力集团辛岭园区和洋溪综合治理工程，听取黄坛镇党委关于黄坛镇工作情况及下步工作打算的汇报，并就有关工作提出了建议。会议部署县政协关于对提案承办单位提案办理工作开展民主评议的相关工作。

第九次会议 2012年11月6日召开。出席7人，县政协机关副科级以上干部列席，县委常委、宣传部部长王建云应邀出席。会议由县政协主席尤玲娟主持。听取县委宣传部关于开展“移风易俗倡新风”主题教育活动的实施意见通报，协商讨论《关于开展“移风易俗倡新风”主题教育活动的实施意见》《关于开展党员干部利用婚丧喜庆等事宜大操大办借机敛财专项治理工作实施方案》《宁海县公安局关于开展“移风易俗倡新风”主题教育活动的实施方案》《宁海县民政局关于开展“移风易俗倡新风”主题教育活动的实施方案》《宁海县城管局关于开展“移风易俗倡新风”主题教育活动实施方案》《市工商局宁海分局关于开展“移风易俗倡新风”主题教育活动的实施方案》《宁海县宗教教职人员从事公民丧事宗教活动暂行规定》《移风易俗 向我看齐——致全体领导干部的一封信》《宁海县“移风易俗倡新风”活动调查问卷》等送审稿，结合宁海县实际，提出一些建设性的意见和建议。讨论通过县政协九届一次会议界别召集人变动情况，讨论通过11月工作安排。

第十次会议 2012年11月26日召开。出席7人，县政协机关副科级以上干部及部分政协常委列席。县政协主席尤玲娟主持会议。听取县城管局关于宁海县城市管理工作情况的通报，就加强城市管理工作提出建议。讨论通过12月工作安排。

第十一次会议 2012年12月25日、31日召开。出席7人，县政协机关副科级以上干部和部分政协常委列席。县政协主席尤玲娟主持会议。听取县财政局关于宁海县2012年预算执行情况和2013年预算初步安排情况的通报，听取县信访局关于信访情况工作通报，会议协商通过召开县政协九届二次会议有关事项，讨论通过县政协九届委员增补有关事项，讨论通过县政协2013年1月工作安排。

第十二次会议 2013年2月6日召开。出席7人，县政协机关副科级以上干部列席。县政协主席尤玲娟主持会议。讨论通过2月工作安排。分解落实县政协2013年工作要点。

第十三次会议 2013年3月6日召开。出席5人，县政协机关副科级以上干部列席。受县政协主席尤玲娟委托，县政协副主席邬汝跃主持会议。听取县教育局关于2013年县义务教育段城区学校招生方案与实施意见的通报，听取提案委关于提案审查立案工作情况的汇报，并确定了重点提案和重要提案。讨论通过3月工作安排及其他工作。

第十四次会议 2013年3月28日召开。出席6人，县政协机关副科级以上干部列席。受县政协主席尤玲娟委托，县政协副主席邬汝跃主持会议。协商讨论《宁海县加强和创新社会管理若干意见（2013—2016）》。听取县公建中心关于全县公建项目建设管理情况的通报，讨论通过4月工作安排。

第十五次会议 2013年4月24日召开。出席6人，县政协机关副科级以上干部和有关政协常委列席。受县政协主席尤玲娟委托，县政协副主席邬汝跃主持。协商讨论《宁海县2012年政府性基金预算执行情况及2013年政府性基金预算（草案）编制情况》和《宁海县2012年社保基金预算执行情况及2013年社保基金预算（草案）编制情况》，听取县卫生局关于宁海县新型农村合作医疗2013年普通门诊支付方式改革实施方案（试行）的通报。讨论通过《关于开展“我为助推三个年再献良策”主题实践活动的实施意见》，讨论通过5月工作安排。听取桑洲镇党委关于桑洲镇主要工作开展情况和2013年主要工作思路的通报。

第十六次会议 2013年5月28日召开。出席7人，县政协机关副科级以上干部列席。县政协主席尤玲娟主持会议。听取县招商中心关于全县招商引资工作和“招商引资突破年”活动推进情况的通报，并就加强招商引资工作提出建议。讨论通过6月工作安排。

第十七次会议 2013年7月3日召开。出席7人，县政协机关副科级以上干部列席。县政协主席尤玲娟主持会议。听取县政协各办委关于2013年上半年度工作情况的汇报。讨论通过7月工作安排。协商讨论“我为助推三个年再献良策”主题实践活动责任分解有关事项。会议传达学习了习近平总书记和省委关于开展党的群众路线教育实践活动讲话精神。

第十八次会议 2013年8月13日召开。出席7人，政协机关副科级以上干部列席。县政协主席尤玲娟主持会议。协商讨论有关人事事项，对政协机关人事变动情况作了说明，拟提交县政协九届七次常委会议决定。

第十九次会议　2013年8月26日召开。出席5人，县政协机关副科级以上干部和有关政协常委列席。受县政协主席尤玲娟委托，县政协副主席邬汝跃主持。听取县政府办公室关于提案办理工作情况的通报，听取县卫生局关于县级公立医院改革后运行情况的通报，讨论通过9月工作安排。

第二十次会议　2013年9月30日召开。出席5人，政协机关副科级以上干部列席。县政协主席尤玲娟主持会议。讨论通过10月工作安排及其他事项。

第二十一次会议　2013年10月29日召开。出席6人，县政协机关副科级以上干部列席。县政协主席尤玲娟主持会议。听取跃龙街道党工委关于2013年跃龙街道和街道政协工委工作情况通报。会议讨论通过11月工作安排。

第二十二次会议　2013年11月27日召开。出席7人，县政协机关副科级以上干部列席。县政协主席尤玲娟主持会议。听取县公安局关于2013年全县公安工作情况的通报，讨论通过12月工作安排。

第二十三次会议　2013年12月27日召开。出席7人，县政协机关副科级以上干部列席。县政协主席尤玲娟主持会议。听取县食品药品监管局关于食品安全监管工作情况的通报，讨论通过《关于召开县政协九届三次会议的决定》（草案），协商讨论九届三次会议有关事项，协商讨论有关人事事项，协商讨论政协第九届宁海县委员会常委会工作报告（征求意见稿）和提案工作报告（征求意见稿），协商通过县政协九届九次常委会议议程（草案），协商通过《政协宁海县委员会关于优秀政协委员评选办法》（草案），协商讨论《民主监督工作方案》和《特邀委员方案》，审议通过2014年1月工作安排。

第二十四次会议　2014年1月10日召开。出席6人，县政协机关副科级以上干部列席。县政协主席尤玲娟主持会议。协商讨论宁海县2013年财政预算执行情况和2014年财政预算初步安排意见。协商讨论有关人事事项，拟提交县政协九届九次常委会议决定。审议县政协九届三次会议有关事项。协商讨论政协第九届宁海县委员会常务委员会工作报告（草案）和提案工作报告（草案）。审议通过优秀提案、提案承办先进单位和提案承办先进个人。审议通过县政协九届九次常委会议议程（草案）。协商讨论县政协九届九次常委会议人事事项选举监票人名单。

第二十五次会议　2014年1月29日召开。出席7人，县政协机关副科级以上干部列席。县政协主席尤玲娟主持会议。审议通过2014年县政协工作要点，并分解工作任务。审议通过2月工作安排。传达学习浙江省政协十四届二次会议和宁波市政协十一届三次会议精神。

第二十六次会议　2014年3月3日召开。出席7人，县政协机关副科级以上干部列席。县政协主席尤玲娟主持会议。听取县财政局工作情况通报，审议通过县政协2014年工作任务分解，审议通过《加强和完善政协开展民主监督工作的实施意见》，审议通过《“五水共治”民主监督方案》，审议通过《关于“三争三为”主题活动实施意见》，审议通过县政协界别召集人调整名单。审议通过3月工作安排。协商讨论通过提案有关事项。

第二十七次会议 2014年3月28日召开。出席7人，县政协机关副科级以上干部列席。县政协主席尤玲娟主持会议。听取县商务局关于商务工作情况通报，听取县广播电视台关于宁海县停播有线电视模拟信号实施方案说明。协商讨论有关特邀委员选聘工作。审议通过4月工作安排。

第二十八次会议 2014年5月6日召开。出席6人，县政协机关副科级以上干部列席。受县政协主席尤玲娟委托，县政协副主席邬汝跃主持会议。听取桃源街道党工委关于桃源街道工作情况通报。审议通过特邀委员名单，审议通过5月工作安排。

第二十九次会议 2014年5月28日召开。出席6人，县政协机关副科级以上干部列席。县政协主席尤玲娟主持会议。与会人员实地视察了颜公河、颜公河干流调蓄池、干溪、洋溪整治项目现场，听取县治水办关于“五水共治”工作、县规划局关于整治颜公河提案办理情况和跃龙街道关于干溪整治情况的通报。会议审议通过6月工作安排。

第三十次会议 2014年6月25日召开。出席5人，县政协机关副科级以上干部和有关常委列席。县政协主席尤玲娟主持会议。听取县“三改一拆”办公室关于全县“三改一拆”工作情况通报并提出了建议。审议通过县政协九届十一次常委会议有关事项，审议通过7月工作安排。

第三十一次会议 2014年7月31日召开。出席6人，县政协机关副科级以上干部列席。县政协主席尤玲娟主持。审议通过8月工作安排及其他事项。

第三十二次会议 2014年9月3日召开。出席6人，县政协机关副科级以上干部列席。县政协主席尤玲娟主持会议。协商讨论县政协九届十二次常委会议有关事项。会议对有关人事事项表示赞同，提交县政协九届十二次常委会议协商决定。听取县安监局关于全县安全生产工作情况的通报，听取县府办关于提案办理情况通报。审议通过《宁海县政协民主评议提案办理工作的实施办法》，审议通过9月工作安排。

第三十三次会议 2014年9月26日召开。出席6人，县政协机关副科级以上干部和有关政协常委列席。县政协主席尤玲娟主持会议。与会人员实地视察深甽镇上湖村、丽景花园、风情老街等城镇化建设项目，听取镇党委关于深甽镇工作情况的通报。传达学习习近平总书记在庆祝中国人民政治协商会议成立65周年大会上的重要讲话精神和市政协工作会议精神。审议通过10月工作安排。

第三十四次会议 2014年10月28日召开。出席7人，县政协机关副科级以上干部和有关政协常委列席。县政协主席尤玲娟主持会议。听取县财政局关于财政预算调整方案的通报，听取县法院关于民主评议工作整改落实情况的通报。会议传达学习中共十八届四中全会精神。审议通过县政协九届十三次常委会议有关事项，审议通过11月工作安排，审议通过卢华强、周武军为县政协九届常委会提案委成员。

第三十五次会议 2014年12月4日召开。出席7人，县政协机关副科级以上干部列席。县政协主席尤玲娟主持会议。听取县农林局关于宁海县“森林宁海”建设工作的通报。协商通过《关于召开县政协九届四次会议的决定》（草案）。协商讨论县政协九届四次会议有关事项，协商通过县政协有关制度，协商讨论2015年县政协工作安排，审议通过12月工作安排。

第三十六次会议 2014年12月23日召开。出席6人，县政协机关副科级以上干部列席。县政协主席尤玲娟主持会议。协商讨论宁海县2014年财政预算执行情况和2015年财政预算初步安排意见。协商讨论有关人事事项。审议县政协九届四次会议有关事项。协商讨论县政协九届常委会工作报告（草案）和提案工作报告（草案）。审议通过优秀提案、提案承办先进单位、先进个人、优秀委员和优秀基层组织名单，审议通过县政协九届十四次常委会议议程（草案）和日程，审议通过县政协2015年1月工作安排。

第三十七次会议 2015年1月30日召开。出席7人，县政协机关副科级以上干部列席。县政协主席尤玲娟主持会议。审议通过县政协2015年工作任务分解，审议通过《关于开展“勇于担当、善于履职”主题活动的实施方案》，协商讨论关于编撰《政协委员建言专报》的有关事项，协商讨论特邀委员队伍建设有关事项，协商讨论通过提案有关事项。审议通过县政协2月工作安排。会议传达学习浙江省政协十一届三次会议精神。

第三十八次会议 2015年3月4日召开。出席6人，县政协机关副科级以上干部列席。县政协主席尤玲娟主持会议。协商讨论综合环境整治提升调研工作有关事项，协商讨论特邀委员有关事项，协商讨论民主监督组有关事项。审议通过3月工作安排。

第三十九次会议 2015年3月27日召开。出席6人，县政协机关副科级以上干部列席。县政协主席尤玲娟主持会议。与会人员实地视察县再生资源交易市场和模具城工贸区一期在建工程，听取县供销联社关于县供销联社工作情况通报。审议通过增补王鹏、王银宁、厉志宏、李明龙、季丽萍（女）、胡天杰、施上祥、顾初青、黄才古、薛英汉为县政协九届委员会特邀委员的建议。协商通过综合环境整治调研方案（草案），审议通过4月工作安排。

第四十次会议 2015年4月29日召开。出席7人，县政协机关副科级以上干部列席。县政协主席尤玲娟主持会议。听取县卫生和计划生育局关于县卫计局工作情况通报。审议通过乡镇（街道）、部门目标管理考核有关事项。审议通过县政协5月工作安排。

第四十一次会议 2015年5月27日召开。出席6人，县政协机关副科级以上干部列席。县政协主席尤玲娟主持会议。与会人员视察胡陈乡“无违建乡镇”创建情况，听取胡陈乡党委关于胡陈乡工作情况的通报，听取县政协各办委5月工作情况汇报。审议通过6月工作安排。

第四十二次会议 2015年6月19日召开。出席7人，县政协机关副科级以上干部列席。县政协主席尤玲娟主持会议。审议通过县政协九届十六次常委会议议程（草案）和日程安排，审议通过县政协有关人事安排事项，审议通过县政协综合环境整治提升重要课题调研报告，审议通过7月工作安排。

第四十三次会议 2015年7月27日召开。出席7人，县政协机关副科级以上干部列席。县政协主席尤玲娟主持会议。听取县政府办公室关于提案办理情况通报。审议通过县政协关于建立与宗教界代表人士联系制度的意见（草案），审议通过县政协关于“四边三化”整改督查和“八线八区”整治问题明察暗访的工作方案（草案），审议通过县政协关于组织开展加强基层协商民主建设调研方案（草案），审议通过8月工作安排。

第四十四次会议 2015年8月27日召开。出席6人，县政协机关副科级以上干部列席。县政协主席尤玲娟主持会议。听取县统计局关于全县统计工作情况的通报，听取“四边三化”和“八线八区”整治情况督查通报。审议通过2015年中秋茶话会方案（草案），审议通过《提案民主评议工作方案》（草案）和《季度协商工作方案》（草案）。讨论通过政协班子“不严不实”问题清单（征求意见稿）。审议通过《2015年县政协界别活动月实施方案》（草案），审议通过《2015年县政协“送医、送文化、送科技”三下乡活动方案》（草案），审议通过9月工作安排。

第四十五次会议 2015年9月29日召开。出席6人，县政协机关副科级以上干部列席。县政协主席尤玲娟主持会议。学习省政协主席乔传秀关于协商民主建设的有关论述。审议通过10月工作安排。研究确定下阶段工作重点。

第四十六次会议 2015年10月23日召开。出席6人，县政协机关副科级以上干部列席。县政协主席尤玲娟主持会议。审议通过县政协九届十七次常委会议议程（草案）和日程安排。审议通过基层协商民主建设调研报告。听取县财政局关于财政预算调整方案通报。研究确定11月工作安排。

第四十七次会议 2015年12月2日召开。出席6人，县政协机关副科级以上干部列席。县政协主席尤玲娟主持会议。听取县海洋渔业局关于全县海洋渔业工作情况通报，并对下一步工作提出了建议。协商讨论县政协九届五次会议有关事项。研究确定12月工作安排。

第四十八次会议 2015年12月30日召开。出席7人，县政协机关副科级以上干部列席。县政协主席尤玲娟主持会议。听取县财政局关于宁海县2015年财政预算执行情况和2016年财政预算初步安排意见。协商讨论县政协九届五次会议有关事项，协商讨论县政协常委会工作报告（草案）和提案工作报告（草案）。协商讨论2016年工作安排。审议通过优秀提案、提案承办先进单位、先进个人名单，审议通过县政协九届十八次常委会议议程（草案）和日程安排，审议通过县政协2016年1月工作安排。

第四十九次会议 2016年1月6日召开。出席6人，县政协机关副科级以上干部列席。县政协主席尤玲娟主持会议。会议协商讨论县政协九届十八次常委会议有关事项。会议对政协第九届宁海县委员会辞职常委名单（草案）和增补常委名单（草案）、辞职委员名单

（草案）和增补委员名单（草案）变动情况表示赞同，并提交县政协九届十八次常委会议协商决定。协商讨论县政协九届五次会议有关事项和县政协2016年工作重点。

第五十次会议　2016年2月4日召开。出席6人，县政协机关副科级以上干部列席。县政协主席尤玲娟主持会议。会议协商讨论县政协2015年度考核工作有关事项，审议通过县政协2016年工作任务分解，审议通过县政协2016年协商计划，审议通过主席会议成员分工调整有关事项，审议通过专委会联系界别、部门调整有关事项，审议通过提案委员会成员人事调整事项，研究确定2月工作安排。

第五十一次会议　2016年3月1日召开。出席6人，县政协机关副科级以上干部列席。县政协主席尤玲娟主持会议。会议学习传达市政协十四届五次会议精神，审议通过实体经济健康发展调研有关事项，审议通过专委会联系界别、部门有关事项，审议通过县政协九届五次会议重点重要提案有关事项，研究确定县政协3月工作安排。

第五十二次会议　2016年4月5日召开。出席7人，县政协机关副科级以上干部列席。县政协主席尤玲娟主持会议。会议听取桥头胡街道党工委关于桥头胡街道工作情况通报，审议通过实体经济健康发展调研方案，审议通过“五水共治”长效机制建设民主监督方案，研究确定4月工作安排。

第五十三次会议　2016年4月28日召开。出席5人，县政协机关副科级以上干部列席。县政协主席尤玲娟主持会议。研究确定县政协5月工作安排。

第五十四次会议　2016年5月31日召开。出席6人，县政协机关副科级以上干部列席。县政协主席尤玲娟主持会议。会议听取县商务局关于电子商务发展情况的通报，协商讨论老城区街道综合整治规划，部署“两学一做”学习教育活动，审议通过县政协考核部门单位有关事项，研究确定6月工作安排。

第五十五次会议　2016年6月17日召开。出席7人，县政协机关副科级以上干部列席。县政协主席尤玲娟主持会议。会议审议通过县政协九届二十次常委会议议程（草案）和日程，审议通过县政协对实体经济发展中的人才短板调研报告，研究确定7月工作安排。

第五十六次会议　2016年7月22日召开。出席7人，县政协机关副科级以上干部列席。县政协主席尤玲娟主持会议。审议通过县政协九届二十一次常委会议有关事项。就有关人事变动情况表示赞同，提交县政协九届二十一次常委会议协商决定。研究确定8月工作安排。

第五十七次会议　2016年8月29日召开。出席7人，县政协机关副科级以上干部列席。县政协主席尤玲娟主持会议。听取县府办关于提案办理情况通报，听取县财政局关于2016年上半年度财政预算执行情况通报，听取县市场监督管理局关于特种设备监管情况的通报，审议通过县政协提案办理工作民主评议有关事项，审议通过《2016年县政协界别活动月实施方案》和2016年中秋茶话会方案（草案），审议通过《关于拉动民间有效投资助推经济社会发展调研方案》（草案），审议通过《宁海县政协志编纂提纲》（草案），研究确定9月工作安排。会议还研究商讨其他有关事项。

第五十八次会议 2016年9月29日召开。出席6人，县政协机关副科级以上干部列席。县政协主席尤玲娟主持会议。听取强蛟镇党委关于强蛟镇工作情况通报，与会人员考察强蛟镇海洋经济发展情况，传达公务用车改革会议精神，协商讨论参政议政发言有关事项，研究确定10月工作安排。

第五十九次会议 2016年10月24日召开。出席7人，县政协机关副科级以上干部列席。县政协主席尤玲娟主持会议。听取县教育局关于“十三五”期间城区教育布局规划及建设思路的通报，审议通过县政协九届二十二次常委会议议程（草案）和日程安排，审议通过推进学前教育普惠优质发展调研报告，审议通过拉动民间有效投资助推经济社会发展调研报告，审议通过《政协宁海县委员会提案立案实施细则》和《政协宁海县委员会重点提案产生办法和督办规定》，研究确定11月工作安排。

第六十次会议 2016年11月29日召开。出席6人，县政协机关副科级以上干部列席。县政协主席尤玲娟主持会议。听取县委常委、宁海经济开发区党工委书记徐云关于宁波南部滨海新区开发建设情况的通报，与会人员视察了知豆汽车研发中心智能汽车体验馆，听取县政府办公室关于“三车”综合整治工作情况通报，审议通过县政协留任委员建议名单，协商讨论县政协十届一次会议有关事项，研究确定12月工作安排。

第六十一次会议 2017年1月5日召开。出席6人，县政协机关副科级以上干部列席。县政协主席尤玲娟主持会议。协商讨论《宁海县域总体规划（2015—2030）》（草案）、县政协十届一次会议有关事项，审议通过县政协九届二十四次常委会议议程（草案）和日程（草案），审议通过优秀委员、优秀提案、提案承办先进单位、先进个人名单，协商讨论《关于政协第十届宁海县委员会界别设置和委员名额的决定》，协商讨论县十届政协委员名单，协商讨论政协第九届宁海县委员会常务委员会工作报告（草案）和提案工作报告（草案），协商讨论2017年工作要点，审议通过1月工作安排。

第六十二次会议 2017年1月9日召开。出席7人，县政协机关副科级以上干部列席。县政协主席尤玲娟主持会议。协商讨论县政协十届一次会议有关事项。

第六十三次会议 2017年1月25日召开。出席7人，县政协机关副科级以上干部列席。县政协主席尤玲娟主持会议。传达学习省政协十一届五次会议精神，协商讨论县政协十届一次会议有关事项，审议通过2月工作安排。

第三节 第十届委员会主席会议

县政协第十届委员会第一年召开12次主席会议。

第一次会议 2017年2月19日召开。出席8人，县九届政协副主席和政协机关副科级以上干部列席。县政协主席尤玲娟主持会议。协商讨论有关人事事项、县政协2017年工作要点。

第二次会议　2017年2月28日召开。出席会议7人，县九届政协副主席和县政协机关副科级以上干部列席。县政协主席尤玲娟主持会议。传达县改革创新发展大会精神和县剿灭劣V类水会议精神。审议通过专委会联系部门、界别调整有关事项，审议通过县政协2017年工作任务分解、县政协2017年协商计划、各专委会组成人员名单和民主监督组有关事项。

第三次会议　2017年3月21日召开。出席8人，县政协九届副主席和政协机关副科级以上干部列席。县政协主席尤玲娟主持会议。审议通过"'五水共治'决战治污水，大战防洪水排涝水"专项集体民主监督实施方案，审议通过经济开发园区整合提升调研方案、县政协联系走访委员方案、审议通过县政协十届一次会议重点重要提案有关事项。决定将《关于构建宁海企业公共服务体系的建议》《关于进一步加强城区拥堵治理的建议》等7件提案列为重点提案，提请县政府分管县长领办。决定将《优化宁海农村金融发展环境　助力农业供给侧结构性改革的建议》《关于构建新型政商关系的建议》等29件提案列为重要提案，提请县委、县政府领导重点阅看。审议通过县政协各界别召集人名单。审议通过"我为改革创新发展献良策"活动实施方案。协商讨论县政协之友社换届有关事项。研究确定4月工作安排。协商讨论县政协办公室驾驶员和车辆管理有关事项，决定参照宁海县机关事务管理局《关于印发宁海县机关车辆服务中心驾驶员和车辆管理制度（试行）的通知》（宁机事〔2016〕2号）进行管理。

第四次会议　2017年4月28日召开。出席6人，县政协九届副主席和政协机关副科级以上干部列席。县政协主席尤玲娟主持会议。与会人员实地视察大佳何镇双港路、双港桥头、石门溪沿线等小城镇环境综合整治项目，并听取大佳何镇关于大佳何镇小城镇环境综合整治情况通报，审议通过县政协"五水共治"民主监督小微水体整治有关事项，审议推进县政协城乡社区协商实施方案，审议通过"委员之家"创建活动方案，协商讨论宁海书画院换届有关事项，审议通过县政协领导与宗教界代表人士联系有关事项，总结县政协4月工作并研究确定5月工作安排。

第五次会议　2017年5月31日召开。出席8人，县政协九届副主席和政协机关副科级以上干部列席。县政协主席尤玲娟主持会议。会议听取县检察院副检察长王宁芳关于基层检察室工作情况的通报，总结县政协5月工作并研究确定6月工作安排。

第六次会议　2017年6月20日召开。出席8人，县政协九届副主席和政协机关副科级以上干部列席。县政协主席尤玲娟主持会议。会议学习传达省第十四次党代会精神。审议通过县政协十届二次常委会议有关事项，审议通过县政协"大脚板走一线，小分队破难题"助推城乡社区建设行动方案，总结县政协6月工作并研究确定7月工作安排。

第七次会议　2017年7月28日召开。出席8人，县政协九届副主席、政协机关副科级以上干部列席。县政协主席尤玲娟主持会议。与会人员到城隍庙区块，视察该区块改造情况，并听取县棚改办关于棚户区改造情况的通报，就棚改体制机制创新、规划优化提升、开发与保护平衡、安置房建设等方面提出了许多建设性意见建议。会议审议通过卫生与健康事业发展调研方案，审议通过县政协下属社团有关事项。会议总结县政协7月工作并研究确定8月工作安排。

第八次会议 2017年8月28日召开。出席8人，县政协机关副科级以上干部列席。县政协主席尤玲娟主持会议。听取县府办副主任胡仁杰关于提案办理情况的通报，听取并审议县环保局局长章哲关于宁海县国家生态红线划定的说明，听取县财政局关于宁海县2017年上半年财政预算执行情况的通报。学习传达省政协主席读书会精神。审议通过县政协提案办理工作民主评议有关事项，审议通过社区管理事务协商有关事项，审议通过《县政协关于开展“最多跑一次”改革举措落实情况专项民主监督的实施方案》（草案），审议通过《2017年县政协界别活动月实施方案》（草案）。总结县政协8月工作并研究确定9月工作安排。审议通过2017年中秋茶话会方案（草案）。会议协商讨论有关人事任免事项。

第九次会议 2017年9月29日召开。出席6人，县政协九届副主席和政协机关副科级以上干部列席。县政协主席尤玲娟主持会议。听取县农机管理站站长丁恩杰关于设施农业项目建设情况通报。协商讨论参政议政发言有关事项。总结县政协9月工作并研究确定10月工作安排。

第十次会议 2017年10月25日召开。出席7人，县政协机关副科级以上干部列席。县政协主席尤玲娟主持会议。会议学习中共十九大精神。与会人员认为，中共十九大报告博大精深、内容丰富，具有很强的思想性、理论性、战略性、前瞻性、实践性，政协将紧密结合工作实际，认真学习，深刻领会，以中共十九大精神为动力，统筹抓好当前政协各项工作。会议审议卫生与健康事业发展课题调研报告，就推进全县医疗卫生事业发展提出了建设性的意见建议。会议听取县财政局有关财政预算调整方案的通报。会议审议通过县政协十届三次常委会议有关事项。总结10月工作，研究确定11月工作安排。

第十一次会议 2017年12月1日召开。出席6人，县政协机关副科级以上干部列席。县政协主席尤玲娟主持会议。听取县文广新闻出版局局长盛高成、副局长金海萍关于乡镇（街道）综合文化站建设情况通报，审议通过《政协宁海县委员会学习宣传贯彻党的十九大精神实施方案》。协商讨论县政协2018年改革创新项目有关情况，审议通过县政协召集人与专委会组成人员调整有关事项。协商讨论县政协十届二次会议有关事项。总结县政协11月工作并研究确定12月工作安排。

第十二次会议 2017年12月28日召开，出席7人，县政协机关副科级以上干部列席。会议由县政协主席尤玲娟主持。会议协商讨论县政协十届二次会议有关事项，协商讨论有关人事事项，审议通过县政协十届四次常委会议议程（草案）和日程，审议通过优秀提案、提案承办先进单位、先进个人名单，协商讨论常委会工作报告（草案）和提案工作报告（草案），协商讨论2018年工作安排，协商讨论关于促进民间投资与政府投资融合发展的调研报告，总结12月工作和研究确定2018年1月工作安排。会议还研究商讨了其他有关事项。

第三篇　政治协商

《中国人民政治协商会议章程》规定：政治协商是对国家和地方的大政方针以及政治、经济、文化和社会的重要问题在决策之前进行协商和就决策执行过程中的重要问题进行协商。

中共宁海县委分别在2009年9月和2014年11月下发了《中共宁海县委关于加强和完善人民政协政治协商的意见》和《中共宁海县委关于印发〈加强人民政协政治协商的办法〉的通知》。县委、县政府及县有关部门更加重视与政协的政治协商工作。县八届政协以来在履行政治协商职能中，更加完善了政治协商的规范化、制度化、程序化。县政协每年初制订出一年的政治协商内容计划报县委批复。县委、县政府对事关全局的重要决策和重大改革措施、国民经济和社会发展的年度计划及中长期规划、城市建设的总体规划、重大建设项目、全县精神文明建设的有关重大举措、财政预算调整及执行情况、社会保障措施的出台、统一战线内部和人民群众关心的重大问题等，在决策之前安排与政协协商，切实做到重大问题协商在党委决策之前、人大通过之前、政府实施之前。县政协认真贯彻中央省市县委关于加强人民政协工作意见精神，进一步健全规范在人民政协开展民主协商的具体运行机制，推动政治协商纳入决策程序，广开言路、扩大渠道、凝聚共识。协商形式除了在政协全委会协商外，还通过常委会议、主席会议和专门座谈会进行整体协商、专题协商、对口协商、界别协商、提案办理协商等。在县九届政协期间，还开展了季度协商，创设“社区协商厅”，开展社区事务协商，请相关部门主要负责人与社区群众面对面协商，现场研究解决方案，不断把社会主义协商民主落到实处。人民网、《人民政协报》、《宁波日报》等媒体对宁海县政协的创新做法进行了报道。

第一章　整体协商

每年一次的县政协全体委员会议，每季度一次的常务委员会议，是县政协整体协商的主要形式。县政协八届一次会议以来，每年一次的全体委员会议与会人员均列席县人大会议，其间由全委会组织讨论宁海县政府工作报告及其他重要报告，协商讨论宁海经济和社会发展总体规划和重大举措，委员们踊跃发言，积极参政议政，提出了许多意见和建议。这些有价值、有广泛代表性的意见建议，经大会秘书处和政协办公室归纳汇总，提交县政府参考。县政府对政协委员的意见建议高度重视，在充分研究、采取具体落实措施后，向县政协作出书面反馈。全体委员会议政治协商的这种做法，已成为整体协商的一种制度和规范。

听取并讨论县长王剑侯所作《政府工作报告》　2007年2月7日，县政协八届一次会议与会委员列席县十六届人大一次会议，听取县长王剑侯所作《政府工作报告》及其他报告。在讨论和协商中提出：要扎实推进新农村建设，加快培育新型农民，抓好新农村建设主题教育，发挥农民的主体作用，加强农村劳动力技能培训工作，引导农村剩余劳动力向非农产业转移。要继续深入实施“知识进农村”工程，及时提供村民急需的农业技术，建立现代农业产业体系，以土地流转为抓手，促进农业适度规模经营，培育现代农业的生产主体。加大扶持力度，加强对农业专业合作社的管理，促进合作社的规范有序发展。要深入实施农产品品牌战略，扩大生态绿色品牌效应，提升农产品市场竞争力，积极开展农业政策性保险试点工作，逐步建立现代农业保障支撑体系，为农业“双增”保驾护航。要推进产业结构优化升级，做优做强特色产业，要千方百计做好优势行业、优势产业的培育，努力实现产业升级、形成具有一定规模的特色产业群。要完善特色产业公共服务平台，建设一批在国内具有一定影响力的科技创新中心和检测中心。要加快产业结构调整，大力发展循环经济，提高经济可持续发展能力。要推进企业的自主创新能力建设，加强高新产品的研发和品牌建设，全面提升企业的综合实力。要大力发展现代服务业，着力发展现代商贸业，要加强商贸区块规划，优化商贸布局，创新机制，加快服务业基础设施建设，加快培育专业商业市场体系，推进模具等特色产业市场建设。要整合、重组物流企业，引导现有物流企业向现代物流企业转型。要大力加强城镇建设。强化县域规划，要进一步完善城市总体规划，转变设计理念，不断提升城市发展内涵，加快城区基础设施建设，完善城市功能，加快旧城改造步伐，稳步推进城市中心区建设。要努力建设资源节约型和环境友好型社会，大力弘扬勤俭节约的传统美德，努力在全社会营造崇尚节约的氛围。积极推广应用节能环保新技术、新工艺、新设备，降低能耗。要创新体制机制，要全面实施政府性投资项目“代建制”，规范建设项目招投标行为，严厉打击串标等违法行为。要深化财政管理体制改革，遏制财政开支的不断增加，规范机关事业单位、部门工作人员收入，缩小差距。要加强并村后村级集体经济的管理，增强村级集体经济的“造血”功能。要完善企业管理，建立健全现代企业制度。要推进和谐社会建设，坚持以科学发展观统领经济社会发展全局，走和谐发展之路。要注重体制机制创新，优化创新发展环境。要坚持不懈地开展“平安宁海”建设，确保社会稳定、和谐、有序。要坚持以人为本，努力实现全体人民共建、共享的和谐社会。要加强政府自身建设，深化审批制度改革，简化、规范审批程序。要深入实施重大决策专家论证和社会听证制度，提高决策的科学性和透明度，进一步建立完善抓落实的工作机制，全面推行行政执法责任制、执法评议考核制和执法过错责任制。要加大对违法违纪案件的查处力度，有效遏制和消除腐败现象。

听取并讨论县长王剑侯所作《政府工作报告》 2008年2月20日，县政协八届二次会议与会人员列席县十六届人大二次会议，听取县长王剑侯所作《政府工作报告》及其他报告。在县政协八届二次会议分组讨论会上，委员们对《政府工作报告》展开了热烈讨论。一致认为《政府工作报告》对过去一年的工作总结实事求是，取得的成绩令人鼓舞，提出的2008年主要目标和任务切实可行。报告重点突出、布局合理、思路清晰，充分体现了政府务实创新、执政为民的理念。在肯定政府工作的同时，委员们就进一步做好政府工作提出了意见和建议：关于新农村建设方面，要加大农村和农业基础设施的投入，增加对农村失土青年农民的培训经费，增加培训项目，引导农村剩余劳动力向非农产业转移。涉农部门应制定出相关的实施细则，在政策、资金等方面加大对农业合作社的支持力度并逐步规范，对一些农业龙头企业的补助额度要根据其收购本地农产品数量和带动农民增收情况来确定。要积极引进农业科技人才，为现代农业发展服务。关于招商引资方面，要充分利用宁海县在土地利用、人才引进等方面提供的优惠政策，吸引外地企业落户宁海县。要整合区域招商资源，探索成立专业的、专门的招商引资队伍，不断提高招商引资工作水平。要健全激励机制，及时服务、及时激励、及时表彰，营造良性的招商氛围。要建立首问责任制，不断创新服务模式，高效推进重大项目的招商工作。关于教育、卫生、文化事业方面，目前，宁海县中小学校教师的待遇与公务员相比普遍偏低，在县财政收入不断增长的同时，要逐步提高教师的福利待遇。要对社区卫生服务机构基本建设、设备配置、人员培训等方面提供补助或给予优惠政策。要制定合理的社区卫生服务项目价格，在不违背社区卫生服务宗旨的前提下，对部分服务项目价格进行微调，以保障社区卫生服务机构的正常运作。要加强宁海在非物质文化遗产方面的挖掘、保护和投入，要多宣传本地历史文化名人，如方孝孺、潘天寿、柔石等，要节俭办节，将节约下来的资金用于改善宁海县的文化、卫生、体育等事业。关于社会治安方面，要加强对地下钱庄、非法标会和民间高利借贷的治理，该打击的就打击，该取缔的就取缔，以确保全县的金融安全。要在全县重点地段安装监控装置，并积极动员全社会力量参与，做到群防群控。关于小区物业管理方面，要将撤村建居后的小区纳入城市管理体系，尽快制订和出台配套政策，落实有资质的物业管理公司接管。要建立老小区物业管理补贴基金，为低保户等生活困难群众代交物业管理费。要切实加强对物业公司的监管，建立和完善物业管理制度，增强服务意识，提高管理水平。关于宁海县行政中心建设方面，一些职能局的办公大楼造得过于豪华，部分群众对此议论纷纷。政府要尽快启动行政中心建设，将各职能局适当集中在一起办公，这样既能做到资源共享、方便群众、互相监督、降低行政成本，又能加快城市“北联”和“中突破”进程。

听取并讨论代县长褚银良所作《政府工作报告》　2009年2月11日，县政协八届三次会议与会人员列席县十六届人大三次会议，听取并讨论代县长褚银良所作《政府工作报告》及其他报告。委员们认真讨论《政府工作报告》，大家在充分肯定《政府工作报告》的同时，就进一步做好2009年政府工作提出如下意见建议：新农村建设方面，要加紧出台关于加快推进农村改革发展的实施意见，加大农村和农业基础设施的投入力度，增加农村失土农民培训经费、培训项目，引导农村剩余劳动力向二、三产业转移。要扎实推进新农村建设，做到合理规划、突出主体、明确投入方向。要重视“农家乐”建设，提升规模档次。工业经济发展方面，要优化全县工业投资结构，将宁海县新经济增长点放在国家鼓励发展的产业上，严格控制高耗能企业，加快淘汰落后产能的企业，推广节能减排新工艺、新技术、新设备。要增强创新能力，提升全县文具、模具等产业竞争水平。政府要加强国家、省、市惠企政策的宣传和落实，提高服务企业的水平，确保全县经济平稳较快发展。教育、卫生、文化事业方面，要不断加大教育基础设施的投入，优化教育资源配置，不断推进素质教育。加大农村合作医疗保险政策的宣传力度，使广大农民充分了解"新农合"的好处，做到应保尽保。在旧城、旧村改造过程中，要重视宁海历史遗存古迹的规划、保护和开发利用。要加强与台湾的文化交流活动，增进海峡两岸的友谊。要加快宁海影剧院的建设步伐，提升宁海城市品位。城市建设方面，要进一步完善《城市拆迁办法》和《旧村改造实施意见》，要积极探索村留地开发方式及时出台村留地开发政策，加快村留地的合法有序开发。要进一步完善城市规划区内的中心村和就地改造村规划，提升规划档次，完善配套设施建设。社会治安管理方面，公安部门要加强执法队伍建设，加大打黑除恶的力度，严惩社会恶势力干扰宗教场所及其正常的宗教活动，干扰菜市场、欺行霸市和高利借贷等非法活动，完善公共安全动态监控系统，确保和谐新宁海的建设。政府自身建设方面，要进一步加强干部廉洁自律教育，提高干部的防腐拒变能力。加强对权力运行的制约和监督，保证权力的公平、公正、正确行使，加大违法违纪案件的查处力度，有效遏制和消除腐败现象。深入开展科学发展观学习实践活动，不断增强县级领导干部运用科学发展理论指导实践的能力，着力打造服务型、法治型、效能型、廉政型和学习型政府。

听取并讨论县长褚银良所作《政府工作报告》 2010年1月28日，县政协八届四次会议与会人员列席县十六届人大四次会议，听取并讨论县长褚银良所作《政府工作报告》及其他报告。委员们认真讨论了《政府工作报告》，大家在充分肯定《政府工作报告》的同时，就进一步做好2010年政府工作提出意见建议：农村发展方面，要建立长效机制，巩固提高新农村建设的成果。要完善政府主导、农民主体、社会参与的投资建设机制，不断增加对新农村建设投入。加快村留地开发建设，加强农房建设管理，同时加大对农村传统民居的保护力度。要完善村庄规划、优化村庄布局，着力推动农村新社区建设。要加大对农村卫生设施的投入，提高乡镇卫生院的整体水平。经济转型发展方面，要脚踏实地地推进转型升级，经济转型升级是有风险的，但是推进转型升级也是必要的。推进转型升级必须从实际出发，特别是要立足现有的产业结构和传统。建议可以选择文具、模具或其他宁海现已基本成型的支柱产业，加大招商引资力度，依托一些大企业的技术、人才、资金、品牌支持，促进整个产业结构优化和质量提升。城市建设和城市交通方面，要坚决维护规划的刚性，杜绝因部分企业家的利益诉求和领导的个人喜好，随意地更改或违背现有城市规划。要着力破解城区"出行难""停车难"问题，加大对公共交通的投入，合理设置公交路线、公交站台、公交车停车场所。公共事业服务方面，要不断加大教育基础设施的投入，优化教育资源配置，不断推进素质教育。要建立"三保合一"的基本医疗保障体系，重视继承和弘扬优秀传统文化，抓好文化下乡活动，精心组织群众才艺会演、地方戏曲竞技、乡土文艺展览等活动，普及传统文化。政府自身建设方面，要加大重点工程的有效监督，对一些可能导致超支的苗头性问题要及时干涉，在深入分析的基础上提出纠正意见，避免类似问题的产生，减少政府工作被动性。要进一步加强干部队伍建设，建立完善“干事对账”制度，扩大覆盖面，加强干部执行力，真正把干部问责制贯彻落实到实际工作中，引导干部增强责任心，以新的思想和态度来应对新形势、新环境下的工作。

听取并讨论县长褚银良所作《政府工作报告》　2011年1月11日，县政协八届五次会议与会人员列席县十六届人大五次会议，听取并讨论县长褚银良所作《政府工作报告》及其他报告。会议期间，政协委员就大会有关报告分组开展充分讨论，在肯定相关报告的同时，就全县各方面工作提出了意见建议：农村发展方面，要加强水利等基础设施建设，推进小流域综合治理，修建好农田灌渠，完善农村路网设施，拓宽农民融资渠道，增强对农贷款额度，加强基层队伍建设，制定出台规范性的，加强党建工作。大力培养农村公认的新型农业技术权威，助推现代高效农业。经济建设方面，增强经济发展后劲。要研究出台推进经济长远发展的举措，加快开发宁东园区、三门湾区域。对欠发达地区的重大基础设施建设要尽早启动，拉动当地发展。要扶持大型龙头企业，改变企业小、散、弱现状，改善配套环境，增强自主创新意识，提高附加值。加大人才引进力度，要为企业转型升级储备人才，回本县的研究生要列入人才保障范围，出台优惠政策，解决引进人才的住房保障问题。民生建设方面，加大养老保障体系建设力度，增强社会保障能力，引导民资兴建老年公寓，推进老年人服务行业产业化。加强对癌症患者、残疾人、青少年群体关心帮扶工作。推进居民用气便捷化。加快管道煤气建设工作，对不少已铺好管道的小区需及早推进，尽快落实供气。加强对贫困孕妇的保护救济。设立贫困孕妇救助基金，对生活困难的孕妇要提供相关救助。提高孕妇特别是外来孕妇的孕前检查，降低婴儿死亡率与孕妇病危率。深入做好畅通宁海工作，进一步下大力气解决出行难、停车难问题。生态与社会建设方面，搞好大森林、大景区建设。推进生态环境保护工作，要采取有力措施制止非法挖土取石破坏山林的行为，加强城区周边山体保护与绿化。加强对河流水体的保护，要规范管理河道溪流挖采砂石，减少对河道的破坏。要采取措施有效治理颜公河污染，改善水质。保护好象山港区域的洁净水体和渔业资源，防止过度捕捞。引导民间资金合理投资。要持之以恒打击“日日会”，防止死灰复燃。对民间标会要加强引导，既要堵，又要疏，积极探索发展村镇银行、小额贷款公司来合理消化民间资本投机冲动。城市建设方面，着重考虑城市规划布局的落实。要高度重视道路规划、楼房层高、建筑式样配套问题。城市化发展要长远规划、准确定位，防止重复建设。进一步加大对城市重大项目建设宣传力度，突出工程项目是发展迫切需要的载体，取得群众理解支持，建设时量力而行、一抓到底。

听取并讨论县长褚银良所作《政府工作报告》　2012年2月15日，县政协九届一次会议与会委员列席县十七届人大一次会议，听取县长褚银良所作《政府工作报告》及其他报告。政协委员就大会有关报告分组开展充分讨论，在肯定相关报告的同时，就全县各方面工作提出如下的意见建议：农业发展方面，要高度重视农业基础地位，把以项目支撑农业发展转型升级到以科技支撑农业发展。加大现代农业设施投入，实施区域化管理。要完善农业推广体系，建立健全区域服务站，加强农业科技推广，加大科技培训力度。培育新型农业带头人。要整合农产品名优品牌，努力实现科技成果高效转化，提升宁海农产品品质优势与经济效益。经济建设方面，要加强人才队伍建设，提高人才待遇，大力引进人才的同时留住人才，在人才公寓建设、配置上充分考虑需求、给予配套措施，促使人才扎根宁海发展。引导长期在宁海工作的外地员工安家宁海。开设高端人才创业园，同时解决外资企业落户宁海土地落实难问题，对已落户企业，要扶持其发展壮大。高度重视技工队伍建设，加大培养力度，提高技工素质。要利用职教资源与企业设施，设立教学工厂，成立职教集团，组建教育服务公司，建设好产学研平台，全面提升技工素质、企业生产经营与研发能力。民生建设方面，要加强对医务人员的教育、管理、考核。增加医生引进培养力度，解决医院“一床难求”现象。要努力实现城乡教育均衡化。城区小学班级人数严重超标，校舍紧张，要采取措施解决。城区建校选址要规范合理，留出足够的土地以利学校扩建，要做好城区学校均衡发展。要注重挖掘弘扬宁海本土文化，进一步打造好潘天寿、柔石两位名人的品牌效应。要努力消减“倒会”现象对社会的冲击，要加大诚信社会建设。生态建设方面，要大力提倡自行车绿色出行。提倡公职人员城区内出行带头骑自行车。要加快改善城区河道水质的进程。当前颜公河雨污分流推进不快，河道水质未有效扭转，要超前规划建设，防止颜公河调蓄池建成之后吸纳污水。要进一步改善雁苍山景区道路，确保游客出行安全，推进区域旅游开发。城乡建设方面，努力确保群众安全便捷出行。甬临线穿越桑洲集市，安全隐患大，尽早改建甬临线桑洲到麻岙岭路段，提升公路安全等级。部分山村在道路畅通情况下没有通村中巴车，如王家染村等，群众出行仍存难题，需要有关部门予以解决。要合理规划改造老城区，保护好城隍庙等具有传统特色的古建筑。大力实施城区“排堵保畅”方案，不断落实有效举措，努力实现出行通畅。

听取并讨论县长褚银良所作《政府工作报告》 2013年1月21日，县政协九届二次会议与会委员列席县十七届人大二次会议，听取县长褚银良所作《政府工作报告》及其他报告。政协委员就大会有关报告分组开展充分讨论，在肯定相关报告的同时，就全县各方面工作提出意见建议：农业发展方面。要合理统筹安排惠农资金。对建设资金要统筹安排，扶贫资金投入要搞好规划，特别要加大对新农村建设的投入。加大对低山缓坡开发利用的资金投入力度。要扶持农业龙头企业做大做强，有效实施“强龙兴农”工程，培育发展前景好的农业企业，要加大技改投入，推进品牌、研发机构建设，加强新品种选育工作，大力促进标准化生产。经济建设方面，要引导企业转变思路，注重提高产品品质，提升企业竞争力，并形成区域整体竞争力。加大招商引资力度，编列招商引资项目清单，积极引进外资，让一批高端企业在宁海扎根。建立“返乡创业园”，为县外宁海籍企业家回乡创业提供便利。高度重视人才引进与培养，全面了解县内人才状况，搭建人才交流平台，建立院士、博士流动站。对人才引进应出台相应政策，给予政策倾斜。要改革国有企业经营管理体制，整合经营性资产，实现资产保值升值、规模做大做强。积极规划推广出租车、公交车“油改气”工作。增加公交车通达主要景区的线路，促进旅游业发展。民生建设方面，加大对社区工作的扶持力度，要帮助解决社区办公用房，改善社区工作者收入。进一步重视人民调解工作，增加对基层人民调解工作的资金投入，同时相应提高基层司法所级别，增加司法人员编制。规范保障房建设、分配管理制度，群众反映保障房建设、分配和管理存在问题，建议将经适房、限价房等合并为廉租房，统一管理。文化教育卫生方面，加强宁海文化软实力建设，进一步挖掘名人效应，围绕潘天寿、徐霞客等文化名人做好文章，积极创建宁海书画之乡，开展《徐霞客游记》开篇400周年宣传活动。“5·19”中国旅游日纪念活动应转变角度，通过经常性工作，产生品牌效应。完善医疗卫生工作，结合宁海实际做好医改各项政策落实工作，加大卫生资源共享力度，保护好医务人员积极性。生态建设方面，要保护宁海生态资源，进一步加大对生态林管护补偿力度，对生态林要适时更新、改造。要推进城乡绿化美化，城区绿化要多种树、少种草，苗木品种、价格、规格等要科学经济安排，不宜选用太多名贵、养护不易的树种。城乡建设方面，要大力推进新城市中心区建设，高标准建好溪南美食广场，打造成临水亲民的消费场所。要改善城市设施，南门汽车站影响市容，应尽快改造搬迁。加快实施城区高压线落地、老城区下水管雨污分离工作。中心镇应配置各方面专业人员，增加相应编制。城镇征地拆迁要多考虑乡镇（街道）的实际困难，研究制定有效的对策措施。

听取并讨论县委书记、县长褚银良所作《政府工作报告》　2014年2月9日，县政协九届三次会议与会委员列席县十七届人大三次会议，听取县委书记、县长褚银良所作《政府工作报告》及其他报告，政协委员就大会有关报告分组开展充分讨论，在肯定相关报告的同时，就全县各方面工作提出意见建议：经济建设方面。农业，要重视推进农业产业发展。整合政府支农投入，形成合力，进一步提升支农资金使用成效。加快涉农产业发展，扭转一产增长幅度偏低问题，助推农民奔小康。进一步推进村企结对工作，扶持村庄发展。对相关企业要给予荣誉、信用、税费等方面的奖励政策，引导企业出资扶持新农村建设。改善农村人居环境，提升农村基础设施，加大对供排水、污水处理设施的投入，创造便利的生活服务条件，培养农民环保意识。工业，要为企业创造更好的发展平台。加大对引人留人的开放力度，引进高端人才、管理团队、大专院校人才，同时做好人尽其才工作。政府扶持企业相关优惠政策，要组合成便利开放的平台，方便企业查阅享受。搭建财务培训基地，培训企业核心财务人员，帮助企业创新管理。重视企业骨干、熟练工人的长期培养和稳定工作，多部门要联合解决本科、专科、骨干员工按政策享受相关住房优惠政策难的问题，可借鉴象山等地由基层商会牵头、按企业贡献落实分配住房数量的做法，也可试行企业建设、员工租赁住房。更加关注行业发展，给予行业协会政策支持和补贴，进一步推动行业协会发挥作用。第三产业，要扶持发展电子商务产业，成立推进电商发展领导小组，做好产业规划对接与扶持培训工作，为电商企业搭建平台，对于成效初显的企业给予积极扶持引导。加大电商人才的引进，在宁海职业学校开设“电商培训班”，培养后备人才。政治建设方面，要积极转变政府职能，进一步简化审批程序，打造效能建设升级版。进一步重视司法工作，建议建立司法矫正局推进社区矫正，加大普法工作力度，深入开展法律服务工作。要加强协商民主建设。进一步推动政协工作规范化、程序化，加强提案答复工作，推动在乡镇（街道）普遍建立政协工作委员会相关工作。积极建立政协委员联络站，将其结合到社区工作中。社会建设方面，加强对养老工作的领导，养老工程要作为县重点实事工程来推进，引导社会力量参与，减免养老机构相关税费，解决养老涉及的户籍等问题。重视社区工作者队伍建设，为社工成长发展创造机会。要推进城市管理工作，加强城区机动车管理，着力解决机动车违章驾驶无序停车问题，加大对公共交通的扶持力度，积极推广绿色出行。文化教育卫生建设方面，要加快文化体制改革。加大文化特色区创建，加快推进文化综合体建设。进一步做好方孝孺文章，加大挖掘弘扬力度，保护修复方孝孺遗存，推出一部书、一台戏、一部电视连续剧。要进一步加强教育工作，重视稳定骨干教师、一线教师队伍，让优秀教师留在教育岗位、留在宁海。要重视解决卫生事业发展短板，出台相关举措，以更加灵活的政策积极招聘、有效留住医务人才。生态建设方面，要建立推进生态建设的专门领导小组，加大环保资金投入，加强环境执法力度。重视节能环保材料推广使用，鼓励利用生物质燃料，推广使用生物质节能炉等节能环保新方式。垃圾焚烧发电站选址建设要慎重，减少对环境影响。对已移民下山的村落，退宅还耕后土地抛荒造成浪费，要有配套生态恢复举措。

听取并讨论代县长杨勇所作《政府工作报告》 2015年1月11日，县政协九届四次会议与会委员列席县十七届人大四次会议，听取代县长杨勇所作《政府工作报告》及其他报告。政协委员就大会有关报告分组开展充分讨论，在肯定相关报告的同时，就全县各方面工作提出意见建议：经济建设方面。要稳步推进农业产业发展。注重对海水养殖业的规划和引导，合理控制海水养殖面积。建立以“望海茶”品牌为中心的茶叶产业发展体系，积极搭建茶叶产销平台。改良县优质农渔牧产品品种，确保产品优势地位。大力支持观光农业和农业电子商务的发展，做好细致的产业规划。积极推动“农二代”回乡创业，发展农村经济。加强对农渔牧养殖业投入品、饲料的检查力度，严查使用违禁投入品的行为。要推动企业转型升级。加大对企业家的宣传引导，促使其转变发展思维，充分认识经济发展新常态。鼓励企业利用移动互联技术在管理手段、生产技术、经营模式上进行创新，提高企业综合竞争力。加大与大专院校、科研机构等的合作力度，协同解决企业转型升级中的各种技术难题。扎实推进“机器换人”工程，加大补贴、贷款、税收等方面的扶持力度。要注重文具、模具等传统优势产业的发展，通过引进技术、培养高技能人才、规范管理等方式，确保产业发展优势。要合理规划全县商业格局。要大力发展电子商务产业，出台针对电商的招商引资专项政策，以税收、财政补助等优惠政策吸引电商进驻宁海，并加大对电商的奖励力度，形成以商引商的良好氛围。政治建设方面。按照“推进审批事项100%进驻行政服务中心”的目标要求，加快未进驻审批事项的进驻进度。积极争取部分重点项目审批权限的下放，增加审批事项即办件的比例，进一步提高审批速度。要做好重大项目论证、规划和推进工作。重大项目的前期论证、规划要充分听取群众意见，项目实施方要与项目所在地乡镇（街道）做好对接工作。要推进协商民主建设。积极开展基层协商、人民团体协商，协商要做到“真认识”“真协商”、讲“真心话”。社会建设方面。要大力发展养老产业，积极探索公办养老机构服务外包模式，提高公办养老机构利用率和服务质量。鼓励社会资本进入养老产业，侧重开发中低端养老服务项目，积极探索农村居家养老新模式。建设好城市绿化带，合理选配绿化苗木，加大绿化带里种菜、圈养动物的整治力度。要加强城乡交通管理，科学合理设计交通信号灯或采用智能信号灯，缓解交通压力。倡导文明行车，强制规定公交车、出租车斑马线前必须礼让行人，加大对恶意鸣喇叭现象的处罚力度。旧城改造规划要进行多方论证，充分听取群众意见建议，改造风格要与城市整体风格相融，并保护好文物古迹。要重视民间债务纠纷，对已判决的民间债务纠纷案件，要加大执行力度。要严厉打击非法融资行为，加强有关法律的宣传，增强群众法律意识。文化教育卫生建设方面。要弘扬宁海传统文化，切实抓好方孝孺历史文化遗存的规划、整理、修复工作，打造地域历史名人品牌。加大对文化创作的扶持力度，激发本地文化发展活力，引导群众树立正确的文化消费观念。要重视学生身心健康，加强中小学生饮食安全和生命健康教育，从小培养健康意识和安全饮食习惯。要有效解决卫生事业发展难题，在加快全县医疗队伍建设上多出实招，引进更多优秀医务人才，吸引宁海籍医学院校优质毕业生回乡就业。放宽部分医疗岗位招聘条件，以满足实际需求为最终导向，解决医务人员紧缺难题。生态建设方面。要重视宁海生态资源保护，工程建设与保护要同步设计方案、同步施工、同步验收，避免项目开发中的“造地毁林”和污染现象。加强建筑废料“乱填、乱倒、乱烧”现象的整治力度，提高其综合利用率。严厉打击非法填海现象，加大强制复原的执行力度。继续做好“五水共治”和“三改一拆”工作。公开治水进度，引导民众参与和监督治水过程，注重后续维护的系统性，保障治水成效。

听取并讨论县长杨勇所作《政府工作报告》　2016 年 1 月 26 日，县政协九届五次会议与会委员列席县十七届人大五次会议，听取县长杨勇所作《政府工作报告》及其他报告。政协委员就大会有关报告分组开展充分讨论，在肯定相关报告的同时，就全县各方面工作提出意见建议：经济建设方面。要大力支持农村电子商务发展，加大对农村电商发展的政策扶持，以“互联网+农业”思维加快农村电子商务平台建设。加大农业金融支持，推动农业用地、农业设施产权登记，改革农信担保运营机制，提高涉农企业、农民个人融资额度。积极发挥农业保险支农惠农作用，促进农村经济健康稳定发展。要加快推动产业转型升级，结合全县产业基础条件，重点推动战略性新兴产业和特色优势产业发展。通过项目建设、技术改造、要素扶持等途径，引入央企、国内著名企业、跨国公司投资项目。做好引才育才工作，依托全县职业教育的快速发展和招才引智优惠政策，大力引进和培育高层次科技人才、高素质管理人才、高技能实用人才。加速推进休闲旅游业发展，充分挖掘县特色文化资源，开发建设特色主题农家乐，发展民宿经济，增强带动农民增收致富的能力。推进物流产业发展。设立物流应急转贷专项资金，解决中小物流企业融资难问题。政治建设方面。加快推进简政放权步伐，规范行政审批行为，提高审批效率，积极争取部分重点项目审批权限下放，进一步提升政府执行力。出台农村宅基地管理制度，加快下放审批权限，破解农村个人宅基地审批难问题。加强制度建设，对合同的签订进行事前、事中、事后的跟踪督查，严把项目申请、合同审核、合同签订、合同公开、合同履约等环节。社会建设方面。积极探索政府购买养老服务模式，提高公办养老机构服务质量，鼓励社会资本进入养老产业，积极探索农村居家养老新模式。加大城乡环境整治力度。积极探索乱停车、占道经营等现象的长效管理机制，落实常态监管，确保道路通畅。做好医疗小广告清理整治工作，明确主管责任单位。加强城中村环卫保洁工作，优化城区整体环境。加强城乡交通管理，科学合理设计交通信号灯，及时更新道路指示牌。倡导绿色出行，进一步优化公交线路，规范城乡公交运营。文化教育卫生建设方面。大力挖掘传统文化，加强对优秀传统文化的挖掘开发、普及推广和传承保护，大力发展传统文化产业，加大公共文化设施建设力度，进一步完善公共文化服务体系。深入推进教育均衡化发展，加大优质教育资源共享力度，推动城区优质教育资源向乡镇转移，加大农村教师培训力度，提高农村教师整体素质。推进分级诊疗制度建设，加快居民健康保障信息化工程建设，实现医疗机构之间信息共享，确保转诊信息畅通。大力提高基层医疗卫生服务能力，科学布局基层医疗卫生机构，合理划分服务区域，加快标准化建设。加强医疗卫生人才队伍建设，引进更多优秀医疗人才，吸引宁海籍医学院校优秀毕业生回乡就业，多渠道培养全科医生。深入开展垃圾分类活动，加大宣传力度，进一步普及垃圾分类知识，提高居民垃圾分类意识，发挥好社区垃圾管理员的作用。生态建设方面。加强生态资源保护，工程建设中要注重环境保护工作，严格环保执法。加强“五水共治”长效机制建设，强化河道整治后续管理，巩固治水成果。法治建设方面。加大法治宣传力度，探索法治宣传新方式，强化宣传频度与效能。以需求为导向进行精细化宣传，凸显法治宣传效能。加强青少年法治教育，让法治课程进课堂。加强司法机关建设，建立司法新兵基层锻炼和联村制度，切实提高司法人员纠纷调解能力和为民办事的责任心，加大司法公开力度，有效应对网络舆情，积极落实人大代表、政协委员监督联络机制，提高人民陪审员参审案件比例，提升司法活动透明度。

听取并讨论代县长林坚所作《政府工作报告》 2017 年 2 月 16 日，县政协十届一次会议与会委员列席县十八届人大一次会议，听取代县长林坚所作《政府工作报告》及其他报告。政协委员就大会有关报告分组开展充分讨论，在肯定相关报告的同时，就全县各方面工作提出意见建议：经济建设方面。要推进农业优势产业发展，完善农业产业发展机制，集中力量做大做强县农业主导优势产业，通过提高农业技术应用水平、提升农业产业化程度、加大农业保险支农力度等措施，促进全县农业转型升级。引导企业主动对接“中国制造 2025”，提升服务水平，贯彻落实现有的产业政策，帮助企业加快技术改造，助推全县制造业企业智能化改造进程。充分发挥“政银担”、“小微担”、科技金融项目等金融担保产品的作用，进一步满足制造业企业融资需求，缓解企业融资难题。充分发挥行业协会在行业管理和行业发展中的作用，进一步加强行业协会的有效运行，加强协会与政府、企业之间的沟通，力促行业协会在更多领域为全县经济发展发挥更大作用。以市场为导向，充分利用全县丰富的乡村旅游资源，形成具有当地品牌特色的乡村旅游，避免同质化开发。政治建设方面。提高行政服务效能。深化行政审批制度改革，严格规范行政审批行为。加强网络舆情引导队伍建设，加快反应速度。加强与主流媒体的沟通，发挥其舆论引领作用，最大限度地争取媒体的支持，适时发布权威信息，引导网络舆情的走向。依法处理恶意编造散布谣言的违法违规行为。社会建设方面。加大城乡环境整治力度，整治规范城区露天烧烤，逐步引导露天烧烤入室经营。倡导绿色出行，进一步优化公交线路，提升公交智能化程度，实时显示公交到站时间，方便群众出行。加强对拥堵路段、校园、医院周边的交通治理，缓解道路拥堵状况。加强部门协作，理顺养老和医疗机构条块管理机制，解决好目前养老由民政管、医疗由卫生计生部门管、医保由人社管的局面，打通医养结合“瓶颈”。文化教育卫生建设方面。加强对优秀传统文化的挖掘开发、普及推广和传承保护，增强优秀传统文化的创新力，扩大优秀传统文化的影响力。加大文化设施建设力度，完善公共文化服务，大力发展传统文化产业。推进教育公平发展和质量提升。更加注重公共教育资源配置公平，推动城区优质教育资源向乡镇转移，继续鼓励社会力量兴办教育。加强食品安全监管。加强食品市场的监管力度，经常性开展监督抽查，增加抽查的次数和覆盖面，对制假、售假不法行为，从严从重予以打击。提高食品安全检测技术和能力，加强硬件建设，配备先进的测试仪器，培养一批高素质的专业检测人员，切实提升检验质效。生态建设方面。继续深化“五水共治”工作，全面深化河长制，牢固树立水岸同治的观念，加强工业废水和农业面源污水管控。扎实推进水源地保护工作，加大巡查力度，严肃查处相关违法行为，确保饮用水水源安全。法治建设方面。加大法治宣传力度，加强青少年、公职人员等群体的法治教育，提高法治宣传教育的针对性。围绕群众关注的社会热点、难点问题，通过典型示范、热点引导、舆论监督等，进一步增强普法工作的影响力、吸引力。加强执行队伍建设，逐步增强执行力量，严格执行程序和执行纪律，建立健全以提高执行兑现率和实现执行公正为基础的执行绩效考核办法，促进法院执行工作健康发展。加大对有影响力的典型案件曝光力度，强化对暴力抗法行为的查处、打击力度。

第二章 专题协商

县八届政协以来，紧紧围绕县委、县政府中心工作，选择经济建设、城乡建设、民生工程及人民群众普遍关心的社会热点、难点问题，由政协领导带队组织委员深入基层、深入实际、深入群众，开展社会调查，了解和掌握真实情况，针对性地发现问题，召开专题协商会，探索解决问题的途径，并邀请党政有关领导到会通报有关情况，听取意见和建议。重要的政协协商活动，县委、县政府主要领导亲自参加，对政协委员和各界人士在协商中提出的意见建议进行认真处理，及时反馈。据统计，在八届政协、九届政协、十届政协任内，就经济发展、城市建设、廉政建设、社会保障等重大问题进行专题协商430余次。通过各种面对面的专题协商，既使委员知情，又能使县委、县政府领导直接听取委员意见，促进县委、县政府决策民主化、科学化，使各项政策的实施和重大问题的解决更符合广大人民群众的意愿。

进一步增强工业经济竞争力协商　2007年6月5日，县政协召开八届二次常委会议，对增强全县工业经济竞争力，提升工业化水平工作进行专题协商。县政协于2007年3月开始，组建“经济开发区建设和管理、提升企业自主创新能力、构建和谐劳动关系、企业文化建设”4个调研组，历时3个月，由各位正副主席带队，深入到有关县级部门、乡镇、街道和企业调研，并到先进地区学习取经，形成了4个相应的调研报告。在县政协八届二次常委会议上，开展参政议政发言，各位常委会成员针对全县工业经济中存在的困难和问题，畅所欲言，积极建言献策，提出意见建议。关于提升开发区建设和管理水平的建议：优化规划体系，拓展发展空间，要抓住国家对开发区进行清理整顿的机遇，进一步重视做好开发区新一轮规划与全县国民经济和社会发展规划、城市总体规划、土地利用规划和环境规划的衔接，全方位地做好扩容申报工作。要加强对闲置土地的管理和开发利用，对已批未建或已批少建而闲置的土地进行一次专项清理。要按产业相对集聚原则进行供地，使配套设施等公共资源能够共享。要妥善处理好土地征用苗木补偿和预征土地的后遗症问题。要进一步加强宁海经济开发区的领导力量，建立由县政府主要领导牵头，县有关部门主要负责人为成员的经济开发区协调机构，及时协调处理经济开发区建设和管理中的重大事项。同时，积极争取高配经济开发区主要负责人，提高经济开发区的日常协调能力。各中心镇工业区块要走在政府统一规划、统一指导下业主开发型和企业开发型的新路子，鼓励企业、村级集体、个人及社会各方资金合作参与功能区块的开发和经营。关于推进企业自主创新的建议：要通过科技论坛、举办培训班等形式，加强对企业经营者的教育引导，帮助其树立正确的创新观念和经营理念。要重点制定好自主创新中长期发展规划和年度推进计划，明确目标任务和保障措施。要搭建科技创新服务平台，把科技创新服务中心建设尽快提到重要议事日程上来，要在县经济开发区外商投资区或临港开发区，划出一块组建高新企业创业园，搭建标准厂房，出台优惠政策，吸引高新企业创业。要鼓励企业广泛开展与高校、科研机构的产学研合作，从以前单一的购买转化向建立股本共投、设施共建、利益共享、风险共担的联合体转变。引导企业实施人才培训计划，加强对职工的在职培训，支持专业技术人员接受继续教育，着重培养与全县产业发展关联度大的专业技术人才。政府要加强企业经营者队伍建设，为他们学习现代科学技术和管理技术创造条件、提供服务。要逐步完善企业法人治理结构，理顺企业留人的体制关系，为人才提供一个良好的创新环境。要设立县政府质量奖，对在标准、专利、质量认证、质量管理等方面做出显著成效的企业进行奖励，同时每年评选一次“十佳自主创新项目”，对做出突出贡献的技术研发单位和个人实行重奖。关于构建和谐劳动关系的建议：要加大力度依法规范用人单位和从业人员的劳动关系，使劳资双方明确各自的权利义务。要积极探索建立保障职工合法权益的长效机制，适时调整工资，让职工工资福利待遇随企业效益的增长而增长。要建立劳动关系双方有效的利益表达渠道，健全和完善由劳动行政部门、工会和企业组成的三方协调机制，多角度开展协商，多层次开展沟通协调，积极化解和疏导劳动关系中的突出矛盾。劳动保障部门要加大劳动保障监察力度，及时查处损害职工利益的行为，维护劳动者的合法权益。要充分发挥工会、劳动保障和工商联三方在处理劳动关系调解机制中的作用，从宏观上分析处理劳动关系中出现的矛盾和问题，要坚持落实“预防为先，基层为主，重在调解”的方针，大力构筑企业内部调解、区域性行政调解和仲裁调解相结合的调解体系。关于加强全县企业文化建设的建议：政府在企业文化建设中要起主导作用，切实加强企业文化建设工作的领导，把企业文化建设作为文化强县建设的重要内容。要按照中共宁海县委《关于建设文化强县打造人文宁海的决定》提出的要求，明确企业文化建设的管理机构，制定企业文化建设发展规划，出台相应的指导性意见，帮助指导企业积极探索推进企业文化建设的有效途径和方法。企业必须加强企业文化建设，政府要服务引导企业把确立正确的发展目标和经营理念作为企业文化建设的首要内容，使每个员工都有清晰的了解，并形成共同一致的方向和行为。要教育引导企业经营通过有形的载体和活动来宣传和强化企业文化内涵的理解，通过企业硬件设施建设，反映企业的文化追求。引导企业在整个发展过程中，必须考虑并履行自己的社会责任和义务，必须使企业的发展和社会的进步相统一。

白溪水库下游生活生产生态用水协商　2008 年 5 月，县政协对白溪水库下游生活生产生态用水进行了专题调研。针对白溪水库建成后，白溪下游群众生活生产生态用水出现的新情况和新问题，进行专题协商并提出建议：要合理配置水资源，确保白溪中下游用水供需平衡。要加大投入，尽快启动白溪中下游水利基础设施建设。要实现白溪下游供水平衡，提高下游的防洪抗灾能力，必须建设相应的水源工程、引水工程、供水工程、溪流河道防护工程和配套工程来予以保证。要加强水源工程建设。建议新建红旗、吴坑岙、大岩里坑、新安、茅洋水库等 5 座小型水库和妙山地下水库。要加快启动岔路水厂和管网建设。目前白溪中下游的岔路、前童都采用小水厂或自备井，多以地下水为水源，供水分散，管网老化，渗漏严重，供水量、水质、保证率等都达不到国家标准。建议从宁波白溪水库引水工程（二标段）狮子岩处开口引水，设计引水流量为 0.51 立方米/秒，这样引水线路较短，投资较省。要规划建设引水工程。西溪水库引水置换工程主要是为补充白溪水库向下游供水后的不足，引水规模为 12 万立方米/日，设计引水流量为 1.5 立方米/秒，西溪水库水放入黄坛水库，再由黄坛水库引水入白溪水库向宁波供水主干线。要加强溪流河道防护及配套工程建设。要优化农业产业结构，拓展农民增收渠道。按照当地的水土条件、农民习惯和生产要求，农业产业结构不宜做大的调整。要发展休闲观光农业，依托浙东大峡谷和前童古镇旅游资源优势，建设一批集农业观光、餐饮娱乐、休闲度假于一体的“农家乐”特色项目，让农民在农业多种功能拓展中获得更多收益。要做大传统农副产品，依托“前童三宝”“古镇香干”等品牌优势，组建豆制品加工中心，扶持发展一批豆制品加工企业。要充分利用前童镇近3000亩优质大豆基地的示范效应，带动周边乡镇发展大豆生产。各级政府及其部门要对白溪中下游农业“双增”项目予以大力支持，在基地建设、设施投入等方面给予列项补助。同时，要对土地规范流转的农户和生产合作组织加大扶持力度，推进规模经营，促进效益农业发展。要建立生态补偿长效机制，加大政策支持力度。要根据“谁受益谁出钱”的原则，建立长效机制，确保白溪流域的可持续发展。要建立生态补偿机制。白溪水库库区共有3.1万余亩山林，以前老百姓“靠山吃山”，生活虽不富裕，但能自给自足。2007年库区农民人均收入为4278元，远远低于全县9097元的农民人均收入水平，每年22元/亩的库区生态公益林补助明显偏低。建议参照职工最低生活保障标准，给予库区山民生活补助，只有这样，才能杜绝库区林地的盗伐现象。要建立资源补偿机制，受白溪水库建成供水影响，岔路镇部分村庄要重新选址挖深水井；前童镇正着手进行白溪沿岸村庄改水工程建设，对于上述白溪供水区必须进行改水或挖井而产生的负担，公共财政应予以补助。要积极引导农民增收，要出台相关扶持政策，积极引导库区农民从事无污染的“三产”服务业，以此来增加农民收入。要提高下山移民补助标准，完善各种配套措施，鼓励和引导农民下山移民和创业。

促进县中小企业发展协商　2009年6月3日，县八届政协召开第十次常委会议，对促进县中小企业发展工作进行专题协商。在充分肯定全县中小企业发展工作所取得的成绩的同时，针对存在的问题，提出对策建议：着力缓解企业融资难题。完善和优化金融机制。多渠道解决转贷问题。建立适应中小企业特点的信贷机构。培育诚信企业。引导企业加强与银行的沟通联系，使银行对企业的生产经营与发展前景有足够的信心，为企业融资创造良好的条件。积极推进企业转型升级。理念先行，典型引路。引进创新人才，加强企业管理。充分发挥政府在转型升级中的作用。深入分析行业现状，围绕扩大市场占有、提升关键技术和培育竞争优势等目标，制定全县特色行业的转型升级规划，引导企业更加注重节能减排、自主创新和经济效益。充分发挥行业协会作用。加强政府管理部门与行业协会的沟通协调，形成日常工作交流制度和互动机制，在出台有关工作政策措施前，主动听取和征求行业协会意见。发挥行业协会在国际贸易争端中的维权作用和行业协会的组织协调和自律作用。努力营造良好发展环境。加强宣传指导。切实解决历史遗留问题。建立帮扶企业服务平台。县有关职能部门和县纪委要联合开通“51871871”服务热线，完善协调机制，切实解决部门服务中的“中梗阻”问题。

推进县农房“两改”工作协商　2010年4月20日，县八届政协召开第十五次常委会议，对推进全县农房“两改”工作进行了专题协商，提出对策建议：科学规划，分步实施。科学规划，充分发挥村民自治机制作用，通过村规民约等有效形式确保规划落到实处，真正做到“规划一张图，建设一盘棋”。因地制宜，要充分考虑生态环境、历史文化、农民生活习惯和实际需要，积极探索不同类型的改建模式。对规划保留村要结合基础设施、公共服务设施的建设和人居环境的改善，保留原结构较好和布局合理的房屋，拆除违章建筑或零星旧房，适度推进住房改造建设。分步推进。县农房“两改”工作需坚持“量力而行、群众自愿、工整规范”的原则，可分启动试点阶段、整体推进阶段和完善提高阶段进行。完善政策，把握导向。完善系列政策措施，根据实际情况，细分责任，制定出台进一步推进的政策意见及配套措施。突破现行政策束缚，探索出台跨村土地等量调换、跨村土地征用和跨村集体土地转让的意见，解决异地安置问题。加大公寓建设扶持力度。对农村公寓建设项目和选择公寓安置的农民给予更加优惠的政策待遇，以吸引更多农户选择公寓住房，严格控制和减少落地屋建设。创新机制，破解难题。解决“地由哪里出”。在土地利用总体规划和村庄布点规划中，统筹安排好农村住房集中改建小区、基础设施、公益事业和二、三产业发展用地，合理调整城镇、中心村周边的基本农田，预留用地空间。解决“钱从何处筹”。鼓励开展村企、村会结对帮扶等活动，引导社会力量参与扶持农房改造建设。解决“房让谁来建”。倡导通过乡镇（街道）与村共建、村与村联建等途径，集中成片推进农房“两改”。加强领导，强化服务。强化组织领导。加强服务保障。加大宣传力度。帮助农民改变住宅问题上的思维定式和传统观念，激发农民群众建设美好家园的积极性和主动性。

优化城区教育布局和推进物业管理协商　2011年9月28日，县政协召开八届二十三次常委会议，对优化城区教育布局和推进物业管理工作进行专题协商，针对存在的问题和现状，提出对策建议。优化全县城区学校布局的对策建议：进一步树立教育优先发展理念，加大教育投入。建立和完善教育保障机制。落实教育用地划拨、转让有关优惠政策，为教育发展和优化学校布局创造良好的条件。进一步重视城区学校规划布局，合理配置资源。根据宁海城市化进程，科学预测学龄人口数量及其增减的发展趋势，结合小班化教育（学）建设要求、学校服务半径、城市交通、环境等因素，立足可持续发展，应加快出台宁海县城区中小学布局和学前教育布局专项规划。进一步推进学校标准化建设，改善教育设施。对于规划中明确规定继续保留的学校，要按照国家规定的中小学办学标准，集中财力予以改造，确保建设一所、达标一所。进一步合理配置教育教学资源，促进均衡发展。要根据城区教育资源配置现状，教育行政管理部门尽快采取措施，对城区现有教育教学资源进行科学配置和整合提升，特别是加快薄弱学校的改造，对各校的师资力量进行整合调配，加强教师队伍建设，整体提升城区义务教育学校办学水平和教育质量。推进物业管理的建议：加强物管领导力量，依法推进物业管理。建立由物业主管部门、街道办事处及相关部门、单位参加的物业管理联席会议制度，健全以街道为主的“县、街道、社区”分级物业管理体系，协调处理辖区内物业管理的重大问题。加大政策扶持力度，努力破解管理困局。根据不同管理模式制定相应考核办法，对小区物业管理实行补助，将政府补助经费与管理业绩相结合，激励管理单位规范服务行为，提高服务质量。完善“建”“管”衔接机制，创造物业管理有利条件。严把城市规划控制关，规划部门要坚持“成片及规模开发”的原则，切实加强对房地产开发的规划管理，保证物业管理综合配套设施同步规划、同步设计、同步建设，真正从源头上为物业管理创造良好条件。严把建筑工程质量关，建设部门要加大对房屋质量的监督管理，利用现代信息技术手段健全工程质量监管体系，提高工程建设质量，对未经综合验收或验收不合格，物业管理设施不完善的项目，一律不得交付使用。严把物业维修专项资金的管理和使用关。继续推进老小区改造，提高物业管理覆盖面。继续推进老小区整治改造工作，把区域改造与专项整治相结合，有计划、有步骤地推进老小区封闭式管理改造工作，完善老小区公共配套设施，解决相关突出问题。对老小区改造后具备物业管理基础条件的，积极推行物业管理；对暂不具备条件的，由街道和社区建立物业服务组织，落实基础性工作。创新物业管理方式，发挥业主自治作用。街道要转变职能，在推进城市化建设中，要像乡镇抓村级组织建设那样抓好业主委员会建设，像抓农村建设那样抓好小区建设。逐步建立业主委员会的激励和问责机制，提高业主委员会成员的工作积极性和责任心。

加强县公共文化服务体系建设协商　2012 年 7 月 20 日，县政协召开九届二次常委会议，与会常委围绕全县公共文化服务体系建设进行专题协商。针对问题和现状，提出对策建议：强化政府主导作用，健全保障机制。要不断强化政府在公共文化服务体系建设中的主导地位和作用，将公共文化服务体系建设纳入县委县政府的重要议事日程，强化目标管理考核机制，确保文化建设各项工作的落实。强化文化建设规划，完善文化设施。要抓好文化设施的规划和建设，把公共文化服务体系建设纳入经济社会发展的总体规划，完善“十二五”文化发展规划，进一步落实公共文化服务体系的设施布局与项目建设，突出规划的指导性、科学性、可操作性、约束性，高起点规划建设一批设施先进、体现特色的标志性文化设施。加大改革创新力度，提高服务效能。稳步推进公益性文化事业单位改革，形成责任明确、行为规范、富有效率、服务优良的管理体制和运行机制。要创新设施监管方式，提高使用效益，制定落实吸引社会力量参与公共文化事业建设和文化产业发展的有关政策，采取政府扶持、鼓励无偿捐赠、项目补贴、贷款贴息、税收减免、以奖代补等政策措施，充分调动民营文化组织、民间社团和农民自办文化等为群众服务的积极性，使之成为政府公共文化服务的补充。加强文化队伍建设，增强人才保障。要配齐并稳定基层文化队伍，落实编制，吸引优秀文化人才投身公共文化事业，提高基层文化工作者待遇，及时配齐相关部门的文化工作人员，加大专业文化人才的培养力度。加大对有突出贡献人才奖励力度，调动多出精品、做好服务的积极性和主动性。大力培育群众性业余队伍，壮大民间特色文化队伍，加快培养一批德才兼备的文化艺术尖子、文化经营管理人才。

建设信用宁海、推进金融业发展协商 2013 年 6 月 19 日，县政协召开九届六次常委会议，与会常委围绕建设信用宁海，推进金融业发展进行专题协商。在肯定成绩的同时，针对存在的问题，提出对策建议：发挥政府主导作用，优化金融信用环境。要将建设“信用宁海”摆上更加重要位置，开展“信用环境建设年”工程，加强组织保障并建立考核机制，确保“信用宁海”建设取得成效。建立常态化的金融风险监测预警机制，参与金融风险处置时，坚持“问题”企业主不得受益原则，防止其他企业效仿。建立中小企业风险补偿的长效机制，在不增加财政负担的前提下，落实风险补偿有效举措，加快不良资产的核销速度。创新金融服务手段，提升金融市场服务能力。培育引进差异化金融机构，做大地方法人金融机构和各股份制银行，让中小银行按一定比例分享政策性存款。引进服务转型升级的“科技银行”、信托投资公司、融资租赁公司等机构。要高起点规划、高标准招商、高水平配套服务建设金融产业园，形成产业集聚，打造金融服务业培训实践平台。大力发展直接融资业务，积极推进创新性融资业务，加快保险市场的培育和发展，出台引进融资的奖励措施，支持担保机构做大做强。健全工作机制，深入推进金融消费权益保护工作。建立人民银行、各管理部门、金融机构“三方联动”的金融消费权益保护工作格局，认真做好金融消费权益保护工作，完善全过程制度体系，建立有效的工作平台，形成多元的纠纷解决机制，完善多方参与金融消费者教育机制。

加快三门湾宁海重点区域开发协商 2014 年 11 月 10 日，县政协召开九届十三次常委会议，与会常委围绕加快三门湾宁海重点区域开发进行专题协商。大家认为，三门湾区域已成为浙江省经济发展的新增长极，也是宁海、象山、三门三县发展的主平台、主阵地，为了加快三门湾宁海重点区域开发建设速度，在区域竞争中取得有利地位，提出建议：明确三门湾宁海重点区域的战略定位，即人与自然和谐发展示范区，现代宜居宜业滨海新城，三门湾区域中的核心区，推动宁海进入全国县域经济综合实力五十强的引擎，平衡宁波全市南北经济发展水平的主平台，托起浙江中部沿海地区经济洼地的支点。准确定位空间功能布局与发展次序。合理空间功能布局，理顺开发次序。加快培育主导产业。在重点构建“3+3”产业体系的基础上，将泵阀产业作为发展的重点之一来培育扶持。完善基础设施和公益配套。完善基础设施。完善公益设施。完善服务设施。保障发展要素。根据产业集聚情况，建设以社会资本为主、政府资金扶持的相关公共服务平台。创新招商手段。在招商政策上营造优势。在招商模式上创新突破。在招商领域上深化拓展。在区域合作上实现共赢。创新体制机制。近期，建议撤销力洋镇与茶院乡，组建力洋街道，与开发区合署办公。中期，在力洋街道开发较为成熟时，建议撤销胡陈乡，建立胡陈港街道，行政范围包括当前的胡陈乡与整个胡陈港两岸，委托开发区管委会管理。远期，设立镇级市，管辖力洋街道、胡陈街道与长街街道。

基层协商民主建设协商 2015 年 10 月 29 日，县政协召开九届十七次常委会议，与会人员就基层协商民主建设工作进行专题协商。提出建议：抓好总体设计，重抓制度引领。

制定协商民主建设配套制度规程。即在宁海县《关于推进基层协商民主建设的指导意见》（以下简称《指导意见》）的基础上，出台关于乡镇（街道）、社区、村等开展民主议事协商的基本规程和实施意见的具体操作规程。对协商民主的发展定位、目标任务、制度机制进行总体设计，对协商民主的内容、形式、渠道、主体、程序等分类分层着重进行细化、具体化。贯彻落实《指导意见》精神。建议2016年要在全县强力推进基层协商民主建设工作。整合资源，强化基层协商民主建设领导小组办公室人员配置，落实联席会议制度。同时，各机关单位和乡镇党委政府要按照县委的部署，制定上报年度协商民主计划，专题部署协商民主工作，把协商民主作为科学决策的一项必经程序，列入议事规则，切实建立协商民主机制。实施“一督二考”制度督办。将协商民主“三化”建设纳入2016年县委重点工作专项督查，纳入基层班子重点工作考核和干部考察考核内容，实施基层党政组织和协商参与主体共同跟踪的督办机制，建立健全协商成果反馈制度，促进协商民主重要成果的真正转化落实。明确协商清单，丰富协商层次。基层党内民主协商。乡镇（街道）党（工）委党内重大事项民主协商议事除常规性内容外，还要把拟出台的重要规范性文件、涉及全体党员和社会公众利益的重要事项、事关基层党的建设的重大问题列入协商内容。乡镇人大政府决策协商。将乡镇（街道）必须民主协商的内容细化为区域总体规划、重点专项规划、群众利益问题、财政预算、重点政府项目、重要民生实事、资产资源处置、上级重大决策落实、代表委员联名提出和辖区社团组织提出事项等10个方面内容。城乡社区议事协商。城乡社区和行政村的协商内容除规划、自治章程、年度预决算、公共事务外，还必须把重点项目建设、大额专项资金安排、集体资产资源处置、住宅小区（村庄）拆迁整治改造、物业管理、社会救助、保障房分配等内容纳入到协商议事范畴。拓展协商平台，提升协商实效。成立街道议事会。实行委员会工作制，作为辅助决策和民主监督的重要机构，成员为参议委员，人数额定在60人左右，为体现广泛性其中中共党员和街道（村、社区）干部比例不超过40%，弥补街道无人代会的制度缺陷。成立乡镇基层民主协商议事会。通过建立乡镇基层民主协商议事会平台，召集专家学者及社会各界人士召开决策听证会、民主恳谈会等会议专题协商，促进基层干部群众广泛互动、对话协商、达成共识。成立村（居）议事小组。充分发挥本村籍在外成功人士和社会各界精英的智力和资金优势，共建美丽村（居）。强化宣传引导，营造协商民主浓厚氛围。把协商民主理论列入党校的教学计划，加大对领导干部开展协商民主理论知识培训的力度，进一步培养和强化领导干部的协商意识和协商能力。加强协商队伍建设，组织协商相关人员开展业务培训，尤其要加强协商活动召集人的能力建设，提升协商活动的组织和实施水平。加大协商意识的培育力度，全面普及协商民主知识，进一步提高公众对协商民主的认知度。充分运用政务网站、论坛、微博等各种舆论平台为公众发表意见、协商参与提供展示窗口和信息支持，提高公众参与协商民主活动的积极性和主动性，为全县协商发展营造良好的社会氛围。充分发挥人民政协作为协商民主重要渠道作用。发挥镇（街道）政协工作委员会和政协委员的作用，积极组织委员参与乡镇（街道）及行政村、社区组织的协商活动，推动社会组织有序开展协商，更好为社会服务。各基层组织要发挥政协各界别智力密集，专长广泛，同社会各个领域、各条战线和重要产业联系直接的优势，强化政协界别协商功能，将政协界别联系群众作为推进协商民主工作的重要抓手，形成界别意见，作为决策的重要参考依据。政协各专门委员会要加强与党政部门的协调配合，支持基层开展协商活动，使人民政协作为协商民主重要渠道作用得以落到实处。

实体经济发展中的人才短板协商　2016 年 6 月 29 日，县政协召开九届二十次常委会议，对实体经济发展中的人才短板问题进行专题协商。县政协于 3 月开始，组建“推进企业经营队伍建设、技工队伍建设和制造业创新队伍建设”3 个调研组，深入到县级有关部门、乡镇和企业调研，形成了 3 个调研报告，在县政协九届二十次常委会议上进行专题协商，开展参政议政发言，提出意见建议。针对全县企业经营队伍存在的“短板”问题，提出对策建议：优化服务，提振企业经营者的信心。政府应全力优化服务，帮助企业经营者树立信心。当前，全县的“工业服务月”活动虽还在开展，但与前几年大张旗鼓地派出工作组进驻企业相比，力度还不够大，亟待进一步改善。政府应定期召开问题消解会，切实为企业解决融资、用地、用工等难题。此外，应充分发挥县商会企业服务中心、宁海县企业服务中心等民营机构的潜力，加大对“购买服务”的投入。强化执法，营造公平的竞争环境。政府要维护公平的法治环境，对企业恶意逃债现象，要加大打击力度，对逃债企业加强审计和监督，尽最大可能堵上漏洞。对同业仿制侵权现象，也要加强执法，从源头上遏制恶性竞争。此外政府要扶持行业协会和民间社团，发挥他们的作用去规范同业之间竞争。加强教育，激发企业家精神。政府要加强对企业经营者的教育，从宏观上把握培育和滋养企业家精神的发展方向，并将其纳入整个社会精神文明建设规划中。实施企业经营者素质提升工程，鼓励更多的企业主到高校去参加培训，提升经营者素质，充分激发企业家身上勇于创新、敢于担当、专注实业的精神。抓好宣传，营造良好的企业家成长氛围。宣传和舆论部门要加强对优秀企业家的宣传报道，不断树立先进典型，重视报告会、文艺演出、街头事迹展示等群众喜闻乐见的形式的宣传，用榜样和先进的力量滋养企业家精神，营造鼓励创新、允许试错、宽容失败的社会氛围。通过舆论厘清政策导向，给民营企业家吃上一颗“定心丸”，促进全社会树立“尊重企业家就是尊重先进生产力”的观念。

开发区整合提升协商　2017 年 6 月 29 日，县政协召开十届二次常委会议，与会常委围绕开发区整合提升问题进行专题协商。针对宁海开发区发展格局、管理体制、运行机制等存在的问题，提出对策建议：坚持拉高标杆，提升开发区战略规划布局。科学把握发展定位，以宁波南部滨海新区为核心，借产业发展之基础、海洋经济之优势和宁波“中国制造 2025”试点城市之契机，做大做强汽车及零部件、模具等特色优势产业，加速培育生物医药、新能源、新材料等战略性新兴产业，联动发展现代物流等生产性服务业，着力打造智能制造全国区域性高地和长三角城市群中有影响力的产业新城，打造发展湾区经济、对接宁波港口经济圈和宁波都市圈的战略大平台，创建省级产业集聚区，使之成为全县经济的重要增长极；以宁海中心城区为核心，推动工业园区向高新园区转型，加快文具、模具、汽车及零部件等特色优势产业转型提升，完善创新创业服务体系，大力发展科技与信息服务、工业设计与创意、现代商务等生产性服务业，打造宁海县产业转型升级的示范区、产城融合发展引领区，使之成为支撑全县工业经济发展的创新中心、服务中心和总部中心。着力优化空间布局。适当调整全县开发区（产业园区）空间布局框架，进一步优化开放载体，加强资源集约利用，全面提升开发区（产业园区）发展水平。整合提升各类产业园。整合提升各类双创孵化基地。优化三门湾区域职业教育产业布局。合理布局中小企业产业园。推进中外合作产业园建设。有机更新旧工业区。科技园区科技、新兴区块面临大量的旧工业区有机更新任务，建议在《关于调整用地结构促进土地节约集约利用的意见（试行）》（宁政发〔2013〕12号）和《关于加快“腾笼换鸟”促进经济转型升级的实施意见》（宁政发〔2013〕12号）等文件的基础上，进一步优化细化政策，并参照广州、深圳等地城市更新的成功经验，成立专门机构负责上述区块的更新改造，对区域定位、空间布局进行调整，通过腾笼换鸟、空间换地等手段，促进该地块由二产为主向二、三产并重转型。坚持统筹推进，确保开发区机构改革到位。针对全县两个开发园区仅一块省级经济开发区牌子的问题，根据调研情况，结合全县实际，提出两个改革方案。针对宁波南部滨海新区机构级别问题，建议积极争取宁波市政府派出机构的机构设置和人员配备，确保新区管委会能实质性运行。坚持改革创新，推进开发区管理体制理顺。就省级层面来说，建议积极呼吁省里出台扶持湾区经济发展的相关政策，建议升级统筹协调平台，进一步完善三门湾区域统筹协调机制，促进政策措施尽快落地，全面统筹协调两市三县的有关重大事项，打好宁波南部滨海新区建设发展的基础。建议强化县重点开发区域工作领导小组对开发区建设发展的统一领导和统筹协调，增强县级层面综合统筹协调力度。建立定期不定期的例会制度，搞好顶层设计，总体调研制定开发区发展战略规划和政策措施，合理布局重大项目，协调解决开发区发展中有关重大问题，实现资源共享和资源利用最大化。建议明确开发区和乡镇（街道）职责，负责征地拆迁、控违拆违、城市管理、社会治安综合治理、民生保障及教育、卫生等社会事务；企业所属乡镇（街道）负责企业的安全生产和相应社会事务管理等职责。完善利益分成机制和考核指标体系。适时撤销茶院乡、力洋镇，合并建立新镇或者街道，进一步提高工作效率和宏观调控能力，合并后多出来的编制充实到开发区。建议按照“授全权、负全责”的原则和“办事不出开发区”的要求，加大简政放权力度，授予开发区管委会县级经济事务管理权限，提高开发区行政管理效能。坚持开放合作，探索开发区市场运行模式。探索开发区（产业园区）市场化管理摸索。设立异地科创平台。探索人事制度的企业化运作，加大产业招商力度。

第三章　对口协商

县政协各专门委员会与县级有关部门进行对口协商是政协实施政治协商的重要形式之一。这种对口联系与协商现已逐步形成制度。2007 年 2 月 7 日，县政协召开八届一次主席会议，商定政协领导分工，决定建立政协领导联系界别委员和政协工委制度，以便于参加专门委员会与县委、县政府有关部门对口联系。县委办、县政府办曾发文要求县委县政府有关部门在制订重要规划、方案、措施时，事先尽可能与对口联系的县政协专门委员会通气、征询意见或共同进行研讨。此后，县政协专门委员会与县级有关部门的对口协商不断加强，县八届政协以来进行了 350 余次的对口协商。有关部门高度重视政协专门委员会的协商意见，专委会的委员也积极坦诚地向对口部门提出意见与建议，对部门工作起到了很好的促进作用。

推进文化强县建设对口协商　2007 年 2 月，县政协教文卫体和文史资料委员会组织委员深入调研，就推进文化强县建设邀请教育局、文广局、卫生局等单位负责人座谈，进行对口协商。针对存在问题和困难，提出：发挥历史名人的积淀优势，加强文化阵地建设。整理和完善名人故居。搭建展示历史名人的平台。组建宁海历史名人研究会，做好名人资源的挖掘、整理、研究和交流工作，不断丰富和发展名人文化。加强对文化名人冠名的潘天寿中学、潘天寿小学、柔石中学等单位的文化建设，推动基层文化事业，使这些场所真正成为提高广大民众素质的基地。发挥历史名人的标识优势，提升人的文化素质。通过宣传媒介的引导和灌输，在舆论上形成一种"识名人、爱名人、学名人"的风气。通过陈列、研究、保藏名人遗留的场所和机构的建设，来展现先贤留下来的物质文明和精神文明，架起联结古今的桥梁，把这些场所建成社会文化艺术教育的课堂。通过学术研究会、参观学习、论坛等形式，来引导民众"识名人、爱名人、学名人"，传承历史文明，弘扬宁海精神，提升文化素养。发挥历史名人的推介优势，创新文化建设载体。编撰名人文献。举办文化活动。加强文化交流。要进一步完善徐霞客古道的人文景观和自然景观，丰富徐霞客古道文化内涵，修建古道沿线的各类景点，真正把古道建设成为融"行、看、品"于一体的文化道、旅游道、小吃道。历史名人资源是先贤留下的宝贵财富，要按照"保护为主，抢救第一，合理利用，加强管理"的原则，认真实施以历史名人为纽带的名人、名节、名居、名作、名活动战略，全面推进全县的文化建设。秉承先贤遗风、传承历史文化，这是今天宁海人责无旁贷的责任。

工业创新转型发展对口协商　2008 年 8 月，县政协经济科技和城建资源环境委员会先后召开经济界别和工商联界别所在企业的对口协商座谈会。帮助委员企业排忧解难，共谋发展对策。座谈协商会上，县经济发展局负责人向企业家委员详细解读县委、县政府最近出台的“四十条工业经济发展政策”。与会的企业家委员表示，将紧紧围绕县委、县政府大力实施的工业创业创新翻番工程的战略部署，迎难而上，主动应对，苦练内功，提高自身管理水平，加快自主创新，推动企业不断发展壮大，促进全县经济持续健康快速发展。在听取企业家委员关于目前企业发展面临的困难和存在问题的汇报之后，县政协领导鼓励各委员企业要振奋精神，树立信心，正视困难，迎难而上；要认清形势，用足用好政策，抢抓机遇，加快转型升级；要积极寻求在信息、技术、资金等方面的合作共享，同谋发展。

加强国有资产经营管理工作对口协商 2009 年 6 月，县政协提案委员会在加强国有资产管理工作的调研中，深入实际，与各有关单位进行座谈，召开专题对口协商，提出意见建议：解放思想，深化改革。进一步规范政府的投资行为，实行统一管理，突出体现国有资产保值增值的价值取向，发挥政府资金的引导带动作用，形成多元化的投资格局。要整合国有资产，分行业完善做强交通建设投资公司、城市建设投资公司、开发区建设投资公司、农林牧渔投资公司、旅游投资公司、水利水务投资公司等公司，将国有资产集中到优势企业，充分发挥优势企业的作用。完善体制，加强监管。要深化国有资产运营体制改革，进一步健全“县国资委—国资运营主体—国有企业”的三级国有资产运营体制，明确三个层次间的法律关系，界定各自的权利、义务和责任，使得各自在运作中不越位、不错位、不缺位。健全机制，规范运作。要建立科学、规范的决策、执行、监督机制，加强对国有资产的规范管理。要建立企业国有资产经营业绩考核评价体系，确定经营目标，签订经营责任状，实行资产经营责任制。要健全责任追究制度和重大事项监管制度，为企业依法经营夯实制度基础，坚决遏制违规操作和违法违纪事件的发生，从源头上预防腐败。要严格执行《宁海县政府性债务管理实施暂行办法》，进一步加强和完善制度建设，从举债的用途、数量、效益等方面加强对政府部门及国有企业的监督管理，并作为国有企业考核的重要内容，促进全县国有经济健康协调发展。

加强社区矫正工作对口协商 2010 年 9 月，县政协社会法制和港澳台侨委员会在加强社区矫正工作调研中，深入各有关单位进行座谈，开展对口协商，提出意见建议：强化队伍建设，完善基础设施。要加强司法队伍建设，配齐配强司法所工作人员，并逐步落实相关待遇。各乡镇（街道）要按社区服刑人员的比例配备社工，建立一支有力的社区矫正志愿者（协管员）队伍。要把司法所建设纳入全县的经济社会发展“十二五”规划。逐年分步投入司法所办公用房建设资金，建设拥有独立产权的规范化司法所。整合管理资源，健全工作机制。要树立“小社区、大社会”的矫正理念。县社区矫正委要统一协调县级有关部门、社会团体、学校、社会服务保障组织，采取积极有效的矫正措施，帮助社区矫正对象解决生活困难等问题，保证社区矫正对象得到彻底改造。创新管理模式，提高矫正质量。要针对社区矫正对象的不同类型，采取相应的矫正方法。采取多项措施，解决社区矫正对象“人户分离”脱管漏管难题。建立县、乡镇（街道）社区矫正工作内部网络，实现公安局、检察院、法院、司法局四家单位的联网，充分发挥信息化建设的作用，同时，发挥监护人、社区志愿者的作用，杜绝社区矫正对象脱管、漏管现象。落实保障措施，有效使用经费。加大投入，确保社区矫正资金到位。鼓励和倡导社会各界关心和支持社区矫正事业，积极参与、投入资金，解决社区矫正工作经费不足问题。要营造舆论环境，激发共同参与。要进一步加大宣传力度，充分利用报刊、广播、电视、网络等各种宣传媒体，全面、准确、及时宣传社区矫正工作的意义和职能，为社区矫正工作全面实施创造良好的舆论环境。

加强小流域治理工作对口协商 2011年6月，县政协经济科技和城建资源环境委员会在加强小流域治理工作调研中，开展与有关单位的座谈了解，进行对口协商，针对问题和现状提出对策建议：加强力量，健全制度。要设置专门机构，确定专职领导。借鉴海塘建设指挥部与下洋涂围垦建设指挥部模式，在成立五大溪流治理指挥部基础上，设立专门办公室，确定专职副县级领导担任常务副总指挥，统筹负责日常工作，协调组织好部门、乡镇（街道）合力推进治理工作。通盘规划，少留遗憾。建议流域治理规划由专职县级领导牵头，以规划局为主，各部门、乡镇（街道）共同会审，形成全流域功能分布规划图，再与水利局流域治理工程建设实施规划相对接，形成五大溪流治理一张图，严格按照规划组织落实。要着重打好防洪基础，扎实提高防洪功能，确保群众生命财产安全，在此基础上，留足功能规划与林带绿化空间，做好产业规划调整，满足城镇化发展需要。制定政策，突破难点。要广泛宣讲法律法规，大张旗鼓宣传溪流治理的安全性、生态性、公益性、迫切性，增强依法治水、透明征地、治水保民观念，凝聚群众的共识与意愿，营造支持推动治理、放眼长远利益的浓厚氛围。上下联动，多方投入。五大溪流规划投资仅仅确保主体工程建设与政策处理费用，林带化建设等相关配套资金尚未有效落实，要加大资金筹措力度，确保沿溪林带土地征用与建设等配套资金足额落实。要开拓引资渠道，创新投融资方式，积极争取上级支持，争取中央、省、市政策资金扶持，同时县、乡（镇）、村要共同努力抓落实。

海洋生态环境保护工作对口协商 2012年2月，县政协农林界委员走访了解相关职能单位，并召开有县海洋与渔业局等单位参加的座谈会，对海洋生态环境保护工作进行座谈讨论，开展对口协商，在充分肯定县海洋生态环保工作所取得成绩的同时，提出建议：加强管理，控制海洋源头污染。科学确定象山港、三门湾等主要港湾的主要污染物容量，探索局部海域入海污染物总量控制制度，稳定重点海湾生态功能。生态养殖，实施“蓝色碳汇”行动。要加大宣传，提高渔民环保意识。渔业部门要组织形式多样的渔民技能培训，提高渔民生产技术，倡导无公害生产，禁止清塘污水和污泥向海洋直排，采用沉淀池净化和淤泥堆放曝晒处置，必要时可划定一定范围的禁养区，促进海洋自然生态系统修复，提高海洋资源可持续利用能力。合理规划，科学适度围垦滩涂。要建立海洋生态环境评估制度，围垦前对确定的围垦规模、工程工艺等进行充分的科学论证，建立滩涂围垦红线制度。在滩涂围垦中要采取科学的围垦方式，尽最大努力做到不灭失海岛、不减少岸线、不破坏港湾，严格保护生态环境和生物多样性。完善机制，强化海洋环境监督。要加强海洋、环保、交通、海事、气象等涉海部门的协作，有序推进部门间共享涉海监测、观测数据，完善海上突发环境事故的应急预案和应急处置机制，有序做好事故处置清理、监测评估、生态修复等工作。要制订海洋生态环境保护投入机制，本着“谁污染、谁治理，谁使用、谁付费”的原则，从沿海排污入海企业的排污费、海域使用金和围海滩涂的土地出让金中划出一定比例建立海洋生态修复专用资金。

县级公立医院改革工作对口协商 2013年1月，县医卫界政协委员通过调研走访，召开有县卫生局、县发改局等单位领导参加的座谈会，对推进县级公立医院改革工作进行对口协商，提出：加大宣传力度，普及公立医院改革政策。各级政府部门要加大对县级公立医院改革目的和意义的宣传，要采取各种宣传渠道，利用各种宣传媒体和宣传阵地，将公立医院改革有关精神宣传到基层群众中去，让人民群众充分理解破除“以药养医”机制，促进科学就医、合理用药的重要性和长远意义，使公立医院改革工作能够得到广大人民群众和社会各界的大力支持。加大财政投入，体现公立医院公益性。合理安排政府对公立医院的投入，保障公立医院经济正常运行。加强医疗队伍建设，提高医疗技术水平。医务人员是公立医院改革的主力军，绩效工资实施后能否有效调动医务人员工作积极性，将事关公立医院改革的成败。眼下公立医院要在“三提高”（提高医德医风，提高医疗水平，提高职工待遇）上下功夫，要提高医德医风教育，做到一切为了病人，医务人员不仅仅要有高超的医疗技术，更应有良好的医德医风；要提高医疗质量与安全，以临床路径、单病种质量管理为抓手，提高医疗技术水平，规范医疗行为，遏止大处方、滥用抗生素等，使患者医疗安全更有保障；要提高职工待遇，通过改善医务人员生活待遇，调动医务人员的工作积极性，让医务人员从内心上赞成改革，从而能够全身心投入到改革中去。

高技能人才培养对口协商 2014年2月，县政协教文卫体和文史资料委员会组织委员，对全县高技能人才培养工作进行调研，走访人社局、科技局等相关单位，并进行座谈讨论，开展对口协商，提出：加强领导，制定培养规划。高技能人才在全县经济发展中起着基础性和关键性的作用，是决定着宁海县经济是否能持续健康发展的重要因素，县委县政府要将高技能人才培养作为人才工作的一项重要内容，切实加强对高技能人才培养的统一领导，做到人力资源社会保障部门统筹协调，其他各部门密切配合，社会力量广泛参与的高技能人才工作新格局。加强宣传，营造良好氛围。充分发挥媒体的作用，组织开展形式多样的宣传活动，大力宣传关于高技能人才队伍建设的方针政策，大力宣传高技能人才在经济建设和社会发展中的重要作用和突出贡献，树立一批高技能人才的先进典型，提高高技能人才的社会地位，努力营造高技能人才想干事有机会、能干事有平台、干成事有回报、干好事有发展的社会氛围。认真做好高技能人才需求预测和服务工作。行政部门和行业协会要结合全县企业生产、技术发展趋势，及时掌握高技能人才需求情况，指导各行业开展高技能人才培养工作，建立完善高技能人才交流信息平台和服务体系，开发高技能人才信息库和技能成果信息库。进一步完善高技能人才培养体系。要加快职业学校的建设与发展。职业教育作为县高技能人才培育的基础，县政府需继续加大对职业学校的投入，将高技能人才实训基地建设纳入支持职业教育发展的规划中。要加强校企合作力度，学校与企业合作共同培养“双师型”专业教师。要充分发挥企业培养高技能人才的主体作用，各类企业应依法建立完善职工培训制度，采取自办培训学校和机构，与职业院校和培训机构联合办学、委托培养等方式，加快培养高技能人才。健全高技能人才培养机制。要健全投入机制，建立政府、企业、社会多渠道筹措的高技能人才投入机制，加大资金投入力度。要建立健全评价机制，劳动保障部门和行业主管部门要完善国家职业资格证书制度，加快建立健全以职业能力为导向、业绩贡献为重点、注重职业道德和职业知识水平的高技能人才评价体系。要完善使用激励机制，建立以政府奖励为导向、单位奖励为主体，社会奖励为补充的高技能人才奖励体系，鼓励用人单位完善使用与培训考核相结合、待遇与业绩贡献相结合的高技能人才激励办法。

做好侨联工作对口协商 2015 年 1 月，县政协组织侨联界委员就做好侨联工作进行调研走访，召开有统战部、县侨办等相关单位参加的座谈讨论会，进行对口协商。针对问题，提出对策建议：进一步加强党对侨联工作的领导，切实改进侨联工作氛围。要进一步加强党对侨联工作的领导，及时研究解决侨联工作中的重要问题，在研究制定涉侨政策和重大决策时，要征求侨联意见，并根据工作需要，积极发挥侨联优势和作用。要加强侨情信息库建设，确定“侨情信息员”，及时、全面掌握重点侨务工作对象和侨界知名人士情况，夯实侨联组织建设的群众基础。切实树立“大侨务”观念，拓宽侨联工作思路。在当前国内外侨情发生新变化的形势下，侨联工作要进一步解放思想，与时俱进，打破亲缘、地域的界线，最大限度地凝聚海内外华侨华人的力量，为“两美”宁海建设服务。要坚持做到“三个强化”：强化共享侨务资源的思想意识；强化勇于创新、不断开拓的进取意识；强化大开放、大市场、大联合、大发展的时代意识。正确处理好当地侨胞与外地侨胞的关系、国内侨务与国外侨务的关系、为侨服务和为经济建设服务的关系以及老侨与新侨的关系。通过实践“大侨务”，开展引资、引才、促贸，进一步扩大对外开放服务。坚持以联谊为基础，最广泛地团结海外侨胞。在新形势下，积极联络侨胞，充分发挥凝聚侨心、汇集侨智、发挥侨力、维护侨益的独特作用，最大限度地把广大归侨侨眷和海外侨胞团结起来，把他们的积极性调动起来，把他们促进改革开放和现代化建设的独特优势发挥出来。在海外培育和发展一支对我友好的力量，是侨联工作的主要内容和基本职责。坚持以侨引资、以侨引才、以侨促贸，积极助推县域经济跨越发展。以中共十八大精神为指导，努力引进侨资侨智，是侨联发挥优势、服务经济发展的重要工作。要发挥侨力，做好以侨引资、以侨促贸工作，侨联要发挥主渠道作用，做到上下联动、互相配合、资源互补，更有效地吸引华商回乡投资和进行贸易。县、乡镇（街道）侨联要加大依法护侨力度，认真受理华商的投诉，协调相关部门，依法保护华商投资的合法权益。

推进压铸行业整治提升工作对口协商 2016 年 3 月，县政协组织经济界政协委员就推进压铸行业整治提升工作进行调研走访，召开有经信局等相关单位参加的座谈会，对压铸行业整治提升工作进行对口协商。针对存在的问题提出：规范产业布局。要严格建设项目管理，所有新、扩、改、迁建项目必须符合国家《铸造行业准入条件》和《宁波市铸造行业环境保护准入条件》的要求，能源消耗必须符合国家、省相关标准限额要求，污染物排放必须符合污染物排放总量控制指标。对行业内的“低小散”企业（区块）实施依法监管，加强联合执法。鼓励行业发展。支持骨干压铸企业体制机制创新，推进企业、行业的兼并、联合、重组，引导企业建立总部型经济，鼓励和培育企业在境内外上市。鼓励企业追求卓越品质，形成具有自主知识产权的名牌产品，引导企业制定品牌管理体系。提升工艺装备。坚决关闭污染重且治理无望的企业和生产线，加快或提前淘汰国家和省明确的产业结构调整淘汰类产能、工艺和装备。全面提升工艺水平，优先发展低毒、低污染、低能耗的替代工艺及清洁生产工艺，积极采用高效、安全、可靠的污染治理技术和工艺，采用高效伺服压铸机替换现有低效普通异步电机驱动的压铸机，提高效率，减少电能消耗。强化污染治理。严格落实大气污染防治措施。生产过程中产生粉尘、烟尘和其他废气的部位均应配置收集及净化装置，废气排放应符合相关大气污染物排放标准要求，严格落实固废、噪声污染防治措施，对固体废物进行分类收集、规范处置。加大政策支持。依托政策优惠和创新机制，积极引进院士设立院士工作站和大专院所的科研团队到宁海设立研究机构，建立理化检测中心及计算机服务平台，为中小压铸企业技术创新提供服务。

加快发展中医药事业工作对口协商 2017 年 2 月，县政协医卫界委员就加快发展县中医药事业进行调研，召开有县卫生局等单位参加的座谈会，开展对口协商，提出对策建议：不断加大中医药政策扶持力度。尽快制定出台《宁海县人民政府办公室关于加快推进中医药健康服务发展的实施意见》，进一步明确中西医结合的医疗卫生发展方向，全面落实向中医倾斜扶助的各项优惠政策，加大对中医的项目支持，切实帮助医院解决发展中的硬件问题，从根本上改变中医院与西医院发展不平衡的局面。在基本医疗保障体系建设中，进一步加大中医特色诊疗项目、中草药品种和中药制剂的报销比例，用政策引导参保人员接受中医药服务。进一步强化重点学科和人才队伍建设。不断巩固合作办医成果，充分运用上级大医院的资源优势，逐步建成一批中医“名科”群体。加快推进以中医骨伤科、中医心脑血管科、中医肿瘤科、中医消化内科、中医儿科、中医妇科等学科为重点的特色专科建设，不断提高中医药人才在整个医疗卫生人才队伍中的比重，以学科建设和人才培养来推动全县中医药事业发展。进一步提升基层中医药服务能力。进一步推进乡镇卫生院中医门诊星级化建设，支持发展中医药特色诊疗区，100%乡镇卫生院和 70%村卫生室具备与其功能相适应的中医药服务能力。充分发挥县中医医院的技术优势，通过开展中医对口支援，与基层单位建立区域医联体，进一步推广中医药适宜技术在基层医疗机构的应用力度。不断提高中医药在基层业务结构比例，逐步构建“中医基层化、基层中医化”工作新格局。积极培育中医药文化产业发展。进一步挖掘中医药文化积淀，打造具有宁海县特色的中医药文化品牌，成立中医药古文化专业保护队，加强葛洪文化挖掘和保护；建立中医药文化普及机制，抽调骨干人员组建中医宣讲团，通过电视、广播、动漫、“宁海健康”微信公众号等媒体在慢性病康复、优生优育、老年养生等方面宣传中医药方法，推广中医“治未病”新理念。

第四篇　民主监督

政协民主监督是我国社会主义民主政治的独特创造和一项重要制度安排，是坚持和完善中国共产党领导的多党合作和政治协商制度的重要内容，是发展社会主义协商民主的重要体现。政协民主监督的目的是协助党和政府解决问题、改进工作、增进团结、凝心聚力。新时代加强和改进政协民主监督工作，对于推进党和政府科学决策、民主决策，推动党和国家大政方针、重大改革举措和重要决策部署贯彻落实，促进国家机关及其工作人员转变作风、改进工作，推动解决人民群众关心的实际问题，加强中国共产党同各党派、团体和各族各界人士的团结合作，具有重要意义。八届政协以来，县政协通过委员提案、委员视察、专题调研、民主评议等形式，积极向县委、县政府提出监督意见，为全县经济社会健康发展做出了贡献。注重工作创新，每年向 6 个政府部门派驻民主监督小组，督促政府改进工作、提升效能。

召开专题询政会，帮助政府部门克难攻坚。探索联动监督机制，与党政监督部门、县级媒体一起，就重点工作进行联合督查，使民主监督力度不断加大，县政协联动监督的做法入选浙江省政协工作创新案例。

第一章　提案工作

政协提案是政协委员、参加政协的党派、人民团体和专门委员会向政协全体会议或者常务委员会提出的、经提案审查委员会或提案委员会审查立案后，交承办单位办理的书面意见和建议。提案是人民政协履行职能的一个重要方面，是政协委员、参加政协的民主党派和政协专门委员会为社会主义现代化建设献计出力，坚持和完善中国共产党领导的多党合作和政治协商制度的重要方式，是协助党和政府加强与各界人士联系、推进社会主义民主政治建设、实现决策民主化科学化的一条重要渠道。提案在政协履行职能中的主要特点和优势是提案内容的广泛性、提案方式的灵活性、提案办理的实效性。提案工作，是对政协委员提案进行收集、整理、审查、确定承办单位、交办和推动办理的落实过程。县政协十分重视提案工作，在提高提案本身的质量和数量以及提案办理的质量与效果方面，采取了多种措施，使提案的作用得到了充分的发挥。在每次全会召开前把征集提案的线索提供给委员，事前做好准备工作，以便提出高质量提案。为进一步拓宽提案的信息渠道和社会参与面，推动提案者围绕党委政府中心工作、人民群众关心的热点、难点问题提出提案，县政协办公室在《今日宁海》媒体上公开征集提案线索，对社会各界提供的提案线索，进行归纳整理后，编入《宁海县政协提案选题目录》中，以供提案者确定提案题目，调研撰写提案时参考。在审查立案过程中，确定重点提案，由政协主席会议审定后，由县政府领导领办，政协正、副主席牵头负责督办。在办理过程中，协商办理提案、建立主席督办重点提案、提案委员跟踪督办重要提案、民主评议提案承办单位等制度，不断提升提案办理层次，推动整个办理工作。同时，县政协还做好热点、难点提案的沟通协调工作，采取委员约谈、协商座谈、专题调研、跟踪督办等多种形式，把沟通和交流贯穿于提案办前、办中、办后的全过程。同时对优秀提案和办理提案工作先进单位、先进个人进行评选表彰，县政协党组、主席会议把提案工作作为政协的一项全局性工作，定期研究和分析提案工作中的重要问题，政协的各专门委员会积极参与提案督办工作，注重重点课题调研与提案工作相结合。县八届政协以来，绝大部分提案被宁海县党政有关部门和单位采纳或基本采纳，在宁海的经济社会发展中产生了很好的社会效益和经济效益。

第一节　审查立案

根据《政协宁海县委员会提案工作条例》的规定，对征集到的提案进行审查，决定是否予以立案是确保提案质量的必要程序和重要制度。其目的是把握提案内容的政治方向，保证提案质量，维护提案的严肃性，确定或建议承办单位，全面掌握提案情况，以利推进提案整体工作。凡宁海县政协委员、在宁海的浙江省、宁波市政协委员均可以在全体会议和闭会期间以个人或联名方式提出提案，各民主党派、参加政协的人民团体，可以党派、团体名义提出提案，各专门委员会可以专门委员会名义提出提案。提案应一事一案，实事求是。提案应就国家大政方针、地方建设重要事务、群众普遍关心的重大问题、爱国统一战线以及地方重要问题，以书面形式提出，经提案委员会审查后立案。内容凡涉及党和国家机密或指名揭发问题，以及具体诉讼案件等应以其他方式处理，不作立案提案。经审查不予立案的应向提案人说明情况，或作来信以适当方式送交有关单位酌处。县政协八届一次会议至十届一次会议共有1904件提案立案。

2007年2月，县政协八届一次会议期间，共收到以提案形式提出的意见建议203件，经提案委员会审查，因内容相同合并4件，立案193件。其中有关经济建设方面36件，城市建设和生态环境保护方面70件，教科文卫体方面55件，民主法治和社会保障方面25件，其他方面7件。在193件提案中，集体提案18件，委员联名提案63件，委员个人提案112件。

2008年1月，县政协八届二次会议期间，共收到以提案形式提出的意见、建议158件，经提案委员会审查立案的157件，其中有关经济建设方面38件，有关城市建设、生态环境保护和新农村建设方面的63件，有关教科文卫体方面的36件，有关民主法治和社会保障方面的20件。在157件提案中，集体提案14件，委员联名提案65件，个人提案78件。

2009年2月，县政协八届三次会议期间，以提案形式提出意见建议共131件，经审查立案127件。其中有关经济建设和自主创新方面18件，城市建设、生态环境保护和新农村建设方面61件，教科文卫体和精神文明建设方面27件，民主法治、社会保障和统一战线方面20件，其他方面1件。在127件提案中，集体提案10件，委员联名提案40件，委员个人提案77件。

2010年1月，县政协八届四次会议期间，收到以提案形式提出意见建议145件，经审查立案141件。其中有关经济建设方面的20件，有关城市建设、生态环境保护和新农村建设方面的69件，有关教科文卫体和精神文明建设方面的38件，有关民主法治、社会保障和统一战线方面的13件，其他方面1件。在141件提案中，集体提案12件，委员联名提案60件，委员个人提案69件。

2011年2月，县政协八届五次会议期间，收到以提案形式提出意见建议143件，经审查立案142件。其中有关经济建设方面的23件，有关城市建设、生态环境保护和新农村建设方面的70件，有关教科文卫体和精神文明建设方面的39件，有关民主法治、社会保障和统一战线方面的10件。在142件提案中，集体提案14件，委员联名提案57件，委员个人提案71件。

2012年2月，县政协九届一次会议期间，收到以提案形式提出意见建议219件。经审查，6件因内容相同并案为2件，不予立案作为意见建议转有关部门处理3件，立案212件。其中有关经济建设与自主创新方面43件，有关城市建设、生态环境保护和新农村建设方面97件，有关教科文卫体和精神文明建设方面59件，有关民主法治、社会保障和统一战线方面13件。在212件提案中，集体提案17件，委员联名提案93件，委员个人提案102件。

2013年1月，县政协九届二次会议期间，共收到以提案形式提出意见建议175件。经审查，2件因内容基本相同并案为1件，不予立案1件，转有关部门处理，立案173件。其中有关经济建设方面27件，有关教科文卫体和精神文明建设方面的69件，有关城市建设、生态环境保护和新农村建设方面的72件，有关民主法治、社会保障和统一战线方面的5件。在173件提案中，集体提案19件，委员联名提案51件，委员个人提案103件。

2014年2月，县政协九届三次会议期间，共收到以提案形式提出的意见建议181件。经审查，对2件不符合条件的不予立案，部分提案作了并案处理，共立案168件。其中有关经济建设方面39件，有关城市建设、生态环境保护和新农村建设方面的34件，有关教科文卫体和精神文明建设方面的70件，有关民主法治、社会保障和统一战线方面的25件。在168件提案中，集体提案26件，委员联名提案32件，委员个人提案110件。

2015年2月，县政协九届四次会议期间，收到以提案形式提出的意见建议159件，经审查，对7件不符合条件的不予立案，部分提案作了并案处理，共立案141件，其中有关经济建设方面22件，有关城市建设、生态环境保护和新农村建设方面51件，有关教科文卫体和精神文明建设方面59件，有关民主法治、社会保障和统一战线方面的9件。在141件提案中，集体提案 26 件，委员联名提案 18 件，委员个人提案 97 件。

2016 年 2 月，县政协九届五次会议期间，收到以提案形式提出意见建议 230 件，经审查，部分提案作了并案处理，共立案 204 件。其中有关经济建设方面的 62 件，有关城市建设、生态环境保护和新农村建设方面的 59 件，有关教科文卫体和精神文明建设方面的 72 件，有关民主法治、社会保障和统一战线方面的 11 件。在 204 件提案中，集体提案 33 件，委员联名提案 89 件，委员个人提案 102 件。

2017 年 2 月，县政协十届一次会议期间，收到委员以提案形式提出意见建议 275 件，经审查，29 件因内容类似并案为 14 件，不予立案作为意见建议转有关部门办理的 14 件，立案 246 件。其中有关经济建设方面 53 件，有关城市建设和生态环境保护方面 76 件，有关教育文化卫生和体育方面 68 件，有关民主法治、社会保障和其他方面 49 件。在 246 件提案中，集体提案 32 件，委员联名提案 73 件，委员个人提案 141 件。

县政协八届至十届一次会议委员提案分类统计表

表 4-1　　单位：件

届次	提案件数		经济建设方面	城市建设生态环境保护方面	教科文卫体方面	民主法治、社会保障方面	其他方面
	立案	未立案					
八届一次	193	6	36	70	55	25	7
八届二次	157	1	38	63	36	20	—
八届三次	127	4	18	61	27	20	1
八届四次	141	4	20	69	38	13	1
八届五次	142	1	23	70	39	10	—
九届一次	212	7	43	97	59	13	—
九届二次	173	2	27	72	69	5	—
九届三次	168	13	39	34	70	25	—
九届四次	141	7	22	51	59	9	—
九届五次	204	26	62	59	72	11	—
十届一次	246	14	53	76	68	49	—

第二节　提案办理

提案办理是使提案发挥应有作用和效益的关键。提案承办单位根据国家法律、法规、政策和中共宁海县委、县人民政府有关规定办理提案，提案办理工作应当健全制度，严格程序，做到有领导分管、有办理小组、有专人负责。办理工作要注重实效，凡有条件解决的，要集中力量及时落实；列入计划解决的，应当及时向提案者反馈有关情况；确实无法采纳的要实事求是地说明原因。承办单位应当主动加强与提案者的沟通，共商解决问题的办法。县八届政协以来，县委、县政府及有关部门十分重视提案的办理工作，通过及时召开提案交办会议，按分级负责、归口办理的原则，各承办单位相应制定了办理工作的规定和办法，使办理工作有章可循。提案委员会十分重视与承办单位密切配合和紧密工作，工作重心从以催办为主向以督办协办相结合的方式转变。同时还建立健全了县政府领导领办重点提案和县政协主席督办重点提案、提案委跟踪督办重要提案、民主评议提案承办单位等制度，不断提升提案办理层次，推动整个办理工作，发挥了政协提案的积极作用。

县政协八届一次会议上重点提案办理情况

《关于进一步加强饮食卫生管理的几点建议》提案　县卫生局受理后，主要采取以下措施：加强对餐饮业经营户的日常管理。增加日常监督的频次，建立分片专人监管制及定期回访制，提高日常监督的有效性。重点建立健全从业人员健康管理制度、餐（饮）具消毒制度、个人卫生制度等，对没有建立和执行相关制度的一律收缴卫生许可证，并通知工商、公安等行政部门，情节严重的依法作出处罚或移送司法机关处理。对无卫生许可证经营者予以取缔。全面开展量化分级管理机制。对已开展量化分级管理的单位要严格实行动态管理、长效监管的原则，要求各单位不能松懈自身卫生管理，卫生监督机构狠抓质量控制，把执行过程中遇到的一些实际操作问题进行总结分析，不断完善具体实施方案和考核办法，力争建成区小餐饮量化分级率达95%。建立快速投诉处理机制。在小餐饮业经营单位设置责任监督员联系牌，公布消费者投诉举报电话（96301），实行24小时投诉举报受理、查处机制。提高居民食品安全意识。通过“食品安全宣传月”活动，普及食品卫生知识和科技常识，提高食品从业人员和消费者的食品安全素质。发挥消费者协会、消费者投诉站的作用，积极开展食品安全示范店创建活动。

《加强网吧管理力度》提案　县文广新局受理后，主要采取以下措施：制定了整治全县网吧市场的措施和实施方案，并按方案对全县有合法证照的网吧重新进行了登记，换发了《文化经营许可证（网吧专用）》正、副本。每年组织全县的65家网吧经营业主，集中进行《互联网上网服务营业场所管理条例》等法律、法规的培训，让经营业主自觉地依法经营，守法经营，杜绝违法现象的发生。加大对网吧市场的监管和稽查力度，积极会同工商、公安取缔无证经营的黑网吧。依照《互联网上网服务营业场所管理条例》规定，在电信部门的配合下，安装了“净网先锋”，实施对网吧的技术监管措施。成立县网吧行业协会，通过网吧协会自我管理、自我监督的形式，促进网吧经营的健康、有序发展。通过整治，宁海县的网吧市场违规现象得到了有效的遏制。

《关于新农村建设要十分重视农村生态环境的保护和协调》提案　县农办受理后，主要采取以下措施：从观念上入手，引导广大农村干部群众转变观念。通过媒体、会议等多种形式大力宣传新农村建设不等同于新村庄建设，更不等同于大拆大建，要因地制宜、量力而行，该拆的拆，该保留的还是要保留，要保护好农村特色、保护好生态环境。加强规划编制工作。编制村庄规划时，要求注重规划的多样性，充分考虑地形地貌的特点，就地取势，借山用水，体现地方传统、民俗风情和民居建筑文化等特色。在规划村庄公共设施等的时候，尽量回避和保护有价值的古迹。积极推广农村生活污水处理。农村的建设是立体的建设，不能只顾好地上，也要顾好地下。一方面鼓励农村改造户厕，建造公共厕所；另一方面更加鼓励有条件的地方建造农村生活污水处理系统。通过铺设污水管道和建造污水处理池，将农村的生活污水进行无害化处理排放，实现资源的再利用。县政府专门出台政策，对农村建造生活污水处理系统进行资金补助，按工程造价的60%进行补助，单个工程最高可补到30万元。全县已完成农村生活污水处理村10个，在建20个。建立完善村庄整治建设的长效机制。通过建立“三沿五区”保洁责任制、落实村卫生保洁员、经常性地开展检查督促等，抓好村庄规划的落实，巩固村庄整治建设成效，保护好农村的人居环境。

《要注重技防经费投入》提案 县公安局受理后，主要采取以下措施：成立了项目建设领导小组，听取系统建设进展情况汇报。2007年2月，就着手准备项目的规划、方案设计，到3月1日为止基本完成了系统总体规划，完成了300个点的选位工作，完成了设计方案（第一稿）。3月16日，邀请了市局科技处领导及相关部门技术专家，对设计方案（第一稿）进行了论证，根据论证意见对方案进行了修改完善，完成了设计方案（第二稿）。根据设计方案，计划投入建设经费3000万元，建成“两级监控网络”，即1个县局监控指挥中心、7个部门、乡镇监控分中心；计划建设重点部位监控点300个，整合社会监控资源200个，并逐步推广接入范围，从而建成基本覆盖全县主要重点部位、治安复杂场所、交通路口的监控网络，形成“上空有监控、路面有巡逻、小区有联防、室内有技防”的立体防控体系。6月13—14日，市公安局召开了全市公安机关“三基”工程重点工作推进会，对全市的治安动态监控系统建设提出了更高要求。即要求2007年年内完成1000只，其中重点500只、一般500只，至2008年再完成第二期建设。重新调整设计方案。而且治安动态监控系统建设工作已被县政府列入2007年重点项目之一，在“走进困难、破解难题”实践活动中，县长王剑侯将该项目列入其重点完成的实事工程之一。2007年7月4日上午，王剑侯又专门听取了县公安局、县电信局关于前期工作的汇报，协调解决有关事宜。

《重视网络论坛建设，畅通百姓热线渠道》提案 县府办受理后，主要采取以下措施：畅通百姓热线，进一步拓展群众利益诉求渠道。在政府建设方面，县政府关于群众反映问题、寻求政府援助的平台主要有县长电话、县长信箱，并由信访局专门受理；各乡镇（街道）也相应开设了24小时值班电话和信访办。媒体运作方面，县新闻中心《今日宁海》开设了“百姓事马上办”专栏，对于政府部门了解社情民意、听取意见建议、有效改进工作、推进科学决策发挥了一定的作用。社会共建方面，全县的社会群众团体、社区也积极参与建设，如县总工会、团县委、妇联等社会团体也开通了有关民工、青少年、妇女等服务维权热线，对于在第一时间发现问题、解决问题、维护社会稳定发挥了积极的作用。重视网络论坛，进一步改进论坛管理。县新闻中心将文峰论坛“百姓热线”、《今日宁海》“百姓事马上办”运作机制合二为一，通过报网互动，发挥舆论监督作用，针对文峰论坛6大板块20余个栏目职能性和专业性强问题，聘请有关部门的工作人员担任版主，为网民答疑解困，帮助群众切实解决一些实际问题。

县政协八届二次会议上重点提案办理情况

《要求大力整顿实验校区周边环境的意见》提案　县府办受理后，主要采取如下措施：继续加强校区周边食品卫生监管。针对周边无证流动摊贩多，经营业主卫生素质低，大多数经营场所和卫生设施达不到卫生规范要求的现状，2008年4月组织工商、城管、环保等职能部门开展一次集中整治，对卫生设施达不到要求的加大执法处罚力度，并督促其落实整改措施。对无证流动摊贩坚决予以取缔，绝不手软。同时，积极落实长效监管措施，明确相关部门职责分工，建立健全部门联合执法责任制，进一步形成齐抓共管的工作合力。此外，教育部门加强学校学生的卫生健康知识教育，引导学生形成自觉抵制和拒绝消费不符合卫生标准食品的良好习惯。继续加强校区交通安全管理。在交警部门已采取对校区周边道路设置禁令标志，学生上学和放学高峰时段禁止车辆通行，各条路口设置减速装置，从严查处校区周边车辆乱停乱放行为等措施的基础上，交警部门加大校区周边道路交通管理力度，开展警校共建活动，确保学校周边道路畅通和学生交通安全。鼓励开办各类学习型商店，工商部门已吸收采纳提案中的这条建议措施，明确规定凡是在实验校区周边50米内开办书店等学习型商店的单位或个人可享受如下优惠政策：在办理营业执照过程中，对于手续齐全的一律当场颁发营业执照，并免收营业执照登记费，比照下岗工人和大学生就业的优惠政策，免收其3年管理费。

《定期举办打击赌博活动的展览，提高市民对赌博危害的认识》提案　县公安局受理后，主要采取：加强领导，落实责任。专门成立了由县委常委、公安局局长任组长的领导小组，抽调治安大队、刑警大队、巡特警大队、网监大队等部门负责人为成员，开展打击赌博违法犯罪活动。深化宣传，营造氛围。始终将宣传工作放在第一位，加大宣传力度，充分借助广播、电视等新闻媒体和舆论工作，利用黑板报、宣传栏等宣传阵地，坚持不懈、不失时机地向社会和群众宣传赌博的危害，阐明国家和政府禁赌的决心，做到家喻户晓，人人皆知。利用典型案例教育和启迪人们，对群众进行鲜活的宣传教育，吸取赌博违法犯罪的沉痛教训，着力让更多的人从赌博的恶习中走出来，使广大人民群众树立正确、健康的人生观、价值观，自觉远离、坚决抵制赌博活动。广辟线索，严厉打击。完善日常防范体系，形成规范、稳定的内幕性、前瞻性、深层次信息来源渠道。加强对涉案人员、在押人员的审查深挖，获取有价值的线索。通过对“110”警情线索的汇总分析判研，从中确定赌博违法活动高发时段、高发部位和高发类型，有的放矢地开展打击工作。建立举报奖励制度，设立举报电话、信箱和网址，对积极提供线索、帮助查破赌博大案要案的群众给予奖励，动员广大群众检举、揭发犯罪，形成打击赌博违法犯罪活动的良好氛围。用足用好法律手段，加大打击力度，严禁以罚代拘、以罚代刑，降格处理。紧密配合，形成合力。治安部门在广泛获取线索实施精确打击的同时，做好查禁打击的协调，确保工作有条不紊地开展。法治部门为打击新型赌博活动提供法律指导和支持，并结合打击工作中的经验措施，适时出台法治工作规范，以确保打击处理力度。各派出所之间、派出所与治安大队、刑警大队、巡特警大队之间相互配合，紧密协作，发挥各自的优势，充分形成查禁赌博活动工作合力。部门联动，巩固成效。从维护社会稳定的大局出发，坚持不懈地抓好禁赌工作，坚持“标本兼治，重在治本”的方针，建立综合治理长效机制，形成由党委、政府统一领导，公安机关为主力军，有关部门齐抓共管的禁赌工作大格局，把全县禁赌工作不断推向高潮，促进全县经济发展，维护社会稳定，构建一个和谐、安定的社会环境。

《关于发展我县城市公共交通建立合理交通结构的几点建议》提案 县交通局受理后，主要采取：编制公交规划。就现状客运体系分析、城乡公交发展策略研究、公交线网布局规划、公交车辆发展规划、场站布局规划、实施保障措施等内容开展规划编制，通过大量的调研、讨论修改、专家评审，完成了《宁海县城乡公共交通规划》编审工作。全力推进公交国有化改革。为体现公交的公益性，更好地服务于广大群众，县政府及时作出决策组建了国有性质的宁海县公共交通有限公司，将城区公交承包经营到期的线路逐年收归国有经营，2008 年 3 月成功收回了 5 条老线路，并新开通了 2 条新线路，投放公交车 85 辆，同时，对个别不合理线路走向和站点进行了调整，对站牌进行了更新和修复。为优先发展公交创造了条件。进一步规范公交管理，提高公交服务水平。随着公交国有化经营的深入，城区公交经营实行公车公营，公交司乘人员全面实行员工聘用制，加强对公交员工的教育管理和业务培训，建立司乘人员文明服务、规范经营、节能增效考核机制，提高公交驾驶员的经营道德素质，公交经营行为逐步规范，公交服务水平不断提高。开展推广使用 IC 卡和特殊群体优惠政策的调研，等时机成熟全面落实。开展出租汽车行业的专项整治。加大对出租汽车的检查力度，组织各出租汽车公司参与对车容车貌、规范经营行为等方面的检查评比，强化公司内部管理职责。采取岗前培训和企业培训相结合的方法，加大培训力度，加强对从业人员普通话与法律法规等培训，督促企业每季度对从业人员进行一次法律法规、职业道德、服务规范、安全意识的培训教育，不断增强司机的文明意识、服务意识和安全意识。严格实施计分管理制度，按《宁波市出租汽车驾驶员从业资格证管理办法》，对违章的驾驶员开展计分管理，计分在 5 分内的由公司组织培训教育，达到 5—10 分的由协会组织培训教育，达到 15 分的上报市处取消从业资格证，重新培训，年度内超过 30 分的清除出出租汽车驾驶员行业，列入“黑名单”库，两年内不得进入该行业经营。开展星级驾驶员评选，提升驾驶员队伍素质，对被评为星级驾驶员的在评选文明出租汽车、参加行业管理部门的考察学习、办理有关手续、重大性活动接待中享有优先权。开展出租汽车企业质量信誉考核，对考核不合格的，进行整改，整改仍达不到要求的，一年内暂停办理车辆过户、人员变更、营运权变更及抵押等所有手续，取消两年内参加出租汽车经营权招投标资格。

《关于加大地质灾害防治工作的建议》提案 县国土资源局受理后，主要采取了以下措施：加强群测群防工作。认真贯彻落实《地质灾害防治条例》，建立群测群防网络，完善各类防灾预案，明确各级防灾责任体系，发文并在媒体上公布责任人员名单，督促各项防灾措施的落实。广泛宣传地质灾害防治知识，加强培训，切实提高基层干部群众的防灾意识和防灾能力。会同县气象部门做好灾害天气的预测预报工作，及时发布地质灾害气象预报预警，提出各项防灾工作要求，启动各类防灾预案，切实做到防患于未然。因地制宜、结合实际，密切配合乡镇、街道及水利、交通等相关部门认真组织实施2008年度地质灾害防治方案。加大地质灾害工程治理力度，督促各乡镇、街道和各相关部门全面排摸地质灾害隐患，落实地质灾害易发区新建工程的防灾措施，确保地质灾害点区域内的群众生命和财产更安全、少损失。

《关于加强山塘水库管理的建议》提案 县水利局受理后，主要抓好以下七方面的工作：明确职责，责任到人。按分级管理原则，山塘水库隶属镇村管辖，对镇村负责人和巡查员进一步明确，并张榜公示。加强水库责任人、巡查员的业务培训。推行巡查员资格审批制度，并以乡镇为单位对责任人和巡查员进行上岗培训，努力提高责任人、巡查员业务水平。加大巡查经费补助力度，尽可能保证管理队伍稳定。小型水库巡查经费由市、县、镇、村四级共同落实，山塘水库由县、镇、村三级落实，并要求镇村补助资金按县级1：1配套，近几年巡查经费有较大提高，同时加强该经费的管理，不得截留移用。加强白蚁防治。自1993年开始，县水利局重视山塘水库的白蚁防治工作，委托县白蚁防治所对全县中小型水库及重要屋顶山塘进行统一检查诱杀，有效控制蚁害破坏。加大水库的配套工程建设。争取财政资金，做好管理房、沉降位移观察桩和水位尺的建设安装，为山塘水库管埋创造条件。加快小型水库保安工程以及屋顶山塘水库标准化建设，确保水库运行安全可靠。继续推行屋顶山塘水库有偿报废制度。2008年已报废35座，消除当地的安全隐患，减少管理费用和精力的投入，并更好地保障人民生命财产安全。

县政协八届三次会议上重点提案办理情况（2009年2月）

《关于开展宁海乡居旅游，增加农民收入的几点建议》提案 县旅游局受理后，认为提案以胡陈乡东山村为例提出通过发展宁海乡居旅游增加农民收入的建议颇有见地，这也与县旅游局、胡陈乡政府创建东山桃园生态休闲旅游的规划不谋而合。《宁海县东山桃园生态休闲旅游概念性规划》已通过专家评审，进入实施阶段。该规划范围以胡陈乡行政界线为基础，包括东山村、中堡村、方后村等3个自然村，总面积约96公顷，其中重点区域为东山村周边的东山桃园，占地面积约40万平方米。在规划中，遵循可持续发展原则和农民普遍参与原则，通过旅游规划开发使农民成为农业旅游发展的生力军及最大受益者。东山桃园景区已建成旅客接待中心、观光游步道、休息凉亭、竹楼茶室、鱼虾垂钓池等旅游场所和设施，初步具备了旅游接待能力。同时，成功举办了2届桃花节，推出了桃树认养、“缘聚桃园，情定东山”等活动，吸引了人气。胡陈乡政府正部署发展农家乐工作，广泛征询村民意见，拟选拔部分农户先行开办农家乐经营点。为了扩大东山桃园的知名度和提升旅游服务接待能力，县旅游局帮助东山桃园创建浙江省三星级乡村旅游示范点。胡陈乡东山村可以依托东山桃园的生态休闲旅游，通过乡政府的政策与资金扶持，借鉴省内外的成功案例，提高村民的参与意识，大力发展乡居旅游，从而增加村民的经济收入。

《关于加强对残的、黄的管理的建议》提案 县公安局受理后，主要采取以下六个方面措施：加强4家出租车企业的管理，督促企业加强对从业人员的培训教育，提升从业人员的职业道德、服务规范、安全意识、经营理念等，促进出租车行业健康有序地发展。加强出租车从业人员的准入关，对新进入出租车行业的从业人员实施面试，严格准入制度，提高从业人员的整体素质。加强对出租车从业人员的日常监管，建立出租车从业人员的个人诚信档案。实施出租车违章记分制度，实行违章教育培训。由4家出租车企业联合对严重违章经营的从业人员实施待岗制度。加大路面监管力度，从严查处涉及出租车各类交通违法行为。对残疾车管理的措施有：对无牌无证、擅自转让、不按规定营运及其他违法违规行为，明确处罚和查扣尺度。切实加强对残疾车路面管控力度。对路面上的残疾车违法违规行为采取警告、罚款、扣车等手段，加大对闯红灯、争道抢行、乱停乱放等交通违法行为的查处力度，持续营造严管严治氛围。加大对残疾车管理有关法律法规、政策办法的宣传，增强残疾车车主遵纪守法的自觉性。树立公交优先理念，大力发展公交事业。从创建文明城市、平安宁海的大局出发，建立综合治理长效机制，适时出台有关政策措施，逐步限制、淘汰残疾车。通过努力，达到“控制总量、限制发展、逐步淘汰、彻底消除”的目的。

《需要政府出台扶持中小企业可操作的融资政策的建议》提案 县政府办公室受理后，主要采取以下措施：出台扶持政策。切实加强对当前经济形势的分析研究，在充分调研的基础上，及时制定出台工业政策“四十条”，并结合省、市“保稳促调”工作部署，出台补充意见18条，加大在信贷方面对企业的支持力度，鼓励引导金融机构保持信贷合理增长，建立中小企业贷款风险补偿机制，按照市财政今明两年安排3000万元资金对全市银行新增中小企业贷款利息收入部分给予风险补偿的要求，县财政给予30%配套。建立中小企业信用担保补偿机制，按照市财政新增中小企业信用担保风险补偿资金1000万元，用于鼓励全市政策性担保机构扩大中小企业贷款担保规模的要求，县财政给予30%配套。向县担保中心注入资本金5500万元，总额达到10500万元。积极引导银行调整信贷结构，加大对中小企业的信贷投入。优化服务。积极开展“千名干部进企业，解百难、扶百强”活动，把解决企业融资难问题作为活动重点，通过召开金融座谈会、银企洽谈会等形式，积极争取金融部门信贷支持。着力解决企业贷款到期还贷资金周转困难。为解决企业筹集贷款存量周转资金的难题，有效遏制民间资金高息借贷活动，成立了宁海县兴宁中小企业发展促进中心，资金规模为 1 亿元。积极拓宽融资渠道。开展小额贷款公司的试点工作，成立了宁海县华信小额贷款股份有限公司，并积极引入股份制银行入驻宁海设立分支机构，2008 年已正式开业 3 家，还有 3 家正在积极准备前期工作，力争 2008 年落户宁海。担保方式的创新。为有效挖掘和利用企业现有资产，通过对企业房产（土地）进行二次抵押工作，缓解中小企业融资难问题。

《加强对城区机动车尾气排放的管理，提升市民生活质量》提案　县环保局受理后，主要采取以下措施：将机动车尾气排放管理工作纳入生态县考核目标，对相关部门实施考核。争取在两年内出台《宁海县机动车污染物排放管理办法》，以适应机动车污染防治工作的需要。定期开展机动车尾气检测工作，与公安部门配合，加强对道路上行驶的机动车辆尾气排放的检测，对排放不合格的责令限期维修，规定时间内未达标的禁止上路行驶。根据机动车尾气排放达到的标准实行分类管理，城区内特定时间禁止高污染车辆行驶。限制含硫量高的油品在全县的供应和使用。淘汰高污染的机动车，并进行相应的经济补助，新登记注册上牌的机动车要求全部达到相应的排放标准。加强机动车新车源头污染控制制度，重点把好营运车辆环保准入关，定期进行尾气排放检测。

《关于服务“三农”，关注农业龙头企业》提案　县农林局受理后，主要采取以下措施：做好为农业龙头企业服务，进一步提升农业产业化工作。到 2008 年年底，全县已有各类农业企业 50 余家，其中省级农业龙头企业 3 家、市级农业龙头企业 20 家、县级农业龙头企业 27 家（包括 2 家享受县级农业龙头企业）、成长型农业企业 5 家。2008 年度成长型以上农业龙头企业实现销售 17. 9 亿元，比上年增长 8. 5%；全县 50 余家农业企业实现销售 20. 7 亿元，比上年增长 11%。以农业龙头企业带动全县农业主导产业发展、提高农产品质量、促进农业增效农民增收和社会主义新农村建设。建立农产品生产原料基地 15. 3 万亩，收购加工当地农产品 27. 2 万吨，联结农户 5. 2 万户。尤其 2007 年来，在全县柑橘销售日趋严峻的形势下，海静、国盛、卡依之等柑橘加工企业克服资金、劳动力等困难，挖掘加工潜力，稳定收购价格，收购了全县 50% 以上的柑橘，为橘农增收和农村社会稳定做出积极贡献。出台了扶持农业龙头企业的政策意见，主要有市政府的《关于加快农业龙头企业发展推进农业部门产业化经营的若干意见》（甬政发〔2008〕13 号）、县政府的《关于加快农业产业化发展的若干意见》（宁政发〔2008〕13 号）等，实施对农业龙头企业在技术改造、品牌创建、市场开拓等方面的补助、奖励政策，开展星级评选与奖励，县政府还每年安排农业产业化专项资金 350 万元。市、县根据柑橘加工企业对柑橘产业的贡献，又专门出台专项扶持政策，对柑橘加工企业在用水、收购等方面予以支持。依托财政农业综合开发产业化经营项目政策，积极帮助符合条件的企业实施产业化经营项目，已有 12 家农业龙头企业实施了产业化经营项目，总投资达 12079 万元，实施农业产业化经营财政贴息项目 5 家企业，立项贴息资金 369 万元。积极在农业龙头企业中优先实施林业贴息、农业循环经济示范项目、节水灌溉建设等项目。产业政策的落实和多种项目建设的扶持，对推进农业龙头企业做大做强，增强带动加工市场竞争力及提升农产品质量，取得了良好的社会、经济和生态效益。为进一步做好对农业龙头企业的服务，县委、县政府重视农业龙头企业的发展，建立县领导、局领导联系龙头企业和农技人员联企制度，积极帮助解决企业发展和生产中的困难与问题。金融、劳动、环保等相关部门也积极探索有效办法和途径，帮助农业龙头企业解决在融资、担保、简化劳动合同程序、污水治理等方面的困难和问题。

县政协八届四次会议上重点提案办理情况

《关于振兴我县建筑业的对策和建议》提案　县建设局受理后，主要采取以下措施：会同县发改局、财政局、国税局、地税局、公安局、国土资源局、人事局、科技局等相关单位，着手起草《关于促进建筑业快速健康发展的若干意见》（以下简称《意见》）。《意见》于 2010 年 4 月 30 日由县常务会议审议通过并正式发文。制订了相关的配套办法。先后出台了《县外建筑业企业进宁海县施工备案和登记管理办法》和《宁海县建筑业企业考核暂行办法》，并贯彻执行市建委《关于全面实施宁波市建筑市场信用证管理制度的通知》《关于对本地建筑业类企业跨县（市）区承接业务实施登记管理制度的通知》等文件精神，加强了县外建筑业企业进宁施工管理，特别是对市外企业的办公场所、人员到位、人工工资保函、不良行为记录等方面加大了审查力度，坚决杜绝管理不规范、人员不到位的企业进入宁海市场。进一步完善落实建筑业企业考核办法，2009 年年底对全县建筑业企业的企业管理、质量安全、文明施工、综合治理等五方面进行考核，对考核不合格的 12 家单位分别作取消（停止）备案（登记）资格的处理，并在宁海报上予以公示。不断规范建设工程招投标监督管理，加强了建设工程招标文件（公告）和投标主体资格审查，加大了开标及评标过程监督管理。全面实施建筑市场信用证管理制度，未取得信用证的建筑业企业不得在县行政区域内从事建设工程施工活动。下一步县建设局将进一步完善建筑市场信用评价管理，在每年初形成每个施工企业的信用等级和信用分，并逐步与工程招投标和施工现场管理挂钩。

《关于加快全县村留地开发建设》提案　县国土资源局受理后，主要采取以下措施：加紧调研和政策完善。在原有的调研基础上，对村留地的确认、开发利用、利益分配等问题进行再次调研。根据调研情况，对原村留地政策进一步完善，并编制了城区村留地开发利用近期计划和远期规划。加快对村留地的确认。根据前期调查，城区共有村留地 88 宗 1696.3 亩。有 31 宗 366.9 亩村留地的确认材料已提交县城区村（社）集体留地开发利用联席会议讨论通过，正式确认，其余 57 宗仍在调查核实之中，其中 20 宗 430 亩村留地的具体位置仍未得到落实。4 月中旬，召集规划、经济开发区等相关部门及有关乡镇、街道就村留地确认工作召开专题会议，会议明确将材料齐全、记载清楚的村留地给予确认、对材料不齐全一时无法确认的村留地进行分门别类，然后针对具体问题逐一解决，确实不能解决的，也应向村方解释清楚，同时上报县政府。加大土地利用规划的调整。结合土地利用总体规划修编工作，对土地性质为农用地的村留地进行调查核实，共调整27个地块489亩，其中基本农田3宗26.65亩。加强对村留地的开发利用。2009年将岭脚村、下桥村和下金村3宗91.2亩村留地上报审批，并获批准。2010年3月，又将黄坛11村、跃龙街道辛岭9村2宗67亩村留地上报审批，预计2个月内批准。对已获准农转用的村留地将在2010年年底按计划出让。隔水洋、笆弄头两村确认的村留地已按招拍挂方式出让。

《加强出租车管理》提案　县交通局受理后，主要采取以下措施：县运管部门每年对在职驾驶员进行统一的教育培训，分期分批进行培训考试；结合“两城联创”和城市公共文明指数测评工作，以文明创建活动为载体，组织全县的所有出租车在职驾驶员开展文明车、星级驾驶员、文明车队等文明创建活动；提高出租车驾驶员的准入门槛，要求所有新上岗的出租车驾驶员都必须先通过面试，再通过笔试，并严格准入关，增强在职出租车驾驶员和申请加入出租车驾驶员队伍的人的责任感和荣誉感；完善出租车驾驶员的退出机制，建立出租车驾驶员的诚信体系和“黑名单”制度，对严重违规或在日常经营中多次违规并达到规定分值的出租车驾驶员予以淘汰，通过行业自律要求在一年内不得聘请其从事出租车驾驶。关于加强集中整治，加大处罚力度方面。为加强对出租车的管理，根据行业管理需要，县公管所专门成立了出租车管理股，加强对出租车的专项管理。明确要求：出租车管理股与4家出租车公司实行轮班检查，要求一周至少上路检查4次，实行交叉检查，以加强监管力度；公管所稽查中队每月至少进行2次对出租车的专项大检查；结合“两城联创”和城市公共文明指数测评工作，县公管所的各业务股、室加大对出租车的稽查力度，一旦发现违章，将从重作出处罚。同时将出租车管理工作列为年度重点工作目标考核。对于在城区超速，横冲直撞乱停车，开人行道、非机动车道，闯红灯撞车、撞人等，交通运管部门将与公安交警部门开展联合执法活动。关于对已过期报废车辆实行回收报废，确保车辆行驶安全的问题。根据全县出租车客流量的实际情况，县运管部门一般督促出租车公司三至五年就要求其更新；由于出租车经营者自身利益的需要，一部分经营者也会自觉对破旧的或者存在安全隐患的车辆进行更新，不存在已过期报废车辆继续经营的情况。

《关于如何重点扶持小企业发展的建议》提案　县经济发展局受理后，主要采取以下措施：加大宣传力度。在每年召开的全县工业经济工作会议上，继续加大对小企业的重视力度，积极引导舆论导向，营造一切为工业服务的良好氛围。加大对外宣传力度，在高速公路旁设置产业基地高炮、大型路牌广告，制作精美的宁海工业宣传片和宣传册。宁海县在宁波汽车城设立宁海县汽车零部件展示展销中心，在宁海设立宁海模具展示中心和中国文具产业基地展示中心，供国内外客商参观。发挥全县三个国家级产业基地和四个市级特色产业基地的优势，为全县所有小企业扩大知名度、吸引客户、品牌建设提供广阔的平台。发挥政策作用。在实施“40+18条”工业扶持政策的基础上，制定出台12条补充意见，就优化工业环境、资金扶持、人才建设等方面制定了扶持措施，新增财政扶持资金1500万元，全年扶持资金总额达到1.6亿元，为企业减负2.7亿元。继续做好优惠措施的落实兑现工作，完善领导问责制，加大督促检查力度，确保各项政策措施落实到位。不断完善“一站式”企业服务平台，强化服务企业意识，为全县小企业提供政策、劳动力等信息，切实为企业解决各类问题和困难，促进全县小企业稳健发展。推进平台建设。加快推进国家级可持续发展实验区、国家文教用品监督检验中心、市级汽配橡胶件检测中心和模具检测中心、县科技创业服务中心等“一区四中心”建设。继续提升模具城的开发、检测、展示、信息、培训、热处理等六大中心的档次与水平，尽快完成宁海县科技创业服务中心工程，成为全县综合性科技创新平台，发挥其企业孵化器、人才集聚、技术培训和交流的作用，促进广大小企业又好又快发展。拓展发展空间。整合提升宁海经济开发区，加快推进宁东创新工业园建设，全面启动宁海湾循环经济开发区，建成模具城三期，塔山、辛岭等区块顺利推进。为进一步拓展中小企业发展空间，在宁东创新工业园规划了一个0.17平方公里的中小企业创业园。同时，加快园区的基础设施建设，解决好企业进场、项目实施过程中的水、电、气、路等配套问题，促进企业早日开工投产。缓解融资难问题。建立完善金融服务体系，充分利用县金融优势，引进金融机构到县设立分支机构，进一步丰富全县金融资源。引导金融机构积极争取小企业贷款审批权限，增强信贷供给能力，调整信贷结构，重点向小企业倾斜，创新信贷产品，加快推进村镇银行组建工作，进一步拓展融资渠道。搭建银政企三方合作平台，积极推介成长性好、有潜力的小企业和项目。充分发挥担保中心和中小企业发展促进中心作用，着力化解企业融资难问题。强化税收作用。进一步完善财政扶持政策，梳理中小企业的税收优惠政策，集中资源向小企业进一步倾斜，适当提高扶持资金额度，促进小企业加快发展。积极落实减税等税收优惠政策，及时做好中小型微利企业认定工作，对符合条件的小型微利企业按20%的税率征收企业所得税，对其技术转让所得。在一个纳税年度内不超过500万元的部分，免征企业所得税；超过500万元的部分，减半征收企业所得税。

《关于严格审批丰泽园店面经营范围的建议》提案 宁波市工商局宁海分局受理后，主要采取以下措施：加强宣传引导，提前介入行业经营监管。通过上门现场指导、委托小区物业提示等多种方式引导店面房业主及承租者不要盲目经营有可能影响学校教学及未成年人身心健康的网吧、酒吧等行业，做到事前介入，从根本上预防此类现象的发生。严格依法行政，把好市场准入关口。严格依照如学校周边200米范围内不得开设网吧等相关法律法规规定，同时加强与环保、卫生等前置审批部门的协作，按照各自分工，发挥各自职能优势，共同把好相关行业的审批登记。加强日常检查和专项整治，严厉查处无照经营。结合校园周边环境专项整治工作，加强对此地段区域日常检查的频率和力度，一旦发现涉及相关行业的无照经营行为予以严肃查处。

县政协八届五次会议上重点提案办理情况

《强化街景建设，美化城市形象》提案 县建设局受理后，主要采取以下措施：通过大项目的建设，推进街景建设，提升城市形象。如新世纪环岛节点已初步形成，世贸中心已建成，金融中心已在建设，老美食街地块正在启动，桃源北路拓宽，新世纪转盘地下通道建设，大中山项目和桃源商务楼在2011年也准备启动，天明湖的建设，气象北路延伸段建成等等，在这些项目建设中，都将或已充分考虑街道景观。筹划对城市中心区进行街景改造。2011年准备委托北京相关设计院做方案设计，计划对中山路、北斗北路、气象北路、人民路实行街景整治。结合宁海城区的实际情况，参考杭州、上海等地好的做法，方案中将统筹考虑市政设施、景观照明、绿化配置、立面处理等各方面情况。方案完成后，将会邀请相关部门及专家对方案进行专项论证，尽可能使方案周全，有新意，有亮点，把该项目打造成全县一张亮丽名片。县规划局、城管局已在编制《户外广告专项规划》，通过规划的编制和实施，进一步规范县户外广告的设置和布局，引导店面广告设置与建筑外立面、街道景观相协调。

《减少交通拥挤，畅通车辆通行》提案　县公安局受理后，主要采取以下措施：在合理调整城市布局、拓宽城市空间的基础上，加大对道路及其基础设施建设的投入，尽快打通“断头路”，拓宽“瓶颈路”，加快交通节点治理，尤其是加强环城西路、兴海路等城区主干道的建设。已经打通了气象北路、时代大道等两条“断头路”，可停靠700多辆车的潘天寿广场地下停车场即将启用，中心城区停车难的问题将在一定程度上得到缓解。加快实施“三改三联三突破”战略，快速推进新城市中心区建设，进一步拉开城市框架，使城市格局从单中心逐步向双中心以及未来多中心转变，制定和实施适应城区扩大和发展的立体路网规划，保证车辆的增长速度与道路及交通基础设施建设的增长速度相对平衡，实现城市交通“远期畅通”的目标。加强停车场的配套建设和合理使用，提高停车服务水平。对城区改造、新建小区、公共建筑时，严格公共建筑配建停车库的审批制度，建筑物配建停车场时的泊位数量必须严格按照标准执行；加强占路建设施工管理，尽可能减少对道路的占用，并加强对施工路段的交通组织，减少频繁、无序施工对交通的影响。确立公共交通在城市交通中的优先地位和主导作用，树立“公交优先”的理念，在组建国有公交公司，逐步把公交经营权收归国有的基础上，进一步做好全县公共交通规划的修编完善工作。加快交通场（站）的建设，完善港湾式候车亭和其他公交便民候车亭建设，合理设置线路、站点，缩短行车间隔时间，减少班车误点现象。加快对低档次公交车辆的更新，逐步向现代、舒适、安全和环保型的“大公交”转变。公安交警部门将加大调控力度，采取限制车种、单行、禁左等必要的交通管理措施，科学组织交通流；在交通流量大的路段和早晚高峰时段增派警力，合理调节交通流量、流向，减少路口交通冲突和干扰。大力推广应用交通智能化管理，不断提高城区交通畅通水平。加大科技投入，通过应用电子监控指挥系统，强化道路宏观调控，实现城区交通诱导控制，强化城区道路全方位的动态管控，使有限的警力实现从静态管理向动态管理的转化，不断增强路面交通管理、治安秩序的防范控制能力。严厉查处各种交通违法行为，实行从严管理，从重处罚，以震慑交通违法者，促使群众自觉遵守交通法规。通过开展多渠道、多领域、全方位的宣传教育活动，提高全县群众的交通安全意识。继续与教育部门通力协作，把交通安全教育纳入中小学日常课程，定期对学生进行交通安全知识、交通法规的学习培训，使学生基本掌握安全法规，并通过学生使交通安全走进千家万户，做到家喻户晓、人人皆知，达到教育一个学生、带动一个家庭，影响整个社会的交通安全效应。

《关于解决重点工程非法取土现象的建议》提案 县国土资源局受理后，主要措施有：科学编制矿产资源规划，整合矿山开采数量，调整矿山布局，合理设置矿山规模，确保全县重点工程建设和县域经济发展在正常情况下的石料需求，做到有序开采。在 2010 年的《宁海县矿产资源规划（2011—2015）》编制中，充分和广泛征求相关部门、相关行业的意见，将全县矿产开采区由上轮规划的 4 个调整为 11 个，同时增加了禁采区和禁采地段。通过 10 多年的整顿、整合和规范，全县一般性的经营性矿山从 53 家压缩到 8 家，另新设了 6 家为下洋涂围垦工程、交通项目工程等重点工程配套的石料矿山，基本上保证了全县重点工程对矿产品的需求。以县政府办公室协调会议形式，专门与公安、国土资源、农林、环保和安监等部门会商，解决没有专用矿山满足重点工程的石料需求问题，做到了有序开采。加强执法监察，阻止乱采滥挖。首先是建立联合执法制度，实行多部门监管，采取专项行动，对发现的乱采滥挖现象严肃查处。其次是充分发挥动态巡查队伍的作用。各乡镇（街道）、国土资源所基本已建立专门执法巡查队伍，加大巡查力度，做到及时发现、及时阻止，有效遏制滥挖现象的发生。再者是严肃查处乱采滥挖行为，对盗挖严重、构成犯罪的，立案查处，移交公安机关作出处理，并对违法案件进行曝光。另外，加大宣传引导，为从源头上遏制乱采滥挖现象的发生，要求项目建设单位在工程招投标前，确定取土地点，取得合法开采手续，加强对工程实施监管，防止承建商的非法取土行为。

《加强管理力度，制止工程渣土、建筑垃圾乱堆乱倒》提案 县城管局受理后，采取以下措施：派遣 4 名队员进驻县环卫处协助开展工程渣土和建筑垃圾处置执法，对乱倾倒行为加大了查处力度。已立案处理 6 件，收缴罚款 2 万元，初步收到效果。对城区所有建筑公司、渣土清运公司以及在建工程工地发放规范建筑垃圾和工程渣土处置的宣传资料，并在城区外环线主要交通道口设立警示牌和渣土消纳场地示意图，在宣传统一消纳的同时，进一步规范渣土清运、倾倒行为。为加强源头管理，建设部门正在起草关于建筑渣土消纳规范化管理的方案，将采取资质管理的方式对渣土消纳行为进行规范。该方案如果得到县政府认可，城区所有渣土运输车辆、铲车、挖机将纳入统一管理，从源头上控制渣土消纳行为，强化管理效果。白峤岭新的建筑渣土消纳场地已经开始使用，新场地在原老场地的基础上向东南方向延伸，容量大约为 700 万土方，缓解了建筑垃圾和工程渣土倾倒压力。

《建议要高度重视失土农民的生活保障》提案 县农办受理后，主要采取以下措施：大力开展失土农民转移就业工作。以开展充分就业县和创业型城市“两个创建”工作为载体，加大农村劳动力就业培训力度，新增创业培训基地 2 家，创建创业实体 3000 家，让更多的失土农民进工厂、办实业或从事个体经营活动，实现身份和能力的及时转换。为失土农民提供有效服务。失土农民只要符合小额贴息担保贷款的条件，就可以享受5万元的贷款。只要符合开办来料加工点的条件，就可以享受宁海县对来料加工点的有关扶持政策，如闲置房屋开办来料加工点补助、贷款利率优惠、减免税收、便利工商登记、保障供电供水等等。全面推进养老、医疗保险。全县养老、医保政策实现了全覆盖。只要符合条件的失土农民，均可以自由职业者身份选择参加基本养老保险、低标准养老保险、被征地人员养老保险或城乡居民社会养老保险；在医保方面，可以自由职业者身份参加基本医疗保险，也可以选择只参加大病医疗保险。2011年5月1日实施了医疗保险市级统筹后，参保人员待遇将有很大提高。

县政协九届一次会议上重点提案办理情况

《丧事花圈泛滥问题亟待引起重视》提案　县民政局受理后，主要采取以下措施：加强领导，形成合力。由县文明办牵头，县纪委、县委组织部、县民政局等单位共同参与，将整治丧事花圈泛滥问题和引导形成现代殡葬文化纳入现代精神文明建设的范畴。引导全社会采取现代殡葬方式处理丧事，倡导全社会减少在丧事中赠送花圈的行为，构建文明新风。县民政局积极配合县文明办在6月底起草了《关于推行丧事简办的实施意见》初稿，向相关部门征求意见后提交两办发文，在全县范围内推行“丧事简办”新规定。舆论宣传，重点突破。由县纪委和县委组织部共同向全县领导干部发放倡议书，倡导领导干部率先垂范，按照“三思三创”的有关精神，移风易俗，采用现代殡葬方式处理丧事，减少或禁止赠送花圈的行为。殡仪馆内倡导租用花圈、使用小花圈或束花，用电脑打印挽联服务，提供插花、摆放小花圈、束花的器具，并切实做好管理工作。制度完善，加强监管。按照县纪委、县委组织部下发《关于进一步做好党员领导干部报告个人有关婚丧喜庆事宜工作的通知》（宁纪发〔2011〕33号）的“双报告”等有关规定，领导干部在操办丧事后，按照事后报告要求，在《党员干部个人有关婚丧喜庆事宜（事后）报告表》中，将收到花圈数量和处理方式纳入报告内容，从而加大监管力度。

《要求政府加大财政投入，发展加快县级医疗机构与上海大医院或高校深度对接》提案　县财政局受理后，主要采取以下措施：专设县级公立医院改革发展专项资金。县级公立医院改革发展专项资金每年安排1000万元，分别由县财政安排500万元，按公立医院总业务收入提取1%约500万元。主要用于县级公立医院的科研项目、学科建设、人才培养等支出。近期目标建成1~2个浙江省县级龙头学科、3个市级重点学科、8~10个县级重点学科。每年选送20名以上业务骨干到三级医院进修学习，每年引进1~2名博士或正高职称的高精实用人才。每三年培养10名县域内学科带头人和30名优秀中青年人才。鼓励公立医院与上级医院建立长期稳定的协作关系，建成有明显成效的学科10~20个。县第一医院加强与上海长征医院、瑞金医院、华山医院、新华医院、浙一医院等三甲医院的合作，做好泌尿外科、神经外科、乳腺外科、放射影像等重点学科建设。县中医医院加强与上海龙华医院、宁波市中医医院的合作，开展中医专科、专病特色门诊。县妇幼保健院加强与上海市第一妇幼保健院、浙江省妇幼保健院的合作，重点提升妇幼保健质量。并进一步加强与宁波、杭州等地高等医药院校的合作。县财政局将与县卫生局制定专项资金管理办法，规范使用流程，切实提升县级公立医院的服务能力，及时跟踪使用效果，适时实施绩效评价。根据评价结果，随着财力增长适当增加投入。

《加大对创品牌、拓市场农业龙头企业支持力度的建议》提案 县农林局受理后，主要采取以下措施：强化经营主体尤其是农业龙头企业的农产品品牌意识。实施农产品品牌是个系统工程，利用各部门的综合力量来推动品牌建设。同时，保护注册商标，强化产品形象，增强竞争力。推行“一品一牌”，发挥集聚效应。在制定统一规则的前提下共享优势品牌，选择一些条件相对比较成熟的产品，如白枇杷、胡陈洋芋等进行试点，探索成立由政府牵头的农业经济组织如产业协会，根据区域内农产品特色及品牌命名原则，由协会注册并管理集体品牌，同时为保证农户的个性特色，允许加注个别品牌，如参照宁波茶叶统一品牌模式：明州仙茗——望海茶。从而使区域内的某一类农产品既有统一的品牌标识，又有不失个性化的特色农产品品牌。加大农产品品牌推广的力度。优化农产品的包装，利用各种媒体进行品牌推广，形成品牌形象、品牌文化、品牌理念、品牌内涵和品牌联想。2012 年 3 月，县委、县政府又出台了《关于加快现代农业发展若干意见》，进一步加大了对农业龙头企业创品牌、拓市场的支持力度，加大了品牌创建、进超市、设立专卖店、开展农超对接等开拓市场的补助标准。

《加快全县旅游业发展的建议》提案 县风景旅游局受理后，主要采取以下措施：加大招商引资力度，拓宽融资渠道，围绕前童古镇、十里红妆项目，引进旅游专业品牌运营商，已进行了调研落实。投资 1.6 亿元的十里红妆博物馆正在建设之中，主体结构工程完工，2012 年底可以进行装饰工程。2013 年计划展馆布展工作。前童古镇开发和保护工作正在有条不紊地进行之中，2012 年计划投资 3000 万元，创建国家 AAAA 级旅游景区目标，前童古镇发展从观光景区向休闲景区转型升级。该两大重点旅游项目进展顺利。进一步加大宁海旅游开发招商引资工作力度。投资 3 亿元的三麓潭度假酒店、投资 1.8 亿美元的温泉大庄山谷项目已经签约；上金商业文化广场正在土地挂牌之中；跃龙街道自家坑养老园、胡陈天益山庄均已完成土地挂牌，下半年各项审批手续齐全后将破土动工。2012 年旅游建设重点抓：宁海森林温泉景区在 2011 年成功创建市级现代服务业基地和省级现代服务业集聚示范区基础上，年计划创建森林温泉省级旅游度假区，温泉景区将外延至深甽镇范围，景区将进一步扩大，规划面积 20.95 平方公里，把深甽镇打造成温泉古镇，南溪村成为旅游村，打造泛长三角森林温泉休闲旅游目的地。落实了有关项目土地建设、规划指标，推动周光岭度假酒店、大庄温泉山谷项目落地，推动现有温泉景区外延核心项目。推动基础设施建设，深甽镇凫溪小流域改造已经启动，深甽镇范围内温泉物探工作外业已经完成，下一步将在深甽镇南溪村一带钻探热水，为开发大温泉做好准备工作。加强现有核心景区改造提升。对景区道路、标识标牌进行了全面的维修，南苑山庄和温泉大酒店规划建设新的别墅式度假设施。加快旅游产业发展政策引导工作。除了星级酒店评定之外，每年进行星级酒店考核认定工作，并对服务员、部门经理进行职业培训。制定旅行社引进客源奖励，星级饭店复核、复评，经济型酒店创星奖励等一系列奖励政策。通过游客最喜欢饭店评选主题活动和宁波市星级饭店服务技能大赛等载体，提高旅游饭店的服务质量。

《关于加强执行监督防范消极执行的若干建议》提案 县法院受理后，主要采取以下措施：多措并举，推进执行公开。加强与当事人的沟通，及时告知当事人执行事项。执行案件立案后，当事人可以获取查询密码，通过网络查询执行进度；在执行启动阶段，及时告知申请人案件执行流程，向申请人送达权利义务通知书、被执行人财产举报表等相关材料，了解被执行人情况；在财产查控阶段，及时将财产查控结果告知当事人，对于查实被执行人财产的案件，及时将查控标的物及查封冻结期限告知当事人，对于经查无财产的，通过短信等方式告知当事人，便于当事人提供财产线索；财产处置阶段，通过书面或者短信方式将评估拍卖机构的选取、被执行人财产评估结果等告知当事人；案件终结阶段，及时通知当事人等。向当事人提供多渠道沟通方式，便于当事人联络。向当事人发放执行联系卡，告知执行人员联系方式；设置执行接待室，每天安排专人值班，便于当事人了解案件进程及反映执行线索；由专人负责信访接待，对于当事人的信访情况及时了解沟通回复。多途径公开发布执行信息，增强执行工作透明度。在宁海新闻网文峰论坛设置“法院执行在线”版块，通过《今日宁海》等载体，曝光被执行人名单，发布限制高消费令，发布执行财产分配申报公告等，使当事人知悉执行相关信息，有利于接受社会监督。积极主动，接受执行监督。实行分段集约执行工作机制，优化执行权配置。打破执行案件由一名法官“一人包案到底”模式，将执行权细分为执行裁决权、实施权和监督权，并将执行流程分段细化，各执行环节由专人负责进行集约管理。设立执行裁决科和执行实施科，实现裁执分离。执行实施科负责采取执行强制措施，同时，在执行实施科内部又进一步细化为启动组、速执组、强制组、财产查控组、财产处置组，明确各阶段的办理期限，提高了执行案件效率。执行裁决科负责对执行异议、程序终结案件审查，确保执行程序规范。设立执行监督科，强化执行内部监督。执行监督科专司执行监督，负责检查执行行为、执行作风、执行信访处理等，增强了权力的制约和监督。主动接受纪检监察部门监督，促进执行规范。一方面，自觉接受重点案件的监督。在办理涉农民工、大标的案件等重点案件过程中，由相关纪检监察部门提前介入监督，防范消极执行。另一方面，主动接受关键环节的监督。在案件办理过程中，主动邀请纪检监察部门对财产评估、拍卖、强制腾房等关键环节现场监督，规范执行行为。加强绩效考核监督机制，提高办案人员积极性。加强对案件的管理，通过对办案人员办案数量、办案期限、办案质量的考核，奖勤罚懒，有效提升办案效果。

县政协九届二次会议上重点提案办理情况

《关于加大对我县国家级非遗品牌建设扶持力度的建议》提案 县文广新局受理后，主要采取以下措施：融合发展三大国遗，由点及面打造国遗一体化工程。我们将召集三个国遗项目的保护单位和代表性传承人以及邀请省内外的文化名家专题研究国遗项目联动宣传和营销模式。专题打造"一套红妆一台戏"，整合三项国遗的资源，打包对外交流，十里红妆博物馆专门提供红妆器物静态展出，东方造像博物馆专门提供泥金彩漆技艺动态展示，县平调艺术传承中心提供平调大戏《金莲斩蛟》和越剧《十里红妆风雨情》戏剧作品，动静结合，相映成趣。统筹博物馆群建设和规划，形成一种风格别样特色布局。新建的十里红妆博物馆将以综合性、活态化、立体化、多空间状态展示宁海十里红妆婚俗。宁波东方艺术品有限公司黄才良艺术博物馆也将落地建成，成为集展示、欣赏、研究、传承传统文化的重要基地。两大博物馆的建成，不仅为当地群众提供了一个认识传统、延续文化认同感的场所，也为来访者感受宁海文化魅力开启了一扇窗。但两大博物馆相偎相依，需要在格局布置、风格打造、展馆设置上通盘考虑，既有整体的概念，又有各自的特色，丰富博物馆群的内容和内涵。积极引资，共促"非遗"发展。6 月 9 日，县政府与阳光媒体集团签署了在山河岭地块（即十里红妆博物馆新馆周边地区）共同投资打造宁海阳光文化产业园区的合作意向书。该园区包括十里红妆驻场演出、影视、博物馆、风情旅游街、养生中心、女性俱乐部等项目，旨在打造一个以古建艺术、民俗文化为构成要素，以宁海十里红妆文化为核心的综合性文化旅游产业项目，全力推荐宁海的十里红妆婚俗文化。加大文化政策扶持力度，促进国遗保护发展。2009 年，县委、县政府出台《关于鼓励促进民办博物馆发展的若干意见》，鼓励、促进个人和民营企业出资建造博物馆，得到社会各界的积极响应，极大地调动民营资本参与"非遗"保护的积极性。宁海十里红妆博物馆采取的是"公助民办"建馆模式，是宁波市重点项目。黄才良艺术博物馆列入 2013 年宁海县重点工程，已确定界址。

《杜绝电力捕鱼，保护生态环境》提案 县海洋渔业局受理后，采取以下措施：加强调研，开展春季禁渔活动可行性研究。2013 年 5 月全县已在开展伏季休渔活动，它是经国家有关部门批准、由渔业行政主管部门组织实施的保护渔业资源的一种制度。它规定某些作业在每年的一定时间、一定水域不得从事捕捞作业。开展联合整治行动，全县已专门成立"宁海县渔业资源保护领导小组"，副县长徐真民任组长，明确渔业、公安、工商、水利等相关部门的工作职责，重点是打击非法电捕鱼，并纳入"110"应急联动体系，同时也将违法"电毒炸"鱼行为的打击列入对各相关乡镇、街道年度目标考核任务。加大宣传、畅通举报渠道。全局已利用渔船登船检验、签证换证和举办培训班的机会向渔民和广大养殖生产者宣传渔业法律法规，提高群众的法律意识。通过报纸、电视、网络向全县人民发布《打击电鱼行为、保护渔业资源倡议书》，设立举报电话"110"或"65259916"（24 小时开通）。在梅林水库、徐霞客大道、水车、前童和黄坛等地安装了严禁电捕鱼广告牌。在《今日宁海》和宁海电视台上进行高频率宣传非法电捕鱼的危害，呼吁市民共同抵制电鱼行为。完善机制，加强打击。成立以局长为组长，分管局长为副组长，渔政站及相关科室人员为成员的专项行动小组。规定每月白天至少8次，夜间至少1次查处电鱼违法行为。并定期召开专题会议，及时总结经验，深化打击成效。2013年上半年已开展陆上集中行动8次，与水利局联合执法2次，接到报警出警45次，累计出警223人次，海上巡查9次，共计查获电瓶30套，电捕鱼船2艘。积极探索联合执法工作机制，与水利局水政大队共同突击巡检，抓获11起违法电捕鱼行为。据乡镇反馈、执法巡查及举报接警数来看，电捕鱼现象呈下降趋势，得到了一定的遏制。

《加大财政投入，确保食品安全监测工作高效运作》提案　县食品监督局受理后，主要采取以下措施：提高认识。会同县农林局、县商务局、市工商局宁海分局认真进行专题研究，认为，民以食为天，食以安为先。食品安全是关系到人民群众身体健康和生命安全的大事，也是人民群众关注的热点问题，在各食品监管部门和乡镇（街道）的共同努力下，全县上下初步形成了分区划片、包干负责、横向到边、纵向到底的食品安全监管责任网，也构建成由400名村级食品安全协管员和100名群众监督员组成的食品安全群众监督网。不断加大各项监管措施和专项整治力度。全县的食品安全水平不断提升，最近三年来食品检测合格率均在95%以上。作为食品安全监管重要技术支撑的食品检测工作，宁海县从2008年开始投入600余万元建立县食品检测中心，2013年中心已通过了国家食品检测能力资质认定，具备300个参数检测能力，每年投入检测经费上百万元，完成各类食品监督抽验2400余批次。另外，农林部门每年投入检测经费60余万元，抽检农产品1000余批次。商务部门快检瘦肉精价值80余万元，检测生猪1.6万余批次。工商部门每年投入检测经费60余万元，开展市场食品定性快检10万批次。加大抽检力度，县食安办还开展时令上市的水果、蔬菜、水产品等地产食品的评价性抽检达300余批次。这些食品检测结果全部在宁波市食品安全检验检测信息共享平台、有关媒体和农贸市场公开公布。全县基本形成以县食品检测中心为龙头，各类食品定性检测车、检测点、检测箱相配合的覆盖全县的食品检测网络。县财政投入食品检验检测的经费力度不断加大，检验检测工作基本能满足全县各食品监管工作的要求。

《关于深化医疗制度改革，扩大儿童的大病医保范围》提案　县社保局受理后，主要采取以下措施：深化医疗体制改革，突出公立医院的公益性。全县实施县级公立医院综合改革，实行药品“零差率”销售，打破当前以药养医的局面。同时各乡镇卫生院也已明确为社区医疗服务中心，是非营利性的医疗机构，所有医务人员的工资福利由财政负担，实行了阳光工资。不断加大对医疗卫生事业的经费投入。县妇保院迁建竣工已投入使用，县第一医院28层住院大楼新建开工，县中医院的迁建已进入实质性启动阶段，城关医院医疗条件也有了明显改善，专门成立公立医院改革发展专项资金，重点用于学科建设、科研项目、人才培训及引进等方面，促进全县医疗技术水平的提高。通过改变医保支付方式，控制门诊及住院均次费用、均次药品费用，实施医疗检查检验结果互认制度，有效缓解群众“看病贵、看病难”问题。加强医技人员培养培训。把医务人员纳入县人才政策范围，每年十大名医的评选，人才公寓的开发建造，都充分考虑到医务人员的实际，并加以鼓励与落实。建立人才库，请专家到宁海坐诊，并与全县年轻医生帮扶结对。鼓励在职医务人员接受高层次的学历教育，提高理论素养，各医疗单位选派业务骨干到上级医院进修培训学习，并择优推荐中青年业务能手外出挂职锻炼，引导县级医院专家下基层指导帮扶，开展专家讲课学术讲座，继续医学教育等一系列培训措施，更新医务人员理论知识，提升医疗实践技能。完善制度，做好儿童大病医保齐头并进。完善新型农村合作医疗制度。各级财政补助从 2004 年的人均 63 元增加至 2013 年的人均 350 元，随着筹资标准的不断提高，制度的保障水平也同步提高，统筹区域内住院补偿率从 2004 年的 27.59%提高至 2012 年的 76.06%，补偿封顶线从 2 万元提高至 2013 年的 15 万元，2013 年门诊补偿达到 40%左右，新农合的实施有效地缓解了农民“因病致贫、因病返贫”现象，减轻了参保农民的经济负担。完善城镇居民医保制度。2007 年城镇居民医保制度实施以来，一直把儿童作为参保对象，为儿童门诊住院发挥了重要作用。特别是 2013 年以来，城镇居民医保待遇力度大幅度提高，我们在保持筹资标准不增加的基础上，住院和特殊病种统筹基金最高支付限额由 20 万元提高到 25 万元。门诊待遇定点医疗由原县内定点医疗机构扩大到宁波市范围内，报销比例为三级医院 30%、社区医院 40%、其他医院 35%。

《如何引导传统企业进行产业（产品）升级的建议》提案 县经信局受理后，主要采取以下措施：在政策宣传方面，县经信局将国家、省、市、县出台的有关涉工政策汇编成册，向企业发放，通过新闻网站和“8718”服务平台等渠道进一步加大宣传力度，提高政策宣传覆盖面。充分发挥行业协会作用，加强行业自律，促进行业有序竞争，组织行业内有实力企业参加国际、国内著名展会，帮助行业企业拓展市场；加强与新闻媒体的合作，通过电视、报纸、网站建立专栏，对在“两化融合”“机器换人”“创业创新”等创建活动中的典型企业进行重点报道，从而激发其他企业的创业创新意识，形成良好舆论氛围。加强产学研合作，在现有的两院六校（中科院、兵科院、上海交大、哈工大、浙大、北京工业大学、四川大学、宁波大学）为主的合作框架基础上，继续加大合作领域，为企业与科研院所合作牵好线、搭好桥。全县传统产业占全县工业比重高，工业的发展离不开传统产业的发展。

县政协九届三次会议上重点提案办理情况

《关于加强法院判决后执行力度》提案 县法院受理后，主要采取以下措施：统筹资源，缓解案多人少突出矛盾。一方面优化资源配置，深挖内部潜力，实行集约查控，专人负责查询被执行人的存款、房产、土地、车辆、出入境、民政等信息，确保不漏查一个案件，对有财产的被执行人，针对网上不能冻结的金融机构，由专人进行冻结、扣划。穷尽措施，加大执行惩戒力度。牢固树立主动执行理念，突出执行工作强制性。完善与工商、房产、土地、公安等部门执行联动机制，加强征信、查控、惩戒、监督、保障五大系统建设；定期开展专项执行活动，集中力量清理“涉民生”“金融债权”“涉公务员”等热点及难点案件；通过张贴悬赏公告、限制高消费令、公布失信名单等，对被执行人持续形成高压态势。阳光执行，推进执行信息公开化。实行专人接访、承办人接访、领导接访“三位一体”的接访机制，设立执行接待室，配备专职接待人员，执行干警以组为单位定期接访，确保每名干警每周有一天接访当事人；利用宁海法院网平台，并与诉讼资产网、失信名单查询平台等九大信息平台进行链接，同时在宁海新闻网上开通“执行在线”，使当事人不仅能够及时了解执行的进程，而且可以查询失信被执行人名单、限制高消费令等信息；充分利用短信平台，对承办人名单及联系方式予以告知，并预约接访，省高院短信平台开通以来，法院已发送信息 927 条，使申请执行人及时获悉案件进展情况。控制流程，严格落实执行期限制度。在执行过程中，法院严格控制执行流程各个节点，积极落实《最高人民法院关于人民法院执行工作若干问题的规定（试行）》第一条关于执行期限六个月的规定。清理积案，构建终结案件“回头看”常态机制。积极落实省高院关于程序终结执行案件“回头看”的活动，对因被执行人下落不明且暂时无财产可供执行的程序终结积案，充分利用“点对点”查控系统，由专人定期查询被执行人及其银行账户、房产、车辆等信息，依职权补录被执行人相关信息，提交查询后，确保被执行人的姓名或名称、身份证号码或组织机构代码等关键信息准确，并建立台账，落实责任。细化指标，加强执行人员绩效考核。对执行人员重点从执行结案情况、信访情况、上下班签到及请销假情况、文书差错情况、执行措施采取情况和卷宗管理情况等几个方面进行考核，每周定期召开各部门负责人会议，加强对承办人执行情况进行动态管理和跟踪及疑难案件研判，并根据考核结果及时予以通报，充分调动执行干警的积极性，全力促进执行工作的顺利开展。

《关于知恩中学学生进出校门存在安全隐患》提案　县公安局受理后，主要采取以下措施：交警大队在知恩中学南校门门口与坦坑路交叉口处设置“爱心斑马线”、网格线、减速带等道路交通安全设施。使得过往车辆减速慢行，确保行人安全。并在学校门口两侧设置“前方学校”“减速缓行”的交通指示标志和限速标志，确保过往车辆安全通行。交警大队在坦坑路施划合理的机动车停车位，规范车辆停放秩序，对违停的车辆已处罚 230 余辆，确保道路交通秩序。交警大队每天在学生上学、放学高峰期加派警力在学校附近路段进行管理巡逻，确保该路段道路交通安全、畅通。交警大队将与学校充分协商，对学生开展道路交通安全教育，提高学生的交通安全意识。

《关于又好又快推进宁海环三门湾区域交通基础设施建设的建议》提案　县规划局受理后，主要采取以下措施：区域交通基础设施在有序推进中。宁海三门湾区域是宁波连接温台地区的重要门户和重要节点，距宁波、台州、义乌均在 100 公里左右，距杭州、上海、温州均在 200 公里左右。近年来，积极推动“一环八射三纵七连”的县域大交通体系建设，加快推进枫槎岭隧道及接线工程、花山隧道、三门湾大桥及接线等重大项目，谋划推动甬台温高速拓宽改造、“两高”连接线以及38省道改造、74省道北延等重大交通基础设施建设，今后该区域将成为交通枢纽中心。各类规划编制先行推进。各类规划在下一步工作中应重点落实，各项建设工作应做到规划先行。《宁海三门湾新区总体规划（2011—2030）》应尽快编制完成，各类专项规划抓紧开展编制，重点区块开展概念设计、城市设计及控制性详细规划的编制。由宁波市交通运输委员会委托宁波工程学院交通研究院负责编制的《宁波三门湾区域综合交通规划（2012—2040）》是指导区域综合交通发展的纲领性文件，是编制相关规划的重要依据。建设项目规划指标有效落实。对于交通、水利、能源等重大建设项目规划指标，宁海县都向省政府争取省级规划预留指标。同三高速宁海互通至沿海高速蛇蟠互通连接线宁海段一期于2008年争取使用省级规划预留指标16.5769公顷，二期于2012年争取使用省级规划预留指标23.3396公顷，71省道盛宁线宁海力洋至城区段改道工程于2013年争取使用新增建设用地省级预留指标49.9914公顷，基本农田省级预留指标18.9564公顷。建立各部门参与的综合协调机制。为保证各类规划编制工作和工程项目建设能统筹协调实施，县政府应加强对各部门的协调，建立有各部门参与的综合协调机制、规划的评估机制和动态调整机制，保障规划的编制和顺利实施。在一些重要交通基础设施的前期推进和建设过程中，建立定时的部门协商机制。

《关于垃圾回收问题的建议》提案 县住建局受理后，主要采取以下措施：在城区主要道路更换、新设分类果壳箱，补足城区道路所需分类果壳箱数。这些分类果壳箱上都有可回收、不可回收、烟蒂、电池等垃圾投放标识，并画有图案，方便市民认知的同时，增强市民垃圾分类意识。在安全生产月等期间开展宣传活动，展示图板、发放宣传册、环保袋等，来宣传垃圾再循环利用的知识、改善居民乱扔垃圾现象。2013年6月14日，县住建局到青少年宫摆摊宣传，继续发放宣传册、环保袋等，宣传垃圾分类。2013年下半年，将投入7万元，在电信大楼、太平洋国购外LED屏幕滚动播放垃圾分类宣传片，扩大宣传面，提升宣传效果。同时，投入3万元，在城区公共汽车候车亭处张贴宣传资料，宣传垃圾分类，普及垃圾分类的科学常识。县住建局和县教育局商定，把垃圾分类与环保知识走进校园、走进课堂，并把生活垃圾分类知识纳入学校德育教育内容。组织环保志愿者，到社区、公共场所开展垃圾分类宣传，参与生活垃圾分类活动，营造浓厚的生活垃圾分类、节约资源、保护环境的氛围。

《加强打击逃废行为，恢复宁海良好信用环境》提案 县委政法委受理后，主要采取以下措施：切实转变执法理念。县政法各部门深入研究当前金融机构不良资产持续上升、企业资金链风险日益突出等问题引发的各类矛盾和不稳定因素，准确把握加快金融改革创新、建设金融生态示范区的实质内涵、目标任务、具体举措，主动适应经济社会转型发展对执法司法工作提出的新要求，切实转变执法理念、改进执法方式，正确处理打击与保护、惩治与预防、管理与服务的关系，并按照“依法、主动、妥善”的原则，进一步加强领导、创新举措、健全机制，为保障金融债权安全创造安全稳定的社会环境、公平正义的法治环境、优质高效的服务环境。有效防范金融风险。县政法综治部门依托“网格化管理、组团式服务”，组织广大政法综治干部和法治促进员、和谐促进员深入村居和企业，全面排查金融领域的矛盾隐患，推动完善人民调解、行政调解、司法调解联动工作体制，切实将各类矛盾纠纷消除在萌芽、化解在基层。妥善处置纠纷案件。县法院根据目前金融纠纷案件类型多样化、法律关系复杂化、利益主体多元化的特点，正确处理鼓励金融改革创新和防范化解金融风险之间的关系，妥善办理涉及民间借贷、企业经营困难等引发的纠纷案件，有效运用兼并重组、债转股、破产重整等方式，依法稳妥处置企业资金链风险，着力减少各方损失、避免社会震动，确保银行不良贷款率控制在最低水平，保障金融安全；建立健全与相关部门的执行协作配合机制，深入开展金融债权案件执行专项活动，依法采取强制手段和信息曝光、限制高消费、限制出入境、鼓励社会各界有偿居保等反规避执行措施，进一步加大执行力度，切实提高执行效率和质量，依法保障金融机构的合法权益。严厉打击非法行为。县政法各部门按照严格、依法的原则，严厉打击非法集资、贷款诈骗、票据诈骗、保险诈骗、信用卡诈骗等金融违法犯罪活动，严肃查处金融领域职务犯罪，切实加大对罚金、没收财产等财产刑使用和赃款赃物追缴的力度，以维护良好金融秩序。强化舆论宣传保障。县政法部门结合执法司法实践，利用电视、电台、报纸等各类媒体平台和通过庭审直播、微博直播、召开新闻发布会等途径，加大对“金融生态”典型案例的公开曝光力度，以案说法，开展警示教育。

县政协九届四次会议上重点提案办理情况

《关于加快政府职能转移的建议》提案 县编委办受理后，主要采取以下措施：出台了向社会力量转移职能的指导性文件。对政府购买服务的主体、承接主体、购买内容、购买资金、购买计划、购买程序等内容作了规定。出台推进政府职能向社会力量转移的相关意见。其中包含了鼓励推进职能转移的几条措施，如：把转移职能工作列入目标考核，建立倒逼机制，每个部门每年新推出 1—2 项职能向社会力量转移，职能转移与控编、减编挂钩等。民政局发布了社会组织目录。上阶段印发的 3 批《具备承接政府职能转移和购买服务资质的社会组织目录》，共 145 个社会组织。凡经民政部门评定为 3A 级（含）以上评估等级，且在等级有效期内的社会组织，自然纳入具备承接政府职能转移和购买服务资质目录。并要求各级政府部门在选择承接政府职能转移和购买服务的社会组织时，应优先从民政部门公布的具备资质的社会组织目录中选取。县财政局已于 5 月 12 日出台《宁海县政府购买服务指导性目录》，具体内容分六大方面、18 个领域、160 多个项目。为做好职能转移和购买服务工作，县政府成立政府职能转移和机构改革联席会议、政府购买服务联席会议。日常工作分别由县编委办和县财政局承担。

《抢救性保护全县濒临损毁古民居的建议》提案 县规划局受理后，主要采取以下措施：启动全县历史建筑普查。为摸清家底，全面收集全县历史建筑基础资料信息，提出科学合理的分类保护措施，组织开展全县历史建筑普查工作。普查范围包括4个街道及14个乡镇，覆盖宁海全域。通过实地调研，了解掌握历史建筑现状保护情况，绘制建筑平面图纸，明确四至范围，并从历史文化价值、建筑风貌等方面进行评估。本次普查内容涵盖年代、类别、建筑规模、历史文化价值、建筑风貌、建筑质量、损毁状况、建筑结构、现状使用情况、现状权属等十个方面。预计本次普查工作将于年底完成。申请各级补助资金。申请市级财政5000万元的专项补助资金，共上报项目35个，包括规划编制、历史建筑保护修缮、历史建筑抢修三大方面，其中历史建筑修缮及抢修项目有29个。县文广新局投入了80万元的全县古建筑保护专项经费，专门用于补助全县范围内除文物保护单位、文保点之外的古建筑修缮维护等。推进保护规划编制工作。划定核心保护区、建设控制地带、风貌协调区范围，明确历史建筑及周边环境的保护要求、保护方式。前童镇、许家山村、清潭村已完成规划编制工作，龙宫村、西岙村已形成初步成果。梅枝田、东岙、力洋3个村庄的保护规划编制工作正在进行中。

《关于在阳光社区建造中心幼儿园的建议》提案 县教育局受理后，采取以下措施：根据县政府相关协调会议精神，街道、县教育局、县规划局、县国土资源局配合做好幼儿园选址等相关工作。会同街道落实园址，该幼儿园选址上金村村委会的东南侧，规划占地16.6亩，规划办学规模18班，幼儿可就学人数540名。该幼儿园是阳光社区、上金、下金等区域的配套公办幼儿园，建设项目经县政府批准，已列入2015年“学前教育提升计划”项目之一，2015年完成所有前期工作，2016年由县住建局完成建设任务。

《关于加大职业教育财政投入力度的建议》提案 县财政局受理后，主要采取以下措施：落实帮困助学系列政策，实现教育帮困助学从幼儿园到大学的全覆盖，其中全县中等职业教育免学费政策从2011年秋季学期起全面实施，爱心营养餐补助范围由义务段家庭困难学生扩大到包含义务段、中职、高中在内的困难学生及贫困乡（镇、片）所有学生，补助标准已提高到最高每人每年1500元（7.5元/人·天，一年按200天）。逐年提高生均公用经费定额标准，小学、初中生均公用经费分别由450元、650元提高到900元、1300元，完成“十二五”期间生均公用经费翻番计划，职业学校生均公用经费自2012年起已达到普通高中的1.8倍以上，2012年至2014年县中职教育生均公用经费分别为5325元、4959元和5728元，分别是普通高中的1.86倍、1.82倍和1.98倍。保障教师人员经费，建立教师与公务员待遇同步增长机制，落实“奖教惠师”政策，提高教师待遇，逐步缩小教师与公务员之间的待遇差距。支持开展义务学校标准化建设和学前教育提升行动，实施学校提质工程，提升学校硬件条件，提高办学水平。支持职业教育发展，分别投资1.95亿元和2.6亿元完成第一职业中学、技工学校的迁建。落实教师专业发展培训政策，加强校园安保力量建设，支持学校教学仪器设备更新，提升全县教育教学质量，改善办学条件，优化校园环境。逐年提高职业教育发展专项资金预算安排，2015年预算安排从2014年的200万元增加至300万元。

《要求增设警示牌对乱停车实行抄告处理的建议》提案 县公安局受理后，交警部门已在西店镇老甬临线与铁场东路交汇点周边施划路边停车位，设置警示标志。交警部门每日落实专门勤务，加强该路口的日常管理，指挥引导车辆、行人有序通行。加强与西店镇政府的沟通对接，落实中巴车站规划建设。增加高峰时段专管警力，严肃查处违法停车、加塞等交通违法行为，全力确保该路口畅通有序。

县政协九届五次会议上重点提案办理情况

《关于推进全县医联体建设，促进分级诊疗工作的建议》提案 县卫生和计划生育局受理后，主要采取以下措施：加大政府支持。在调研的基础上，按照《宁海县县级财政专项资金管理暂行办法》有关规定，做好医联体专项资金申请设立相关工作，进一步支持县级医院医师下沉、基层医务人员进修学习、引进先进设备及医疗信息化建设等项目。加强医院内部管理创新的同时，根据乡镇卫生院用编计划，适时予以调整。加快资源共享。加快医联体信息平台建设，逐渐形成资源共享、协调互动的整合型医疗卫生服务体系。例如，完整的健康档案；检查化验结果互认；直接预约医联体县级医院的号，先进医疗设备向医联体成员单位开放，标本直接进入辅助检查系统等。完善用人机制。在3家县级医院院长助理担任3家中心卫生院副院长的基础上，结合县域医疗资源分布不对等，县第一医院、县妇幼保健院、县中医院等3家公立医院各有专长的实际情况，尝试每家县级医院各派1—3名专家组建下沉专家团队，在区域医联体的中心卫生院中长期（至少半年）下沉技术力量。同时，鼓励重点科室名医定期到中心卫生院坐诊，进行传帮带，更好地促进医联体的健康发展。

《关于全面推进城乡水环境治理的建议》提案 县环保局受理后，主要采取以下措施：县环保局结合土地利用总体规划、城镇总体规划及其他规划，“多规融合”编制完成环境功能区划，并经县政府同意上报省政府批复。制定截污纳管专项行动计划。针对全县城镇截污纳管工程的现状，县大整治办、县治水办等单位负责牵头起草了截污纳管专项行动方案，扎实推进全县截污纳管工程建设，基本完成城镇污水截污纳管目标任务，2016年，启动建设城北、城南、长街、深甽、西店等区域50项150公里污水管网，提高污水有效收集率，新增污水处理量21300吨/日。启动沿河排污口规范化整治工作。根据省、市总体工作部署，开展沿河排污口现状排查，并按规范化设置，对非法排污口一律取缔，不符合要求的排污口按规范整治，全面推进工业、农业、生活等污染源治理。狠抓工业污染防治。编制实施“十三五”工业污染防治规划，巩固提升电镀、印染、造纸、化工等重污染行业整治成果，建立长效监管机制。启动开展酸洗磷化行业整治，2016年重点完成调查摸底和整治方案制定。狠抓农业污染防治。组织开展禁养区制度执行情况回头看，依法关闭禁养区内反弹复养的畜禽养殖场（户），推进年存栏生猪50头以下和水禽1500只以上养殖场的扩面整治；同时，积极开展循环农业，大力推广测土配方施肥40万亩次，商品有机肥2.1万吨，病虫害统防统治7.8万亩次。狠抓农村生活污水治理。继续推进农村生活污水治理工程。2016年计划完成99个村的建设任务。加强监管、科学治理。加大水环境监测力度。根据全县河道分布情况，对全县河道开展水环境监测，明确各河流水体的纳污总量，对污染物排放进行有效总量控制。加大水环境执法力度。要完善环保、公安、国土、水利等部门和供电、供水单位以及与检察院、法院的协作网络和联动机制，加强联合执法的整治行动。重点加强畜禽养殖、混凝土搅拌、采砂制砂等重点部位的执法工作。创新环境监管机制。设立乡镇（街道）环保办，推动环保工作向基层延伸，扩大覆盖面。积极培育环境治理市场主体，加大对环境污染第三方治理的支持力度，出台相关制度，加强第三方治理单位管理。继续扩大污染源在线监控系统建设范围，进一步提升科技监管手段。健全机制、长效治理。深化河长制。河长制是治水工作中的一大特色，要继续把深化“河长制”作为推进治水工作的有力抓手，把河长履职到位作为重中之重，积极探索、创新完善“河长制”管理办法，大力推动“河长制信息化管理系统+河长制”APP及微信公众平台等相互结合的河长制信息系统，真正促使河长尽职履职，发挥治水效能。完善河道联防联治体系。建立完善上下游同治等机制建设，强化上下游河长工作交流，凝聚治水新合力。完善治水管理机制。加大治水工作考核，继续实施乡镇河流交接断面水质考核管理办法，把水环境质量改善作为考核的重要依据。建立健全农村生活污水长效运行维护机制，探索水环境生态补偿机制。畅通投诉举报渠道，完善信息公开机制，强化社会舆论监督，营造全社会广泛参与清水治污工作的浓厚氛围。

《关于建立长效机制巩固“三车”整治成果的建议》提案 县公安局受理后，主要采取以下措施：彻底整治人力三轮车非法营运。由于前期对未回收的营运人力三轮车在城区非法运行，由交警部门按照“非机动车不按照交通信号通行”予以罚款20元的处罚，执法效果较差。为加大打击力度，经县法制部门商讨，决定对人力三轮车在城区非法运行的行为，由交通公管部门以非法营运予以查处，加大人力三轮车违法成本，倒逼其退出城区营运。加强“三车”源头管理。由市场监督管理部门加强对“三车”销售点的检查，加大对销售非法改装、拼装机动车违法行为的查处力度，督促落实对消费者告知义务，在商店醒目位置张贴电动三轮为机动车，车辆需上牌、驾驶人取得驾驶证才能上路行驶，最大限度减少“三车”增量。全面规范“三车”在整治区域内运行。2016年6月至7月，对整治区域内的“三车”进行全面规范，禁止社会自用电动三轮车在整治区域内运行，对环卫、快递、再生资源回收等行业的电动三轮车按照“三统一”（即统一登记管理、统一外观标识、驾驶人统一考证上路）进行全面规范。在全县范围内严禁“三车”违法载人。同时，充分发挥“三车”联合执法队作用，加强“三车”违法行为打击查处，维护良好交通秩序。加强宣传教育。发挥电视、报纸、网络等媒体平台作用，宣传“三车”危害，引导群众合法使用“三车”。加强安全驾驶技能的宣传，教育驾驶人文明驾驶、安全驾驶。

《关于加强出租车管理的建议》提案 县交通运输局受理后，主要采取以下措施：县公管所专门成立出租车稽查小组，对全县278辆出租车采取定期不定期方式进行检查，对每辆出租车至少检查一次。同时，加强对火车站现场管理，专门抽派6位执法人员进行现场执法，切实维护全县出租车客运市场秩序。根据《宁波市出租汽车客运管理条例》及相关配套文件，出租车驾驶员服务质量考评实行从业资格证计分管理制，计分基准分值为20分。对于出租车驾驶员的违法违规行为，除给予行政处罚外，还对其从业资格证实行累计计分。在考评周期内，出租汽车驾驶员服务质量得分计至0分的，其从业资格证失效。驾驶员应当在计至0分之日起15日内，到从业资格管理档案所在地有培训资格的机构，接受不少于18个学时的出租汽车法规、职业道德和安全营运等培训，并凭培训合格证明到出租车管理机构办理清除计分手续。完成计分清除手续后，其从业资格证恢复使用效力。县公管所每年对全县出租车驾驶员进行一次全员培训，培训主要内容：法律法规、职业道德、服务规范、安全知识等，每月企业还会安排例会进行教育培训，每两年实行驾驶员继续教育。通过上述教育培训，不断提高驾驶员整体素质，提升行业形象。加大宣传工作，县公管所通过新闻媒体和网络等形式宣传出租车有关知识、好人好事等。同时，每月对违法违规驾驶员以通报形式在网站上公布。通过这些形式加大对出租车的行业管理，减少出租车违法违规行为，提升行业形象。全县出租车使用年限规定一般为4年更新一次，确保车辆技术状况良好，车容车貌整洁。

《关于在全县小学生中开展学习经典的建议》提案 县教育局受理后，主要采取以下措施：扎实推进“中华经典诵读”工作。县教育局2013年印发《宁海县教育局2013—2015年度经典诵读实施方案》，就开展经典诵读活动提出明确要求。以教育部、国家语委、中央文明办编写的《中华颂·国学经典诵读》读本为指导，编写了《中华经典诗文诵读推荐篇目目录》，供各校在诵读活动中参考使用。开展中华经典诗文进校区、进课堂等系列活动。用诗文、诗画、学生亲笔书画的名言佳句装点学校橱窗、走廊、墙壁等，开展“课前吟一吟”活动，做到熟读成诵。开展“读国学经典，育道德人才”实践活动，结合课堂对名句名篇进行讲解让学生在理解中甄别，在甄别中取精华去糟粕，组织各种形式的道德实践活动，做到读、行并举。举办“读书节”“读书周”系列活动，以节日为契机，加强学生对民俗传统的认识。县教育局每学年组织一次经典诵读表演、知识竞赛或征文比赛，对各校诵读开展情况进行调研和评估。2014年度宁海县中小学生“中华经典诵读”比赛中，小学组参赛率达100%，其中实验小学教育集团城南校区、第二实验小学、金阳小学、实验小学教育集团城西校区、华山小学获得一等奖。中华经典诵读已纳入基础性课程序列，这为国学教育普及提供了保障。

县政协十届一次会议上重点提案办理情况

《关于扶持全县跨境电商发展的建议》提案 县商务局受理后，主要采取以下措施：进一步强化组织领导。围绕全县“大脚板走一线、小分队破难题”助推“五优并进”专项活动精神，坚持以上率下、示范带动、沉入一线、走入现场，针对宁海跨境电商领域重点开展调研，摸清全县跨境电商发展现状，理清发展思路，有的放矢地加快推进。完善政策扶持。根据《关于下达2016年度宁波市商务促进（2016年度省级试点）专项资金的通知》(甬财政发〔2016〕1148号）文件精神，针对200万元产业集群跨境电子商务发展试点补助资金，加快修编相关扶持政策工作进度。同时，细化《关于进一步优化产业政策加快转型升级的若干意见》（宁党发〔2017〕19号）文件，为企业落户提供有力保障。重视平台培育。加快跨境电商产业园、颐高双创园建设，重点培育自建平台、电商应用、电商服务三类跨境电商企业，着力构建创业、培训、融资、物流等平台，加快全球贸易通、拓拉斯等电商服务平台的入驻进程，建立全县统一的跨境电商公共服务平台，形成跨境电商平台体系化建设。进一步加快企业应用步伐。依托文具用品出口基地产业集聚优势，利用跨境电商平台成熟的电商网络、技术、管理及品牌优势，研究建立跨境电商孵化中心，推动线下庞大的传统企业向世界各地推广特色优质产品，从而形成传统与在线相结合的宁海产业带，将成为全县外贸出口增长的秘密武器。加大人才支撑。坚持以发展跨境电商需求为导向，围绕产业链、科技链打造跨境电商人才链，积极培养高层次和高技能的跨境电商人才队伍。加强与专业院校、跨境电商平台企业的交流与合作，确保顺利举办“2017全球跨境电商网络营销大会宁海峰会”，切实提高人才的专业化、市场化及国际化水平。

《关于全面推进生态河网建设，助力海绵城市创建的建议》提案 县水利局受理后，主要采取以下措施：建立监管机制，确保河网建设生态化。县水利局与规划部门联合制定城区河网建设总体规划，设定河道治理生态的标准，严把审批关，协调实施单位切实落实生态措施，实现河道的综合功能。强化设计理念，科学构建河流生态系统。对水环境实施生态修复，结合城市景观规划，以“水”和“绿”作为空间基质，融入景观的“人性化设计”，丰富流域景观要素和提高区域生物多样性，县小流域治理工程全部按照生态、景观、休闲、安全四位一体的理念进行设计，秉承最小干预、风貌梳理、镶嵌式设计、可持续开发四大策略，统筹考虑，分步实施。保障资金落实，切实推进项目落地。县水利局高度重视生态河网建设，在“十三五”期间，计划建设25条小流域，项目通过整合已经县人大批准，被列入县重点工程，整治河道56公里，整治排洪渠7.8公里，项目估算总投资71178万元，项目建议书已通过县发改委批复。排定年度计划，改造与新建分类推进。2016年县水利局投资3864万元，对南门大溪进行亲水改造，重点建设洋溪亲水平台与岸线建设，全长约1.2公里。洋溪亲水平台通过对洋溪滨水游步道的改造，以亲水、戏水为主题，打造了一个现代与乡野共生、活力与生态并存的带状滨水空间，提升了洋溪两岸活力，充分展现了“与水为邻”的设计理念。6月2日，宁波市生态小流域治理工程现场会在宁海举行，对宁海县率先设立示范以点带面，坚持“生态优先”理念推进生态小流域治理，将西店镇的五市溪和桥头胡街道的汶溪首先在满足防洪的基础上，线型设计尽量满足自然弯曲的河岸线要求，尽量维持原有的形态进行设计，严禁两面光。

《关于在全县城区实施禁止或限制燃放烟花爆竹的建议》提案　县公安局受理后，主要采取以下措施：探索城区局部禁放。按照《烟花爆竹安全管理条例》第28条规定，县级以上地方人民政府可以根据本行政区域的实际情况，确定限制或者禁止燃放烟花爆竹的时间、地点和种类。县公安局会同安监、环保等部门，到海曙、江北、鄞州、高新园区等地，就烟花爆竹管理和禁放各方面工作开展全方位学习调研。在此基础上，提请县政府出台相关通告，限定城区烟花爆竹燃放区域和燃放时限，设立几个集中燃放点，引导群众在规定区域燃放烟花爆竹，做到既照顾传统节日、婚丧习俗，又减少扰民事件、安全事故的发生。加强安全监管力度。坚持每月一次常态化检查和重大节日节前必查的安全监管措施，不断加强对非法生产、运输、销售烟花爆竹行为的打击查处，严防发生烟花爆竹安全事故。每年年底，在烟花爆竹使用高峰期，会同安监、市场监管等部门，安排足够力量，开展烟花爆竹联合执法检查行动，确保各项监管措施落实到位。2016年年底，通过联合执法，共销毁各类非法烟花爆竹1000多箱。同时，严格落实派出所职责，积极发动乡镇（街道）、村（社区）干部和物业保安，及时掌握辖区企业、单位各种庆典信息，加强对居民小区内举办婚事、丧事的事前劝阻和事后教育工作，减少在深夜、人群聚集地、易起火地燃放烟化爆竹的现象。对不文明燃放烟花爆竹或违规燃放烟花爆竹存在安全隐患的，及时落实教育、警告措施，对燃放烟花爆竹过失造成居民人身伤亡或巨大财产损失的，依法追究当事人法律责任。加大文明宣传力度。借助电视、广播、报刊、网络等各类媒介，加强对文明、安全燃放烟花爆竹的宣传，争取市民的支持和配合。加大烟花爆竹安全管理法律法规、安全燃放知识的普及力度，在小区、商场、车站等场所的电子显示屏上滚动播放《公安部治安管理局燃放烟花爆竹安全提示》，并发动社区民警主动上门，将《公安部治安管理局致全国烟花爆竹从业单位的一封公开信》送到辖区每一个烟花爆竹运输、批发、零售企业负责人手中，进一步提高烟花爆竹宣传的覆盖面和影响力。同时，通过公约形式，引导村（居）民委员会和物业等组织，约定本区域内燃放的烟花爆竹种类、规格和燃放的时间、地点，做好燃放安全提醒和防范工作。

《关于加快推进截污纳管工程　建设污水零直排区的建议》提案　县环保局受理后，主要采取以下措施：统筹规划、合理布局。积极开展城镇设施普查，于2016年上半年完成宁海城区地下排水管线普查招标工作，10月完成全部普查工作，11月完成资料收集和整理。立足“长远管理，长效建设”，按照“治水剿劣”和“污水零直排区建设”相关工作的统一部署，整合原有的雨水管网、污水管网以及城镇污水处理厂等排水相关规划，县综合执法局委托宁海县规划设计院编制《城镇污水处理专项规划》，通过专项规划的编制科学指导全县加快城区截污纳管工程，尽快实现排水雨污彻底分流。健全机制、强化管理。一方面，加快推进排水许可制度的覆盖，力争用2年的时间完成城区排水许可全覆盖，通过“以证为守”，将排水许可证作为防御违法排水和保护市政排水设施的堡垒阵地，审批实行“宽进、严管、逐步提升”，将排水户尽早纳入排水管理中来。另一方面，加强污水管网运维养护工作，县综合执法局作为排水行政主管部门，从2016年开始进行全面接收、移交工作，常态化开展城区排水管网管道内窥镜检测和清淤疏通工作，打通断头管、修复破损管、纠正错接管、改造混接管、疏通淤积管。综合施策、统筹推进。出台宁海县剿灭劣V类水工作实施方案，污水零直排区建设实施意见和治水项目攻坚行动方案等一系列政策文件，做到行有目标、做有抓手。设立剿劣指挥部和作战室，制定剿灭劣V类水、污水零直排区建设作战图等，强化剿劣的科学性、实效性。综合采取“截、清、治、修”四大工程，统筹推进河道综合整治，2017年计划投入13.2亿元实施首批142个剿劣和污水零直排区建设项目（完成98个）。截至4月，开工建设78个，完成投资2.7亿元。同时，按照县委、县政府提出的“奋战300天、消灭V类水，提前建成污水零直排区”，全县上下联动推进，县委书记杨勇和县长林坚带头，县级领导主动担当困难最多、难度最大、情况最复杂的最劣河道的河长，改联系制为责任制。县人大、县政协把治水作为履职的中心和重点，开展人大代表视察和政协委员“干、查、督”大行动。团委、妇联等也积极开展青春治水、共建美丽沟渠等系列活动。同时，充分发挥新闻媒介作用，主动开设记者视点、今日曝光等专栏，自我曝光11次，并以微信红包奖励等方式，广泛发动群众随手拍，形成全社会参与、全方位监督的浓厚氛围。

《关于适时调整城区公交车火车站站点的建议》提案 县交通运输局受理后，主要采取以下措施：邀请县规划中心、县铁路指挥部、县交通集团相关人员，召开了协调会，并形成会议纪要：决定抽调115线、116线公交车至火车站（原公交车终点站）作为终点站，并在新客运中心出口两侧处设立公交停靠点，方便乘客在新客运中心到火车站之间换乘。原公交车终点站由交通集团负责改造，进行路面平整。计划于6月中旬完成路面改造，待路面完全硬化后，将115线、116线公交车停至原公交站点。增设火车站前广场人行通廊，目前已完成设计方案，将抓紧施工，为往返乘客提供遮风挡雨的设施。完善汽车站至火车站沿途的引导标志，尽可能做到位置醒目，指引清晰。气象北路和北斗北路单行线，由于暂时没有公交专用道，考虑安全因素因此无法在此道路通公交车。根据新单行线通行方案，督促公交公司及时优化相应的公交线路，满足群众出行需要。

第三节　提案选例

县政协八届一次会议以来，立案提案中，选录有代表性提案54件。

《切实加强食用产品管理使群众吃得放心》提案 章兆林委员在2007年2月县政协八届一次会议上提出，切实加强食用产品管理，使群众吃得放心。县食品药品监督管理局于2007年5月复文：县政协八届一次会议期间，您要求对食品生产企业实行准入管理、加强出厂食品检验、严格食品生产企业和政府食品监管部门责任等建议，县食品安全监管部门主要采取了以下三项工作措施：加大食品加工环节市场准入力度，规范食品生产秩序。着重从三个方面加强食品生产企业质量监管。通过严格食品市场准入，引进优胜劣汰机制。两年来，全县已完成大米、食用油等28类食品生产企业QS认证，先后共有34家企业获得了食品生产许可证，获证企业食品抽检合格率达到了94%，2007年将继续启动豆制品等7类食品市场准入工作。通过严格实施QS认证，促使企业改进食品生产条件，提高出厂食品质量，淘汰不合格食品生产企业。通过扶优扶强、企业兼并组合等手段，加大食品小作坊分流整治力度，提升食品生产企业档次。先后与47家食品小作坊签订了质量保证承诺书，按照A、B、C、D四个食品风险安全等级实施分片定责管理。截至2006年年底，全县食品小作坊从分流整治前的47家减少到34家，每个企业平均销售额从8万提高到15万元，产品合格率达到86%，比整治前提高6个百分点。通过建立重点食品企业信息数据库，落实重点食品企业扶优扶强政策，推动重点企业做大做强，全县22家食品龙头企业销售额7.7亿元，占全县食品企业总产值的70%，产品合格率达到93.2%，提升了食品企业质量水平。加大无证无照食品生产企业的查处力度。通过进村入企入户普查，全县核查出无证无照食品生产企业135家，积极引导帮扶条件较好的企业获证获照，限期关闭不符合生产条件的食品加工点，这项工作2007年已全面启动。增加食品检测经费投入，提升食品安全监管能力。各食品监管部门从全县实际出发、制定了食品种植养殖、生产、流通、消费各个环节的检验检测工作计划。全面落实食品生产企业和监管部门责任主体。2006年，为落实食品生产企业和食品安全监管部门的安全责任，县政府下发了《关于进一步加强食品安全工作的实施意见》和《食品安全责任制和责任追究制实施方案》，明确了企业法人是食品安全的第一责任人，各乡镇（街道）人民政府和各食品安全监管部门的主要领导是本辖区食品安全监管工作的第一责任人，分管领导是直接责任人，形成一级抓一级、一级对一级负责的责任体系，真正把食品安全监管责任层层分解落实到位。

《尽快建立出台我县城镇居民医疗保障制度的建议》提案　叶玉葵委员在2007年2月县政协八届一次会议上提出，建议尽快建立出台全县城镇居民医疗保障制度。县劳动和社会保障局于2007年6月复文：近几年随着全县社会经济的发展，社会保障制度逐步建立。特别是随着新型农村合作医疗制度和城镇职工基本医疗保险制度的实施，全县95.57%的农村户口和绝大多数城镇职工纳入了医疗保障范围。但是，在城区范围内仍有部分人群尤其是一些老年居民和未成年人未纳入保障范围。对他们的医疗保障问题，县政府十分关注和重视，县劳动保障部门也已经从解决城镇老年居民、未成年人、丧失劳动能力的残疾人和其他城镇非就业人员医疗保障问题着手进行调查、测算。2007年已提出了《宁海县人民政府关于建立城镇居民医疗保障制度的意见（试行）》（征求意见稿），争取在2007年10月1日开始出台实施。

《加强基础能力建设，促进我县职业教育快速发展》提案　叶亚珍委员在2007年2月县政协八届一次会议上提出，加强基础能力建设，促进全县职业教育快速发展。县教育局于2007年6月复文：近年来，全县职业教育在县委、县政府领导的重视下，在社会各界的关心支持下，尤其是在县政协的关心、支持与帮助下，发展较快，也取得了一定的成绩，得到市长毛光烈的多次表扬和肯定，在全市与全省都有一定的影响。宁海县职业教育充分发挥以县财政投入为主渠道的作用，保证职业教育经费投入逐年增长。中等职业学校生均经费按高于普通高中的1.5倍安排；每年至少安排1000万元的职业教育发展专项经费，重点用于特色优势专业建设、实习实训基地建设、专业教师培养、紧缺人才培养；教育费附加用于职业教育的比例不低于30%。按照相关规定，县内各类企事业单位按职工工资总额的2.5%的比例，提取职业教育经费，统筹用于职业教育发展。一职高迁建工程已进入实质性建设阶段，正在开展征地工作，预计不久后将建成投入使用。2006年，投入1500万元建设宁海县职业教育创业园区，目前基建工程已经完成，正在添置设备。县教育局启动了《宁海县职业学校师资队伍建设行动计划实施办法》，对职业学校全体专任教师采取集中培训与校本培训相结合，实施全员培训，提高教师素质与能力；根据浙江省职业教育“六项行动计划”，每年选派教师参加高技能培训。力争到2007年年底，全县75%以上的专业课教师取得中级工及以上职业资格证书；到2007年年底，全县有90名专业教师取得高级工及以上职业资格证书，使高技能“双师型”教师在专业课教师中的比例达到35%以上。

《关于切实重视农产品绿色安全的建议》提案 魏章焕委员在2007年2月县政协八届一次会议上提出，切实重视农产品绿色安全的建议。县农林局于2007年7月复文：农产品质量安全事关人民身心健康，关系社会稳定，就进一步加强农产品质量安全工作抓好以下几个方面：1. 进一步加强领导，明确责任，重点做好初级农产品的生产与源头管理。农产品质量安全工作由副局长何日初负责，有关职能科室、事业站根据各自的职责，具体负责农产品产地产品认证，农业标准化生产技术推广、农业投入品源头管理、初级农产品质量监管等，完善初级农产品质量全程管理机制，构建有效的检测监管体系。2. 发挥地方资源优势，进一步扩大无公害农产品基地规模，提高全县有机、绿色农产品的比例，增强农产品的市场竞争力。截至2007年5月，宁海县已有有机食品5个，面积8267亩，产量700吨；绿色食品6个，面积10105亩，产量7650吨；无公害农产品49个（不包括水产品），面积25.8万亩，产量9万余吨；但与生态县建设还有距离。今后，县农林局要依托宁海县的山海资源优势和农产品品牌优势，做好特色文章，重点做好茶叶、竹笋、优质稻米瓜菜、畜禽等农产品的基地建设，提高全县农产品的市场竞争力，增加农民收入。3. 加大投入，梳理政策，宣传政策，确保农产品安全财政扶持资金逐年递增。农产品质量安全扶持政策与农产品基地建设、动植物防疫、新农村建设、农业产业化建设政策有许多共同的明确意见，要对现有政策进行梳理，进行有效的宣传与鼓励，促进绿色、有机农业的发展。

《关于加强地区科技竞争力的若干建议》提案 叶建华委员在2007年2月县政协八届一次会议上提出，加强地区科技竞争力的若干建议。县科技局于2007年6月复文：关于企业自主创新能力建设。县委县政府以创建科技强县为突破口，把加强企业自主创新能力建设作为县域科技工作的重要方面来抓，2006 年出台了《关于加快提高自主创新能力建设创新型宁海的若干意见》等政策，提出一系列促进企业自主创新能力建设的政策措施。宁海县有 64 个项目被列入市级以上各类科技计划项目类别，其中 14 个项目被列为国家各类科技计划项目类别。至 2007 年，拥有县级以上企业工程技术中心 46 家，其中市级 6 家，省级 5 家。围绕打造模具强县目标的若干建议，主要措施有：一是促成宁海模具城有限公司和中国计量学院合作成立模具检测中心的初步意向，该中心将投入近 800 万元建设资金，以中国计量学院为技术依托，建成后将为宁海及周边地区提供模具检测服务，促进模具生产技术的提高。二是引进国家产学研激光技术中心宁海产业基地，该中心以北京工业大学为技术依托，拥有强大的科研力量，具有先进激光设备及相关检测仪器，通过激光焊接与表面强化技术，显著提高模具表面的耐磨性、耐腐蚀性以及抗疲劳性，显著提高模具的使用寿命和经济效益。三是促进宁波凯博公司与中科院固体物理研究所合作开发纳米技术改性硬质合金刀具，争取提高刀具的强度和韧性，从而延长刀具的使用寿命。四是支持志信热处理中心建设，引进兵科院宁波分院的新技术，成功突破了困扰模具业发展的热处理技术瓶颈，解决了复杂模具的热处理难题。

《关于要求建立新型城乡居民养老保险制度》提案　韩向民委员在 2008 年 2 月县政协八届二次会议上提出，要求建立新型城乡居民养老保险制度。县劳动和社会保障局于 2008 年 5 月复文：县劳动和社会保障局前期已开展了调查，针对城乡居民养老保险制度和总体方案正在设计制定之中，要求：一是按照个人、政府等多方负担的原则，建立起以个人缴费为主、政府适当补贴的筹资机制。二是城乡居民养老保险待遇水平既要让参保个人能接受、政府财力能承受，又要根据不低于城乡居民最低生活保障线（城镇居民 300 元/月，农村居民 180 元/月）的要求，合理确定缴费标准和待遇水平。三是建议把此项民生工作列入政府重中之重的工作，在政策出台后，通过各级政府和职能部门的引导和宣传等措施来推进实施。

《关于努力改善城市道路交通状况》提案　吴生贵委员在 2008 年 2 月县政协八届二次会议上提出，交通不畅的现象日趋严重，为改善全县道路交通状况，提出科学合理规划等具体建议。县政府办公室于 2008 年 6 月复文：2008 年，县政府将继续把解决城区停车、行车难问题作为一项重要的民生工程抓实抓好，不断改善城区的道路交通状况。1. 加强规划。一是县规划部门在总体规划、控制性详细规划等层面规划编制中加强了城市停车场规划，编制了城市公共停车场专项规划，并根据宁海实际情况，提出了以配建停车泊位为主、公共停车场（库）为辅、路上停车为补充的城市静态交通系统。二是交警部门根据城市总体规划，编制了《宁海县城区近期道路交通组织管理规划与设计》，以改善城区近期交通状况。三是交通部门分别于 2005 年和 2006 年编制了交通总体规划和城市公共交通规划，已按规划组织实施。城区交通、城管设施以县建设局为主负责建设，为避免无序建设和道路的重复开挖，出台了《宁海县城区地下信息管道集约化建设管理意见》，实行统一规划、统一建设、统一开发利用、统一维护管理。2. 加强停车建设管理。一是进行画线停车。根据全县城市地理形状特点，对南北走向的主要道路两侧禁止停车。对东西走向道路，在不影响道路正常通行的前提下，进行画线停车，交警大队对正学东路、中山东路、跃龙路等主要道路非机动车道及桃源路、天平路、新世纪大酒店西侧小路、安居巷、龙珠大厦西侧道路等支路增划了停车位，增加停车泊位450个。二是进行人行道改造。县建设局、交警大队完成了桃源路（正学桥西）、正学东路（华苑小区）、桃源路（人才市场、移动公司）、中山东路（县人民法院）、天广路等人行道降坡改造，增加停车泊位约400个。三是进行联合执法。由城管、交警共同组成联合执法队，加大对违章停车的执法力度。3. 加强行车管理。县交警大队委托无锡市同济交通科技咨询有限公司对汽车总站门口一带、人民路与气象路交叉口等城市主要节点、道口进行了交通组织方案设计。目前，汽车总站门口一带、人民路与气象路交叉口交通改造已完成，通过设立信号灯、中间隔离栏及道路改造等措施，其交通状况有了明显的改善；并根据实际情况，对部分路段实行单行线，如禁止从人民路左转进入气象路，对县府大院前的县前街实施车辆单向通行等。4. 加强宣传教育管理。县广播电视台开设专栏，对停车行车文明行为进行宣传，对不文明行为进行曝光。县交警大队加强对文明行车的教育宣传，3月下旬县委组织部、县文明办、县直机关党工委联合组织全县上千名机关党员干部开展了“保畅通、创文明、树形象”活动，从3月20日至4月2日的上下班高峰期间，在城区28个灯控路口安排机关党员干部上路维护交通秩序，劝导行人遵守交通规则；从4月3日起，交警部门与跃龙街道联合开展了“交警社区共携手、共创交通文明岗”活动。通过上述活动，增强了全民交通安全意识。5. 加强残疾人机动轮椅车和人力三轮车管理。成立了县加强城区道路交通秩序管理领导小组和联合执法小组，在城区开展了残疾人机动轮椅车、人力三轮车和电动自行车集中整治活动，使城区交通秩序得到一定程度的改善。6. 加强马路摊贩管理。一是加强执法。县城管局按片区落实管理责任，加大执法力度。二是做好早、中、晚空当时间管理。三是督促临街经营户落实门前责任区责任，要求经营户对流动设摊行为进行劝阻并及时与城管局片区责任人联系。

《关于缓解我县中小企业融资难的对策建议》提案 工商联在2008年2月县政协八届二次会议上提出，关于缓解全县中小企业融资难的对策建议，提出要加强对中小企业的诚信教育管理，建立健全中小企业诚信激励和约束机制，加大对若干信用担保的扶持力度等。县经济发展局于2008年6月复文：针对目前全县中小企业融资难的问题，县委、县政府在以下方面给予重视：出台有利于企业发展的工业扶持政策。近几年，县委、县政府相继出台了《中共宁海县委、宁海县人民政府关于加快工业经济发展的若干意见》（宁党发〔2006〕2号）、《中共宁海县委、宁海县人民政府关于加快工业经济发展的若干意见》（宁党发〔2007〕29号）等扶持政策，每年安排一定的补助奖励经费，引导企业开展技术改造、自主创新、平台创建等。大力支持中小企业信用担保体系的健康发展。通过对企业技术改造，新产品开发、品牌创新等进行财政补助手段，引导这些企业引进高档设备提升和改造传统产品，提高产品附加值。对于符合产业政策、符合环保节能标准的企业，金融部门将给予更多的信贷支持。缓解企业融资难问题。2008年，宁海县对县中小企业担保中心增加1000万元资本金，加上县担保中心在自身积累中转增资本1000万元，2008年注册资金已达5000万元，在一定程度上缓解了企业贷款担保困难。在从紧的背景下，人民银行明确提出了加强对“三农”下岗失业人员小额担保贷款等弱势产业和弱势群体信贷支持的要求。

《关于加强外来务工人员公共卫生管理的建议》提案　王声旺委员在2008年2月县政协八届二次会议上提出，要加强重视外来务工人员的公共卫生管理和教育。县卫生局于2008年6月复文：县卫生局多次组织相关人员开展相关工作，前阶段主要做了以下工作：1. 加大外来人口聚集地的健康教育工作，组建了健康教育讲师团，上半年已开展92次宣讲活动，约5000人次接受了教育，发放宣传资料4000余份，提高了外来务工人员的健康意识。2. 积极开展环境卫生整治，开展第20个爱国卫生月活动，清除垃圾4513吨，取缔露天粪缸120只，新建卫生厕所65座。3. 县委出台了《关于加强外来务工人员服务与管理工作的意见》（宁党〔2008〕5号）文件，对外来务工人员的公共卫生管理更加重视。4. 2008年，县政府专门建立了6元/人的医疗救助专项资金，用于低收入人群的医疗救助。

《加强青少年道德建设》提案　王姝允委员在2008年2月县政协八届二次会议上提出，要加强青少年道德建设。县教育局于2008年5月复文：青少年是祖国的未来，培养德智体全面发展的学生是我们教育工作的一贯目标，一直以来，我们始终以学生为本，把学校的德育工作放在首位，全面推进素质教育，加强爱国主义教育和良好行为习惯教育培养。1. 结合传统节假日，积极开展思想道德宣传教育实践活动。利用各种法定、传统节日（劳动节、国庆节、清明节等）杰出名人的诞辰和重大事件纪念日（红军长征、“七一”、“八一”等），以及未成年人的入学、入队、入团等重要时机，举行各种庆祝、纪念活动或必要的仪式，集中开展形式多样、生动有益的实践活动，引导青少年学生学习先进人物，弘扬民族精神，增进爱国情感，提高道德素养。从2003年开始的“中小学生身边的榜样”评选、宣讲、演讲活动，让中小学生学习身边的优秀人物，在中小学生中引起广泛影响。2. 为提高学生家长的教育水平，形成教育合力，建立完善工作机制，与妇联联合制定下发《关于申报“宁海县示范家长学校”的通知》《关于印发宁海县家长学校教学大纲（试行）的通知》，并开展家长学校自查评估，考核授牌、通报表彰。为提高母亲素养，从2007年开始在全县实施“母亲素养工程”，计划用5年时间对1万名子女在18周岁以下处于婴幼儿期、少儿期、青春期的母亲群体开展继续教育活动，以改善母亲多方面的素养，提高育儿水平。3. 学生的成长和发展是受学校、社会、家庭三方面教育影响的。全县各校切实加强了班主任及任课教师的家访工作，每学期至少召开一次家长会，建立了家长联系卡、联系册，实行中小学生思想品德评价结果家长签阅制。大部分中小学还成立了家长委员会，强化学校教育与家庭教育的联系与配合。为了转变家长的教育观念，提高家长的教育水平，很多学校印发了《家庭教育行为规范》等资料，定期开展活动、举办各类讲座，组织经验丰富的中队辅导员与家长交流、沟通，并提供教育孩子的方法与策略。此外，县教育局积极邀请优秀家长作经验报告，聘请社会名流向家长“传经授道”“家校绿色通道”的开辟，不仅培训了家长，提高了家庭教育水平，也使家长对学校的教育方式、教学目的、教育过程心中有数，有力地推进了家庭教育中的德育工作。

《关于对宁海至黄坛新建公路道口过多亟待整改的建议》提案 严再望委员在2009年2月县政协八届三次会议上提出，宁海至黄坛新建公路道口过多亟待整改。县交通局于2009年5月复文：非常感谢对甬临线存在安全隐患的关注。由于该段公路沿线已街道化，工厂、企业沿路密布，在建成后大大改善行车畅通、便捷的同时，因设置了钢护栏，对沿线村庄的生产和生活以及企业集装箱车辆的进出也带来一定的不便，为此相关村庄和企业等要求开设进厂缺口呼声强烈。因此，在钢护栏封闭施工中受到了多方阻挠，难度很大，虽然在跃龙街道、黄坛镇等当地政府配合下甬临南线指挥部做了大量工作，除部分缺口已封闭外，至今还有70多个缺口尚未封闭。指挥部已落实了相应的安全措施，如限制行车速度、增加温馨提示牌、增设减速橡胶带、放置防撞桶及彩色带等。同时，交警和路政大队也加大了巡查力度，沿线镇、街道在道口设置了监督岗，以确保行人横穿公路安全。针对该段公路缺口不能封闭的安全隐患，县领导也非常重视，2008年9月至2009年3月期间，由县政府办公室牵头，县安监局、交警大队、黄坛镇、跃龙街道等单位进行了7次协调。2009年3月13日，县政府分管领导亲自主持召开了甬临南线封闭钢护栏的协调会。已明确要求增设红绿灯、在主要道口设高杆灯增加亮度，同时召开一个封闭缺口的专家论证会。4月20日，根据3月13日县政府协调会议精神，全线开设道口方案通过了有关单位和专家论证，将通过开设部分活动道口来满足企业的需要。下一步对要封闭的部分缺口进行保护性施工。目前正在进一步完善保护性施工方案，计划近期进行封闭施工，以消除该段交通的安全隐患。

《要求设立县级企业贷款周转专项资金组织》提案 胡金学委员在2009年2月县政协八届三次会议上提出，设立县级企业贷款周转专项资金组织。县府办于2009年6月复文：为切实解决中小企业发展中的资金周转难题，经县政府研究，决定建立宁海县兴宁中小企业发展促进中心，并由县财政出资设立专项应急资金，用于解决企业的银行贷款到期周转，稳定企业正常生产经营，促进全县经济社会平稳较快发展。宁海县兴宁中小企业发展促进中心已经工商登记注册，资金运作规模为1亿元，由政银联动，资金实行封闭运作，专为县内企业解决县内银行贷款到期转贷难问题，有效遏制民间高利。

《加强支农资金的监管，规范支农资金的使用》提案 戴正委员在2009年2月县政协八届三次会议上提出，要加强对支农资金的监管，规范支农资金的使用。县财税局于2009年6月复文：财政支农资金由农口各局与财政局共同管理，农口各局负责分配资金、管理项目，财政局负责安排预算、划拨资金。支农专项资金下拨，由项目单位根据政策提出申请，农口有关局审核讨论确定，财政局按照文件将资金下拨到项目单位。为了管理好财政支农资金，财政局主要采取以下管理措施：1. 加强计划管理。一是提高计划安排财政参与度。发挥财政监督作用，加强支农资金结构调整，优化财政支农结构，支农资金增加部分主要投向农业基础设施、新农村建设、农业产业化和扶贫开发等方面，使资金投向由“天女散花”向重点项目转变。二是规范审批程序。将农发基金、水利资金安排计划提请县政府常务会议审核通过，农林、水利部门预算内专项资金上报县人大批准确定后执行。三是规范执行。不经审批确定，一般不得任意更改使用渠道，确保专款专用。2. 加强拨款管理。加快拨款方式的转变，原拨款方式是财政—部门—乡镇—项目单位，现在实行三种方式：一是实行直拨制。二是实行报账制。三是发文管理制。3. 加强日常财务管理。一是搞好市县级支农资金的计划、核拨的细化，增加透明度，减少拨款的随意性。二是加强财务信息交流。为加强农口各局财务管理，促进信息化交流，举行了多次农口各局的会计例会，交流重大财务信息，解决有共性的难题，提高财务管理水平。三是加强财务培训。每年举办农口各局和乡镇财政所财务人员后续教育和财务培训。4. 加强项目申报。建立项目库，编好标准文本，筛选亮点项目，积极申报上级财政资金支持的项目，如中央财政支持的科技示范项目、产业化项目以及市级财政支持的农林、水利、扶贫、农机等项目，争取上级资金向宁海县倾斜。5. 加强财务检查。除了农口各局每年自查外，县财政局还与县纪委、审计局对支农资金进行检查，并对检查情况进行反馈，要求各部门对存在的问题进行整改，做到以查促管。为加强全县财政支农资金管理，县财税局将采取以下措施：1. 细化预算，加强项目库管理。支农专项资金额度逐年增长，投入力度不断加大。为加强事前管理，安排年初预算时，农口各局应向财政局提供详细科学的资金安排方案，坚持有保有压和有进有退原则，盘活现有支农资金。支农资金预算一经县人大通过，不得随意调整，确保资金安排的透明度和严肃性。依据全县农业农村发展规划及上级和县级年度预算安排，建立县级支农项目储备库，规范项目立项程序，完善项目评审论证制度，项目资金安排必须按照“公开、公平、公正”的原则进行，从项目库中择优筛选，并适时对项目库进行充实调整，实行动态管理。2. 项目资金实行报账制管理。为规范支农项目资金管理，防止资金被截留挪用，加强事中监管，项目资金实行专人专账专户的报账制管理。项目实施单位提出实施计划，经农口局审核后送财政部门，县财政预拨财政补助部分的30%以内的项目启动资金给实施单位，其余按项目进度拨付，票据交县财政局做账，最后一笔资金拨付前进行竣工验收。3. 补偿资金实行直拨制。宁海1万多户生态公益林补偿户将实行直拨，根据农林局提供的补助清单，由信用社直接从财政专户发放给补助对象，补助是单位的实行转账，是农民的划入存折。由于存折支取需凭本人身份证，这样既保证资金安全，又能快速及时到位，并符合上级要求。4. 实行政府采购和招投标制度。如造林和山区开发等项目涉及大宗苗木采购，实行政府采购，公开招投标，规范操作，方便农民，节约资金，又防止腐败现象发生。5. 适时推进项目资金绩效评价。绩效评价是一种事后管理，内容是从项目选择、立项过程、项目跟踪、项目验收、资金分配、资金使用、计划完成、效益状况等逐项进行考评，项目优良的给予适当奖励，并在下年度优先安排项目，差的督促整改，取消项目安排资格，改变以往申报项目争取资金时积极、拿到资金后乱花的现象。6. 推行公示制。县纪委牵头准备出台《政府专项资金安排使用公示暂行办法》，提高专项资金使用的透明度，从源头上预防和遏制腐败。

《加强米面制品监管，确保食品安全》提案 民进宁海支部在2009年2月县政协八届三次会议上提出，加强米面制品监管，确保食品安全。县食品药品监督管理局于2009年5月复文：民进宁海支部针对全县米面制品生产加工方面存在的卫生质量和监管工作等方面问题，提出了加强生产源头整治、严格流通领域监控、规范餐饮环节索证索票、加大巡查和检测力度等建议，县食品药品监督管理局会同县质监、工商、卫生等部门作了专项研究并制订米面制品专项整治方案，明确了各自的职责和专项整治步骤措施。主要采取以下措施：1. 全面清理整顿米面制品生产加工企业。从5月开始，对全县无证无照米面制品生产小作坊一律予以关闭，对证照齐全但生产条件、设备设施等方面不达标的企业由县米面制品专项整治办公室按照《中华人民共和国食品安全法》《食品企业通用卫生规范》和《浙江省食品加工小作坊质量安全基本要求》等法律、法规和规章，制定米面制品整顿规范验收标准，指导企业从生产环境、生产条件、设备设施、原辅材料采购、包装容器、贮存运输、人员卫生、规章制度等方面予以整改提高。2. 培育米面制品生产龙头企业，大力推行米面制品现代流通模式。在整顿规范米面制品生产企业的基础上，扶植一批规模大、管理上等级的米面制品加工企业作为全县米面制品生产龙头企业，并在市场准入、摊位招标、餐饮企业配送等各方面予以政策扶持和引导，不断提高米面制品龙头企业市场占有率。积极鼓励米面制品生产企业推行企业到市场、企业到餐饮业点对点的现代流通配送模式，对确认为县米面制品生产基地和实行现代流通配送模式的米面制品生产企业，在县商贸流通服务业补助资金中给予适当补助。3. 严格米面制品流通领域市场准入。凡进入县市场销售的米面制品，生产企业必须取得米面制品市场准入证后方可上市销售，供货时应当提供证照和市场准入证、产品合格证明文件，填写供货凭证，注明产品名称、数量、生产日期、保质期等内容，并加盖生产企业印章。米面制品经营者所经营的必须是符合市场准入条件的米面制品，并向生产企业索取合格证件和进货凭证，做到货单同行，并做好销售记录台账，逐步建立起米面制品销售可追溯制度。市场举办者要严把农贸市场准入资格关，对不具备米面制品市场准入制度要求的，不得参加摊位招标，不准进场交易。4. 规范餐饮消费环节米面制品索证索票行为。餐饮行业和企事业单位、学校食堂要建立起米面制品采购索证台账制度。采购米面制品时，必须查验生产企业的相关证照和产品合格证明文件，签订米面制品供货协议。坚决杜绝无证照生产的劣质米面制品流入餐饮单位。5. 加强米面制品日常巡查检查力度。引导、督促米面制品生产加工企业在规定期限内取得食品生产许可证；开展日常质量监管，落实巡查、企业抽检和市场抽检等措施；对米面制品标准执行情况进行监督，对企业执行标准进行备案登记，坚决查处违反国家强制性标准、无标生产和滥用食品添加剂和使用非食品原料加工米面制品等违法行为。

《关于进一步加大教育投入，为教育均衡优质发展提供可靠保证》提案　赵宏仁委员在2010年2月县政协八届四次会议上提出，全县财政性教育投入离标准要求的占用GDP4%的比例还有距离，教育经费不足，给相关学校正常运行带来了困难，政府要加大对教育的投入，为教育均衡发展提供可靠保证。县财政局于2010年5月复文：1. 关于“财政性教育经费占国内生产总值的比例接近4%”的建议。近年来，全县财政预算一直把教育投入作为财政支出的重点，积极采取有效措施，大幅度增加教育投入，基本上保证每年的教育投入占当年可用资金总量的20%以上。2010年年初，预算内、外及基金预算安排的教育支出达66100万元，2009年同口径59100万元，增长了11.8%，而2010年的可用资金的增幅是8.5%。将义务教育全面纳入公共财政保障范围，除确保义务段教师绩效工资与学校正常性运转外，还积极调整和优化财政支出结构，优先保证基础教育特别是农村义务教育支出。从免除义教段学杂费到免除课本费、作业本费，2010年更是免除了住宿费蒸饭费。同时，从2009年起还进一步提高了生均公用经费。但在全县“吃饭财政”的现状下，以2009年为例，县财政实际可用资金17.9亿元，占全县GDP的7.6%，如果4%安排于教育的话，意味着其他各项诸如卫生、“三农”、社会保障、社会救济、文化、科技等只能安排3.6%，公共财政的本质无法真正体现，因此教育投入要达到国内生产总值4%的占比还需经济的进一步发展以及可用资金比例及绝对数额的进一步增长才能逐步实现。2. 关于“安排专项资金保障教育重点实事工程建设”和关于“学校布局调整后闲置的土地出让纯收益金额返还用于学校建设”的建议。自宁海县土地出让金纳入基金预算以来，根据轻重缓急统筹安排全县各项民生实事工程。虽然全县经济还未从2009年的金融危机中全面复苏，但在财力较紧的情况下，2010年（包括出让金在内）安排教育部门基建经费达到了12503万元：其中一职高迁建工程3940万元，校舍改造安全工程5063万元，宁海中学三期工程基建还贷1000万元，金阳小学基建500万元，教育各项面上基建2000万元等。3. 关于“设立基建还贷专项资金，逐步解决学校债务问题”的建议。2008—2009年已安排资金1100万元完成了省政府下达的义教段消除债务任务。目前的教育基建贷款2亿元主要集中在高中段，为了防止高中段教育债务的过度增长，县财政局于2009年及2010年各安排了6500万元资金用于高中段教育基建，从而使全县高中段教育债务大大低于奉化、象山。4. 关于“在确保义务教育经费投入的基础上，全县教育投入逐步向“两头”（高中、幼儿）延伸，为全县基础教育全面发展打下基础”的建议。按照国务院关于教育的整体战略和国家有关法律法规要求，依法保障对教育的投入，积极调整经费投入结构，不断促进教育资源均衡配置，在保证义务教育各项改革刚性支出的基础上，宁海县对高中段和学前教育投入也不断扩大，2010年的事业单位绩效工资改革预计将进一步加大高中段及幼儿段投入。目前已设立低收入农户子女入读高中专项资金180万元，幼儿教育专项经费300万元，以及职教统筹专项基金、职成教专项经费等。按中央、省、市精神，还在职高中实施助学金制度和困难学生免杂费等政策。

《关于进一步加快“北联”步伐》提案 胡余标委员在2010年2月县政协八届四次会议上提出，为进一步促进全县四个街道均衡发展，推进宁海城市化步伐，要求县政府加大政策扶持，加快北联步伐，进一步深化规划，加大基础建设力度，以项目建设推动“北联”工作。县建设局于2010年6月复文：提案对推进城市化发展工作提出了较好的统筹设想，与县委、县政府“三改三联三突破”城市发展战略相一致。加快城市“北联”进程是2010年县委、县政府开展“城市发展突破年”活动的重要组成部分。近年来，县委、县政府非常重视城市建设工作，相继成立了专门工作班子配备精干力量，出台了相关扶持政策；协调各部门齐抓共管，城市建设取得了明显成效，特别是“北联”工作有了长足发展，重大项目、基础设施建设有序推进。1. 园区建设粗具雏形。随着部分4S店的落户，物流园区九顷片汽车4S店集聚区已初具雏形，该区块将建成为南三县乃至全市范围内的汽车4S店的重要集聚区；经县委、县政府多次调研和招商，将在九顷片眠牛山公园西南面地块建成700亩左右的汽配产业园，形成集研发、培训、检测、展销、商务、零售、餐饮等功能配套齐全的先进橡塑产业园；根据近几年的招商，按照梅桥片控规部署，塔山工业园区和外商投资区内企业集聚已形成规模。随着园区项目的逐渐落地，为梅桥片聚集了一定人气，必能引起该片区与跃龙、桃源片的相向发展。2. 节点改造全面启动。梅林三角坛节点改造已列入计划，下步将结合已完成的节点城市设计开展招拍挂前期研究工作，节点改造后将成为梅林组团生活、休闲、商业及金融服务中心；大路周地块141亩的商品房开发，梅林组团功能配套将予以提升；正学中学的落成、原水产城将拆迁进行综合开发、原汽车城地块将作为全县第二期限价房的意向地块、桥头胡村旧村改造13万平方米安置房即将启动建设，形成桥头胡组团的行政、商业服务中心，组团功能配套将得以完善，组团面貌将会全面改善。3. 基础设施建设不断完善。2009年梅桥片公园路、金港路建设已全面启动；2010年，县委、县政府将着力构建该片区“三横三纵”骨架路网，开工建设兴海路北段延伸段、职高路一期，着手建设梅桥大道，年内计划开工建设工业一路、工业三路、工业大道二期、职高路二期等道路工程，大力推进梅桥片基础设施工程。

《加大网吧整治力度，还未成年人一个纯净的天空》提案 安宗光委员在2010年2月县政协八届四次会议上提出，主管部门首先要在全县范围内组织有关部门对网吧进行长期跟踪检查，严厉打击违规网吧，社会各部门联起手来，共同营造青少年成长的良好氛围。县文广新局于2010年5月复文：网吧管理历来是我们文化市场管理中的重点，同时亦是难点。首先我们从审批源头进行了严格把关，2002年全县已审核、审批网吧66家，至2010年5月有网吧仍为66家，自2002年至今未新审批网吧一家；其次在管理中也采取了一系列措施：一是所有上网者必须凭有效身份证上网；二是在所有网吧醒目位置公布举报电话12318和“未成年人禁入”告示牌；三是执法大队建立了一套网络监控平台，随时监控每家网吧上网情况；四是执法大队每天保持一组执法人员在市场上巡查；五是组建了一支由退休老干部、教师、各乡镇文化站工作人员组成的百人网吧义务监督员队伍；六是加强业主培训，教育他们加强自律；七是加大检查与处罚强度与力度，通过一系列管理措施，全县网吧管理与现状整体应该是良好的，在省、市暗访组多次对全县网吧进行暗访中受到了好评。从2009年查获并进行行政处罚的23家网吧来看，发现都是离18周岁相差几个月的未成年人借卡上网等情况，但是有些网吧业主在经济利益的驱使下也时有违规情况发生，我们今后会加强巡查与处罚力度。黑网吧问题从行政管理权限与管理责任来说，主要归工商行政部门管理，但是，县工商、公安、文化三个部门经常是互动的。2009年，三个部门经过调查、摸底发现并取缔黑网吧35家，收缴黑网吧电脑300余台，黑网吧比较隐蔽，难以发现，所以希望全社会都能予以关注并积极拨打举报电话，以便及时查处。

《建议县政府研究出台促进我县“低碳经济”发展相关政策》提案 项大川委员在2010年2月县政协八届四次会议上提出，低碳经济，这是当今世界的一大关注热点和发展趋势，宁海县作为国家级生态示范县应把握机遇、抓住重点、积极行动，制定发展“低碳经济”的规划，尽快研究出台相关政策。县经济发展局于2010年5月复文：为鼓励企业节能减排，促进全县低碳经济发展，县相继出台实施了一系列节能减排、生态县建设、循环经济等方面的文件，并取得了明显成效。为扶持相关行业和企业的发展，同时出台实施了有关政策，如：《关于实施工业创业创新翻番工程的若干意见》（宁党发〔2008〕32号第29—32条）、《关于当前促进工业经济发展的补充意见》（宁党发〔2009〕34号第4条）和《宁海县节能专项资金使用管理办法》（宁经发〔2009〕69号、宁财政企〔2009〕530号）。2008—2009年，县财政每年安排节能专项资金650万元，资金投入居南三县之首。全年的政策正在调整修改之中，将出台《关于实施工业转型升级的若干意见》，进一步加大对节能降耗的扶持力度。宁海县2009年下半年着手编制的《宁海县新能源产业发展规划》和《宁海县“十二五”新型工业化及先进制造业发展战略研究》，最近县政府常务会议通过的新能源、精品文具、高档模具、汽车零部件4个产业基地转型升级实施方案，是县委、县政府坚持抓经济转型、促低碳经济发展的思路和方向。

《关于加强洋溪流域污染治理解决洋溪流域水质严重污染问题》提案 张亚明委员在2010年2月县政协八届四次会议上提出，近几年由于管理上缺位，审批把关不严，在南门洋溪流域的上段及各支流有不少企业的污染问题未能整治到位，又新增了不少规模大小不等的个体养殖场、家畜放养区、豆制品作坊，他们均未采取污水处理措施直接排放，造成溪水污染，建议进行有效整治。县环保局于2010年5月复文：县环保局非常重视该项工作，对该区域内的排污企业进行了全面的排查，并与跃龙街道一起对该流域的畜禽养殖场（户）情况进行了详细的调查。南门洋溪流域的上游段原有排污企业30家，其中酸洗磷化企业3家（已通过验收），铜酸洗企业1家（通过验收，现已停产），铸钢企业23家，豆制品企业3家。经过近几年黄坛区域铸钢企业的环境整治，现已关闭未批先建的铸钢企业6家，易地搬迁6家，就地改造4家（无工业废水排放），剩余的7家铸钢企业已报请县政府关闭。违法超标排污的2家豆制品企业已申请县人民法院强制关闭，县豆豆乐豆制品厂作为宁海县放心豆制品基地已完成废水生化处理设施安装，现正处于调试阶段，预计三个月内能通过验收。在洋溪流域辛岭片有56家生猪养殖场（户）（存栏5522头）、2家家禽养殖场（1700羽），在溪南片有36家生猪养殖户（存栏2000头）、2家家禽养殖户。除了三家属规模化养殖场外，其余的均为面广量少的农民散户养殖。对这一类小型养殖场，国家、省、市都没有现有的法律法规加以规范，县农林局与跃龙街道做了大量的工作，对存栏数在100头以上的养殖场采用国家补一点，养殖户自筹一点的办法建起了50—100立方米的沼气池，2009年新建的养殖场还配备了三隔池，对防治畜禽养殖污染起到了一定的效果。为了进一步解决洋溪流域的水质污染问题，县环保局将坚持以人为本的发展理念，以改善生态环境质量为目标，将保障人民群众的环境利益放在首位。首先，将加大环境执法力度，增加巡查密度，确保上述排污企业做到稳定达标排放。第二，严把项目审批关。坚持源头管理，严格环境准入，控制新污染源产生。第三，根据新下发的《关于进一步深化畜禽养殖污染防治加快生态畜牧业发展的若干意见》（浙环发〔2010〕26号）文件精神，县环保局将会同县农林局对全县的畜禽养殖禁养区进行重新划定与调整，在11月底前报请县人民政府批准。会同县农林局和跃龙街道编制禁养区内畜禽养殖搬迁计划。第四，会同县农林局及跃龙街道对规模化畜禽养殖场要求采用清污分流和粪尿的干湿分离等措施，实现清洁养殖，将畜禽废渣还田，生产沼气、制造有机肥料。对存栏数100头以上的尽可能地在沼气池旁建设三隔池，同时对沼气池的使用进行技术指导，将剩余沼液运到农业基地进行循环利用。

《增强政府投入，加快我县村庄规划编制》提案 王贤飞委员在2011年2月县政协八届五次会议上提出，全县的大多数村庄农民建房随意、布局混乱、道路狭窄、小巷弯曲和基础设施、公共设施严重缺乏的现状，与经济不断发展、农民生活质量需求不断提高的要求极不相称，为此，提出三点建议。县农办于2011年5月复文：您提出的建议非常宝贵，县农办认真进行了研究。1. 进一步加大村庄规划编制的资金补助。县里自2006年陆续出台政策对村庄规划编制进行资金补助。本着精简、节约的原则，示范村、中心村、特色村编制正式建设规划，补助5万元—10万元；部分开展旧村改造的重点村编制简单规划，补助1万元；其他村庄因地制宜编制整治方案，以简单图纸或照片配以文字说明，经批准后代替村庄的建设规划，补助3000—5000元。但是村庄规划编制的补助资金没有专项列入财政预算，并且资金补助额度特别是一般村的补助远远不能满足规划编制的需要。今后，县农办将积极争取资金，逐步加大对一般村的补助力度。同时，积极谋划增强村级集体经济实力，县里计划投入1.5亿元，建设120亩标准厂房，建成后租金能达到1000万元，力争所有集体经济薄弱村都补助到10万元以上。2. 加快村庄规划的编制进度。按照原来详规、简规、整治方案的梯次，全县基本完成村庄的规划编制工作。但是随着行政村规模调整和村庄的发展，很多简规特别是整治方案已经难以满足实际需要，要进一步调整完善。因此，从2010年起，县农办纵深推进村庄规划编制工作，计划在2011年内完成所有中心村、特色村的规划编制工作，争取在2012年逐步完成其他村庄的规划编制工作。3. 加强村庄规划的控制监管。下一步，县农办将会同规划、国土、建设等部门加强规划的控制监管。编制前控制宅基地建房审批和旧村改造，编制中充分广泛征求群众意见，编制后严格控制实施，确保规划的严肃性。

《采取切实措施解决我县“招工难”问题》提案　叶青华委员在2011年2月县政协八届五次会议上提出，为促进宁海经济持续健康发展，解决企业招工难的问题，提出了五点建议。县劳动和社会保障局于2011年5月复文：提案符合当前全县经济社会发展的实际情况，很中肯，值得我们去研究和实践。1. 转变经济发展方式，加快企业技术改造和产业提升步伐。近年来，宁海县把加强企业技术改造，作为推进结构调整、转变经济发展方式和增强工业发展后劲的重要手段，出台了《关于加快工业经济转型升级的若干意见》，每年安排专项资金，用于企业技术改造补助，引导企业积极采用新技术、新工艺、新装备，加快提升技术装备水平、减少用工成本。同时积极做好对县重点技改项目的协调、跟踪和服务工作，建立县领导联系重点技改项目制度，解决企业在技术改造过程中的困难和问题，为企业技术改造投资创造良好的氛围，加快企业技术改造和产业提升步伐。2. 大力发展企校合作，缓解企业用工紧缺。我们重点加强了和高校的人才信息交流，和贵州、青海、江西、湖南、武汉、陕西、东三省等22所高校建立了岗位需求、学生就业信息即时通报制度。建立大中专毕业生实践基地和“订单式”人才储备机制，出台了《宁海县大中专毕业生实践基地管理办法》，有选择地在部分企业建立大中专毕业生实践基地，并及时将企业实习岗位和实习人员数量与有关院校进行协商，有针对性地安排学生实习。3. 大力发展职业技能培训，提升劳动力素质。目前，宁海县有培训机构30个，全县各培训基地开设的职业技能培训班均按规定进行补助。宁海县的职业技能培训对象包括宁海县劳动力（农村劳动力、企业在职工人、失业人员、新增劳动力）和外来劳动力，外来人员的经费由中央财政补助，本地劳动力培训经费来源有县财政、失业救济金补助和土地出让金等渠道开支，每年将近300万元左右。同时，有关部门大力拓展多种培训模式。4. 实施积分落户，解决外来务工人员市民待遇。宁海县目前已经出台外来务工人员积分落户政策，且政策已经启动实施。凡是符合条件的外来务工人员，均可以成为宁海市民，享受同城待遇。5. 加强和扩大劳务基地建设，拓展劳务输入渠道空间。宁海县先后与山东东明、贵州晴隆、湖北房县、安徽宿州、湖南茶陵等地建立起劳务输入基地，努力为本县企业开拓埠外市场。通过在全国各地劳务输出大省（如河南、江西、四川）的部分市（县）建立劳动力交流协作关系，及时将宁海县企业的用工需求信息用网络或电邮方式发布给他们，帮助企业引进劳动力。并且通过宁海县就业网开通“网上远程视频招聘”系统，与各个劳务基地建立远程视频招聘网络互动，实现网上异地实时对接沟通，减少异地奔波接洽。

《关于加强对流动摊贩烧烤点管理的建议》提案　袁小微委员在2011年2月县政协八届五次会议上提出，要加强对流动摊贩、烧烤点的管理，引导他们到政府允许的地段经营，使他们自觉遵守相关的城市管理规定。县城管局于 2011 年 5 月复文：1. 从 2010 年 12 月开始，就以打造最佳人居环境城市为目标，按照“高标准，严要求，出实招，求实效”的思路，集中时间、集中队伍开展马路市场综合整治，逐街逐路逐巷梳理，一些问题较多、容易“回潮”的路段或区域，实行“阵地式”专人值守。2. 针对城区总站门口、各学校门口、小商品市场、农贸市场、商业闹市区门口、十字路口等区域流动摊贩、烧烤点频繁活动的现象，县城管局结合整治活动，先后组织开展了 39 次拉网式市容环境整治活动，共出动城管执法人员 1320 人次。重点整治了跃龙市场、南门菜场等门口，淮河路、桃源南路、人民路、兴宁路等道路以及东站、西站周边，大桥李、上下桥附近等区域的占道经营行为。3. 为取得长效，县城管局在开展整治工作的同时，劝导跨门经营的店主入店经营，并向其发放整改通知书，目前已经发放 2000 余份。整治期间，县城管局暂扣违章经营工具 287 件（三轮车、手推车、煤饼炉等）。目前，街道秩序有所好转，效果比较理想。集中整治结束后，为巩固整治效果，我局对淮河路、桃源路、大桥李以及学校、车站、市场周边等重点区域采取分路段站点值勤的方式加强巡查管理力度，真正达到整治一处巩固一处。4. 实行人性化管理。县城管局在加强占道经营管理的同时，关注流动摊贩、烧烤点摊户的实际生活情况，按照县政府“排堵保畅”要求，对原有的 4 处疏导点重新进行了设置和规范，取消了群众反映强烈的淮河路和丁香巷马路市场，将原范家桥头疏导点引入原钢瓶厂内，并对松竹新村两个疏导点进行了规范。另外，经过协商，增设了上下桥、大桥李、龙海市场以及车河路口疏导点，这种南北分设的方式更加科学合理，为各方提供了便利。5. 在宣传方面，县城管局向广大市民、沿街经营户发放告市民书和县领导讲话 8500 余份，并多次通过宁海电视台、《今日宁海》等主流媒体宣传环境整治情况。5 月初，我局还组织百名城管义工上街在兴宁南路、兴宁中路、桃源中路、人民路等道路开展宣传教育活动。通过各类宣传活动，提高市民意识，营造全民共管城市的良好氛围。6. 提出的关于流动摊贩“产品质量不易把关，食品卫生安全隐患增多”和“缺斤少两、强买强卖”的问题，县城管局已与卫生局及消费者权益保护协会等部门进行了联系，将加大对这些行为的监督打击力度，保障市民身体健康和合法权益。

《加强宁海县新生代农民工社会融入的有关建议》提案 张微燕委员在 2011 年 2 月县政协八届五次会议上提出，加强新生代农民工的社会融入问题迫在眉睫，建议要提高劳动合同签订率，提高新生代农民工的整体素质，建立工资支付保障制度，积极实施农民工养老保险办法等。县政府办公室于 2011 年 5 月复文：近年来，宁海县积极完善外来务工人员服务与管理体制，不断提高服务与管理水平，积极引导外来务工人员尤其是新生代农民工参与社会事业建设、共享各项社会建设成果，大力增强其社会归属感，基本形成共建共享、和谐稳定的良好局面。1. 推进实施新宁海人素质提升工程，全面提升新生代农民工整体素质。先后出台《关于开展“新宁海人素质提升工程”活动的实施方案》《关于做好 2010 年全县外来务工人员服务管理工作的通知》等文件，积极改善外来务工人员服务管理工作，建立健全新宁海人素质提升长效机制。通过远程教育站点定点定期为主、分片分批次上门送服务为辅的方式，开展形式多样的教育活动，内容涵盖了法律知识、疾病预防、安全生产、交通法规、安全防范、科普知识等。2. 推进规范劳动关系，保障新生代农民工合法权益。一是大力提高劳动合同签订率。鼓励发展中小企业进入县劳动保障协会，增强企业签订合同意识，同时制定提供简易合同模板，加强劳动监察力度，大力提高企业劳动合同签订率。此外，2011 年宁海县正全面推广实施集体劳动合同制度，将进一步增强职工权益保障力度。二是健全工资支付保障制度。目前，宁海县已逐步建立一套“政府主导、适度垫付、变现补充”的工资支付保障制度。已建立建筑、交通、水利行业工资支付保障金制度和应急周转金制度。三是积极推进外来务工人员社会保险。根据新修订的《宁波市外来务工人员社会保险暂行办法》，实现外来务工人员社会保险全国转移接续，所有参保外来务工人员“不管到哪儿干，养老保险接着算”。四是加大法律援助力度保障外来务工人员合法权益。县司法局、县总工会等单位在外来务工人员 200 人以上的集中居住地，设立外来务工人员人民调解委员会和法律援助工作联络点，加大职工维权服务，一季度已受理外来务工人员法律援助案件共 106 件，挽回经济损失 25 万元。3. 关心和重视农民工精神生活，满足农民工精神文化需求。通过电视台等新闻媒体加大农民工正面形象宣传，积极营造开放、和谐、平等的社会氛围，促进新老宁海人和谐共处，促使农民工快速融入城市。推进建设“外口之家”集中居住区、企业集体职工宿舍等外来人口集中居住处所，并完善农民工集中居住小区或农民工综合服务中心建设，丰富农民工业余文化生活。如优先优惠办理有线电视安装接入等，目前已为范家、上下桥、上下金等多个片区农民工集中居住区办理开通了有线电视安装入户。加快组建流动党支部，关心农民工党员组织生活，及时了解他们的思想、学习、工作和生活情况，目前已在黄坛等外来务工人员较多的乡镇（街道）建立流动党支部，共有外来党员 332 名。4. 完善外来务工人员积分落户办法，促进新生代农民从农民工向新市民转变。2010 年，先后出台了《关于实施流动人口居住证制度的试行意见》（宁政办发〔2010〕107 号）、《关于印发宁海县外来务工人员积分落户实施办法（试行）的通知》（宁政办发〔2010〕53 号），以居住证取代暂住证，增强外来务工人员归属感。实行积分梯度落户政策，即根据积分情况允许其在城区或单位所在乡镇办理落户，每年 5—7 月集中办理落户手续，切实为外来务工人员享受本地居民待遇开辟了新的途径，促进外来务工人员真正向新市民转变。目前，县政府办正在修订积分落户政策，将进一步降低落户门槛，为外来务工人员享受本地居民待遇畅通渠道。

《加强对城区南门两座大桥路段的维护管理工作》提案　杨建国委员在 2011 年 2 月县政协八届五次会议上提出，要加强对城区南门两座大桥路段的维护管理工作。县建设局于 2011 年 5 月复文：1. 已对南门两座大桥的连接破损路面进行修复。2. 南门化肥厂地段现已启动整体拆迁，待拆迁完成后，根据总体规划，将进行基础设施建设，不会存在直角转弯问题。3. 东西向大桥即现在的跃龙山大桥，该桥二期工程现正在紧张施工，预计 2012 年 5

月前完工。4. 关于另建一座专供载砂石料车及重型车辆通行的低坝桥建议，由于防汛泄洪要求，国家有关法律不允许在大溪内建设任何建筑物（构筑物），以保证泄洪要求，保障国家和人民生命财产安全。

《关于加快养老服务基础设施建设的建议》提案 尤晓群委员在2012年2月县政协九届一次会议上提出，要加快养老服务基础设施建设。县民政局于2012年6月复文：1. 你所提建议很好。目前宁海县正加快养老服务事业的发展。2011年县委、县政府出台了《关于加快推进养老服务体系建设的实施意见》（宁政发〔2011〕11号），明确了兴办养老机构所施行的各方面优惠政策以及今后宁海县将采取多种模式来发展养老服务业，实现养老服务业的跨越式发展。2. 随着老龄化社会步伐的加快，宁海县养老机构基础设施落后，床位短缺的问题日益突出。对此县政府早有筹划，列入县政府实事工程的老年公寓由政府为主投资，是目前全县规模最大的养老机构，该工程坐落在跃龙街道兴海南路坑龙王村吴家岙，占地面积150亩，设计床位为1500张，总投资2.2亿元，工程建成后将很大程度上满足社会上不同阶层群体养老需求。3. 积极推进社会力量兴办民办养老机构。当前已审批在建的兴华老人乐园，年底可竣工开业，设计床位为720张，工程总投资5000余万元，由宁海王春文慈善基金会投资建设。此举也将结束全县无民办养老机构历史。4. 近年来，宁海县正积极推动基层文化设施建设，创建省市级文化强镇和文化示范村、县级基层文化宫。县公共图书馆乡镇图书分馆和“农家书屋”将于2012年全覆盖。同时，全县各地每年开展一些相关的文化活动，将为老年人提供一个享受文化的良好去处。5. 老年人医疗服务基础设施建设正在不断加快。城关医院已创建康复中心；县第一医院新成立了康复病区；各乡镇卫生院建立了康复室；“十二五”医疗机构设置规划中把老年病、康复、护理等专科医疗机构作为优先解决对象。目前，全县行政村（社区）老年活动中心（室）覆盖率达到90%，老年体育俱乐部12个。今后城乡特别是农村体育设施将加大建设力度。

《解决边远山区群众出行难问题》提案 陈隽委员在2012年2月县政协九届一次会议上提出，要解决边远山区群众出行难问题。县交通运输局于2012年5月复文：在当前过渡时期，交通运管部门正结合开展的“千名干部下基层、进村入企解难题”活动，来解决农村边远山区群众出行难问题。主要措施是：1. 开展山区客运市场调研，分析难点。通过走访山区，了解掌握山区路网结构、客运流量流向、群众出行习惯和规律的综合调查分析，掌握第一手资料。2. 创新山区客运组织模式。对于偏僻地区的山区班线，采取与地域特点、经济发展水平相适应的运输组织方式，如尝试打破定班、定点、定线的“三定”原则和一辆车只能经营一条客运班线的限制，视情况开行隔日班、周班、赶集班。3. 建立农村客运财政扶持机制。农村、山区客运班线由于里程短、客流少、条件差、成本高、效益低等原因，客运企业经营积极性不高。县交通运输局将寻求政府财力支持，建立健全稳定、持续的财政补贴机制，确保农村客运班线经营者均能得到补助，使农村、山区群众出行问题得以解决。4. 积极推进我县城乡客运一体化进程。目前已开展了调研并提出改造方案。今后，通过城乡公交一体化改造，改革现有农村客运经营模式，逐步实现全县城乡公交一体化的经营模式，充分体现客运的公益性和社会效益，真正让群众满意。

《关于建立小微企业创业工业园》提案 冯军工委员在2012年2月县政协九届一次会议上提出，建立小微企业创业工业园。县经信局于2012年7月复文：近年来全县加快了“二区八园”建设，园区每年都安排一定土地指标用于标准厂房建设，相继建成一批标准厂房对外出租，解决了部分小微企业的用地，但是由于全县小微企业数量众多，用地难现象仍然存在。为提高小微企业集约化水平，缓解小微企业用地难问题，2012年我县全面启动了八大创业基地建设，这八大创业基地指的是宁东园区基地、宁海湾开发区基地、模具城工贸区基地、梅桥片区基地、宁西工业园基地、西店镇基地、物流中心基地（冠北区块）、科创中心。2012年县经信局要重点抓好这八大创业基地的建设，到目前为止，宁东园区基地的标准厂房主体已基本完成，附属工程在建，预计2012年年底可交付使用；科创中心大楼主体已完工，正在内部装饰，预计2013年3月投入使用；西店镇望海基地标准厂房已完成初步规划设计，预计9月开工建设；模具城工贸区基地一期计划9月开工建设；梅桥区块基地初定8月挂牌；物流中心基地（冠北区块）的装饰家居市场、配载中心计划年底开工建设；宁海湾开发区基地、宁西工业园基地的前期工作已启动，下步宁海们将尽快做好入园标准的制定和招租工作，这八大创业基地的建成将极大缓解宁海县小微企业用地难问题，有效破解小微企业发展瓶颈。

《进一步拓展全县特色农产品销售市场的几点建议》提案 陈珍莹委员在2012年2月县政协九届一次会议上提出，要进一步拓展全县特色农产品销售市场。县农林局于2012年6月复文：我们认为您的建议很好，对全县的特色农产品营销渠道和市场的拓展提出了很好的思路。宁海县目前许多特色品牌农产品因其拥有独特的品质深受消费者的喜欢，其中一些已经走出浙江，在上海、北京等部分大中城市有了一定的销售市场。但由于多数企业的实力不强，产品单一，投入不足，致使产品营销效益不佳，不能形成全国性品牌。政府部门作为农产品生产企业管理者和服务者，应对企业和产品的发展提供政策扶持和引导服务，您的建议对农林部门和其他相关部门开拓工作思路和改进工作方法具有很好的帮助。目前全县特色农产品销售市场模式主要有：一是积极开拓国外市场。如海静橘子罐头占到日本市场的20%、乡亲浓陈皮占到日本市场的70%，国盛和卡依之的罐头出口欧美和东南亚，在国际市场有较好占有率；二是大力开拓进超市。源彬蜂业、前童三宝等产品已进入北京、上海等大中城市的20家大中型超市；三是设立专卖店和建立现代电子营销方式，如振宁土鸡在各大城市设立专卖店，果蔬批发市场在上海建立宁海名特优农产品中心和网络销售系统等。这些现代的销售模式为我们以后开拓特色农产品销售市场提供了很好的模板。对于您的建议，我们将认真采纳，并积极落实以下工作：一是加大对全县特色农产品购销大户和农产品经纪人的培育，建立一批特色农产品开拓销售市场的队伍。同时，继续组织农业龙头企业、农民专业合作社参加国内外各类农产品展示展销活动，提升我县特色农产品的市场影响力和竞争力。二是积极探索建立“农路”合作、“农旅”对接双赢销售方式。关于“农路”合作，已由县商务部门组织开展了合作座谈会，商讨合作的方式；“农旅”对接，已有农业龙头企业和旅游相关单位签订对接意向，金龙浦农业开发公司在2012年的“5·19”期间和宁海开元新世纪大酒店签订了“农旅”对接协议。这些合作或对接的模式，将为我们提供销售市场拓展的经验和做法。三是将进一步加大对“农超”对接的政策扶持力度。2012年3月，县委、县政府出台了《关于加快现代农业发展的若干意见》，专门增加了对农业企业在大中城市开设专卖店、超市设专柜，县内设立农产品连锁经营网点、农超对接等财政支持资金。四是积极推进无公害农产品、绿色食品和有机农产品的认证工作，大力实施农业标准化生产，狠抓农产品质量安全管理工作，鼓励和引导企业强化商标和包装意识，逐步建立特色农产品准入、准出和全程可追溯制度，提高我县特色农产品质量安全，提升农产品档次和市场竞争力，为拓展销售市场提供保障。

《关于保障红绿信号灯路口交通顺畅的建议》提案 杨文红委员在2012年2月县政协九届一次会议上提出，保障红绿信号灯路口交通顺畅，建议建立信号灯运行信息监控机制、故障应急机制。县公安局于2012年6月复文：如您所言，部分路口的红绿灯确实存在有时无法正常使用的现象。为进一步改进灯控路口管理工作，确保路口道路交通秩序顺畅有序，主要工作措施有：一是加快交通指挥中心的建设，以增强对信号灯路口的监控，如信号灯发生故障，能及时指令执勤人员到场指挥和及时通知维护人员进行修复。二是完善城区网格化巡逻机制，保障信号灯的正常运行，并确保在信号灯出现故障时，执勤人员能及时赶赴现场安放移动信号灯并进行指挥，确保信号灯路口的正常通行。三是改进和更新信号灯等设备，尽力防止意外损坏。四是加强与其他警种、其他部门的联系协调，在预防机制、信息通报等方面加以改进。五是进一步落实交通事故快速处理和快速反应工作制度，加快交通事故理赔中心建设，尽量预防和减少因交通事故引发的路口堵塞现象。六是进一步加强交通安全宣传教育工作，深入实施文明交通计划，提高交通参与者的文明意识。七是加强专业人才培养，吸收专业人员充实交管工作队伍，提升我县道路交通科技管理水平和能力。

《关于加强我县科普设施建设》提案 陈云苍委员在2013年1月县政协九届二次会议上提出，要加强全县科普设施建设。县规划局于2013年5月复文：1. 根据宁海县十二五规划和新城市中心区规划，全县在天明湖北侧规划建设科技馆，届时将有一个集中举办科普宣教活动的场所。2. 在强蛟镇建设海洋科技馆，县科协给予适当的资金资助，并申请上级资金补助。3. 在新建的社区办公楼规划中，把科普活动室、标准科普橱窗纳入规划。4. 在新建的住宅小区规划中，把科普标准橱窗纳入规划。5. 结合远程教育设施建设，在每个乡镇、街道建设电子科普屏。6. 在进行公园、广场建设改造时，配建了一批科普画廊等宣传设施，并可为开展户外科普宣传活动提供场地。7. 在新建的一批大型公建中，都配有大尺寸的电子显示屏，可为科普教育提供宣传平台。8. 在幼儿园、小学校园新建和扩建时，有条件的学校要专门开辟科普教育基地。

《优化我县金融生态环境，提升金融对经济支撑作用》提案　政协经济界别组在县政协九届二次会议上提出，优化宁海县金融生态环境，提升金融对经济发展支撑作用。县金融上市办于2013年6月复文：1. 加强信贷保障，切实支持实体经济发展。一是增加信贷规模，优化信贷结构。通过“上争、内挤、外借”等方式多措并举，进一步扩大信贷规模，切实增加我县实际信贷投放，确保信贷总量与实体经济发展需求相适应，同时在增量上下功夫，进一步引进金融供给主体，特别做好杭州银行科技支行等专业性银行在我县的落户工作。同时优化信贷结构，将更多的资源向小微企业和“三农”经济倾斜，确保全年支持小微企业的贷款增长率高于平均水平。二是加大金融产品创新力度，提升金融服务水平。通过加强对金融机构考核、财政补助等引导措施，推进小额保证保险业务在我县的深入开展，对保费的50%给予财政补助。三是加强政银企对接。通过向发改局和经信局取得的全县重点项目名单和技改名单，分别向19家金融机构征求意见，建议他们根据名单进行对接，积极争取和引导银行机构将更多的资金流向实体经济。四是搭建中小企业融资有效补充平台。五是结合行风评议活动，进一步规范经营行为和服务收费。坚决禁止各种附加在贷款业务上的不合理要求和收费，严禁向企业转嫁各类营销费用，切实减轻中小微企业财务负担。2. 开展风险排摸，分类处置。一是在当前经济形势下密切关注辖内金融风险状况，加强对辖内银行、保险、证券、小贷公司和民间资本等风险状况进行监测，关注辖内重要经济指标、金融指标等情况变动对我县金融稳定的影响。二是有效应对企业债务危机。针对辖内部分企业资金链断裂等重大风险事件，根据宁海县建立的企业风险应对预案和处置机制，以及乡镇（街道）和企业的汇报情况，第一时间介入，适时政府出面搭建平台，组织相关部门召开协调会议，协调各家债权银行，采取帮助企业转贷、启动财政周转金等有效措施，切实做好风险处置工作，打好防火墙，防止风险向担保企业蔓延，全力做好债务危机化解和社会稳定工作。三是积极化解不良贷款。针对宁海出现不良贷款和不良率双升，资产质量出现大幅下降情况，在县委县政府的统一领导下，加强监管、司法部门联动，继续开展专项治理不良资产行动，维护金融生态环境，按“一企一策”依法处置不良金融债权，开展“集中执行月”活动，加大金融债权审理和年内可执行金融债权处理力度；成立金融审判专项合议庭，保障金融类案件审理工作的顺利进行；实行简易审程序，提高企业破产清算和资产处置的效率；针对企业主外逃并恶意逃避债务的，应依法追究企业法定代表人的经济或刑事责任。3. 推进县域社会诚信体系建设。建立健全信用信息征集和应用机制，加强政务诚信、商务诚信、司法公信力以及行业、部门和地方信用建设，营造倡导诚信的社会环境，形成符合经济发展要求的社会信用体系。金融相关部门重点抓好我县农村信用体系建设，按照“政府主导、人行牵头、部门参与、依托基层、形成网络、建立平台、信息共享”的总体思路，成立农村信用体系建设领导小组，并在长街镇进行了农村信用体系建设试点，取得阶段性成效。此外，继续开展信用户、信用村（社区）评定工作，截至目前，共评定信用户41729户、信用村124个，建立农户信用档案51450户。4. 开展金融知识宣传和打击金融违法犯罪行动。组织金融机构、农村金融指导员、金融志愿者开展形式多样的反假、反洗钱、征信等宣传活动，提高全社会金融意识。会同公安、工商等部门，开展打击非法集资犯罪活动，严厉打击银行卡套现行为，加大对辖内非法金融活动的防范和打击力度。

《关于加强五大溪流河道采砂管理的建议》提案 杨家兴委员在县政协九届二次会议上提出，要加强对五大溪流河道的采砂管理工作。县水利局于2013年5月复文：宁海县河道机械采砂已有20多年的历史，目前河道上有8处采砂场、10艘采砂船。河道采砂虽然提高了河道的行洪能力，给工程建设提供了建筑材料，一定程度上也保护了青山，为全县的城市化建设作出了一定的贡献，但粗暴的掠夺式的河道滥采乱挖行为带来的负面影响也不容忽视，如水利工程和桥梁的安全运行受到了威胁、河道的生态遭到了破坏、采挖过程中掀起大量泥浆，破坏了河水的洁净度等，与宁海生态县建设背道而驰。县政府早在2011年5月4日就发布了《关于禁止在河道及其管理范围内倾倒建筑渣土和非法采砂的通告》，县水利局随即停止了河道采砂的审批。目前在挖的大多为原审批期限内的，这些采砂点最迟将在2013年6月底陆续到期。为了恢复宁海县山清水秀的良好生态环境，县政府十分重视采砂整治工作，2013年县里专门成立河道专项整治领导小组，已两次组织召开水利、公安、法院、县法制办、国土、环保及工商等相关部门领导参加的协调会议，目前正在研究通过法律途径依法拆除不合法的采砂点，预计至5月和7月可以集中各部门力量进行整治行动。届时，全县河道上的采砂将全面禁止，县水利局将加大执法力度，对今后河道非法采砂行为发现一起查处一起，绝不姑息和手软，同时加大舆论宣传，警告那些沿溪沿河非法采砂的单位和个人立即停止违法行为，提醒群众不要擅自盲目承包村集体发包的溪滩地，未经水行政主管部门审批同意的河道采挖砂石行为非但不受法律保护，而且还要受到法律的严厉惩处。宁海县正在实施五大溪流治理工程，计划投资16.7亿元对白溪流域进行治理，计划治理河道总长37公里，新建及加固堤防54公里。目前4个标段已经开工，2015年年底前将全线完工。该工程在设计规划时不仅考虑到堤防建设，还配套绿化带、休闲步道、沿溪文化等设施建设，建成后，昔日白溪流域山清水秀的画面将会再现，并将成为宁海县一道靓丽的风景线。

《加快发展全县现代物流业的对策建议》提案 民盟宁海总支委员会在县政协九届二次会议上提出，要加快发展全县现代物流业。县交通运输局于2013年6月复文：1. 完善和落实了一批物流规划。目前全县已经完成了《宁海县现代物流业发展规划（2011—2020）》《宁海县物流中心控制性详规》《宁海县“十二五”航运业发展规划》和《宁波——舟山港象山港区强蛟作业区规划方案研究》编制工作，着力完善了《宁海磨盘山物流中心控制性详规》初稿编制工作，进一步明确了宁海现代物流业发展方向。2013年，将重点加强物流规划的完善和落实。2. 建立和完善了一张物流网络。一是建立和完善了一张实体网——物流集疏运网络，“一环八射三纵七连”对内和对外交通网络建设加快推进，初步形成了以国道（高速公路）、省道为骨架，县道、乡道为支线的公路网络体系，以南北向的同三线及甬临线，东西向的象西线、盛宁线及沿海南线构成的干线公路网格局；二是建立和完善了一张虚拟网——物流信息网络，宁海城乡物流网络和宁海农资网等物流电子商务平台启动运行，智慧交通完成招投标，即将进入实施阶段，县物流园区物流公共信息平台前期研究积极推进，全县30家物流企业成功对接宁波第四方物流平台，同时企业物流信息化应用加快推进。3. 统筹和经营了一个物流协会。一是积极加强了协会自身建设。二是强化了协会桥梁纽带作用。4. 规划和建设了一批物流基地。一是加快推进了宁海物流中心建设，集聚恒旺食品、小小超市、杨洋商贸和发烧友家电等的配送中心、果蔬市场、金属材料市场和一汽马自达等14家汽车4S店相继投入运行。二是加快推进了宁海湾物流中心建设，磨盘山物流中心开港经营。三是加快谋划了三门湾物流中心，田湾山码头建港等前期研究已上升为市交通委统筹项目。四是加快推进了农村物流场站建设，依托交邮合作城乡物流配送项目，已完成胡陈农村货运站和80个农村货运网点的建设，2013年还将推进2个乡镇（一市和越溪）的农村货运站建设和20个农村货运网点的建设以及和县供销联社、县商务局线网合作。五是谋划了货车停车场，目前物流园区已经留有一定的土地用作物流企业停车场地。5. 发展和培育了一批物流企业。一是整合提升一批企业，推进了物流企业资质提升，目前正积极对接宁波市物流协会，辅导宁海4家物流企业（汉陆物流、恒海航运、恒旺食品配送中心和杨洋商贸）做好申报A级以上等级评定工作，着力实现全县A级物流企业“零的突破”。二是分离培育了一批企业，由建新赵氏牵头成立了宁海县首家汽配行业的原材料信息和购销公司——宁波莱际德贸易有限公司。三是引进移植一批企业，宁海县2012年已成功引入宁波富邦物流入驻，目前已正常运行半年以上，2013年力争引入一家专业冷链物流公司，吸引规模性物流企业入驻我县，同时还将联动招商中心积极推进宁海籍浙商和甬商物流企业返乡创业工程，建立宁海人物流项目库和企业家库。六、提升和发展了物流行业。一是明确了物流业发展地位。二是加强了组织管理协调。三是完善了物流业融资环境。四是普及现代物流理念及知识。五是加强了物流业统计与考评，通过多部门联动，尤其是加强与统计局的合作，提高了物流统计质量。六是加强了物流市场的监控和整顿，公管所和港航处等执法部门加强物流市场的调控和监管，保证了市场健康有序运行，2012年还将重点联动市邮政管理局加强对快递行业的监管和整顿。七是加强了人才培养和引进，开展物流人才招聘，加强物流企业与高校、市物流协会的合作，同时还将开展全县职高设立物流专业前期研究工作，此外，县财政局已经安排50万元经费用于引进高级物流业等服务业经营管理人才。八是加强了物流宣传工作，2012年以来已编辑物流简报9期，物流发展环境氛围进一步趋好。

《关于要求严厉打击地下六合彩》提案　谢静思委员在2013年1月县政协九届二次会议上提出，要严厉打击地下六合彩。县公安局于2013年6月复文。“地下六合彩”违法犯罪现象确实存在。县公安局一直都高度重视“地下六合彩”违法犯罪行为的打击查处工作，针对全县“地下六合彩”赌博活动反弹情况，2012年将打击“六合彩”赌博与打击盗抢犯罪一样作为突出治安问题治理的重要内容，制定了六合彩赌博打击整治方案，四次召开打击“六合彩”赌博专项会议，深入分析打击过程中存在的问题和困难，制定出台了《关于严厉打击“地下六合彩”赌博活动的工作意见》，规定“四个一律”（即凡涉嫌“地下六合彩”犯罪的必须一律采取刑事拘留；凡符合劳动教养条件的一律予以劳动教养；多次参与“地下六合彩”投注的人员，一律予以行政拘留；凡“地下六合彩”窝点一律予以查封）严打方针，建立长效打击整治工作机制。积极加强与检察院、法院的沟通协调，对严厉打击六合彩赌博违法犯罪达成统一的处理意见，形成对六合彩赌博的严打高压态势。2012年，全县公安机关查处“六合彩”赌博案件19起，刑拘犯罪嫌疑人23名，取保候审10名，行政拘留33人，罚款10人，有效遏制了“地下六合彩”赌博活动蔓延趋势。2013年以来，县公安局继续狠抓“六合彩”赌博的打击查处工作不放松，县局领导多次就如何加强线索排摸查处，进一步深化打击“六合彩”违法犯罪活动进行了研究，并对2013年的“地下六合彩”违法犯罪活动整治工作作了部署，制定出台了《关于严厉打击“地下六合彩”赌博活动的工作意见》。2013年，共查处“六合彩”赌博案件17起，刑拘犯罪嫌疑人36名，取保候审17人，行政拘留12人，行政罚款10人。特别是2013年1月25日，治安大队会同巡特警、越溪、长街所开展打击六合彩集中行动，成功捣毁长街辖区粮油店、小店、超市等7处“六合彩”投注点，抓获涉案人员16名，其中刑拘10名。严厉打击“地下六合彩”赌博违法犯罪行为，是公安机关义不容辞的责任和义务。下一步，县公安局将继续发挥打击查处的主力军作用，从以下几个方面着手，进一步加强对“地下六合彩”赌博的打击查处力度：一是加强对打击“地下六合彩”赌博的制度建设。县公安局将进一步建立完善长效打击整治工作机制，决不让“地下六合彩”赌博在宁海县形成气候。二是进一步加大对“六合彩”违法犯罪活动的打击查处力度。县公安局将采取多种途径获取“六合彩”违法犯罪相关情报信息，重点突出对开设赌场及其上线的打击，努力提高打击质量。三是开展针对性的宣传工作。通过《今日宁海》报纸、宁海电视台以及本土互联网站，大力宣传公安机关打击“六合彩”违法犯罪的成果，发动群众主动向公安机关举报线索，在全社会形成打击整治工作合力，不断扩大和巩固公安机关的打击成效。

《关于全力推进污水治理工程》提案 舒静芬委员在2014年2月县政协九届三次会议上提出，要全力推进污水治理工程建设。县政府办公室于2014年6月复文：“五水共治”是省委、省政府作出的重大决策部署，县委、县政府坚持把“五水共治”作为今年各项工作的“头号工程”来抓，及时制定“五水共治”总体方案，着手编制治污水、防洪水、排涝水、保供水、抓节水五个子行动方案和河长制、农村生活污水治理、畜禽养殖治理、垃圾保洁等专项工作方案，逐步形成以总规为龙头、子规为支撑、方案为补充的“1+5+X”的实施体系。三年安排治水项目50个，投资101亿元，目前已开工建设27个，完成投资

3.9 亿元。采取的具体措施如下：1. 成立由县党政主要领导任组长、四套班子相关领导任副组长的领导小组，抽调 12 名后备干部实行独立办公。全面推行河长制，对全县 514 条河道实行县、镇、村三级河长管理，35 条县级河长河道实行一张地图、一套台账、一块公示牌、一个整治方案“四个一”管理，并积极推行“河段长制”“池长制”，全面建立完善以三级河长管理制度为核心的水环境综合治理责任体系。向县内外宁海人发出“投身五水共治、共建美丽宁海”倡议书，募捐治水资金 1.57 亿元。2. 在春节后上班第一天，组织 10 万名干部群众开展水环境集中整治活动，吹响全民治水“集结号”。以现场直播方式召开“五水共治”动员大会，县、乡镇（街道）、村三级 3 万人参加，提出要立即抓、系统抓、有效抓、共同抓，全力打好“五水共治”攻坚战。借助全市“万企联千村、全民治污水”千人现场会在宁海县隆重召开之势，不断掀起治水新热潮。3. 将“五水共治”工作单列考核，建立“五水共治”曝光台，加大督查督导，强化社会监督，确保治水取得实效。目前河道采砂已全面禁止，垃圾河清理投入资金已达 1600 万元，清理河道垃圾近万吨，基本消除垃圾河。启动治理黑臭河道 12 条，完成整治 42.7 公里。颜公河综合整治工程全面展开，五大溪流 18 个标段全面推进，县域防洪排涝能力不断提升。4. 为加强污染源头管理，加大重点污染源在线监控系统建设，实行视频数据 24 小时双监控，细化监测数据，提高监测实效。积极筹建宁东、宁西、宁北环保所，夯实环保基层力量。同时加大执法队伍建设，强化素质培训，提升执法水平。

《防治雾霾，改善空气质量的建议》提案　祝菊红委员在 2014 年 2 月县政协九届三次会议上提出，防治雾霾，改善空气质量。县环保局于 2014 年 6 月复文：县委、县政府对大气污染防治工作十分重视，具体措施如下：一是提升工业企业大气污染治理设施。国华宁海电厂新建了 1、2、3 号机组脱硝工程，对 4、5、6 号机组脱硝工程进行提标改造，对所有机组脱硫烟气旁路通道进行拆除。国华宁海电厂脱硫效率将由 85%提高到 90%，脱硝效率达到 60%以上，每年将增加削减二氧化硫排放量约 4000 吨，削减氮氧化物排放量约 3.7 万吨。改造造纸、印染、熔炼、铸造、建材等重点行业的 40 家企业废气治理设施，重点企业全部做到烟尘达标排放。二是“腾笼换鸟”淘汰落后产能。陆续开展西店线路板、长洋铝灰、铸造行业淘汰落后产能专项整治工作，淘汰落后产能 2.62 万吨，减少煤炭消耗量 1.8 万吨。三是开展禁燃区建设。宁海县将中心城区跃龙街道和桃源街道部分区域划定为禁燃区。至 2014 年年底前，在划定区域内全面淘汰煤炭、重油、直接燃烧的生物质等高污染燃料，改用天然气、液化石油气、电等清洁能源。到目前为止，全县已淘汰锅炉 17 台（26.3 蒸吨），预计中心城区每年可以减少烟尘排放量 250 吨。四是开展机动车尾气监测。近年来，随着宁海县机动车保有量不断增加，全县机动车污染物排放量也明显增加，全县大气污染物呈现机动车尾气和煤烟复合污染的特点越来越显现，为此宁海县逐步开展了机动车污染物防治工作。2013 年 8 月宁海县机动车排气检测站正式投入运行，全年已累计检测车辆 12833 辆，发放环保标志 61846 份，整改尾气排放不合格车辆 1300 辆。随着宁海县经济的发展，大气污染形势将愈发严峻，冬季雾霾天气也时有发生，下阶段县环保局将重点做好以下几个方面工作：1. 开展重点行业企业的污染整治提升工作。今后一段时间内宁海县将对造纸、印染、化工、铸造、酸洗、金属熔炼等行业开展整治提升工作。2. 完成禁燃区二期建设。在已经完成的禁燃区一期的基础上今年将完成禁燃区二期建设，全年计划淘汰锅炉 36 台，预计城区范围内减少煤炭消耗 5000 吨/年。3. 开展黄标车限行和淘汰工作。黄标车占到机动车数量的 10%左右，但是污染排放量占到 50%以上，因此开展黄标车限行和淘汰工作十分必要。宁海县已将跃龙街道和桃源街道的主城区以及梅林街道和桥头胡街道的部分区域划定为黄标车限行区，在规定时间内禁止黄标车驶入，对提前淘汰的黄标车实施资金补贴，力争在 2015 年前在全县范围内淘汰黄标车。4. 落实排污权有偿使用制度。排污企业向大气排放二氧化硫和氮氧化物必须缴纳有偿使用费，购买的排污权也可以通过市场机制进行交易，该制度可以通过经济手段促进企业减少污染物排放。5. 开展建筑工地和道路扬尘污染防治工作。宁海县已经出台《建设工程扬尘综合防治专项行动实施方案》，相关部门将出动执法人员对建筑工地开展扬尘防治专项检查活动，对扬尘污染防治不到位企业责令其立即整改，情节严重的将作出行政处罚。同时做好道路扬尘污染防治工作，全县建筑工地车辆冲洗率确保达到 100%，道路机扫面积力争达到 2400 万平方米。6. 开展节能环保宣传行动。通过宣传提高全民节能环保意识，提倡绿色出行，尽量少开空调，减少烟花爆竹燃放，使用节能产品，促使污染物排放减少。

《关于政府大力鼓励和扶持实体经济发展的建议》提案 徐天坤委员在 2014 年 2 月县政协九届三次会议上提出，政府要大力鼓励实体经济发展。县经信局于 2014 年 6 月复文：着重做好以下几方面工作：一是出台产业扶持政策，确定制造业发展导向。2014 年宁海县出台了《关于优化产业政策加快转型升级的若干意见》（宁党发〔2014〕18 号），特别对实体经济加大了扶持力度，重点扶持工业转型升级、战略性新兴产业、总部经济。同时出台了全县产业扶持政策产业导向目录，明确全县制造业发展导向。在 2013 年启动“工业强县推进年”活动的基础上，2014 年再次开展“工业强县突破年”活动，进一步优化工业发展环境，有力提升了工业经济整体实力和竞争力。二是加大养老产业扶持力度，促进经济结构优化调整。近年来宁海县通过宁波爱晚中心、裸心泉温泉度假中心和自家坑养老中心等项目的建设，总投资近 140 亿元，兴建包括养老养生、海湾休闲度假、生态人居等区块及其区域内酒店、医院、保健中心等配套基础设施，打造集养老颐养服务、保健度假等多项功能于一体的综合性高端养老度假区，推动全县养老产业加快发展。三是加大人才工作力度，营造“引、留、用”良好氛围。2014 年将出台人才公寓管理办法的补充意见，对县内外人才在住房方面的优惠政策一视同仁。另外，对县内人才的子女就学问题，宁海县将争取和县外人才同等的政策优惠。在人才培训和创业方面，积极开展企业经营管理人才、专业技术人才的培训。每年组织企业人力资源经理到高校或外地企业开展培训交流，选送企业优秀人才攻读研究生等。同时开展大学生创业活动，制定出台《关于积极推进大学生自主创业的若干意见》，建立宁海县大学生创业园，向大学生青年创业者提供房租、社保、贷款等多方面补助，促进大学生创业者本土孵化成长。四是提升企业服务水平，优化工业发展环境。首先是强化企业服务能力，扎实开展“工业强县突破年”活动，进一步完善“8718”企业服务平台功能，建立“服务企业直通车”制度，畅通企业反映问题、寻求帮助的信息渠道，及时掌握企业困难问题，切实有效帮助企业解决难题。其次是完善金融服务功能。安排专项资金，在股份制改造、与中介机构签订协议环节都相应地给予补助，引导企业加快上市步伐。大力发展股权投资，拓宽融资渠道，充分运用各类融资工具，不断丰富金融市场。支持发展小额贷款公司和融资性担保公司，缓解全县企业融资难问题，同时鼓励民间资本支持全县企业发展，增强资金保障力度。再次是加快八大创业基地建设。近年来，全面启动了八大创业基地建设，加快标准厂房建设进度，为培育初始创业的群体和小微企业提供空间资源支撑，促进全县养老产业的发展壮大。

《关于促进我县商贸业发展电子商务的建议》提案 胡芳园委员在2014年2月县政协九届三次会议上提出，要促进全县商贸业发展电子商务。县商务局于2014年6月复文：1. 明确发展目标。宁海电子商务发展的纲领性文件《宁海县人民政府关于进一步加快电子商务发展的若干意见》（宁政发〔2014〕22号）已经10月17日县长办公会议、10月23日县政府常务会议通过并出台，明确提出总体思路和发展目标是：大力实施电商主体培育、电商产业融合、电商应用拓展、电商配套服务及电商氛围营造“五大工程”，到2017年底，全县电商主体总数超过1000家，销售超千万企业100家，超亿元企业10家，超10亿元企业1—2家。2. 建立健全工作机制。于10月23日成立县电子商务发展工作领导小组，由县长担任领导小组组长，一、二、三产分管副县长担任副组长，各乡镇（街道）和相关部门主要负责人为成员，领导小组下设办公室，办公室设在县商务局，由商务局局长兼任办公室主任。已于11月14日召开县电子商务产业促进会成立大会，吸收会员90余家，县商务局局长兼任会长。于12月3日召开电子商务工作座谈会，努力搭建政府与企业共同推进电商发展的桥梁和平台。3. 整合相关政策资源。形成每年1000万元资金规模支持电子商务产业发展，其中500万元已在2014年1月出台的《产业政策》中明确。另外500万元包括用于扶持电子商务产业园建设、电子商务重大项目招商、电子商务培训以及扶持企业信息化建设、软件开发等。已起草好《宁海县电子商务专项扶持资金管理办法》，正在会签中，其中从政策措施层面大力支持商贸企业开展电子商务业务，拓展县内外销售市场。4. 加快集聚发展。在县物流园区，利用较为成熟的物流仓储、生活配套等设施，按照“一园多点”、分期推进的建设理念，建设综合性电子商务产业园区，3年内形成70家以上电商进驻、年销售超10亿元的集聚规模，5年内逐步形成150家以上企业集聚、年销售达30亿元—50亿元的规模。一期工程由县供销联社筹建电子商务运营公司，将县果蔬市场约4000平方米和原五金机电市场位于东北角的一幢房屋约7000平方米，共约1.1万平方米房屋进行改造升级，同时依托“淘宝·特色中国宁波馆”建设宁海分馆，将于2014年12月12日开馆。县财政安排600万元专项经费用于产业园一期工程建设和招商运营工作，企业招商个性化政策由园区自行制订。同时，鼓励各类投资主体将县物流园区已建和拟建房屋，以“一园多点”形式分期有序推进电子商务综合产业园后期建设，并对在物流园区内的电子商务产业园投资经营主体及进驻园区企业给予一定的财政补助和奖励（除一期工程外）：对改造面积在1万平方米以上（含1万平方米），给予投资主体改造费用40%的补助，补助资金最高不超过200万元；电子商务楼宇（园区）正式挂牌且整体入驻率达到70%以上的，给予运营主体连续3年开办运营费奖励，奖励标准为第一年80万元，第二、第三年各40万元；对进驻园区的电子商务企业自进驻年度起，第1—3年按照地方财政贡献额给予全额奖励，第四、第五年按50%予以奖励。5. 加强电商培训和“电子商务进万村”工作。会同县人社局、团县委、县邮政局、浙江聚宝盆公司等单位并积极发挥协会作用推进电子商务知识普及和专业化培训工作，共举办了7期电子商务培训班，培训超过500人次。“电子商务进万村”150个村级服务点已经铺设完成。6. 积极组织申报市级商贸企业电商补助。发动全县2013年1月以后上线的限上批发零售、住宿餐饮等商贸企业申报市级补助资金。对截止申报年度2个年度内用于开展电子商务的相关投入累计达到30万元以上，并有实际网络交易记录的限上商贸企业应用电子商务工程项目给予按照实际投入额7%以内的比例给予一次性最高不超过10万元的补助。组织县内7家企业，总投资额495万元参与市级资金申报。

《关于全县农村财务管理中存在的问题和建议》提案 陈振根委员在2014年2月县政协九届三次会议上提出，宁海县农村财务管理不规范，有的制度不健全等问题，并提出了建议。县农林局于2014年6月复文：县农林局在以下几方面抓好具体落实工作。1. 抓好制度的贯彻落实工作。一是切实抓好《宁海县农村集体“三资”和财务管理办法》的贯彻落实，村级组织换届时，已将宁海县村经济合作社集体“三资”和财务管理制度（样本）下发，要求各村社都要针对本村实际建立完善集体“三资”和财务管理各项制度，增强可操作性，并切实贯彻执行好。在财务公开检查和年度考核时，县农林局会对各村制度完善及执行情况进行检查。二是继续抓好《宁海县农村集体“三资”和财务管理工作考核办法》的贯彻落实，依据农村集体“三资”和财务管理工作考核细则，认真做好对乡镇（街道）的农村集体“三资”管理工作考核，切实强化乡镇（街道）农村集体“三资”管理工作的主体意识和责任意识。三是会同县纪委、监察局和组织部门抓好《宁海县违反农村集体“三资”和财务管理规定行为责任追究办法》的贯彻落实。2. 强化日常监督。一是加强对村干部、村社出纳和村社监会的业务培训，提高他们农村集体“三资”和财务监管的业务水平，增强他们的责任意识，真正使村社主要干部把好财务审批关，村社出纳把好现金收支关，村社监会把好财务监督关，履行好各自的职责。二是充分发挥好村社监会的监督职责，加强对村集体资金、资产、资源和村集体财务以及工程项目的监督。防止村社监会无原则做老好人、放弃监督权、对所有收支票据不审核就签名开绿灯放行；或者凭个人喜好，意气用事，超越权限乱监督，对村集体所有的收支票据一律予以否决的两种极端现象的出现，正确履行好监督职责。三是继续抓好《宁海县农村集体“三资”管理服务中心代理会计考核办法》的贯彻落实。按照代理会计的考核细则，加强对代理会计工作职责考核，进一步调动其工作积极性。发现有违反农村集体“三资”和财务管理制度行为造成严重后果及影响的，查实属于代理会计职责造成的，实行“一票否决”，考核为不称职。3. 加强对银行存款的监管力度，建立对大额银行存款余额实行年度专项核查制度。一是禁止村社集体多头开设银行账户。执行好村社集体最多只能开设2个银行账户，所开设的第二个银行账户必须经过所在乡镇、街道书面批准，并报县级主管部门备案的规定。二是银行存款日记账还未建立的村社，要求代理会计抓紧帮助建起来，记好所代理村社的银行存款日记账。代理会计对所代理村社发生的每笔银行收支业务要及时在银行存款日记账上做好记录，还要定期与开户银行进行核对，大额余额的村社要每月核对一次。三是要求代理会计在每月做账时，将月末银行存款对账单扫入“三资”管理系统，并与最后一张记账凭证相关联，以便监管人员能对银行存款余额银行账与会计账是否一致进行有效监督，对银行存款余额在50万元以上的村社开展经常性点击查询，加大监督力度。四是加大对银行存款支取审批和监督力度。严格执行好银行取款5000元以下要经村社财务联签审批人签字，5000元以上取款要联村干部签署证明意见，1万元以上要联片领导签署证明意见，最后交分管领导审批的规定。对于库存现金超限额的村社，申请支取现金不予批准。五是建立对大额银行存款余额实行年度专项核查制度。已于5月13日发出《关于要求对农村集体经济组织大额银行存款开展年度专项核查的通知》（宁农资管办〔2014〕3号），要求各乡镇、街道对实有存款年末余额在50万元以上的村社账户开展年度核查，并由县农村集体“三资”和财务管理工作考核组在年度考核时对核查落实情况进行检查。4. 建立联席会议制度。成立由纪检监察、公安、司法、审计、农林等部门共同参与的联席会议制度，对检查和审计发现的农村集体“三资”和财务管理问题，根据各自职能加强对违法违纪问题的查处，加大对当事人的惩处力度。督促乡镇（街道）抓好审计报告所提及的问题和意见的及时整改落实，强化审计结果的处理落实。

《关于禁止在城区道路十字路口摆设小吃夜摊的建议》提案 倪逢勇委员在2015年2月县政协九届四次会议上提出，禁止在城区道路十字路口摆设小吃夜摊。县城管局于2015年6月复文：1. 搞好宣传，营造氛围。前阶段，我局结合城区环境整治工作，执法人员与相对人“面对面”接触，大力宣传整治工作的目的和意义，做好夜市经营业主的宣传教育工作，发放温馨提示单1万余份，积极争取群众理解、社会支持，为整治工作营造良好的舆论氛围。2. 全面整治城区夜间占道经营夜宵摊点。专门开展城区夜间占道经营专项整治，整治期间每天晚上出动3辆执法车、14名队员，对城区夜宵店（摊）、烧烤摊的跨门经营、占道经营行为进行专项整治，重点对斗门张、大桥李、老东门酒厂、东门口、在线网吧、中山楼、怡惠路口和宁海宾馆十字路口等地方进行巡查管理，经过近阶段的集中整治，共简易处罚41次，暂扣经营物品184件，保障了城区道路畅通，维护了夜间市容环境秩序。

3. 全面建立长效机制，有效遏制夜间流动摊贩无证无照占道经营行为。今后，县城管局将不定期联合市场监督管理局、公安局等相关单位，全面建立联动机制，严格整治无证无照、妨碍交通、影响市容环境卫生等违法违规行为，从而切实保障广大市民饮食安全，维护夜间城区市容秩序。

《关于对五水共治河道整治不买工程买服务的建议》提案 郑志华、冯宗田委员在2015年2月县政协九届四次会议上提出，对五水共治河道整治不买工程买服务建议。县环保局于2015年6月复文：2015年，宁海县将结合城乡环境大整治工作，进一步加大治水工作力度，全面消灭黑臭河，力争创成清三河达标县，总体谋划建设推进42个重点治水项目，完成投资19.3亿元。1. 加快健全长效治水机制。一是实施跨行政区域河流交接断面水质保护管理考核制度。对跨行政区域河流交接断面水质保护管理实行考核，目前共涉及全县18个乡镇（街道）28个断面高锰酸盐、氨氮、总磷等三项指标，考核结果分为优秀、良好、合格和不合格四个等次，考核结果纳入“五水共治”工作考核体系。二是实行环境监测市场化加强河长制考核。在开展水质交接断面考核的同时，对全县35条县级河道以及110条乡镇（街道）级河道开展常规性检测，每季度一次，监测指标为高锰酸盐指数、氨氮、总磷等三项指标，监测委托浙江中通检测科技有限公司开展。通过监测，全面掌握辖区内“三河”（黑河、臭河、垃圾河）及“河长制”河道水环境质量的变化情况，进一步巩固河道治理成效。河道监测结果作为河长制考核的重要内容。三是积极探索农村生活污水长效运管机制。积极开展农村生活污水后期运行维护改革试点工作，目前，县农办已经起草了管理办法，计划建立“群众参与、公司运作、财政补助”的运行模式，设立运行维护专项资金，落实专业环保公司负责农村生活污水治理设施的运行和管护；项目村配备专门的联络员，定期进行维护，确保污水处理设施的正常运转，同时，出台管理办法将对专业环保公司进行考核，明确农村污水池长效运行的奖惩办法。通过一系列政策措施，严防黑臭河、垃圾河反弹，使得河道水质得到长效维护。2. 大力开展生态河道建设提升生态环境承载力。近年来，宁海县逐步根据“净水、保土、增绿”的生态治水理念，特别在溪流整治过程中，把水利工程建设与新农村建设、文化休闲旅游有机结合，注重生态和亲水，突出挖掘当地文化风情，构建人和自然和谐的景观。在溪水流经的村庄，除了堤防建设，还注重河道的秀丽景观和沿溪村容村貌的改变。特别是2012年以来，宁海县启动新一轮小流域治理工作，逐渐探索了一系列既能满足防洪设计要求，又能体现生态水利特点的工程建设内容，生态型边坡护砌技术、迎水面抗冲植生毯护坡、背水面植草护坡、沿溪绿化带、休闲步道、景观水面等一批新型的生态化内容逐步充实到以五大溪流为重点的水利工程中去，并在工程中占的资金比例已达到30%以上。同时，计划在三年内（2014—2016年）投入5.5亿元通过截污、引流、生态修复等措施开展颜公河整治，建成颜公河干流调蓄池工程，改善城区内河水质。在调蓄池建设工程中，初步设计中充分考虑了生态、环保、旅游等功能，加强周边水环境打造，建成后将成为宁海县城的后花园，提高城市品位。

《关于创新社会治理，推动镇域经济社会化服务的建议》提案 童跃委员在2015年2月县政协九届四次会议上提出，创新社会治理，推动镇域经济社会化服务。县委政法委于2015年5月复文：1. 近年，全县着力加强和创新县域社会管理，提高社会管理科学化水平。2012年以来，按照“网格化管理、组团式服务”工作要求，以自然村、社区及社区内经济合作社和规模企业为基本单元，划分成1059个网格，配备兼职网格员1837名；按照“专业、基础、自治、互助”要求，分类别建立以“两代表一委员”、联村干部、农村指导员、片区民警、法治促进员、老干部、党（团）员、村（居）民代表、志愿者等人员为主体的3886支17484人的服务团队。同时，明确政策法规宣传员、社情民意信息员、矛盾纠纷调解员、公共安全监理员、特殊人群协管员、文明行动组织员、和谐关系促进员等“七大员”职责，建立民情联系卡、便民服务卡，网格员人手配备《服务必记》。2. 2015年，全县推行“两网融合”，全面深化“网格化管理、组团式服务”工作。会同安监、市场监管、卫生计生、流管、消防等部门进行工作对接，拟将基层管理人员进行整合，统一网格模式，整合信息采集队伍，规范信息流转机制，强化信息共享，努力实现全县一网全覆盖、一员全代理的目标。继续推广应用“平安通”移动终端、移动采集器等科技手段，确保基层社会治理信息有效整合、动态更新、联通共享。同时，根据省市要求全面推广应用“平安通”，并注重加强与“百姓事马上办”，乡镇（街道）一站通、“81890”等平台对接，规范网上办事流程，做到一网联动、限时办结，全面提升网上网下办事和服务群众的综合效能。3. 积极构建“全程化”基层服务管理体系。一是构建基层社会服务管理新格局。在试点的基础上，研究制订《宁海县“平安建设信息系统”与“网格化管理、组团式服务”“两网合一”实施方案》，逐步建立社会管理工作由单项突破走向整体推进、由分散建设走向融合发展。二是推进社会服务管理信息化。全面实行一格一员、一格多员网格管理模式，2015年年底在全县18个乡镇（街道）、389个行政村（社区）推广应用基层“平安通”手机终端配备工作，为随访随录、即录即报、即拍即传提供装备保障，及时收集录入本辖区内涉稳、涉诉、涉纪相关信息。加快实施多员合一，实施网格化和信息化两网合一，逐步实现“一次采集、及时受理、统一管理、多方使用”的目标。三是构建基层社会服务管理奖惩机制。由县综治办牵头，协调安监、流管、计生、市场监管、消防等部门，整合优化各类经费实行统一保障。采取“以奖代补”方法，制定出台《宁海县网格化管理信息报送奖惩办法》，并建立与年度岗位目标考核及先进评比等相挂钩的动态考评机制，促使各类信息得到及时上报，对突发性、敏感性事件苗头反应迅速，使各类矛盾隐患由原来的“事中介入”向“事前掌控”转变。四是推行政府购买社会服务。平安建设涉及各个领域，生产安全、食品药品安全、环境安全等存在着一定的风险隐患，政府从宏观上加强指导，事务性工作通过政府购买服务方式解决，使有限的资金发挥出更大的效益，产生更好的社会效果。

《关于加快推进汽车“油改气”工作的建议》提案 张蓉委员在2015年2月县政协九

届四次会议上提出，要加快推进汽车“油改气”工作。县发改局于2015年6月复文：随着全县经济社会的不断发展，汽车拥有量持续增加，汽车尾气已成为我县大气污染的重要来源，加快推进汽车“油改气”工作，对改善城市大气环境、提升城市品位、优化能源结构、促进经济社会可持续发展具有重要作用。宁海县已积极与浙能集团、东华能源等在汽车油改气领域有丰富经验的大型集团进行接洽和对接，根据《宁海县推进汽车油改气工作实施方案》和《宁海县天然气汽车加气站布点规划》的要求，完成了宁海县CNG加气母站项目的核准，会同县重点工程集中开工建设；冠庄和梅桥加气站也正式进入土地招拍挂的相关程序；金水东路临时撬装站项目经县政府多次协调，已基本完成相关审批手续。根据《宁海县推进汽车油改气工作实施方案》和《宁海县加快黄标车淘汰工作实施方案》（宁政办发〔2014〕25号），县交通局积极引进42辆LNG公交车辆，计划6月正式投入使用。为此，1. 加强宣传，提高认识。通过网络、报纸、电视等媒体进行宣传，针对主要群体和区域开展“节能环保”“绿色出行”等现场宣传活动，发放宣传手册，进一步提高大家对油改气的认识，加强节能减排、改善环境的意识，打造绿色交通，共建美丽宁海。2. 科学规划，合理布局。根据《宁海县天然气汽车加气站布点规划》的要求，县发改局会同规划、国土、住建、交通等有关部门，加快加气站项目选址，采用临时撬装站过渡和常规站建设相结合的方式，有序推进加气站项目建设，加快汽车油改气工作。3. 优化服务，有序推进。全力配合加气站项目业主单位，做好项目建设审批服务工作，加快推进项目建设。继续推进CNG加气母站项目建设，争取年底前建成投运；加快冠庄和梅桥区块加气站项目土地招拍挂等前期手续审批，争取下半年实现开工建设；加强与宁海县浙能油气发展有限公司的衔接，尽快完成金水东路临时撬装站建设相关手续，5月实现开工建设，6月正式投产运营。4. 完善政策，加强监督。根据国家和省市有关规定，抓紧研究制定合理规范的燃气销售价格政策，确保汽车油改气用户的经济利益。加快出台汽车加气站的管理办法，进一步规范加气站和加气加油站建设与运营，加强燃气汽车改装、技术标准等日常安全监督管理。

《关于改善城区小学生午餐供应的建议》提案 胡宁燕委员在2015年2月县政协九届四次会议上提出，要改善城区小学生午餐供应，提高配餐质量，有条件的学校逐步恢复食堂供餐。县教育局于2015年6月复文：1. 有条件的学校逐步恢复食堂。近几年农村人口向城区集聚，城区小学生源爆满，现有的办学条件无法满足自办食堂。在县政府重视下，县教育局加快推进标准化学校建设，对一些新建、改建的学校要求能够自办食堂，积极改善师生的在校生活条件。2. 按时配送午餐，确保午餐新鲜。目前配送公司拥有13辆配餐专用车和3条分装自动流水线，按学校路程远近进行打包，各配送车辆每天10：20左右到达学校，尽量缩短从煮熟到用餐的间隔时间，确保午餐新鲜。3. 均衡营养、合理膳食。学生午餐菜肴构成应提倡食物多样化，确保提供给学习足够的能量和营养物。首先，要求配送公司根据小学生每日的营养要求，每周由专业厨师团队对配菜营养价值进行探讨，每月底菜肴研发小组对下个月的菜肴结构进行审核；同时在送往学校的菜单上附上菜品营养成分。

其次，在不同季节提供不少于50种菜品，保证主菜的重复周期不大于15天。4. 切实加强监督检查，确保提高餐饮质量。为加强城区学校集体配送用餐管理，县教育局专门成立了工作领导小组，各配送学校也相应成立膳食管理工作小组、膳食管理委员会。在午餐配送期间，多次组织师生、家长代表等赴企业参观，就反馈的问题督促配送企业予以整改。市出入境检验检疫局与县市场监督管理局就学生营养餐配送工作专门部署，定期组织全面监督检查，对食品及食品相关产品进行抽检。每学期至少进行3次日常检查，其中开学初进行一次全方位检查，同时进行食品原辅料、餐饮具消毒效果的监督抽验。加强对配送企业指导，督促其进一步加强人员管理、仓储管理、过程控制、清洗消毒、运输配送等各个环节管理，提高厨房食品加工制作的公开程度，自觉接受家长和社会各界的监督，督促企业加强原辅料采购管理，多买时令蔬菜、非转基因食品。5. 建立社会监督机制。将每周学生午餐菜谱及营养搭配状况在学校醒目处与宁海在线网站配图进行公示，接受社会的监督。

《关于挖掘打造葛洪文化的建议》提案　葛民越委员在2016年1月县政协九届五次会议上提出，要挖掘打造葛洪文化的建议。县委宣传部于2016年6月复文：葛洪作为道教理论代表，高度重视人与自然的和谐，重视生态环境。葛洪的养生文化理论是人类历史上的宝贵财富。宁海岔路镇曾是葛洪炼丹地，也是葛洪后裔最大聚居地。全县历年来对葛洪文化所做的大量基础性工作，积累了丰富的资料和经验。葛洪文化的挖掘和研究，可助推宁海县生态大县、文化强县的打造，葛洪文化必将成为宁海地域文化的一部分。为开展葛洪文化的挖掘、保护和利用工作，重点依托岔路镇提出建设“葛洪养生小镇”的奋斗目标，着力做好葛洪文化与养生项目、农产品开发及乡村旅游等结合文章，助推经济社会转型跨越发展。一是系统整理展示葛洪文化。组织专人深入查阅葛洪相关史料书籍，翻查葛氏宗谱记载，考察岔路湖头大洪山学士坪葛洪丹井、丹房遗址，搜集整理葛洪医药、道家和养生等方面成就，在湖头村筹建葛洪文化纪念馆，系统推介葛洪文化。二是组建葛洪文化研究会。成立由县政协原副主席潘作飞任会长，宣传部、文广局、岔路镇等部门单位负责人为成员的社团机构，负责开展葛洪文化挖掘整理、研究交流和保护开发工作。研究会成立后，将多方面、多渠道开展会员之间的交流活动，定期出版相关研究成果，加大对葛洪文化的挖掘抢救工作力度，扩大葛洪文化的辐射面和覆盖面。努力构建和完善研究会的运行机制，保障研究会规范运作，健康、有序地发展。三是建设葛洪文化纪念馆。纪念馆总建筑面积为390平方米，拥有1个展厅及接待室。展厅分为葛洪其人与葛洪文化、医药学成就和传承、化学成就、道学成就和传承、其他成就、后世诗画欣赏，布展内容借鉴和综合了国内各界葛洪研究的最新成果，馆内还展示了中国拍卖史上最昂贵的古代画作，元朝王蒙的《雅川移居图》。四是举办首届葛洪文化节。作为第十四届徐霞客开游节活动内容之一的首届葛洪文化节于2016年5月16日在岔路镇湖头村举行，开展了万人重走葛洪养生古道、首届葛洪文化节开幕式、葛洪文化纪念馆开馆仪式、纪念葛洪1733周年诞辰大典、2016年中国葛洪文化国际学习研讨会五项活动。来自全国各地的医学界、文化界、宗教界的各位专家和代表参加活动，活动一方面纪念先人葛洪在医学等方面的成就，另一方面也对现存的葛洪文化再次进行整合弘扬。五是培育发展葛洪文化产业。大力宣扬葛洪养生健康文化，促进葛洪文化与项目建设融合，加快推进上金国际文化广场、福缇·滴水湾和九顷塘等养生度假项目建设招商工作，促进葛洪文化与农产品开发融合，开发包装葛洪养生茶、葛洪糕和葛洪养生宴等系列产品。促进葛洪文化与乡村旅游融合，以岔路镇湖头村为中心，依托良好的生态人文资源，建好葛洪文化纪念馆和抱朴讲堂，提升文化礼堂，优化枫湖景观，做好古村落保护和历史文化传承，开展葛洪文化产业园招商，打造葛洪民俗文化村，努力建设休闲养生目的地，积极发展乡村旅游。

《关于应对两孩全面放开政策的建议》提案 赵苗青委员在2016年1月县政协九届五次会议上提出，随着“两孩政策全面放开”，全县出生人口量明显上升，势必对公共服务提出更高要求。对此，提出应对的建议。县卫生计生局经与县教育局共同研究于2016年6月复文如下：1. 两孩政策全面实施后，县教育局将及时调整招生政策中的相关条款。《2016年宁海县义务教育段城区学校招生工作方案》已经县政府常务会议讨论同意，面向社会发布实施；幼儿园下半年的招生将根据义务段招生工作要求，作出相应调整。2. 两孩政策实施后，出生人口将大大增加，县卫计局将着力做好母婴健康工作，县妇幼保健院开设再生育咨询和助产士门诊，为准备怀孕的夫妇提供孕前评估和分娩咨询。各医疗保健机构加强对产科人员的业务培训和人员培养，积极开展孕前优生优育和孕产期保健宣教。县教育局为解决“入园难”“入园贵”的问题，按照县“十三五”规划的要求，加大教育资源投入，增加幼儿园数量。特别是城区，将适度增加公办幼儿园的比例和扩大普惠性幼儿园覆盖面，不断提升全县幼儿园办学水平，保障孩子接受优质教育资源。3. 对孩子的心理教育问题，县教育局将从以下三个方面作出努力：一是提升教师心理辅导水平，2016年将组织800名教师参加心理教育C级考证培训。二是在学校建立心理咨询室，目前全县共有22所学校心理咨询室被认定为市级心理咨询室，计划2016年再创建40个左右市级心理咨询室，达到60%以上的比例。三是通过家长学校、家长委员会及相关合作等方式共同探讨孩子的教育问题。

《关于加快清理关停畜禽养殖场使土地资源得到再利用的建议》提案 金海萍委员于2016年1月在县政协九届五次会议上提出，加快清理关停畜禽养殖场，使土地资源得到再利用建议。县农林局于2016年6月复文：自收到您的提案后，县农林局高度重视您在提案中指出的“部分关停的畜禽养殖场未及时进行全面清理，整治不彻底直接影响我县农村两美建设和关停畜禽养殖场土地资源的再利用”问题。县农林局于4月6日召开了专题研讨会，对养殖场舍用地进行研究，以达到土地资源利用最大化为目的，部署各乡镇开展“关停畜禽养殖场土地资源利用排查专项行动”。据统计：截至4月29日，全县累计关停畜禽养殖场1268家，减少生猪存栏7.69万头，减少家禽存栏78.46万羽，减少牛羊0.24万头，拆除栏舍面积52.17万平方米。其中889家畜禽养殖场栏舍已完全拆除并复耕；182家毗邻于农村居住区的畜禽养殖场栏舍允许予以保留，直接改为农村生产用房，用于堆放家庭杂物和农耕器具等；另有168家位于农业种植区域里的养殖场栏舍大部分予以拆除并复耕，只留下10到20平方的原养殖栏舍未予拆除，改为农耕器具临时堆放场所；剩余24家养殖场约79.3亩养殖栏舍，因种种原因只是完成了畜禽生产退养工作，尚未对原养殖栏舍予以拆除，如您提到的跃龙街道望府村上槎枫县食品公司养殖场。由于这24家未进行拆除的都是房舍建筑结构和质量比较好，投资成本较高的养殖栏舍。但是按照《宁海县人民政府办公室关于印发宁海县畜禽养殖污染整治实施方案（2014—2016年）的通知》（宁政办发〔2014〕62号）规定的养殖栏舍拆除补偿标准：如每平方米钢棚结构补偿50—90元，砖瓦结构补偿70—130元，砖混结构补偿130—180元，再加上土地整理复耕成本，如果对此类养殖栏舍予以拆除，那么对财政资金和养殖场双方都会造成不小的浪费和损失。故此，县农林局决定对这些养殖场的栏舍予以保留，鼓励用于发展其他生态型绿色农业产业、开发农家旅游资源等用途，确保养殖场和农民利益取得最大化。

《关于发展社会力量助推网格化管理新模式的建议》提案 王朝衡委员在2016年1月县政协九届五次会议上提出，发展社会力量，助推网格化管理新模式建议。县委政法委于2016年6月复文：要通过抓好以下各项工作，推进“网格化管理、组团式服务”工作。一是整合村级人员，实现“多员合一”。针对当前基层网格员配备不到位、职责不明晰等问题，研究制定《宁海县村级事务人员整合办法》，将各级各部门安排的承担村级社会管理事务的各类人员进行整合，让“七大员”“八大员”合并为网格员，实施“多员合一、一员多能、一岗多职”。整合后，网格员人选由村（社区）推荐，乡镇（街道）负责审核，实行聘任制，签订聘用合同。网格员根据工作实际，承担网格内信息收集、宣传教育、公共服务、隐患排查等各类事项。乡镇（街道）根据网格管理实效对网格员开展绩效考评，结果与网格员的报酬直接挂钩。二是实施“以奖代补”，激发参与热情。制定《宁海县网格化管理信息报送奖惩办法》。通过“政府购买服务”的方式促使各类信息得到及时上报，对突发性、敏感性事件苗头反应迅速，使各类矛盾隐患由原来的“事中介入”向“事前掌控”转变。初步规定：凡群众举报发生涉法、涉纪、涉稳等问题。并查证属实的按照一般信息20—50元、较大信息100—200元、重大信息300—500元的标准实施奖励，特别重大信息，按一事一议予以1000元以上奖励。三是打破信息壁垒，凝聚工作合力。推动“平安建设信息系统”与“网格化管理、组团式服务”两网融合，逐步建立社会管理工作由单项突破走向整体推进、由分散建设走向融合发展。针对基层各类信息平台种类繁多、各成体系的问题，打破部门之间信息壁垒，推进基层社会治理“一张网”建设。推广“平安通”手机终端应用，由网格员及时收集录入本辖区各类信息，使各类矛盾纠纷、事故隐患驶入信息化的快车道，进一步提升基层社会治理的信息化水平，从而达到“低成本、高效率”的目标。四是加强中心建设，强化服务管理职能。坚持社会服务管理中心规范化建设，配齐窗口人员，规范办事流程，落实管理制度，真正实行一窗式受理、一站式办理、一条龙服务。在此基础上，全面推进县、乡镇（街道）两级综合指挥中心（室）建设，切实承担起网格化管理工作的协调指挥、任务指派、力量调度、考核评估等职责。依托综合指挥中心（室），可对“平安通”终端上报的大量信息进行梳理汇总、筛选过滤、综合研判，为快速反应、科学决策打好基础，并实现统一指挥落实，使服务管理工作更有效率。

《关于加强占道经营流动摊点规范管理的建议》提案 娄群亚委员在2016年1月县政协九届五次会议上提出，对占道经营流动摊点要加强规范管理的建议。县综合执法局于2016年5月复文：流动摊贩占道经营行为存在反复性和流动性，是市容管理的老难题，严重影响了城市形象，县综合执法局一直以来都十分重视占道经营的整治工作，但还存在反复回潮现象，您提出的建议对县综合执法局有很好的启发与借鉴作用。县综合执法局加大占道经营的整治工作，主要采取以下措施：一是加大宣传教育力度。制作一些流动摊贩脏乱差的宣传图片到学校、医院、社区等地方进行宣传，邀请电视台、报社、微信公众号平台等媒体进行跟踪执法，在各个媒体上进行宣传。重视日常工作中对流动摊贩的说服教育，动之以情晓之以理，做到文明执法。二是做好重点区域的整治工作。县综合执法局针对学校、市场、车站等流动摊贩容易聚集的地方进行重点整治，整治完成后，专门派人蹲点管理，坚持长效、常态化管理。三是疏堵相结合，推出放心早餐工程。为了加强早餐马路市场的整治，县综合执法局于2015年10月开始至今已推出放心早餐工程三期，共40个放心早餐点，实行定人定时定点管理，引导摊主定点摆卖、规范经营，切实解决城区流动早餐摊占道经营的问题，对其他未经审批的流动早餐摊点，加大查处取缔力度。四是加强城区自产自销蔬菜疏导点和季节性水果临时疏导点建设，引导摊点规范经营，切实解决流动摊贩占道经营的顽疾。

《关于进一步完善古村落保护机制的建议》提案 周毅委员在2017年2月县政协十届一次会议上提出，要进一步完善古村落保护机制。县规划管理中心于2017年复文：全县拥有丰富的古村落资源，目前，共拥有中国传统村落8个，个数位列宁波大市第一。拥有历史文化名镇名村共10个，其中国家级3个，还有省级名村2个、市级名村5个。在宁波各县市中级别最高，体系最全。围绕中国传统村落的保护和发展，宁海县已开展以下几项工作：一是建立组织机构，摸清家底，编制规划。2015年3月宁海县成立了宁海县历史文化名城名镇名村保护委员会，委员会办公室设在县规划管理中心，负责落实委员会的决策部署，对我县名城名镇名村保护工作实行统一计划、统一协调和统一指挥，并于2014年年底委托设计单位全面启动历史建筑资源普查工作，通过实地调研，对全县各乡镇街道的历史建筑进行全面排摸，在“三普”基础上进一步调查摸清历史文化价值、损毁状况、建筑结构、使用情况、现状权属等方面资料信息，目前已基本完成。同时，全县9个历史文化名村及8个传统村落，除2016年年底新入选的河洪村还在进行规划委托外，基本实现保护规划全覆盖，真正做到规划先行，在保护规划科学引导下进行保护和发展。二是健全保护机制，申请保护资金，落实保护项目。2016年，宁海县出台《宁海县历史文化名镇名村及中国传统村落保护项目管理办法（试行）》，充分利用涉农资金整合平台进一步规范保护资金使用流程，明确了补助项目申报、实施、验收、绩效考评等方面内容，做到公开透明、公平公正。针对古建筑维修地方特色强、专业要求高等特点，乡镇也先后出台《深甽镇古建筑小微维修补助管理办法（试行）》《深甽镇古建筑修缮补助管理办法（试行）》等文件，积极创新古建筑修缮模式，在确保修缮效果的前提下，使古建修缮更接地气，资金使用更高效率。自 2014 年以来，积极申请各级保护补助资金共 3245 万元，涉及前童镇和龙宫村、许家山村、力洋村、东岙村、清潭村、箬岙村、麻岙村、西岙村、梅枝田村共 10 个名镇名村。其中中国传统村落中央财政奖补资金共 1425 万元，市级历史文化名镇名村专项补助资金共 1820 万元。以上保护补助资金已下达至乡镇的共 2043.5 万元，涉及传统村落补助项目 15 个，历史文化名村补助项目 26 个，补助内容包括保护规划编制、历史建筑修缮、基础设施提升、防灾减灾项目、非物质文化遗产传承等内容，切实推动了前童镇和力洋村、龙宫村、清潭村等古村落的保护，为下一步的发展奠定了良好的基础。此外，2016 年，县文广新闻出版局还争取到文物补助经费 110 万元、涉农资金 80 万元，用于文保单位和古村落古建筑维修，涉及古建筑维修项目 20 余个。三是出台文件，加强宣传，抢占文化阵地。近年来，县委、县政府高度重视古村落保护工作，从大力加强传统文化阵地保护入手，出台《宁海古戏台保护规划》《宁海县民俗文化人才认定办法》《宁海县非遗“三位一体”保护办法》《关于繁荣群众文化奖励意见》等文件，推动优秀传统文化复兴。

《关于落实“最多跑一次”改革精神的建议》提案　蔡玲华委员在 2017 年 2 月县政协十届一次会议上提出，落实“最多跑一次”改革精神的建议。县编办于 2017 年 5 月复文：为推进“最多跑一次”改革落地见效，全县采取了一系列措施，主要有：1. 公布两批“最多跑一次”事项。根据省市部署要求，2 月底和 3 月底，宁海县分两批共向社会公布了“最多跑一次”事项 1495 项，涉及 46 个部门和单位，其中行政权力事项 1230 项，公共服务事项 265 项，85%以上的行政权力事项实现了“最多跑一次”。2. 优化事项审批流程。目前，县国土资源局、县住建局等相关单位对不动产办理事项审批流程进行了优化。后期，县编办将形成《办理指南参考目录》，明确办理条件、办理材料、办理流程，取消没有法律法规依据的证明和盖章环节，以标准化促进规范化便捷化，保障改革真正落地。3. 推进“一窗受理”审批。对行政服务中心（含分中心）现有大厅窗口布局进行整合，分类设置一窗通办的综合服务窗口。目前，已设立基本建设项目、商事登记、不动产登记、公安服务、出入境管理、社会民生事务等六大类综合服务办理区，三个分中心对应设立社保医保、公安车管和农机服务三类综合服务办理区。不动产登记办理区设立综合受理窗口 4 个，统一受理房屋交易、契税缴纳、不动产登记。基本建设项目办理区设立 7 个综合受理窗口，统一受理发改、国土等 12 个部门涉及基本建设审批事项 98 项。商事登记办理区按照“综合窗口”和多个“专业窗口”并存的“1+X”受理模式，设立综合受理窗口 4 个，负责商事登记的受理审核、按责分办、统一出件；保留专业窗口 10 个，负责受理、审批原审批部门独立承办的审批事项。4. 清理了一批前置条件。严格按照标准，对“最多跑一次”行政审批事项的前置中介服务、条件材料、兜底条款进行全面清理，对没有设定依据或虽有依据但不适应实际需要、清理后不影响正常审批的前置条件材料，原则上一律予以取消；规范涉中介服务的行政审批权力事项，消除或明确“法律法规规定的其他材料”等模糊性表述材料，重新编制或修订办事指南，为群众办事提供清晰指引。截至目前，159 项前置条件材料中，取消或转变管理方式 77 项，占 48. 43%；158 项前置中介服务，同意保留 129 项，取消或转变管理方式 29 项，占 18. 35%；55 项前置兜底条款中，取消 32 项，占 58. 18%。5. 推进乡镇（街道）“一窗受理、集成服务”工作。试点推行“前台综合受理、后台分类办理、统一窗口出件”的服务模式，在此基础上，全面推进乡镇（街道）“一窗受理、集成服务”改革，实现“最多跑一次”改革在基层落地生根。除中心镇和卫星城镇外，全县乡镇（街道）便民服务中心综合窗口一般按照“3+X”模式设置，即统一设置社会保障、民生事务、综合服务等 3 个综合窗口，“X”为各乡镇（街道）便民服务中心根据现有窗口布局、服务容量可以自行设置的综合窗口，一般为商事登记、城建国土、创业就业等，确保形成符合实际、便捷高效的服务模式。6. 对于您提出的实行部门间信息共享。将按照省长车俊提出的关于“信息孤岛要尽快连起来”的总体要求，加快协调推进条块信息系统互通、数据资源共享工作，努力以“互联网+”再造政务流程，促使形成让数据跑腿代替人跑退的机制。

《关于实施居家养老的建议》提案 杨婵娟委员在 2017 年 2 月县政协十届一次会议上提出，要推进居家养老建设的建议。县民政局于 2017 年 6 月复文：县民政局主要采取以下措施：1. 出台相关居家养老服务政策，健全居家养老服务制度保障。一是建立健全基本居家养老服务制度，逐步增加政府购买服务项目，扩大服务享受对象范围，提高服务补贴水平；二是出台老年人长期护理保险制度，将失能老年人的基本生活照料和相关医疗纳入制度保障范围；三是推进建立意外伤害保险制度，增强老年人抵御风险能力。2. 加大资金投入，全面提升居家养老服务功能。建立起与经济社会发展水平相协调的养老事业财政保障机制，加大投入力度，发挥好政府“托底”作用。以农村居家养老服务站（中心）为平台，依托行政村、较大自然村，充分利用农家大院等，建设日间照料中心、托老所、老年活动站等互助性养老服务设施，切实解决农村留守老年人的养老问题。加快建设社区日间照料中心、托老所等养老服务设施，就地就便开展老年人全托、日托、临托等多种形式的社区养老服务。拓展老年助餐服务网络。在区域性居家养老服务中心建设“中心食堂”，社区设立助餐点，有条件的社区及老年人居住集中、需求旺盛的社区单独设立老年食堂。鼓励引入社会餐饮企业、养老机构和机关、学校等企事业单位食堂，通过委托运营、合作供餐等方式，为老年人提供便捷优质的助餐服务。3. 全面放开养老服务市场，促进社会力量参与居家养老服务。鼓励民间资本投资建设居家养老服务设施，鼓励养老服务企业、社会组织等以承包、租赁、委托经营、品牌管理、连锁经营等方式运营居家养老服务设施。完善和落实民办公助、公建民营等支持政策，社会力量举办或运营的居家养老服务机构享受同区域内居家机构的相关优惠政策。积极培育发展为老服务公益慈善组织，引导公益慈善组织参与居家养老服务。加强老年协会建设，鼓励基层老年协会参与社区居家养老服务设施的运营和管理，支持基层老年协会建设“乐龄工程”，发挥基层老年协会等老年群众组织在自我管理、自我服务和服务社会等方面的积极作用。4. 深化社区医养结合服务，推动医养融合发展。鼓励社区居家养老服务设施与医疗卫生服务设施毗邻而建，实行资源共享。有条件的居家养老服务机构，可通过单独设立或与医疗卫生服务机构合作等方式，设立医疗服务点、康复护理站等医疗护理机构，并纳入医保定点和长期护理保险定点范围。推进居家养老服务机构与基层医疗卫生服务机构签约合作，开通预约就诊绿色通道，派驻执业医师定期坐诊，为老年人提供便捷医疗和健康服务。鼓励医疗机构将医疗护理、康复等服务延伸至家庭，探索为失能、半失能老人设立“家庭病床”，支持市场主体开发和提供多形式的家庭健康服务。5. 推进老年宜居环境建设，为老年人提供良好宜居宜养环境。按照业主自愿、政策扶持、依法合规、保障安全的原则，采取政府补贴、产业引导和业主众筹等方式，积极推进多层老旧住宅电梯加装工作。做好公共服务设施和老年人居住区的无障碍改造。有条件的居家养老服务机构配备爬楼机，供老年人租借使用。鼓励发展适合代际共居的通用住宅，满足各年龄段家庭成员尤其是老年人对居住环境的必要需求。6. 加强人才队伍建设，提高养老队伍素质。配强居家养老服务队伍。区域性居家养老服务中心配备养老服务协管员不少于3名，社区居家养老服务站配备养老服务协管员至少1名。充分利用各类培训机构，加强对养老服务机构管理人员、专业护理人员职业道德和职业技能的培训。积极培育从事养老服务的志愿者队伍，建立助老服务志愿者档案。要积极倡导广大干部职工、群众、学生参加养老服务志愿活动，建立考核、激励机制，表彰优秀志愿者。7. 推进标准化建设，进一步加强行业监管。进一步完善居家养老服务标准体系，组织编制建设、服务和运营规范，提高居家养老服务的标准化水平。建立养老服务行业协会，加强行业自律和行业规范。8. 加快智慧养老服务平台建设，推进养老服务信息化和智能化。加快建设老年人基本信息系统、养老服务管理信息系统和养老服务公共信息系统，形成市、县、乡镇（街道）和村（社区）四级设置、管理互通、数据共享的智慧养老服务平台。完善“81890”老年人应急求助服务平台，继续为80周岁以上老年人和60周岁以上患病老年人免费安装“一键通”电话机，为老年人提供紧急援助和生活便利。利用互联网、物联网、大数据、云计算等技术，积极开发适合老年人的智能化产品、健康监测可穿戴设备、健康养老移动应用软件等，创新居家养老服务模式，为老年人提供健康管理、紧急救援、精神慰藉、服务预约、物品代购等服务，开发更加多元、精准的私人订制服务。

《关于推进全民健身运动项目发展的建议》提案　何生彬委员在2017年2月县政协十届一次会议上提出，推进全民健身运动的建议。县体育发展中心于2017年6月复文：1.《宁海县全民健身实施计划（2016—2020）》已经制定完成，根据文件精神，“十三五”期间宁海县将创建省级“国民体质测试中心”，积极开展体质测定和运动能力风险评估项目，为群众提供个性化的健身指导服务。2. 2017年县体育发展中心将成立社会体育指导员协会，并将开展四到五次公益的社会体育指导员培训和健身大讲堂活动，为市民提供科学的健身咨询和指导服务。3. 县体育发展中心将联合相关部门加强城区公园改造工程。选择有条件的柔石公园、徐霞客公园等改造为体育主题公园，集休闲、娱乐、健身为一体，切实改善市民参与体育健身的条件。80%的人口实现15分钟健身圈，人均体育场地面积（不含登山步道）达到2.0平方米。4. 进一步深化学校体育场馆开放工作，力争在2018年年底前，全县学校体育场馆开放率达到100%以上。基本建成覆盖城乡比较健全的具有宁海特点的现代体育公共服务体系。5. 启动新体育中心建设。

《关于进一步加强残疾人就业创业工作的建议》提案 政协社法委在2017年2月县政协十届一次会议上提出，要进一步加强残疾人就业创业工作建议。县残联于2017年6月复文：近年来，县委县政府高度重视残疾人就业工作，相继出台了《关于进一步做好宁海县残疾人就业创业帮扶工作的通知》《宁海县人民政府关于加快推进残疾人全面小康进程的实施意见》等一系列就业帮扶政策，千方百计促进残疾人就业，形成了残疾人集中就业总体规模保持稳定，按比例就业人数不断增加，自主创业、个体从业和灵活就业全面发展的局面。主要措施：1. 稳定发展残疾人就业传统渠道：一是依法推进残疾人集中就业和按比例就业，对达不到要求的严格依法征缴残疾人就业保障金，对超比例安排残疾人就业的单位和企业按规定给予3000元奖励，2016年依法征缴残疾人就业保障金3874.1万元，45家企业抵扣残保金90余万元，集中就业和按比例就业人数新增了56人。二是积极支持和鼓励残疾人自主创业，通过资金、技术等多种形式的大力支持，2016年对符合条件的120名创业残疾人补助39.26万元。三是开展农村残疾人扶贫开发就业，加大对农村残疾人扶贫基地的支持力度，鼓励农业龙头企业、种养业大户等吸纳低收入残疾人就业，支持农村残疾人扶贫基地发展，全县18家通过安置或辐射带动322名残疾人，帮助农村残疾人实现再就业。2. 积极拓展残疾人就业新方式：一是积极探索残疾人辅助性就业新形式，通过阳光家园、工疗机构让智力、精神和重度肢体残疾人也能从事生产劳动，目前258名轻度精神智力及重度肢体残疾人在4个辅助性就业机构实现辅助性就业，较2015年增加235人。二是鼓励发展残疾人电商就业。积极推动残疾人参与“农村淘宝”合伙人项目，发展残疾人电商创业6人。3. 加大残疾人职业技能培训：一方面建立残疾人定点培训基地，提升职业技能，依托劳动部门就业训练机构建立残疾人定点职业培训基地，实行政府买单免费培训，近几年每年为有需要的300余人次残疾人提供了有针对性的职业技能培训，同时，将符合条件的残疾人推荐到省市参加高级职业技能培训；另一方面加强技术帮扶，联合科协、海洋渔业和农林等部门每年开展“技术下乡”活动为残疾人种养殖户提供“家门口”的技术指导，同时实行专家包片负责制、挂名服务制，结对帮扶残疾人创业。4. 提高残疾人教育文化水平：开展残疾学生及困难残疾人家庭子女资助水平，实施教育专项补助，提高残疾学生义务教育入学率。对残疾学生从学前到高中段给予教育补助1000元/年，专科、本科最高分别给予教育补助4000元/年、5000元/年，同时还对残疾大学生的学费和住宿费实行全额报销制，鼓励保障残疾学生求学深造。2016年，为19名残疾大学生减免学费住宿费20余万元，为651名残疾学生及残疾人家庭子女发放助学金127.05万元。全县残疾儿童少年入学率达到97.75%。5. 积极搭建残疾人就业服务平台，全方位向残疾人提供职业指导、职业介绍等就业服务，积极做好残疾人就业登记和介绍工作。同时，积极举办专场招聘会搭建残疾人就业平台。近几年，每逢助残日期间，联合民政、人社等部门举办残疾人专场就业洽谈会，为用人单位和残疾人求职者提供便捷、优质的就业服务，有效解决了残疾人就业困难。

县政协八届至十届提案办理情况表

表4-2

届　　次	立案提案（件）	办理情况（%）		委员对提案办理满意和基本满意率（%）
		采纳	基本采纳	
八届一次会议	193	51.3	38.5	98.6
八届二次会议	157	56.1	39.3	98.3
八届三次会议	127	53.4	40.3	98.4
八届四次会议	141	54.1	40.7	98.6
八届五次会议	142	56.2	41.1	98.5
九届一次会议	212	51.4	40.6	98.6
九届二次会议	173	56.1	39.3	98.3
九届三次会议	168	49.4	44	98.2
九届四次会议	141	46.8	45.4	98.4
九届五次会议	204	44.6	49.5	98.5
十届一次会议	246	45.5	41.5	98.8

2007—2017年度优秀提案

2007年度

加强城区停车管理，提升城市文明形象——童挺

要注重技防经费投入——王元法

关于要求加强城中村环境卫生管理的提案——谢敏慧

给徐霞客大道对岸堤坝增添安全设施的提案——钱荣江

关于要求拆除城区周边违章临时搭建的棚屋的建议——杨家兴

加强对网吧的管理力度——吴能达

建议加大对前童古镇的保护力度——葛海明

关于进一步加强我县职业教育发展的建议——县政协教文卫体和文史资料委员会

增加农村医卫事业投入，规范农村个私执业人员，确保农村医卫事业健康发展——何晓道

转变就业观念，引导农村富余劳动力向二、三产业转移的建议——万吉良

2008 年度

关于加快我县乡镇污水处理设施建设的建议——陈德顺

关于加强山塘水库管理的建议——民盟宁海总支

关于加强农村食品安全管理的建议——王洁民

关于加快推进我县廉租房建设和完善管理机制的建议——民进宁海支部

要着力加强调剂商行管理——王福宪

关于我县企业安全生产和开展“三合一”企业专项整治的几点建议——民进宁海支部

关于缓解我县中小企业融资难的对策建议——工商联

加强外来有害生物防控，促进农业经济健康发展——政协农林界别

加强外来有害生物防控，促进经济又好又快发展——石柔

大力发展公共交通事业，提升城区交通层次——林祥明

2009 年度

要求建立县级企业贷款周转专项资金组织建议——胡金学

改善农村饮水卫生为人民身体健康着想——屠伟勤

关于要尽快落实县急救中心编制及经费的提案——杨定为

如何提升我县柑橘产业对策建议——叶伟建

关于发展宁海乡居旅游、增加农民收益的几点建议——童青燕

完善公共安全动态监控系统建设的建议——民盟宁海总支

加强面制品监管确保食品安全——民进宁海支部

2010 年度

关于加快建造宁海人才公寓小区的建议——陈德顺

设立宁波市茶叶产品质量检验中心，搭建市级公共技术服务平台——石柔

如何重点扶持小企业发展的建议——李时捷

关于加强洋溪流域污染治理，解决洋溪流域水质严重污染问题——县政协经科委

关于加强城市出入口环境景观建设的提案——陈珍莹

关于进一步推进我县殡葬改革，提倡节俭、文明、健康环保的殡葬消费的建议——韩

向民

振兴我县建筑业的对策和建议——民盟宁海总支

有关城关基督教堂危房，千人生命之事，请领导重视的建议——傅大吉

2011 年度

关于大力推进对中小企业融资服务的建议——县工商联

关于在新农村建设中加强文化元素融入的建议——麻昌二

加强管理力度，制止工程渣土、建筑垃圾乱堆乱倒——民进宁海支部

建议协调解决华庭家园小区管道煤气供应——朱作德

加强学前教育投入力度，从小培养宁海未来人才——叶青华

宁海“地沟油”的现状、流向、查处及对策——安宗光

整治宗教场所，规范庙宇建造——王宁芳

2012 年度

“三车”之乱何时休——潘微琼

关于进一步拓展我县特色农产品销售市场的几点建议——陈珍莹

规范中小学学生午餐供给与管理——王声旺

关于在兴海路沿线规划建设公园的建议——陈晓琴

关于政府企业高度重视，齐心协力，促进模具产业转型升级，实现二次腾飞的建议——方永杰

要求政府加大力度整治全县废品收购站（破烂房）——王荐檩

关于加强大学生创业就业扶持力度的建议——王育邦

多策并举，全面推进我县“大森林大景区”建设——民进宁海支部

关于引导我县中小企业推进节能减排的建议——民盟宁海总支

关于主导引导现代殡葬文化形成的建议——王照栈

进一步加大保护开发我县古宅群的建议和对策——特邀界

2013 年度

加快发展我县现代物流业的对策建议——民盟宁海总支

重视民办幼师队伍建设，推动学前教育质量提升——特邀界

关于加强五大流域河道采砂管理的建议——杨家兴

关于打造美丽乡村的意见建议——民进宁海支部

关于优化我县金融生态环境，提升金融对经济支撑作用——经济界

街头早餐“脏、乱、差”堪忧，市民“早点”何日能放心——袁丹宁

资源共享，缓解放学拥堵，优化学校周边环境的提案——徐建利
关于加强“公墓”规范化建设，建立文明殡葬长效机制的建议——王贤飞
关于要求严厉打击“地下六合彩”的提案——谢静思
关于推进公交车、出租车辆油改气工作，改善我县大气环境质量的建议——安建伟

2014 年度

关于建立水产（农副产品）加工仓储（冷链物流）基地的建议——科技界
关于政府大力鼓励和扶持实体经济发展的建议——徐天坤
加快我县电子商务发展的对策建议——民盟宁海总支
关于培养企业中层技工人才的建议——叶青华
关于整合地域文化资源，推进旅游跨越发展的建议——民进宁海支部
关于要求建造麻岙岭头至屿南公路，方便村民出行和旅游休闲观光的建议——章根华
关于加快乡镇纳污管网建设，切实推进“五水共治”工作的建议——安建伟
关于开展中小学文具质量教育活动的建议——民建宁海支部
关于投入建设 200 公里绿色自行车道的建议——周仁平
关于强化我县校园周边儿童食品安全管理的建议——黄胜

2015 年度

关于进一步推进我县返乡创业工作的建议——民建宁海支部
关于加强垃圾分类收集处理的建议——王姝允等
关于加快“三车”治理工作的建议——冯宗杰等
关于加快推进“油改气”工作的建议——杨家兴
关于加快解决宁海一市东岙饮水难问题的建议——童美丽
关于科学治理农村污水的建议——民进宁海支部
关于进一步提高我县职业技能教育水平的建议——潘伟春
关于加大历史文化名村（传统村落）保护的建议——妇联界
关于全面开放学校体育设施的建议——叶青华
关于加快社区邻里中心建设的建议——民盟宁海县基层委员会

2016 年度

关于推动专业合作社联合社发展的建议——王伟群
加快我县生物医药产业发展的建议——民盟宁海县基层委员会
加快我县内涝防治体系建设的建议——农林界
关于统筹推进县域新能源经济发展的建议——民建宁海支部

关于要求进一步扩大金融支持科技型中小企业战略合作的建议——工商联界
关于加快发展民宿产业的建议——金益
关于全面推进城乡水环境治理的建议——民进宁海支部
关于完善县科技园区公共交通平台的建议——李静
关于适应新高考加快高中段教学改革的建议——县政协委员工委
关于保留和建设西门文化保护综合性载体的建议——王浓浓
关于加快利用卫生信息化技术，普及医疗远程会诊的建议——刘聪华
关于加大对民间公益组织培育扶持力度的建议——娄文斌

2017 年度

关于大力发展智能装备产业，促进制造业转型升级的建议——裴东良
关于重视发展文化旅游的建议——县政协教文卫体和文史委
关于推进宁海普惠金融体系化建设的建议——民建宁海支部
关于构建宁海企业服务体系的建议——王海娼
对接宁波都市圈，打造甬台桥头堡——民盟宁海县基层委员会
关于做大做强我县农业主导优势产业的建议——农林界
关于扶持我县跨境电商的建议——叶吉、项莉莉
关于进一步加强城区拥堵治理的建议——王斯苗
关于在我县城区实施禁止或限制燃放烟花爆竹的建议——戴正、陈珍莹
关于加快推进截污纳管工程，建设污水零直排区的建议——县政协科协界
全面推进生态河网建设，助力海绵城市创建——民进宁海支部
关于深入推进宁海县域医联体建设的建议——郭琴华
关于应对新高考改革，引进金牌竞赛教练的建议——陈益强
关于加大新型自助机投放力度，切实改善群众就医体验的建议——王雪峰
关于落实“最多跑一次”改革精神的建议——蔡玲华

第二章 委员视察

政协委员视察，是委员履行政协职能、了解情况、检查工作、研究问题、建言献策的重要途径和行使民主权利、开展民主监督的有效形式，也是促进和健全社会主义民主法治、改进机关作风的一项重要举措。县八届政协以来，把组织委员视察摆上了政协工作的重要

议事日程，成为政协的重要工作之一，视察活动也更加规范化、制度化。据统计，八届政协至十届政协一次会议期间，县政协开展各类视察、考察活动332次，其中由县政协统一组织的视察活动127次，形成71件视察报告送县委、县政府。委员在视察中，深入基层，了解实际情况，发现存在问题，及时向政府和所属部门提出中肯的意见和建议。这对改进政府工作，促进宁海经济和社会发展，推进民主化进程起着十分重要的作用。

第一节　基础建设

随着宁海县经济建设的发展，城乡基础建设方面内容成为县政协组织委员进行视察、考察活动的重要内容。通过视察，县政协及时向政府和相关部门提出了中肯意见与建议。现选录实例11件。

对县旧城改造等实事工程视察　2007年11月27日，县政协组织政协常委会全体组成人员、在宁海的省市政协委员、政协机关各办委副主任、各界别和镇、街道政协工委负责人共80余人分3组视察了2007年度宁海县部分重点实事工程：旧城改造（东门拆迁）工程、浙江工商职业技术学院宁海机电学院、临港循环经济示范区（海螺水泥厂、石膏板厂）、铁路工程、甬临线宁海南段（一期）、蛇蟠涂围垦工程、徐霞客公园次入口广场及环山景观路、经济开发区宁东区块、重点流域治理（中堡溪）工程、车岙港水库防渗加固工程。并听取县发展和改革局等有关职能部门关于县重点实事工程项目建设的情况通报。委员们认为，在县委县政府领导下，县发展和改革局等工程责任部门及建设单位分别履行自己的职能职责，并做了大量的工作，上述各项工程都按照各自年度计划目标逐一落实与推进建设，进展比较顺利。同时，也存在全县重点实事工程项目建设进度不平衡、部分项目前期准备工作不够充分、政策处理难、资金到位难、土地落实难等问题，为此，委员们对全县面上重点实事工程项目建设提出：要加快工程建设步伐。对跨年度项目和2007年未开工项目，要进一步加大监督、管理和协调，加快实施和建设步伐。要坚持建管并重，强化管理。对在建项目，要强化精品意识，推广节能、环保新技术和新材料；同时，抓好工程规划、建设和管理的紧密衔接。对已建成的项目，要注重经常性的管理和充分发挥其作用，确保项目发挥更好的效益。要科学合理确定新项目。确定项目时，要深入调研、集思广益，要体现以发展为中心、以人为本，要统筹安排、量力而行。要从已成熟的前期项目中慎重筛选，并进行科学论证。要进一步加大项目前期准备工作力度，着力做实、做细用地指标落实、土地征用政策兑现等工作。要调整有关土地征用政策。在土地征用过程中，2004年11月前的村留地现在指标收购价为每亩80万元左右，而目前村留地货币化兑现价为每亩29.5万元（一级地价），严重影响了土地征用。县政府要尽快予以调整，出台相应政策。关于东门拆迁一期工程：要重视梦园遗址的适度恢复，要加快公共基础设施建设。要根据就近入学的要求，规划、建设好城东小学和幼儿园。要主动、妥善、公平、公正地处理好安置户的利益关系，多做一些解疑释惑工作，努力提高安置户满意度，使东门拆迁工程成为旧城改造成功的典范，使全县的旧城改造继续顺利进行。关于宁海机电学院：现代化的学校与周边的村容村貌极不协调，要将檀树头村旧村改造列入近期工作的议事日程，尽早规划、拆建。为方便学校师生的学习和生活，建议尽快增设公交车、自动取款机、路灯等便民设施。关于临港循环经济示范区：要充分利用省市循环经济示范区的品牌优势，加大开发、建设和融资力度，积极争取引进效益好、污染少的重大项目。要进一步理顺管理体制，增加工作力量。要加强监测，密切关注现有企业的环境污染问题。要采取措施，加大工作力度，积极争取成为国家级循环经济示范区。关于甬临线宁海南段（一期）扩建工程：预计 2008 年 10 月才能完工，工期过长，对道路畅通有较大影响，易形成道路交通安全隐患，直接影响了全县西南片群众的生活生产。建议有关部门加强管理，督促施工单位合理安排，科学施工，使扩建工程尽早竣工。对个别不满政策处理的拆迁户，要进一步落实责任，采取措施，攻坚克难，解决问题，确保工程顺利完成。关于铁路工程：在建设过程中，要充分考虑宁海今后的发展，做好长远规划，特别要留足地下管线通道。关于徐霞客公园入口和环山景观路：要增建人文景观，以营造浓郁的文化氛围，要增设一些健身设施，方便群众锻炼、健身的需要。关于宁东创新工业园：要加强投资项目的储备。要高度重视土地节约利用问题，不断提高工业项目土地利用的“亩产率”。在工程建设的同时，环保设施要做到“三同步”。关于胡陈中堡溪防洪堤：防洪堤上栏杆间隙太大，台阶处没有任何防护措施，存在安全隐患，要及早做好补救工作。关于车岙港水库防渗加固工程：作为宁海东部重要的饮用水源，2008 年要把水库清淤工作纳入工程建设中去，确保宁东老百姓能够用上安全、清洁的自来水。关于蛇蟠涂围垦工程：严格落实安全生产责任制，完善工程安全生产管理网络，消除安全隐患，特别是堵口段工程由于合拢时间短，基础薄弱，需要严密监视，科学安排施工，做到时间服从质量，确保工程顺利完工。同时抓紧做好围区的开发经营，早日发挥工程效益。

对县教育系统等重点实事工程建设视察　2008 年 10 月下旬，县政协组织部分政协委员分 3 组分别视察了教育系统重点实事工程、新农村电气化建设、公共安全动态监控系统，并听取相关部门的建设情况通报。委员们认为，在县委、县政府的领导下，相关建设责任单位做了大量工作，上述各项工程都按照各自年度计划目标逐一落实与推进建设，进展比较顺利。但也存在着资金紧缺、征地难等一些困难和问题。为此，委员们对教育系统重点实事工程建设方面提出建议：教育局、跃龙街道等部门单位要抓紧做好第一职业中学拆建工程的各项前期准备工作，争取年内完成工程招投标工作。西店镇政府要抓紧做好东红小学校园南面土地的征用和落实建设资金。三省中学的正大门开在公路边（梅林至桥头胡段），学生进出校门存在安全隐患，希望引起高度重视，进一步优化设计，消除安全隐患。在星海中学内设苏东天作品展览室，以吸引更多的宁海籍华侨捐资宁海教育事业。教育系统的项目建设资金缺口大，政府要统筹适度安排，以免过重的负债影响宁海教育事业的发展。对新农村电气化建设方面提出建议：供电部门要强化为民服务的理念，完善规划布局，做好电气化建设规划和县域总体规划、城乡土地利用规划的衔接工作，力争全县所有的乡镇和农村都实现电气化改造和升级，为新农村建设提供安全、可靠、优质、高效的电力服务。新农村电气化建设验收要严格按照设计标准和要求规范进行，并注意增添一些人性化设施，如设立安全提醒标志等。要整合其他网线，能并杆的尽量并杆，使农村空域网线整齐划一。要坚持属地管理原则，对新农村电气化建设中碰到的政策处理难等问题，当地政府要积极配合做好有关工作，并统一补偿标准，既保证工程项目顺利进行，又维护群众的合法利益。对公共安全动态监控系统方面提出建议：要加强宣传，提高认识。要通过电视台、报纸、互联网等新闻媒体，加强对公共安全动态监控系统的功能、成效的宣传，提高公众的知晓率，使全社会关心支持公共安全动态监控系统建设，最大限度地发挥监控系统的作用。要加大投入，完善运行维护机制。系统建成后，监控中心、治安卡点、巡防队等共需配备协辅警人员258名，按每人3万元/年计算，每年费用为774万元，需要财政予以保障。要组建专门的维护队伍，制定科学详细的维护保障方案，及时排除故障，保证设备的正常运行。要严格管理，加强队伍建设。要坚持公开、公正、透明的原则，对招聘的协辅警人员统一考试、统一招录、统一培训、统一管理，不断提高协辅警人员的综合素质，增强战斗力。要加强“人机互动”战术、战法的演练，以有效发挥视频监控系统的最大效用。要完善考核奖惩机制，实行奖优罚劣，增强工作人员的积极性。公安、电力、电信等有关部门要加强合作，确保公共安全动态监控系统安全、有效、快速反应运转。

对县铁路站场及站前广场等工程项目建设情况视察 2009年11月25日，县政协组织政协常委会全体组成人员、在宁海的省市政协委员、政协机关各办委副主任、各界别和镇、街道政协工委负责人共60余人分3组视察铁路站场及站前广场一期、枫槎岭隧道及连接线一期、小流域治理（黄坛洋溪段）、城北污水处理厂二期、竹口三大村改造、正学中学、浙江工商职业技术学院（宁海）机电学院二期、物流中心一期、果蔬市场迁建、前童古镇保护和开发、看守所、限价房、妇保医院迁建、颜公河治理、气象北路延伸段等工程，进行了分组讨论并听取了县发展和改革局关于县重点实事工程项目建设的情况通报。委员们认为，视察的重点实事工程关乎民生，关乎宁海长远发展，县发展和改革局等工程责任部门及建设单位，在县委、县政府领导下，迎难而上，知难而进，履行自己的职能职责，做了大量的工作，目前上述各项工程都按照各自年度计划目标逐一落实与推进建设，进展比较顺利。但也存在全县重点实事工程项目建设进度不平衡、政策处理难、资金到位难等问题，为此，委员们对全县面上重点实事工程项目建设提出：要加快工程建设步伐。对跨年度项目和2009年未开工项目，要进一步加大监督、管理和协调，加快实施和建设步伐。要坚持建管并重，强化管理。对在建项目，要强化精品意识，推广节能、环保新技术和新材料；同时，抓好工程规划、建设和管理的紧密衔接。对已建成的项目，要注重经常性的管理并充分发挥其作用，确保项目发挥更好的效益。要进一步加大项目前期准备工作力度，着力做实、做细用地指标落实、土地征用政策兑现等工作。要科学合理确定新项目。确定项目时，要深入调研、集思广益，要体现以发展为中心、以人为本，要统筹安排、量力而行。要从已成熟的前期项目中慎重筛选，并进行科学论证。对具体重点实事工程项目铁路站场及站前广场一期工程建设提出建议：铁路站场是宁海的窗口，关系到宁海县的对外形象，场站内地砖、栏杆、卫生间等室内装修存在较多问题，主管部门要引起高度重视，予以整改；要加大站前村庄的拆迁力度，争取站前广场早日动工建设；要积极向上争取在宁海县停靠列车班次，增加客运流量。对气象北路延伸段工程建设提出建议：此工程的建成将拉开宁海县城市建设的框架，对宁海县“北联”具有重大意义。在建设过程中，要对地下管线等进行长远规划，避免以后“开膛剖腹”情况的发生；人行道和停车位等设施要充分考虑与周边环境（调蓄池）相配套，使其成为全县群众休闲的又一好去处。对小流域治理（黄坛洋溪段）工程建设提出建议：要尽快将小流域治理洋溪段向下游延伸，与南门段对接，这将成为全县一道靓丽的风景线；要落实措施，加强对洗衣、钓鱼、游泳等村民的安全管理，防止安全事故的发生。同时要重视洋溪流域各支流污染源的治理工作，明确责任，限时整顿，防止水污染对洋溪景观带和群众生活造成不良影响。关于限价房工程建设提出建议：严把质量关，把限价房工程建成优质工程；要严把政策关，对购房者的申请条件严格审查，规范审核程序；要合理设置公交路线，方便购房者出行。关于妇保医院迁建提出：妇保医院迁建工程进展较快，已完成2009年计划的120%，但资金压力较大，老妇保院25亩土地置换资金未明确，希望能明确建设资金；妇保院在使用前要充分考虑交通问题，合理设置公交路线、公交站台、停车场所，以方便群众就医。兴海路两边今后将会形成集聚区，在确定项目建设时要根据规划为今后道路拓宽留足空间。关于竹口三大村改造工程提出：要尽快落实村内36家企业工业用地的安置点。对家庭小作坊的安置，相关部门也要尽快拿出有效方法。要尽快出台适合新农村建设规费免除问题的方案。土地征用费补差问题关系社会稳定，县委、县政府要引起高度重视，摆上重要议事日程妥善解决。竹口三大村改造进展关系到县旧村改造的步伐，建议专门成立领导小组，加强力量配备，推动项目建设。关于正学中学工程建设提出：教育是民生工程，资金上要予以大力支持，尤其是体育场地草坪资金缺口问题要帮助解决。学校后面土地要进行规划控制，为学校发展留有余地。要把该校作为重点中学去建设管理。关于城北污水厂二期工程建设提出：整个老城区由于没有雨污分流，致使污水厂处理的污水量不多，没有真正发挥应有的作用。开发区的一些企业偷排污水情况仍然存在，环保等相关部门要加强监管力度。关于颜公河治理工程建设提出：要尽快解决尤家、后畈王村的土地政策处理问题。有关部门要充分考虑长期和短期相结合的治理方案，有序推进颜公河治理工作。调蓄池的规划尽量广泛征求各方意见，进行科学合理的规划设计，尽早进入建设。关于物流中心（一期）工程建设提出：业主单位要加大宣传力度，吸引有实力的经营集团进驻，努力培育市场，提高效益；要做好果蔬市场搬迁前期工作，特别是经营户的思想工作，防止引发新的社会不稳定因素。关于看守所工程建设提出：要加快工程建设进度，确保2010年6月之前交付使用；同时抓紧做好进出道路等建设，方便看守所使用后的通行。

对旧村改造情况视察 2010年1月，县政协组织有关委员对旧村改造情况进行视察调研，听取相关职能部门的情况介绍，召开座谈会，并针对存在的问题，提出建议：解决村办企业的发展空间。城市化建设要以人为本，既要重视城市形象、城市功能、城市经济的发展，又要重视民生和本地的特性。现阶段旧村改造中反映出来一个比较突出的问题：散落在村庄中的家庭作坊式的小企业无法得到妥善安置，而这些企业又是村民致富和解决村民就业的一个重要途径，也是全县经济的一个组成部分。所以在考虑城市规划时，要给他们留出一个生存空间。在不同地块划出一定的范围，由几个村联合开发标准厂房，通过租赁的方式，让他们继续生产经营，变分散为相对集中，有利于管理和污染的集中处理，有利于经济社会的发展和稳定。建立弱势群体保障基金。解决好弱势群众最基本生活保障，让他们也享受到改革成果。基金可分为村、镇（乡）、县三级，村级主要保障他们住的问题，采用城市居民廉租房的形式，为他们提供基本居住条件。镇（乡）、县二级主要对因突发事件致贫的家庭提供帮助，让他们尽快摆脱困境。基金的资金来源可多渠道，也可通过社会募捐来筹集。政府要制订基金的筹集、管理、使用办法。加强村级组织建设。村级组织肩负城市化建设的重任，上连着政府下连着百姓，他们的言行直接影响广大群众。村班子的战斗力强弱，村干部政治素质的高低，对城市化建设的顺利推进起着十分重要的作用。尤其是村党支部书记，要选拔讲政治、讲原则、讲大局、有能力的人来担任，能带领全体党员干部承担起建设和发展的重任。同时，对村委会一班人也要经常性地组织教育，帮助他们提高政治素质和政策理论水平。

对县会展中心等工程项目建设情况视察 2011年10月19日，县政协组织政协常委会组成人员、政协机关各办委主任、副主任共30余人分两组视察了2011年度全县部分重点实事工程。委员们分组视察了会展中心、汽车4S店、华山花园北地块安置小区、第一职业中学迁建、甬临线山河岭至岔路段复线工程、岔路下山移民安置小区、西店五市溪治理、宁海湾游艇俱乐部等工程，并进行分组讨论。同时听取县发改委关于全县重点实事工程建设情况通报。委员们认为，重点实事工程关乎全县经济社会长远发展，是提升宁海城市形象、优化城市环境的迫切需要，是改善民生、提高广大人民群众生活水平的必然要求。县发改委等部门和相关项目责任单位，在县委、县政府领导下，齐心协力，克难攻坚，履行自己的职能职责，做了大量的工作。目前上述各项工程的政策处理工作顺利推进，开工以来工程进度、投资额度也保持较快增长，进展喜人，如甬临线山河岭至岔路段复线工程超额完成投资，进度提前。但全县重点实事工程也存在开工率不高、政策处理难度增大、项目审批等前期工作推进不快等问题，为此，委员们对全县面上重点实事工程项目建设提出建议：要进一步动员各方力量，共同推进重点实事工程建设。各乡镇（街道）、部门单位要统一思想，强化认识，落实“重大项目推进百日会战攻坚行动”的各项部署，形成抓重点实事工程的共识与合力。各级有关部门要紧紧抓住当前有利于工程建设的契机，对照全年目标任务，切实转变工作作风，扎实工作，抢时间争速度，狠抓重点实事工程的进度。尤其是征地、拆迁、补偿等政策处理工作，责任部门要主动与有关部门和乡镇（街道）协调配合，全力突破，确保工程建设顺利进行。要广泛深入地做好宣传工作，让广大群众进一步认识到重点实事工程建设的重要意义，及时化解各种矛盾，使推进重点实事工程建设成为广大群众的自觉行动。对县具体重点实事工程项目建设的几点建议：会展中心一期工程建设将提前完成，二期工程也可能提前开工，因此对“5·19”广场的使用有一定影响，建议及早落实2012年“5·19”活动的选址。汽车4S店项目要在做好量的拓展的同时注重质的提升。目前要特别重视公共环境的建设管理，使区域内外环境相适应。要不断改进内部建设，既要重销售，更要重售后服务，讲究信誉，树立良好的汽车4S店形象。五市溪治理，既要突出防洪功能，也要与美化环境相结合，还要与周边景点要求相协调，完善休闲、文化等功能，发挥流域治理全方位功效。宁海湾游艇俱乐部项目要与临港整体开发相统一，要明确宁海湾发展主方向，项目安排要与主方向相一致，工程建设要确保质量与进度。职高第一期（教学区）能按期完成建设，尽管第二期（生活区）已经保护性进场，但必须等到全面完成学校方可迁入。各有关部门要进一步协调，形成合力，确保工程尽早动工，顺利施工。岔路下山移民安置小区建设中要转变百姓观念，变被动等待下山为主动要求下山；加大政策优惠，加大扶持力度，尽量减少移民群众负担。同时要做好下山群众的就学、就医、生产、生活等方面的后续工作。华山花园北地块安置小区建设是民生工程，要进一步树立质量意识，确保工程施工安全，争取按时完工，早日造福群众。甬临线工程沿线的征地、拆迁需做大量的工作，交通部门负责的项目多、责任重，要抽调精干力量充实到工程建设队伍，加强工程监管，保证工程保质、按时完成。

对香港城时尚广场等重大项目建设情况视察　2012年7月中旬，县政协主席尤玲娟、秘书长骆再松带领县政协中共界、妇联界、特邀界部分政协委员，实地视察香港城时尚广场、金水路与兴海路道路改造工程，详细了解项目的进展情况。香港城时尚广场项目位于跃龙街道大湾塘北区块，占地面积24.6亩，建筑面积约3.6万平方米，总投资约4亿元，是宁海县大型城市商业综合体开发招商引资项目。目前，已完成方案设计，正准备进场开展地质勘查。金水路改造和兴海路改造工程，由于涉及的部分土地政策处理、村留地征收和旧村拆迁等未完成，该两个项目预计10月下旬开工建设。委员们在听取县住建局领导关于重点实事工程项目建设情况的通报后，充分肯定县住建局在推动重点实事工程建设中做出的努力，对各项重点实事工程的总体建设进度及质量表示满意，并针对重点实事工程建设中碰到的难题以及如何更好地推动工程建设提出了意见建议。委员们认为，香港城时尚广场项目是宁海县第三产业的龙头项目，对全县社会消费品零售总额、财税收入等主要经济指标及社会就业带动力巨大，相关部门和街道要全力支持、全力服务项目顺利推进，为宁海群众提供优良的购物服务。金水路改造和兴海路改造，关系到全县城市面貌与交通环境、关系到沿线广大群众的生产生活，希望各部门要紧扣时间节点，倒排工期紧抓快干，尽快形成实物工作量，努力使工程项目及早建成。针对项目尚未开工、进度滞后的现状，建议各部门要抓紧时间查找原因，加大项目督促力度，做到早开工、早见效。要积极在体制机制上寻求突破，以开拓创新精神推进项目建设；要科学谋划、盘活存量，努力下好资产经营这盘棋；要加强干部队伍、建筑质量和施工人员的安全教育工作，营造良好的安全氛围。

对装饰家居市场等项目建设情况视察 2013 年 7 月中旬，县政协工商联界、侨联界、宗教少数民族界委员实地视察装饰家居市场、物流中心一期（市政基础设施）、大金创业基地和深甽镇旅游小城镇综合开发，详细了解项目的进展情况，慰问工地上的工作人员。装饰家居市场位于物流中心冠北区块，占地面积约 79.7 亩，建筑面积 15 万平方米，总投资 5 亿元，目前已完成固定投资 1.42 亿元，完成年度计划 120%，地下基础工程基本完成。物流中心一期（市政基础设施）2013 年计划投资 2000 万元，目前已完成年度计划投资 1200 万元，占全年计划投资 60%。大金创业基地位于科技园区 C 区，总投资 2.1 亿元，用地面积 39971 平方米，目前一期工程已完成基础工程，二期工程争取在 9 月初开工建设。深甽镇旅游小城镇综合开发原计划总投资约 8 亿元，根据重新编制的城镇总体规划和县委、县政府关于实施城镇“十个一”工程要求，将总投资金额调整为 18 亿元，项目总占地面积 310 亩，建筑面积 320.2 万平方米，目前部分项目已开工建设。委员们实地踏看了相关施工现场，听取了项目负责领导项目建设情况的通报，结合自身思考，提出各自观点，积极建言献策。针对装饰家居市场、物流中心一期重点项目，委员提出，要加快推进项目建设，应根据市场业态变化，适当在税收政策上给予优惠，加大招商引资力度，做大做强宁海家居产业。红枫市场规划时存在消防安全隐患，将易燃物品油漆等与家装板材经营放置一块，装饰家居市场应对此前车之鉴引起高度重视，提前合理规划，做好安全措施。同时除建设好相应的硬件设施外，“思想软件”也要跟上，县政府应形成几代领导共同围绕规划定位中心，不追求短期效应，放远眼光，为今后快速发展打下坚实基础。要注重电子商务与物流相辅相成的关系，引入较具规模的电商，配合配送中心，销售面将覆盖周边县市，甚至能辐射至全省。要做大做强家居产业，应当边抓兴旺市场边抓规范经营，学习义乌小商品市场，将规模人气优势发展起来后，由政府去规范运作方式，市场去调节经营理念。针对大金创业园区项目，委员提出园区要做好企业“孵化器”功能，通过资格审核、税收政策上的优惠来提高“孵化率”，在企业具有一定规模后移出，为更多的创业者提供机会；另外可考虑引入中介企业，适当减轻政府操作压力。针对深甽镇旅游小城镇综合开发，委员们提出，作为未来宁海的旅游中心，镇政府应该规划上具有前瞻性，从长远角度考虑，安全问题应当引起重视，尤其是道路建设对于防台防洪能力的评估需要高标准，提前规划应对。委员们还提出，深甽应该做好相关的交通规划，现在制约其旅游发展很大的瓶颈在于其交通不便利，要细致规划镇区出入口、停车场等交通设施建设，积极谋划打通深甽去往西店的快速道路。

对“五水共治”工作情况视察　2014 年 5 月 28 日，县政协主席尤玲娟主持召开县政协“五水共治”专题协商暨九届二十九次主席会议。与会人员实地视察了颜公河、颜公河干流调蓄池、干溪、洋溪整治项目建设现场，听取县治水办副主任葛为多关于“五水共治”工作、县规划局局长张晓桦关于整治颜公河提案办理情况和跃龙街道工委副主任王斯苗关于干溪整治情况的通报，通过点面结合，全面了解全县“五水共治”进展。2014 年以来，宁海县深入贯彻落实省、市推进“五水共治”战略部署，把“五水共治”作为推进宁海经济社会转型发展的突破口和中心工作来抓，通过建章立制、职责分工、源头治理、工程规划、氛围营造等举措，“五水共治”工作扎实推进、不断创新，成效初步显现。与会人员对此表示充分肯定。针对“五水共治”工作中存在的畜禽养殖污水整治难、涉水工程进展慢、治水长效管理机制不完善等问题，与会委员建议：要努力消除畜禽养殖业产生的污染。相关部门应规划建设规模化养殖小区租赁给畜禽养殖户，同时配套建立完善的农业循环生产体系，按照工业化管理模式运行，从根本上减少污染源的产生。要加大宣传力度，营造良好氛围。要加强舆论引导，充分发挥主流新闻媒介作用，以“五水共治”专栏为平台，动员全民参与治水工作。要针对全县特别是乡镇（街道）已建污水处理厂存在污水来源少和处理能力受限制等问题，要制定出相应计划，加快纳污管网建设。要关注百姓切身利益持续推进保供水工作。如全县还有近 30% 的群众未喝上优质网供水，在干旱或严冬时节存在用水难问题，下步需要分阶段予以化解。要把助推“五水共治”作为政协履职的重点，立足政协特点和优势，从政协民主监督、调研建言、凝聚力量等多个层面积极作为，充分发挥示范带头作用，为扎实推进全县“五水共治”工作贡献力量。

对排涝水情况视察　2015 年 7 月 15 日，县政协组织部分政协委员和相关部门负责人，对城区易涝点排涝水情况开展专项视察活动。委员们实地察看跃龙街道跃龙山脚、桃源街道金水西路桥下、梅林街道九顷洋片、桥头胡街道颜公河长潭、陆家、叶家等地，了解这些地方的排涝水情况，听取县住建局、县水利局、跃龙街道和梅林街道 4 个单位关于排涝水工作开展情况的汇报。近年来，县委、县政府高度重视排涝水工作，为排涝工程排出时间表、列出“作战”图，加大投入力度，强化工作保障，扎实开展城市防洪排涝、山塘水库除险加固、河道综合整治等工作，完善应急体系，为全县经济社会发展提供了重要保障。委员们在肯定县排涝水工作取得成效的同时，还就改进排涝水工作提出了如下的意见建议：要加强领导，合力推进。当前重点工程建设存在部门各自为战现象，没有一家牵头的部门统筹考虑排涝水问题，为涝情发生埋下隐患。如梅林街道九顷洋片和西店鳬溪甬临线道路改建与规划脱节，致使管道实际汇水量高出设计排水量，一遇大雨，就出现雨水汇集久排不净现象。建议由县政府办公室牵头统筹规划，新建项目严格按规划执行。县住建局、县水利局、县交通局等职能部门要各司其职、密切配合。同时，要充分发挥乡镇街道、村社参与排涝水治理的主动性、积极性和创造性，形成治理排涝水的工作合力，确保工程质量，造福全县人民。要加快编制系统、高标准的规划。全县的防洪排涝规划要坚持近期目标与长期目标相结合，坚持城市建设与防洪排涝建设同步，坚持改善生态环境与增强防洪能力并举，坚持防洪预警与科学调度相统一，坚持自然防洪与应用科技防洪相融合，编制完善操作性强的防洪排涝总体规划和控制性详细规划，并实现全覆盖。要加快完善城市排水防洪体系和设施。要组织力量排摸城区易涝点，下大力气做好治理工作。如桥头胡街道屠家村村庄内涝严重，百姓呼声很大。建议县政府牵头协调相关部门加大政策处理力度，调集配强施工力量，加快防洪排涝设施建设进程。同时对城区的防洪排涝设施开展全面排查，科学制定整改方案，逐步进行修复整治。要加大监管，打造精品工程。加强对新建工程尤其是在建工程的监督管理，督促和指导建设单位严格按标准要求同步建设排水收集设施，确保工程质量；坚持“雨污分流”，推广和实施雨污分流和污水截流，严禁新建项目出现雨污混接现象。要加强养护管理和经常性检修。开展排水系统定期普查、排查工作，明确排水设施养护单位。加大排水管网养护资金投入，对破损的排水设施及时进行维修，对淤积污物的管渠进行彻底清掏，对排水设施薄弱的地区进行经常性维护，确保排水设施发挥应有功能。要加大宣传，形成全民治水的氛围。加强宣传发动，全面强化“五水共治”宣传的广度、深度，着力提高全社会对“五水共治”的知晓率、参与率，调动全社会参与防洪排涝的主动性和积极性，营造更加浓厚的全民治水氛围。

对县中医院迁建等工程项目建设情况视察 2016年9月期间，县政协组织委员对全县部分重点实事工程项目建设情况进行视察监督，并召开座谈会，就相关工作积极建言献策。县政协主席尤玲娟，副主席邬汝跃、杨象轮、王鸿飞、潘红月，秘书长石道伟参加活动。视察组先后走访了回浦小学迁建工程、县中医医院迁建工程、县第一医院住院楼扩建工程，听取工程负责人的项目介绍，详细了解工程总体的建设运行情况。座谈会上，委员们认为，教育卫生事业是领导重视、群众关心、社会关注的重要民生事业，近年来，县委、县政府对教育卫生事业的发展花了大力气，下了真功夫，投了大资金，把发展教育卫生事业作为改善民生的重点，连续几年把教育卫生基础设施建设列入县政府重点工作和民生实事。就如何做好下阶段工作提出：要紧抓进度，着力瞄准问题，强化对策措施，集中力量攻坚，坚持从紧不从宽，赶前不赶后，倒排时间计划，加快建设进度，要抓好质量，教育卫生设施建设关系百姓切身利益，严格按照工程质量建设规范要求，加强施工管理，注重工程质量，强化安全措施，要把学校、医院建成最安全、最放心的优质工程；要抓牢合力，各部门单位之间要通力协作，形成强大合力和有效的沟通机制，积极应对和梳理总结当前工程项目推进过程中遇到的问题，全力以赴推进工程建设，推动全县教育卫生事业实现跨越发展。

对洋溪河道整治工作情况视察 2017年3月10日，县政协主席尤玲娟组织部分政协委员和县农办、水利、环保、住建、水务集团等部门负责人视察洋溪河道整治工作。视察组一行实地走访洋溪黄坛段和跃龙段，并召开座谈会，听取相关乡镇（街道）、职能部门关于洋溪河道整治情况的汇报。作为洋溪的“县级河长”，尤玲娟在现场仔细查看河道排污口、水质、水环境，并向黄坛镇和跃龙街道负责人了解河道整治情况。尤玲娟认为，洋溪水质相对稳定，两岸绿化较好，治理工作有一定的成效，但仍存在河床淤泥堆积、河面垃圾漂浮、生活生产污水直排等问题，相关乡镇（街道）、有关部门应引起高度重视。视察组指出，洋溪是宁海县境内第一大溪流白溪的最大支流，上游是宁海的水源地，中下游毗邻徐霞客大道，是宁海宝贵的财富、响亮的名片。要求有关乡镇（街道）、部门单位要进一步强化思想共识，站在全局和战略的高度，切实把思想和行动统一到县委、县政府的决策部署上来，把“五水共治”作为当前重大的环境问题、民生福祉、政治任务来抓，推动“五水共治”工作再上新台阶；要进一步强化工作措施，建立问题清单，明确责任主体，做到“一点一策”，按照时间节点确定工作目标，建立时间进度表，全力以赴做好整改，并加大河道执法巡查力度，切实做好畅通活水、河道保洁、清淤等治理工作，坚决防止反弹回潮现象，不断巩固提升治水效果；要进一步强化长效机制，完善群众参与机制，加大宣传教育力度，增强群众的环保意识，调动治水积极性、主动性，做到全民治水。完善综合协调机制，加强协调沟通，相互密切配合，协同推进治水工作。完善工程质量监督管理机制，确保每一项工程都经得起实践的检验。要坚持干字当头、实字为先，发扬“要治就要治到底，要干就要干成功”的钉钉子精神，扭住不放抓落实，加快推进“五水共治”，为全县早日剿灭劣Ⅴ类水，提前建成污水零直排区做出新的贡献。

第二节　经济发展

县域内的经济发展状况，是八届政协以来委员视察的主要内容。县政协在组织委员视察中，围绕经济发展这一主题，积极开展视察活动，提出了许多合理化的建议。现选录实例11件。

对县水务集团、县城管局、县公建中心工作和城乡客运一体化建设情况视察　2007年12月中下旬，县政协组织各专委会成员和部分政协委员分别视察了县水务集团、县城管局、县公建中心工作和城乡客运一体化建设情况，听取有关单位负责人相关工作情况通报。委员们针对各项工作中存在的一些问题和不足，提出视察意见。关于县水务集团工作的意见建议：要进一步扩大给排水的覆盖面。根据全县给排水规划，到2015年，全县总供水能力达29万吨/日，受益人口40万人以上；污水总处理能力达15万吨/日，受益人口30万人。但规划还没有覆盖到一市、桑洲等地，对此，要认真研究，出台相关规划。对大水网覆盖不到的山村，建议县改水办科学安排实施方案，对有条件的乡村实行小区域集中供水。要加大政策处理力度。目前，在建工程碰到的一个共同问题是政策处理难，县政府要进一步明确各乡镇、街道的责任，努力做好政策处理工作。对有些“漫天要价者”，切实做好思想工作，坚决弘扬正气，打击邪气。目前，黄坛水厂由于政策处理不到位，已严重影响了工程进度。黄坛镇要会同水务集团一起，加大政策处理力度，确保县重点项目建设能按计划顺利进行。要兼顾好经济效益和社会效益。水务建设关系老百姓的切身利益，要在科学控制债务的前提下，舍得投入。在市政道路建设、新农村建设中，县政府要统筹考虑，把供水管、排污管等各类管道统一铺好，避免以后反复“开膛剖腹”，造成浪费。要加快雨污分流管网建设。要明确实施主体、职责和任务，并在市政建设时通盘考虑，不断完善城市管网体系。城南污水泵站和宁东污水厂要尽快落实建设主体和建设资金，及早启动。要出台规范性文件，逐步禁止或限制使用地下水，增强自然水用水量，为生态县建设和安全用水创造条件。关于城管工作的意见建议：要进一步加强城管职能的宣传，引导广大干部群众自觉配合和支持城管工作。要建立城管联席会议制度，尽快理顺城市管理体制，及时研究解决城管执法中遇到的困难问题。要健全城管网络，在加强城区管理的同时，积极向乡镇延伸，动员社会各界共同做好城管工作。县政府要进一步加大城管投入，为城管执法提供必要的保障。要把城市前期的规划建设和后期的管理有机结合起来，特别在新区建设过程中，要充分考虑城市今后的发展和城市管理的需要。要进一步创新城市管理机制，着力破解停车难、行车难问题。要进一步加强城管队伍建设，努力提高为民服务的意识和执法水平。关于县公建中心工作的意见建议：要加大宣传力度，让使用单位真正了解公建中心的职责内容，理解支持公建中心工作，为公建中心创造良好的工作环境。要重视城市建设的品位和档次，邀请资质高、层次高的设计单位设计，以提升宁海城市品位，充分考虑公共建筑的停车位，可由室外转入室内或地下，节约空间。要加强廉政建设工作，加强对本单位工程管理人员及监理的监管工作，落实廉政责任制。要加强专业技术队伍的建设，可以高薪聘请专业技术人员，稳定并打造一支高素质的工程建设管理队伍。使用单位要强化责任意识，相互配合支持，对前期准备工作及资金筹集安排工作要及时处理到位，保证工程的顺利进展。要整合资源统一规划各部门的办公用房，严格控制各部门各自建“院”，以免造成人力、物力、财力特别是土地浪费。关于城乡客运一体化建设的视察意见：把城乡客运站建设纳入乡镇政府年度工作考核目标，进一步加大土地征用和政策处理力度。现有西店客运站选在邵家，离镇区还有一段距离，不利于群众出行，要进一步征求西店广大干部群众的意见。县公管所对新组建的股份制公司要进一步进行改造，鼓励大股东控股，引进现代管理制度，真正树立公司董事长的权威，以缩短新公司的磨合期。2008 年要把工作重点放到完善乡村客运网络上。4 个街道的客运路线和公交路线资费相差很大，建议全部实行公交化改造。公交国有化改造完成后，要在广泛征求意见的基础上，对原有公交线路进行调整，力争覆盖所有居民区和学校、医院等公共场所，方便居民出行。

对深甽镇工作的视察 2008 年 5 月，县政协召开八届十九次主席会议。会议听取深甽镇党委关于深甽镇工作情况通报并视察了有关工作。近年来，深甽镇党委、政府在县委、县政府的领导下，从实际出发，量力而行，抓好民生工程建设，使广大群众享受到实实在在的好处。努力克服一些不利因素的制约，三大产业持续较快发展，且势头良好，“平安深甽”建设扎实推进，社会层面比较稳定。抓基层，强基础，干部队伍素质得到进一步提高。对此表示充分肯定。建议深甽镇党委、政府：要进一步发挥产业、资源和生态等优势，寻找与培育经济发展新的增长点。要进一步优化村镇规划，坚持质量标准，制订激励机制，形成政府主导、群众支持和各方参与的新农村建设良好局面，特别要搞好镇区所在地的规划与建设，提升镇区形象。要树立服务全局，服务大局意识，重视洋溪源头生产生活污水的处理，确保西溪水库饮用水安全。加大凫溪流域沿岸有关的造纸、铝灰企业整治力度，缩短整治过程，保证沿溪两岸群众生产生活用水安全。同时，要重视森林防火工作，保护好森林资源。要进一步加强干部队伍建设，提高镇干部的执政能力和执政水平，要重视对换届后村干部的教育培训，提高村干部的素质和能力。要充分发挥侨务资源优势，加强与海内外各界人士的联络联谊，团结一切可以团结的力量，共同参与和谐社会建设。要高度重视安全生产工作，健全安全监管网络，适当提高专职安管员的待遇。要进一步完善新型农村合作医疗制度，针对宁海县山区人员居住分散、外出人员多的状况，出台更加具体的门诊报销办法。要充分发挥设立在深甽镇的县精神康复中心的作用，切实解决县内精神病患者的医治问题。要尽快制订生态补偿机制，让溪流上游百姓共享发展成果，同时要加大财政投入力度，重视对西溪水库上游生活生产污水的治理。

对西店镇滨海工业区块二期工程和滩涂围垦工程的视察 2009 年 7 月，县政协主席会议成员和政协机关各办委负责人，以及在西店镇的部分县政协委员视察了规划中的西店镇滨海工业区块二期工程和滩涂围垦工程，并听取西店镇党委政府有关两个工程前期工作情况的通报。大家认为，西店镇是宁海县的北大门，改革开放以来，特别是 2000 年被列为省级中心镇以来，综合实力快速增强，城区面貌不断改变，社会事业进一步发展，人口集聚效果明显，并较好地发挥了城乡连接中的节点载体作用、区域统筹中的集聚辐射作用和改革发展中的示范带动作用。但与其他全国重点城镇相比还存在不少的差距。特别是 2009 年，为积极争取市委、市政府将西店镇确定为宁波市七个扩权强镇建城改革试点镇之一，面临的任务艰巨、困难不少、压力更大。搞好两个工程建设，有利于西店镇实现空间优化利用，促进产业内涵提升，真正把西店建设成为功能完备、环境优美、宜居宜业、特色鲜明的现代化生态型滨海小城市和区域化中心城镇。针对滨海工业区块二期工程和滩涂围垦工程存在的困难和问题，提出建议：要紧扣发展主题，千方百计加快工业经济发展，提高经济发展的规模、质量，为小城镇建设打下良好的物质基础。要合理科学规划。请专家进行多方论证，高起点搞好工业园区和新城规划，并做好与强蛟、深甽镇等周边镇规划的衔接工作。全县上下要高度统一思想，建立谋划西店发展协调机构，形成合力，积极争取上级有关部门的支持，妥善处理历史遗留问题，形成加快发展建设的良好环境。要积极研究和制定有利于促进工业区块招商引资的政策、机制，促进产业集聚，加快中心镇建设。要强化管理。严格按照规划标准，高起点做好工业园区和新城建设。明确入园企业标准，加大招商引资力度，特别是利用区位优势，吸引宁波城区改造搬迁的优质企业到西店落户。要周密安排。做好“东拓”“南联”“西扩”“北接”“中改”。根据实际，办妥项目审批手续等有关前期工作，争取项目尽早动工建设。

对宁海湾保护与开发利用工作的视察 2010年7月，县政协主席杨加和、副主席潘作飞、秘书长骆再松带领有关委员视察宁海湾，并听取强蛟、大佳何镇党委政府关于宁海湾保护与开发利用工作情况的通报。大家充分肯定强蛟镇和大佳何镇近年来在宁海湾保护和开发利用上取得的成绩，同时针对保护和可持续开发宁海湾工作中碰到的困难和问题，委员们提出建议：要正确认识生态保护和发展经济的关系。保护是开发和发展的前提，保护是为了更好地发展。宁海湾有丰富的“山、海、岛”资源，以及良好的生态资源。就目前的客观条件，要做到很好地全面进行开发还有一定的难度，且有些海岛还存在如何开发的争议，并涉及开发后带来的环境、社会、经济及可持续发展等方面问题，因此，应采用面上严格保护，开发重点突破之策。要综合治理宁海湾环境，加强生态环境保护力度。要严格执行《宁波市象山港海洋环境和渔业资源保护条例》的有关规定，鼓励海湾沿岸及其周边的末端污染工业企业逐步搬迁或整治，严格限制城市工业废水排入海湾，遏制对海湾的污染，加快沿岸镇生活污水处理设施建设，提高生活废水处理率，严格控制湾内水产养殖业布局，推广环境污染小的养殖项目。在海岸整治、海面清障、海水清洁、海岛开发、海涂涵养等方面多动脑筋，做好宁海湾的生态环境保护工作。要编制完善区域规划体系。按照象山港区域的整体功能定位，开展宁海湾区域保护和利用规划体系的制定和完善工作。对两镇关于宁海湾的开发要多征求专家和社会各界的意见，调整完善，做到统筹布局、统一规划、形成合力、协调发展，防止出现各自为政的局面。对已确定的规划要加强责任分解、项目落实和监督评估工作，进一步提高规划的约束功能。建议尽快规划和建设强蛟码头至薛岙的沿港公路。要进一步提升科学发展的思想理念。要严格实施工业企业的准入标准，大力发展符合海湾生态特色的旅游观光和休闲度假产业，出台一定的优惠政策引进招商项目，同时要处理好眼前开发和可持续发展的关系，处理好发展经济和促进当地民生的关系，要兼顾当地百姓的正当利益。

对桥头胡街道工作情况视察 2011年10月，县政协副主席尤玲娟带领主席会议成员，并邀请有关政协委员视察了桥头胡街道水产城拆迁现场、桥头胡城中村改造地块一期工程施工现场和桥头胡街道双林村发展旅游服务项目情况。听取桥头胡街道党工委关于前三季度桥头胡街道主要工作情况和2012年工作思路通报。大家对桥头胡街道开展城中村改造、城市建设及新农村建设方面取得的成绩表示肯定。认为桥头胡街道领导班子工作有力度，思路清晰，工作重点突出，成效显著。同时，针对下一步工作如何开展，提出中肯建议：要结合中共十七届六中全会精神，通过加强学习，进一步解放思想，引导教育桥头胡街道党员干部树立正确的核心价值观；要结合宜居宜业的滨海新区建设规划，提高城区档次，规划要超前，理念要新，定位要准，要根据定位，统筹规划。要以富民为出发点，以点带面，全面带动、促进桥头胡街道新农村建设。要进一步加强班子团结，增强凝聚力、战斗力，这既是桥头胡街道近年来工作取得成效的经验总结，也是今后顺利推进各项工作的保证，要在全力抓发展的同时，抓好社会稳定工作。同时，对一些具体问题提出：要加快河道整治步伐，要把梅林溪、店前王溪等治理纳入城市防洪规划，县有关部门要进一步给予支持。

对黄坛联溪集中居住区项目进行视察　2012 年 7 月，县政协副主席潘作飞带领经济科技和城建资源环境委员会、县政协农林界委员赴黄坛镇对联溪集中居住区项目进行调研视察。黄坛镇联溪集中居住区项目为县农房“两改”项目，是 2012 年县重点实事工程。该项目概算总投资为 25045.16 万元，总用地面积 18884 平方米，总建筑面积 70672.9 平方米，用于安置黄坛镇弘杨村黄泥田自然村、下山头自然村和里岙村上林自然村的下山移民。目前，该项目已完成项建、环评、规划选址、用地预审、设计方案、可研、供地、规划用地、概算审核、初步设计评审、能评等手续的审批工作，并已委托编制交评、日照分析等相关申报材料。下一步将办理施工图设计及审图、规划工程许可证办理、BT 商选择、施工许可证领取等，计划于 10 月如期开工，年内完成投资 2800 万元。委员们认为，农房“两改”工作是一项惠及广大农民群众的民生工程，既利于节约集约利用土地，又利于改善民生。在推进农房“两改”工作时，必须着眼于广大人民群众根本利益，充分调动村干部和村民的积极性，必须科学规划、因地制宜，提升农村人居环境质量。黄坛镇在下阶段工作中，一定要坚持以人为本、尊重民意。在项目前期工作中，要做到设计科学、规划合理，在项目建设上，既要抢抓工程进度，又要注重质量安全，真正使民生工程成为人民群众满意的民心工程。黄坛镇党委表示，将认真梳理调研组提出的意见建议，在今后工作中继续围绕县委县政府的统一部署，扎实有效推进农房“两改”工作，进一步推动黄坛新农村建设，加快构筑城乡一体化格局。

对污水处理工程项目建设情况视察　2013 年 8 月，县政协副主席杨象轮带领新闻社科界委员到水务集团对全县污水处理工程项目进行调研和实地考察。城镇污水处理建设工程是宁海县基本环境公共服务、改善水环境质量的重大环保民生工程，它不仅是宁海县城市发展整体规划的重要组成部分，也是宁海县加快创建生态县、发展循环经济、建设生态文明的重要保障。2012 年全县计划建设项目五类 116 项，投资预算 2.6 亿元，其中包括宁东污水处理厂、颜公河环境治理等县重点工程建设任务 4 项，并要求年底试运行城镇污水处理厂 3 座。视察调研中委员们认为，切实做好污水处理工程建设要从源头处理、集中运输、集中处理三个环节着手，在各种基础设施建设中要有系统、全面的规划，建设主体在实施过程中要做到责任明确到人，建成后要加大管理力度，进行长期有效地监督，严格考核。同时，杨象轮要求县水务集团积极与规划、水利、建设、环保等各相关部门精诚协作，形成合力，科学规划全县污水管网系统，为加快宁海经济社会发展、提高人民生活水平发挥重要作用。委员们在实地视察城北污水处理厂后认为，加强污水处理工程刻不容缓，今后要结合本职工作，进一步加强环境保护方面的宣传力度，让广大群众认识到污水处理工程是一项改善居住环境、提高生活质量的惠民利民工程，从而大力支持并参与建设，共同把宁海建设成为“天蓝、地绿、水清、人和”的人居幸福地。

对春季农业生产情况视察 2014年4月，县政协主席尤玲娟、副主席潘作飞，秘书长顾海飞，带领县政协农林界委员视察全县春季农业生产工作。视察组一行先后到县丰庆农资有限公司、长街镇长发农资第二门市部、县永丰水稻专业合作社及县新天园农机专业合作社视察，了解春季田管、春耕备耕以及农业产业化等生产情况，听取县农林局、农机化管理站、供销社等单位关于宁海县春季农业生产情况的汇报。由于宁海县各项田间管理措施到位，目前全县春花面积与上年相近，大小麦、油菜、蚕豌豆等长势比上一年好，早稻种植面积不大，目前都集中在长街镇，现在已经开始育秧，基本上是大户规模化生产。此外，种子、农资、农机具供应等春耕物资货源充足，价格平稳，农民可以随要随买。视察组对全县春季农业生产工作给予充分肯定。委员们认为，目前正是春季农业生产的关键时期，各有关部门要进一步重视农业生产，继续保持全县农业生产的良好发展态势，进一步做强、做大经济农业的文章。要切实转变工作作风，努力提高农业标准化服务水平，为全县农业增产农民增收提供有力支撑。要建立农资供应保障体系，搞好农资供应和市场监管，确保春耕生产需求。要积极引导农村土地依法有序流转，大力发展多种形式的适度规模经营，提高粮食生产效益。

对县再生资源交易市场等项目视察 2015年3月，尤玲娟主席主持召开县政协九届三十九次主席会议。与会人员实地视察了县再生资源交易市场和模具城工贸区一期在建工程，听取县供销联社工作情况通报。大家认为，近年来，县供销联社以“稳中求进、改革创新”为基调，进一步解放思想、深化改革，积极加快打造“四四五”新型供销社，各项工作都取得了良好效果。对此大家表示充分肯定，同时也建议县供销联社在工作中，要充分发挥优势，服务宁海，促进农业发展；要充分发挥好作用，做好“三农”工作这篇大文章；要进一步整合资源和力量，促进县供销联社更好更快发展。

对棚户区改造工作视察 2016年9月，县政协组织部分政协委员视察棚户区改造工作。视察组一行实地走访了西门片区危旧房改造和桥下潘安置小区项目，并召开座谈会，听取县住建局关于棚改工作开展情况的汇报。委员们就如何进一步搞好棚户区改造提出意见建议。大家认为，棚户区改造既是民生工程，也是重大发展工程，可以有效拉动投资、消费需求，带动相关产业发展，推进城市改造提升、功能转换，对建设平安宁海、“两美”宁海有着重大的意义。建议有关部门要注重协调协同，把棚改工作与城乡品质提升、城镇有机更新、新农村建设等工作有机结合，坚持上下联动、部门协同、全民参与，形成齐抓共管的强大合力。要注重抓常抓长，巩固拓展棚改取得的阶段性成果，一鼓作气、一以贯之，以不放松的精神，进一步提升棚改攻坚克难的信心和决心，并根据实际情况，认真找短板，扎实补短板。要注重落细落小，进一步改进工作方式方法、完善和细化棚改工作方案、严格程序，坚持大处着眼，小处着手，细节着力，目标细化，工作细致，把每项工作抓深抓实抓到位。

对高标准基本农田建设项目视察　2017年6月9日，县政协主席尤玲娟带领县发改局、国土资源局、水利局等单位相关负责人，对全县高标准基本农田建设情况进行视察调研。实地走访下洋涂“旱地改造水田”项目工地，现场察看工程建设情况，并组织召开座谈会，详细听取全县高标准基本农田建设情况汇报，了解存在问题，提出应对措施。宁海县高标准基本农田建设项目（下洋涂“旱地改造水田”项目工程）被列入2017年县重点工程建设项目，是破解全县占补平衡水田指标紧缺，提高农田效益的重要工程。截至5月底，下洋涂“旱地改造水田”项目已经完成2017年目标数的20%，比原计划提前一个月。座谈会上，视察组对全县高标准农田建设取得的成效给予充分肯定。推进高标准基本农田建设，对于推动农业供给侧改革、推进农业现代化、加快建设高水平小康社会具有重要意义，是一件共赢多赢的好事。就如何进一步加快推进高标准基本农田建设工作，委员们提出建议：各部门思想上要再重视。高度认识推进高标准基本农田建设的重大意义，切实增强抓好这项工作的责任感、紧迫感，拿出铁军的作风、铁军的担当，挂图作战高效抓，只争朝夕抓紧干。合力上要再加强。在强化责任、相互配合、密切协作的基础上，做实做细各项工作，并加大督查，定期调度，确保按时按质按量完成下达的高标准基本农田建设任务。效益上要再放大。不断创新思路，把项目建设与农业产业园区建设、土地流转、招商工作等结合起来，通过引导县在外能人返乡从事农业生产等举措，让建成的高标准农田发挥最大的效益。

第三节　社会治安

县政协围绕全县社会治安方面的主题，组织政协委员视察调研、积极向县委县政府及有关部门提出建议。现选实例11件。

对跃龙街道社区综治警务室视察　2007年11月，县政协社会法制和港澳台侨委员会组织部分政协委员视察了跃龙街道社区综治警务室。委员们听取跃龙街道、跃龙派出所分管领导的有关情况介绍，实地走访兴圃、怡惠、杏树等社区。委员们结合当前全县社会治安形势，分析了人民群众对平安和谐的要求和期盼，针对存在的困难和问题提出要加大投入，加强社区基础设施建设。要规范管理，强化社区治安管理网络功能。要共驻共建，满足居民精神文化需求的建议。

县重点提案办理落实情况视察　2008年1月上旬，县政协组织各专委会成员和重点提案的部分提案人，由政协领导带队分3组对部分承办单位和重点提案办理落实情况进行检查视察。委员们就重点提案办理工作中存在的一些问题和不足，提出视察意见。有关房价问题：要加大商品房的推出力度，缓解房价上升的势头。要严肃查处房地产商的违规行为，抑制房价炒作。经济适用房是解决部分困难居民住房问题的一个民生工程，出发点很好，但在实际操作过程中不仅存在一些不合理的地方，而且不符合市场经济规律，为此，建议政府推出适度规模的土地，加大廉租房的建设力度，扩大廉租房的享受范围，实行“以货币补助为主、实物补助为辅”的原则，以切实解决住房困难群体的住房成本。有关跃龙山公园改造问题：该公园为宁海较早的群众休闲健身场所，并有较深的文化底蕴，群众对跃龙山公园早日启动改造呼声较为强烈。建议政府抓紧修编规划，分步改造实施。另外党校与寺庙在一起也不适宜，如有条件可择机搬迁。有关农资供应网络体系建设问题：农资供应连锁网络体系建设和再生资源的处置中心建设事关人民群众的切身利益，建议县政府要以抓农村食品放心连锁店一样的决心和政策去对待和扶持。尽快出台《农资供应网络体系建设的意见》，使农资供应连锁网络建设与监管有章可循。要重视农资连锁经营网点的基地建设，对现有、多余、腾空的资源进行调节利用。同时加强部门行业的管理指导，做好农资质量和价格的控制。有关废旧物资回收和城中村环境管理问题：要把废旧物资回收综合市场（集散地）的选址工作摆上重要议事日程，争取尽早启动建设。要加强对废旧物资收购的管理，加大对废品收购站的整治力度，着力改变“脏、乱、差”的现象。要加强城中村环境管理，要在建立长效机制上下功夫，要根据“谁收费、谁管理、谁督促”的原则，进一步理清权责，把条件成熟的村逐步纳入环卫处统一管理。要进一步加强外来人口管理力度，着力在教育引导和督促上下功夫。有关停车难问题：建议县政府提前考虑“单向行驶”问题，并进一步挖掘大型场所的停车潜力。解决好城市管理中的乱停车现象，派驻交警到城管局进行联合执法。把违章停车纳入交警管理网络，并与车辆年检挂钩，避免“两条脚走路”，提高管理绩效。要抓紧落实交通局出台的公交车、中巴车、出租车、货的等车辆停放地点的解决方案，缓解小区压力。有关小区封闭式改造问题：要因地制宜，区别对待。对没有条件进行封闭式改造的小区，可以采用加强巡查、增设监控镜头等措施，尽量为居民的人身财产安全提供有效保障；对相对比较独立，且居民思想比较统一、强烈要求进行封闭式改造的居民区，建设部门应予大力支持。有关技防问题：要加大技防的宣传力度，及时宣传已设监控点对防范、打击犯罪的成效。为了加快该项工作的进度，建议把监控点的完成数列入社会治安综合管理目标考核范围。对监控点的布点、选址要合理，并将安装监控点逐步向各住宅小区推广。有关违章棚屋拆除问题：要抓好经常性的监管工作，做好违章拆除地区的后期和清理工作，以免回潮。有关文化广场管理问题：在文化广场禁止商业性演出，群众性演出放在休息日进行，自发性的文体活动可以限制其音响分贝，尽量避免影响潘天寿中学学生的学习。建议县政府明确各相关部门的责任，并抓好措施的落实。

对县土地预征问题视察　2009 年 11 月，县农林界政协委员对全县土地预征问题进行视察调研，对土地预征存在的问题提出：要转变观念，严格控制新增预征土地规模。要严格落实土地征收预审制度，实现征地计划管理。要根据城市总体规划、土地利用总体规划、用地指标和城市建设用地需求等实际情况，结合宁海经济实力，统一制定科学合理的征地计划。县政府要根据征地计划下达征地任务，杜绝各用地单位盲目征收土地现象。要统一思想，妥善解决存量预征土地问题。对于土地利用总体规划修编调整后仍有部分基本农田的预征土地，建议将土地退还给被征地村集体经济组织，确保基本农田的有效保护和农民群众的合法权益。要细化政策，实现合理补差，根据征地相关规定，结合宁海县实际，尽快出台具体细化政策，使征地补偿标准补差工作相对合情合理合法。但从保障被征地村、被征地农民利益角度出发，要从村庄建设用地规划规模、旧村改造、拆迁安置等方面给予优惠政策。要认真梳理，及时处置信访维护社会稳定。对于被征地农民的合理要求，要加大力度及时解决，切实保障失土农民的合法权益；对于上访人不理解的地方，要注意工作方法，耐心做好说服、解释工作，给老百姓一个说法，让老百姓信服；对于一些无理上访者，要依法严厉打击。宁海县预征土地量多面广，政府对上访人员的无理要求不能为了息事宁人，买太平。要健全机制，实现预征土地科学有效管理。要建立预征土地台账登记制度。各用地单位要理清家底，建立图表结合的预征土地登记台账，并在此基础上建立全县统一的台账。要加大预征土地产权基础管理力度，对每一块预征土地，都要设置界桩，这样，使预征土地不仅仅落实在图纸上、数字上，还真正落实在实地上，既有利于维护用地单位权益，也便于社会监督。要妥善处理好预征土地耕种问题，按照“谁征收、谁负责”的原则，由用地单位负责组织耕种，可以选择统一包租、委托耕种等多种形式。已造成农业生产基础设施破坏的，应及时组织力量复耕，不得抛荒，切实保护耕地，促进经济社会可持续发展。

对宗教工作视察　2010 年 2 月，县宗教少数民族界政协委员对宗教在构建和谐社会中的独特作用，进行视察调研。对宁海县宗教工作，提出建议：要进一步重视宗教工作，充分认识宗教的双重作用。要加强宗教工作队伍建设，配齐配强乡镇街道分管宗教工作的领导和工作人员，确保宗教工作有人做，确保宗教工作信息畅通，确保宗教领域稳定。要进一步重视宗教团体建设，宗教团体是党和政府联系宗教群众的桥梁和纽带。充分发挥宗教团体在构建和谐社会中的积极作用。因此，要加强对宗教团体的组织建设，为宗教团体解决办公场地和必要的办公经费，充分发挥宗教团体为和谐宁海做出新的贡献。要进一步落实属地管理原则。各镇乡（街道）党（工）委、政府（办事处）要把宗教工作摆上议事日程。认真抓好市两办《关于进一步加强乡镇（街道）宗教工作的若干意见》的贯彻落实，重视宗教工作属地管理，强化宗教工作。特别是宗教场所的平安工作，要保持清醒头脑，要有工作部署，要有检查督促，要有总结表彰，确保宗教场所平安。

对贯彻企业民主管理条例工作视察　2011 年 5 月，县政协组织工会界政协委员对贯彻浙江省企业民主管理条例工作情况进行调研视察，走访有关企业，召开各种座谈会。大家一致认为建立完善企业民主管理制度，是保障职工民主权利，构建和谐劳动关系的基本要求，也是企业民主管理条例的基本要求，其主要形式有职工代表大会制度、厂务公开制度和平等协商制度。宁海县企业民主管理工作，取得较好的效果。针对存在的问题，委员们提出建议：要进一步宣传贯彻条例精神，促进企业健康发展。推行企业民主管理，是创建和谐企业的需要，更是创建和谐社会的需要。要充分调动职工的主观能动性，要赋予职工民主权利，让每一个职工更加关心企业、爱护企业、与企业同命运，让职工树立起主人翁精神。知情权与表决权是民主权利中最基本的权利，只有认真推行企业民主管理，才能更好地调动职工的积极性，为企业的健康发展打下坚实的群众基础。推行企业民主管理，不仅是工会的重要工作，更要得到党委、政府的重视，要成为企业的自觉行动，共同树立起尊重职业就是尊重自己、为职工谋福利就是为企业谋发展的民主理念。在职代会上可以将企业厂务公开与平等协商的有关工作紧密结合起来，一并付诸实践。

对桥头胡长潭安置小区农房“两改”等项目建设情况视察 2012 年 9 月，县政协副主席张水仙带领县政协社法委和侨联界宗教界政协委员，对桥头胡长潭安置小区农房“两改”项目和溪南五星级酒店项目的建设情况进行调研视察。目前桥头胡长潭安置小区农房“两改”项目已基本完成主体工程建设，溪南五星级酒店已进场进行基础性施工。视察中，委员们对两个项目的进展情况给予肯定，并要求相关部门和街道继续保持良好工作势头，加强协调，力排万难，特别就土地征用、苗木兑现、确保项目资金链畅通平衡等提出了意见和建议：要加大资金保障力度。加强与金融部门对接，及时启动农房“两改”项目的按揭、贷款业务，有效盘活项目资金，确保工程款支付和拆迁政策兑现资金等畅通平衡。要确保政策公平公正。对于溪南五星级酒店进出道路、苗木兑现问题和农房“两改”拆迁安置工作，要进一步完善工作方案，规范操作程序。要减轻农村农民负担。要加大政策扶持力度，争取从制度层面减轻农民负担，减轻村级资金压力，激发农村、农民参与农房“两改”工作的积极性，实现农房“两改”由“要我改”向“我要改”转变。

对婚姻家庭工作视察 2013 年 1 月，县政协组织妇联界委员在妇联、跃龙街道等单位召开座谈会，开展平安和谐家庭的调研视察，针对存在的一些情况，提出建议：要宣传正确婚恋观，打造美满婚姻。针对当前存在的一些不正确的、不成熟的婚恋观，社会与政府有义务进行正确引导，减少拜金、世俗、功利的价值观宣传，积极主动地倡导健康、阳光、正面、向上的婚恋观，帮助青年男女领会婚恋的道德内涵和社会内涵，增强家庭责任感。要用婚前培训夯实婚姻基石，让婚后咨询坚固婚姻城墙，政府要给予政策和经费上的支持，由妇联牵头组织成立“婚姻学校”，搭建婚前培训平台，结合全县开展的免费婚前检查，保证达到法定婚龄的男女接受一定课时的婚前教育课程。可以按照季度开课，满足不同时期需要。婚前培训应注重形式上的多样性和活泼性，避免教科书式的枯燥的教育方式。要营造温馨有爱社区、树立模范夫妻典型。要积极开展家庭美德实践活动，深入文明家庭创建，树立先进典型，使更多的家庭感受到“正能量”和温馨的力量，积极营造“家和万事兴”

的良好氛围。政府应将婚姻家庭纠纷纳入大调解工作体系，组建调解网络，从预警排查到综合调解，建立一个系统完善的婚姻家庭纠纷调解机制。要规范离婚协议制度，在婚姻登记处设立调解室，建议协议离婚的，要像法院起诉离婚一样设立一个离婚缓冲期，对申请离婚的当事人进行先期调解，使双方能在经过慎重考虑后再作决定。要加强普法教育，提高公民法律意识。特别要把《中华人民共和国婚姻法》最新司法解释及《中华人民共和国妇女权益保障法》《中华人民共和国反家庭暴力法》《中华人民共和国未成年人保护法》等作为普法教育的重要内容，并纳入县普法的总体规划，让更多的弱势群体学会运用法律来保护自己，维护妇女、儿童、老年人的合法权益。

对保护民营企业合法权益工作视察　2014 年 7 月，县政协组织工商界政协委员，就保护民营企业合法权益工作情况到有关企业和单位进行视察调研。针对问题，委员们提出建议：企业和企业家要树立正确的维权意识，企业和企业家应依法经营，加强企业伦理建设、文化建设，各种经营行为不仅要对企业有利，还要对社会负责，杜绝各种欺诈行为。企业和企业家要善于运用法律手段切实维护自身权益，我国宪法明确规定公民的合法的私有财产不受侵犯，国家保护各种经济成分的合法权利和利益，我国也有较完善的以《中华人民共和国公司法》为基础的各种企业法律体系，这些法律科学地界定了企业和企业家的责任、权利和义务，这些都为维护企业和企业家的合法权益提供了前提条件。企业和企业家应规范经营，加强企业的管理制度建设，健全企业的用工管理、社保管理等，以避免因管理不善而引发的劳资纠纷，从企业管理层面维护企业和企业家的合法权益。企业家要提高自我保护意识，切实加强个人的安全保卫工作。各类社会组织应致力于维护企业和企业家的合法权益。开展企业和企业经营者合法权益保护工作，离不开企业及企业家的社会组织。目前宁海县已有企业联合会、企业家协会、行业协会等社会组织，并在依法维护企业和企业经营者的合法权益等方面发挥了积极作用。在这基础上，应由县政府相关部门牵头成立“保护企业和企业家合法权益工作委员会”，会同已有的企业联合会、企业家协会、行业协会等，把保护企业和企业家的合法权益当作工作的重心来抓。依法维护企业和企业家的合法权益，反映企业和企业家的建议和要求，引导企业和企业家守法经营，为企业和企业家提供服务。劳动监察、劳动仲裁等相关部门对已经发生纠纷或监察发现问题的单位应开展重点宣传和定期辅导工作，帮助和督促企业家形成正确的意识，尽到自己的责任，维护自己的权利。

对胡陈乡“无违建乡镇”创建视察　2015 年 5 月，为助推全县“三改一拆”工作，县政协主席会议专项视察胡陈乡“无违建乡镇”创建工作。县政协主席尤玲娟，副主席邬汝跃、潘作飞、张水仙、杨象轮，秘书长顾海飞参加视察。视察组一行到胡陈乡梅山村，实地视察当地“无违建乡镇”工作推进情况。2013—2014 年，胡陈乡共拆除存量违法建筑 127341 平方米。其中，拆除“一户多宅”237 户，畜禽养殖专项整治拆除违法建筑 46 处。2014 年，该镇获得宁波市无违建乡镇创建工作先进单位称号。在听取相关情况介绍后，视察组成员对胡陈乡“无违建乡镇”创建工作给予高度评价，并围绕落实长效管理、保障群众权益、优化建房审批、拆后土地利用等方面发表意见建议。大家认为，胡陈乡“无违建乡镇”创建工作所取得的成绩，具有机制健全、宣传深入、排查仔细、管控严格等特点，具有较大的推广价值，可以很好地推动全县“三改一拆”工作。当前，全县“三改一拆”工作已进入关键时期，各级各部门要围绕既定目标，集中时间、集中精力全面冲刺，确保“三改一拆”工作目标顺利完成。有关部门要实事求是，严格把关，对违法建筑做到应拆尽拆，让老百姓感到公平正义。要因地制宜，拆改同步，完善长效机制，加快推进拆后土地利用，使广大群众得到实惠。

对完善政府法律顾问工作视察 2016年2月，县政协组织有关委员，就改进政府法律顾问工作，扎实推进依法治县进行调研视察，召开有县法制办、司法局等单位参加的座谈会，提出相关建议：行政单位应当培养自己的法治队伍。建立一支政治觉悟高、法律意识强、综合素质好、道德品质优秀的高素质法治队伍，需要行政机关领导高度重视，配合司法部门有效整合政府法律资源，全面普及法治观念与法律意识，吸收法律专业人才，全面培养法治人员的法律专业水平与能力，推进法治队伍的规范化、专业化，提高行政单位依法行政的效率，确保满足政府依法行政的需要。要增强政府行政机关领导干部的法律意识、风险意识，保障政府法律顾问多角度、全方位参与政府日常法务工作。政府法律顾问制度设立的根本目的在于保证行政权的合法形式，减少不当行政出现的频率，提高依法行政的效率。因此，为建设“法治政府”，各司法机关、行政机关应当增强领导干部的法律意识、风险意识，不断加强与律师的合作与沟通，增进相互之间理解和支持。要创造更好的条件让律师多角度、全方位全程介入政府的工作。要建立政府法律顾问经费保障制度。要提高政府法律顾问人员的专业知识、综合能力。不断提高自身政治思想业务素质，深入学习社会主义法治理念，牢固树立大局意识、责任意识和服务意识，及时了解国家大政方针政策和立法的前沿动态，不断完善知识结构，提高履职能力，为党政机关提供优质高效的法律服务。

对残疾人就业创业工作视察 2017年4月，县政协副主席何建春带领部分委员视察残疾人创业就业工作，并召开建言协商会，听取相关部门的情况汇报，就残疾人创业就业工作提出意见和建议。与会人员首先来到天明阳光家园视察残疾人辅助性就业开展情况，听取阳光家园对残疾人辅助性就业情况的汇报。大家对县集康复、照料、就业于一体的模式给予充分肯定，对县残联在促进残疾人就业方面所做的努力给予高度评价。随后召开的座谈会，相关部门及企业就残疾人就业创业积极建言献策。大家认为，县残联为残疾人救助、康复、就业等方面做了大量卓有成效的工作，切实帮助残疾人解决生产、生活中的问题和困难。委员们提出建议：要加大残疾人工作成果的宣传力度，让更多的人了解残疾人工作，宣传报道残疾人创业就业的典型事例，增强残疾人的自信心和自尊心。要多关注残疾人工作，积极提供创业信息和就业岗位。要针对残疾人工作中突出的难点问题多开展调研活动，积极做一名残疾人工作的参与者和推动者。

第四节　教科文卫

县政协组织委员开展视察活动中，围绕教育、文化、医药卫生等方面主题，积极提出意见建议。现选录实例11件。

对“两城联创”工作视察　2007年6月，县政协召开八届六次主席会议，听取“两城联创”工作情况通报，并分村居环境、市容环境、公共卫生和行业行风4个小组对“两城联创”工作进行视察督查。在视察督查中，委员们看到了一些可喜的进度，也发现了一些亟待研究解决和急需抓紧整改整治的问题。委员们提出建议：要加强宣传和引导，营造全民创建氛围。要加大宣传力度，运用一切能够运用的宣传工具，采用一切可以采用的有效教育手段和方法，开展有针对性、有实效性的宣传教育，努力提高全民创建意识。“两城联创”要立足现在、着眼长远，既要突击抓好当前整治整改，做到宣传教育到位，力量组织到位，创建责任到位，任务分解到位，检查落实到位，突击整改到位，营造全民参与创建到位，又要切忌搞“一阵风”，要常抓不懈，常抓不松，抓出成效。要重点突破，克难攻坚。对委员视察中发现的一些问题，县创建办要进行一次全面梳理，督促有关责任地区、部门单位立即行动，落实措施，进行突击整改整治，调动一切可以调动的力量参与整治，也可发动学生与家长，开展“小手牵大手”活动，落实门前“三包”责任制，努力推进创建工作。要加大对城中村、园中村的建设和整治力度，切实改变“脏、乱、差”形象，加快改善村民居住环境，为创建和巩固文明、卫生县城打好硬件基础。要集中力量和精力，着力整治菜市场、车站、商店、餐饮店、网吧等内外部环境，严格纠正占道经营行为，切实抓好人行道停车秩序。要抓紧对居民楼二次用水进行一次集中清理。要高度重视洗浴、餐饮等服务行业的地下水使用问题，采取切实的措施，改变目前现状。要加大城区道路交通整治力度，加强城区交通的执法检查，改善交通秩序。要明确责任，建立落实长效机制。在抓好突击整治的同时，要进一步明确落实县级有关部门和街道、社区、城中村的责任范围、目标任务和具体要求，力求责任、任务、要求到位、到底、到边，真正形成各司其职、各负其责、密切配合、通力协作的“两城联创”的合力。要健全管理监督网络，加强行业规范和检查，完善和实行考核奖惩机制，确保“两城联创”计划和目标的顺利实施。

对民生实事工程视察　2008年10月，县政协组织部分委员分别在县政协主席杨加和，副主席项松春、赵秀萍、潘作飞、杨象轮的带领下，对教育系统重点实事工程、新农村电网改造、动态视频监控系统建设等民生实事工程项目进行视察并提出建议：在对教育系统重点实事工程的视察中，委员们无不对风格别致、造型漂亮的星海中学大加赞赏，对动工建设中的高起点、高标准的现代化中学——三省中学寄予厚望。规范整齐的线路、美观大方的配电房与新农村的村容村貌相得益彰，在视察茶院、力洋等乡镇的农村电网改造工程中，委员们对焕然一新的农村电网面貌留下深刻印象。动态视频监控系统建设也让委员们兴趣盎然，十分关注。政协委员们对全县实施的民生实事工程高度评价和充分肯定。委员们认为，实事工程事关人民群众的切身利益，不仅要考虑将实事办实，更要将实事办好，建议有关部门和建设施工单位：要以质量为先，保证工程质量，经得起高标准验收。要加强管理和协调配合，重视施工现场安全工作，部门要加强协作配合。要克服困难，加快工程建设进度，按计划顺利完成工程任务，努力为百姓办成真正的好事实事。

对推进新型农村合作医疗工作的视察 2009年9月，县政协对全县新农合工作情况进行视察调研。认为五年来宁海县新农合统筹基金运行管理情况良好，已初步形成了“政府重视、部门配合、群众支持”的良好局面。同时，委员们也认为，宁海县新农合工作还存在着不少困难和问题。为此，提出建议：要加大宣传力度，增强参合意识。对乡镇（街道）工作人员和村干部等进行系统培训，使工作人员更全面地了解和掌握新农合有关政策，更好地为农民群众答疑解惑，更广泛、更深入地开展宣传；抓典型事例，以身说法，充分利用电视、广播、报纸、村务公开栏，定期、有针对性地开展典型事例宣传，增强制度的吸引力。新闻媒体对涉及新农合政策宣传要大力支持，减免相关宣传费用；认真做好外出务工人员的宣传发动工作，印制外出务工人员参合宣传册，全面介绍新农合报销的比例、缴费时间等事项，使广大外出务工人员理解、支持新农合，不断增强参合意识和共同抵御疾病的风险意识。要改善医疗条件，提高服务水平。要重视县级医院特别是第一医院的建设，引进、培养优秀人才，加强管理，提高医疗卫生服务水平。要进一步重视乡镇卫生院的建设，重视基本设备的配置和更新，加大人才培养力度，实行委托培养制度，受委培学生毕业后与基层医疗机构签订就业服务合同。药监部门要加大对药品市场的整治力度，严格药品批零企业的经营准入，要大力推进农村社区卫生医疗机构基础设施建设，提高村级医疗机构卫生服务能力和水平，实现“小病不出镇（社区），大病不出县”。要理顺筹资机制，加大保障力度。要建立稳定可靠、合理增长的筹资机制，根据县财政状况和农民收入增长情况及承受能力，逐步提高财政补助标准及农民个人筹资水平。要坚持以户为单位自愿参加的原则，积极探索农民易于接受、简便易行的个人缴费方式和对特殊人群实行优惠政策；要及时合理调整补偿标准，提供保障能力，科学测算，合理确定补偿方案，防止基金透支或沉淀。要尽快研究将门诊报销范围扩大至县级医院的可行性，县级医院门诊报销比例原则上要低于乡镇（街道）定点医疗机构的标准，扩大参合农民的受惠面。要完善政策措施，确保健康发展。要加强医疗救助与新农合管理方面的衔接，尽快出台办法，解决新生儿、毕业回乡务农学生、复员军人、婚嫁迁入人员等及时参加新农合的问题，保障他们的合法权益；要出台优惠政策和措施，鼓励企业、个人捐资，不断壮大新农合基金的实力；要完善基金监管机制，形成定期审计监督制度，确保基金运作规范、透明、高效，保证制度的公平公正。

对推进教育事业均衡优质发展工作视察　2010 年 2 月，县政协教育界组织委员对有关街道和乡镇的教育事业发展工作进行视察，召开座谈会，针对存在问题，提出建议：要进一步加大教育投入，为教育均衡优质发展提供可靠保证。政府要保证财政性教育经费增加幅度明显高于财政经常性收入增长幅度，逐步使财政性教育经费占国内生产总值的比例努力接近 4%。要进一步加强教师队伍建设，为教育均衡优质发展提供根本保障，不断加大教师引进力度，完善农村教师队伍补充机制。要进一步扩大优质教育资源覆盖面，为教育均衡优质发展固本强基。深化教育体制改革，强化城乡教育统筹，推进城乡教育“一体化”发展。要搭建教育信息资源平台，实现优质教学资源共享。发挥现代远程教育的作用，为教师的备课与教学、为学生的自主学习提供便利，最大限度地实现优质资源的共享，提高教育均衡化程度。建立健全优化教育发展环境的机制，进一步提升学校管理水平，加快推进教育均衡优质发展。要以科学发展观为指导，通过充分调研，确定进一步建设巩固教育强县的总目标、总要求。要使教育可持续发展的能力以及反哺经济社会发展的能力有明显的历史性跨越。

对县青少年活动中心建设视察　2011 年 11 月，县政协副主席赵秀萍带领部分政协委员对县青少年活动中心进行视察。大家一致认为县青少年活动中心运行 5 年多来取得了可喜的成绩。但是目前该中心在活动场地、人员编制、经费保障等方面还存在实际困难，与承办现场会还存在一定的距离，为此建议：落实报告厅等实践活动场地。要尽早发挥报告厅的作用。县青少年活动中心多功能厅长期空置已多年，严重制约活动中心开展各项公益活动。建议将活动中心多功能厅的装修列入日程，尽快施工，早日投入使用，迎接省现场会的召开。同时也有利于各类教育文化、综合实践、兴趣培训、社区、社团、少先队等活动开展。要调整临街房使用性质。根据《关于进一步加强和改进未成年人校外活动场所建设和管理工作的实施意见》（浙委办〔2006〕129 号）的文件精神，宁海县青少年活动中心临街房应调整为全县青少年的活动、实践基地，以保证大楼整体功能统一，发挥活动中心独特的育人功能，更好地服务青少年。落实同事业发展相适应的人员编制。县青少年活动中心是集活动实践、教育培训于一体的公益性社会教育阵地。2008 年改编为全额拨款事业单位，核定编制 6 个，其中中心主任、副主任各 1 名。随着事业的发展，活动中心下设办公室、教科室、培训部、音舞部、书画部、科技运动部、文学社团部、美术社团部、艺术社团部及团队工作部等，中心管理人员严重不足。且由于地域、编制、待遇等原因，优秀的专职教师引不进、留不住，严重制约事业的进一步发展。长期缺编直接影响工作正常运作，鉴于宁海的实际情况，建议县委县政府优先考虑中心增加 4 个熟悉事务管理、少先队工作，具有活动策划组织能力和较强的文字组织能力的正式事业编制专业人员。落实中心开展公益实践活动的经费。县青少年活动中心的培训报名收费严格按照公益性原则执行，培训收入仅够维持正常的教学耗材、支付教师课时费和大量的设施设备维修更换等。青少年活动中心自 2005 年运作以来，专项活动经费补助 53.4 万元/年（街面房房租返回）。2010 年年底临街房到期后全面收回，用于筹建惠及全县青少年的公益性实践、教育、活动基地。为保证公益性活动的深入推进和部分公共资源免费向民众开放，建议县财政部门会同青少年活动中心共同测算该项目实施、运行的有关经费，并给予大力支持。

对推进基层文化事业发展工作视察 2012 年 6 月，县政协组织委员对基层文化建设工作进行视察，针对存在的问题，提出建议：加强基层文化干部队伍建设。制定实施基层文化人才队伍建设规划，完善机构编制、学习培训、待遇保障等方面的政策措施，吸引优秀文化人才服务基层。加大现有乡镇一级文化干部管理力度，文化员的招聘、调动、提拔都应报县级文化部门核准，要保持乡镇文化员的相对稳定性。设立城乡社区公共文化服务岗位，面向社会公开选调具有一定专业水准的农村文化员，并对服务期满农村文化员报考文化部门公务员实行定向招录。重视发现和培养扎根基层的乡土文化能人、民族民间文化传承人特别是非物质文化遗产项目代表性传承人，鼓励和扶持群众中涌现出的各类文化人才和文化活动积极分子，促进他们健康成长、发挥作用。壮大文化志愿者队伍，把音乐、舞蹈、曲艺、书画、摄影等协会的业余文化队伍组织起来，制定优惠政策，鼓励专业文化工作者和社会各界人士参与基层文化建设和群众文化活动，发挥专业文艺团体退休人员和民间艺人的作用，对在各类活动中涌现出来的优秀人才，采取集中或分散的形式，邀请文体专业人员进行辅导培训，形成专兼结合的基层文化工作者队伍，共同推进群众性文化事业的发展。加大乡镇一级文化经费投入力度。各乡镇政府设立农村文化建设专项资金，并且每年的递增速度要不低于当地财政增长幅度。同时对送戏下乡、基层文化宫创建等乡镇一级政府应有相应的配套资金；加大群众文化活动投入，推进“一镇一品”建设。扩大投融资领域。积极引导社会资金以多种形式投入文化建设，激发民间兴办文化的热情。加强基层文化活动常态化建设。一是严格制定基层文化场所开放制度。如室外活动场地、展览厅(陈列厅)、书报刊阅览室、辅导培训室、公共电子阅览室、娱乐活动室等公共空间设施场地都应免费开放。积极组织开展文化普及活动。如深入开展全民阅读、全民健身、书法摄影、盆景欣赏、文学创作、道德教育、诗歌朗诵、科学文明等弘扬以爱国主义为核心的民族精神和以改革创新为核心的时代精神，实现农村文化建设的观念创新，设立社会主义荣辱观，促进文明、民主、和谐、友善的乡风、村风、民风建设的教育培训活动，在传承优秀传统民俗文化的同时，不断挖掘民间特色文化，积极打造村落品牌文化，推动文化科技卫生“三下乡”、科教文体法律卫生“四进社区”、“送欢乐下基层”等活动经常化。加大农村业余文艺团体培训力度，充分挖掘民间演艺人才，实现农村演出队伍全覆盖，每村都有一支业余演出队。扶持文化企业以连锁方式加强基层和农村文化网点建设，支持演艺团体深入基层和农村演出，加强引导，促进农村文化活动健康有序、繁荣发展。

对山水小学迁建工程进行视察 2013 年 6 月，县政协副主席杨象轮先后组织教育界委员和在长街镇的政协委员，实地视察山水小学迁建工程和星海小学新建工程，大家对项目实施情况给予充分肯定，并提出建议：要城乡统筹，科学安排、规划好布点，要集中财力，加快硬件建设。要改进教育方法，提高教育质量。要借助于社会各界的力量，推动全县教育事业长足发展。委员们听取长街镇关于小城镇开发建设的通报，并视察镇区和工业园区建设情况。对小城镇建设，委员们提出建议：要把建设小城镇、经营小城镇切实摆上重要位置，下大气力抓紧抓好。要科学规划，夯实小城镇建设的基础。小城镇建设总体规划要立足现实，着眼长远，坚持高起点规划、高质量建设、高水平管理，做到“规划一张图、审批一支笔、建设一盘棋、管理一条龙”。要以土地利用总体规划为依据，合理确定小城镇发展规模，保证集约用地和保护耕地。把城镇建设的详细规划与总体规划相衔接，在总体规划的基础上，对工业园区、住宅小区、主要街区、各类市场和各类公共基础设施等周密详细规划，加强对规划编制的指导和督查工作。要广辟渠道，建立小城镇建设的投资机制。坚持政府主导、市场化运作的原则，拓展小城镇建设融资渠道。按照“谁投资，谁受益”的原则，积极探索把公用基础设施建设推向市场的融资新路子，出台政策鼓励部门、企业、个人投资参与小城镇开发建设。要实行财政、金融扶持政策。认真落实省市县小城镇建设的有关政策和规定，督促财政、金融部门加大投资力度，支持小城镇建设。

对保护开发县古宅群情况视察　2014 年 5 月，县政协组织有关委员，对保护开发县古宅群情况进行调研视察，召开有关人士参加座谈会，并提出建议：要尽快把古宅群列为县级文物保护单位。宁海县的古宅群具有极高的历史文化和建筑艺术价值，应尽快列为县级文物保护单位，从法律上保护这些古宅群，防止人为的损毁和拆除。要保护好周边的古建筑风貌，防止挤进一些不和谐的现代建筑。要正确处理好古宅群的保护与开发的关系。宁海县的古宅群是一种宝贵的不可再生资源，与原生自然环境、文化环境不可分割，要明确“保护第一，开发第二”的方针，在做好文化遗产保护的措施上再进行产业开发。在保护的同时，将全县的古宅群保护开发融入旅游产业中，兴建古宅群景点配套的基础设施建设，充分发挥古民居的独特作用，丰富旅游资源，促进全县旅游业的发展。要加大宣传，提高全社会对古宅群保护的意识。政府要通过多种形式，加大对古宅群保护的宣传，提高群众对古宅群的保护意识，特别是要让屋主认识到保护好房屋的必要性和重要性。对于保护好古宅群的行为进行表彰，对损毁古宅群的行为要追究法律责任。要建立完善的古宅群保护管理体系和制度。要建立从政府、民间团体、屋主等各方面完善的保护管理体系和制度。政府要重视对古宅群的保护，每年财政要拿出部分资金支持古宅群的保护，以带动群众保护的积极性。要加大古宅群内环境的整治，清除垃圾和污染源。要尽快明晰产权，暂时无法确认的，也要尽快设法修缮保护，以免衰败倒塌。及时抢救那些濒临毁损和消失的文化遗产，是政府和公民共同关心和责无旁贷的大事。

对体育工作的视察　2015 年 2 月，县政协组织委员调研视察有关体育产业，召开体育局等单位参加的座谈会。认为宁海国家登山健身步道、户外运动、体育产业虽然在全国有了一定的知名度，但离打造全国户外运动的引领地和以户外运动休闲为特色的国家体育产业基地还有一定距离。为此，提出建议：要统筹资源，制定户外运动发展规划。根据本地资源条件和需求特点，因地制宜，以县域体育产业“十二五”规划为引领，山地户外运动基地规划和城区体育设施布点规划为补充，规划体育设施一张网，使整个县域成为一个大运动场、大健身场。把宁海户外运动和体育产业作为主业来抓，把体育产业作为全县“十三五”规划中经济发展和培育现代服务业转型升级新的增长点。要加大力度，推进体育设施建设。要加大基础设施建设的投入，合理布点布局，重点建设一批便民利民的中小型体育场馆、公众健身活动中心、户外多功能球场、健身步道等场地设施；加快新体育中心的建设，按照“一场、三馆、一中心”进行设计，即体育场、体育馆、游泳馆、综合健身馆、培训中心及辅助室外运动设施等。宁海“山、水、海、岛、泉”一应俱全，为开展全民健身运动和发展体育旅游等产业提供了得天独厚的条件，要把登山步道提升工程和绿色自行车道做实做优。要出台政策，做好体育产业扶持文章。制定出台发展体育健身服务业、体育用品制造业、户外运动旅游业的扶持政策。鼓励民间资本投资体育健身服务业；在突出户外用品的前提下，重点扶持一批有发展前景有独立品牌的户外用品企业上规模，创名牌；设计打造几条登山步道精品线路，推动运动休闲与旅游的深度结合。鼓励体育社团，尤其是日益兴起的户外俱乐部走公司化发展道路，带动全县体育旅游的蓬勃发展。

对乡村旅游工作视察 2016 年 12 月，县政协副主席杨象轮带领部分县政协委员，视察全县乡村旅游工作，并进行座谈交流。委员们先后来到岔路镇天河村和前童古镇，视察当地民宿产业发展情况，详细了解民宿经营状况，并就民宿建设发展中存在的问题作了现场指导。近年来，宁海县紧紧围绕旅游全域化发展目标，深入推进农旅融合发展，以精品民宿为支撑、多种业态为补充，大力发展乡村旅游，为全县创建“国家全域旅游示范区”打下坚实基础。截至 2015 年，全县拥有农家乐（民宿）250 家，市级以上农家乐特色村 12 个、示范点 16 个，餐位数突破 1.8 万个，床位 5000 余张，出租率达 63%以上。2016 年上半年，全县乡村旅游接待游客共计 440 万人次，旅游综合收入 3.81 亿元，其中农家乐（民宿）营业额达 1.7 亿元。通过实地视察和座谈交流，委员们对全县乡村旅游工作开展情况表示满意。针对存在的问题，提出建议：要进一步做好乡村旅游规划，打造精品旅游景点。要进一步明确目标，加大资金投入，营造乡村旅游品牌。要加大引导、重视力度，健全长效机制，把宁海打造成真正让游客“看得见乡野”“听得见乡音”“闻得到乡味”“摸得到乡趣”“记得住乡愁”的乡村休闲旅游目的地。

对学前教育提升工程视察 2017 年 7 月，县政协主席尤玲娟带领部分政协委员会同县教育局、财政局、规划管理中心等单位相关负责人，对宁海县学前教育提升工程进行视察，视察组一行实地走访县中心幼儿园、闻裕顺幼儿园及哈佛幼儿园，详细了解办园情况，并组织召开座谈会，听取学前教育提升工程推进情况汇报。学前教育提升工程为县政府实事工程，由 8 所幼儿园新改扩建工程组成，项目计划总投资约 4.7 亿元。座谈会上，委员们就学前教育提升工程项目推进、资金保障、规划布局、安全管理等问题进行了讨论，并提出建议：要强化走在前列、干在实处的意识，立足新起点新期待新要求，深入了解学前教育发展中的短板和问题，把握重点，推进更高水平、更优质量、更强普惠的学前教育规范发展。具体要做到“三个坚持”：要坚持公办与民办并举。要建立健全“政府主导、社会参与、公民办并举”的办园体制，努力构建公办为主体、选择性民办为补充的发展格局。要坚持数量与质量并进。要加大投入新建或改建一批幼儿园，保证适龄儿童“有园上”；要注重幼儿园环境创设、师资配备、机制制度形成等方面的内涵建设，努力满足适龄儿童“上好园”的需求。要坚持发展与规范并重。要从工作起点上加强对学前教育的科学化、精细化、规范化管理，强化监测评价，加强督促检查，规范办园行为，切实保障学前教育又好又快发展。

第三章　其他监督

随着社会主义市场经济体制的完善和发展，人民政协在履行政治协商、民主监督、参政议政职能中，民主监督显得更加重要，其作用不断扩大。县八届政协以来，在民主监督的实践中，探索了许多民主监督的好形式，如开展民主评议、知情问政、建立民主监督组、派出民主监督员、人民监督员等，从而使政协民主监督的内容更加充实，形式更加灵活，效果更加显现。

第一节　民主评议

县八届政协以来，选择有关安全民生等议题，对一些行政部门工作，在通过调研视察、听取情况通报、召开座谈会等基础上，进行民主评议，肯定成绩，指出问题，提出意见建议，帮助党政机关及其工作人员提高认识，改进工作，使民主评议取得实效。

2007 年 8 月 29 日，县政协召开食品药品安全工作民主评议会，对全县食品药品的安全工作进行民主评议。县八届政协常委会组成人员、政协各界别负责人、政协工委主任、在宁海的省市政协委员、政协之友社副理事长参加会议，邀请县食品药品监管局、市工商局宁海分局、县质监局、县经贸局、县卫生局等单位主要负责人参加会议。会前，县政协就民主评议工作进行专门动员专题培训，邀请省市有关专家作食品药品安全有关法律和业务知识辅导，并分药品安全工作民主评议调研组、食品安全工作民主评议调研组、食品流通调研组、食品生产加工调研组、食品种植养殖调研组、食品餐饮消费调研组，经过对相关管理部门的走访座谈，实地考察、调研问卷、问题剖析等活动，在民主评议会上，委员们听取食品药品监管局的情况通报后，进行民主评议工作，坚持实事求是原则，力求反映民意，提出有针对性、前瞻性和可操作性的对策建议。关于加强全县食品安全监管工作的建议：要加强食品安全源头控制。加强农业投入品及其使用情况和生产环境监督管理，从源头上防止农产品污染。积极推广食品的标准化生产，严格食品生产QS认证和使用食品添加剂备案制度。全面推广以食品索证索票、购销台账备案为主要内容的食品准入制度、重点抓好食品总经销、总代理的食品准入制度的实施。要研究和制定农村核心店的长效监管机制，完善不合格食品召回和下柜退市制度。要整合资源，加大监管力度，严肃查处食品安全违法行为。监管部门要加强联合执法，切实加大对中小学门口摊点、无证无照小作坊、社区餐饮店、路边市场的集中整治。要优化配置检测资源，加快“县食品检测中心”的建设进度。要严肃查处食品安全违法行为，加大对那些人为危及群众人身安全行为人的惩罚力度，并对其实施食品行业终身禁入。适时开展食品安全专项整治，着重打击农村和城乡接合部的制售假冒伪劣和有毒有害食品的违法行为。要加强食品安全监管队伍建设，增加工作经费投入。应在有限编制范围内，优先解决监管工作的执法人员编制问题。根据工作需要，招聘录用具有相应专业的技术人员充实到卫生监督所等监管单位，强化对执法人员法律法规和专业知识培训，提高监管队伍整体素质和能力。加大经费投入，确保县食品安全监管工作经费所需。要加快食品使用体系建设。建立和完善生产加工基地档案、农资企业使用档案。继续鼓励产品生产加工企业参加无公害农产品、绿色食品、有机食品等产品质量体系认证。要保障食品安全的相关物资供应和有效运用。采取有效措施，禁止使用高毒农药，解决安全、高效、廉价农药的供应问题，保证正常的农业生产和水产养殖所需。要加大宣传教育力度。关于加强全县药品安全监管工作的建议：要加强宣传，提高全社会药品安全意识。引导群众树立正确的用药观念，提高自我保护意识和自我维权能力。要加强监管力度，进一步规范涉药行业。加强药品分类管理，进一步消除公众滥用药造成的危害。要加大投入，提高监测水平。尽早建立药品快速检测室、药品不良反应监测中心，保证群众用上安全药、放心药。要加强队伍建设，增强监管能力。县食品药品监督管理局要进一步加强队伍建设，充实专业知识技术人员，优化队伍结构，认真开展素质教育、廉政教育和依法行政教育，不断提高干部的综合执法能力，着力建设好检查、稽查和技术三支队伍，充实执法力量，提高监管水平，增强监管能力。

2008年5月，县政协召开“两城联创”（省示范文明县城和国家卫生县城创建工作）民主评议会，政协常委会组成人员、政协各界别负责人、镇（街道）政协工委副主任、在宁海的省市政协委员、政协之友社名誉理事长、名誉理事、理事会成员及有关政协委员参加会议，邀请县纪委、县委组织部、县委宣传部、县委政法委、县公安局、县民政局、县规划局、县交通局、县环保局、县卫生局、县建设局、县城管局、市工商局宁海分局等单位负责人到会与委员开展政情交流、听取民主评议意见。会前，县政协组织建立4个调研组：交通秩序调研组、综合治理调研组、环境卫生调研组、废水废气排放调研组，以深入调研走访、发函、网上征询等多种方式，做好意见建议的征集和社情民意的收集。民主评议会召开时，听取“两城联创”工作情况通报，政协委员就“两城联创工作”与有关单位负责人开展民主评议发言，新闻单位进行实况录像。会后由宁海电视台及时进行播放。县委常委、常务副县长蒋裕伦在会上作了讲话。会上代表各界别的19名政协委员就交通秩序、社会治安、环境卫生、废水废气排放等市民关注的热点、难点问题，与县有关职能单位负责人进行面对面的政情交流民主评议发言。县政协交通秩序调研组针对存在的问题和不足，提出：要合理规划，逐步解决城区交通“三难”问题；要优先发展公交，大力推进公共交通事业；要尽快出台政策，适时终止城区“两车”运营；要强化管理教育，确保道路交通安全通畅等建议。县政协综合治理调研组针对城区社会治安状况提出：要加大严打整治力度，在挤压犯罪空间上下功夫；要强化特殊群体管理，在提升社会管理水平上下功夫；要加强防范体系构建，在增强群众的安全感上下功夫；要落实创安工作责任，在形成齐抓共管格局上下功夫等措施建议。县政协环境卫生调研组对创建工作提出：要强化宣传教育，进一步提高市民环境卫生意识；要完善卫生设施夯实环境卫生管理基础，加大公共环卫设施建设力度，加强城区污水处理设施建设，严把住宅小区、商业区等开发项目配套的环卫设施建设的审批关，强化城区环卫工作；要加强城市环境卫生管理；要进一步明确职责、建立环境卫生管理长效机制等建议和措施。

2009年11月，县政协在县委县政府大会议室召开重点提案办理工作民主评议会，县政协正、副主席，县府办分管提案工作领导，县政协各专委会主任、副主任，提案委员全体成员、重点提案承办单位的领导和重点提案的提案者参加。会上首先听取由县府办对政协第5号、12号重点提案办理情况、县公安局对政协第27号重点提案办理情况、县水利局对政协第17号重点提案办理情况、县食品药品监管局对政协第77号重点提案办理情况的汇报。随后，提案者、督办主席及评议组对6件重点提案的办理工作提出意见，并对提案办理工作进行定量评分，提出书面意见。大家对全年6件重点提案办理工作给予较高的评价，同时对提案办理工作提出建议：要切实摆正提案办理工作的位置。要站在“立党为公、执政为民”的高度，切实把提案办理工作摆在重要议事日程，脚踏实地、善始善终地抓好落实，给人民群众一个满意的答案。要切实加强对提案办理工作的领导。党委政府要进一步重视和支持提案办理工作，切实加强对提案办理工作的领导。各提案办理单位要把提案办理工作作为一项重要的职责和严肃的政治任务来对待，严格实行“一把手”负总责，分管领导负全责、办理人员具体负责的办理工作责任制，积极创造条件，切实将提案办理工作做实做到位。要切实提高提案办理工作的实效。在提案办理过程中，要大力发扬求真务实的精神，坚持把为人民服务解决实际问题和提高满意率作为提案办理工作的根本出发点和落脚点。对提案涉及的问题，凡有条件解决的，要集中力量尽快解决；对因条件有限一时难以解决的问题，要订出计划，创造条件，逐步解决，并将情况及时反馈给提案委员；对在近期确实无法解决的，要诚恳地向委员解释清楚，取得理解。要进一步完善提案办理协调机制。县委办、县府办要加强对所属各单位提案办理工作的协调，适时召开协调会议，帮助承办单位解决自己难以解决的问题，各承办单位要加强与政协提案工作部门和政协委员的联系沟通，努力提高提案的面商率、满意率和问题的解决率。要创新提案工作的方式方法。做到用制度规范程序、用制度保证工作，要适应信息时代的要求，要强化提案工作的目标管理，要加大提案工作的宣传力度，不断提高提案办理工作水平，为促进全县经济社会全面发展做出新的贡献。

2010 年 7 月，县政协召开八届四十六次主席会议，并邀请部分政协常委参加，听取县发改局关于宁海县 2010 年上半年经济社会运行情况的通报。针对当前经济社会运行中存在的投资进度明显偏慢、出口风险加大、节排和通胀压力凸显等问题，提出：要正确分析评价上半年的经济社会运行情况，准确判断国内外经济运势，切实转变工作作风，坚定不移地实施“三个突破年”工程，推动各项工作更加扎实有效开展。要及时研究经济社会发展中存在的问题，对未完成半年度主要经济指标，要查找原因尽力予以解决，争取圆满完成年初确定的目标任务。要继续重视“三农”工作，加大农业投入，发展现代农业。要因势利导抓服务业，努力将现代服务业打造成为转变经济发展方式的强劲引擎，对服务业比较发达的乡镇（街道）设立专门岗位，促进服务业的健康发展。要深入贯彻落实城市发展动员大会精神，特别是要抓好六大功能区块、六大节点改造等城市建设工程，争取早出形象。要加大民生投入，进一步保障和改善民生，保持社会和谐稳定。要积极向上级有关部门说明情况，尽力争取土地、用电、节能降耗等指标，为宁海经济发展创造良好环境。要加大招商引资力度，狠抓大工程、大项目建设，增强发展后劲，对至今未动工的 23 个重点实事工程项目，要进行认真分析，争取早日开工建成。针对原材料价格上涨、企业用工成本增加等情况，政府要加大对企业转型升级扶持力度，优化工业创新环境。

2011 年 4 月，县政协召开八届五十五次主席会议，分别听取县科协、县残联关于科协工作和残联工作的情况汇报，与会人员和部分常委认为，县科协贯彻落实科学发展观，充分发挥桥梁纽带作用，培育地方特色优良品种、扶持优秀农业科技示范户、开展农业实用技术培训、提升企业自主创新能力、推动科普宣传工作、促进协会改革发展，各项工作取得较大进展。同时针对组织结构松散、县级科普工作重视不够、科普经费不足、科普人员编制不合理等问题，建议县政府及有关部门要完善机构建设，按照编制方案，合理配备科协工作人员。要将外来人口列入科普经费统计范围，加大经费投入。要发挥职能作用，推广优良品种，促进农业增效增收。要健全科协网络，根据乡镇特点、产业优势针对性设立科协组织；要创新工作机制，加强科普宣传，为科技工作者施展才能搭建平台。在听取县残联工作汇报后，与会人员和部分常委认为，县残联认真履行“代表、服务、管理”职责，以创建省“扶残助残爱心城市”为契机，不断提高残疾人事业发展水平，持续完善残疾人社会保障和服务“两大体系”建设，提前实现残疾人“人人享有康复服务”目标，各项工作取得较大进展。大家对此表示充分肯定。同时针对残疾人全面奔小康难度较大、落实残疾人工作的力度有待加大、创优创新工作机制有待推进等问题，提出：县政府及其有关部门要制定出台残疾人事业发展“十二五”规划，加快启动县康复中心二期工程，规划建设县精神病康复中心。要进一步完善残疾人社会保障和服务体系，加大残疾人社保资金的政府投入力度，推进残疾人社会保险、医疗救助、安居工程、助学工程等具体工作。要争创省“扶残助残爱心城市”，加强宣传力度，落实工作职责，建立监督机制，加强盲道等残疾人设施管理工作，确保创建成功。要收足用好残疾人保障金，扶助残疾人生产生活，推进残疾人设施建设。

2012 年 6 月，县政协召开九届四次主席会议，邀请部分政协常委参加，听取县卫生局、县交通局分别就推进县公立医院综合改革和加强物流工作情况的通报并进行政情评议。认为推进公立医院综合改革是当前深化医药卫生体制改革的一项重要内容，通过改革创新，完善政策，要破除“以药养医”机制，切实提高公立医院的医疗服务水平，促进合理用药，有效解决城乡居民看病就医的突出问题。通过改革，县级公立医院要逐步建立起经济运行、内部管理、联动协作、人事管理激励等四大机制，使县域医疗服务体系更加完善，医疗服务能力有较大提高，以药养医机制根本改变，广大医务人员积极性有效调动，医疗费用得到合理控制，医疗使用安全更有保障，人民群众看病就医更加便捷，实现人人享有与全县经济社会发展水平相适应的基本医疗卫生服务。建议县政府及其相关部门：要加强领导，统筹协调和推进改革各项工作。要加强督查和管理，开展工作绩效考核评估，调动医务人员工作积极性。要加大宣传力度，提高服务质量，为县级公立医院综合改革试点工作营造良好的社会环境和舆论氛围。宁海县物流管理工作坚持以科学发展观为统领，落实宁海服务业提升发展计划，努力推动现代物流业和城市经济的互动发展，呈现出良好的发展势头，大家对此表示充分肯定。但现代物流业发展还存在发展观念滞后，企业总体竞争力较弱，主辅分离速度缓慢等问题。建议县政府及其相关部门：要提升物流业管理水平，推动全县物流信息公共平台投入使用，发展壮大物流电子商务平台。要规范物流业经营活动，引进一批高端物流业和物流人才，树立物流品牌。要加大宣传力度，努力营造物流业发展良好氛围。

2013 年 11 月，县政协对九届二次会议期间选择的 6 件重点提案办理情况进行民主评议。这六件提案由县政府领导领办，县政协主席、副主席专题督办，由县农办、县金融办、县教育局、县交通局、县水利局、县食品药品监管局承办。民主评议会上，听取各承办单位的办理落实情况的通报，评议组查阅资料台账，开展实地察看，进行提案办理工作评分。评分按组织领导、规范程度、落实效果情况进行打分，分别评出满意、基本满意、不满意。通过听取承办单位对重点提案的办理工作汇报、走访和视察，对重点提案办理工作表示肯定，各承办单位实行“一把手”负责制，分工明确，责任到人，有积极的办理目标和工作要求，办理制度健全，提案中的建议意见得到较好落实。县政协主席尤玲娟在视察后对承办单位提出要求，希望承办单位以办理重点提案为契机，带动其余提案的办理落实。同时加强与提案者的联系沟通，通过交流互动，解决提案办理过程中的实际困难和问题。

2014年7月，县政协在县委县政府大会议室召开县人民法院工作民主评议会。县政协主席会议成员、评议组成员、县法院全体班子成员、有关法庭庭长、政协各办委正副主任、有关界别召集人、镇（街道）政协工委主任出席会议。县委副书记林坚应邀出席。县委组织部、县纪委、县委政法委、县检察院、县公安局、县司法局、县财政局、县人力社保局等单位领导参加民主评议会。会议听取县政协民主评议工作组所作的评议报告。报告通过旁听庭审、征求意见、走访调研等方式，重点对2012年以来县法院在审判、执行、作风建设等方面的工作进行客观公正评议，既肯定成绩、总结经验，又针对一些不足提出意见建议：要进一步深化队伍建设，提升司法形象。要进一步完善审判管理，促进司法公正。要进一步加大调解力度，维护社会和谐稳定。要进一步加大执行力度，提升执行管理水平。要进一步加强基础建设，提升基层法庭司法能力。要进一步改进工作方式，推进法院工作科学发展。要进一步强化保障机制，营造良好的司法环境。与会委员进行评议发言。法院领导进行表态发言：要提高认识，认真整改。要突出重点，狠抓落实。要转变作风，提升形象。县政协主席尤玲娟对本次评议工作作了讲话。林坚对这次法院工作民主评议给予充分肯定。

2015年10月，县政协召开提案办理工作民主评议会，对人力资源和社会保障局在县政协九届一次会议以来的提案办理工作进行民主评议。民主评议内容：贯彻落实县委、县政府、县政协有关提案办理工作文件精神和要求情况，领导班子尤其是主要领导对提案办理工作的重视程度，建立健全由分管领导、科室负责人和具体经办人员组成的分层办理责任制和情况，采取多种形式推进落实提案的意见建议，建立完善提案办理工作制度机制，提案办理工作相关台账的归档保存情况，按照提案办理的时限、程序和要求等相关规定规范落实办理答复的情况，对所有承办件的办理结果进行跟踪落实，提案办理答复承诺兑现落实以及提案者对办理结果反馈情况。提案民主评议工作首先听取县人力资源和社会保障局领导对提案办理工作情况的汇报，查阅提案办理工作有关资料和工作台账，并进行座谈交流，开展现场评议。与会人员对人社局的提案办理工作给予充分肯定，认为提案办理工作体现了领导重视、程序到位、责任明确，体现了协商民主、承办效果得到提升，体现了务实创新、提案落到实处。同时对有的提案后续工作提出意见建议，要把提案中提出的建议办得更扎实一些，通过提案办理工作进一步密切党和政府同人民群众和各界人士的联系，共同促进宁海各项事业稳步发展。

2016年11月，县政协召开县民政局工作民主评议会，县政协副主席潘红月出席会议。县纪委、县委组织部、县财政局、县人力社保局、县住建局等有关负责人应邀参加会议。6月以来，县政协实地察看了西店一体化服务窗口、力洋海头村、梅林敬老院、怡惠社区居委会、白峤岭公墓等地，详细了解有关乡镇（街道）及社区的民政工作开展情况，并召开座谈会听取县政协委员、社区工作人员、群众代表和民政服务对象的意见建议，全面深入地了解县民政局的整体工作情况，形成评议报告。会上，县政协民主评议工作组作评议报告，与会委员进行发言，既充分肯定县民政局所取得的成绩，也中肯地指出存在的问题和不足，提出改进意见。随后，县民政局作表态发言。在听取汇报和发言后，潘红月提出要求，希望县民政局要狠抓思想认识不放松，狠抓落实整改不放松，狠抓跟踪反馈不放松，以“干字当头、实字当先、效字为求”的要求，努力抓落实、促整改，使评议的意见尽快转化为可期可见的成果。同时，她要求广大政协委员持续为全县民政工作建言献策，进一步提升全县民政工作水平，为宁海县经济社会持续跨越赶超高水平全面建成小康社会做出新的更大贡献。

2017 年 9 月，县政协组织部分政协委员，对县政协《关于落实“最多跑一次”改革精神建议》这一重点提案的办理落实情况进行督查评议，并开展“最多跑一次”改革举措落实情况专项民主监督。通过现场咨询、亲身体验、听取汇报等多种形式，了解掌握提案办理落实情况和“最多跑一次”改革推进情况。“最多跑一次”改革启动以来，宁海县大胆闯、大胆试、自主改，创新推出“工作+跑法”“审批法庭”“视频工作站”等多项工作举措。目前，已公布三批 1233 项县级部门的“最多跑一次”事项，91.8%以上的审批类事项实现了“最多跑一次”的目标。大家对重点提案办理工作和“最多跑一次”改革举措落实情况予以肯定。全县“最多跑一次”改革力度大、氛围好、方法新、措施实、进展快、亮点多、成效显，跑出了宁海“加速度”，树立了宁海样板。县政协主席尤玲娟在督查评议会上讲话，提出要求：要精准聚焦，攻坚克难再加力，真正实现“一网流转、一网办理”；要创新实践，提质提效再加力，努力做到办事效率更高、服务质量更好、企业和群众更满意；要持续深化，常态长效再加力，努力实现行政审批的制度化、规范化、程序化；要强化宣传，扩大影响再加力，让群众知晓并最大限度地享受到改革红利。政协组织和广大政协委员要发挥优势，多为全县“最多跑一次”建睿智之言、献务实之策、尽精诚之力，努力为宁海“最多跑一次”改革的顺利实施贡献智慧和力量。

第二节　政情交流

政情交流是政协民主监督的有效形式，也是为使政协委员更好地履行职能而开展的有效尝试。县八届政协以来，紧扣县委、县政府中心工作，通过参与党政有关部门的检查、座谈、了解各方意见的基础上，邀请相关部门就某些方面的问题进行面对面的交流、近距离的沟通，就群众普遍关心的热点、难点问题直接向党政相关部门负责人提出意见建议，有利于更好地反映社情民意，促进党政职能部门改进工作，方便群众。

2007 年 7 月 25 日，县政协在县委县政府大会议室召开政情通报会，县政协常委会组成人员，政协各界别负责人，镇、街道政协工委副主任，在宁海的省市政协委员，政协之友社副理事长参加会议，听取县委常委、常务副县长蒋裕伦关于县政府半年度工作情况通报，听取县委副书记、纪委书记徐光宪关于上半年党风廉政建设和反腐倡廉工作情况通报，听取县委常委、公安局局长林东关于公安工作情况通报。委员们认为，上半年全县经济社会持续保持良好的发展势头，呈现出产业结构优化，工业经济快速增长，现代服务业增势强劲，现代高效农业不断发展，经济质量提升，经济效益快速上升，工业评价指标考核逐步趋优，生态经济效益明显，发展活力增强，外向型经济发展态势良好，创新型城市建设加快，固定资产投资积极推进，发展环境不断改善。希望下半年工作中，按照年初提出的目标任务不放松，坚持创新创业，做到突出重点，扎实工作，狠抓落实，努力完成各项目标任务，为全县加快发展、全面建设和谐新宁海奠定坚实的基础。对上半年党风廉政建设和反腐倡廉工作及全县公安工作所取得的成绩表示赞成，并对下一步打算认为切实可行。

2008 年 7 月，县政协在县委县政府大会议室召开政情通报会，全体政协委员、政协之友社成员及政府相关部门负责人参加，听取县政府 2008 年半年度工作情况通报后，县政协各界别委员相继进行交流提问发言。中共界别政协委员王昌良提出，违法运营的残疾车、人力三轮车已存在多年，既影响市容市貌，容易造成交通秩序混乱和增加安全隐患，又扰乱正常的营运市场，也与全县的“两城联创”工作不相适应，公安机关交通管理部门如何采取有效管理措施，建立长效机制，严格查处违法运营。无党派人士界何建春委员提出，国有公交公司的成立，方便群众出行，受到广泛的好评，但也有部分人担心国有公交企业管理较难，交通部门将采取哪些有效的办法和措施，以确保国有公交的健康运行。特邀界政协委员周芳伟提出，城区停车难问题越来越突出，如中山路、人民路黄金三角带，地处交通要道，大型商场密集，人口流动多，车辆流量大，行路难、行车难、停车难等交通问题更加突出，建设部门对这一带交通问题有哪些措施对策，城区的停车场建设有何打算。医卫界政协委员杨定为提出，城区周边乱搭建的棚屋很多，如山河村、坑龙王村等附近，其形状五花八门、破破烂烂，不但严重影响市容市貌，而且居住者的饮水也不卫生，其生活污水及生活垃圾随地乱排、乱堆、乱放，严重污染周边环境，与“两城联创”的目标要求相差很大，城管部门对这些乱搭建的棚屋有何整治打算。农林界政协委员魏章焕提出，现在老百姓对餐馆油烟污染反映十分强烈，据了解，宁海县餐饮行业油烟净化器安装率十分低，市区应把油烟净化器安装作为餐饮行业审批的前置条件，县环保部门对解决城区油烟污染有何措施。还有特邀界的潘松源、工会界的张燕、社会福利界的叶玉葵、妇联界的叶再芳、文体界的吴和莉、教育界的陈焕灿、侨联界的万中、经济界的石柔、共青团界的张微燕、科技界的徐伟忠、工商联界的胡金学、医卫界的陈冠培、宗教界的释有圆等相继提出了问题，要求政府职能部门解答。根据委员们提出的问题，政府职能部门相继进行答复，委员们对政府职能部门的表态和积极勤恳态度表示很满意。

2009 年 6 月，县政协组织部分政协委员听取县建设局负责人关于城市建设工作的情况通报。委员们认为，县建设局认真贯彻落实“城市建设推进年”“重大项目推进年”的活动要求，克难攻坚，在任务重、时间紧的情况下，决心大、力度大、进度快、效果明显，现已完成全年拆迁任务的 40%，做到了任务与时间同步，新一轮城市建设工作开局良好。针对城市建设和拆迁中存在的困难和问题，委员们提出建议：要统一思想，形成共识和合力。要高起点规划、高标准建设。做到“拆一块、建一块、像一块”，要体现宁海城市特有的风格。要完善政策，统一标准。城中村改造要统一政策、统一模式、统一建设，符合城市建设的总体要求。要加强队伍建设。要强化措施，部门联动，依法推进拆迁工作。要进一步配强配齐拆迁力量。要加快山河路两侧地块的改造。要按需求、分层次推出楼盘。

2010 年 12 月，县政协在县委县政府大会议室召开政情通报会。全体县政协委员和在宁海的省市政协委员参加。听取县委副书记、纪委书记徐光宪关于纪检工作的通报。2010 年以来，县纪检监督工作坚持科学发展观为统领，紧紧围绕上级纪委的重大部署和县委县政府中心工作，强化保障功能，确保全县新增投资项目和 18 个援川帮扶项目顺利实施，扎实开展工程建设领域突出问题的专项治理工作，对 2008 年以来在建和竣工的 133 个项目进行全面排查，对 2000 万元以上政府投资性项目工程进行重点会审，积极开展房地产市场秩序专项检查。强化纠治功能，扎实推进作风建设年活动，加强对 13 项专项活动检查。强化监督功能，推进廉洁自律工作，认真落实党风责任制制度，强化惩腐功能，严肃查办了一批违纪违法案件。强化预防功能，重点推进机制制度建设。强化固本功能，全面推进基层廉洁工程，为推进宁海科学发展提供坚强的纪律保证。委员们对此表示充分肯定。同时，委员们对公权力的监督、对民生热点难点，特别是纠正“三风”问题，提高机关效能建设方面提出建议。

2011 年 8 月，县政协在县委县政府大会议室召开政情通报会。全体县政协委员和在宁海的省市政协委员参加。听取县长褚银良关于 2011 年上半年全县经济社会发展情况通报。委员们认为，半年来全县经济保持平稳较快发展，实现生产总值 141.9 亿元的成绩来之不易，产业转型升级步伐加快，工业保持良好发展走势，科技创新能力持续提升。企业技改力度加大，农业保持稳定增长，重大项目建设扎实推进，改善民生和社会管理创新取得新成效，大家对此予以高度肯定。同时，提出相关建议和意见。委员们表示，要把思想认识统一到中央和县委、县政府对当前形势的分析判断上来，把行动落实到县委、县政府作出的重大决策部署上来，进一步增强忧患意识、机遇意识，围绕中心、服务大局、关注民生、真诚履职，为促进全县经济社会又好又快发展多做贡献。要积极为促进经济社会发展凝心聚力，深入广泛调研，集中民智，为党政科学决策提供智力支持，积极协助党委政府做好教育引导、协调关系、理顺情绪、化解矛盾工作，为经济社会发展营造良好环境。

2012年6月，县政协在开元新世纪大酒店开元厅召开政情交流会，听取县政府有关职能部门关于城区交通建设与管理情况通报。全体县政协委员参加会议。县公安局、县规划局、县住建局、县交通局、县城管局等单位主要负责人到会，并向委员们通报情况、回答委员提问，开展面对面政情交流，同时邀请部分公民旁听会议。与会委员在听取通报后，潘再萍、葛春琴、刘亚平、胡金学、陈耿峰、金玲丽、潘祖清、郑志华、薛海涛、邬永飞、林应、胡海华、应伟建、周相辉等委员先后提出问题，各职能单位主要负责人回答了委员提问。

2013年6月，县政协在县委县政府大会议室召开城区教育均衡发展政情交流会。县政协主席尤玲娟，副主席邬汝跃、潘作飞、张水仙、王鸿飞，秘书长骆再松出席。副县长娄黛敏应邀参加。县教育局、县财政局、县人社局、县规划局、县住建局等单位主要负责人参加会议。全体政协委员参加政情交流会，县府办、县纪委、县委组织部有关负责人应邀到会，部分群众代表旁听会议。“城区小学、初中的规划布点是否合理，下一步将如何更加科学合理地实施?”“全县教育集团化办学多年，虽取得了成绩但也存在问题，对教学质量仍未提高的学校，今后有什么打算?”政情交流会上，在听取县政府办公室关于全县城区教育均衡发展情况的通报后，与会委员们围绕合理城区教育规划布局、保障教育资金投入、完善集团化等办学体制、合理定位学校办学特色、保障教师待遇、有效落实素质教育等问题，与教育、人社、财政、规划、住建等部门的负责人进行面对面的双向交流。委员们就关注的问题踊跃提问，职能部门负责人认真翔实地作了答复，现场气氛融洽，紧张有序，达到沟通释疑、群策群力的效果。

2014年6月，县政协召开九届三十次主席会议，并邀请部分政协常委列席会议。听取县“三改一拆”办公室关于全县“三改一拆”工作情况通报。大家认为，自“三改一拆”行动开展以来，宁海县深入贯彻落实省委、省政府重大决策部署，抓早求主动，克难攻关键，借力重结合，创新促长效，真抓实干，围绕“无违建县”创建目标，强势推进“三改一拆”工作。对此表示充分肯定，同时对“三改一拆”工作提出建议：注重统筹谋划。要扎实有序推进工作开展，统筹规划拆改区块，做好风险评估和依法行政工作。要整合力量，强势推进，新闻媒体积极宣传营造正能量。要及时建设或地块复绿，以实际成效赢得群众支持。注意方式方法。要将刚性执法和柔性关怀统一起来，在加大拆违力度的同时，妥善安排好相关住房困难群众的居住，做到无情拆违有情操作，及时帮助解决群众实际困难。关注动态发展。要密切关注“三改一拆”工作推进中的新情况、新问题，建议对全县垃圾回收站点滥设乱建现象开展专项整治，以充分发挥再生资源集散中心作用。同时继续推进民间信仰场所的规范整治工作，及时制止牛蛙等养殖点违法排污行为，加快沿河、沿溪畜禽养殖场搬迁整治工作。

2015年8月，县政协在县委县政府大会议室举行政情交流会，与会委员围绕“森林宁海”工作，与政府有关部门进行面对面交流沟通。县政协主席尤玲娟，副主席邬汝跃、杨象轮、王鸿飞，秘书长顾海飞出席会议。副县长范建军、李剑锋应邀出席。邀请市民代表旁听政情交流会。在认真听取县“森林宁海”建设领导小组办公室主要负责人关于全县“森林宁海”工作相关情况通报后，与会的政协委员结合前期实地调研所掌握的情况，纷纷提问。“‘森林宁海’建设已进行五年，能否请财政局通报一下财政投入情况?”“‘森林宁海’建设要求‘山清水秀岸绿’，请问水利局如何做好‘岸绿’文章?”“我县古树名木数量列全市第一，但近十年来死亡不少，是什么原因造成的?农林部门如何加强对古树名木的保护?对新增的古树名木如何认定?”所提问题直指“森林宁海”建设的重点、热点和难点。政府有关职能部门负责人结合各自工作实际，一一作出了详细解答。范建军代表县政府发言，他说，全县牢固树立“绿水青山就是金山银山”的理念，大力开展植树造林、森林资源保护、“净化大地、美化家园”等活动，“森林宁海”建设取得阶段性成效，但“森林宁海”建设任重道远。要进一步明确职责，确保创建工作合力。要进一步强化宣传，营造共建共享氛围。要进一步全面推进，突出重点亮点工程。要进一步加强督查，狠抓建设工作品质。要进一步着力长效，巩固深化创建成果。

2016年7月，县政协在县委县政府大会议室举行政情通报会。县政协常委会组成人员，县政协老领导，在宁海的市政协委员，县政协界别召集人，镇（街道）政协工委主任，县政协机关干部，政协之友社副理事长，各民主党派、工商联有关委员参加，听取县政府2016年上半年经济发展情况和下半年工作安排。委员们认为，半年来全县经济保持良好发展势头，创新能力继续提升，技改力度加大，重大项目建设扎实推进，社会管理创新取得新成效，产业转型升级步伐加快，大家对此予以高度肯定，希望县政府要继续抓好落实工作。通报会上，县政协主席尤玲娟要求县政协各参加单位、广大政协委员在县委的领导下，更好地发挥政协的优势和作用，全力以赴配合支持政府做好下半年各项工作。要当好“调研员”，着力紧扣中心工作咨政建言，进一步为推进科学民主决策发挥积极作用。要当好“服务员”，努力围绕民生改善鼓呼代言，时时以人民利益为重，处处为人民福祉着想。要当好“监督员”，大力推进重点工作“落地生根”，努力为推动宁海高水平全面建成小康社会、早日跻身全国强县第一方阵做出新的更大贡献。

2017年5月，县政协在县委县政府大会议室召开小城镇环境综合整治政情交流会。县政协常委会组成人员、县政协老领导、在宁海的市政协委员、县政协界别召集人、镇（街道）政协工委主任参加。邀请了市民代表旁听政协交流会。会上，听取全县小城镇环境综合整治情况通报。自2016年全省部署开展小城镇环境综合整治行动以来，宁海县小城镇环境综合整治工作整体推进有序。宁海县为16个创建单位量身定制小城镇环境综合整治规划，因地制宜，重点打造西店、梅林、胡陈3个样板乡镇（街道）。同时开展以环境卫生整治、“道乱占”“车乱停”为主要内容的整治行动，并专门利用一个多月的时间集中开展以“脏乱差”整治为主要内容的“雷霆行动”，环境面貌得到有效改观。此外，宁海县还结合省市要求与自身实际提出实施“10+X”工程，要求各地依托各自特色优势开展项目建设，实现整治效果的提档升级。尽管如此，当前工作中依然存在推进力度不够大、工作精准度不够高、社会参与度不够广等亟待解决的问题。“整治中存在小城镇整治规划设计力量薄弱，整治方案针对性不强等问题，下一步宁海县将如何提升小城镇整治的特色?”“空中‘蜘蛛网’是整治中的老大难问题，相关部门又将如何推动‘上改下’工程顺利开展?”“小菜场、小餐饮等‘十小’行业的整治情况关乎市容市貌，现在其整治进度如何?”政情交流会上，与会委员和市民代表围绕合理布局城镇环境整治规划、妥善解决集镇停车难题、消除集镇“乱占道”现象，污水处理效率低以及小城镇整治如何建立长效管理机制等问题，与交通、公安、综合执法、市场监管、水务集团等部门的负责人进行面对面的双向交流。委员和市民代表就关注的问题踊跃提问，职能部门负责人认真翔实地作了答复，达到了沟通释疑、群策群力的效果。

第三节　民主监督组

民主监督，一方面要重视用好用活现有的形式，包括政协例会、视察、调研、政协提案、政协信息等，将民主监督尽可能体现在政协各项工作和各类活动中，另一方面要积极探索新形式、新途径。县八届政协以来，以民主监督组的形式与舆论监督结合起来，每年派出政协监督员与社会监督结合起来，不断丰富民主监督的形式，提高民主监督效果。

2007 年 6 月，在听取县“两城联创”工作情况通报后，县政协组织部分政协常委、委员及县政协机关副科长以上干部分 4 个监督组，由正副主席带队对城区城中村和城乡接合部的村庄环境卫生、城区市容、城区餐饮和菜场等公共卫生环境，以及部分单位的窗口服务等情况，进行认真的视察督查。针对检查中暴露出来的问题，提出意见建议：要加强领导，加大宣传力度，提高全民的创建意识，营造全民迎接检查的良好氛围。要明确有关部门和街道的职责，健全监督管理网络。要针对检查中暴露出来的一些薄弱环节，突击进行整改，抓好落实。要规范行业管理，提高服务质量。要进一步加强公共基础设施建设。媒体对督查工作进行了全程报道，起到很好的督查效果。

为切实履行政协民主监督职能，进一步促进政府相关工作的落实，2010 年 5—8 月，县政协主席杨加和，副主席项松春、赵秀萍、潘作飞、张水仙、杨象轮和秘书长骆再松分别带领民主监督活动小组，围绕县政府关于政协建议案办理情况，组织开展专题民主监督活动，以进一步推动工作落实，促进全县经济社会发展。对国有资产经营管理问题，在上年开展专题调研的基础上，组织相关政协委员通过座谈、问卷、视察等进行民主监督，查找、发现国有资产经营管理工作中存在的问题和不足，客观公正地作出评价，以促进全县国有资产经营管理的制度化、规范化、科学化，确保国有资产不流失和保值增值。对加强望海茶品牌管理，建立“科学规范的望海茶品牌管理机制”进行了民主监督，以维护广大茶农的利益，促进全县茶叶产业的稳步发展。对城区交通环境问题，开展了“残疾车、人力客运三轮车、电瓶三轮车”整治专项民主监督工作，以解决“三车”问题，优化城区交通环境，提升城市管理水平。

2011 年 9 月，县政协组织重点提案办理工作监督组，分别由县政协副主席尤玲娟、项松春、赵秀萍带领对县政协八届五次会议提出的重点提案办理落实情况进行督查。督查组重点督查三个方面：组织领导方面是否实行“一把手”负责制，分工明确、责任到人。规范程度方面主要负责人是否上门或以座谈会方式与提案者面商，落实措施是否明确，办理答复行文是否规范。落实效果方面提案中的意见建议是否得到较好落实和向提案者反馈落实情况等。督查组对提案各承办单位积极办理，并作出书面答复，提案办理工作取得阶段性成效予以肯定。同时，提出各主办和协办单位要逐件进行认真回顾总结，结合委员意见把各项提案办理得更扎实，通过提案办理，进一步密切党和政府同人民群众和各界人士的联系，共同促进宁海各项事业发展。

县九届政协以来，为贯彻落实全省政协工作会议和省委关于加强政协民主监督工作的要求，进一步强化政协三大职能，对有关部门（单位）开展民主监督，县政协党组向县委报告《关于加强和完善政协开展民主监督工作的实施意见》，县委以宁党办〔2014〕32 号文件批转，进一步发挥民主监督员作用，促进民主监督制度化、规范化、程序化的需要，组成民主监督组，每组由 8—10 名监督员组成，确定一名组长，一名联络员，以组织形式对派驻单位开展不定期的专题调研、征集意见和座谈评议等民主监督工作。意见明确民主监督员的条件、职责、要求和对派驻单位的工作要求及民主监督员的组织管理。选派政协委员担任民主监督员工作由政协主席会议领导，县政协办公室具体组织实施。县政协每年确定 5 个单位、每个民主监督组年度分别开展重点督查一个单位，次年跟踪回访，实行“滚动式”监督。

2014 年，县政协组织以副主席邬汝跃、潘作飞、张水仙、杨象轮、王鸿飞为联系领导，组成了以董安民、王朝衡、娄坚、顾一冰、卢华强为组长的县政协民主监督小组，分别派驻县法院、县公建中心、县安监局、县市场监管局、县农林局进行民主监督活动。通过对派驻单位的专题调研、征集意见和座谈评议总结派驻单位的工作经验，反映工作中存在的困难、问题和要求，对存在的问题提出意见和建议，形成《民主监督建议书》，报送县政协办公室，通过政协向派驻单位书面反馈。

同年，省市政协召开“三级政协联动、万名委员同行、助推‘五水共治’长效机制建设”民主监督电视电话会议，县政协主席尤玲娟结合宁海实际，就扎实开展“五水共治”民主监督活动提出：一要坚持突出重点。着重监督推进“五水共治、治污先行”“六治三清”的清澈水质工作，着重监督建立和落实“五水共治”保障机制、长效机制情况，着重监督群众反映突出问题的整治情况。二要坚持深入一线。开展好专项民主监督活动，关键还是要带真感情、下真功夫、听真声音。要真正沉下去，深入一线，搞实

“五水共治”实施推进的真实情况，把好的经验、做法和意见建议收集起来。三要坚持言之有据。民主监督的过程，应该是一个参与服务的过程，要在参与服务中监督、在监督中参与服务，广大政协委员要当好“五水共治”的宣传员、战斗员、监督员、信息员和示范员，为助推“五水共治”汇聚起正能量。县政协组织民主监查组，视察全县“五水共治”开展情况，专题听取宁海县“五水共治”工作通报。主席会议成员带头助推，担任县级河道河长，多次就河道治理工作开展调研视察，力促清理垃圾河、治理溪流两岸农业面源污染等相关工作深入推进。

2015年，县政协组织5个民主监督组。一组联系领导邬汝跃，责任单位县政协社法委，组长任建平，监督员葛永照、娄文斌、胡敏春、王育邦、胡远海、张燕、潘祖清、谢静思、王声旺、倪逢勇，派驻单位县综合执法局。二组联系领导潘作飞，责任单位县经科委，组长徐天勇，监督员王朝衡、张勤昌、金唯军、郑志华、段建强、袁小微、仇永平，派驻单位县科技局。三组联系领导张水仙，责任单位县政协办公室，组长葛建标，监督员刘聪华、尤晓群、安建伟、任清达、林光成、蒋敏、赵学群、胡中伟、薛慧，派驻单位县农办。四组联系领导杨象轮，责任单位教文卫体和文史委，组长夏慧辉，监督员王伟军、王为富、应伟建、陈焕灿、陈庥秀、林启群、潘伟春、潘永成、袁丹宁，派驻单位县文广新闻出版局。五组联系领导王鸿飞，责任单位提案委，组长潘海东，监督员王坚、王浓浓、叶青华、田谷鸣、吴黎华、冯宗杰、胡振飞、章开望、童跃，派驻单位县公安局。各民主监督组加强与派驻单位沟通联系，了解和熟悉派驻单位的工作职能、行业法规、主要工作流程等基本情况，应邀参加派驻单位组织的年初工作部署会、年中工作交流座谈会、年终总结汇报会、意见征询会等活动，积极开展调查研究工作，经常与派驻单位工作职能相关部门、镇（街道）及所辖单位或个人沟通联络、广泛搜集社情民意，提出民主监督意见，促进派驻单位各项工作顺利开展。

同年，县政协组织各界别政协委员开展“五水共治”工作。经济界别组织相关委员，到县农办开展农村生活污水治理工作的调研视察，发动群众参与“包河”，主动出钱出力负责河道治理和日常维护。教育界别组织委员到长街镇“五水共治”现场开展走访视察，为相关工作建言献策。各镇（街道）政协工委带领本辖区政协委员到“五水共治”工作一线，开展治理垃圾河溪道、视察水利工程建设现场、推动农村供水管网设施建设等相关工作，助推“五水共治”不断取得新成效。农林界别委员深入农村，帮扶农户科学养殖，防止畜禽排泄物直排河道，污染水体。科协界别委员在企业岗位上，积极开展工业污水有效治理工作。相关政协委员认真履行民主监督职能，在各“五水共治”民主监督组中担当主角，督促相关部门承担好“五水共治”工作。广大政协委员积极助推“五水共治”，踊跃捐款。据不完全统计，政协委员为“五水共治”捐款累计突破800余万元。

2016年是“五水共治”集中攻坚阶段的第三年，县政协6位领导分别担任河长，不定期督查联系的河道。县政协主席尤玲娟担任一市港河长，多次带领委员暗访，对发现的问题组织环保、工商等相关部门进行现场办公，反映的问题得到有效解决，关闭了一家污染企业。其他副主席也现场走访联系河道，对发现的污水治理不足、农业面源污染严重和水体流动性差等10多个问题，都及时进行督促整改。此外，县政协还广泛发动委员开展“随手拍”，随时随地监督，实拍实传实报。政协办公室建立委员微信群、QQ群，接收委员所拍图片、视频和相关情况说明，收到监督图片200余张，反映问题100多个。办公室对委员传来的问题照片，及时转发给相关责任单位，并对解决结果进行督查反馈。同年7月，县政协组织部分市县两级政协委员，分3组对全县部分区域开展“五水共治”专项民主监督活动，视察前童污水站、城南污水处理厂、颜公河、槐路河、长街一干线和毛屿港等地，重点查看内河治理、水质提升、城区污水处理设施运营，农村生活污水治理等问题整改落实情况。尤玲娟提出，“五水共治”要深化认识谋发展、要统筹谋划聚合力、要久久为功抓落实，政协组织和广大政协委员要始终做到民主监督在一线，为持续深入推进“五水共治”添助力、增推力。

2017年4月，县政协主席尤玲娟带队政协6个民主监督组暗访部分乡镇（街道）小微水体治理情况。发动241名委员参与，常年对全县的溪道、河流、池塘开展民主监督。尤玲娟带领第一民主监督组走进大佳何镇、桥头胡街道、梅林街道、深甽镇开展暗访，寻找可能影响小微水体环境治理的污染点。针对暗访中发现的问题，督查组要求有关乡镇（街道）、部门单位要坚持问题导向，咬定目标不放松。要进一步全面压实责任，强化思想共识，凝聚工作合力，调动一切可以调动的力量，做到全民发动、一鼓作气、攻坚破难。民主督查组要瞄着问题去、追着问题走、盯着问题查，广大政协委员要立足本职，充分发挥参政议政、民主监督职能，当好“五水共治”宣传员、示范员和监督员，为党委政府的“剿劣”行动提供意见和建议。全县241名政协委员都投入到剿灭劣V类水的战役中，主动请缨，“承包”了30个小微水体的治理任务。这30个小微水体水质基本为V类或劣V类，主要分布在农村。县政协多次组织委员中的专家走访现场，对治理办法进行论证，确定治理办法。县政协为30个小微水体整治筹措资金200多万元，并推出政协委员为小微水体整治提升做实事活动，包括捐款、种树、投放鱼苗、清淤等多种形式。同时，建立小微水体治理项目台账档案，整改一个、销号一个。县政协还开展“我为‘五水共治’献一策”活动，并通过《今日宁海》向广大政协委员和社会各界公开征集对策建议。6月，尤玲娟带领县政协民主监督小组，赴长街对当地小微水体治理情况进行暗访督查。县政协副主席尤永成、华祥平，秘书长蒋善琪参加。民主监督小组先后前往长街总浦塘、浦东、西岙等村进行实地查访。督查中，委员们看到，经过治理的河道水质得到很大改善、环境也得到了美化，但同时，这些村庄道路两旁的部分污水沟仍然对周边环境以及河流水质产生一定的影响。对于以上这些问题，委员们采用“随手拍”的方式进行记录。自开展“五水共治”工作以来，全县深入实施水环境综合整治，全县水环境质量明显提升，但一些容易被忽视的小水沟仍需进一步治理。将此次暗访督查中发现的问题及时通报有关部门和乡镇，督促他们及时跟进并进行整治。同时，督查组要求广大政协委员积极履职，当好“五水共治”宣传员、示范员和监督员，督促有关部门、乡镇（街道）及时进行整治。县政协 6 个民主监督小组实现全县 18 个乡镇（街道）的小微水体整治情况督查全覆盖，全力助推全县“剿劣”任务的顺利完成。

第五篇　参政议政

参政议政是对政治、经济、文化和社会生活中的重要问题以及人民群众普遍关心的问题，开展调查研究，反映社情民意，进行协商讨论。通过调研报告、提案、建议案或其他形式，向党委和政府提出意见和建议。参政议政是人民政协履行职能的重要形式，也是党政领导机关经常听取参加人民政协的各民主党派、人民团体和各族各界人士的意见和建议、切实做好工作的有效方式。2007 年以来，县政协注重发挥政协位置超脱、人才荟萃和联系广泛的优势，紧紧围绕党委、政府的中心工作，选择党政部门关注、人民群众关心、政协有条件研究的重要问题，充分运用全体会议参政议政发言、调研报告、社情民意等形式，向党委政府提出意见建议，为党政部门民主化、科学化决策提供依据。

第一章　大会发言

政协委员全体会议，是政协履行政治协商、民主监督、参政议政职能的最高形式。宁海县政协自八届以来，除了列席县人大会议、听取和讨论政府工作报告及其他报告、提出中肯的意见和建议外，还专门安排委员在大会参政议政发言，就事关全局工作的大事、具有突出影响的要事和社会关注的重点热点问题积极参政议政、建言献策。在大会发言时，县委、县政府主要领导和有关部门负责人到会听取意见。自八届政协至十届政协一次会议，先后有 202 人次委员作大会参政议政发言。这些发言，选题得当、调研深入、内容翔实、分析透彻、意见中肯，建议可操作性强，县政府主要领导听后都作了表态讲话，给予了充分肯定。委员发言中提出的许多意见和建议被县委、县政府及有关部门采纳，有的还得到及时落实。

第一节　全会建言

县八届政协以来，委员们围绕县委、县政府各个时期的工作重点、群众普遍关注的难点、热点问题，作全会参政议政发言，建言献策，许多积极中肯的意见建议，得到县委、县政府的充分肯定和有关职能部门的重视，并予以采纳。2007 年 2 月 4 日，在县政协八届一次会议上，12 位委员作参政议政发言，就加快无公害基地建设、确保农产品绿色安全，抓好固废物处理、促进生态县建设，加强社区建设和管理、促进和谐宁海建设，发挥历史名人优势、推进文化强县建设等方面提出意见和建议，其中绿色农产品安全建设、和谐宁海建设、文化强县建设等方面的意见和建议，在县委、县政府出台的政策和工作意见中得到充分体现。2008年2月20日，在县政协八届二次会议上，18位委员代表有关界别和民主党派作参政议政发言，就加强外来有害生物防控、促进农业经济健康发展，加强节能降耗工作、促进经济又好又快发展，关注农村留守未成年人的教育，重视企业安全生产，要切实确保劳动者合法权益，加强前童古镇保护和开发等方面，委员们实事求是地指出了存在的问题和不足，提出了一些可行的意见与建议，得到了县委、县政府主要领导肯定，并要求有关部门抓好委员建议的落实工作。2009年2月12日，在县政协八届三次会议上，19位委员代表有关界别和民主党派作参政议政发言。委员们围绕粮食生产、食品安全、成人教育、劳动用工、垃圾处理等方面，分析存在的问题和不足，有针对性地提出了意见和建议，得到了县委、县政府领导的充分肯定，并要求相关部门抓好落实工作。2010年1月29日，在县政协八届四次会议上，17位委员代表有关界别和民主党派在大会上作参政议政发言，就加强劳动用工管理、促进经济社会健康发展，推行垃圾分类处理、实现全县生活垃圾减量化，加强人才队伍建设、促进卫生事业发展，重视抓好饮用水质量管理、确保群众饮用水安全等问题提出了意见建议，县委、县政府领导认为这些意见建议准备充分、材料详尽、理由充足，责成有关部门抓好落实。2011年1月12日，在县政协八届五次会议上，17位委员代表有关界别和民主党派围绕全县经济转型发展、城市建设突破、文化产业发展、生态文明建设等问题，作参政议政发言。提出的意见建议有较强的针对性和可行性，不少意见建议引起县委、县政府领导的重视，得到有关职能部门的采纳。

2012年2月15日，在县政协九届一次会议上，21位委员代表有关界别和民主党派围绕全县发展特色产业、保护海洋生态环境、提升宁海教育软实力、大力推进基层文化事业发展等问题，作参政议政发言。提出要充分发挥农业资源优势、发展特色农业、提高效益，要努力推动技工队伍建设与企业转型升级相互促进，要加大政策力度、促进新兴产业发展，要积极参与、加强服务、努力发挥工会在社会管理创新中的作用等意见建议，县委、县政府给予了充分的肯定，要求相关单位认真抓好落实。2013年1月22日，在县政协九届二次会议上，19位委员代表有关界别和民主党派作大会参政议政发言。提出要弘扬宗教文化、构建和谐社会，要推进县级公立医院改革，要提升模具行业科技队伍整体素质，要缓解城区道路拥堵情况等方面的意见建议，引起了县委、县政府领导的重视，不少意见建议在县委、县政府出台的政策和相关工作意见中得到充分体现。2014年2月11日，在县政协九届三次会议上，20位委员代表有关界别和民主党派作大会参政议政发言。围绕加快电子商务的发展，加强青年企业家队伍的培育，保护企业商业秘密、保障企业稳健发展，整合地域文化资源，推进旅游业跨越发展，进一步缓解城区交通拥堵，切实解决外来务工人员子女教育等问题提出意见建议，这些建议引起了县委、县政府和相关部门的重视，并相继得到落实。2015年2月13日，在县政协九届四次会议上，20位委员代表有关界别和民主党派作参政议政发言。分别就提升现代职业教育水平、助推全县经济社会发展，创建镇域农业经济新载体、推动宁海现代农业发展，拓展中小企业融资平台，加快社区邻里中心建设，进一步推进全县返乡创业工作，加强青少年法治教育问题等提出了意见建议。县委、县政府领导十分重视委员们的建议，要求相关单位认真抓好落实。2016 年 1 月 27 日，在县政协九届五次会议上，20 位委员代表有关界别和民主党派作参政议政发言。围绕全县生物医药产业的发展，全面推进水环境整治，改进全县村级小微建筑工程项目行政审批制度，加强高层次创新型科技人才引进，推进全县压铸行业整治提升工作等问题提出意见建议。有许多意见建议在县委、县政府出台的政策和工作意见中得到了充分体现。

2017 年 2 月 17 日，在县政协十届一次会议上，19 位委员代表有关界别和民主党派作参政议政发言。围绕推进宁海普惠金融体系化建设，加快发展全县中医药事业，加快发展文化产业，加强校园安全管理，构建和谐劳动关系等问题提出意见建议，得到县委、县政府的充分肯定，为县委、县政府科学决策提供了依据。

第二节　参政议政发言选

宁海县政协自八届一次会议至十届一次会议，共举行了 11 次参政议政大会，在会上发言的委员共计 202 人次。现选取其中 11 份发言录后，便于了解参政议政大会的情况。

1. 民盟宁海县总支在县政协八届一次会议上作的题为《抓好固废物处理　促进生态县建设》的发言。

2. 民进宁海支部在县政协八届二次会议上作的题为《全县企业安全生产存在的问题和对策建议》的发言。

3. 农林界在县政协八届三次会议上作的题为《高度重视耕地保护　切实保障粮食安全》的发言。

4. 经济界在县政协八届四次会议上作的题为《强化服务　优化环境　合力形成服务工业经济发展良好氛围》的发言。

5. 医卫界在县政协八届五次会议上作的题为《加强食品检测中心建设　确保全县人民食品安全》的发言。

6. 教育界在县政协九届一次会议上作的题为《关于提升宁海教育软实力的思考》的发言。

7. 共青团（青联）界在县政协九届二次会议上作的题为《关于进一步发挥“中国旅游日发祥地”金字招牌作用的几点建议》的发言。

8. 新闻社科界在县政协九届三次会议上作的题为《关于进一步缓解城区交通拥堵的建议》的发言。

9. 科协界在县政协九届四次会议上作的题为《加强畜禽养殖污染防治　助推五水共治》的发言。

10. 工会界在县政协九届五次会议上作的题为《多管齐下补好全民健身“短板”》的发言。

11. 民建宁海支部在县政协十届一次会议上作的题为《关于推进宁海普惠金融体系化建设的建议》的发言。

发言选录如下：

抓好固废物处理　促进生态县建设（节选）

民盟宁海县总支

（在县政协八届一次会议上）

一、我县固体废弃物的产生和处置现状

二、我县固废物处置中存在的问题

三、几点建议

1. 关于建筑垃圾的处置。目前全县的建筑垃圾乱倾倒现象已成为管理部门十分头痛的事情。解决问题的关键在于建筑垃圾的出路，有人说“垃圾是放错位置的资源”，如果能变废为宝，那么市场的无形推手将比政府的有形推手强得多。确实如此，如建筑垃圾中的许多废物经分拣、剔除或粉碎后，大多可以作为资源重新利用，当前已经有人在做。最终剩下的砖、石、混凝土等废料，若经粉碎后，可以代砂，用于砌筑砂浆、抹灰砂浆、打混凝土垫层等。有关部门可以制定一些奖励政策，从旧城改造开始，做好试点。

2. 关于工业污泥的处置。污泥是废水处理后污染物的载体，污水处理如果不解决污泥出路，等于污染整治工作只做了三分之一。实际上，污泥问题是我县生态县建设中长期未予解决的一条短腿。工业污泥中的无机污泥，如果属危险废物，必须适当由宁波有处置能力的单位处置，不能含糊。问题是有些污泥，属性尚未定论，把它高靠至危险废物，处置费每吨几千元，企业花冤枉钱。是否属危险废物，辨别方法有二：一是查《危险废物名录》，二是根据危险废物鉴定试验结果判断。建议有关部门建立危险废物鉴定实验室，帮助企业把关。如属一般废物，可在县内填埋，但不能与生活垃圾混填。应该鼓励企业开展一些综合利用的研究，寻找更好的出路，如在有色金属普遍涨价的形势下，可用铝氧化污泥制造用于污水净化的水处理剂。对于有机污泥来说，由于污泥卫生填埋处置方式具有投资省、操作简单等特点，故仍是目前污泥处置的主流方式。由于渗透坝的结构特点，我县白峤垃圾填埋场污泥危害现象在时间上发生较早，在程度上也较严重。对于有机污泥的处置，各地都在探索。象山爵溪热电厂利用其与印染污水处理厂的相邻关系，建立了厂际废物循环利用的互惠互利关系。即污水厂的废水作为热电厂烟气脱硫喷淋液，而污水厂污泥掺入热电厂煤中焚烧。由于印染污泥含有较多的棉纤维，热值较高，干基在2000大卡/公斤左右。但在运行中也引发了一些问题，由于污水厂污泥脱水不彻底，含水率往往在90%左右，与煤难以掺和均匀，导致炉膛温度忽高忽低，影响排放烟气的合格率。宁波北仑热电厂已在建污泥储池，计划也将污泥烧掉。建议政府有关部门应抓紧调研，尽快实施“利用现有热电厂设施处理污泥”项目。

3. 关于生活垃圾的处置。目前县白峤垃圾填埋场容积消耗速度急剧上升，有关部门正在考虑建第二填埋场。如何优化选择生活垃圾的出路，以下几个方面意见可供参考。生活垃圾的处置，目前无外乎填埋、堆肥和焚烧几种方式。先讲填埋：根据建设部和国家环保总局的有关规定，新建扩建填埋场，像目前白峤垃圾填埋场这样的简单填埋方式，已被严格叫停。按现有规定，新扩建填埋场必须做到真正意义上的卫生填埋，填埋场底面和侧面必须铺设防渗膜，使填埋场与周围环境在水力联系上严格隔离；渗滤液、沼气的导流和处理系统健全，并设置地下水监测井，定期监测，以防止地下水污染。如此看来，采用填埋方式效果好，但也存在着几个问题：一是填埋场的投资和日常管理费用较大；二是填埋场的恶臭气体和渗滤液的污染问题，使得填埋场选址十分困难；三是全县土地资源匮乏，填埋场可是个耗地的项目。再讲堆肥：堆肥要与分拣相结合，是一项社会系统工程，不容易一下子大规模铺开，可以选择有条件的小区和村庄先搞试点。茶院乡已开展村落垃圾的堆肥处理示范。最后讲垃圾焚烧：垃圾焚烧发电目前还有争议，仅在经济规模和经济效益相适应这一问题上，即垃圾的日处理量，有人说是200吨，有人说是400吨，也有600吨的说法。我们建议垃圾可以焚烧但不发电，而是烧蒸汽，这也是国家有关部门和专家大力推荐的方法。因为发电蒸汽温度应该烧到四五百摄氏度，而蒸汽供热只需二百摄氏度左右，这样热效率可以由前者的三四十提高至后者的八九十，投资也可下降很多。垃圾仓和焚烧炉中都保持负压，渗滤液回喷至炉内烧掉，对周边环境的影响也可大幅度减少。据了解，垃圾焚烧供热，企业较欢迎，特别是我们的工业区，那里缺热不缺电。

解决固体废弃物的处理和处置问题是全县建设生态县的现实需要，也是关系人与自然和谐发展的重大课题，不能等闲视之。县委、县政府领导在创建生态县工作中，一定要把固体废弃物的处理和处置问题摆上重要议事日程，加强研究论证，争取找到最佳出路。

全县企业安全生产存在的问题和对策建议（节选）

民进宁海支部

（在县政协八届二次会议上）

一、存在的主要问题

二、对策与建议

1. 加强宣传，提高安全意识

提高人员素质不仅仅是安全生产管理的要求，也是企业整体发展的需要。一是有关部门要结合典型事例，利用各种载体加大宣传力度，从“基地、教材、教师队伍”三项建设入手，提高培训内容的针对性、培训对象的层次性和培训形式的多样性，有步骤、有计划地组织开展从业人员安全知识培训工作。二是企业负责人、经营管理人员和特种作业人员，必须依法接受培训，经考试合格后持证上岗。三是新招聘职工、换岗人员要严格按照“三级”（车间、班组、全厂）教育程序进行培训，使安全生产管理工作渗透到企业的各个部门、各个管理环节，形成“人人讲安全、事事保安全”的安全生产局面。

2. 构筑网络，加强基础建设

加强基层安全监管网络建设，强化安全生产监管基础，要在工业企业较多、安全生产监管任务较重的乡镇（街道）设立隶属于县安全生产监督部门的派出机构，其他乡镇（街道）应按规定配齐配强专职安全生产监管员3—5人。根据我县乡镇（街道）安全监管机构建设和人员配备状况，结合安全生产工作的需要，政府和有关部门应高度重视基层队伍建设，切实解决乡镇（街道）安全监管的机构建设和人员的配备问题。

企业必须制定与本单位安全管理相适应的事故应急预案，建立严密的应急组织，组织精干的应急队伍，设立灵敏的预报系统，配备完备的应急救援设施，确保在事故或灾害发生的紧急关头反应迅速、措施正确、保障有力，把事故的损失降到最低。

3. 落实责任，完善制度建设

政府统一领导、部门依法监管、行政首长负总责，是安全生产法律法规对政府和行政部门的责任要求。要强化行政执法，加强政策引导和指导，完善安全生产责任制和安全生产控制指标考核体系，进一步实施安全生产警示谈话制度和责任追究制度。

企业是安全生产的责任主体，法人代表是直接责任人，要加大广大中小企业安全生产责任主体的落实力度。重点要督促企业落实好以下工作：一是认真贯彻落实有关安全生产工作的经济政策，在重点行业和高危行业实施风险抵押金制度；二是鼓励和指导企业加快技术改造步伐，提高企业安全生产的水平；三是加强对建设项目安全设施“三同时”的监管和验收工作，严格执行项目报建制度；四是认真执行行政许可制度，对行政许可企业实行定期、规范化监督管理制度，对危险系数高、收益低的项目要利用许可门槛，促使其生产方式和经济增长方式的转变；五是指导和督促中小企业推进基础管理，逐步推行安全生产规范化和标准化工作。

4. 严格监督，强化安全管理

近几年，在县政府的统一领导下，各职能部门和乡镇（街道）针对实际，开展了一系列隐患排查和专项治理行动，取得了明显成效。但由于个别单位和区域整改不彻底、不到位，导致新的隐患不断产生。因此，仍然要把工作做到事发之前，把事故消灭在萌芽状态，使监管工作关口前移、重心下移，要有针对性地开展隐患排查和专项治理工作，尤其是易燃易爆产品制造企业潜在的危险性大，要对车间、仓储等环节加强监督检查。对安全隐患严重、整治困难的区域，政府和相关部门应该纳入城市建设整体改造规划并及时启动，从根本上消除隐患。

针对全县外来务工人员在生产中直接或间接引发事故甚至死亡比例较高的实际情况，要进一步加强对外来务工人员和其他从业人员安全生产的服务管理。职能部门要加强行政执法力度，确保服务监督到位。

5. 加大投入，保障安全经费

各级政府要加大对安全生产工作的财政投入，建立健全安全生产经费保障机制，切实解决培训经费和开展工作必需的业务经费；培训经费、业务经费按年人均实际需要安排，并足额列入财政预算。企业也要加大安全生产投入，积极采用新技术、新设备、新工艺和新材料，及时淘汰落后技术、工艺和设备，从装备和技术上保障安全生产。

高度重视耕地保护　切实保障粮食安全（节选）

县政协农林界

（在县政协八届三次会议上）

一、存在问题

二、对策建议

1. 完善各项政策措施。要充分发挥各级政府在粮食生产与供给安全中的主导与调控作用，进一步调动粮农生产积极性，注重政策的连续性，将扶农惠农各项措施落实到位。要创新工作机制，加大粮食生产的支持与考核力度，各类支农资金要尽量向粮食主产区和生产大户倾斜。改进目前的补助方法，采取“一折通”综合归口打卡，消除中间环节，必须将各类补助资金全部足额直接发放到种粮农民手中。要加强种子和农资市场的监管工作，打击违法行为，保护农民利益。

2. 建立稳固生产基地。着力抓好粮食生产功能区建设，按照市政府要求，在今后三年中将重点落实11.3万亩的建设任务，以保护基本粮田。加大农田基础设施投入，特别是水渠河道的疏浚清理和排灌机站的维修管护，千方百计引导农民义务投工投劳，兴修水利工程，提高抵御台风旱涝等各类自然灾害的能力。利用农业综合开发、农地平整、产业基地建设等支农项目，建设一批高产稳产粮田。要扩大规模种植，保证重点资金，通过改良土壤，培肥地力，力争在三年内将全县占总面积85%的水田建成高产稳产的标准农田中的一类粮田。

3. 杜绝各类抛荒现象。坚决执行各级政府已出台的关于制止抛荒的政策措施，禁止粮田挖塘养鱼和改种多年生作物。要防止产业结构调整中忽“左”忽“右”现象，确保现有粮田的综合生产能力。坚持节约用地原则，严格控制各类建设用地规模。国土部门要严格依法办事，对目前尤其是各类开发区中普遍存在的圈而未征、征而未用、少批多用、批非所用、未批先建、拆零报批、随意买卖等违反法律法规行为进行一次全面检查清理，坚决纠正违规行为，打击拒不执行者。

4. 着力提高单产水平。依靠科技进步，重点抓好粮食生产功能区基地建设中生产技术的科技攻关和种子种苗工程，开展高产示范竞赛活动，加快推广优质高产品种和农业适用技术步伐。健全农技推广服务体系，明确政府公益型农技组织的服务功能与基本职责，改善农技队伍的年龄梯队和知识结构，加快农业技术信息的普及应用，着力提高农机化水平，并积极推行适合全县实际的水田种植模式，补贴春粮生产，扩大复种指数，力争全年粮食丰收。

5. 切实提高服务功能。继续加快土地流转，培植生产大户、龙头企业、粮农合作服务组织，积极推动粮田规模经营。完善粮食产业的各类服务体系建设，以乡镇（街道）为单位，积极拓展和完善社会化服务领域与功能，引导各类组织开展多样性服务。要着力提高农机农艺综合配套水平，充分发挥科普、供销、气象、金融等部门在粮食生产与流通中所起的应有作用。加强粮食加工与饲料粮配套建设，提高粮农产业化水平和粮食生产综合效益。

6. 重视建设储备体系。当前，宁海县粮食缺口不断扩大，储备粮抵御风险能力下降，需增加粮食储备和风险资金，加强粮食应急体系建设。要严格执行有关法规政策，确保粮源落实、数量真实、质量完好、管理到位，适当调整储备粮结构，保证在紧急情况下能调得动、用得上。加快县中心粮库建设，尽快建立粮食物流体系，降低成本，提高效率。要着手规划论证，逐步到省内外建立粮食后备生产基地，或与粮食主产区建立供贸关系，做好质量监管，确保在应急情况下能优先获得粮源。要运用市场机制，扶持民营粮食流通企业发展，培育粮食购销龙头企业，改善设施条件，确保粮源供给。

强化服务　优化环境
合力形成服务工业经济发展良好氛围（节选）

县政协经济界

（在县政协八届四次会议上）

一、现状和问题

二、意见建议

1. 放宽市场准入，减轻企业负担，为工业经济发展注入政策活力。建议进一步放宽市场准入，激活民营资本，搞活工业经济。建议建立“一卡通”收费制，积极推行“多家费、一家收”方式，对基本建设投资项目实行打包收费，统一在行政服务中心一次性集中缴纳，改变过去分散多头审批缴费的状况。最大限度取消不合理的收费项目，降低收费准入门槛，尽可能地将县政府已经明确的全部减免事项纳入中心直接办理，确保减免政策到位，加快审批节奏。建议在县内过路收费站未撤销之前，对重点招商项目的企业，特别是对宁东创新工业园的招商落户企业要实行运输车辆优惠通行卡和公用小车免费通行证等惠企政策。

2. 整合审批资源，狠抓行政提速，为工业经济发展开通“绿色通道”。建议进一步创新审批方式，成立跨部门联合审批协调机构，加快跨部门窗口受理审批项目合并，实行“一家受理、抄告相关、同步审批、限时办结”的窗口联合审批制度。建议由退居二线的县领导担任跨部门联合审批协调小组组长，协调跨部门受理审批事项，着力打造快速服务平台，实现真正意义的一站式服务，切实提高政府部门服务工业经济的效率。比如对新设立企业，投资者只要将资料送达一个窗口，即可限时、甚至当天内在一个窗口同时拿到工商营业执照、组织代码证、税务登记证、统计登记证等相关证照。特别是对乡镇全程代理的服务项目要建立“绿色通道”，实行当天办结。除一些必须上报上级审批的项目外，有条件在当天办结的应当在当天办结，真正体现“宁海效率”“宁海速度”。又如对涉及多个部门的企业年检，建议设立集中年检窗口，行政服务中心统一组织，统一安排时间，各职能部门信息共享，进行集中年检，对需上报上级的年检事项，由窗口人员受理，各部门审核后负责上报，营造“单位围绕窗口转、窗口围绕发展转”的良好氛围。建议全面推行网上登记和网上年检。对一些小企业、个体工商户的设立等事项，相关职能部门实行网上申请，各职能部门可以通过行政服务中心网站统一向投资者提供流程演示、表格下载、参考样本下载、在线提交等网上登记和年检服务，切实做到高效、便捷、规范、公开，方便企业办理登记。

3. 独辟蹊径，创新制度，着力破解企业融资难题。为着力破解我县中小企业融资难问题，进一步扶持我县中小企业快速发展，建议加快建立全县中小企业信用信息共享平台。县中小企业担保中心牵头组织全县金融机构、担保机构和小额贷款公司，搭建一个为中小企业融资服务的有形平台，比如“金融超市”，并经常性地组织开展“金融服务日”活动，探索和尝试构建政银企合作的长效机制。这个“金融超市”要向全县各类中小企业、个体工商户以及社会各界人士开放，在每个月的一个工作日，组织全县各金融、担保机构在“金融超市”内通过悬挂展板、设立展台、发放宣传资料等形式推介信贷产品，宣传金融知识，接受咨询，与中小企业零距离接触，洽谈融资项目并现场签约。建议我县金融机构要进一步改进金融服务，加大金融产品创新，制定出台切合宁海县中小企业发展需求的信贷管理制度，适当降低中小企业贷款门槛。要根据企业发展情况，逐步增加对中小企业的授信额度。建议整合银行、担保、风险投资、信托、社会资金等资源，适时推出中小企业集合信托债权基金，主要为成长性好但难以获得银行贷款的科技型中小企业提供融资支持。金融机构在全县可积极探索试点进一步扩大抵押标的范围，比如建立商标、专利等知识产权质押融资、出口退税质押融资、小企业经营性物业抵押贷款和动产、应收账款、仓单、股权等融资模式，进一步缓解我县中小企业贷款抵押物、质押物不足的矛盾。

4. 创新孵化机制，提供发展空间，切实为中小企业固本强基。为切实避免一些大企业占地不用、小企业无地可用等不良现象的产生，让有限的土地资源得到充分利用，建议在宁东创新工业园尽快建立中小企业发展园，适时分解成适宜小企业发展的用地进行出让，这样既可以解决一大批中小企业用地难的问题，又可以大大提高土地出让价格，增加政府的收益。建议进一步加大对“零用地技改”的扶持力度，引导企业用地模式向“空中拓展型”“地下空间开发型”“标准厂房型”“提高容量型”“闲置土地盘活型”等集约用地模式转变。目前，全县一些小企业为寻求更大的发展，克服空间制约，靠租用厂房或私自向农村、农户购地搞违法用地建造厂房来解决生产场地，存在着严重的安全隐患和企业违法用地泛滥的现象。为切实帮助县中小企业摆脱用地要素的制约，建议应尽快考虑在宁东创新工业园等区块划出专门地块建造“廉租型”工业标准厂房，建立中小企业创新孵化基地，从各方面给中小企业发展予以支持，吸引创业者和中小企业到孵化基地进行创业孵化，满足小企业从孵化创业阶段走向快速发展阶段的需求。

要实现宁海县经济社会平稳较快发展，离不开外来资金、技术、人才的支持。优质周到的服务，既是一个地方软实力的重要体现，更是打造优良投资环境的必要手段。实践证明，哪里的服务优、环境好，哪里的综合竞争力就强，生产要素就向哪里加速流动、聚集。因此，我们要进一步解放思想，推动科学发展，树立服务至上的意识和理念，不断强化服务，优化投资环境，这样才能赢得发展先机，掌握发展主动权。

加强食品检测中心建设　确保全县人民食品安全（节选）

县政协医卫界

（在县政协八届五次会议上）

一、食品检测现状

二、困难和问题

三、对策和措施

1. 政府重视和有关部门支持是县食品检测中心发挥技术支撑的重要保证

食品监管工作是一项依法行政的具体政府行为，体现了政府履行公共服务职能、保障食品安全的职责，而食品安全监管离不开食品检测工作。因此，只有在政府重视和有关部门密切配合下，按《中华人民共和国食品安全法》的要求，把检测工作纳入到食品监管的总体工作中去，才能使检测机构在市场监管、食品安全评价及食品消费安全等方面切实发挥技术支撑作用。

2. 进一步整合资源，重点建设县食品检测中心

我国食品监管由政府的七个职能部门，按食品生产、加工、流通和消费四个环节分别把关。由于体制的原因，在农林、质检、卫生等监管部门下都设有检测机构，这种同质化的、低水平的重复建设，势必造成工作量分散、设备闲置和国家资源的极大浪费。我县虽已进行了食品检测资源的整合，建立了宁海县食品检测中心，事实上整合结果还未达到“节约资源，功能最大化”的初衷。因此，在我县食品检测机构的建设中，应重点扶持优先发展县食品检测中心，把县食品检测中心办成一个集中统一、资源共享，并具权威性的食品检测机构，以满足监管部门对食品监管的技术需求。

3. 增加政府投入，保障县食品检测中心正常运行

食品检测是一项专业性很强的技术性工作，检测范围广，技术要求高。由于食品检测对象的特殊性和检测性质的公益性，决定了食品检测机构不可能依靠自身积累投入来提高

检测能力和创新能力。要夯实质量工作基础，包括培养人才、提高检测水平、更新仪器、购置高新设备等都需要持续财政投入。因此，在目前的条件下，只有政府增加并持续增加财政投入，保证县食品检测中心有足够的运行经费，开展食品样品的全项目检测，才能使县食品检测中心真正成为政府进行全方位食品监管的坚强后盾。

4. 加强自身建设，切实发挥食品检测中心的作用

在实施食品检测过程中，涉及样品抽取、样品制作、样品检测、结果报告等程序。为了保证食品检测结果的准确和真实，检测人员必须严格按检测规程进行操作，这对检测机构工作人员的素质提出了较高要求。这就要求在加强单位制度建设和人员培训提高政治素养和技能的基础上，根据中心的现实，从外地适当引进熟悉食品检测业务并具有高级职称的学科带头人。

关于提升宁海教育软实力的思考（节选）

县政协教育界

（在县政协九届一次会议上）

一、存在的主要问题和困难

二、思考和建议意见

1. 科学部署教育布局调整，推进县域教育均衡发展

一是要强化优先发展教育的责任意识，进一步加大对教育的投入，建立和完善教育保障机制。在教育资源配置系统工程中，不断强化政府的主导作用，保证财政性教育经费增加幅度明显高于财政经常性收入增长幅度，保证教师工资和生均公用经费逐步增长，保障教育重大项目建设专项资金落实，为教育发展和优化学校布局创造良好的条件。二是要根据宁海城市化进程，科学预测学龄人口数量及其增减的发展趋势，结合现代化办学建设要求，立足可持续发展，建立基本符合我县县域教育实际的学校网点，形成学校布局比较合理、规模比较适宜、资源配置比较优化、教育质量相对均衡的中小学办学格局。高度重视城区教育布局，使城区教育资源能够更好地承载义务教育发展的需求。三是对县域现有教育教学资源进行科学配置和整合提升，特别是加快薄弱学校的改造，对各校的师资力量进行整合调配，加强教师队伍建设，整体提升县域义务教育学校办学水平和教育质量，促进均衡发展。义务教育阶段严重的择校现象给社会和学校带来了前所未有的问题，造成了学校之间的不公平竞争和教育不公平等一系列恶果，其根源归结于教育资源没有实现均衡发展。特殊阶段产生的“国有民办”使命已经完成，应予清除。

2. 进一步加强宣传引导，弘扬尊师重教社会风气

进一步弘扬“尊师重教”的社会风气，切实提高教师社会地位。教师相对于其他行业，他们的职业更具有一定的社会价值，至少在于维持社会的传承。要以“关心、宣传、引导”等方式进一步弘扬“尊师重教”的社会风气。建议由政府出面组织多种形式的教育专题汇

报活动，积极营造全社会共同关心教育发展、教师成长的良好环境。加大媒体宣传力度，开展对教育工作的宣传活动，积极宣传名校长和名教师的教育事迹，树立教师正面形象，使教师深入走向社会，营造教育发展的良好社会环境。

教育部门要不断加强师德师风建设，科学开展教学督导评估，大力推进素质教育，提升教育质量。要创新载体，采取多种形式，开展对教育工作的宣传活动，积极宣传我县名师名校长，特别是扎根农村基层、忠诚教育、爱岗敬业、无私奉献的先进人物，以及教育发展的成果。

3. 加强校长、教师队伍建设，以人力资源提升学校软实力

教育行政部门要制定校长队伍建设中长期规划，加强现有校长队伍的培训和考核，提高培训和考核的针对性、有效性；要明确岗位职能划分，精简会议和不必要的检查，把校长从行政事务中解脱出来；校长要自觉努力学习，钻研教育、钻研教学，自觉到教学一线授课实践，努力使自己成为一个在教学上有建树、对教育有卓识的人。只要能根据自身的条件应对妥当，就一定能够取得学校管理与自身业务发展的双赢结局。要高度关注教师的精神需求，价值需求，成就、发展需求，归属、幸福需求，尽可能满足这些需求。要把教师专业发展作为学校软实力提升的立足点，要形成教师终身学习成长的有效机制和全体教师受益的继续教育体制。

4. 加强校园文化建设，以文化资源提升学校软实力

要认真研究所在学校优秀文化的闪光点，充分发挥教师的智慧，发掘凝聚师生人心的学校精神。要发挥各方面力量的作用，从传统中挖掘，从实践中提炼，从对未来的期望中设计，把确立办学理念的过程变成塑造学校价值观，为全体教师提供共同愿景的过程，从而使学校的办学活动成为在理念和信念指导下的自觉活动。当教师能以真正鲜活的语言举出学校教育教学的实例来说明办学理念，并以办学理念来指导、优化自己的教育教学行为时，就表明学校办学理念已为大家所认同接受；学校也就拥有了一种共同的价值观念，一种奋发向上的团队意识，一种蓬勃进取的活力，师生共同发展的空间和氛围也已形成。这也表明学校软实力得到了提升。

5. 加强学校管理水平建设，以管理资源提升学校软实力

我们的校长要多思考、善谋划、少应酬。要通过办学思想和人格魅力来引领学校管理；要确立以人为本、尊重知识尊重人才、人性化民主化科学化的管理理念，建构学习型学校管理模式，优化知识管理运行机制，以教师个体成就和学校发展为价值取向，实现从刚性的行为管理向柔性的思想管理、情感管理的转变，激励教师的积极性，激发教师的创造性，以教师个体和学校团队的双重互动发展，促进学校实现内涵的发展，努力创建积极的、先进的学校文化。教育行政部门要根据我县教育发展的规划和各乡镇（街道）的实际，逐步健全学校管理水平的考核机制，增强实效性、可操作性。

6. 加强学校特色建设，以特色资源提升学校软实力

在打造学校特色时，要关注学校文化、师资队伍、课程设置、教育活动设计等资源，并努力找出自身独具的优势，让其“生长”，以形成特色。

教育行政部门要制定我县特色学校建设的中长期发展规划，采取有效措施，挖掘、培育、包装闪光点，通过几年十几年的努力，形成一批有层次的特色鲜明的学校。

关于进一步发挥“中国旅游日发祥地”金字招牌作用的几点建议（节选）

县政协共青团（青联）界

（在县政协九届二次会议上）

一、当前对“中国旅游日发祥地”招牌认识不足

二、推进“中国旅游日发祥地”招牌不断发挥效用

我们建议，在提升“中国旅游日发祥地”招牌效应过程中，政府要发挥主导作用，要让老百姓感到荣耀，让生意人从中获利，让青少年受到教育。

（一）“永久亮牌”：让宁海烙印着“中国旅游日发祥地”标识

1. 县域内，在高速路口、车站（汽车总站、火车站）等重要交通节点、城市节点、旅游景点、登山健身步道节点，出租车、公交车、客运车（特别是长途车）以及重要对外服务窗口，各类地图、旅游相关资讯资料、对外服务手册等，应设立固定或长期的标识：“中国旅游日发祥地——宁海”。标识可以是雕塑建筑、广告标语、宣传片，让不管是来宁海旅游休闲、经商交流，还是走过路过的，都能接收到“中国旅游日发祥地——宁海”的信息。县域外，要在各大高速主干线中的重要地段做高炮广告，如绍兴到杭州靠近杭州段、苏州到上海靠近上海段等。

2. 政府统一设计一套能展示“中国旅游日发祥地——宁海”信息的名片样式，公开推行，免费套用。要求党政部门、国有单位统一使用，引导企业、社会组织、民众个人使用。让小小名片时时传递：“中国旅游日发祥地——宁海”的讯息。

3. 开设“中国旅游日发祥地——宁海”专门宣传网站，并引导宁海各类网站宣传“中国旅游日发祥地——宁海”信息，并链接专门宣传网站。

4. 引导各类产品包装上标明：“中国旅游日发祥地——宁海”，尤其是政府有补助的各类农产品、旅游纪念品的包装，要把“中国旅游日发祥地——宁海”结合到整个设计中。对于体现宁海地方特色的礼品或礼品包装，应标识“中国旅游日发祥地——宁海”，如“泥金彩漆”、“十里红妆”、传统雕刻作品等。

5. 在酒店、饭馆、旅社、景点等来客接待、消费场所，应摆放“宁海是中国旅游日发祥地”等介绍资料或者播放宣传片，单位对外网站应该宣传“中国旅游日发祥地——宁海”信息。这些介绍资料和宣传片要由政府部门统一制作，免费提供。接待来客过程中，要注

重细节上的体现，如在会议座位牌、就餐座位牌上标识“中国旅游日发祥地——宁海”。

6. 根据汽车文化的特点，可设计一批标识“中国旅游日发祥地——宁海”的车上用品，供公车、私车选择使用。如免费提供“中国旅游日发祥地——宁海”标识车尾车贴。

7. 引导旅行社在组团外出旅游时，能提供有标识“中国旅游日发祥地——宁海”的旅游用品，如帽子、包、标签等，在外旅行中宣传宁海。对于来宁海游客的接待，要培训导游等旅游工作人员具备相关知识，主动宣传“中国旅游日发祥地——宁海”，统一发放相关介绍资料或简易纪念品。

8. 完善徐霞客大道建设。把大道在展现“《徐霞客游记》开篇地”的基础上，增加“中国旅游日发祥地”的内容，增设“中国旅游日发祥地——宁海”、“申日”历程、中国旅游日常识等具体标识建筑、展示宣传栏目。同时，长期开放西门广场内的中国旅游日纪念馆。

（二）“充分用牌”：让宁海进一步提升内在凝聚力和对外吸引力

1. 要用“中国旅游日发祥地”激发的精神动力，来团结全县广大干部群众，投入到经济、社会、文化、生态建设。“知难而进、志在必得，齐心协力、团结拼搏，精益求精、追求卓越”的“申日精神”与“中国旅游日发祥地”激发出的宁海人的自信心、自豪感和荣誉感，是全县广大干部群众建设宁海、发展宁海的强大动力。把“中国旅游日发祥地”建设得更加美丽、更加魅力、更加品质的共同愿望，融入各条战线、各个部门、各项工作、各个层面、各类群体的奋斗目标中去，凝聚力量，推动发展。

2. 各乡镇的节庆活动、各线的招商引资活动等有涉及对外交流的，都应该与“中国旅游日发祥地”这块招牌建设呼应，借力金字招牌的影响力，充实招牌所含的内在力，让发祥地的魅力更加有形、更加生动、更加丰满。

3. 要把“中国旅游日发祥地”的招牌效应，转化为作为吸引招商引资、招人引智所需的软环境建设，尤其是要保护好、推介好、利用好宁海的生态旅游资源，进一步实施好开放强县、旅游强县战略，全面建成特色明显、充满魅力的“滨海生态县、人居幸福地”。

4. 要用金字招牌多策划开展对外推介活动，以“中国旅游日发祥地”为引力，可整合招商引资、人才招聘、特色产品推介、旅游推介、项目对接洽谈等任务，可借力在外同乡会、商会等资源，可联合周边县（市）、友好合作城市、重要旅游景点，可面向省内外不同地区，实现“走出去、带回来”开放式发展。

5. 编印有关“中国旅游日发祥地”的教育读本，将旅游日常识、“申日精神”、徐霞客游记、“申世遗”倡议等编入，作为我县中小学生、市民、新宁海人的学习资料。要把读本作为中小学的乡土教材之一，通过课堂学习、班会活动的励志教育，让广大中小学生了解宁海如何成为“中国旅游日发祥地”，从小增强他们热爱家乡、建设家乡的责任感和自豪感。同时，通过学习宣传，让宁海人包括外来的新宁海人和外出的宁海人，拥有对在宁海或曾在宁海生活、学习、工作的强烈自豪感，让“中国旅游日发祥地——宁海”成为他们人生中的精神财富。

（三）“护好王牌”：让宁海持续借力中国旅游日

1. 重视和运用相关民间组织力量对旅游业发展的推动作用，可与县内外涉旅民间组织合作，结合他们自身的活动加以引导和支持，实施“走出去、迎进来”战略，宣传中国旅游日、宣传发祥地宁海。例如，引导和鼓励民间组织创作宣传发祥地宁海、宣传旅游日的作品，支持他们自主传播，尤其是运用新媒体传播。

2. 重视和运用网络渠道的宣传作用和对旅游业发展的推动作用，通过网络宣传发祥地宁海，吸引网友了解宁海、旅行宁海。要精心组织有关优惠、互动、公益性活动进行宣传，例如微博盖楼奖、头像统一换宁海标识或中国旅游日标识等网络活动，主动策划新闻舆论热点，扩大传播效应。

3. 紧紧围绕旅游与经济、社会、文化、生态等建设的关联，把推荐中国旅游日与徐霞客游线申世遗活动相结合，与美丽中国建设、城镇化推进、工业转型发展、新农村建设相结合，与民生保障、旅游惠民活动相结合，与呼吁中国旅游日为法定节假日相结合，把曾经的“申日”行为转为“强日”行动，让宁海在推进中国旅游日发展中成长，让“中国旅游日发祥地”为宁海发展发挥更大作用。一是要继续推进宁海旅游业的有效发展，完善基础建设，拓展自助游、山海休闲游等新兴旅游服务，提升宁海旅游的本身影响力；二是继续做好徐霞客与发祥地结合文章，在延伸旅游服务业上拓宽发展空间，例如旅游从业人员的培训基地建设，旅游业的研究、规划、论坛活动，旅游用品集散交易等为旅游业而服务的服务业。

4. 要明确责任部门，聘请专业人才或借力相关智力资源，负责这块金字招牌使用的日常策划、实施工作，确保今后一段时期有人想、有人谋、有人做。

关于进一步缓解城区交通拥堵的建议（节选）

县政协新闻社科界

（在县政协九届三次会议上）

一、完善交通综合规划，优化道路设施与路网结构，加快重点路段和节点改造建设进度

（一）尽快修订完善《宁海县城市综合交通规划》。通过科学修订城市综合交通规划、专项规划，实现市区道路建设由平面交通向立体交通转变，加快构筑起“环网相连、节点畅通、结构合理、高效便捷”的立体化城市交通网络体系，营造快捷舒适的城市道路交通出行环境。

（二）加大克难攻坚力度，尽快打通拥堵节点。打通城区外环线，减少过境车辆对城区交通的影响；打通桃源路和兴宁路瓶颈路段，确保南北主干道畅通；加快东郊路、东旺路等主要拥堵节点改造进度；在有条件的重点拥堵路段推行单行线，打通微循环。

二、全面落实公共交通优先发展战略，真正实现快捷便利

（一）进一步建立公共交通发展政策扶持的长效机制。全面树立“公交优先”的理念，从“财政优先、用地优先、路权优先、信号优先”等方面建立公共交通发展政策扶持的长效机制，并制订公共交通发展专项规划。对公交枢纽、换乘场站、保养场、停车场、首末站、调度中心等公共交通建设项目，以及车辆和设施装备的配置、更新等，优先列入政府城建重点工程和为民实事项目，积极推进实施。

（二）进一步优化公共汽车线路设计及站点设置。认真研究市民出行心理和出行规律，进一步优化公共交通线路，减少公交线路重复率、曲折率，试行高峰时段优惠措施，增加市民对公交线路的可选性。

（三）积极完善公共自行车出租系统。通过多种宣传途径，倡导“绿色出行”理念，结合现有公交站点、商业网点、公共停车场等公共服务场所，合理布局、增设公共自行车出租点，方便市民出行。

三、挖掘城区公共停车资源，破解停车难停车乱瓶颈

（一）利用闲置土地设置临时停车场。结合全县正在开展的“三改一拆”工程，对拆建的土地进行简单平整后，规划设置临时停车场。如将桃源南路附近的城中小学前面的老粮站地块，进行平整规划停车（约有270个停车位），缓解桃源南路停车难问题。

（二）根据实际需求，就近改造或建造停车场。如研究结合河道整治，将桃源中路颜公河路段进行全部或部分覆盖，规划停车位，缓解城市商贸中心区域停车难问题。

（三）开发学校操场地下停车资源，做好“地下文章”。考虑到城区学校周边路段是交通拥堵的主要集散地，建议根据城区实际停车需要，对宁海中心城区30所学校操场有序开建地下停车场。

（四）全面清理整顿城区停车场挪用情况。城乡规划主管部门根据《宁波市停车场规划建设和管理条例》规定，全面排查城区的公共停车场挪用情况，提高停车场的使用率。

（五）沿街单位向社会有偿错时开放单位内部部分停车资源。企事业单位节假日休息或晚上几点以后，早上几点之前对外开放部分停车位，小区非节假日白天对外开放部分车位，以增加一些停车位。

（六）实行并推广差别化停车收费政策。通过经济杠杆调节作用，对城区5000余个公共停车资源分类实施停车收费，通过价格来调节车辆停放，提高专用停车场（库）利用率。

四、加快智慧交通系统建设，提升交通管理水平

（一）整合社会资源，建设智慧交通指挥中心。加快智能交通系统的发展，整合并共享交通、建设、市政、公安等部门的各类交通信息资源，建成具有指挥调度、交通控制、交通信息服务和交通应急指挥4大功能的交通指挥中心，实现对全县道路集中、统一、权威、高效的指挥控制。

（二）建设智能化交通信号控制网络。根据宁海区域的路网结构和交通特点，分批对城

区信号灯路口进行光纤远程联网，并在中心城区主要路口安装高点监控及路口监控，启用在计算机平台下的多控制管理模式的交通区域信号控制系统，能够实现饱和流量条件下最大通行能力的优化控制、交通流平峰情况下协调优化控制、交通流低峰情况下感应协调控制的自适应控制策略，为交通安全有序出行提供保障。

（三）建设人性化交通信息服务网络。交通信息发布系统通过组合预测预报数学模型对采集来的全区路网交通流数据，进行深层次挖掘分析，准确掌握实时的路网运行状态，在对道路通行能力进行综合评价的同时预测交通流运行态势。通过室外大型可变情报信息板、互联网站、手机网站和广播、电视媒体实时播报路况信息和交通管制信息，使道路使用者充分享受到人性化交通服务带来的便利和快捷。

（四）在城区主要交叉路口推广智能遮阳篷。对行人、非机动车闯红灯现象，进行智能语音提示，遏制行人、非机动车闯红灯、随意过马路等“中国式”过马路现象。

五、加大“三车”整治力度，营造良好交通环境

（一）成立整治机构。成立由县领导挂帅的综合整治专门领导小组，协调交通、工商、保险、城管、残联、公安等职能部门，合理定位“三车”管理、发展的规范问题，研究、制订整治方案。

（二）实行分类整治。对无牌人力车和残疾车、从事非法营运的电瓶三轮车扣留取缔；对有牌残疾车有序回收；重点整治“椒江车”；严禁正三轮摩托车入城。

（三）加强源头管理。协调工商、贸粮等部门把好“三车”准入销售关，彻底改变“商店可销售、路上不能开”的尴尬局面。

（四）加强宣传引导。“三车”整治涉及群众多、利益大，对车主要加强宣传教育引导，防止发生群体性事件，确保社会稳定。

六、推进交通规划、建设、管理协调发展，建立“三位一体”管理机制

（一）加强交通管理工作的组织领导。成立由县主要领导挂帅，规划、城建、交通、工商、新闻宣传、教育、安监、公安等部门参与的宁海城区道路交通管理领导小组，定期组织召开城区交通管理工作会议，分析、研究、解决交通管理工作中面临的实际问题，协调相关职能部门工作。各部门要按照自身职能，坚持走“建管并举、标本兼治、齐抓共管、综合治理”的社会化管理路子，形成良好的社会化管理格局。

（二）将新的大型建设项目的交通影响评价纳入审批程序。科学制定交通影响评估标准，明确评估的介入时机和委托主体，在建设项目立项和规划时，充分论证其对交通影响的程度、科学判断其在选址、建设规模、开发强度等方面的合理性，防止造成新的交通拥堵，对道路交通产生重大影响的项目实行一票否决。

（三）充分发挥城管执法局职能作用。城管执法局是一支新型的城市管理执法队伍，与以前的“城管”有本质的不同，新的城管执法局将在交通、城建、规划、环保等方面行使综合执法权，有效解决了职权交叉、多头执法的问题。目前宁波地区，仅宁海还由于行政

编制的限制仍在进一步申办中。城管执法局一旦成立，要充分发挥其职能作用，严管占道停车行为，改善交通环境。

（四）加强综合宣传，提升驾驶人的文明交通素质。“绿色交通、文明交通”理念得以普遍认同并践行，需要不断传播以深入人心，需要全社会各部门共同参与和努力。对于不正确使用远光灯近光灯、随意调头、出租车随意停车等重点不文明现象，要加强舆论引导和监督，自我约束。

加强畜禽养殖污染防治　助推五水共治（节选）

县政协科协界

（在县政协九届四次会议上）

一、全县畜禽养殖污染现状和治理成效

二、存在的问题和原因分析

三、对策建议

（一）根据种植业土地资源，科学规划畜禽养殖业布局。根据我县的实际，建设大规模配套齐全的污染治理设施，采用污染物达标排放的模式，显然是行不通的。首选的，还是种养结合、污染物自我消纳的生态养殖模式。要落实“以地定畜，种养结合，总量控制”的畜禽养殖污染防治理念，根据种植业土地资源禀赋，科学规划畜禽养殖业布局。对处于全县水系源头的西部山区，由于环境条件敏感、土地相对缺乏，应加大畜禽养殖业总量调整削减的力度；而对于东部平原地区，可适当加大容纳量。同时，有关部门应在土壤结构和物理成分调查的基础上，摸清土壤家底，通过畜禽养殖业的布局调整，实现区域间的种养平衡和土壤粪肥负荷平衡。

（二）合理划定整治范围，减少政策在时空上的错位，尽力做到无缝、平顺对接。需根据水功能区划和环境容量，并考虑与以往政策的衔接，合理划定整治范围，不搞一刀切，更不能片面追求视觉效果。对以往政策鼓励发展、污染处理起步较早、治理设施已成规模并取得一定效果且地处Ⅲ类以下水质水系范围的养殖场，在确保河流水体水质不受污染的情况下，容许原地整治提升，从而减少农民经济损失和整治阻力。

（三）加大财政支持，研发因地制宜的治理技术。上面提到的发酵床技术，之所以在宁海发生水土不服现象，根据农林部门反映，主要原因是宁海地处亚热带季风气候区，气温高且湿度较大。应加大财政支持力度，组织有关部门技术人员，进行技术攻关，进行加大机械通风量、合理控制温度等试验，使好的技术本土化。

（四）充分利用城镇污水处理网络资源。借“五水共治”的东风，我县的城镇污水厂建设力度较大，目前已形成遍布全县的城镇污水处理网络。但由于配套管网铺设滞后，待处理的污水量不够，污水厂开工不足。建议有关部门应及时做好协调工作，在今后3—5年内，经一定预处理后，充分利用城镇污水厂来处理畜禽养殖污水，实现畜禽养殖污染治理和城镇污水处理的双赢。

（五）要使有机农产品叫好又叫卖。以畜禽粪便为原料生产的有机肥，除了价格偏高、使用麻烦外，导致农民不喜欢的原因还在于施用有机肥生产的有机产品在市场上销路不畅，叫好不叫卖。建议有关部门在对有机肥进行免税和补贴的同时，加强对有机施肥产品的认证管理，有序推进有机农产品的推广，提高公众对有机食品的认知度，调动农民种植有机食品的积极性；组织开发相关技术，提高有机肥施用的便利性，促进增加有机肥的利用量，保证有机肥厂的正常运行；拓宽有机肥消纳途径，如鼓励有机肥养鱼等。

（六）制定政策，走集约化养殖道路。散户养殖分布散乱、规模小，治理不经济，又是管理的盲区。应合理划定区域，研究制定政策，促使散户向养殖区集聚，走集约化养殖的道路。加大对正在建立和已建立有机产品及饲料种植、育雏、养殖、肉产品销售、肥料生产产业链的大型规模化畜禽养殖企业的培育和支持力度，以规模效应摊薄污染治理成本。同时，通过产业链内部环节消纳污染物，化废物为资源。

（七）积极探索生态补偿机制。完善生态补偿机制，给退出养殖业的农民以实惠，并引导他们立足优美的乡村环境，发展生态旅游、有机农产品销售等产业，放大生态补偿机制的综合效应。

多管齐下补好全民健身“短板”（节选）

县政协工会界

（在县政协九届五次会议上）

一、问题与不足

二、对策与建议

1. 健全组织，加强管理。建立健全全民健身工作协调机制和工作责任制，充分发挥社区、居委会、村委会以及工会、团委、妇联等群众团体在全民健身活动中的组织作用。建立健全各种体育协会，推选有能力、有实力、热心于体育事业的人士为会长，定期组织活动，体育局加以科学指导和鞭策鼓励，每年进行考核评比，对参加省、市比赛获奖人员进行适当奖励，促进各协会平衡发展。对群众反映强烈的广场舞问题，要落实责任部门牵头管理，以不影响群众的正常学习、工作和生活为前提，定地点、定时间、定音量，做到相对集中，尽量远离学校、医院、图书馆等公共场所与居住区。相关部门要加强管理引导，学习外地经验，妥善解决广场舞“扰民”问题。

2. 多方投入，加强建设。要加大基础设施建设的投入，将城乡社区公共体育健身设施建设纳入总体规划，新建居住区要按规定规划建设体育健身设施。尽快建成大型的综合性的健身中心，建议将柔石公园一角改造成体育休闲中心，并继续推进乡镇（街道）、行政村、社区的公共体育健身设施建设和“农民体育健身工程”提档升级。

建立健身指导中心。根据国务院关于加快发展体育产业促进体育消费的若干意见及省、市级文件要求，各县（市、区）必须完善国民体质监测制度，为群众提供体质测试服务，定期发布国民体质监测报告，要建有一定规模和水平的县级国民体质监测与健身指导中心(站)，面积达100平方米以上，至少配置国家标准的国民体质测试仪器一台，并配有至少一名持浙江省中级国民体质监测社会体育指导员上岗证的人员和若干名社会体育指导员。

3. 加强整合，打造特色。进一步创设条件开放学校等室内体育场馆，财政要根据学校开放程度给予维修和管理等经费补助。充分挖掘公园、绿地、广场等已有公共场所的潜力，对已有设施加强维护和管理，发挥其体育健身功能。对各公园、社区等新建项目要通盘考虑体育健身功能，促进资源的综合利用。要因地制宜利用我县丰富的山水旅游资源，完善全民健身户外营地、登山步道、旅游栈道等户外运动设施，打造传统优势项目，发展健身跑、健步走、自行车、水上运动、登山、漂流等群众参与度高和拓展空间大的项目，打造一批有影响、有规模、群众参与面广的特色活动。

关于推进宁海普惠金融体系化建设的建议（节选）

民建宁海支部

（在县政协十届一次会议上）

1. 继续完善普惠金融基础设施。一是优化农村支付环境。鼓励银行机构和非银行支付机构在农村地区发展移动金融服务，加强网上支付、手机支付的开发和推广，完善电子支付手段。推广银行卡等非现金支付工具，加大农村地区银行卡发卡量，推广银行卡助农取款服务、农民工银行卡特色服务等银行卡便民业务。加大农村地区POS机、自动柜员机等银行卡受理机具的布放，切实改善乡村银行卡受理环境。二是搭建快捷金融平台（普惠金融APP）。建议由人民银行牵头，由服务经济建设的部门或中介机构建设普惠金融APP，用户可以利用手机电脑快捷登录，查询信息和贷款申请。普惠金融APP需具备微贷申请、信息初核、微贷流转、微贷办理、微贷监测、金融产品推广、金融机构与客户信息查询等功能，实现信贷全流程电子信息化，全部使用线上评审，扁平化审批流程，提高审批效率，改善审批质量。

2. 尽快建立县公共信用信息平台。参照上海、江西等地区的做法，将分散在多个行政机关、法院以及公用事业单位的与法人企业、自然人信用相关的公共信息基础性数据整合起来，包括涉农、涉工、涉商类企业和个体经营户、种植养殖农户等有关信息，建立县公共信用信息平台，供政府部门、信息主体自身、信用服务机构等查询，实现公共信用信息交换共享。行业主管部门按照职责范围，建立小微企业和农民信用信息归集系统，司法、人民银行、工商、税务、环保、人力资源和社会保障、住房和城乡建设、农林、海洋渔业、交通运输等部门利用现有信息化系统，依法采集企业和自然人的政务信息，统一接入地方公共信用信息交换共享平台，实现企业主个人、农户家庭等多维度信用数据可应用，并与人民银行的企业和个人征信系统、金融机构信贷管理系统对接和权限性共享，降低普惠金融服务对象征信成本。

3. 持续创新普惠金融产品和服务手段。一是创新金融产品和服务模式。引导银行业金融机构针对小微企业、高校毕业生、农户、特殊群体以及精准扶贫对象量身开发小额贷款产品。支持符合条件的地方法人金融机构争取投贷联动融资试点，进一步深化对社会办医、社会养老的金融支持方式。开发适合残疾人特点的金融产品。引导有条件的银行业金融机构设立无障碍银行服务网点，完善电子服务渠道，为残疾人和老年人等特殊群体提供无障碍金融服务等。二是推进抵质押担保方式创新。探索开展动产质押贷款业务，建立以互联网为基础的集中统一的自助式动产、权利抵质押登记平台；稳步开展农村土地承包经营权抵押贷款、农民住房财产权抵押贷款试点；推广大型农业机械设备、运输工具、林权、水域滩涂养殖权等新型抵质押担保；鼓励农业企业为农户、新型农业经营主体提供贷款担保；积极在全县范围内建立和推广“守重企业信用增信融资”模式，开展信用增信融资。

4. 全面加大政策精准扶持和宣传力度。一是加大政策精准扶持。监管部门应支持普惠金融实施机构，适当给予相应的政策倾斜，使相关金融机构在面对利率市场化压力及新资本协议执行压力下，仍能提供具有市场竞争力的普惠金融产品。政府应允许和增加对普惠金融机构发放支农支微再贷款或者政策性银行专项贷款，用支农支微再贷款、政策性贷款等低成本资金鼓励和支持金融机构发放小额贷款。对涉农涉小微企业贷款投放比例较高的金融机构提供税收减免和财政补贴等政策激励措施，使金融机构普惠金融发展目标迈向现实，进而实现普惠金融和金融机构稳健发展双赢的目标。二是加强金融知识宣传普及教育。广泛利用电视广播、报纸杂志、数字媒体等载体，广泛地开展金融基础知识宣传普及教育。编写金融知识通俗读本，开展金融知识进农家、进校园、进园区、进社区等专项教育活动。注重培养社会公众的信用意识和契约精神。加强金融消费者权益保护监督检查，及时查处侵害金融消费者合法权益行为，维护金融市场有序运行。

第三节　发言存目

政协全体会议委员大会发言目录：

县政协八届一次会议发言

加快无公害基地建设，确保农产品绿色安全：县政协经济科技和城建资源环境委员会
抓好固废物处理，促进生态县建设：民盟宁海县总支
关于全县职业教育改革和发展的建议：县政协教文卫体和文史资料委员会
发挥历史名人优势，推进文化强县建设：县文联、县政协教文卫体和文史资料委员会
加强社区建设和管理，促进和谐宁海建设：县政协社会法制和港澳台侨委员会

做好当前侨务工作的对策：侨联界
对保护农村环境的几点建议：民进宁海支部
发挥工会作用，创建和谐企业：工会界
关注贫困妇女，促进社会和谐：妇联界
全县青少年心理咨询工作的现状和建议：共青团（青联）界
加强农村科普工作，提高农民科学素质：科协界
对加强前童古镇保护与开发的建议：葛海明

县政协八届二次会议发言

加强外来有害生物防控，促进农业经济健康发展：农林界
综合防治，全面提升我县防灾减灾能力：民盟宁海县总支
切实加强节能降耗工作，促进经济又好又快发展：经济界
全县企业安全生产存在的问题和对策建议：民进宁海支部
加强职工培训，提高职工素质：工会界
全县当前教育的现状与发展对策：教育界
全县农村留守未成年人的现状和对策建议：共青团（青联）界
挖掘地方文化资源，弘扬宁海传统文化：文艺体育界
关注妇女转移就业，加快发展来料加工点：妇联界
全县旅游开发存在的主要问题和对策建议：特邀界
关于缓解我县中小企业融资难的对策建议：工商联界
全县城区道路交通管理的现状及对策思考：新闻社科界
构建和谐劳动关系，切实维护劳动者合法权益：社会保障与福利界
全县小餐饮食品安全的现状与对策：医卫界
加强小区物业管理，促进和谐社会建设：无党派人士界
充分发挥海外智力优势，为全县经济社会发展服务：侨联界
关于留住企业人才的几点建议：科技界
加强外来人口科普工作，提高人口整体科学素质：科协界

县政协八届三次会议发言

高度重视耕地保护，切实保障粮食安全：农林界
完善公共安全动态监控系统，加快建设平安家园：民盟宁海总支
全县城区道路交通管理的现状及对策建议：新闻社科界
加强面制品监管，确保食品安全：民进宁海支部
加强劳动用工管理，促进经济社会健康发展：工商联界

全县成人教育现状与发展分析：教育界
全县社会福利事业发展的对策与建议：社会保障与福利界
推行生活垃圾分类处理，实现全县生活垃圾减量化：医卫界
切实改善建设环境，全力推进项目建设：无党派人士界
低收入农户青少年的现状及对策建议：共青团（青联）界
凝聚职工共谋发展，充分发挥主力军作用：工会界
浅析女性创业现状与对策：妇联界
构建四大体系，加强外来务工人员安全培训：科协界
抵御金融危机，让企业健康发展：侨联界
让艺术“创心”为企业“创富”助力：文艺体育界
宁海县文具产业的现状与发展对策：科技界
增强创新能力，提升模具产业竞争水平：经济界
重视做好宗教场所“平安建设”：宗教少数民族界
关于宁海文化旅游发展的思考：特邀界

县政协八届四次会议发言

振兴全县建筑业的对策和建议：民盟宁海县总支
关于城市化建设与旧村改造的思考：无党派人士界
调整土地供求关系，促进房地产市场健康发展：农林界
强化服务，优化环境，合力形成服务工业经济发展良好氛围：经济界
构建新体系，打造新品牌，全面提高宁海县普高的教育质量：民进宁海支部
加强人才队伍建设，促进卫生事业发展：医卫界
全县残疾人就业现状与对策：社会保障与福利界
促公平、求和谐，着力推进教育事业均衡优质发展：教育界
加大留学人员创业扶持力度，促进产业结构调整：侨联界
重视望海品牌经营，促进茶叶产业发展：科协界
关爱妇女，普及健康，统筹推进妇女健康促进工程的实施：妇联界
重视抓好饮用水质量管理，确保群众饮用水安全卫生：科技界
宁海家具产业发展的现状和对策：工商联界
推进青年创业贷款工作，全力服务基层青年创业：共青团（青联）界
发挥村联合工会作用，支持新农村建设：工会界
宁海县体育事业发展的现状及对策：文艺体育界
发挥宗教在构建和谐社会中的独特作用：少数民族界

县政协八届五次会议发言

推进一体化建设，打造县域大景区：王鸿飞

保护森林资源，优化生态环境：农林界

挖掘文化内涵，提升全县城市建设品牌：民进宁海支部

宁海城区交通存在的问题及对策：无党派人士界

加大投入，补园纳员，缓解宁海学前教育供需矛盾：教育界

关于进一步加快发展全县文化产业的对策和建议：民盟宁海县总支

强化统筹指导，促进自主发展，加快推进志愿者服务社会化管理：共青团（青联）界

贯彻民主管理条例，促进企业健康发展：工会界

关于加快推进宁海模具产业发展的对策和建议：工商联界

未雨绸缪，励精图治，推动生态文明建设全面发展：科协界

加强新时期基层侨联组织建设工作的建议：侨联界

中小学生校外教育资源亟待开发：文艺体育界

加快经济转型升级，推进低碳经济发展：科技界

加快产业集群提升，推动产业转型升级：经济界

加强食品检测中心建设，确保全县人民食品安全：医卫界

加强民间信仰点管理的建议：宗教少数民族界

抢抓发展机遇，营造良好氛围，合力推进西店卫星城市建设：特邀界

关于全县留守儿童教育管理的建议：妇联界

关于建立区域“三位一体”农业服务机构的建议：王贤飞

县政协九届一次会议发言

发挥资源优势　发展特色农业：民盟宁海县总支部

开发保护并重　善待海洋生态环境：农林界

努力推动技工队伍建设与企业转型升级相互促进：科协界

关于宁海县“大森林大景区”建设的几点建议：民进宁海支部

关于提升宁海教育软实力的思考：教育界

管理与服务并重　切实保障外来流动孕产妇生育安全：妇联界

软实力　硬支撑　大力推进基层文化事业发展：无党派人士界

把好网络“双刃剑”　提高虚拟社会管理水平：新闻社科界

全面构建志愿管理长效机制　推进志愿服务规范发展：共青团（青联）界

积极参与　加强服务　努力发挥工会在社会管理创新中的作用：工会界

关于民营企业代际传承的调查与思考：工商联界

抢抓机遇　整合资源　率先打造宁波南部首个高品质数码广场：科协界
关于进一步做好全县中小企业融资工作的几点建议：侨联界
监管并举　加强健身步道建设：文艺体育界
宁海民间融资形势分析与思考：新闻社科界
加大政策扶持力度　促进新兴产业发展：经济界
关于加强基层医疗卫生服务体系建设的几点建议：医卫界
关于加快推进全县城乡居民养老保险的对策和建议：社会保障与福利界
做好全县少数民族工作的建议：宗教少数民族界
进一步加大保护开发全县古宅群的建议和对策：特邀界
关于进一步促进全县青少年心理健康的建议：王鸿飞、龚慧

县政协九届二次会议发言

加强农村职业培训　大力培育新型农民：农林界
优化全县金融生态环境　提升金融对经济支撑作用：经济界
发展全县现代物流业的对策建议：民盟宁海县总支部
打造美丽乡村　共建美丽宁海　共享美好生活：民进宁海支部
关于进一步发挥“中国旅游日发祥地”金字招牌作用的几点建议：共青团（青联）界
关于缓解城区道路拥堵状况的建议：教育界
加强职工文化建设　为全面建成小康社会增添软实力：工会界
挖掘地域文化资源　丰富霞客古道内涵：文艺体育界
重视民办幼师队伍建设　推动学前教育质量提升：特邀界
加快教育改革　组建职教集团：无党派人士界
打好婚姻保卫战　家庭平安促和谐：妇联界
打造服务新模式　贴近企业零距离　助推企业转型升级：工商联界
加大政策引导力度　不断提升模具行业科技队伍整体素质：科协界
加强领导　周密部署　扎实推进社区侨务工作：侨联界
提升理念　加大投入　推进城区路灯系统 LED 节能改造：科技界
宁海微博发展现状及运用建议：新闻社科界
关于推进县级公立医院改革的几点建议：医卫界
深化殡葬改革　促进移风易俗：社会保障与福利界
弘扬宗教文化　构建和谐社会：宗教少数民族界

县政协九届三次会议发言

加快全县电子商务发展的对策建议：民盟宁海县总支部

关于加强青年企业家队伍培育工作的建议：共青团（青联）界
保护企业商业秘密　保障企业稳健发展：经济界
整合地域文化资源　推进旅游业跨越发展：民进宁海支部
关于加快推进全县再生资源集散站建设的建议：农林界
关于加快政府职能转变推动公共服务外包发展的建议：民建宁海县支部
全县农村财务管理中存在的问题和建议：特邀界
关于又好又快发展宁海环三门湾区域交通运输业的建议：无党派人士界
关于进一步缓解城区交通拥堵的建议：新闻社科界
加强医疗队伍建设　推动医卫事业发展：医卫界
关于推进全县青少年心理健康教育服务的建议：妇联界
切实解决外来务工人员子女义务教育问题：工会界
关于重视民营企业合法权益保护的建议：工商联界
关于建立全县模具产业技术创新公共服务平台的思考和建议：科协界
搭建宁港青年交流平台　助推全县经济创新发展：侨联界
弘扬大儒风范　建设文化强县——保护和修复方孝孺历史遗迹的建议：文艺体育界
深入实施知识产权战略　大力培育县域核心竞争力：科技界
加快全县高技能人才培养的对策与建议：教育界
关于推进全县非公企业住房公积金制度扩面工作的建议：社会保障与福利界
积极发挥宗教正能量　发展公益养老模式：宗教少数民族界

县政协九届四次会议发言

关于进一步推进宁海县返乡创业工作的建议：民建宁海县支部
关于推进宁海志愿服务工作规范化、制度化、长效化的建议：共青团（青联）界
关于基层商会承接政府职能转移的建议：工商联界
提升现代职业教育水平　助推全县经济社会发展：教育界
创建镇域农业经济新载体　推动宁海现代农业发展：无党派人士界
关于科学治理农村污水的建议：民进宁海支部
关于拓展中小企业融资平台的建议：工会界
实施“机器换人”工程　推动宁海文具产业转型升级：科技界
关于加快社区邻里中心建设的建议：民盟宁海县总支
多措并举撬动体育产业发展：文艺体育界
加快统筹“智慧宁海”建设的几点建议：妇联界
加强畜禽养殖污染防治　助推五水共治：科协界
当前全县侨联工作面临的问题及对策：侨联界

关于加强青少年法治教育的建议：新闻社科界
关于推动全县企业进入“新三板”市场发展的建议：经济界
加强当地基础性建筑原材料资源管理的建议：农林界
以协作办医为抓手　进一步优化全县优质医疗资源配置：医卫界
关于改善精神病人康复治疗和生活环境的建议：社会保障与福利界
全县外来流动穆斯林工作亟待重视：宗教少数民族界
宁海县房地产市场发展现状与对策建议：特邀界

县政协九届五次会议发言

全县生物医药产业发展还需“添把火”：民盟宁海县基层委员会
向“土地存量”要“发展增量”：妇联界
全县内涝防治体系建设存在的问题及对策：农林界
关于加强全县传统村落保护与开发的建议：新闻社科界
关于助推全县青年创业创新的建议：共青团（青联）界
加强全域防治全程监管，全面推进水环境整治工作：民进宁海支部
整合资源　多方联动　加快全县中小学生社会实践基地建设：教育界
关于推进宁海县新能源经济发展的对策和建议：民建宁海支部
宁海模具产业发展的对策建议：科协界
加快推进全县新能源汽车租赁推广应用的建议：宗教少数民族界
多管齐下补好全民健身“短板”：工会界
关于推进宁海县压铸行业整治提升工作的建议：经济界
关于加强高层次创新型科技人才引进的建议：科技界
关于推进全县医联体建设　促进分级诊疗工作的建议：医卫界
关于改进全县村级小微建筑工程项目行政审批制度的建议：无党派人士界
关于进一步推进全县高技能人才供需平衡工作的建议：社会保障与福利界
改进政府法律顾问工作　扎实推进依法治县：特邀界
新常态下做好商会人民调解工作的建议：工商联界
推广书法教育　提升学生素质：文艺体育界
关于加强港澳台海外新生代联谊工作的建议：侨联界

县政协十届一次会议发言

将专利短板补齐　为创新之火浇油：科协界
对接宁波都市圈　打造甬台桥头堡：民盟宁海县基层委员会
发挥宗教界力量　助推宁海养老事业迈上新台阶：宗教少数民族界

关于加快发展全县中医药事业的意见建议：医卫界

关于推进宁海普惠金融体系化建设的建议：民建宁海支部

加快社会治理公共服务平台建设　促进政府职能有效转变：无党派人士界

创造更好环境　吸引在外青年（大学生）返乡：共青团（青联）界

多管齐下撬动文化产业发展：文艺体育界

建设“海绵城市”需要加把力：民进宁海支部

关于做大做强全县农业主导优势产业的对策建议：农林界

关于加强校园安全管理的对策与建议：教育界

两孩全面放开　更须关注高龄产妇：妇联界

关于大力加强农村文化礼堂建设的建议：新闻社科界

优化农村金融发展环境　助力农业供给侧改革：经济界

构建新型政商关系　助推经济转型升级：工商联界

不忘初心　让慈善之花绽放社区：社会保障与福利界

加强工会工作创新　构建和谐劳动关系：工会界

多措并举做强全县民办教育：侨联界

全县汽车零部件产业发展的对策建议：科技界

第二章　调查研究

人民政协的调查研究是经常采用、行之有效的根本工作方法，是政协履行职能的基本环节和活跃政协工作的重要途径，也是人民政协长期坚持的好传统。县政协每年紧紧围绕党委政府中心工作，围绕社会发展及人民群众普遍关心的重要问题，精选课题，深入社会实际，搞好调查研究，掌握好第一手材料，分析利弊形成调研报告，提出合理建议，供县委、县政府决策时参考。县八届政协至十届政协一次会议期间，组织委员开展调研活动380余次。撰写调研报告380余份，县八届政协以来，把专题调研作为参政议政工作的重头戏来抓，每年把参政议政的主要题目列为调查研究的课题，由主席会议成员分工负责，各委组、界别也根据自身的力量和工作特点，选择参政议政的题目，进行调查研究。组织力量，讲究方法。在组织操作层面上，既立足于委员、界别当主角，又充分发挥政协联系面广的优势，由行家、政府有关部门、民主党派、群众团体和政协机关干部组成联合调研组，加强合作，优势互补。在调查方法上，坚持“求实”“求是”原则，进行重点剖析、全面分析，掌握较为系统的第一手材料。反复论证，集思广益。在调查研究的全过程中就反映问题的真实性、针对性，提出建议的科学性、可行性等方面主动听取有关职能部门和行家意见，进行反复推敲和锤炼，努力使参政参在点子上、议政议在关键处。政协把各调研组形成的重要意见建议以建议案形式向县委、县政府呈报。县八届政协以来，共报送建议案80余件，大部分被县委、县政府采纳。现从调查研究的材料中选录43件，分四类记述。

第一节　经济发展

县政协围绕全县经济发展方面的内容，成立调研组深入调研，形成调研报告，提出意见建议供县委、县政府决策时参考。

加大无公害农业基地建设调研　2007年1月，县政协经科委组织委员对全县无公害农业基地建设、确保农产品绿色安全工作进行调研，听取有关部门情况通报，进行座谈讨论，根据工作中存在的困难和问题，提出建议：要加强领导，明确职责。县委、县政府要高度重视绿色农产品及其基地发展工作，并把它纳入当前各乡镇（街道）、相关部门的年度工作考核目标，统一思想，提高认识，加大宣传力度，调动各方力量，形成全社会共同关注的良好氛围。县农林、海洋渔业等部门要根据全县实际，明确工作重点，扎实推进各项工作的开展。县环保部门要采取有力措施，切实保护产地环境，特别是海洋与工业相对发达地区的农业生产环境，减轻污染，确保安全。财政、科技、经贸、工商、技监等部门要加强服务，齐抓共管。要发挥优势，扩大规模。要充分利用县独特优势和正在争创国家级生态县的有利时机，鼓励相关企业与大户，积极开拓市场、扩大产销规模、注重品牌效应、做出特色文章，做到创建保护并重，带动产业升级，到2008年生态县验收前，确保全县无公害、绿色、有机农产品基地面积达到26万亩以上，其中绿色和有机农产品基地面积比例占20%以上。努力培植现代农业特征的产销主体，建成一批特色鲜明且有知名品牌的规模产业基地，不断将优势产品推向国内外市场。要重视科技，创新体制。要充分调动农技人员的积极性与创造性，开展合作交流，引进专业人才，培训基地农户，不断研究、开发、推广新品种、新技术，提高农业技术的引进、消化、吸收、创新能力，力争在2010年前，农业科技消化吸收率占引进消化吸收的35%以上。深化农技人员特派联系制度，加强蹲点锻炼指导，并不断更新农技知识。乡镇在编农技人员必须到岗到位，不得随意借调挤用。鼓励创办民营农业科研机构、培育各类农科中介组织，开展技术咨询服务，创新农技服务体制，恢复农技服务网络。要完善制度，加强监管。要坚持“数量与质量并重，认证与监管同步”的方针，建立有效的检测、监管制度，构建质量保障体系，突出抓好获证产品的监管，严肃查处假冒伪劣、农残超标产品，提升绿色农产品档次和形象。要尽快明确全县绿色农产品产地与市场安全监管的职能单位和具体职责，依法组织标准化生产，积极推行市场准入制度，从生产源头到销售市场实行全程质量监控。要政策配套，加大投入。要建立专项资金，每年安排一定经费用于基地建设和产品认证、申报验收、监管维护的补助，并逐年递增。对创建绿色农产品基地的相关企业与组织，要实行政策支持，重点扶持。对重视发展无公害农产品、绿色与有机食品的单位与个人要进行必要的奖励，成绩突出者给予重奖。希望各级政府、部门进一步加大扶持力度，齐心协力促进无公害农业基地发展。

节能减排工作调研 2008年4月，县政协组织调研组深入有关部门、企业调研，到先进地区取经，形成《全县节能减排工作的主要问题及对策建议》的调研报告，在县政协八届六次常委会上，围绕“建设资源节约型、环境友好型社会，促进节能减排工作”主题，开展参政议政发言，并针对问题，提出意见建议：夯实工作基础，加大执法力度。要建立台账，力求基础数据准确及时。加强对企业的宣传教育培训，提高企业人员的业务能力，并将节能减排数据纳入企业成本、质量管理软件的数据库。要严格把关、控制用能和污染物排放增量。要建立机构，加大节能减排执法力度。要及时筹划，应对新的执法手段的实施。积极筹措资金，加强节能和环境基础建设。要运用先进融资手段，确保建设资金落实到位。要加快水环境整治，提升中心城市形象。要加强专业技术指导，提高农村污水处理水平。改善服务职能，提升政府执政水平。要充分运用市场机制，引导产业集聚和污染集中治理，整顿规范环境工程市场，引进科研院校和大型工程公司，实现工程全程监督，提高企业治污水平。要改善服务，发挥政府的协调作用，解决企业之间信息不对称问题，走多企业、跨行业、区域间循环经济之路，坚持“结构节能”和“技术节能”两手抓。凡是政府性投资的项目，要在节能减排方面为社会作出示范。要建设崇尚节约、厉行节约、合理消费的机关文化，抓好政府机构办公设施和设备节能。要积极实施风光互补路灯的试点。要合理统筹节能和减排的关系，对燃煤锅炉不宜盲目“弃煤改油”，而应鼓励使用优质洗选加工煤或其他优质能源，并采用先进的节能环保型锅炉。要切实解决污染泥的定性问题，使全县的固废物处置走上规范管理轨道。减排工作要适时由总量控制向容量总量控制过渡，分清轻重缓急，突出工作重点，当前应首先解决凫溪和颜公河污染问题。此调研所形成的意见建议，县政协以建议案形式向县政府提出。县政府于2008年9月8日对建议案办理落实情况向政协作了反馈。

加快山区经济发展调研 2009年9月，县政协组织调研组，围绕加快山区经济发展主题，深入进行调研，形成《加强三次产业融合　促进山区经济发展》调研报告。在县政协召开的八届十二次常委会上进行参政议政发言。针对全县山区农村基础设施建设滞后、主导产业缺乏优势、产业化程度不高、农民经济收入不高、村集体经济薄弱等问题，提出对策建议：提升传统产业，加快产业化步伐。紧紧围绕山区特色资源，提升传统主导产业，促进特色经济发展，实现产业化经营，是山区经济发展的现实选择。提升传统主导产业。要做大做强茶叶产业。切实加强望海茶品牌管理，规范和严格实施品牌授权的动态运作机制。促进特色经济发展。要有计划地开发有特色、有市场、有规模、有效益、能增收的经济项目，形成一批特色农业块状产业带，如香榧、油茶、小水果、高山蔬菜等。推进产业化经营。要加快土地流转步伐，继续推行农户经营权有偿转让、土地反租倒包等好的做法，积极探索土地股份合作和土地承包经营入股等有效机制，加快土地集约化经营步伐。加强经济牵引，工业反哺农业。发展农产品加工业，提高现有农产品加工企业的生产能力。加强域外经济牵引。制定一定的优惠政策，引导有实力的外出老板回乡创业、参与家乡建设。通过接轨大市场，充分利用本地闲散劳动力多的优势，努力发展以来料加工为主的家庭工业，解决农民就业难问题。吸引工商资本投资。全面开展村企结对活动，积极探索村企结对的有效方式，鼓励共同开发一些村企互利共赢的共建项目。要重抓三产带动，发展生态旅游。随着旅游的发展，带来的将是大量的人流、物流、信息流、资金流，实施生态旅游开发是带动山区经济发展的重要途径。旅游主管部门要对全县旅游地的区位条件、资源特色、生态环境、社会经济及客源市场等进行认真和翔实的调查与评价，做好生态旅游的总体规划和科学开发。积极引导农民开办“农家旅舍”，吸引游客体验农家生活，住农家房子、吃农家土菜、购农家产品、游田园风光、享天然氧吧，拓展农民增收空间。加大对生态旅游的资金扶持力度，尤其是对农家乐重点发展区域的规划编制、服务设施建设给予补助，对农家乐协会或农家乐服务中心建设进行扶持。要整合政策资金，加大扶持力度。整合利用各类政策资金，不断加大对山区的政策扶持和资金投入，是山区经济发展的重要保障。加大基础设施投入力度。加大生态林补偿力度。加大扶贫帮困力度。壮大村级集体经济。挖掘集体资产的生财潜力，多渠道壮大集体经济，规范村级集体经济的管理，提升“造血功能”，防止“体内出血”，确保集体资金的健康运行。

促进房地产市场健康发展调研　2010 年 2 月，县政协组织部分委员对全县房地产市场情况进行深入调研分析，并针对房地产市场存在的供求关系不够协调、供应结构不够平衡、住房保障有待加强、商品住宅价格偏高、市场有效竞争不足等问题，提出对策建议：调整供应总量，促进房地产市场供求基本平衡。随着居民收入和生活水平的提高，人们对住房的面积、质量和环境会提出更高的要求，结合目前县房地产市场求大于供的现状，保持适度的土地供应总量，促进房地产市场供求基本平衡。优化供应结构，满足购房者多元化多层次需求，要优先保证中低价位、中小套型普通商品住房的土地供应，要适量推出精品高档住宅，以满足本县高收入消费群体，吸引外来投资置业者，在刺激消费、拉动内需的同时提升城市知名度。加强住房保障，实现城镇居民“住有所居”的目标。要加大保障性住房建设的力度和加大保障性住房的用地供给和资金投入，争取住房保障工作新的突破。深化计划管理，确保房地产用地科学有序供应。根据全县经济社会发展状况和房地产市场形势，编制《宁海县商品住房用地出让计划》，统筹考虑土地供应时间、供应结构、拉开地段差、价格差，对房地产市场进行调控，使土地供应由无序向有序转变，实现土地供需总量平衡。完善竞争机制，全面提升房地产开发建设水平。要引导县内房地产企业做大、做强，进一步增强品牌意识，培育一批知名度高、信誉度好的房地产开发企业；要加大引进国内知名房地产开发企业的力度。

加快产业群提升，推动产业转型升级调研 2011年1月，县政协组织经济界委员，以“加快产业群提升，推动产业转型升级”为主题开展调研活动，并形成调研报告，针对存在的问题，提出相关建议：以政策扶持为杠杆，加大对产业群的引导。宁海县在实施“40+18+12”条工业扶持政策的基础上，2011年又制定出台了50条《关于加快工业经济转型升级的若干意见》，就骨干企业扶优扶强、鼓励自主创新、培育特色产业、强化招商引资、优化发展环境等方面制定了扶持措施。2009年扶持资金总额达到1.6亿元，主要用于培育骨干企业和特色产业、推进技术改造和品牌建设，尤其是加大对龙头企业的扶持力度，引导企业进行协作配套，延伸产业链上下游，进一步发挥全县产业集聚效应。以优势产业为重点，做大做强产业集群。做好产业导向工作，继续做强六大传统特色产业，培育做大生物医药、新能源、新材料六个新兴产业。突出重点产业。建议优先发展模具、文具、汽配和新能源四个产业，将其产业基础良好、技术含量较高、产业前景广阔等优势充分发挥出来，增强县产业集群的综合竞争力，从而带动县产业集群做大做强。推进园区建设。加快开发区整合提升，全面启动模具、汽车部件等产业园的规划建设，提高产业集群化水平。以龙头企业为支撑，构建产业集群发展的新格局。积极培育龙头企业。发挥龙头企业作用，充分利用龙头企业在产业链整合与发展中的带动作用，发挥龙头企业的集群带动效应，降低综合成本，增强竞争优势。发展生产性服务业，鼓励龙头企业不断将采购、仓储、运输等服务环节从制造业中分离，逐步向研发和营销为主的现代企业转型。以科技创新为关键，促进集群企业转型升级。产品创新，要加强市场需求调研，加大研发投入，制定产品研发计划，合理利用技术引进、联合攻关、自主研发等方式，创新产品开发模式，提高新产品开发速度，促进县产品向产业链和价值链高端迈进。加大技术改造力度，要鼓励企业结合自身发展的具体阶段，科学制定技术改造规划，用高新技术和先进适用技术改造生产模式、工艺流程。注重信息技术应用，要引导支持企业在产品设计开发、生产制造、物资采购、市场营销等环节大力采用现代信息管理技术，实现生产过程自动化、控制智能化及管理信息化，有效降低综合成本，提高集群企业的市场竞争力。以优化要素配置为保障，为产业集群提升提供支撑。化解土地要素制约，要全面开展存量建设用地的调查，着力挖潜、盘活存量建设用地，推进集约节约用地。缓解企业融资难问题，要积极向金融机构推介成长性好、有潜力的企业和项目，搭建金融机构、担保公司、企业三方的沟通交流平台，充分发挥担保中心和中小企业发展促进中心作用，为集群企业提供强有力的资金保障。破解人力资源瓶颈。以高层次创新型人才为重点，进一步完善“不求所有、但求所用”的柔性用人机制，积极引导企业与大专院校、科研院所加强合作，加大人才储备的建设力度，引进中高层管理和研发型人才。

推进宁海湾旅游开发调研 2012年7月，县政协组织宁海湾旅游开发调研组就宁海湾旅游开发进行专题调研，形成《开发蓝色宁海湾　发展海洋旅游业》调研报告，在县政协召开的九届三次常委会议上进行参政议政发言，提出建议：加强领导，理顺宁海湾旅游开发管理体制。以打造国家级海洋生态休闲度假旅游区、浙江省先进海洋产业发展区、宁波市城市高端功能区为目标，设立宁海湾旅游度假区管委会，管委会主任由副县级以上领导担任，各乡镇（街道）主要领导担任领导班子成员，设立专职副主任负责宁海湾旅游开发工作。组建旅游投资开发有限公司，负责景区日常运行。着眼长远，修编《宁海湾旅游度假区发展总体规划》。根据《宁波市旅游发展总体规划》和《宁波市海洋旅游发展规划》，完成《宁海湾旅游度假区发展总体规划》修编工作，把宁海湾旅游度假区列入宁波市旅游项目优先开发的板块，坚持以一产和三产融合发展，逐渐消化二产，打造成为长三角的高端滨海度假示范区、宁波市海滨花园和高档社区。完善功能，打造“长三角滨海旅游目的地”。以游艇产业为主导，做大做强游艇及关联产业。要以宁海湾游艇俱乐部项目为抓手，带动游艇产业发展。有效开发岛屿，完善岛上旅游功能。规划建设海上运动基地，引进相关海洋旅游项目，开展海上娱乐体验活动。建设海洋旅游主题小镇和古渔村，加快推进大佳何海之旅主题公园项目开发进度，重点开发古船博物馆、游艇基地和金海湾游艇生产基地，推动薛岙—峡山古渔村建设，发展渔家乐，形成以峡山码头为中心的宁海湾旅游集散中心。加快进度，推进各项旅游开发基础设施建设。推进合作，形成象山港区域旅游资源融合发展态势。大力保护，加强宁海湾自然生态恢复建设工作。加大海洋渔业资源的修复行动，加大海洋牧场建设，改善象山港海底渔业资源的生存生长条件，大力推进半岛、海域、海岛的岸线整治修复。督促国华电厂调整温排水系统和加强脱硫脱硝除尘力度，降低对生态环境的破坏程度，并对现有烟囱与冷却塔开展外观美化设计改造，增加与环境的相容性。

提升模具行业科技队伍整体素质调研 2013 年 2 月，县政协组织委员对提升模具行业科技队伍整体素质进行深入调研，并形成调研报告，针对问题，提出建议：加大高层次科技工作者的引进力度，加强对青年科技人才的培养。要加快引进高层次人才，制定青年科技工作者成才政策，使青年科技工作者能迅速成为经济和行业发展的中坚力量。开展青年科技工作者的评优、竞赛活动（如县市级杰出青年、技能大师等），增加青年科技人才的评奖名额，鼓励青年科技人才脱颖而出。加大待遇落实的力度。加大对科技工作者的医疗保险、退休养老、体检和住房公积金等待遇落实的监督管理力度，保障科技工作者的各种权利。建立高技能人才培训体系，促进高技能队伍建设。高技能人才的引进很难，由于区域的差异，使用起来存在较大问题。因此，在培养机制上需要创新，学校与企业应联合培养，学校重点解决理论问题，企业重点解决技能问题。建立技能大师工作室，再结合传统的名师带徒，让受培养的职工在不同的阶段到职业类学校进行回炉培训，以国家五级考核标准为依据，逐步建立高技能人才的培养模式。加大政策引导力度，确保科技人员的科研创新积极性。政府相关职能部门要拓宽科研政策宣传渠道，定期开展送科研政策进企业活动，企业要充分发挥科技工作者的科研创新积极性，要给予相应宽松的科研创新环境，要制定相应的科研创新激励机制，确保每一位科技工作者都能发挥自己的聪明才智，从而为企业的转型升级贡献力量。大力提高科技人员的政治地位，积极发挥科技人员的参政议政作用。

搭建宁港青年交流平台工作调研 2014年2月，县政协组织部分委员，就搭建宁海和香港青年交流工作进行了深入调研，并形成《搭建宁港青年交流平台　助推我县经济创新发展》调研报告。报告认为当前搭建宁港青年创业论坛时机已经成熟。举办宁港青年创业论坛，有利于充分发挥香港全球金融中心的优势，帮助宁海县青年企业家和青年人才创业创新，并与世界先进国家接轨，达到同步发展甚至超越；有利于充分拓宽对港联谊渠道，挖掘在港产业、资金、技术和人才资源，进一步促进全县招商引资招才引智工作，助推全县经济发展；有利于充分展示宁海县经济社会发展成果和良好的投资环境，增强宁海在香港和国际上的影响力和知名度。建议：以“青年创业创新”为主题，从2014年起举办“宁港两地青年创业论坛”，一年在宁海，第二年在香港，交叉在两地举行。通过合作与发展论坛暨专题研修、经贸交流、青年组织间访问等形式，进一步深化宁港青年组织间的合作与交流，进一步扩大对香港优秀青年企业家、优秀青年代表人士和主要青年社团的情感联系、工作覆盖，进一步搭建香港“厂二代”和宁海“创二代”企业家间的合作发展新平台，以实际行动为“建设滨海生态县，打造人居幸福地”贡献智慧和力量。广泛联系，积极涵养人才资源。重点做好与香港“厂二代”的沟通，积极挖掘和涵养香港“厂二代”中创业创新型人才资源。同时，要掌握香港“厂二代”的思想动态和意向，加强对其家乡观念的正面宣传，增进乡情乡谊。政府搭台，助力青年创业创新。设立论坛，可以利用“5·19”徐霞客开游节或宁海人才科技周活动的平台，活动可以“政府指导、创二代联谊会主办、宁港两地青年企业家和高层次创业人才参与”的方式进行，以主题论坛和参观交流的形式进行，为宁港两地青年提供相互学习交流的平台，形成知识互补效应。论坛要以“青年创业创新”为主题，政府各部门要重视和支持青年创业创新，鼓励更多青年开启创业理想、开展创业活动，推动科技和经济紧密结合。注重实效，精心组织筹划。为保证论坛的成效，要精心进行筹划。可采取市场化运作方式，在国内寻找一流的能熟练承办经济论坛的合作方，邀约国内知名经济主持人担纲活动。确立论坛的主题，重点围绕对企业传承、经营智慧、企业融资与资本运作、信用建设、品牌战略、市场营销、创新管理等方面进行交流探讨，要紧密结合宁海的产业优势和资源优势，借机大力培养香港“厂二代”对家乡的感情，开展“同根同宗·薪火相传”宁港青年组织考察访问、“乡情”联谊酒会等活动。

农村“两违”整治调研 2015年6月，县政协组织调研组对农村违法用地、违法建筑整治工作进行调研，在县政协召开的九届十六次常委会议上作专题发言，针对存在的问题，提出对策建议：保持高压态势，严厉打击新增违法。对新增“两违”案件，政府部门一定要采取“零容忍”的做法，发现一起严厉查处一起，绝不能再让违建者得到任何好处，这是系统治理农村“两违”要做的基础性工作，如果没有这一条，农村“两违”极可能迅速反弹，再去整治将更加困难。因此，当前政府部门还是要继续保持高压态势，并积极完善监督和奖惩机制。政府应该设立专项资金，用于奖励“两违”线索举报者；条件成熟的乡镇，可以设立综合执法所，以壮大执法力量；政府也可利用卫星遥感技术动态监测，对所有农村宅基地进行全面摸底调查，绘制村庄平面现状图、索引图和每家每户的宅矢量图，实行农村地籍数字管理科学化。开源节流并重，积极解决群众住房难。“节流”。开展一次全县范围的“一户多宅”集中专项整治行动，依法收回老房、危房等宅基地，盘活存量。宁海县绝大多数村庄已经出现“空心村”现象，大量的老房、危房烂在村中心，很多已经丧失居住功能。推进“一户多宅”专项整治，政府一定要统筹规划，先搞试点，取得经验后再全面推广。“开源”。向上级争取更多农用地转用指标。前面提到现在农村可批的建设用地已很少，需要占用耕地。而占用耕地又要受《宁海县土地利用总体规划（2006—2020年）》限制：新增建设占用耕地不超过1302公顷。2013年11月4日，我省召开了全省国土资源系统维护农民合法权益专项行动视频会议，省国土资源厅厅长陈铁雄表示，新政策将以“四个一批”方式解决农民建设规范空间保障问题，“四个一批”就是简化报批手续解决一批，乡镇置换解决一批，县级预留安排一批，规划修改保障一批。宁海县要充分利用这些政策红利，切实为农民解决一些困难。研究可行办法，稳妥处理历史遗留问题。宁海县农村“两违”历史遗留问题较多，如果全部按照现行政策去处理，显然不符合实际，建议组织力量对这个问题做专题调研，研究可行的解决办法，积极稳妥地处理这些问题。如对少批多建、少批多占的处理，就需要政府部门精心研究。这个现象在宁海县农村大量存在，完全按照法律规定全部拆除并不现实。在这方面，象山县的做法是：对批二层建三层的，考虑到农民实际住房需求，原则上予以确认，批二建三（间）的，新建的一律拆除，历史遗留的以工业用地价格由农户购买，这个做法有相当的可操作性，值得宁海县研究借鉴。

助推青年创业创新工作调研 2016年2月，县政协组织有关委员对青年创业创新工作进行调研。针对实际情况，提出意见建议：要以打造青年创业创新的“生态系统”为目标，建立健全集创业培训、见习实践、融资服务、项目引导、政策宣传等五个方面的服务体系。要进一步强化有效培训。要统筹县内培训资源，明确牵头部门和配合部门，并就培训群体进行责任分工，防止出现重复培训现象，浪费培训资源。要在每年年初排定年度培训计划和内容，既便于及早向社会公众发布，也便于各职能部门操作。要落实订单式培训的有关制度，采用先向创业青年征集培训意愿和培训内容，然后分类指导，提供有效培训内容的方式。要进一步强化有效实习。要强化宁海籍在校大学生的紧密联系，强化家乡情结和亲情感召，掌握当代大学生的职业观，吸引更多的大学生返乡创业。要支持开辟适应创业创新趋势、符合当代大学生需求的见习实践岗位，让大学生逐步感受到宁海良好的创业环境。要进一步强化有效融资。要加大青年创业创新资金扶持力度，出台针对青年创业贷款项目的贴息政策，进一步降低创业成本，鼓励创业创新。要加强金融产品的创新，逐步推广保险公司担保政策，突破需要公务员或者事业编制人员担保瓶颈、突破需要工商注册登记的瓶颈等等。要进一步强化有效项目。要从资金上、力量上支持开展各类创业创新大赛；要在阵地上、空间上支持青年拎包创业、低成本创业，在全县营造“大众创业、万众创新”的浓厚范围。进一步强化有效政策。要加强青年创业创新的政策研究，尤其是要对扶持政策进行横向的比较研究，抓紧研究出台更加优惠、更加激励的新政策，进而弥补交通区位、产业基础等方面的比较劣势。要加大政策解读和宣传力度，通过传统媒体和新媒体平台，通过故事分享会、公益讲堂等载体，传递到每一位创业青年。

做大做强农业主导优势产业调研 2017 年 2 月，县政协组织有关委员，对全县农业优势产业发展进行深入调研，并针对存在的问题，提出：建立农业主导优势产业的界定制度。按照农业特色产业的规模、区域分布、适应性、市场前景和自然资源利用效率等因素，将各类产业界定为农业主导产业、农业优势产业和一般种养业。应根据市场和农业结构调整的变化，建立农业主导优势产业的准入、退出机制，每五年对界定的主导产业和优势产业进行评审和重新界定。建立“一品一策”发展机制。凡界定列入县农业主导产业和优势产业的各类产业，作为今后政府开展实施特色农业的产业指导服务和政策扶持对象，每个产业都要做到“五个有”：有产业发展规划、有专人服务机构、有科研基地、有专项经费、有产业协会，充分发挥政府对农业产业发展的引导作用。通过“一品一策”的产业发展机制，针对不同的产业特点和发展目标，采取相应的对策措施，有利于打造产业精品模式，提升产业发展水平。提高农业技术应用水平。要加快建立能适应现代农业发展需要的公益性的农技推广服务体系。要加快专家型农技队伍建设，适应产业发展需要。要加快推进新型农民培育计划，提高县农业产业的可持续发展能力。要提高农业产业化程度。进一步加大对农业龙头企业的扶持力度，做大做强农业龙头企业，提高农产品就地吸纳能力。发挥农业专业合作社的作用。通过多种途径销售农产品。重视产业协会在农业组织化建设中的作用。要提高产业发展支持保障力度。提高认识，转变农业发展理念。完善扶持政策。要根据县农业主导优势产业的发展态势，增加农业主导优势产业扶持资金额度。完善激励机制。要继续实行农业奖励措施，对发展农业产业中做出重大贡献的农民专业合作社、农业龙头企业、农产品经纪人、农业产业协会和科技人员进行表彰，加大奖励力度，以提高其社会荣誉感，增强其责任感，发挥政府奖励的导向作用。

第二节　城市建设

县政协围绕全县城市建设的实际，就人民群众关注的问题，深入实际，进行调查研究，并针对存在的问题，提出合理建议，供县委、县政府决策参考。

加强社区建设和管理调研 2007 年 1 月，县政协组织部分委员，就社区建设和管理工作进行了深入广泛的调研，针对社区基础设施薄弱、卫生服务网络不够完善、公共服务资源未能共享等一些问题，提出对策建议：加大投入，加强社区基础设施建设。通过购置、划拨、调剂、新建等方式，逐年解决社区的办公综合用房。要落实社区办公设施“四个一”工程，即社区拥有一台数码相机、一台传真机、一台以上空调，开通一个外网接口和增添一台电脑。规范管理，强化社区卫生服务网络功能。要加大医疗设施投入，完善医疗设施。要建立县级医院与社区服务站的对口联系制度，对社区服务站进行带、传、帮、教，提高服务站的医技水平。要将公费医保卡使用延伸到服务站，方便居民就诊。共驻共建，满足居民精神文化需求。各职能部门要转变观念，进一步强化服务意识，深入社区加强服务与指导，利用自身的优势从物质、人员、指导、协调上帮助社区解决实际困难和问题。特别是社区所在街道，要保证社区必要的经费，协助社区建立独立经费账户，让社区有一定的自主权。加强与社区内行政企事业单位的横向交流，培育“共驻共建”理念。要加大驻社区单位公共资源的开放力度，实现社区服务资源的合理配置和综合利用。让社区中的资源由单个的点变成覆盖整个社区的网络，使受益对象由特定的人群扩展到全体社区居民，从而使社区资源得到充分的利用，为社区精神文明建设和文化建设奠定坚实的基础。深化改革，完善社区管理体制。针对当前社区工作定位不明、职责不清、责权利不统一的问题，建议学习外地社区建设的好做法，理顺和规范社区各组织之间的关系，逐步建立社区党支部领导下的社区居委会、社区工作站、业主委员会、物业管理单位“四位一体”新的管理体制，各组织之间关系明确，既分工又合作，共同搞好社区管理。要加强社区双评议制度，长期坚持搞好社区对辖区各职能部门服务社区的工作情况的评议工作，并把评议结果作为考核部门工作的一项重要指标，以促进职能部门改进工作作风，真正深入基层，服务社区。

推进县重点实事工程建设调研　2008 年 6 月，县政协组织调研组对交通工程、旅游开发、输变电工程等开展调研，调研组先后走访工程项目建设责任单位、有关职能部门和工程建设配合单位，召开各类座谈会，针对工程开展中存在征地拆迁项目政府处理难、多数项目资金筹集难、部分项目前期工作不到位、交通建设项目施工监管难、涉及多部门多环节项目工作协调难等问题，提出建议：要齐心协力，确保工程质量和施工进度。责任单位、施工单位和相关部门要对目前工程进展情况作一认真分析，对存在困难和问题要各负其责，各司其职，切实加以解决。不断加大施工强度，抓好施工队伍管理，配足配强施工人员，对无法保证工程质量和进度的施工队伍必要时要予以调整。监理单位要加强现场巡查力度，特别是对隐蔽工程，要在现场不间断地进行督查，加强检测力度，对不符合设计标准和质量要求的要坚决责令返工。在主体工程完工后，施工单位要及时完成附属工程的扫尾工作，以免影响群众的生产生活。要克难攻坚，抓好政策处理工作。要通过耐心细致的工作，使群众理解县重点实事工程是事关百姓切身利益的“造福工程”，赢得群众的理解和支持。对确有实际困难的群众提出合理合法的要求，要尽力予以解决。对个别无理取闹、蓄意制造事端的不法分子，特别是涉黑涉恶势力，要加大打击力度，依法予以处理，为工程建设创造良好环境。要把甬临线宁海南段遗留的政策处理难题摆上重要议事日程，及时调处，以免影响工程进展。要完善机制，拓宽项目融资渠道。有关部门在项目规划论证和立项开工时，要充分考虑到我县财政的实际情况，对项目的资金情况做充分研究，确保开工项目有必要的资金保障。要采取多种措施，得到上级有关部门的支持和重视，争取更多的拨款和补助。对宁海湾游艇俱乐部、前童古镇开发与保护工程等涉及商业性开发的项目，制订优惠政策，拓宽融资渠道，鼓励社会、民间资金积极参与投资，不断推动重点实事工程建设。要精心准备，充分做好项目前期工作。规划设计要科学合理。今后建设单位一定要对项目设计进行多方论证，听取各方意见，避免因设计变更而造成工程延误。有关部门要积极帮助建设单位及时解决规划、设计、筹建中遇到的各种困难和问题，用足用好各项优惠政策，为工程按时开工建设创造条件。在规划设计和施工时，要充分考虑宁海实际和当地群众的利益，科学合理的优化方案，使群众利益和工程效益得到兼顾，避免产生新的不稳定因素。要加大投入，切实发挥工程实效。公共安全动态监控系统全面投入运行后，为形成“上空有监控、路面有巡逻、小区有保安、室内有技防”的立体式防控体系，共需协警、保安 260 人左右。按每人每年 3 万元计算，就需经费 700 多万元。另外，系统投入运行后的电费、电信传输费用和维修费用都需要加以落实，确保公共安全监控系统的长期正常运行。国有公交公司运营已有 4 个多月，因车辆配置标准高、工人成本增加、亏损线路增多、油料上涨迅猛等因素（不考虑车辆折旧），根据测算，这几个月每月亏损 40 余万元。如果今后实施 70 周岁以上老年人免费乘坐公交政策，亏损情况还要严重。建议县政府及时研究，制订出台关于国有公交公司政策性亏损的补偿方案。要配强力量，做好开发管理工作。前童古镇保护与旅游开发工程是一项长期的系统工程，目前正在积极争取建设成为国家 AAAA 级旅游景区。其开发建设任务以及建成后的保护管理工作量很大，需要专门的机构和工作人员开展日常工作。作为承担前童古镇保护和开发重任的管委会办公室，现在是非常设机构，没有编制和专职工作人员。建议县委、县政府将管委办列为常设机构，核定人员编制，配备专职人员，以便做好古镇的旅游开发和今后的保护管理工作。

加强城区道路交通管理调研　2009 年 2 月，县政协新闻社科界组织委员对城区道路交通情况进行调研，针对道路交通管理中存在的路网结构不合理、停车场建设滞后、公共交通不发达、机动车管理混乱、交通参与者违法违规现象突出等问题，提出对策建议：要加强交通组织，减少交通拥堵点。要加快环通工程建设和横向交通道路改造。尽快实施西环线和兴海路南段工程建设，打通城区的外环圈，优化道路网络，缓解中心城区主干道交通压力。加快实施桃源南路、兴宁南路、北斗南路等道路的改造，缓解城区南北道路交通压力。要搬迁跃龙市场或农贸市场，减少人民路—中山中路—桃源中路三角区块的交通集聚，恢复周边支路的交通功能，缓解行车难矛盾。要加快城区停车场位建设，规范车辆停放管理。要按照《宁海县城市总体规划调整（2002—2020）》和《宁海县城市公共停车场规划（2007—2020）》确定的社会公共停车场的位置及规模，加快建设步伐。严格执行国家和地方法规有关停车管理的规定，规划部门、城管部门、建设部门最好能介入审批程序，新建大型公用建筑和居民新村要严格按照宁波市区大型建筑停车位配建指标配建相应泊位的停车场（库），要采取各类措施提高停车场位的利用率。要完善交通设施，提高通行能力。要加大科技投入，在各交通路口安装电子警察，对城区主要道路交叉口进行24小时监控，提高对交通流的引导和分散，以达到均衡交通流的目的。要对城区主干道实行信号线控与中心城区实施信号区域控制，减少行车延误，提高车辆通过交叉路口能力。要强化部门协调，加强宣传教育。切实加强城市道路交通管理宣传教育。要严格公正文明执法，严查各种重点交通违法行为。交警要加强对路面的管控力度，科学合理安排和部署警力，采取多种措施，切实把影响道路畅通的交通违法行为控制在最低限度。

城市化建设与旧村改造调研 2010年2月，县政协组织部分委员，就城市化建设与旧村改造问题，进行专题调研，对城市化建设中应重视的几个问题提出：解决村办企业的发展空间。城市化建设要以人为本，既要重视城市形象、城市功能、城市经济的发展，又要重视民生和本地的特性。现阶段旧村改造中反映出来一个比较突出的问题是散落在村庄中家庭作坊式的小企业无法得到妥善安置，而这些企业又是村民致富和解决村民就业的一个重要途径，也是全县经济的一个组成部分。所以在考虑城市规划时，要给他们留出一个生存空间。建立弱势群体保障基金。解决好弱势群体最基本生活保障，让他们也享受到改革成果。基金可分为村、镇（乡）、县三级，村级主要保障他们的住，采用城市居民廉租房的形式，为他们提供基本居住条件。镇（乡）、县二级主要对因突发事件致贫的家庭提供帮助，让他们尽快摆脱困境。基金的资金来源可多渠道，也可通过社会募捐来筹集。政府要制订基金的筹集、管理、使用办法。加强村级组织建设。村级组织肩负城市化建设的重任，上连着政府下连着百姓，他们的言行直接影响广大群众。所以村班子的战斗力强弱，村干部政治素质的高低，对城市化建设的顺利推进起着十分重要的作用。尤其是村党支部书记，要选拔讲政治、讲原则、讲大局、有能力的人来担任，能带领全体党员承担起建设和发展的重任。同时，对村委会一班人也要经常性地组织教育，帮助他们提高政治素质和政策理论水平。正确处理好城市化建设与旧村改造的关系，是保证城市化建设顺利进行的前提条件。我们要按照科学发展观的理论来指导城市化建设，努力做到又好又快地发展，为全县的城市化建设走出一条全新的道路。

合力推进西店卫星城市建设调研 2011年6月，县政协组织部分委员以“加快推进西店卫星城市建设”为题，进行深入调研。针对卫星城市在发展中碰到的困难和问题，建议县委、县政府加大对西店的支持力度：加大干部编制职级的配置和人才支持力度，以增强西店镇的协调力。人才是推进西店卫星城市实质性发展的重要支撑，尤其在起步阶段建设经验不足的情况下显得尤为重要。希望县委、县政府除了加大干部的编制额度外，同时帮助西店引进一批懂城市建设、城市管理和经济发展的专业人才，为推进西店发展提供人力保障。在卫星城市建设的起步阶段，给西店镇特殊的财力。起步阶段对融资工作能从文件的指导转向实质性的帮助，并加大财政的支持力度。在优质项目的引资落户工作中优先考虑西店。凭西店目前的基础条件，优质项目的引资落户有较大的局限性，而这又恰恰是决定西店能否成功实行产业转型升级的重要环节。所以，希望县政府在优质项目到县投资时，不但优先考虑西店，而且相关部门牵头帮助做好落户工作。授权部门尽快帮助对正确用权的指导。各授权部门应尽快派业务熟练和经验丰富的人员予以指导，否则，从授权到正确用权的时间间隔会拉长，影响办事的效率。

推进城区路灯系统 LED 节能改造调研 2013 年 11 月，县政协组织相关委员，就推进城区路灯系统 LED 节能改造工作进行调研，针对全县 LED 系统改造的现状和存在问题提出如下建议：建立和完善工作协调机制。通过县政府协调，财政局、住建局、城管局、交通局、经发局、公安局和供电局共同牵头组建城市路灯节能领导小组，下设办公室，由县供电局路灯管理所负责开展 LED 系统改造中的具体实施工作。引进合同能源管理方式，完善投融资机制。合同能源管理方式（即 EMC 经验），是国际上发达国家普遍采用的能源管理模式，是一种新型的市场化节能机制。其实质就是以减少的能源费用来支付节能项目全部成本的节能业务方式。这种能源投资方式允许客户用未来的节能收益，来降低目前的运行成本，或者节能服务公司以承诺节能项目的节能效益或承包整体能源费用的方式为客户提供节能服务。具体对 LED 系统改造来说，合同能源管理方式主要分灯具设备租赁型、节能效益分享型、能源费用长期托管型和节能项目银行按揭型四种形式。应根据宁海实际，制定实施计划，选择最合适的合同管理方式。加强技术管理，提升 LED 照明系统整体效能。引进国内外实力雄厚的大企业参与改造工程的招投标，选择性价比高的设备和技术，做到高起点建设、高水平管理，从系统设定照明度合理值方面提高设计人员节能意识、分时段变功率系统、不通电排查事故、智能化管控等多方面引入精细的管理模式。加强宣传提高公众节能意识。推进 LED 照明系统是一项节能减排、利国利民的大好事，工作的成败取决于公众的认可和支持。需采用多种形式加强宣传提高全民的节能意识，取得公众对该项工作的支持。

提升城镇化水平调研 2014 年 7 月，县政协组织调研组，围绕提升全县城镇化水平进行调研，在县政协召开的九届十一次常委会上进行参政议政发言。调研组认为，当前宁海县城镇化建设理念有待拓展深化，建设机制有待创新，城镇发展要素制约有待化解，城乡管理机制有待完善，为此建议：统筹发展，强化城镇实体经济的支撑力。树立城乡统筹发展理念。以全域一盘棋思维规划产业发展区、休闲旅游区、生态居住区，统筹生态保护，高标准利用好五大溪流整治沿线区域，防止随意侵占破坏式开发。合理定位城镇发展方向。中心城区推进四个街道和黄坛镇融合相向发展，提升城市功能和居民生活品质；长街、力洋等东部沿海乡镇要推进新型工业化，发展海洋经济大产业；岔路、前童等地区要提升宁西生态工业园为生态产业园，推进生态高效农业、生态工业、生态旅游休闲业发展壮大；西店镇要打造现代化工贸型滨海城市；强蛟、大佳何镇要努力建设滨海发展带，发展蓝色海洋旅游业，打造香港维多利亚式的港湾美景；深甽镇要全方位开发以温泉旅游为龙头的休闲度假产业，建成温泉风情小镇。完善城镇实体经济发展模式。加快提升六大传统优势特色产业，重点培育与汽车产业相关的模具、五金、配件、电子电器等产业，壮大汽车销售和服务产业。注重内涵，提升基础设施和服务配套。发展多元化的城镇建设主体。保障性项目以政府为主体，商业性项目以市场为主体，安置性项目要实现在规划指引下以农民或农村合作社为建设主体。完善基础设施和公共服务的配套，以市场运营的模式，推进城乡基础设施的对接共享。同时尤其需要加大在城市管理信息化、城市功能智慧化方面的投入。合理规划，做好发展要素的统筹保障。科学编制经济社会发展规划、土地利用总体规划、城乡规划、主体功能区规划、产业发展规划以及生态规划等各类规划，做好“多规合一”工作，积极开展如服务业发展专项规划等公共服务领域的专项规划，并加强规划实施的监督检查。引进社会资本，合理利用金融资本，积极拓展信托、债券、合伙、股份、BT等筹资方式，培育合规的社会性融资平台，拓展资金的筹措渠道。严格控制新增建设用地总量，对批后未用或低效益、低效率利用项目，要以一定的经济手段予以制约，对用地效率较高、效益较好的项目，要以多种方式予以奖励。全面完成农村土地确权登记颁证工作，建立农村宅基地有偿退出机制。以人为本，推动社会治理能力现代化。调整完善城市管理机构，集中行政处罚权依法管理，增强城镇规划管理能力；加强社区自治制度和自治能力建设，构建“职责明确、分工协作、运作有效”的社区工作体系。加大社工待遇保障力度；提升社会保障和人口素质，加大村集体资产分配改革力度，着力解决进城落户农村劳动力的就业、教育、医疗、社会保障等切身利益问题，探索土地置换社保、资产股份制分配等保障措施；统筹城乡职业教育资源配置，扩大职业教育服务范围，培育开放、多元、包容的现代城市文化体系。

改善城区交通拥堵状况调研　2015年6月，县政协组织调研组，围绕改善全县城区交通拥堵状况进行深入调研，并在县政协召开的九届十六次常委会议上进行发言，就改善交通拥堵状况提出：加快推进公交优先发展。加快制定全县公共交通发展规划，建设城市公交优先通道，保障关键路段优先通行权。提升出租车和汽车租赁行业发展水平。探索开展出租车行业管理和汽车经营模式改革。要逐步取消经营权有偿使用费，有序开放出租汽车市场准入和出租汽车数量管控，对出租汽车数量实行市场化配置。建立“三车”治理长效机制。把好各类超标电瓶车的市场销售准入关，从法律层面上探讨作出禁止销售的可行办法。公安交警部门要严查非法上路的“三车”，一经发现依法严厉打击。规范城区内的有牌人力客运三轮车营运，规定经营年限、运营区域、营运人员。倡导绿色文明出行。树立绿色出行理念，做到少开私家车，为绿色出行营造良好的社会氛围。要结合城区路网合理布局，扩大公共休闲自行车服务覆盖面。在已建成公共休闲自行车租赁网点的基础上，加大建设和投放自行车车数，充分发挥公共自行车在缓解城市交通拥堵中的积极作用。提高交通参与者文明素质，机关事业单位工作人员要带头做好，为文明交通起表率作用。强化道路基础设施建设。结合城市建设发展趋势和城区道路对车辆承载力要求，完善和优化城区道路规划。在有条件的城区主干道建立快速车道、专用车道，提高车辆通行能力。提升交通管理和组织能力。通过实行单行线、建设绿波带、建立科学合理的停车管理机制、合理设置交通信号灯等措施，提高现有交通资源的利用率。宁波各县市（除宁海外）都建成了智能交通综合指挥管理系统，宁海县应尽快建设，以提升交通管理和组织能力。

防治内涝体系建设调研 2016年2月，县政协组织相关委员，对全县发生洪涝灾害情况进行调研，并就加快内涝防治体系建设工作提出建议：科学编制规划，梳理建设任务。建议县水利局、县住建局在防洪排涝规划基础上，全面评估各地防洪排涝能力和风险，建立规范的普查信息数据，重点做好平原区的内涝治理专项规划，梳理近期建设任务，加快推进内涝防治体系的建设。转变防治理念，统筹治理举措。切实将排涝工程与水质保护、环境整治、城镇建设等方面有机结合。大胆采用先进技术，积极推广新工艺，可借鉴德国渗水路面，一方面增加土壤含水量，另一方面可减轻内涝现象。增加绿地规划面积，加强环境建设，美化环境，改善土壤涵养水源能力。将排涝工程与改养产业结构调整相结合，充分利用养殖水面来提高内蓄水量，增强排涝能力。严格法律执行，强化依法治涝。首先是严格控制水面率指标，严禁侵占、减少水域面积；其次是明确划定管理保护范围，建议尽早在全县范围开展河道或水域确权划界工作，尽早解决历史遗留问题，为下一步实施整治工程和以后运行管理创造有利条件。做好规划先行，推进科学治涝。尽早布置相关前期工作，尤其是对近期即将实施的区域优先政策做好有关政策处理工作，严格控制建设范围内的违章建设和违规种植。做到建管并重，做好管维并举。加快流域及区块防洪排涝实时决策系统建设，务必做到雨情、水情、工情实时监控，信息共享，以便科学决策；另外要积极推行管养分离机制，加强运行管理目标考核，有效控制河道淤积、漂浮物，确保河道排涝能力的发挥。加大宣传引导，建设内涝防治体系。加大宣传力度，使广大群众认识到内涝防治体系建设是关乎自身生命与财产安全的大事，保护好平原河网就是保护好自己的家园；加强在面临突发灾害时应急自救能力知识的普及和推广，以处置得当的自救方法来降低灾害中的生命和财产损失。

建设“海绵城市”调研 2017年2月，县政协组织有关委员，就建设海绵城市、加强城市规划管理工作进行调研，针对宁海实际提出对策建议：要加强规划引领，统筹城市建设。各部门要结合全县城市建设现状研究制定海绵城市实施方案，要以规划引领、生态优先、因地制宜、统筹建设为基本原则。发挥“多规融合”与“县域总体规划”的空间统筹作用，保障海绵城市建设刚性空间。结合城市及周边良好的自然本底，科学划定“生态保护红线”“永久基本农田边线”与“城市建设边界”，保障海绵城市建设的蓝线、绿线、黄线等刚性空间。科学编制海绵城市专项规划，全面统筹道路、绿地、水系等要素，构建“核心突出、廊道明确、分区合理”的海绵城市框架体系。同时建立项目储备制度，明确重点建设范围、建设（改造）项目、建设时序和策略。通过控制性详细规划全面落实海绵城市专项规划要求，把雨水年径流总量控制率、地块渗透率等指标落实在控规指标体系内，明确地块建设要求。要加强资源整合，推进综合创建。整合“海绵城市”“美丽县城”“地下综合管廊”“棚户区改造”等政策要求，争取开展一批同时符合这些政策要求的建设项目，多个渠道争取资金，节约全县财政配比资金投入。要加强典型示范，引领项目建设。宁海县的新城市中心区，规划面积约6.3平方公里，环境基础优越，设施相对完善。建议将其纳入海绵城市试点片区，打造集中连片的试点展示区，并将其中的天明湖生态景观核心、大肚溪河流改造等项目作为典型项目进行建设，达到示范引领作用，发挥窗口展示功能。天明湖生态景观核心区域，结合已建成的湖面、公园一期与即将启动的城市阳台、公园二期等项目，深入贯彻实施海绵城市建设理念，重点做好净水系统与雨水回用系统构建。净水系统方面，在完善上游雨污管道分流的基础上，通过种植水生植物、投放鱼苗、建设滨水湿地等方式，构建完善的水生生态系统，从而发挥水体与水生植物的自净功能。加强短板建设，完善整体形象。维持和恢复城市绿地与水体的吸水、渗水、净水能力，是建设海绵城市的重要手段。在梅桥片区、跃龙老城区等建成区范围，建议采用因地制宜的原则，利用现有设施条件进行必要、合理和高效的改造，从而取得投入少、效果大的成果。加强理念宣传，发动全民参与。海绵城市是城市建设新理念，政府部门除了做好政策规划制定、完善管控体系、加强资金保障外，更需做好理念宣传，发挥社会参与的积极性与创造性。通过政府网页宣传、微博微信互动、社区活动公众参与、实际项目展示等多种形式，让更多的社会公众了解海绵城市的概念，懂得海绵城市建设的意义，并从海绵城市项目建设中真正受益，实现“要我建”“要我改”到“我要建”“我要改”的观念转变。

第三节　教科文卫

县政协围绕教育文化、科学技术、卫生体育等方面问题，组织委员广泛深入地进行调查研究，提出合理的建议，为党政部门民主科学决策提供可靠依据。

县职业技术教育发展调研　2007年1月，县政协组织部分委员，对宁海县职业技术教育改革和发展工作进行调研。委员们深入基层召开各类座谈会，针对全县职业技术教育存在的困难和问题，提出建议：要健全职业教育发展保障机制。要建立组织保障，加强对职业技术教育发展规划、资源配置、政策保障的统筹管理。要建立经费保障，建立一套比较完善的职业教育经费筹集机制，以制度保证对职业教育的投入。要建立制度保障，要积极实施劳动就业准入制度，大力推行职业资格证书制度。要加快职业教育基础设施建设。要加快县一职高的迁建。要做好县职教中心扩建和创业园建设。要继续扶持三职高、双林职高等民办职校发展，满足初中毕业生接受优质中等职业技术教育的需求。要合理调整乡镇成人教育机构，合理规划乡镇成校、村（社区）成人教育教学点、社会培训机构布局，形成以县教育中心（成职教中心）为龙头、区域性组团式乡镇成校为骨干、村（社区）教学点和社会培训机构为基础的培训体系，满足全县劳动力技术培训的需求。要建立学校与企业合作互动机制。建立政府引导、院校主动、企业参与的校企合作运行机制。找准企业与学校的利益共同点，建立学校和企业之间长期稳定的联系合作制度，实现互惠互利、合作共赢。要搭建职业教育发展服务平台。要建立教育指导平台，组织成立职业技术教育行业指导委员会。要搭建交流沟通平台，建立由行业专家、教育教学专家组成的职业技术教育专业研究会，指导职业技术教育专业设置，实施职业技术教育课程改革，推广教学新技术和新方法，制定建在企业的实习实训基地的具体管理办法等。要完善供需信息平台，建立健全劳动力、企业、培训机构及社会资源共享的城乡劳动力培训与就业网络信息平台，适时发布城乡劳动力职业培训信息、就业信息和企业用人需求信息，为社会公众提供便捷的培训与就业信息服务，实现企业用工、技术培训、就业信息实时共享。要加强职业学校的特色专业建设。要根据全县产业经济分布特点，结合学校发展实际，做好各职业学校的专业布局调整，有针对性地开展人才培养、员工培训、技术服务，促进全县特色产业的壮大和升级。要加强职业学校的教师队伍建设，尤其是“双师型”专业教师培养。教育、人事、劳动保障等部门要提出相应的实施办法，开通“绿色通道”，引进优秀技术人员和高技能人才充实专业教师队伍，努力造就一支数量足够、素质优良、结构合理的教师队伍。

加强城区环境卫生管理调研 2008 年 4 月，县政协组织委员，以“城区环境卫生管理”为题，进行深入调研，针对调研中发现的问题，提出建议：要强化宣传教育，进一步提高市民环境卫生意识。要完善环卫设施，夯实环境卫生管理基础。要加大公共环卫设施建设力度，实行公共环卫设施（公厕、垃圾中转站等）与房屋建筑工程同步规划建设。要加强城区污水处理设施建设。要重视颜公河的污水治理，对颜公河流域范围的新建项目进行严格的环境影响评价，从源头上控制污染范围。要开展农业面源污染治理，尽快搬迁城市禁养区内的养殖户，要逐步完善污水收集、管网和污水处理设施建设。加强对工业、企业废水排放的监测和管理，并对颜公河开展一次河床清淤，为引进活水创造条件，彻底改变颜公河恶臭的现状。要加强城市环境卫生（市容市貌）管理。根据《宁波市市容环境卫生管理条例》的规定，强化执法工作，在加大宣传的基础上，对违章行为进行处罚，必要时予以重处。对占道经营和跨门经营现象，要进行专项综合整治。要进一步明确职责，建立环境卫生管理长效机制。搞好环境卫生（市容市貌）既要有阶段性的整治，更要靠长效机制的保障。随着居住的社区化，暂住、流动人口的快速增长，以及随着依靠单位来管理环卫体制的减弱，现有的管理办法使环境卫生管理工作出现了“横管不到边、纵管不到底”的新情况，在这种情况下，加强探索，进一步建立和完善创建工作和城市管理的长效机制显得尤其重要，要做到合理界定职责，落实任务分工，加大执行力度，强化常态管理。

推进生活垃圾分类处理调研 2009 年 6 月，县政协组织医卫界政协委员，以“推行生活垃圾分类处理，实现我县生活垃圾减量化”为题，进行深入调研，并针对全县生活垃圾处理的现状和问题，提出建议：要广泛宣传，提高市民的环境意识和公民意识。要通过电视、广播、报纸、网络等各种媒体以及举办讲座、图片展览等多种方式进行广泛宣传，不仅让广大市民知道如何实施垃圾分类收集，更重要的是让大家认识到垃圾分类收集是环境保护的需要，是利国利民的好事，也是共同生存在这块土地上的每一个人的责任。要强化政策引导，推动垃圾资源化回收和利用。实施生活垃圾分类处理，一方面要制订有利于促进垃圾减量、资源化回收利用的相关政策，建立健全城乡共享的可再生资源回收网络；另一方面要建立和完善垃圾资源化管理的规章制度，如资源回收制度、废弃物处理制度等，用法律的手段规范和约束人们的资源综合利用行为，引导人们开展生活垃圾分类收集和资源再利用，并把它变成全社会的自觉行动。要循序渐进，在现有条件下，生活垃圾分类处理允许分阶段多种处理方式并存。在现阶段生活垃圾不能完全做到资源化的情况下，能在生活垃圾减量化上取得进展也是应该值得肯定的。要搞好试点，分步推广。可以借鉴外地的先进经验，明确责任和要求，选择条件合适的社区或村庄开展生活垃圾分类收集试点。要充分发挥社区、农村基层管理组织的作用，认真做好实施前的各方面工作，制定垃圾分类处理工作的计划和实施办法，健全垃圾分类收集的配套设施，同时加大监管和协调力度，在取得试点经验的基础上逐步推广。要加大环卫基础设施的投入，发挥环卫部门在生活垃圾分类处理工作中的主导作用。政府要加大对垃圾分类处理基础设施的投入。逐步建立适合宁海县实际的垃圾分类收运体系和垃圾综合处理体系。在“安全、卫生、有效”的前提下，也可引入市场化运作机制，通过积极探索，扎实工作，促进全县生活垃圾分类处理工作的顺利开展。

县体育事业发展调研　2010年2月，县政协组织部分委员对宁海县体育事业发展情况进行调研。针对存在的问题，提出：要进一步重视和加强青少年体育工作。青少年的健康是国家的财富，更是每个人健康成长和实现幸福生活的根基。全面推进素质教育应大力加强学校体育工作，把学校体育工作作为全民健身运动的重点，切实提高青少年健康素质。要领导重视，形成行之有效的监督、管理、评价和保障机制。切实加强领导，齐抓共管，形成全社会支持青少年体育工作的合力。学校要把增强学生体质作为教育的基本目标之一，把健康素质作为评价学生全面发展的重要指标，全面实施《国家学生体质健康标准》，切实抓好青少年学生体育工作的落实。要从实际出发，量力而行，为学生参加体育锻炼配备必要的体育设施。要组织多层次、多样化的体育团队和竞赛活动，提高学生参加课外生活的兴趣。要进一步增强全民体育意识。大力发展群众体育活动，增强全民体质，将会是我国今后体育事业发展的重中之重，也是一项利在当前、功在千秋的民生工程。要广泛宣传，以举办各类体育比赛和开展一些群众性体育活动为载体，来提高广大群众参与面，从而达到增强全民体育活动的意识。要进一步加大对体育场地设施建设的力度。新体育中心等大型项目的建设，将为体育事业发展提供良好的设施保障。为了弥补不足，满足市民日益增长的体育健身需求，根据新修编的县城总体规划，县城市建设拉开框架，中心北移。随着城市化建设进程的推进，必须要有与之相称的城市标志性建筑，而规划北面的新体育中心就成为城市建设最具特色和亮点的选择。建议尽快启动新体育中心建设，参照鄞州区引进中国女篮、北仑区引进中国女排的做法，定期举办国内有影响的大型体育比赛，让体育硬件设施和软件的大型体育赛事的引进相得益彰，为共同繁荣全县体育事业提供有力支撑和保障。

提升城市文化建设品位调研 2011年1月，民进宁海支部组织委员以“挖掘文化内涵，提升全县城市建设品位”为题，深入进行调研，并针对存在的问题，提出对策建议：在城市总体规划设计上突出文化内涵。重点做好以下三方面：一是打造自然景观文化。要依托宁海的自然禀赋，发挥山水生态优势，规划生态型山水园林城市，建设突出生态、文化、休闲、娱乐、旅游等主题景观。二是塑造人文景观文化。塑造城市人文景观文化，必须首先把握城市的历史和文化脉络，赋城市灵魂于城市人文景观当中，给城市形象以生机和活力。三是加快文化基础设施建设。要根据“十二五”规划，按照城市高品位建设的要求，统筹规划，加快推进宁海大剧院、文化馆、博物馆、电影院、体育中心等文化设施建设。同时还要继续高度重视各级学校的基础设施建设，并发挥学校对周边区域的文化影响力。在城市文化遗产继承上加强保护发掘。对于宁海县目前毁坏的部分历史文化遗产，应抓紧给予抢救性修复。对于最能体现老宁海气息的老城区，应给予保护性改建和利用。在宁海旧城改造中，一座一千多年历史的县城肯定不能全部拆了重建，而应该着力修复、重建一块有历史风貌和城市脉络的区块，使城市更丰富，更具特色。在近期加快规划建设“一道一街一园”的特色名片。在城市特色文化提升上进一步实现品牌战略。充分整合宁海县的自然、历史和人文景观。宁海山海兼优，历史悠久，有丰富的地理资源和多元的文化资源。要打好文化品牌“组合拳”，以扩大地域文化的知名度和影响力。立足本地，积极培育优势文化产业。要在加强公共文化服务的同时，大力培育发展文化产业，着力实施“文化产业工程”。着力推动文化产业集聚提升，营造一个健康向上的城市文化氛围，进一步增强广大市民对城市的认同感、归属感和凝聚力，从而把整个城市的文化软实力提升到一个新的档次。落实保障措施，加大宣传力度。为满足广大市民日益增长的多元化的精神文化需求，不断提高城市文化的软实力，县委、县政府要加大财政支持力度，并鼓励更多的社会力量参与，相关部门应提出全县文化设施规划方案，规划建成一批体现县城市特色的标志性文化娱乐设施。充分发挥新闻媒体的舆论监督作用，自觉抵制影响城市品位的一切不良行为，营造良好的社会氛围。

加强基层医疗卫生服务体系建设调研 2012年2月，县政协组织委员就加强基层医疗卫生服务体系建设问题，深入调研，通过召开各类座谈会、实地视察，根据县政府《关于加快发展城乡社区卫生服务的实施意见》（宁政发〔2008〕8号）精神，结合全县基层医疗卫生服务现状，就进一步加强全县基层医疗卫生服务体系建设提出如下建议：明确基层医疗卫生发展总体要求。以中共十七大精神和科学发展观为指导，坚持社区卫生服务机构的公益性质，注重卫生服务的公平、效率和可及性。坚持政府主导，鼓励社会力量参与，多渠道发展社区卫生服务机构。坚持实行区域卫生规划，立足于充分利用现有卫生资源，通过多种方式健全社区卫生服务网络。坚持公共卫生和基本医疗并重，中西医并重，防治结合。坚持因地制宜，探索创新，将发展社区卫生服务作为深化医疗卫生体制改革、有效缓解居民“看病难、看病贵”问题的重要措施，不断提高社区卫生服务质量和水平，为居民提供安全、有效、便捷、经济的公共卫生和基本医疗服务。制订基层医疗卫生机构建设规划。根据宁波市社区卫生发展规划“城市十分钟、农村二十分钟”居民出行能到达社区卫生服务机构的目标，并结合每1000—1500人配备一名社区责任医生的要求，目前，宁海县已在186个行政村设置了社区卫生服务站或村卫生室，仍有178个行政村未设置，建议在现有社区卫生服务机构布局的基础上，遵循一次规划、分年实施的总体原则，对全县基层医疗卫生机构建设进行一次长远科学合理的整体规划，至2020年年底，以政府为责任主体，以乡镇（街道）为单位，基本完成基层医疗卫生服务网络建设任务。确保社区卫生服务机构业务用房。明确政府为社区卫生服务提供必要的业务用房、基础性设施、标准化设备，有关部门在规划新建、改扩建居民小区的同时应充分考虑规划建设社区卫生服务业务用房，明确社区卫生业务用房与居民住宅规划同步建设要求，建成后无偿提供给卫生行政部门经营管理，暂时不能新建的其租赁用房的租金由县乡二级财政全额补助（预计2011年服务站租金将达130万元左右）。村级用房原则上由村集体无偿提供，有条件的尽可能新建，确有困难的由当地政府统筹解决，逐步建立社区卫生服务机构业务用房的长效管理机制，使社区卫生服务有固定场所，不因人员外出而掉失医疗服务阵地。加快基层卫生人才队伍建设。要明确人才队伍建设目标，针对农村卫生人才紧缺的现状，要明确加快人才引进和多渠道培养农村卫生人才的途径。要核定人员编制，按照“公开、公平、公正”的原则，定员定岗，缺编的岗位实行统一招考，在考录政策制定上应充分考虑农村实际，给予一定的倾斜与优惠。要充分利用现有资源，加快培养一批能体现全科医疗服务模式及防治结合特点的示范性社区卫生人才，积极鼓励县级医院业务水平较高、身体状况较好的退休卫生专业技术人员到社区卫生服务机构工作，发挥传帮带作用。建立健全政府投入保障机制。政府举办的基层医疗卫生机构作为财政全额拨款补助的事业单位，其房屋设施建设、设备配套和人员培训等经费由县财政负担，按照核定编制、绩效工资实行全额补助。按照规划每新建一个社区卫生服务站（室），由县卫生局牵头组织相关部门验收合格后，县财政给予一次性建设经费补助。不断完善医保配套政策，要将县内符合条件的社区卫生服务机构及时纳入城镇医保定点医疗机构，逐步提高参保人员在社区卫生服务机构就医的报销比例。加快推进乡村一体化管理，为居民群众提供公共卫生服务的社区卫生服务站（室），政府通过购买服务的方式给予一定额度的运行经费补助，可以按照不同地区、不同经济差别制定相应补偿标准，保证基层医疗卫生机构能正常运转。

重视民办幼师队伍建设调研　2013年12月，县政协组织有关委员就民办幼师队伍情况进行调研，针对民办幼儿园师资队伍中存在的问题，提出对策建议：严格执行幼儿园教师资格制度。2011年12月13日，教育部发出《关于加强幼儿园教师队伍建设的意见》，明确指出“幼儿园教师须取得相应教师资格证书”，政府部门应制订措施，加强对全县民办幼儿园教师资格情况的检查、监督，认真落实国家教育部的意见。规范民办幼儿园的办园行为。严格按照有关规定，把好民办幼儿园的准入资格关和审批程序关。建立幼儿园园长任职资格制度，对幼儿园开办者的资质要有刚性要求。增加对学前教育的投入。新增教育经费要向学前教育倾斜。加大对公办幼儿园的扶持力度，制定优惠政策，鼓励公办幼儿园兴办分园或合作办园。以补贴为杠杆，对民办幼儿园进行合理监管。出台民办幼儿园教师的鼓励政策。承担民办幼师的部分社会保险，制定政策要求民办园的所有者按法律规定保障教师权益。允许外地务工人员考资格证书等，以稳定民办幼儿园教师队伍，提高师资队伍素质，为幼儿教育事业的和谐发展发挥作用。

推进知识产权事业发展调研　2014 年 2 月，县政协组织有关委员就推进全县知识产权事业发展问题进行调研，针对存在的问题，提出对策建议：要完善知识产权管理和政策体系。建立重大经济或科技活动中知识产权评议制度，完善“知识产权预警”机制，通过对项目关键技术与国内外相关专利进行比较分析，发现和警示在科技、投资、引资等活动中潜在的知识产权风险，防止国家重大经济活动和经济决策中出现知识产权侵权等问题，防范产业化重大项目中存在的知识产权风险，避免资金重复投入。要推进企业知识产权管理标准化。全面推广实施我国首部企业知识产权管理国家标准《企业知识产权管理规范》，在此基础上，将自主知识产权核心技术转化为专利技术，将专利技术融入产品技术标准中。进一步提升企业管理者知识产权意识，面向企业管理者、研发、技术人员开展有针对性的培训，提升研发、技术人员运用知识产权制度的能力和水平。要强化知识产权服务平台建设。积极培育和建立集专利、商标及其他知识产权法律服务于一体的综合性知识产权服务机构，加快孵化器平台建设，构建产权转化和交易平台，完善全县科技公共服务体系。重点推进小微企业知识产权托管工作，为企业提供知识产权咨询、专利申报指导，拓展检索等系列服务。要加大知识产权保护力度。加强行政执法工作，适时开展专项执法行动。引导企业转变财产保护观念，提高企业的知识产权保护意识，提高企业在国际经济、技术贸易与合作中的知识产权保护能力。加大知识产权司法打击力度，围绕“为创新护航、为主导产业和新兴产业护航、为重大项目护航”的目标，建立健全知识产权行政执法以调解为主、司法保护为辅、行业自律为补充的多渠道、多层面的知识产权维权体系，切实保护知识产权人的合法权益，维护公平有序的市场竞争秩序。要实施知识产权战略推进自主创新。紧紧抓住宁海县被授予“省知识产权创建示范县”的有利机遇，积极实施知识产权战略纲要。充分调动企业作为自主创新主体的积极性，着力培育一批具有自主知识产权的科技型企业，形成一批具有核心竞争力的产业群和产业链，集聚一批具有科技产业成果的高端人才和团队，创造一批具有自主知识产权的核心技术，实现知识产权资源的有效配置和集成，促进重点产业和优势产业发展，推进产业结构调整和优化升级，全面提升企业自主创新能力和核心竞争力，促进县域经济又好又快发展。

优化行政服务环境调研　2015 年 6 月，县政协组织调研组，就优化全县行政服务环境问题进行深入调研，并在县政协召开的九届十六次常委会上作专题发言，针对存在的问题，提出对策建议：要主动作为，营造优化行政服务环境的良好氛围。要深入开展“进企业、强服务、破难题”专项活动，强化领导联系企业制度，畅通沟通渠道，经常性分层次召开企业家座谈会，及时帮助企业解决发展过程中存在的困难和问题。借鉴推进重点工程的“永康经验”，开展“打霸拔钉”专项行动，对明目张胆违建、带头阻挠重点工程建设等扰乱经济社会发展的行为进行打击。要深化简政放权，提升行政审批效能。深化行政审批职能归并改革工作，督促各部门所有行政审批事项进驻县行政服务中心，以达到省政府提出的目标要求。实行动态管理，强化“互联网+审批”建设，全面建成政务服务网统一行政权力运行系统，开发建设投资项目“云审批”电子档案库、网上申报、网上预约、移动审批等一系列信息化系统，有效提升审批效能。要认真规范整理，调整完善政策体系。对全县已出台的各类优惠政策进行一次规范整理，加快建成适应新常态要求的政策体系。加快出台“四新经济”扶持办法和实施意见。加强优惠政策的宣传力度，提高优惠政策的知晓率，提高执行政策的透明度。要完善监管流程，规范中介服务。进一步完善中介机构监管制度，引导和监督中介机构诚实守信、合法经营。充分发挥行政服务中心中介机构服务区作用，择优选取资质良好的中介机构进驻服务区，加强对中介机构的动态管理，实行优胜劣汰。积极培育一批实力强、信誉好、层次高的中介机构。要转变工作作风，提高行政服务水平。加强部门协作，克服各自为政、互相掣肘的内耗现象，加快推进“多规融合”工作，实现城市空间“一张图”管理。增强服务意识，把工作精力集中到办好事实事、解决群众困难上来。提高行政执法人员素质和水准，不断提高行政服务工作的实效，并出台专门的考评方案和考评细则应对行政审批“中梗阻”现象。

加强技工队伍建设调研　2016 年 6 月，县政协组织调研组，就培养更多“金蓝领”，提升宁海制造质量问题，开展深入调研，在县政协召开的九届二十次常委会议上作专题发言，针对当前全县技工队伍建设存在的“短板”，提出对策建议：要强化激励机制，提高技工社会地位。出台企业实用人才评价办法，将能力强、贡献大的优秀技工纳入政府人才体系，在待遇保障上参照高层次人才进行确定。学习鄞州做法，每年按行业选出一定数量的拔尖技术工人，授予“宁海金匠”“宁海银匠”等荣誉称号，并在经济上给予补贴。建立以优秀技工名字命名操作法或大师工作室等创新奖励制度。要引导企业建立科学合理的技工薪酬制度，提高技工待遇。实施高级技工岗位聘任制，参照企业管理人员和专业技术人员的待遇标准，落实高级技工的相关待遇；把企业岗位技能津贴制度纳入企业集体合同或工资集体协议，提高技工收入水平；设立首席工人、技术带头人、高师带徒和特殊岗位等津贴制度，享受带薪学习、培训、休假、疗养、出国进修等有关待遇。要建立多元投入机制，破解经费保障瓶颈。县财政要加大专项投入，用于技工培养、高技能工人表彰、师资培训补贴等。企业进行技术改造和项目引进，应按投资额 10%提取技能人才培养经费。对于未开展职工培训的企业，建议对其职工教育经费进行统筹，由县人社局统一组织培训服务。要搭建公共服务平台，完善技工培养体系。政府要依托公共职业培训机构和职业学校，建立技工信息库，定时发布技工需求预测、产业紧缺工种目录等内容。建立健全培训和鉴定服务体系，形成顺畅协调的服务机制，设立职业技能培训基地和鉴定工作站。引导企业把技工培养规划纳入企业发展战略规划之中，推广并完善“导师制”、诀窍绝技传授、首席工人制等做法。

加强校园安全管理工作调研 2017年2月，县政协组织委员，对校园安全管理工作进行调研，针对存在问题，提出对策建议：要进一步落实校园安全管理。落实安全责任制。牢固树立“安全重于泰山，稳定压倒一切”的理念，落实各部门的校园安全管理责任，明确部门负责人是安全稳定工作的第一责任人，层层分解，明确各级责任人，确保“谁主管，谁负责”得到真正落实。健全学校安全队伍建设。要求把身体素质、责任意识、工作能力、敬业精神等各方面素质相对较强的干部充入到校园安全管理队伍中来，同时加强安全知识和业务技能培训，有力提升学校安全稳定综治管理水平。增强网络舆情应对能力。建立健全应对舆情的工作制度和应对机制，全面提升教育系统网络舆情危机的化解能力。加强正面舆论引导，用正面宣传挤压各种噪音杂音的生存空间。要进一步建立健全治安防范体系。组建联合整治队伍。教育、公安、市场、城管、文化、交通、安监、商务、物价等有关部门，要合力做好校园安全联合整治工作。建议组织4支工作小组：由教育、市场、卫生、商务、物价为主牵头的针对食品安全治理小组。由城管、市场为主牵头的针对流动商贩治理小组；由文广、市场为主牵头的针对网吧等娱乐场所治理小组。由综治、公安、交通、教育、安监为主负责的周边安全隐患治理小组。建立长效治理机制。联合整治小组需设立召集人制度、考绩制度等，由召集人统一指挥，按制度要求，定期不定期开展校园安全整治专项行动，特别要加强对校园周边环境相对复杂、环境相对不良学校的整治行动。建立健全专群结合的治安防范体系。切实加强学校专兼职安保队伍建设和群众治安组织建设，确保学生有一个安全、和谐、健康的学习环境。要进一步加大校园安全设施投入力度。加大资金投入。财政要进一步加大投入力度，保障各校在增加公用经费投入的基础上，安排专项资金进行重大安全隐患的整治。提高学校“三防”能力，配齐配足安保人员、提高安保人员素质、校园技防设施的升级、学生交通安全保障水平的提升等。在重点部位配置技术先进、质量可靠的监控设备，积极推进校园警务联络室建设。加强警示标志的维护和检查。继续加大校园及周边安全设施投入，根据道路安全交通要求，不断健全完善学校（幼儿园）门口和主要出入口警示（提示）标志、减速带等交通安全设施建设。要进一步强化对上下学等特殊时段的管理。继续开展“平安宁海”创建宣传教育活动。通过家长学校、校讯通等平台以及“小手拉大手”、平安创建“五个一”等活动，加大对家长的宣传力度，提高学生家长的知晓率、参与率和满意率。继续发挥交通协警的作用。通过“家长护苗队”“社区党群同心圆”活动等各种形式，要求家长接送“文明出行”，确保校园周边交通管理有序。积极创新校园周边交通秩序管理手段。比如对有操作可行性的学校周边道路进行短时间单行处理，对校园周边实行分区域专人管理责任制等。

第四节　人民生活

县政协紧紧围绕与人民生活密切相关的问题，组织委员深入实际进行调查研究，针对存在的问题，提出建设性意见与建议供县委、县政府及有关部门科学民主决策参考。

农产品质量安全情况调研　2007 年 8 月，县政协组织调研组，就农产品质量安全情况进行深入调研，形成《严把农产品质量安全关，让群众吃上放心菜》的调研报告。调研组通过走访涉农有关单位及有关种植养殖场地，结合调查问卷，针对存在的问题，提出建议：要强化宣传引导，提高质量安全意识。要切实按照“无公害食品行动计划”的要求，进一步加大宣传力度，充分利用电视、广播、农民信箱和报刊等新闻媒体大力宣传农产品质量安全知识，树立良好的健康消费理念，让健康消费引领食品安全生产。通过干部下村，分片包干的形式大讲国家产业政策，大讲农产品生产标准化，大讲入世后国内外市场对农产品质量的要求，大讲无公害生产的高效典型，引用现实生活中因质量安全问题引发的矛盾纠纷而遭受到的直接或间接损失，以及因质量问题造成对人身、财产安全所带来的危害等，引导农产品生产者树立以质量求效益、求发展的观念，调动他们自觉参与无公害农产品生产的积极性，真正把无公害生产变成自己的自觉行动。要从源头治理入手，全面提高质量安全水平。对农产品及其投入品要进行全面整治，加快对高毒、高残留投入品禁用、限用和淘汰进程。要以蔬菜为重点，开展农药、化肥等农业投入品的专项整治，完善农资市场管理制度，尽快淘汰影响质量安全的农资新产品，严厉查处生产、经营和使用国家明令禁止的农资新产品行为。要对兽药和饲料生产经营、生猪饲养等环节开展检查整治，重点检查有无生产、经营和使用违禁药品和药物添加剂的行为，是否按规范执行停（休）药期。要加大对水产品质量安全产地监测力度，开展苗种场育苗工艺检查，苗种检疫，渔药、饲料和饲料添加剂的使用和养殖管理基本制度落实情况检查。要全面推行标准化生产，着力打造品牌产品。在基地环境管理上，依托环保、卫生等部门，建立基地环境定期监测制度，提出净化环境措施，控制内源污染和外源污染，通过对产地土壤、水质、大气进行连续的监测评价，控制外源污染及农业生产资料使用对产地环境的污染，保证产地环境符合标准。在生产过程中，明确无公害农产品生产者、基地和基地负责人的各项责任，严格按技术规程组织生产，建立生产档案等措施。要加强农产品的监测和市场监管体系建设。建立市场准入制度，没有通过认证的农产品一律不准进入市场。销售者在销售过程中要提供销售该产品的合格证或检测依据。要推进政策扶持和技术服务。要推进扶持一批农业治污企业。如宁海绿丰生态有限公司，该公司是一家年生产 1 万余吨有机复合肥企业，其生产的有机复合肥有利于土壤的改良，有利于提高农产品的质量和档次。该公司最大的功能是治污，还承担着县东部地区6家万头养猪场和1家千头奶牛场的畜粪消化职能。要加大对优质农产品的扶持力度。要大力扶持生物防治，实行以虫治虫、以菌治虫、以菌治菌。如利用赤眼蜂、七星瓢虫可以以虫治虫，利用昆虫内外激素来诱杀、迷向、调节蜕皮变态等进行防治。

加强小餐饮食品安全管理调研 2008年1月，县政协组织有关委员对小餐饮食品安全管理工作进行调研，形成《我县小餐饮食品安全的现状与对策》调研报告，调研中针对存在的问题，提出：要加强领导，切实履行食品安全监管职责。食品安全是社会公共安全的重要内容，关注食品安全，就是关注人的生命和健康，就是尊重人、关爱人，是和谐社会本质要求，食品安全监管能否真正落到实处，主要体现在政府的决策和决心。各级政府要充分认识和深刻理解国务院《关于加强食品等产品安全监督管理的特别规定》，认清形势，增强使命感和责任感，树立科学的监管理念，切实履行好政府的职责，把政府依法监管的职责落到实处。建议县政府及有关部门把食品安全监管工作列入对乡镇、街道政府目标考核的重要内容。要部门协作，构建齐抓共管的工作局面。小餐饮食品安全整治工作是一项系统工程，涉及卫生、工商、城管、土地、公安等多个部门，因此必须由政府牵头，部门协作。要有组织、有计划、有目标、有目的地协调有关部门开展综合监管和治理，排解矛盾，消除隐患，为一方百姓创造一个放心的食品安全环境，消除群众“吃蔬菜怕毒素、吃荤菜怕激素、喝饮料怕色素”的阴影。建议县政府进一步明确各部门职责，完善有关制度，采取综合治理，并加强工作落实情况的督查。要夯实基础，实施网格化卫生监管。卫生监督机构要以社会关注的“民生问题”为监督工作的突破口，要以打造平安餐饮为工作重点，加快基层卫生监督分所建设，在全县城乡构建横向到边、纵向到底的监管网络，对餐饮业实施网格化监管。要特别加强对食品安全隐患餐饮业的监管力度和卫生技术指导，强化从业人员卫生法律和卫生知识宣传培训，努力提高从业者的食品安全意识和责任意识，为全县餐饮消费安全营造良好的经营环境。

低收入农户青少年的情况调研 2009年2月，县政协组织部分委员对低收入农户青少年的情况进行调研，针对问题并提出建议：要建立低收入农户青少年动态档案数据体系。依托“浙江希望工程在线”，以乡镇（街道）团组织为单位，逐步完善家庭贫困青少年就学、健康、就业等动态信息，逐一登记录入，建立反映其进步与不足的成长记录档案，并实行动态跟踪、及时归档、分类管理、信息共通的工作程序，根据工作推进情况，实施动态档案记录，形成翔实的数据资料体系。要建立扶助低收入农户青少年的综合资助体系。依托现有的低保户、孤儿、残疾青少年、贫困大学生等政府救助政策，帮助符合条件的低收入农户青少年及时地申请救助，缓解生活面临的困境。实施结对帮扶工作，动员有爱心的企事业单位和社会爱心人士开展结对认领工作，实施“一对一”“多对一”帮扶工作。创立“阳光成长工程”低收入农户青少年无息贷款助学基金，依托银行筹资成立基金会，为宁海籍大学生提供免息的、毕业后归还的助学金贷款。要建立低收入农户青少年就业创业帮扶体系。对青少年采取普通教育的形式，使他们有一个系统教育，提高未来就业创业的能力，加快家庭真正脱贫的进程。对成人则应以职业培训为主，制定完善中长期文化科技扶贫规划，进行分期分批培训，尤其是进行实用的科技培训和职业基本技能培训，提高农村劳动力就业技能，提高劳动力就业和创收能力。对有创业愿望但无致富门路的生产型低收入农户青少年，要加大生产发展帮扶力度，实行“一户一策一项目”帮扶措施，进行基本生产资料扶持。积极实施“1+X”农村青年创业帮扶计划，为他们创业提供项目、技术、信息、销售等方面的扶持。要建立低收入农户青少年社会志愿服务体系。共青团组织要发挥组织优势和人力优势，积极开展“千团结对千村帮扶计划”，实施低收入农户青少年关爱行动，主要包括“助困、助学、助医、助业”四大工程。整合一批社会公益关爱基地。推出“阳光卡”公益加盟大行动，为低收入农户青少年在参观爱国主义教育基地、博物馆，参加青少年教育培训，享受学生营养餐，购买文具书籍等方面提供免费或优惠待遇。组建一批志愿服务特色队伍。积极向社会招募，分别组建以法律维权、心理咨询、艺术培训、学习辅导、医疗服务等为特色的志愿者队伍，通过“三下乡”、上门服务、电话联络等形式，力所能及地为低收入农户青少年送去精神生活上的关怀和鼓励。

加强饮用水安全卫生情况调研　2010 年 2 月，县政协组织部分委员以“重视抓好饮用水质量管理，确保群众饮用水安全卫生”为题，对全县饮用水安全卫生情况进行调研，并针对存在的问题，提出：要加强对饮用水源地保护力度。有关职能部门要定期对饮用水源地进行排摸，及时消除安全隐患，严厉打击各类违法行为。全面推进饮用水水源地上游农村生活污水和禽畜养殖污染治理，完善饮用水源保护区内生活垃圾清运机制和基础设施建设。调整山区农民传统生产方式，加大生态补偿力度，引导农民种植经济有机作物，发展有机精细农业，减少农业面源污染。要加大农村改水力度，切实解决部分农村人口的饮用水不安全问题。要加大改造和监管力度。要加大对老化管网的改造力度，彻底解决“黄水”现象。对使用自备水的企业进行专项整治，并要求安装倒流防止器，防止介质倒流污染。要加强对自备水的监管力度，对饮食、洗浴等关系到人民群众身体健康的各类服务行业必须使用自来水。建议卫生监督部门加强监督检查，严肃查处违法行为。要增强水质监测能力。要增添水质检测的设备，力争达到国家规定的要求，确保全县饮用水水质安全。要加强对微污染水源的治理和三卤甲烷（THMS）前驱物的研究和检测，采取措施，提高管网水质的生物稳定性。要提高饮用水安全意识。要采取多种形式加大对饮用水安全的宣传力度，使城乡居民充分认识到饮用水安全问题的紧迫性和重要意义，提高饮用水卫生安全意识，营造全社会共同关心、支持饮用水源保护工作的良好氛围。

住宅小区物业管理情况调研　2011 年 9 月，县政协组织调研组，以“推进物业管理，改善居住环境”为题进行深入调研，并形成调研报告。针对存在的问题，提出对策建议：要加强物管领导力量，依法推进物业管理。县委、县政府要加强对物业管理工作的领导，建立由物业主管部门、街道办事处及相关部门、单位参加的物业管理联席会议制度，健全以街道为主的“县、街道、社区”分级物业管理体系，协调处理辖区内物业管理的重大问题。注重发挥典型示范带动作用，开展创建物业管理达标小区活动，推动整个物业服务行业健康、有序发展，把物业管理与文明社区、平安社区创建结合起来。要加大政策扶持力度，努力破解管理困局。根据不同管理模式制订相应考核办法，对小区物业管理实行补助，将政府补助经费与管理业绩相结合，激励管理单位规范服务行为，提高服务质量。减免物业服务企业税费，减轻企业经营负担。加强物业管理专业人才培育，促进行业人员素质提高。逐步完善社会保障机制，增强物业服务队伍稳定性。完善物业定价机制，引导业主委员会和物业服务企业建立有效的价格协商机制。要完善“建”“管”衔接机制，创造物业管理有利条件。严把城市规划控制关。规划部门要坚持“成片及规模开发”的原则，切实加强对房地产开发的规划管理，保证物业管理综合配套设施同步规划、同步设计、同步建设，真正从源头上为物业管理创造良好条件。加强规划实施的动态管理，把监督检查贯穿于规划实施的全过程，严禁建设单位擅自更改规划。严把建筑工程质量关。建设部门要加大对房屋质量的监督管理，利用现代信息技术手段健全工程质量监控体系，提高工程建设质量，对未经综合验收或验收不合格，物业管理设施不完善的项目，一律不得交付使用。严把物业维修资金的管理和使用关。要加强对房屋开发建设单位的监管。依法督促其按国家规定的保修期限和范围承担相应的物业保修责任，收齐缴足物业专项维修基金。按照“专户储存、专款专用、所有权人决策、政府监督”的原则，完善物业专项维修资金的管理措施，为长期物业管理提供保障，切实维护广大业主的权益。

促进青少年心理健康调研 2012 年 2 月，县政协组织有关委员围绕促进全县青少年心理健康问题，进行深入调研。针对存在的问题，提出：要完善规划，整合资源，加强协作。建议设立宁海县心理危机干预中心，加大对全县青少年心理健康问题的教育和研究力度，对现有分散在各部门的咨询热线和网络进行整合，形成统一的青少年心理咨询热线和网络，将分散在人事、卫生、教育三条渠道的心理辅导咨询人员整合成一个团队。加大力量，努力为青少年提供一些高质量的精神食粮，以营造全社会关注青少年心理健康的氛围。要改进方法，完善机制，努力提高教育结果。要搞好学科结合。建议将心理教育内容纳入教师培训和教研活动中，促进教师对心理辅导知识和技能的掌握，各学科老师结合教学内容，把心理健康知识寓于学科教育之中，引导学生正确调整各种心理困扰，通过沟通、梳理引导学生健康成长。要依托社区，强化服务，努力创建和谐社区。要抓辅导站，建立工作平台。积极创造条件，逐步建立健全社区心理健康辅导站，配置专职或兼职人员，同时，利用各种资源，聘请心理咨询专家定期为社区青少年及家长开设心理咨询门诊，开展心理健康教育团体辅导，为提高社区青少年心理健康水平搭建工作平台。要抓家长学校，规范家庭教育。社区应设立家长学校，充分依托社会力量选好教师，并抓好经常性的活动和培训，让社区家长学校成为家长教育的主阵地，特别关注对单亲家庭、困难家庭、流动人口家庭提供指导与帮助。要抓志愿者队伍，创建和谐社区。以社区心理辅导站为依托，发动社区居民积极参与，以创建“预防青少年违法犯罪工程示范社区”和“未成年人零犯罪社区”为抓手，加强志愿者队伍建设和社区闲散青少年管理系统建设，对社区网吧、电子游戏厅、录像厅等娱乐场所加强监管，为青少年健康成长提供良好的社区环境。

加强养老工作调研　2013 年 10 月，县政协组织调研组围绕社会养老保障工作进行调研，在县政协召开的九届八次常委会上作参政议政发言，为进一步加强全县养老工作提出建议：要提高思想认识，增强养老工作合力。各级党委、政府要切实增强做好养老工作的紧迫感和责任感，把发展养老事业放在与教育、医疗卫生同等重要的位置抓实抓好。要完善社保制度，提高养老保障水平。实现城乡居民社会养老制度全覆盖。按“应保尽保”“即征即保”“先保后征”的要求，继续做好被征地人员养老保障工作。着力提升医疗保险的覆盖面和保障水平。减免 70 周岁以上老年人的个人缴费部分，提高老年家庭参保积极性。推动医养融合发展。支持有条件的养老机构设置医疗机构，纳入医疗定点范围。综合医院应开设老年病科，增加老年病床数量，做好老年慢性病防治和康复护理。要理顺管理机制，提升养老服务能力。理顺养老工作管理体制，强化养老工作机构和编制设置，明确工作职责。培育建立养老服务行业协会。建立养老服务评估标准和养老服务认证体系，提高养老服务标准化规范化水平。要创新服务模式，满足养老服务需求。积极探索改革养老机构运行模式，鼓励养老机构尤其是新建的公办养老机构，探索公建民营模式、连锁经营模式，增强机构发展的内在动力和活力。积极发展养老服务社会组织，重点扶持发展一批从事居家养老服务的企业和民办非企业单位。发展符合县实际和老人需求的多元化养老事业和产业，满足不同层次和不同群体的养老服务需求。要加大扶持力度，完善养老保障机制。建立乡镇（街道）敬老院和村（社区）居家养老服务中心的运营补贴制度，将运营补贴经费列入年度财政预算。健全城镇“三无”、农村五保对象供养标准动态调整机制，“三无”、五保对象供养标准按不低于上年度农民人均纯收入的 60%确定，确保“三无”、五保对象的基本生活。六要加强队伍建设，提高养老队伍素质。积极推进养老服务队伍建设，选好配强养老机构领导班子，加强养老服务职业道德和岗位技能培训。

非公有制企业住房公积金制度扩面工作调研　2014 年 2 月，县政协组织委员对非公有制企业住房公积金制度进行调研，针对存在的问题，就其扩面工作提出建议：要进一步加强住房公积金制度方面的宣传。要银企联手，助力推进扩面。要政府重视、部门配合。政府重视和支持是做好归集扩面工作的关键。可以由政府牵头各相关部门组成住房公积金扩面工作小组，充分利用当前国家加强住房保障工作的大环境，以解决住房民生问题为出发点，给非公有制企业下达扩面指标，强力推动公积金归集扩面。由此要加强政府职能部门之间的配合，形成部门合力。整合财政、工商、税务、社保、总工会等部门资源，协助推进归集扩面。要以点带面，逐步推进。对新建、新实施住房公积金制度确有困难的非公有制单位，经批准可以采取不低于 5%的缴存比例，以减轻企业负担，待企业经济效益好转后提高缴存比例和缴存基数。在实际操作中，要求企业制定缴交计划，每年以公积金年度验审为平台，督促企业抓紧落实住房公积金缴交计划。另外机关、事业单位编外人员公积金制度的建立至关重要，这样要求非公有制企业建立住房公积金制度才更具说服力。住房公积金制度的归集扩面工作不仅需要公积金管理部门在工作方法上的开拓创新，也要靠政府及各相关部门的重视，更要靠社会方方面面的支持，特别是县实力型、潜力型等具有代表性的非公有制企业，要对建立住房公积金制度多一分理解和支持，为全县非公有制企业建立住房公积金制度作出表率。

农村环境保洁长效机制建设调研 2015 年 6 月，县政协组织调研组，就加强全县农村环境保洁长效机制建设进行调研。在县政协召开的九届十六次常委会上进行专题发言，提出：要完善环卫发展规划，破解基础设施不足难题。要将农村环卫发展规划纳入全县环卫发展规划，实行统一规划、统一建设、统一管理，并在原有规划的基础上，科学具体地制定农村环卫规划，避免重复建设。由县大整治办牵头，对城乡接合部、城中村、农村环卫基础设施情况进行一次摸底检查，对不达标的乡镇（街道）要督促其迅速将缺失设施建设纳入财政预算。对已实施的不符合要求或滞后的镇村建设应尽快制定整改方案，以弥补规划滞后和建设滞后带来的种种弊端。要建立多元投入机制，破解资金保障不足难题。各级政府要提高财政投入新农村建设、环境建设资金的倾斜比例，要以实际常住人口为基准核定村庄环境长效管理工作经费并列入财政预算。要整合各类涉农资金，壮大村集体经济，吸纳社会资金、慈善资金，鼓励和支持社会力量及村民出资、出力开展村庄环境管理工作，并倡导采取志愿者、义工等形式参与村庄环境保洁工作。要健全村民自主筹资筹劳的机制和办法，把政府支持、社会参与和村民自主投入紧密结合起来。要用足“一事一议”筹资筹劳政策，积极稳妥开展农村生活垃圾处理费征收试点，并探索建立村庄保洁轮值制度，鼓励村民出工出力，以劳抵资。要健全创新管理机制，破解常态长效管理难题。要按照“一把扫帚保洁”的原则，推进城区四大街道环卫保洁一体化工作。要发挥县大整治办和各乡镇整治办的协调指导作用，厘清责任，明确范围，并建立相应的举报和处罚机制，杜绝垃圾转嫁现象。建立全县统一的环卫保洁管理制度，统一农村公共场所和农户卫生保洁标准。要制定落实考核办法，将保洁责任纳入各级各部门年度目标考核。要健全考核督查机制，实行定期考核和不定期暗访、督查相结合，并吸收当地村民代表、党员代表、人大代表和政协委员共同参与。要实行责任追究制，建立相应的问责制度。要健全全民参与机制，破解主体作用发挥不够难题。要充分利用各类媒介载体，开展全面宣传。定期组织村民开展整治活动和评比活动，努力营造人人参与的良好氛围。组织村干部和村民代表，到县内外看先进、借经验、增动力。在全县推广网格化管理的责任包干制度和门前“三包”制度，并引导各村将其列入村规民约。围绕“强班子、带队伍、促落实”的原则，落实好村支部书记负责制，提升村级班子的凝聚力和战斗力，强化农村环卫保洁的组织领导。在每个外来人员聚集区寻找有责任心、有威信的人员，引导其加入到环境卫生的义务监督队中，推进“以外管外”。扩大农村垃圾分类试点范围，加快推进垃圾分类工作，形成“农村倒逼城市”的垃圾分类工作格局。

新能源经济发展调研　2016年2月，县政协组织有关委员对发展全县新能源经济进行调研，针对存在的问题，提出建议：要加强组织领导，加大政策扶持。把发展新能源经济作为加快全县经济发展的重大举措，切实加强领导，精心组织，积极推进。加强能源发展领导小组职能，设立专门机构，配置专职人员，专人专职，协调县域新能源经济的统筹发展。加强能源领域的前瞻性、综合性、战略性研究工作，着力解决能源发展和改革中的突出矛盾，确保能源产业健康快速发展。要加快制定新能源发展战略和规划。以建设国家级绿色能源县和浙江省清洁能源示范县为目标，按照科学规划，合理布局的原则，加快编制新能源发展战略和相关专项规划，进一步强化规划管理，避免低水平重复建设。要建立健全新能源机制体制改革。充分发挥市场机制在资源配置中的决定性作用，理清能源产业的类别和分布现状，明确市场化配置资源类别，研究提出具体实现路径和操作办法，形成企业、政府、非营利组织和社会公众共同参与的能源产业多元化配置机制。努力形成市场机制与政府调控和监管相互配合、协调促进的良好局面，保障新能源产业的安全与可持续性发展。要发挥重大能源项目引领和带动作用。紧紧围绕“重大项目攻坚年”开展工作，继续加大投资力度，力争数量明显增多，总量稳步上升，让重大项目有效发挥引领和带动作用。在做好生态保护和移民安置的基础上，合理有序地开工建设抽水蓄能电站；加快利用滩涂开发“渔光互补”项目，加强风能、太阳能发电和配套电力送出工程建设，实施长距离集中供热改造，积极推进天然气汽车油改气工作，加快高效清洁燃煤机组的核准进度，对达不到节能减排标准的现役机组坚决实施升级改造，促进煤炭集中高效利用代替粗放使用，保护大气环境。要优化发展环境和产业布局。搭建政府推进能源产业发展的投融资平台，争取各类金融机构的支持，吸引民间资本参与新能源项目建设。优化政府服务，提高政府办事效率，确保各类能源项目建设顺利推进。加大能源资源开发利用招商宣传力度，发挥现有产业优势，着力推进央企对接，积极引进能源装备制造业，拓展产业发展空间，促进装备本土化生产，进一步做大做强太阳能光伏、电动汽车等新能源产业，努力把宁海县建成全国重要的新能源装备制造业基地。

推进医疗卫生事业发展调研　2017年10月，县政协组织委员对推进全县医疗卫生事业发展工作进行调研，形成《关于推进全县医疗卫生事业发展的建议》调查报告，并在县政协召开的十届三次常委会上作参政议政发言，提出对策建议：完善医疗人才培养机制，夯实卫生事业基础。加大医学基金投入，引导宁海籍学子投身医学事业。加大政府对医学基金的投入，扩大对报考医学院学生奖励范围，除了被第一批录取的高考前100名医学类紧缺专业宁海籍学生，其他录取的医学类学生也给予一定奖励，引导社会爱心人士在开展助学助教时，有意向地优先成立医学基金，提高医学基金的覆盖面，提升社会对医学生的关注度。加大定向委培力度，针对农村社区医疗人才缺乏的现状，出台专项医疗人才委培政策，增加委培生的名额，尽快提高基层医疗卫生人员的数量和服务水平。出台专项政策，加大医疗人才引进力度。加大力度制定出台县引进医疗人才专项优惠政策，对于一些特殊人才和团队，采取“一事一议”的方法予以处理，提高全县医疗人才引进的政策竞争力。创造良好环境，加快医疗人才成长。积极探索和改进卫生人才评价方法和评价标准，健全绩效考核评价制度，明确人员聘用、辞职、违约责任的适用等问题，努力以良好的环境留住人。加快提升医疗技术水平，努力提高医疗服务能力。加快重点学科（专科）建设。要制定出台宁海医学学科中长期规划，强化政策倾斜、财政投入、人才引进、职称聘任等方面的政策扶持。要整合县内医疗资源，集聚医疗要素。要加快培养高层次专业技术人才，坚持引进和培育同步进行，迅速打造具有一定规模的学科带头人团队，推动重点学科的建设发展。加快合作办医步伐。加大财政支持力度，列出专项经费，解决协作办医经费难题，增强医院对接上级医疗机构的积极性，加快优质医疗资源下沉。加大创新力度，着力破解当前医疗协作当中的瓶颈难题。加快智慧医疗建设。全面推进全省首家县级卫生信息一体化云平台系统建设，深化县级影像诊断、消毒供应、临床检验、病理诊断、心电会诊等五大医疗资源共享中心，开展医卫协作平台、综合卫生管理平台、公众健康服务平台等项目建设，不断提升医疗服务品质。完善投入机制，保障医疗卫生事业健康发展。进一步完善政府投入机制。逐渐转变卫生事业经费的投入方向，在保障承担医院基础设施建设和大型设备购置费用的基础上，切实加大对医疗人员培养、医务人员待遇提高、智慧医疗建设等软实力提升的经费投入，不断做优做强卫生事业。加快发展社会资本办医。积极先行先试，深入推进医疗卫生体制综合改革。探索医保支付改革，充分发挥医保杠杆作用。探索人才备案制、薪酬年薪制等改革，努力提高医务人员积极性。探索现代医院管理制度，进一步激发医疗机构内动力。着力深化县级公立医院管理体制、运行机制改革。

第三章　建言献策

县八届政协以来，紧紧围绕县委、县政府中心工作，认真履行政协职能，组织广大政协委员结合实际，通过调研视察、座谈走访、在《今日宁海》头版开设“我为改革创新发展献一策”专栏等多种方式，就宁海经济社会发展、精神文明建设工作等提出意见建议，积极参政议政、建言献策，为党政部门决策民主化科学化提供依据。现从建言献策材料中选录22件，分两类记述。

第一节　经济发展

县政协围绕全县经济发展的主题，组织委员，深入基层通过座谈、走访等方式，积极参政议政、建言献策，为宁海经济发展当好参谋，做好服务。

发挥工会作用创建和谐企业建议　2007 年 9 月，县政协组织部分委员就发挥工会作用，创建和谐企业问题，深入企业了解座谈，针对存在的问题，提出建议：要加强对创建劳动关系和谐企业的领导，形成工作合力。要把创建工作摆上更加突出的位置，列入各级党委、政府的重要工作议程，定期研究创建活动的各项工作，帮助工会解决工作中遇到的实际困难，支持工会依法开展工作。要对企业主进行《中华人民共和国工会法》《中华人民共和国劳动法》《中华人民共和国企业工会工作条例》等法律法规宣传教育，引导企业主依法开展工作，并加强与工会的合作。劳资双方需要定期沟通。职工代表大会制度是一种很好的沟通制度。劳资沟通会、民主恳谈会等也是受企业欢迎的沟通方式。沟通的定期实现、民主的不断推进，必将营造出更加和谐的氛围。安全要有保障。生产安全对于企业、对于职工都是第一位的，要经常、定期开展安全生产检查，及时淘汰落后的生产设备，不断改善生产环境和条件，控制加班加点时间，防止疲劳上岗。要加强劳动卫生职业病防治，发放劳动保护用品，保护好每位职工的身心健康。要多开展各类有益的活动。要积极开展教育培训活动，不断提高职工的素质。很多企业侧重于职工培训工作，包括上岗培训、专业技术培训、文化素质培训等等，但忽视了教育的功能。教育对提高职工的素质是十分重要的，如果说将农民培养为职工主要靠培训的话，将职工培养为优秀职工则需要教育。宣传政治思想工作、职业道德教育等都属于教育范畴，和谐企业创建活动更是一次很好的宣传教育活动。要经常开展节日送温暖活动，最大限度地凝聚人心。要开展劳动竞赛活动。当前劳动竞赛在不少企业中得到重视。技术比武、提合理化建议、评选优秀员工等活动都能很好地激励职工动脑筋、学技术、争先进，从而为企业的发展做出更大的贡献。

加强节能降耗工作建议　2008 年 6 月，县政协组织经济界委员，通过视察、座谈、问卷了解等形式，对全县节能降耗，促进经济又好又快发展提出建议：加快全县工业结构调整步伐。要严格控制高能耗项目的实施，把能耗标准作为项目核准和备案的“强制性门槛”。要加大对节能降耗的政策扶植力度。县财政要设立节能专项资金，专项用于节能技术与产品推广、示范试点、宣传培训、信息服务和表彰奖励等方面。重点支持一批节能降耗重大项目和示范项目，优先支持提前达到节能目标企业的节能改造项目。要培育市场，运用价格杠杆与专业服务引导企业自主节能。要切实加强节能监测队伍的建设，创造条件逐步理顺节能管理体制。以技术改造为突破口，提高企业的节能降耗水平。技术改造和技术创新是提高企业节能降耗最有效的途径。要按照上级定期编制发布的《节能及清洁生产导向目录》，引导企业重点应用节能新技术，引进、消化、吸收一批先进、适用的节能技术、工艺和设备，加强对传统工艺、生产设备进行技术改造，推广应用先进适用技术对传统工艺、生产设备更新换代，重点推广变频调速技术、余热余压回收利用、绿色照明产品、热电联产技术、工业窑炉节能改造、可再生能源开发利用等节能技术（产品）。以企业为主体，加强节能目标管理和基础工作。要建立工作制度，完善节能长效机制，进一步加大对企业的监管力度，积极组织开展能源监测、能源审计、节能专项检查等工作，对重点用能单位的能源消耗情况进行调查摸底，加强能耗分析预测。重点用能企业要成立节能降耗管理机构，编制节能规划或工作计划，落实节能措施。加强节能管理执法队伍建设，约束和监督能源浪费。要根据宁海县实际，逐步建立和完善节能监测、执法、服务队伍建设，当前急需充实县节能办、能源统计和有关涉能部门以及乡镇（街道）节能管理人员力量，提高业务素质，及时、全面、准确分析和掌握相关信息，上报决策部门，并执行能耗定额标准、分解节能指标，实施目标考核。积极宣传发展循环经济、资源综合利用，节能降耗的经验和做法，营造良好的舆论氛围。充分发挥舆论的监督作用，建立信息发布制度，定期公布重点行业、重点企业能源消耗情况，接受社会监督，披露和剖析浪费资源、能源的典型案例，曝光严重浪费能源资源的“黑名单”。加强节能降耗工作的研讨和交流，组织开展节能降耗先进经验推广现场会，培养企业节约意识，逐步形成厉行节约的生产方式。

提升模具产业竞争水平建议 2009 年 9 月，县政协经济界委员就增强创新能力，提升全县模具产业竞争水平问题，提出对策建议：要科学制订时序规划，合理布局发展空间。要抓紧制订一个全面的远期规划方案。通过建设研发、检测、信息、培训等服务平台，强化孵化功能和服务功能，吸引和选择一批具有一定科技含量、产品质量和档次相对较好的模具小企业进驻模具城，进一步提升模具城的档次。要创新出台优惠政策，加大财政扶持力度。要有效整合资源优势，优化育人成才环境。加强与宁海技校、职高、浙江工商职业技术学院在技术人员培养、技术开发和应用等方面的合作，通过实训培养技术工人，提高模具行业一线工人素质。加强校地合作。与宁波大学、宁波工程学院、浙江大学等高校在模具技术的高端领域开展合作，建立国内外科研机构的办事处，形成产学研结合的系统网络平台。重视人才引进。政府部门应出台一系列的留人优惠政策，建立高级模具研发人才激励机制，进一步激发广大从业人员的创业创新积极性，为模具产业健康有序发展打下扎实的人才基础。同时建造模具科技人才专家楼，让外地人才留得下、住得起、稳得住。

促进茶叶产业发展建议 2010 年 2 月，县政协科协界委员在调研基础上，就促进县茶叶产业发展，加强品牌经营提出对策建议：要严格实施品牌管理。随着茶叶产业的发展，茶叶生产标准、市场准入条件发生了变化，原有认定的生产单位的规模、技术水平也发生了变化，应该针对变化了的情况，每隔一年重新认定一次生产基地和品牌使用单位，以进一步规范经营行为，促进望海茶业健康发展。要大力扶持龙头企业。品牌经营管理的方向应该是从政府行为逐步向企业行为和市场行为转变，一个品牌的管理最终需要龙头企业的支撑才能走远。目前望海茶品牌分散经营的直接后果是谁都想从中得利益，谁也不愿对品牌负责。要重视培育农业龙头企业，形成“协会+龙头企业+合作社+茶农”的四位一体生产经营体系。县农林部门和茶业协会要加强协调和管理，促进生产、加工、流通各环节、各经营实体的分工协作。要扎实推进基地建设。目前，全县良种率为 44.5%，良种茶园比例低是导致县茶叶产业低水平发展的主要因素。望海茶的品牌发展，望海名茶的市场占有率的提高，都离不开茶叶基地的支持。要按照规模化、标准化、良种化、机械化的要求，坚持发展和改造并重，强化茶园基础设施建设，推广先进管理技术，全面提升基地生产能力。要做好有机茶基地认证工作，打造全国有机茶生产基地。要建立茶叶首席专家、责任农技员制度，聘请专家开展中低档名优茶机采机制的实验与推广，加快有机茶增产增效生产技术的推广应用。要大力拓展国内外市场。要出台激励政策，鼓励茶叶营销大户队伍积极开拓国内外市场，建立以产地市场为中心，大中城市销售为重点，网上市场为补充的市场网络。要建立宁海望海茶交易市场和若干个区域集散市场，通过专卖店、批发市场、超市、茶楼等多形式多渠道建立营销网点。要进一步推进品牌宣传，积极组团参加各种茶叶展销博览会，全方位开展品牌推广，不断提高望海茶的知名度和市场占有率。

推进低碳经济发展建议 2011 年 1 月，县政协组织部分委员以加快经济转型升级，推进低碳经济发展为题，进行视察调研，对全县低碳经济发展提出建议：要提高低碳意识，为发展低碳经济提供领导和组织保障。组织领导保障。建议成立县发展低碳经济领导小组，实行统一领导、统一指挥、统一协调、统一监督。工作机制保障。全县要把发展区域低碳经济工作列入政府各部门的重要议事日程，纳入目标责任制考核，建立领导干部生态环境保护和建设实绩考核制度。制度安排保障。用低碳理念进行发展规划，考虑将单位 GDP 的碳排放作为约束性指标纳入国民经济和社会发展中长期规划，制订相应的统计、监测、考核、奖惩办法。要探索低碳金融，为县域低碳经济发展提供资金保障。做好低碳能源项目的前期工作，争取国家资金、金融机构和社会资金支持低碳重点示范工程、低碳产品和低碳新技术推广应用。要创建低碳园区，为低碳产业集聚创造发展平台。建议在宁东园区建立“低碳产业园区”，其他产业向临港开发区集聚。要加强低碳宣传，形成县域经济向低碳经济转型的舆论氛围。通过广泛、深入、持久的低碳宣传教育，营造人与自然和谐发展的文化氛围，在政府、企事业、公众中普及低碳发展的理念，使之成为全社会的共同行动。将节能减排和建设低碳宁海宣传作为重大主题，制定宣传方案，通过产业发展、技术交流等途径加大对外宣传力度，在更广范围、更深层次上树立“低碳宁海”形象。以群众喜闻乐见的形式和方法，大力宣传“低碳社会”从我做起、从小事做起、从现在做起的理念。宣传发展低碳经济中的好做法、好经验、好典型，加强低碳知识培训普及，开展低碳行动志愿服务，倡导低碳消费和行为方式，动员全社会力量积极参与低碳经济和低碳社会的建设。

发展新兴产业建议 2012 年 7 月，县政协组织委员对全县发展新兴产业问题进行调研座谈，针对存在的问题，提出建议：要强化财政扶持力度。加大财政支持力度。设立新兴产业发展专项资金，建立稳定的财政投入增长机制，着力支持重大关键技术研发、重大应用示范工程、创新能力建设等。鼓励金融机构加大信贷支持。引导金融机构建立适应战略性新兴产业特点的信贷管理和贷款评审制度。大力发展创业投资和股权投资基金。建立和完善新兴产业投融资体系，发挥政府新兴产业创业投资资金的引导作用，扩大政府新兴产业风投资金规模，整合政府、企业和社会资源，充分运用市场机制，推动处于创业期企业的健康发展。要提升自主创新能力。强化企业技术创新能力建设。加大企业研究开发的投入力度，依托骨干企业，围绕关键核心技术的研发和系统集成，发展一批由企业主导，科研机构、高校积极参与的产业技术创新联盟。加快落实人才战略和知识产权战略。加快完善技术入股、股权、分红权等多种形式的激励机制，提高科研机构和高校科技人员从事发明创造的积极性。加快企业研发机构建设。鼓励和支持企业单独或与高等院校、科研院所联合建立技术中心、工程中心、实验室。鼓励企业在宁海建立研发机构基础上，到发达国家、发达城市建立研发中心。推进企业与大专院校、科研院所共建创新载体。要积极培育龙头企业。发挥上市企业作用。充分利用双林和日升两家上市企业的示范作用，鼓励全县企业积极开展股份制改造，建立现代化企业结构，利用资本市场实现直接融资，迅速做大做强企业。着力做好企业引进工作。加强与央企、省属国有企业的对接，积极创造引进大企业、大集团在县设立子公司和分公司的良好条件，重点引进上下游关联度大、技术含量高的新兴优势项目。鼓励企业兼并重组。支持有实力的企业通过联合、重组、兼并等方式进一步发展壮大，并以收购国内外品牌、技术和营销网络为有效手段，取得技术、规模和渠道等方面的优势，形成整个产业链，增强全行业的核心竞争力，着力改变县新兴企业数量少、规模小、产业链不完整的格局，做大做强一批优势企业。要大力推进招商引资。切实提高招商水平。高度重视招商引资工作，充分发挥招商机构的作用，优化招商策略，丰富招商手段，强化专业招商，注重补链式招商，深化产业招商和平台招商，务求招商实效。要紧盯项目不放，做好跟进反馈工作，确保一批重大项目落地生根。坚持内外资并重。引导企业大力拓展国内外两个市场，切实增强市场适应能力。要充分利用中国徐霞客开游节等大型节庆和广交会等重点展会，开展招商活动，增加市场份额。做好返乡创业工程。借着首届世界浙商大会的东风，继续大力推进返乡创业工程，充分依托同乡会、商会等组织，把宁海籍企业家团结起来，引导外出闯市场的成功人士返乡创业、投资兴办项目。

优化金融生态环境长效机制建设建议 2013 年 1 月，县政协组织有关委员就优化全县金融生态环境长效机制建设开展调研和视察。认为，经济下行阶段性或突发事件是影响金融生态环境的敏感时期，处理得当将有利于构建县良好的金融生态环境。因此，亟须建立优化金融生态环境长效机制，以形成具有“稳定的经济环境、完善的法治环境、良好的信用环境”等特征的金融生态环境，促进全县经济金融和谐发展。为此提出：要以政府为主导，建立常态化的优化金融生态环境的机制和制度。对那些有潜力、有市场、守信用、生产正常的企业，由于市场变化或者承担融资担保责任出现暂时困难的，在风险可控的前提下，在银行积极帮助其解决资金短缺问题时，县中小企业担保公司和各乡镇资金互助会应积极予以增信支持。对经营不善、盲目扩张、深陷民间高利导致资金链断裂的企业，坚决按照市场化原则依法进行破产清算。对主动参与收购、兼并、重组金融风险资产的企业，政府应在其中主要起到润滑和资产增值作用，运用行政资源给予优惠政策支持（特殊情况可以研究给予特殊政策，如土地变性等），但要坚持“问题”企业业主不得受益原则。对在规划红线范围内银行抵贷不动产的处置，政府按规划依法予以收购。要优化司法环境，加大司法保护力度。要成立金融审判专项合议庭和金融案件执行工作组。集中力量审理金融纠纷案件，按照“易案简审、专案专审、难案精审”的原则，提高办案质量与效率，促进金融审判专业化、集约化。成立金融案件执行工作组，专门负责金融案件执行工作，提高企业破产清算和资产处置的效率。要打击逃废金融债务等金融领域犯罪行为。对存在虚假出资、抽逃资金、转移财产等恶意逃废银行债务行为的，应依法追究企业法定代表人的经济或刑事责任，保护金融债权，起到法律震慑作用。要坚决打击、取缔非法金融行为、高利贷组织等具有黑色金融特征的民间借贷行为。要加强全社会诚信教育，营造良好的信用环境。建立健全信用数据体系。强化政府部门的联系沟通，扩大非银行信息数据覆盖范围，加快推进信用信息的整合共享，将分散于工商、税务、国土、房管、车管、保险、社保、银行等信用信息加以搜集整理，建立客户信用信息数据库。扩大信用产品的应用范围。开展借款企业的信用评级工作，与经济主管部门以共同发文的形式，在政府采购、招投标、银行贷款、政策扶持等领域推广应用信用评级结果，让信用缺失者“一路红灯”、无路可走，以此推进企业诚信建设的制度化和市场化。大力实施“诚信工程”建设。要大力开展“农村信用工程、企业信用工程、社会信用工程”建设。

加快推进再生资源集散站建设的建议　2014 年 6 月，县政协组织有关委员，就加快推进县再生资源集散站建设问题进行视察调研，针对存在的问题，提出建议：要高度重视再生资源集散站建设。各级政府和相关部门要充分认识建设集散站的重要意义，增强管理服务意识，真正把这项工作摆上议事日程，转化为各级政府的“实事工程”，加快集散站建设的步伐。要抓紧制定集散站建设规划方案。由政府确定牵头部门，由牵头部门着眼经济社会的长远发展，针对县再生资源网点分布的现状和发展潜力，经充分调研论证，制定出 5 年、10 年乃至更长时期的集散站规划，并纳入城市建设总体规划，再进行分步实施，先行在城区街道、卫星城创造条件试点建设，再逐步全面推广。要明确工作主体和管理权限。集散站建设涉及属地政府和多个部门。从属地原则出发，建议由属地乡镇（街道）负责项目建设、行政管理和运行监管等，行业主管部门负责行业管理、业务指导和考核督查，其他有关部门配合做好选址、政策处理、资金配套等方面的工作。加强工作协调，分工负责又密切配合，增强工作推进的合力。要合理确定集散站的功能和规模。集散站主要以生活性废旧物资回收为主，吸收长期从事废品回收的外来无证经营户进站，集中管理，减少环境污染，避免安全事故的发生。在规模和设施上，坚持因地制宜、灵活把握。每个集散站占地 10—20 亩，建筑面积 4000 平方米左右，每户建筑面积约 50 平方米，堆场面积 40—60 平方米，可以吸纳 60—80 户左右经营户进站经营。站内铺设排污管道及隔油池，并配置一定数量的消防设施、专用管理房和集中收购点。要切实解决土地资金等要素问题。各级政府要积极确保集散站的用地及建设资金。综合考虑，集散站的用地有租用和征用两种方式。

租用土地办法好处在于一次性投资小，经营成本省，政策处理简单，开工投用快，但需由县政府协调统筹解决临时用地和临时建筑规划问题。征用土地主体为乡镇（街道）或专业回收企业。并由乡镇（街道）会同有关部门确定集散站选址。选址要符合城镇规划，尽早开展项目设计和建设工作。项目建设资金建议由县财政一次性补助，乡镇（街道）或业主单位按一定比例配套办法解决。鼓励社会资本参与集散站建设，给予资金补贴、贷款贴息等方面的政策支持。要建立健全的集散站运作模式。每个集散站由业主单位自主经营，实行独立核算、自负盈亏。集散站为每户提供一居室、一堆场。考虑到入站经营的外来人口属于弱势群体，租费可由政府确定指导价。如果租费收入不能平衡土地租金、场所维护和管理人员工资等费用，建议由县财政每年给予补贴，年终根据工作考核情况，进行以奖代补。集散站建成后，抓紧组织无证无照回收点入站经营。所有经营户必须经业务培训，持证上岗，以提升回收工作水平和站点形象。同时，通过行业整治行动，对不符合规定设置的无证无照废品收购点强行拆除。

水环境和大气污染综合治理建议 2015 年 6 月，县政协调研组围绕全县水环境和大气污染综合治理进行调研，在县政协召开的九届十六次常委会议上进行专题发言，针对存在的问题，提出对策建议：在水污染治理方面。要统筹安排水污染基础设施项目建设顺序。县有关部门应统筹各区域人口资源环境与发展，对水污染治理做出具体科学的规划与安排。在人口相对集中、水污染浓度高的区域以及水源保护地优先实施基础设施项目建设；对于人口稀少、污水量小、有自我净化条件的偏远村庄，可以后建或不建。在资金安排上提高标准，实行差别化的补足政策，照顾贫困乡镇。要通过第三方公司负责排污系统运营管护。借鉴宁波市和鄞州区的经验做法，尝试通过第三方公司负责排污系统运营管护，比如通过招标，授权类似水务集团等有资质的企业为县内排水设施特许经营单位，建设和运营管理好各级污水管网。要依照法律法规全面实施排水许可证制度。按照相关排水管理条例要求，设立排水管理部门，实施排水许可管理制度。在大气污染治理方面。加强节能减排，提升大气环境容量。严格环保准入，把落实环评制度作为从源头防治大气污染的根本措施，严格新上项目环保审批。实施煤炭总量控制，严格控制燃煤总量并逐年削减，逐步淘汰 10 蒸吨/小时（含）以下高污染燃料锅炉。进一步优化产业结构布局，发挥节能减排倒逼引导作用，逐步淘汰落后产能。加强综合整治，提升大气环境质量。推进工业治理，全面启动国华宁海电厂开展烟气清洁排放改造工程，统筹推进重点污染源、涂装、橡胶塑料等行业的 VOCS 整治工作。加强城市综合整治，着力开展城市油烟专项治理、黄标车及老旧车辆淘汰、汽车油改气工程和加气站项目建设等工作。重点推进施工运输扬尘污染防治，对城市道路、建筑工地、渣土运输、混凝土搅拌站和城乡接合部等各类易产生粉尘、扬尘污染的场所，要进行综合治理，提高城市精细化管理水平。加强机制建设，保障工作顺利推进。探索建立信息互通、联合检查、联动执法的环保工作新机制，构建各尽其责、齐抓共管的管理新格局。要通过财政安排、社会统筹、上级争取、市场融资等各种渠道积极推进基础设施工程建设。探索建立城乡一体化的道路保洁机制，减少道路扬尘污染。加强宣传教育，提升全民责任意识。加大环保法律法规的宣传力度，开展进企业、进社区等环保宣传系列活动，逐步增强全民的生态环保意识。

补长创新型人才发展短板建议　2016年6月，县政协组织调研组，围绕宁海企业经营队伍建设进行深入调研，在县政协召开的九届二十次常委会议上进行专题发言，对补长创新型人才发展短板，助推宁海制造升级提出对策建议：要营造氛围，抓机制建设。完善党委政府主要领导牵头抓人才的领导机制。完善政府各部门统筹协调抓人才的组织体制。加强对各部门参与人才开发的统筹，增强部门协同性。建立和完善科学高效的人才开发使用机制。建立柔性化人才引进机制，通过兼职工作、合作开发、咨询顾问、学术交流等形式引进人才。提高科技创新成果转化收益比例，真正让有贡献的科技人员名利双收。建立由知识、能力、业绩要素构成，以业绩为核心的人才评价指标体系。要加大服务，抓平台建设。抓产业园区平台。建立项目综合评估机制，实行科技导向的差别化用地价格机制。以产业园区平台建设为抓手，加快建立生物医药、模具等产业技术研究院，鼓励企业建设好海外技术研究所，提升科技创新贡献率。抓创业支持平台。鼓励和支持企业开发拥有自主知识产权的核心技术，依托院士工作站和专家工作站，建立研究生创新实践基地。加快建设宁海创客空间，建立“创业苗圃+孵化器+加速器+产业园”阶梯形孵化体系。抓科技研发平台。建立公共技术创新平台，通过产学研合作、技术市场体系，将产业端与研发端有机地联系在一起，以实现“国内外技术宁海用”。要完善制度，抓人才环境。着力营造吸引人才集聚的城市生态环境。完善城市功能，优化生产、生活、生态空间布局，让创新型人才共享宁海宜居的生活环境。着力营造关注、关心人才的社会人文环境。健全县级领导人才工作联系点制度，让人才遇事有人可问、有地方可找。探索引进人才联系服务“一卡通”，及时为人才提供各项服务。着力营造公平、开放、透明的市场环境。建立专利资产权威评估机构和专利供需服务平台，规范、整顿知识产权服务市场秩序，形成鼓励创新、保护创新成果的良好环境。要多元投入，抓资金保障。加强财政科技资金引导企业创新。财政每年要安排一定的创新型配套专项资金，支持企业开展科技创新、人才引进培养和风险投资等。加强创业风险投资高地的建设。发展创投基金、风险投资、创业创新保险等新兴业态来支持企业科技创新。加强企业自有资金的投入力度。让企业管理层真正认识到科技创新对企业发展的重要作用，使企业成为技术创新决策、科研组织和成果转化的主要力量。

构建新型政商关系建议　2017年2月，县政协组织有关委员开展构建新型政商关系的调研，召开各类座谈会，针对存在问题，提出对策建议：深化“四张清单一张网”改革，建立健全新型政商关系的长效制度规范。进一步明确政商权利边界。建议宁海县在充分尊重既有法律法规的基础上，制定出台《宁海县政商关系行为守则》《宁海县政商交往若干具体问题行为指引（试行）》等，分别对政商关系中的两方人员——公职人员、企业人员的行为加以规范。进一步完善责任清单制度。建立健全可考核、可监管的部门履职目标体系，对部门年度重点工作目标完成情况进行督查考核。理顺部门职责交叉重叠和职责“真空”问题，修订完善事中事后监管制度，推进政府部门职责精细化管理。建立健全“有权必有责、失责必追究”的工作机制。探索投资项目负面清单管理方式。深化企业投资项目高效审批、核准目录外企业投资项目不再审批制度。大幅度减少政府对资源的直接配置，限制权力对市场和企业的替代和干预，减少寻租空间。不断改进政务服务方式，提升政务服务水平，营造良好的亲清政商氛围。创新服务方式，推进审批提速提效。通过设立涉及审批前置中介机构集中服务区、清理前置审批条件、开展各类特色服务等举措，努力变“群众跑”为“干部跑”、“企业跑”为“数据跑”，全力为企业降低审批成本、经营性成本和时间成本。探索“互联网+政务服务”引领服务新模式。通过搭建县、乡镇（街道）、村（社区）三级网络审批平台，推行微信公众号、手机移动审批等方式，有效实现部门间数据共享，促使企业群众少跑腿、好办事、不添堵。推进信息资源整合共享和公共信息平台建设。建议宁海县加大对信息经济、互联网经济的研究，重视电子政务的推广和应用，进一步加快平台建设进程，加速数据整合融合，加强数据分析运用，让更多的部门数据融合进来，推动信息共享共赢。发挥工商联、商会组织的桥梁作用，改进“政”“商”关系的维系方式。推动非公有制经济政策有效落实。要深入调研，积极参与第三方评估，加大政策宣传，通过企业服务中心把政策快速传递给企业，并进行“最后一公里”的落地服务，让非公有制企业从政策中增强获得感。推动搭建党委、政府、司法部门与民营企业沟通协商的制度化平台。引导民营企业多与党委、政府及有关部门对接联系。建立健全工商联会员及广大非公人士反映问题的对话渠道，引导他们主动上门多沟通多交流，积极建言献策，为县委、县政府科学决策提供参考。加强理想信念教育，增强道德与法治观念，营造良好的政商人文生态环境。加强理想信念教育。对于党政干部要以深入开展“三严三实”“两学一做”等专题教育为契机，不断强化宗旨意识、责任意识和服务意识，对于非公有制经济人士要以开展“守法诚信、坚定信心”为重点的教育实践活动，引导他们遵纪守法办企业，光明正大搞经营，运用法律武器维护自身合法权益，把更多精力投入到企业的创新发展和精细化管理上来。构建新型政商文化。强化官民平等的理念，确立“做官与发财是两条路”的观念，真正使“做官就是服务”的理念内化在每一位政府官员心中。构建市场经济下的“现代商人”理念，打破传统“商依附于官”的从商经商理念，树立公平竞争、合法经营、义利兼顾的理念，摒弃在商业活动中找关系、靠关系、维护关系的错误观念。培养崇尚廉洁的道德观念。加大反腐力度、让腐败在阳光下无处遁形，这是官员谨慎用权、不轻易寻租的前提。在加大反腐的同时，还要加强道德建设，发挥好道德的反腐作用。

第二节　精神文明建设

县政协围绕全县教育文化卫生体育等精神文明建设方面工作，组织委员认真履行参政议政职能，积极建言献策。

加强农村科普工作建议　2007年2月，县政协组织科协界委员对农村科普工作进行调研座谈，针对存在的问题，提出建议：要加强党委、政府对农村科普工作的领导。要认真学好、贯彻好《中华人民共和国科普法》，并按《中华人民共和国科普法》的要求，将农村科普工作纳入国民经济和社会发展计划以及各级领导年度考评、单位目标管理考核之中，做到年度有计划、过程有检查、年终有考评。积极协调解决农村科普工作中所遇到的难点热点问题，重点解决开展农村科普工作的经费和技术人才不足等问题，推动农村科普工作广泛、深入地开展。要建立健全农村科普网络，建设一支政治素质高，业务水平强的科普队伍。各乡镇、街道要抓紧健全村级科普组织和村科普志愿者队伍，任命那些政治素质强、有一定文化水平、热爱科普事业的人员担任村级科普工作负责人，各自然村保证有一名科普宣传员，每个行政村有5名以上科普志愿者，建成从县科协到乡镇科协、村科普组织、科普示范基地、科普示范户的科普网络。要加强县级涉农学会、各农技推广站建设。落实农技推广站编制，明确职能，优化队伍，加强学习培训，提高业务水平。要加大投入，完善科普设施。要加大对科普的投入，保证农村科普经费增长高于同级财政收入的增长。各乡镇、街道要做好规划，安排经费，建好乡镇（街道）、村级科普一站、一栏。要建立激励机制，提高农村科普人员的工作积极性。要出台支持农村科普工作优惠政策和激励机制，定期表彰和奖励在科普工作中做出突出贡献的组织和个人。对科普示范乡镇（街道）、村（社区）给予配套奖励。制定科普教育基地补助政策和科普示范基地、科普示范户奖励政策，调动基层科普工作者开展科普工作积极性。要以创建为总抓手，全面提升农村科普工作。要以创建全国科普示范县为抓手，县及各乡镇、街道成立创建工作领导小组和办公室，对照标准，分解任务，完善措施。要抓好市级和省级科普示范乡镇、街道和科普示范村建设，并把科普示范村作为创建社会主义新农村的必备条件。通过创建活动，激发农村科普的活力，增强农村科普的凝聚力，扩大农村科普的影响力，全面提高全县农村科普的能力。

发展学前教育事业建议　2008年1月，县政协组织教育界政协委员，就全县学前教育的发展状况进行座谈了解，并针对存在的问题提出对策建议：要理顺管理体制，强化政府统筹力度。建立学前教育联席会议制度，明确有关部门对学前教育的管理职责，确保学前教育规划、审批、指导、评估等工作的顺利开展，齐抓共管，促进学前教育健康发展。要加大政策扶持，促进幼儿园良性发展。要出台幼儿园设置管理政策。政府要完善并制定有关幼儿园设置、管理方面的政策，对居民区配套幼儿园建成验收合格后，由开发建设单位无偿提供给教育部门永久办学使用，对未执行落实城镇新建、改建后小区配套幼儿园建设的要予以追究相应责任并作出相应补救措施，鼓励社会力量创办有一定规模的优质幼托园所，政府要在幼儿园规划区给予土地上的扶持。要启动师资建设工程，稳定幼师队伍并逐步提高素质。要规范幼儿教师聘用管理，制定幼儿园的人员编制标准，对编制内非在编教师财政应予以一定的人头经费补助。幼儿教师招聘政策要有利于招收优秀教师，增加每年招收数量，逐步改善缺编现象。依据《中华人民共和国劳动合同法》有关条款配套建立幼儿园教师注册登记制度和非在编教师园际间有序流动制度，稳定教师队伍。要加强幼儿教师业务培训，完善教师培养培训制度，实施幼儿教师素质提升工程，重视教师师德、业务、文化、技能等多方面素质的提升，尤其要把职业道德教育、实际教学水平的提高作为教师培训的重点。

发展社会福利事业建议 2009年12月，县政协组织社会保障与福利界政协委员，对全县社会福利事业发展情况进行调研，针对存在的问题和不足，提出对策建议：要建立政府投入与社会投入相结合的社会福利资金筹措机制。要建立财政投入递增机制，按照建立公共财政的要求，根据县经济社会发展情况，将福利事业经费列入预算，并建立逐年适度递增机制，以适应不断扩大的社会福利需求。要建立经常性社会捐赠机制。积极开展各种社会捐赠和慈善活动，筹集慈善基金。制定相关政策，鼓励和支持社会组织、个人向社会福利机构捐资、捐物。要加强福利彩票发行管理。改进发行方式，加大宣传力度，突出福彩“扶老、助残、救孤、济困”的宗旨，提高福彩的社会感召力，扩大发行规模，筹集更多的社会福利资金。要加快推进社会福利社会化步伐。要实现投资主体多元化，改变过去投资主体单一的状况，开辟国家、集体、社会组织和个人的投资渠道，以多种所有制形式发展社会福利事业。要实现服务对象公众化，改变过去社会福利机构仅面对“三无”“五保”对象、孤儿等传统服务对象的做法，以有偿、低偿和无偿相结合的方式，向老年人、残疾人、孤儿及有需求的居民提供福利服务。要实现运行机制市场化，按照产业化思路和市场经济规律发展社会福利事业，建立市场化的运行机制，引导社会力量广泛参与，通过竞争推动社会化养老产业良性发展。要建立社会福利事业从业人员培训上岗制度。要提高社会福利服务整体水平，必须走服务队伍专业化之路，建立从业人员培训上岗制度。要发挥政府主导作用，相关部门积极参与。在市场经济条件下，各级政府要切实转变观念，从宏观管理、政策指导、政策制订、促进交流、典型推广、辅导培训等方面提供服务，要把国家包办公共服务转到支持和管理社会力量办福利上来，并切实做到监督、贯彻、落实。民政部门作为主管社会福利事业的职能部门，更要用长远、全局的观点认识和对待养老事业，充分发挥职能作用。

发挥宗教在构建和谐社会中作用建议 2010年2月，县政协组织宗教少数民族界政协委员进行视察调研，召开座谈会，就发挥宗教在构建和谐社会中作用，提出对策建议：要进一步重视宗教工作，充分认识宗教的双重作用。要进一步重视宗教团体建设。宗教团体是党和政府联系信教群众的桥梁和纽带。充分发挥宗教团体在构建和谐社会中的积极作用。宗教团体可以在七个方面发挥作用：在促进经济发展方面发挥作用。宗教活动场所的存在，或多或少会给当地带来环境效益、社会效益和经济效益的正面影响。在教育人、引导人方面发挥作用。充分发挥宗教的社会道德功能。在和谐社会建设方面发挥作用。和谐本是宗教的理想，充分发挥宗教教义中“和”的思想。在社会稳定方面发挥作用。宗教界要坚持国家利益至上，以各种方式反对和抵制宗教渗透和各种宗教极端势力，以维护国家统一，为维护社会的稳定发挥积极作用。在社会公益、慈善事业方面发挥作用。扶贫济困、助医助学、回报社会。在文化建设方面发挥作用。宗教作为一种文化现象，已经生存、扎根并与中国文化融为一体，对中国的发展已经产生了积极影响，要充分发扬宗教中的优秀文化。在对外交往方面发挥作用。宣传中国的开放政策和宗教信仰自由政策，宣传“和为贵”的中国形象，为推动人类文明进步做出积极贡献。因此，要加强宗教团体的组织建设，为宗教团体解决办公场地和必要的办公经费，引导宗教团体为和谐宁海做出积极贡献。要进一步落实属地管理原则。各乡镇（街道）党（工）委政府要把宗教工作摆上议事日程，认真抓好市两办《关于进一步加强乡镇（街道）宗教工作的若干意见》的贯彻落实，重视宗教工作属地管理，强化基层宗教工作。特别是宗教场所的平安工作，要保持清醒头脑，要有工作部署，要有检查督促，要有总结表彰，确保宗教场所平安。

加强城区交通建设建议　2011 年 1 月，县政协无党派人士界组织委员，对宁海城区交通建设情况进行深入调研，积极建言献策，并针对存在问题和不足，提出对策建议：要调整并加快城区商贸业布局建设步伐。通过打造新世纪中央商务区、新城市中心、梅林桥头胡商务区等，变城市单中心商业格局向多中心、组团式格局发展，适时分散人流，解决交通过于拥堵问题。要加快实施城市路网系统建设工程。真正落实城区交通“排堵保畅”三年行动计划，按照“打通断头，疏解卡口，拓宽瓶颈，环路分流”的总体要求，新建西环线、九顷等一批南北向主次干道，改造、增加东郊、东旺等一批东西向城市道路，把部分城内交通及过境车辆引向城市外环，大力提升道路的通行能力。要加快实施城市主要节点及卡口交通项目。综合改造城区环岛形式，整治多路、畸形、错位交叉口，特别是五街汇、新世纪、东门口、西门、梅林 5 大节点。同时对桃源路、兴宁路等沿线交通节点可进行局部的交通渠化改造，以保证交叉口的通畅。要加快实施一批停车场建设工程。采取“增量、挖潜、监管并重”的工作举措，按照停车场建设规划要求，先是有序划定道路停车，开辟零星、边角地块、闲置地块临时停车场；再对小区与单位空地、广场等停车资源进行梳理，进行立体化或地下改造，同时，结合新区开发和老区改造，有计划地建设增配停车场对外开放并规范管理，逐步消化停车难的问题。要大力发展低成本、高效率的城市公交系统。从长远看，机动车终会增长到城市道路所能容纳的极限，在此背景前提下，公交优先发展成为城市交通发展的必选。因此，需大力新建、改建一批公交基础设施，以提高公共交通的竞争力。现在公交欠账太多，如何按照宁海城市发展需求，建设、管理公交城乡枢纽站、首末站及综合车场、修理厂、出租车综合服务中心等等，这些都有待于进一步的调研，群策群力并得以实现。要应用智能交通技术，提高交通管理水平。解决交通拥堵问题，应在现有的交通基础设施之上要尽可能地提高交通能量，通过信息化在智能交通和车联网技术的应用来解决。要加强交通政策保障和宣传管理。对沿街商铺开业实行“停车收费管理制度”，对不能按规定提供足额停车泊位的收取异地停车泊位建设费。相关部门要加强对三轮车、残疾车、人力车等交通工具的有效管理，改善多种交通方式混行现状。加强宣传，提高人们的交通安全意识，自觉遵守交通法规，共同营造一个安全、文明、畅通的城市交通环境。

做好少数民族工作建议 2012 年 7 月，县政协组织有关委员围绕全县少数民族工作情况进行调研走访，针对县少数民族的特点，就做好少数民族工作提出建议：建立和完善县、乡镇（街道）、村（社区）三级民族工作网络。要建立健全县民族工作协调小组和县、乡镇（街道）、村（社区）三级民族工作网络，明确工作职责，统筹指导民族工作，积极营造浓厚的民族工作氛围。要充分发挥少数民族联谊小组的桥梁和纽带作用，在少数民族群众中大力宣传党的民族政策，协助政府化解矛盾纠纷。要建立责任制度，把民族工作纳入各级目标考核内容，逐步建立健全工作会议、联谊走访、信息交流、信访接待、台账资料等制度。实行政策、劳力、资金三倾斜，助推少数民族经济发展。要采取“一找、二定、三提高、四坚持”的工作方案和思路，为少数民族贫困户彻底脱贫提供强有力的保障，即要帮助少数民族家庭找到切实可行的经济增长方式，尤其是农林牧副渔等产业。要通过确定少数民族致富带头人，确定新产业，进行重点扶持。要提高少数民族的整体素质和生产技能，提高家庭收入，提高生活质量。要坚持党政领导负总责，坚持因地制宜多渠道增收，坚持典型引路整体推进，坚持分类指导、注重效果，坚持长期帮扶防止返贫。要积极引导，鼓励自主创业，努力培育少数民族致富带头人，通过创业典型引导少数民族群众改变传统观念，脱贫致富。在具体帮扶过程中，要坚持因户施扶，结合少数民族同胞本人意愿及综合能力，在降低投资风险的情况下，选择种植、养殖等多种形式来达到增收目标，由“输血式”向“造血式”转变。充分尊重少数民族风俗习惯，依法维护少数民族合法权益。要正确对待外来少数民族人员在宁海县的经商、旅游活动，充分认识这类活动的积极意义，并通过接触和交往，增加理解和信任，尊重少数民族的风俗习惯，以诚恳、热情、欢迎的态度对待少数民族人员，防止歧视、侮辱少数民族的事件发生，并尽可能为他们提供方便。要重视对少数民族群众的教育，主动地对少数民族群众进行民族政策、民族团结和治安、工商管理制度等法律法规的宣传教育，使他们了解有关的政策、法令、规定，引导他们遵纪守法、合法经营，服从行政、工商、治安、交通、卫生等方面的管理。要注重培养选拔，加强少数民族干部队伍建设，立足于可持续发展，大力加强少数民族人才资源开发，建立翔实的少数民族代表人士基本情况数据库，并充分发挥他们在协助党委、政府处理涉及少数民族的矛盾纠纷中的积极作用。

深化殡葬改革，促进移风易俗建议 2013 年 2 月，县政协组织委员围绕殡葬改革和移风易俗问题进行走访和调研，就深化殡葬改革，促进移风易俗工作中存在的问题，提出建议：要积极拓展殡葬服务市场。推进殡葬服务工作向社会、向社区延伸。社区作为基层群众自治服务机构，其基本的管理、服务功能与殡葬服务单位有很大的互补性。服务功能向社区延伸，充分利用社区这个公共服务平台，以方便群众为出发点。宁海每年的死亡人口中，大多数是死在家里，将殡葬服务功能向社区延伸后，有利于扩大市场占有率，更大限度地提高应对丧葬用品市场放开的能力。大力开拓发展社区殡葬服务工作，既是落实以人为本思想的现实需要，也是增强殡葬服务工作市场竞争能力的重要内容，是宁海殡葬服务工作的一个全新领域，大有可为。市场开放必将给殡葬服务单位带来前所未有的冲击，但是，只要在创新管理机制，转变服务观念等方面切实做到适应形势的变化，就一定能够使殡葬服务工作跟上形势发展的需要，变市场压力为可持续发展的动力，为满足人民群众的需求，为推进和谐社会建设做出应有的贡献。要提供专业化殡仪服务。县殡仪馆除遗体接运、火化业务外，其他的殡仪服务项目将全部实行市场化运作。据此，应该积极提前准备，整合殡仪馆现有资源，争取有关部门的大力支持，新建一个满足群众需求、与宁海社会发展相适应的殡仪服务中心，发挥行业示范作用。据了解，全国很多大中型城市都有规模较大的殡仪服务中心，社会反响好，可借鉴这些经验做法，建设一个全功能一体化的殡仪服务中心，提供全天候、全过程、全方位的一条龙服务，实现专业化、人性化、文明化、贴心化，让群众在中心内就能办妥所有丧事活动，彻底解决群众的后顾之忧。殡仪服务中心在坚持诚信经营的同时还应坚持文明经营、绿色经营，自觉抵制不文明、不科学的丧葬习俗和封建迷信丧葬用品，拒绝不利于殡葬市场有序发展的一切不良因素，增加群众对该行业的信任度和认同感。结合宁海的实际，制定出台抵制封建迷信活动、禁止燃放烟花爆竹等扰民行为的规定，并通过新闻媒体、社区等平台进行大力宣传，营造一个科学、文明、绿色、和谐的殡葬环境。

加强农村财务管理建议 2014 年 8 月，县政协组织相关委员对农村财务管理情况进行走访座谈，针对存在的问题，分析原因，提出对策建议：要强化内部控制制度的执行力。近期县委、县政府针对农村财务中存在的问题，在原有各项内部控制制度上进行了完善，相继出台《宁海县农村集体“三资”和财务管理办法》《宁海县违反农村集体“三资”和财务管理规定行为责任追究办法》等五个办法，这为规范农村财务奠定了基础。因此要强化责任追究及处罚，促进制度执行力的管理，有效地执行内部控制制度。要强化日常监督，有效防止舞弊行为的发生。对于日常经济事项的处理，在程序上要继续强化，包括联签制度、村民（社员）代表会议决定制度、财务公开制度等，程序不到位要追究责任。监管部门要加强日常的程序性监督和真实性监督，特别是对流动性强的资产如货币资金更要注重日常监督和环节监督，否则产生的后果事后是无法挽救和弥补的。乡镇街道代理会计及有关人员监督职能要有效发挥，不能仅限于形式上的监督，必须进行实质性的审核和监督，包括程序和内容，才能有效地防止舞弊行为的发生。要强化大额银行存款的安全管理。对银行存款的管理制度在各项财务管理制度中均已做了较多及详尽的规定，但现实是发生在“银行存款”上的经济案件还是不少，关键在于未尽职定期核对开户银行的实有存款余额，造成资金管理人员长期挪用公款、侵占集体资金未被及时发现，导致数额越来越大。因此建议对于超过百万元的大额银行存款余额的核对工作要引起足够的重视，非资金管理人员必须定期（半年或一年）或不定期地核对银行存款余额，并承担该时点余额真实性的责任。该项工作的落实必须得到有效的检查，包括村经济合作社的自行检查和乡镇街道有关责任人员的监督检查。要强化审计结果的处理落实，促进农村财务管理不断规范。审计结果的处理落实，特别是在上访比较激烈村的审计结果处理上，单凭审计部门的力量无法完全履行，建议成立联席会议制度，由纪检、检察、司法等部门及乡镇街道共同参与，才能将审计结果、审计处理落实到位，促进农村财务管理不断规范。纪检监察部门不定期对审计报告中披露的有关问题进行通报，同时纳入乡镇街道的年度目标考核，以引起乡镇街道的重视。同时加强宣传力度，开展警示教育，形成良好氛围，有力地遏制一些腐败现象，促进农村基层党风廉政建设。

城区占道经营和户外广告整治建议 2015 年 6 月，县政协组织调研组，对城区占道经营和户外广告整治工作进行调研视察，就加强县城区占道经营和户外广告整治工作，在县政协召开的九届十六次常委会议上作专题发言，针对存在的问题，提出建议：关于城区占道经营整治的建议。要加强正规市场建设，解决市民买菜难问题。加快推进菜市场专项规划修编工作，有效结合邻里中心专项规划，有的放矢地解决规划落地等现实问题。对一些规模小、设施不配套、不完善的市场进行扩场增容，提高场地利用率。要加大政府主导力度，从政策层面研究制定优惠政策，鼓励有条件的小区和社区利用原有管理用房建设邻里中心，新建小区必须按照一定比例配建邻里中心。要明确菜市场或邻里中心投资建设的主体部门或单位，根据专项规划编制年度计划并列入民生实事工程，将建设落实情况纳入年度考核范畴。探索“政府主导，市场运作，社会参与”的新机制，采取“以奖代补”的方式鼓励社会资本参与菜市场建设。要合理疏导规范管理，实现市容和民生双赢。建议县政府明确占道经营监管主体部门或单位，抓紧对现有商业占道经营进行排摸，并挖掘周边闲置地块潜力，建立布局合理的流动摊贩临时疏导点。针对目前部分临时疏导点设施简陋、管理不规范等问题，建议由主管部门统一配备遮阳棚（伞）、摊点操作台面、垃圾容器等设施。出台临时疏导点管理办法，实行定区域、定时间、定标准和定责任规范管理，对违章占道经营以及临时疏导点内不按相关规定经营等行为依法取缔。要理顺体制完善机制，推进占道经营长效管理。建立“7+X”城市管理独立执法体制，同时将桃源、梅林和桥头胡等街道也纳入其执法领域。建立城市管理联动工作机制，相关部门要联合执法，共同做好占道经营整治工作。实行管理前置，推行经营户准入许可制度，实行门前“三包”，并建立经营者诚信档案。利用电视、报纸、网络等媒体加大宣传教育力度，营造良好整治氛围。关于城区户外广告整治的建议。要建立完善户外广告长效监管机制。要明确户外广告的主管部门，改变户外广告多头管理无人管的局面。要抓紧出台户外广告管理办法等规范性文件，确保户外广告管理有规可依，有章可循。要建立以综合执法局为牵头部门，市场监管、规划、建设、公安等多个部门共同参与的户外广告监管联动工作机制。建立户外广告专家评审制度，成立户外广告专家委员会，对一些要求变更规划或推行新型户外广告形式进行评议，使管理部门决策更加民主科学。编制实施《宁海县户外广告设置专项规划》，明确规定广告设置点位、设置方式和技术规范。要突出重点集中整治现有户外广告。建议由户外广告主管部门牵头开展店招专项整治和提升改造工作。对大型户外广告进行安全排摸，对存在安全隐患或严重影响市容市貌的广告设施，督促产权单位限期整改，逾期未整改的予以拆除。鉴于“牛皮癣”小广告点多面广、治理反复性强，建议采用服务外包引入专业保洁公司清除“牛皮癣”，探索专业化队伍与市民参与相结合的治理新途径。户外广告主管部门要加大对“牛皮癣”、小广告的打击力度，移动、电信、联通等运营商要协助公安机关做好调查取证工作。要推行户外广告市场化运作。将更多的户外广告资源纳入统一管理，对市政设施包括公交车体、候车亭、站牌、电话亭、路牌、灯杆、交通隔离栏、邮箱、书报亭、垃圾箱等，统一纳入公共资源进行公开拍卖，所得价款按规定由财政部门根据实际需求返还户外广告主管部门作为专项整治资金。

做好商会人民调解工作建议　2016 年 2 月，县政协组织相关委员对做好商会人民调解工作进行走访调研。针对存在的问题，提出建议：要创新商会人民调解新方法新机制。商会调解工作要预防调解并举，案件处理得再多，也解决不了矛盾双方不和谐的“内火”。商会不能仅当灭火的“消防员”，还要当好规范用工的“指导员”“监督员”，发展路上的“导航员”，在工作目标上要注重源头治理。建立企业诚信体制。健全企业守信激励和失信惩戒体制，建立企业一旦失信处处受限机制，促进企业守法经营、诚信用工，提高企业用工规范程度。严格劳动合同管理。开展“小微企业劳动合同签订全覆盖行动”，重点解决小微企业劳动合同签订率偏低问题。依托乡镇（街道）平台，加强与企业调解、仲裁调解对接，推进“建议调解”“委托调解”等先行调解，建立案件分级制度，将劳动争议化解在基层。要强化商会人民调解工作的指导管理。县司法局和工商联要加强协作配合，建立健全化解商会纠纷指导协调、联动协作、专业咨询等工作机制。依照《中华人民共和国人民调解法》的相关规定，指导商会人民调解组织建立健全学习、例会、培训、统计、档案管理等各项规章制度，加强内部管理，依法开展调解。按照分级培训的原则和要求，切实加强商会人民调解员的业务培训，不断提高调解员队伍的综合素质。建立由法律、医疗卫生、交通事故处理、劳动人事争议处置、保险等专业人士组成的调解人才“专家库”，逐步实现因案施调，提升调解工作的专业水平和质量。积极整合司法行政法律服务中心、司法所等平台资源，将涉及商会的纠纷纳入法律服务和诉调衔接等“绿色通道”，充分发挥律师、基层法律服务、公证、司法鉴定等职能优势，不断提高商会人民调解组织化解矛盾纠纷的能力。要整合内外资源推进社会化大调解。在新形势下，跨区域、跨行业的商事纠纷不断出现，这就迫切要求调解工作打破以往单一的调解格局，走出一条突破工作性质、地域范围等限制，实行联合大调解的新路子。仲裁部门在工作中是代表政府的牵头方，要增强主动性，向三方协调机构成员、乡镇（街道）沟通联系，争取配合，增强合力。加强部门联动。在工会、工商联、司法等相关部门和企业中建立联动机制，帮助解决民商事疑难问题。夯实乡镇（街道）三方机制。乡镇（街道）面向企业、面向劳动者，基层三方机制是加强争议源头预防调解的重要措施，要在建立三方机制的基础上深化这项工作。借助商会的平台优势与县法院立案庭、人社局仲裁院等进行有效对接，建立联合调解制度。要加强商会人民调解组织的基础保障。商会人民调解委员会的办公场地、设备和经费等基础保障按照“谁设立、谁保障”的原则，坚持以商会保障为主。司法行政机关主要负责设立指导、场所布置、制度建设、人员培训和业务指导等。司法行政部门要将人民调解信息管理系统延伸至商会人民调解工作，实现商会人民调解工作的信息化运行，并以信息化促进工作的规范化。政府、社会应给予更多的引导扶持和关心培育，为商会依法开展调解工作提供必要的经费保障。

加强农村文化礼堂建设建议 2017 年 2 月，县政协组织有关委员，对农村文化礼堂建设进行走访、座谈，并针对存在的问题提出对策建议：要加大宣传力度，形成合力。利用好报纸、电视、网络等切实加大对农村文化礼堂建设的重要性、必要性的宣传推介力度，将其摆上各级党委政府的重要议事日程，进一步扩大农村文化礼堂的知晓率和影响力。争取社会各界广泛关注、积极参与，进一步提高农民群众对农村文化礼堂建设重要性的认识，形成“要我建”转变为“我要建”的社会氛围。坚持合力为重，由县委宣传部牵头协调，其他领导小组成员单位密切配合，乡镇街道切实承担起应有职责，统筹资源，发动群众，共同推进。要加大资金投入，强化保障。提高县财政补助标准，完善县、镇、村三级资金配套建设体系，鼓励“众筹共投”，积极引导社会力量广泛参与，让农村文化礼堂建设“有钱好办事”。建议建立农村文化礼堂工作指导员、管理员、志愿者等队伍，广泛寻找、深入挖掘一批文化名人、当地乡贤入驻文化礼堂，形成文化人士专心服务、本地村民热心参与的人才队伍，保证文化礼堂“有人能管事”，使文化礼堂真正用起来、转起来、活起来。要挖掘地方特色，打造品牌。根据农村自然资源禀赋，融合传统民俗文化与现代文明，打造“一村一色”“一堂一品”，形成属于自己村子独特的集体记忆。如岔路湖头的葛洪养生文化、前童古镇的童氏文化、胡陈“叶梦鼎”丞相文化、西店岭口的“和”文化、桃源下桥的街区文化等特色文化礼堂建设。在挖掘农村文化的内涵中，必须注重弘扬文化的历史精髓，传承优秀的乡风民俗，宣扬社会主义道德文化、品质文化和价值观文化，承载乡愁，寄托亲情，让古朴的民风、人文精神得以传承与弘扬。要活跃群众文化，弘扬正气。发挥农村文化礼堂的文化惠民载体作用，强化菜单式的“送文化”，致力于自主性的“种文化”，积极培育草根文化能人，支持群众自办文化团体，开展各类群众性文化活动，各文化礼堂之间加强联系和交流，使文化走亲形成规模化、常态化。举办形式多样的文化礼仪活动，例如迎春祈福礼、七岁开蒙礼、重阳敬老礼等，组织道德模范、善行义举及“文明示范户”“五好家庭”“好媳妇”“好公婆”等评选活动，全面展示和弘扬农民群众身边的“最美人物”，培育和谐村风民风，传播优良传统美德，弘扬社会主义核心价值观，使农村文化礼堂成为群众的精神家园、乡间的文化地标。

第四章　社情民意和信息工作

反映社情民意是政协履行政治协商、民主监督、参政议政职能的重要载体，是政协密切联系各方面人士，反映他们所联系群众的意见和要求，帮助国家机关改进工作，提高工作效率，克服官僚主义，加强廉政建设的重要形式，也是政协和政协委员的一项重要工作。政协信息工作是反映社情民意的主要渠道，也是调动广大政协委员履行职能的一种有效形式。县八届政协以来，向上级政协和县委、县政府反映社情民意信息1800余条，广大政协委员深入基层认真履职，做到倾听民声、体察民情、反映民意。县政协十分重视这项工作，每次常委会议都把反映社情民意工作列为一项议题，听取意见建议并及时向党委政府和上级政协提供民情、民意、民智和社会各界人士诤言、建议，让党政领导了解和掌握群众的心声，对化解矛盾，促进社会和谐，实现决策科学化、民主化，发挥了积极作用。不少社情民意和信息被全国、省、市政协录用。县委、县政府领导对政协反映的信息和社情民意大多都作了批示，要求有关单位引起重视，抓好落实整改。

部分服务型企业大量使用地下水存在安全隐患　2007年5月，据部分政协委员反映，宁海县一些服务型企业，如体育中心游泳馆、嘉年华、海阔天空、华清浴室等洗浴场所，天河温泉宾馆、香溢大酒店、沁园宾馆等餐饮场所，为节省水费开支，大量使用地下水，存在安全隐患，应引起高度重视。由于城区污水收集管网不够健全、管道质量较差，每天产生的6万吨污水中，有3万多吨渗入地下，地下水污染比较严重。据不完全统计，目前城区范围内共有124家单位拥有自备井，数量约131口，个人家庭使用自备井也不在少数。而使用自备井供水的单位，有的没有经过任何消毒措施，有的虽然拥有简单的过滤设备，但也不能保证地下水的质量。大量使用地下水，容易影响食物品质，刺激人体皮肤，给人们身体健康造成危害。另外，过度使用地下水直接造成了地下水位急速下降。据粗略统计，1995—2005年，宁海城区的地下水位已降低2—5米，对城市的安全、树木和草坪绿化造成一定的影响，并直接导致了地下水污染的进一步加剧。政协委员建议建设、水利、卫生、水务等有关部门采取积极措施，严格控制和逐步取缔自备井，停止开发使用地下水。要对地下水使用情况作一次明察暗访，尤其是对老百姓健康影响较大的餐饮、洗浴场所的水质要进行抽检，发现问题要及时整改，并建立长效机制。同时，要进一步提高自备井水资源费征收额度，引导企事业单位少用、不用自备井水，多用优质的水库水。

加强师德教育　规范办班行为　2007年8月，据政协委员反映，近阶段人们在谈论教育问题时，较多的话题就是“办班”和“师德”。改革开放以来，我国的教育事业迅猛发展，但教育领域的一些不良现象却在滋长：接受宴请、收受礼金礼品不仅司空见惯，且有攀比趋势，许多工薪家庭为此陷入窘境。尤其是一些不规范的办班和少数教师敛财手段更使众多家庭反感。这不仅损害了人民教师的良好形象，而且严重危害了青少年的身心健康。目前，教育领域各种名目的补习班大致可分为两类：一类是教师个人出面的“有偿家教”。又分为两种情况，一种是“保姆”型，有“全托”和“半托”，“全托”是学生吃住都在教师家，一个教师少则带1—2个学生，多则带4—5个学生；“半托”是学生下午放学后跟教师回家，在教师家吃饭，做作业，晚上由家长接回。此类“有偿家教”收费较高，一般每人每月都在千元以上。另一种是“补习班”型，每月规定几次补习，一次2—3小时，每月收费数百元，特点是人数较多，少则5—6人，多则10人以上。第二类是由民间组织少数教师参与社会人在办的假期补习班，这类补习班质量不高，针对性不强，有变相赚钱之嫌。政协委员认为，教育应该是公益事业，而不是买卖市场，有偿家教是弊多利少：加剧了教育不公平竞争，使教育的竞争成为金钱的较量。增加了学生家长的压力，驱使家长们拼命赚钱，缺少与孩子的沟通交流。学生身心受伤害，假期时间被剥夺，兴趣爱好被扼杀，成了学习机器，上不完的课，做不完的题，电视、课外书不能看，出门游逛更不许，压抑、苦闷成为普遍的问题。少数教师正常教学不认真，上课“留一手”，课外忙挣钱，荒了“责任田”，肥了“自留地”，沾染上浓厚的铜臭，影响正常教学秩序，败坏了师德。长此以往，学生为考分忙碌，挖空心思，伤透脑筋，即使得到老师传授的“秘方”拿了高分，最终离健全心智、德智体全面发展的目标越来越远。若任其发展下去，受害的岂止是学生？政协委员呼吁，教育事关国家和民族的兴盛，“师德”事关教育的质量，希望县领导和教育部门能引起高度重视，采取有效措施予以解决，还教育一片蓝天，给青少年营造一个健康的成长环境。

银行的便民措施何时才能惠民 2007年11月，据政协委员反映，随着社会化服务体系的不断完善，由银行代发退休养老金的群体不断壮大，水电等公共服务机构和交警、公管等行政执法部门委托银行代收费业务不断增多，但银行便民网点不增反减，到银行排长队已成普遍现象。为缓解矛盾，县各专业银行虽采取了各种措施，但成效并不明显，为此建议：金融系统均应有强烈的忧患意识。随着金融业逐步对外资开放，金融业的内外资竞争将不可避免，只有优质便民服务，才能在激烈的竞争中求生存求发展。增设网点，巩固阵地。造成排长队的主要原因是营业网点未增反减。作为合格的经营决策者，在核算成本时必须平衡质与量的关系，增加网点肯定会增加成本，但可以占领阵地赢得民心。改善管理服务，提高工作效率。造成排长队现象的另一个原因是内部管理不科学，工作效率不高。如多数营业点设置窗口倒不少，但实际并未全部开窗运行。有的窗口只收罚款和养路费，根本不受理其他业务，造成人机闲置。有的窗口根本无人，说是电脑坏了。如此实际运行的窗口在五六成左右，这说明内部管理不科学，有较大的改进空间。

又如同样是排长队，快的窗口要比慢的窗口速度快一倍以上，这说明一部分职员的业务技能不够高，尚有潜力可挖。因此，通过科学管理和采取内部挖潜等措施，同样可以缓解排长队这一矛盾。

农民“卖橘难”问题应引起高度重视　2007年12月，有政协委员反映，全县共有柑橘面积5.86万亩，其中投产3.8万亩，预计2007年总产量达到5.5万吨，其中中晚熟柑橘3.85万吨。受前段时间多种因素影响，主要用于橘子罐头生产的中晚熟柑橘只销售了1.3万吨。由于柑橘价格低廉，手上又有大量积压，农民心急如焚，这个问题应引起县委、县政府和有关部门的高度重视。造成目前农民“卖橘难”的原因：农民的惜售心理。受全国柑橘大丰收影响，特别是湖南、湖北、江西、陕西等省柑橘大丰收，并且价格较低，平均只有0.3—0.35元/斤，对全县的柑橘销售形势影响很大。而县农民受2006年柑橘价格的影响，2007年对柑橘价格的期望值高。另外化肥、农药、务工等生产管理成本提高，也造成农民惜售。柑橘销售时间缩短。由于柑橘采摘期推迟、天气转暖等原因，与2006年相比，柑橘销售时间少了近一个月，从而造成柑橘滞销。受市场利益驱动，本地几家柑橘加工企业前段时间大量收购湖南、湖北等地柑橘，从而造成迟熟柑橘的滞销，长街镇的情况尤其严重，如龙浦已销迟熟橘还不到5%，山头、青珠、大湖、长街、伍山等地只有15%左右，岳井稍好，也只有20%的迟熟橘销售出去。受气候变化影响，农民藏在家中已有一段时间的橘子，如不尽快卖出去，很容易腐烂，农民心急又无奈。为此，政协委员建议：要加大宣传力度。县新闻媒体要加大对全国柑橘销售形势的宣传，如实报道县柑橘销售情况，使橘农心中有底。柑橘主产区乡镇要发动联村干部深入农村，帮助农民分析市场走势，帮助销售柑橘。县级有关部门和当地乡镇要加强与国盛、海静、东达、卡依之等柑橘加工企业的沟通联系，尽量少收外地柑橘，进一步挖掘生产能力，加大本地柑橘收购力度，收购价格不能低于0.55元/斤。目前，各加工企业2007年（阴历过年前）的生产时间还有1个月，若开足马力，全部收购本地柑橘，4家柑橘加工企业还有1.5万吨的消化能力。要加大对柑橘加工企业和柑橘销售大户的扶持力度。对农业龙头企业的扶持，要根据其收购本地农副产品的数量来确定。对销售本地柑橘的销售大户，若其资金上有困难，乡镇和有关部门要积极帮助其解决。

加大力度改善农村邮政投递工作　2008年6月，据政协委员反映：有些村的邮件、报刊不能及时收到，特别是一些要件不能及时送达，甚至还发生遗失信件现象，群众对此意见很大。据了解：目前，宁海县邮政局共有投递人员101人，其中农村投递员65人。总投递线路长3059公里，其中农村2019公里。农村投递人员日平均投递邮件99件，报刊512份，负重58公斤。随着农村居住环境的不断变化，人员流动性增强，特别是外来务工人员多无固定住处，邻居间又互不熟悉且无门牌号。这些原因造成投递员在投递时，很难将邮件、报刊等及时准确地送到收信人的手里（或住所），既给邮政投递工作带来诸多不便，也容易诱发矛盾纠纷。委员建议：政府及有关部门应加大对农村邮政投递工作的扶持力度，在政策上给予适当倾斜，确保农村邮政投递条件逐步得到改善。镇（乡）、村要规划好邮政用房，选择相对集中地段设立农村邮政信报台，确定素质好、服务意识强和身体健康的人员在职代理。邮政部门要根据区域情况安排足够的投递力量，及时准确投递邮件，为农村群众提供优质的邮政服务。

因地制宜设立公交候车亭 2008年9月，据政协委员反映，2008年部分公交线路收归国有，又新增了几路公交车，给群众的出行带来了很大的方便。但由于有几条公交线路是新开的，其停靠站大多没有候车亭，如兴海路、中山路一带，这在一定程度上造成了人们候车及上下车的不便。据实地了解有两种情况，一是公交站牌竖在人行道上，这些一般不需设立候车亭，也很难设。还有一种是站牌竖在绿化带上，这就有必要设候车亭了，由于站牌设在机动车道和非机动车道的中间，同时还有绿化植物的阻碍，烈日下无法躲避太阳，下雨时又无法躲雨，由于没有上下车的空地和通行的缺口，人们上下车及候车既不方便又不安全。希望有关部门在这些地方设立公交候车亭，从人性化的角度出发，在亭下可设一些固定的水泥凳，这样既能方便群众出行，又提升了城市的文明形象。

“狗患”何时休 2008年10月，据部分政协委员反映：宁海县进行犬类专项整治已好几年了，但在小区随时都能碰到家养的狗和流浪的狗，有些村养狗成风，泛滥成灾，狗扰民和狗污染已经成为全县较为严重的问题，狗患给居民的生活带来了一定程度的影响。许多居民都强烈呼吁，要切实加强对养狗行为的管理。据了解，2008年1—8月，到县疾控中心注射狂犬疫苗的就有6612例（不包括未到防疫站注射的被咬伤者），2008年8月西店镇一只藏獒咬下孩子左脸颊一事，更是骇人听闻。狗患不仅表现在咬伤人上，深夜犬吠还影响居民正常生活，在公共场所随地放养、随地排泄，严重影响城市公共环境卫生和城市形象。委员们向政府及有关部门建议：进一步健全管理网络，完善养犬工作的管理，使之更加规范化。落实责任主管单位，定期召开各职能部门协调会，做好养犬管理工作。结合执法检查工作，积极开展《宁海县犬类管理暂行办法》（以下简称《暂行办法》）的宣传工作，力争做到养犬管理规定家喻户晓。在全县开展对养犬人行为培训活动，使养犬人通过培训能够自觉遵守有关规定，规范养犬人的行为。主管部门要严格执行《暂行办法》，抓住当前有利季节进行一次突击治理，尽力做到标本兼治，消除隐患，解决扰民之难。

消除交通隐患，确保道路畅通 2008年11月，据政协委员反映，沿海南线茶院入口处至力洋入口（宁东园区）及梅岙段路面损坏相当严重。路面坑坑洼洼，严重损坏的地方也不少，相关部门在损坏严重地段的路中央设立了警示标志，虽然起到了一定的警示作用，但是警示栏杆放在路中央也带来了新的交通隐患。一到下雨天，此路段积水严重，无法看清路面状况，极易造成驾驶人员的判断失误。同时，沿海南线是一级公路，全线限速每小时80公里，但是按茶院到力洋段的路面情况看，以每小时80公里的速度开车已不安全，如果是下雨天，道路排水不畅，积水严重，路面坑坑洼洼，交通隐患更为严重。委员建议，有关部门能及时采取措施，修复路面，消除交通隐患，确保道路畅通。

茶农利益不应忽视 2009年5月，据政协委员反映，“望海茶”是宁海县茶叶行业的拳头产品，先后获得了浙江农业名牌产品、浙江省著名商标和浙江省十大名茶等荣誉称号，为全县茶叶产业发展做出了很大的贡献，许多茶农和企业加盟“望海茶”后，收入有了明显提高。但“望海茶”品牌管理中，也存在不公平现象，挫伤了相当一部分茶农及企业的积极性，其影响不容忽视。希望县政府及有关部门重视这个问题，切实维护大部分茶农和企业的利益。据了解，全县有18户茶农和企业加盟“望海茶”品牌，其中，只有7户取得“望海茶”品牌授权。自1999年第一次品牌授权以来，除了1户得到新授权外，其余都未变动。他们每年交3万元的品牌授权费就可以自行印制茶叶包装盒，其中有的根本没有生产基地和制茶设备，只是到各地收购茶叶进行包装。而其他11户一直都由县茶业协会下属的包装公司代为包装。在这11户中，有七八户茶农的茶叶面积、产量、品质和茶厂QS认证都达到了“望海茶”的品牌要求，其中紫云山茶场还在第二届“生态宁海”名特优商品博览会上获得了斗茶会第一名，却未能得到品牌授权，明显不公平。另外，代包装中也存在“重利轻扶”倾向。茶叶代包费原来为52元/斤，自2008年5月开始升到100元/斤，而实际成本仅35元/斤左右。部分大户的茶叶产量较大，如紫云山茶场年产量为6000公斤，兰茗茶场年产量为1750公斤，因代包费较贵，不得不减少包装量，大量茶叶散装出售，从而影响了茶叶销量和茶叶价格。为进一步加强“望海茶”品牌管理，使茶农在品牌战略实施过程中获得实实在在的利益，建议如下：建立品牌授权准入机制。要设定限制条件和品牌要求，严格品牌管理。实施动态管理。该授权的要及时授权，以进一步扩大“望海茶”的影响力；该淘汰的要坚决淘汰，切实维护品牌形象。提高服务意识。茶叶协会及下属的包装公司要让利于茶农，降低包装费用，同时改进茶叶包装样式，提高包装质量，积极开拓国内外市场。对茶叶协会和望海茶发展有限公司实施“品牌战略”中产生的费用，县财政要给予适当扶持。

南门大溪卫生安全问题应引起重视 2009年8月，政协委员反映：每到盛夏季节的傍晚时分，就会有数以百计的市民在南门大溪游泳、洗衣、纳凉，卫生安全问题需引起重视。据了解，自南门大溪造了拦水坝后，每年夏天都有市民在拦水坝上面的水域里游泳，不少年份还发生了溺水身亡事件。2009年由于天气炎热时间持续过长，加上游泳馆费用大幅增加，到此游泳的人数不断增加。由于缺乏游泳的安全配套设施和专门的安全管理人员，存在着严重的安全隐患。上游污染源未得到有效整治，溪水受到了明显的污染，有的已发生恶臭，既不利于身体健康，也影响了市容市貌。为此建议：加大宣传力度，引导市民到安全的游泳场所游泳。在下大雨和水库泄洪时，安排专人进行巡查，防止安全事故的发生。对南门大溪进行一次修整，平整河床，修复水毁护堤。环卫部门要及时清除河道漂浮物。在天气干旱时，上游水库要适时放水，加快水体交换，防止河水发黑发臭。加大上游工业、农业和生活污染源的治理力度，使南门大溪清水长流，使之与美丽的徐霞客大道相配套，真正成为城区一道靓丽的风景线。

加强对燃放孔明灯的管理 2009年10月，政协委员反映：近年来，宁海县城乡部分居民在节假日或双休日，燃放孔明灯现象越来越普遍，这一现象存在着安全隐患，应引起有关部门的重视。据了解：孔明灯属于明火，外焰温度高达300℃，燃放后上升，一旦出现风力过大、风向不稳或燃放不当，其火焰很容易将外罩点燃，如果落到树林、草坪、草垛等易燃物上很容易引发火灾，如果碰到高压线、古建筑、加油站、油库等重点防火部位，危险性更大。特别是在森林火险等级高的天气，容易引发森林火灾。为此建议：要把孔明灯作为森林野外用火的火源加以管理。在森林防火期内，在全县范围内严禁燃放孔明灯，违者按森林防火有关条例有关规定依法查处。在非森林防火期内，公安、城管等部门要加强对有关人员的引导和管理，严禁在人口密集村居和重点防火部位燃放孔明灯。加强防火宣传，特别是要加强对中小学生的教育，引导市民不要燃放孔明灯。

减轻县第一医院儿科就诊压力 2009年11月，据政协委员反映，随着宁海县经济水平提高、医疗保险推开、交通条件改善，县级医疗看病就医人数急剧增加，到处存在排队现象，而医疗内部的软硬件设施没有及时跟上，医生人数和病房面积都严重不足，造成了“看病难”现象。如县第一医院儿科，目前情况较为严重，病人候诊2小时以上非常普遍，据近期不完全统计，儿科日门诊达500—600人次，住院60人以上，都比上年翻一番，但医生和床位都有限，上半年的“手足口病”、目前的“H1N1”，儿科就诊压力较重，儿科医生都处于超负荷工作状态。分析原因：儿科医生人数严重不足。现县第一医院儿科医生共13人，根据现在的门诊流量至少配备16人。儿科夜急诊仅县第一医院一家在开设，每天夜诊量达150多人次，压力较大。床位欠多。县第一医院现有床位40张，不能应付住院量，每天有很多人只能安排在走廊，不利于病人医治和休息。为此，建议县有关部门能采取相应措施，减轻县第一医院儿科就诊压力。县级医院、县妇幼保健院等有儿科的医院，要开设儿科夜门诊。尤其是“H1N1”现在正处高发时期，希望能整合医院力量，或调用其他医院的儿科医生到县第一医院，以缓解儿科门诊压力。挖掘医院内部潜力，增加病房床位数量，如“特需病房”大多时间空着或让少数人利用，造成资源浪费，可改作他用，增加儿科住院床位，达到资源共享。尽快向外招聘儿科医生，增加医生人数。

及时制止违章建房现象 2010年3月，据政协委员反映，一些村的村民擅自在自家自留地上建房，如跃龙街道的雪坡村，已有好几户在建。经了解，他们根本没有经过申报批准，纯属私自违建。且现在好多村民都在观望，看政府部门如何处理，如果政府部门没有及时有力阻止的话，大批村民都将效仿，后果严重。分析原因，有些是风闻此地要建工业小区，今后可以获得拆迁补偿，有些因为外来租户催热租房市场，因此，违章建房呈蔓延趋势。委员认为，此风不刹，危害极大。一来严重影响全县整体规划，给政府执法加大难度；二来极易引发村民之间的纠纷，给社会制造不稳定因素。为此建议：政府有关部门能加大对违章建房现象的执法力度，加强对农村建房执法监督，有效遏止这一势头。出台明确的刚性措施，加大处罚力度。进一步加大农村建房“一户一宅”制度的落实，有效盘活农村闲置宅基地。

及时处理电镀城有关问题 2010年6月，县政协调研组在对电镀城有关问题开展调研走访中发现，电镀城项目未经市环保局验收于2008年8月试运行以来，由于体制不顺与管理不到位，产生了许多问题，如环保公司长期亏损运营、电镀企业车间生产秩序混乱、生产车间无序出租、废水违规混排、废气处理不规范、危险固废露天堆放及违规露天作业，导致废水处理不能稳定达标排放，台汛期洪水挟废水流入附近村庄。周边群众反响强烈，所在街道认为事态严重。特别是5月10日奉化电镀企业被电视媒体曝光，该事件对全县电镀城震动很大，影响面广。一些奉化电镀厂为维持生产陆续到县电镀厂寻求合作，入租电镀车间生产，加重了管理负担。按照县领导的有关指示，5月12—14日，环保公司和电镀城内的企业进行了停业整顿，并对废水进行严格处理，在5月中下旬废水排放曾一度基本达标，但没有一个长效管理机制，废水混排现象不时出现，废水处理指标发生偏离，又会严重超标，将影响到生态县建设全局工作。为此建议：迅速组建电镀城管理临时整治办公室。选调环保局、科技园区管委会、供电局及相关部门负责任的干部，狠抓电镀城综合治理、全面监管、达标验收。加大管理与监察力度。科技园区管委会要规范电镀城生产秩序，整顿车间内外乱堆乱倒化工产品、环境卫生脏等现象，依法管制无序承包、出租电镀车间等生产方式。环保部门应从源头上严格治理企业的废水混排、废气不规范排放、无视操作规程乱生产等现象。加大执法力度。对一些严重超标排放、严重混排的电镀企业要采取严厉的执法措施，必要时对其限产、停产并严肃查处。县政协调研组将继续深入了解情况，积极支持配合县政府及有关部门工作，协商提出长效管理方案。

要加强对水域生态保护的力度 2010年11月，据政协委员反映，宁海县水域存在着较为严重的破坏生态的隐患。如过度的挖砂，致使水土流失，河床水位大幅度下降。用电瓶电网等杀伤性手段对水体生物的滥捕滥抓，特别是由于宁海县对电瓶电网捕鱼管理较为松散，致使一些外地人也到宁海捕鱼。长此以往，将给全县水域生态平衡造成严重的威胁，也会影响全县生态文明的建设。希望县委、县政府领导和有关部门能引起高度重视，加强监管，给我们的子孙后代留一片“青山绿水”。建议：减少并逐渐停止从河床直接取砂，可通过碾石子来解决工业用砂，也可取海砂，用于铺路等可用之处，逐步减少淡水砂用量。海里严禁用“拖网、电网、地笼网”来捕鱼，河流禁止电瓶捕鱼，保护水域生态平衡。乡镇与有关部门要联合执法，加大处罚力度，杜绝此类危害生态事件的发生与蔓延。

要切实维护残疾人盲道畅通 2011年6月，据政协委员反映，当前盲道被违规占用现象相当普遍，城市道路上的盲道停满了自行车、电动车、三轮车、残疾人专用车甚至轿车，小区门前的盲道多被占用停车，菜市场门口的盲道多被用来摆放水果摊位。许多盲道形同虚设，不能起到应有的作用。建议：政府职能部门就盲道有关知识在学校和企事业单位进行宣传普及，提高社会公众的无障碍意识，为残疾人走出家门打通一条绿色通道。相关执法部门要加强管理，对违章占用盲道停车、摆摊经营等行为要常态化整治与处罚，同时加强引导，便利群众有序停放车辆。媒体要介入曝光盲道被占现象，以便引发公众主动正视盲道特殊功用，配合保障盲道通畅。做好临街商户的教育引导，促使其负起责任，加强自律，在做好门前“三包”同时，及时整改盲道上乱停车、堆放杂物等行为，确保商铺门前盲道畅通。不断提升市民素质，增强广大市民关爱残疾人的意识，让广大市民自觉做到不在盲道上停放机动车、非机动车，也不在盲道上堆放杂物，遇到危险路段要善意提醒盲人及时避让。规划、建设部门要高度重视盲道设施建设，新建街道务必同步规划建设盲道及其他无障碍设施，确保残疾人出行便利。

丧事花圈泛滥问题亟待引起重视 2011 年 7 月，据政协委员反映，当前宁海县丧事大操大办现象较普遍，花圈论多少、比贵贱的不良风气愈演愈烈。一方面是吊丧者附和社会风气，跟风现象十分普遍，而且有些人认为购买上千元的鲜花花圈送丧有面子。另一方面丧家又不好拒绝人情，有些人也以收到大量花圈为荣，一收就是上百个，但更多的是为处理大量花圈烦恼，还为以后还礼花钱发愁。大送花圈、送昂贵鲜花花圈日益严重，有些还是以单位名义买昂贵鲜花花圈公款报销。广大群众对丧事铺张浪费严重、花圈泛滥成灾很有意见，希望有关部门采取针对性举措，努力扭转不良风气。为此建议：加强舆论引导，党员干部要做表率。要开展针对性宣传，提倡厚养薄葬，树立生态文明、节能减排理念，倡导丧事从简、浪费可耻风尚，引导大家少摆花圈、不摆排场、不送高价鲜花花圈。党员干部要带好头，从简办丧事，改进致哀方式，为树立良好的社会风气作出表率。抓好重点场所，推进殡葬管理。民政部门要加大对殡仪馆收费及服务行为的监管，督促殡仪馆提供花圈出租，确保花圈整洁美观，并按成本价格收费，同时做好摆放、管理等服务工作。在此基础上采取有效措施禁止外来花圈进入殡仪馆。殡仪馆内要倡导贴挽联等方式，以达到既寄托哀思，又节约从简目的。相关部门对随意焚烧、扔弃花圈等污染环境行为要加强管理，采取有效措施防止造成污染。组织部门对干部去世或干部家人去世后单位送花圈要有严格规定，花圈价位也要有限制。

杜鹃山登山步道主入口要及时扩建停车场 2011 年 11 月，政协委员反映：随着宁海县国家登山健身步道影响的不断扩大，越来越多市民驾车前往杜鹃山登山，主入口处现有停车场地不能满足停车需求，许多车主只能将车停放在附近的公路两侧，造成道路拥挤，既影响交通又存在安全隐患。据了解，近几年来，市民参加健身运动热情高涨，到杜鹃山健身步道登山的人越来越多，特别是夏季 6—8 月，每到傍晚时分，数以百计的城区市民陆续前往杜鹃山登山，且大多是自驾车辆前往。分析原因，城区居住地步行到杜鹃山脚有一定的距离，至少需要半个小时，稍远的要一个小时，这样到杜鹃山登山一个来回至少需要 3 个多小时，太耗时。如果骑自行车前往，因停车场没有专人管理，车辆容易失窃，许多居民就选择了驾车前往。现有的停车场地只能停小部分的车辆，每到高峰期，大多数的车主只能将车停在附近公路的两侧，少数车辆又不规范停放，挤占了部分路段的主车道，造成了道路拥挤，存在安全隐患。公安交警部门设立了禁停标志，进行了违停抄告，但这些措施既得不到广大车主的理解和接受，更不能解决停车难的根本问题，反而使市民的登山健身运动受到影响，产生对政府部门的不满情绪。为此建议：要及时扩建停车场地。杜鹃山脚妙香寺前现有停车场地附近有几块空地和一片小树林，对其平整后可以连成一片。有关部门要做好前期工作，进行土地征用和规划设计，扩建停车场，力争逐步建成具有“集散、停车、休闲、购物”等多功能的小广场，与杜鹃山登山步道相配套，成为县“大森林大景区”建设的一个亮点。这样，既解决了停车难的问题，又能吸引县内外登山爱好者，进一步提升宁海国家登山步道的服务质量和知名度，促进全县旅游业的发展。

社区卫生服务站缩短上班时间引起居民不满 2011 年 12 月，政协委员反映，自 2010 年 10 月宁海县实施基本药物制度以来，按照省市的规定，各医疗单位实施统一配备和使用基本药物，全县社区卫生服务站也实行了零差率销售，一定程度上使广大患者享受到了药价方面的实惠。但实行该项制度后，社区卫生服务站上班实行“机关化”，原来下班时间大多到晚上九点甚至更晚，现在到下午五六点基本上都关门了，给社区居民就医带来不便。据了解，自实施基本药物制度后，社区卫生服务站的药物实行零差率销售，服务站原来靠卖药赚取利润的空间不存在了，营业时间的长短与收入多少没有直接关系。反之，延长上班时间只会增加工作量和风险，且每个社区卫生服务站也没有按规定比例配足医护人员，要错时上班显得人手不够，加班工资也得不到落实，工作人员的积极性、主动性受到了影响。这样一来，居民在下班时间就近看病受到了影响，社区卫生服务站服务社区居民的功能得不到充分发挥，社区居民对此产生了不满情绪。为此建议，社区卫生服务站要及时恢复 2010 年 10 月以前的上班作息时间。同时政府要按有关规定配足社区卫生服务站的工作人员，增加对社区卫生服务站的财政投入，确保社区卫生服务站功能发挥，方便社区居民就医，为百姓办一件实事。

潘天寿广场地下停车场资源闲置应引起重视 2012 年 2 月，政协委员反映，潘天寿广场地下停车场自 2012 年 1 月 1 日投入使用已有一段时间，但作为公共停车场的作用没有得到发挥，272 个车位停车率只有 10%左右，对周边道路的交通压力没有起到缓解作用。分析原因主要有两个因素：司机的停车习惯不好。宁海是小县城，通常驾车出门的距离较近，多年来已养成了就近停车的习惯，只要有空地就见缝插针一停了之，只图自己方便，没有考虑交通拥堵问题。收费政策不合理。现在的停车场收费政策规定，半小时内属临时停车免收停车费，4 小时内收 5 元，以后每 2 小时加收 2 元。但半小时免费停车只是一种形式上的体现，实际是收费场所，难以起到引车入场的政策导向作用。潘天寿广场地下停车场附近学校、青少年宫、饭店、商场、银行集聚，车流、人流十分拥挤，每到高峰时段经常堵车。对此，交警常常处于两难，加大处罚力度往往会引起司机不满，认为罚款是为了抓收入，而管理稍有放松，乱停、堵车就会更加严重。建设潘天寿广场地下停车场的初衷就是为了缓解附近道路的交通压力，而现在没有起到作用，几乎成了空摆设。群众对此议论纷纷，认为这项历时数年、耗资数千万的实事工程，没有发挥实际作用，公共资源如此闲置，实在可惜。为此建议：完善收费办法。延长免费停车时间至 2 个小时，使附近接送学生、就餐、银行办事等相关人员都有充足的时间到地下停车场免费停车。同时，4 小时内的收费标准降低为 3 元，从而使更多的车辆停到停车场。加强管理。交警部门在附近几条道路设立了禁停标志，要严格实行违停抄告。今后交警部门在做好劝停的同时，要严格执法，使附近车辆尽量停到地下停车场。加大宣传教育力度。要改变市民乱停车现象，需要各方面共同努力，教育引导市民养成良好的停车习惯。相信随着免费停车时间的延长，交警严格执法，相关部门的宣传教育，市民素质的不断提高，潘天寿广场地下停车场一定能发挥应有的作用，真正使实事工程成为民心工程。

关于要求解决企业外来实用技术管理人员子女就学的建议 2012 年 6 月，政协委员反映，近期，宁海县出台了《2012 年宁海县义务教育段城区学校招生工作方案》，这个方案不包括非宁海籍学生。根据宁党办〔2011〕22 号文件第五条的规定，具有硕士学位、副高职称及以上人才子女可在城区学校就学。但很多企业的外来实用技术管理人才达不到这样的学历或职称要求，他们的子女面临无法在城区学校入学的问题。因为这些人是企业从外地引进培养有一技之长的实用之才，是企业的核心骨干力量。一旦这些外来实用技术管理人才子女被拒城区校门外，将影响他们安心在宁海工作，造成宁海现有人才的大量流失，也将严重影响部分企业的生产经营，影响宁海经济发展，人才引进难上加难。现在，各企业家对如何解决这部分“实用人才”的子女就学问题呼声很高，理应引起县级部门的高度重视。为此建议：要高度重视外来实用技术管理人员子女就学问题，把他们纳入《2012 年宁海县义务教育段城区学校招生工作方案》范围，统筹予以安排。

穿镇道路十字路口急需安装红绿灯亟待引起重视 2012 年 10 月，政协委员反映，省道甬临线穿黄坛镇而过，且公路宽，路况好，车流大，车速快。有两处十字路口因为没有交通信号管制，周边群众穿过公路都提心吊胆，老人儿童更是受到严重威胁。城松线（滨溪路）与甬临线交汇处的洋溪大桥与黄坛镇联溪村路口，安全隐患严重，交通事故频发。城松线通往双峰、景区野鹤湫等地，车流量较多，驴友自驾前往，因不熟悉道路情况，常在交汇处发生交通事故，着实危险。黄坛东路与甬临线交汇处十字路口，由于黄坛小学、黄坛幼儿园、黄坛镇政府所在地都在黄坛东路上，每当上下学、上下班时间有大量人员穿过甬临线，在该处十字路口经常出现交通拥堵现象，严重威胁到了人们的生命安全。从 2010 年至今，这两处十字路口已发生交通事故 130 多起，造成人员死亡 7 人、受伤 280 余人。黄坛镇政府对这些问题高度重视，多次向上级交通部门申请安装红绿灯，但因黄坛镇不属城区范围，按规定不能安装红绿灯，因此迟迟未被审批。而实际上前面两处安装红绿灯的紧迫性甚至超过不少城区十字路口。为此建议：坚持以人为本，保护群众生命财产安全，县交通管理部门尽快突破相关政策规定的限制，积极落实在黄坛镇两处存在高危隐患的十字路口安装红绿灯。在不能马上安装固定红绿灯的情况下，建议采用已在成熟使用的太阳能红绿灯自动指挥系统，设置于存在事故隐患的十字路口中央，起到保障交通安全作用。以此为契机，全面排查登记全县存在类似高危安全隐患的十字路口，特别对事故易发多发的十字路口，尽快设置红绿灯临时指挥系统，争取早日建成固定红绿灯指挥系统，在全县范围内全面扭转穿镇公路十字路口事故高发局面，进一步减轻县安全生产工作压力。在建的相关道路，要提前规划设置十字路口红绿灯指挥系统，在交叉路口安装好各项安全警示与防护装置，防止道路开通之时出现事故高发之势。

关于整治龙海市场乱象的建议 2012 年 11 月，政协委员反映，龙海市场投入运行以来，经营越来越兴旺，每天人群云集一片繁忙景象，尚有很大发展余地。但目前龙海市场的乱象不容忽视，每天上午 6—8 时市场内人群拥挤不堪，市场前都是无证摊贩，有时连公共汽车站台也被无证摊贩挤占，机动车道两旁停满私家车，公共汽车到站根本不能停靠站点，只得停在公路中央，等车的人也只好站到公路中央，既加剧交通拥堵，又增加通行危险。市场管理人员每天都要花大力气管理无证摊贩，也还不尽人意。无证摊贩还在东观山小区、白峤岭脚沿线人行道上设摊，影响交通，乱扔垃圾。随着年底消费旺季即将到来，需采取有效措施化解问题。为整治此乱象建议：龙海市场旁边设立停车场。因当地土地资源有限，建议建地下停车场，地上还可建造市场摊位，如搭简易钢棚等。建立小型公共汽车停车场，避免公共汽车停在公路上。扩大市场，征用或租用周边土地，平整后搭棚以增加摊位，引导无证摊贩进场有序经营。由交警参与管理，在公路上设限停标志，防止私家车在公路上任意停放。

关于扶持商会互助资金会助推企业稳步壮大的建议 2013 年 7 月，政协委员反映，当前受国内外复杂严峻的经济形势影响，中小微企业的融资问题较为严重，需要采取有效举措大力化解。宁海县自 2005 年起在基层商会探索成立互助资金会，拓宽中小微企业融资新通道，并形成一套符合实际、行之有效的做法。商会互助资金会为小微企业提供短期资金周转借贷服务，确立了自身独特的优势：时间短，转贷以 7 天为限，最长不超过 15 天；风险低，转贷资金只用于企业归还银行贷款后再次取得银行贷款前的短期融资，不参与企业的资金流动；融资快，手续简便；数额小，一般在 100 万元以内，较大企业也控制在 300 万元以内；利息低，折算为月息 1 分，与民间短期拆借月息 5 分以上相比，企业融资成本大幅降低。目前全县共有商会互助资金会 7 家。其中跃龙街道商会互助资金会自 2005 年成立至今，已为 54 家企业转贷 2827 次，资金累计 25.7743 亿元，特别是 2013 年 1—5 月共转贷 209 次，资金共计 29192 万元。桃源街道商会互助资金会共转贷 590 次，周转资金 13 亿元。桥头胡街道、岔路镇等商会互助资金会在当地解决小微企业资金周转难等问题上也发挥出积极作用。为此建议：重视发展商会互助资金会工作。各乡镇（街道）党委政府、行业主管单位要充分认识互助资金会的重要作用，把互助资金会建设提到重要议事日程，银监、银行等金融部门需主动与省市相关部门联系沟通，取得上级部门的支持，扶持互助资金会建立与规范运行，加强资金监管、风险防范工作。加大对互助资金会的扶持力度。建议在可行情况下，公共财政给予相应扶持，如风险补偿扶持、奖励扶持等，在税收方面要给予优惠。要放宽准入条件，给予互助资金会享受或参照享受县政府出台的小额贷款政策，确保银行放贷资金第一时间划入商会互助资金会账户，控制好第一环节的资金动向，有效降低资金流转风险。引进资金保险经纪模式，分行业、分类型推行保险机制，借助优质保险机构的资金和企业自行承担部分保费模式，构筑企业发展的资金保障机制。加强互助资金会从业队伍建设。有关部门要选用责任心强、熟悉情况、懂金融财务管理的人员，加强业务指导培训，不断提升服务水平。互助资金会自身要加强内部管理。要借鉴银行信贷的管理办法，建立完善的内部管理制度，规范借贷操作程序，制订风险控制措施和建立风险保障基金，健全企业转贷诚信建设，努力防范借贷风险。对个别内部管理严密、运作规范、效益显著的互助资金会，要及时帮助其转型升级，从而成为规范的合作制金融机构。

建议整治松竹社区路边临时菜市场 2013年8月，政协委员反映，松竹社区路边市场原来是支持附近农民自产自销地产蔬菜的临时摊点，设在环城西路74弄道路两旁，现在摊贩经营范围随意扩大到了海鲜、肉类、衣服、水果等，形成了一定规模的路边临时菜市场。随着无序扩张，扰民现象日益严重，特别在夏季高温天，每天凌晨两三点摊贩就开始争摊位，伴随着吆喝声、喇叭声，还有海鲜的腥臭味，附近居民根本无法安睡，周边群众怨气很大。一些居民车子停在街巷里，被团团围住根本不能出行，103路公共汽车每次经过这个路段通行都很困难，交通安全隐患较大。当前这个市场的存在弊大于利，给附近群众生活带来了很多不安全因素和不舒心感受。周边群众不堪其扰，社区与城管多次联合整治无证摊贩，效果不明显。而近旁西城国际小区地下空间专门设计配建了菜市场，与松竹路边市场相距仅300米，现已建成还未投入使用。为此建议：将松竹路边市场迁移到西城国际小区地下菜市场，这样既能缓解交通，又美化环境，还给附近居民创造便利的买菜条件，提高周边群众的生活满意度。采取优惠政策，引导自产自销的经营户进入西城国际小区地下菜市场销售。城管部门要加大对该区域的管理力度，联合社区开展有效举措，引导无证摊贩到正规市场内经营，做到还路于民，杜绝隐患，为群众恢复宁静温馨和谐的居住与生活环境。

宁海汽车4S店集聚区有关问题应引起重视 2013年10月，政协委员反映：宁海县先人一招、真抓实干、克难攻坚，很短时间内形成15家汽车4S店集聚的新业态，打造出浙江省内首屈一指的汽车4S店集聚板块，很不简单，成效显著。当前在深入推进该集聚区建设工作中还有一些问题和困难需要引起重视并谋划解决。县汽车4S店集聚区新业态现已吸引青年员工800多人就业，今后总数不下千人，在创造就业的同时，汽车4S店专业岗位已面临专业人才缺乏、员工专业服务欠到位等问题，表现在一线员工与消费者沟通不专业、维修保养专业水平尚得不到消费者的足够信赖等。该区域原有经营、生活设施一片空白，在相关部门的大力支持下，销售经营环境不断得到改善，配套生活设施需求也越来越大。当前区域的交通、餐饮设施等布局还有不足，也没有较大的中心食堂方便员工就餐，有线电视闭路系统尚未通达，文体、娱乐设施配套缺乏，对员工安居乐业带来不良影响，对今后该区域形成成熟的汽车社区商业模式阻碍较大。该区域部分在建项目业主反映宁海商品混凝土价格偏高，如标号为 C25 的商品混凝土价格，慈溪市每立方米为 330 元左右，宁波市内每立方米为 310 元左右，宁海城区内每立方米为 380 元左右，投资建设成本较大，这样的价格也给宁海投资环境、建筑市场带来一定的压力。为此，建议：要及时采取针对性措施，大力培育汽车销售、维修、售后专业服务能力较强的员工。县相关职高专业中可开设汽车 4S 店服务专门课程，培训一大批可充实汽车 4S 店一线服务的专业实用人员，同时促进职高学生的有效就业。要进一步健全完善汽车 4S 店集聚区服务设施。相关部门要统筹谋划，采取有效举措，健全完善各项服务设施，解决该区域配套设施不足、服务能力不够等问题。要充分利用汽车 4S 店集聚区优势助推全县汽车产业发展。要以汽车 4S 店集聚区为支点，下大力气打造宁海汽贸城，提升影响力，扩大辐射面。要深入策划宣传，积极向外推荐，打响区域品牌，助推全县汽车零部件产业发展，成为宁海县扩大投资、升级产业、提升消费新的增长点。要关注相关业主反映的商品混凝土价格问题。要摸清价格形成基础数据，采取相应措施，既要使区域商品混凝土市场供应充足、质量可靠、利润合理，也要让项目业主与建筑企业合理控制建设成本、减少不必要的支出。

自助加油存有安全隐患应引起重视　2013 年 12 月，政协委员反映，近期，中石化宁海分公司在城区陆续推出自助加油，其初衷可能是方便市民加油，减少公司人力成本。但由于前期宣传工作不到位，市民缺乏共识，在实际操作上既增添了不便，又存在着安全隐患。部分市民对此举意见纷纷，反响强烈。据了解，中石化公司近几个月对县城区的加油站进行了改造，改变传统的人工加油方式，推出自助加油，并在年内全面实施，取消原有的人工加油服务。政协委员认为，推出自助加油是一种新的举措，增加了服务方式是一件好事，但一经全面推广至少存在以下几点不妥之处。剥夺了市民对消费服务的选择权。选择人工服务加油或自助加油是顾客的权利。如果全面推出自助加油，从某种意义上说是变相剥夺了消费者的权益，降低了服务水平。况且自助加油降低了成本却没有相应地降低油价，市民得不到实惠，也享受不到原有的人工服务，有失公平。存在安全隐患。汽油是危险品，而加油则是一项危险的工作。中石化对加油工人都进行了上岗前的严格培训，而现在让不懂安全知识和操作流程的普通人员自助加油，存在安全隐患。宁海城区的加油站分布在居民生活区、工作单位附近，中石化不能只考虑自身利益，而忽视在附近居住、工作的居民和单位的安全。增加了麻烦。自助加油必须先做加油卡，并预存一定的金额。对年轻有文化的人来说操作起来相对容易一些，但部分老年人、女性车主在实施自助加油时会比原来费时费力，反而增加了不便。再者，部分市民甚至认为中石化借自助加油之机，预收部分钱款可以无偿使用，更增加了抵触情绪。为此委员建议：自助加油今后是一个发展方向，但在推广时应考虑宁海的实际情况，不能操之过急。要加大宣传力度，形成共识，消除市民的抵触情绪。同时要合理有序推进，不要搞一刀切，全面推开。要保留合理数量的人工服务加油站，让市民有选择的权利，满足不同层次人群的需求，真正体现服务至上的原则。加强安全管理，要加强对广大车主的安全知识培训，印发宣传资料使他们熟悉操作流程。由于市民素质参差不齐，实行自助加油时，缺少“一对一”的服务，部分影响安全的陋习如抽烟、打手机的行为可能会发生。一定要配强安全管理力量，加强监管，严禁各种危险行动的发生，消除安全隐患。有关涉及公共产品服务的企业，今后出台与市民密切相关的措施时，应事先征求广大市民的意见，充分采纳民意，使之更加符合民心，把好事办好，让群众满意。

气象 LED 显示屏失管应引起重视 2014 年 5 月，政协委员反映，近期部分气象 LED 显示屏出现不能正常运行现象，处于失管状态，给附近居民的生产生活带来不便，应引起重视。据了解，目前宁海县共有 25 块气象 LED 显示屏，分布于全县 18 个乡镇街道政府所在地、广场、医院或菜市场等人（车）流量集中的地方。自 2008 年首投以来，每天向周边居民发送短时短期天气预报、七天预报、气象预警信息等日常气象信息，同时协助水利、环保等相关部门发布公益性宣传标语。在气象防灾减灾建设中，发挥了气象预警信息发布的作用，有效降低居民人身、财产安全损失。但是，由于气象 LED 显示屏在投入时间、安装地点、传输方式、后期管理等方面的特殊性，其在运行过程中出现了一系列的问题。气象 LED 显示屏保质期过期。25 块 LED 显示屏有 11 块已过保质期，另有 11 块在 2014 年 7 月也将过保质期，剩下的 3 块，保质有效期在 2015 年。后续维护成本高。气象 LED 显示屏多为露天安装，且每日运行时间逾 14 小时，容易造成外壳破损、机器进水、零件老化等硬伤。加上宁海县 LED 显示屏保质期过期，目前面临着后续维护成本激增等问题。气象局无法第一时间获悉 LED 故障信息。LED 显示屏在运行过程中时常出现屏幕乱码、黑屏等现象，发现者对此现象很少告知，气象局无法第一时间获悉 LED 故障信息，不能及时进行维修维护。委员建议：增加投入，提供资金保障。气象 LED 显示屏的新建、更新、维护工作需要大量的资金，县财政和气象局要落实专项资金，确保显示屏能正常运行。明确责任，加强管理。气象 LED 显示屏分布广、散，安装在各乡镇街道，主要用于当地的气象信息发布和防灾减灾。因此，按属地管理原则，各乡镇街道应有专人负责，切实做好本辖区内显示屏的日常巡查管理工作。加强联系，及时维修。气象部门要与责任单位加强联系，掌握信息，对不能正常运行的显示屏要及时维修。

县“两率之最”综合治理刻不容缓 2014 年 6 月，政协委员反映，自 2003 年我国实施《婚姻登记条例》解除强制婚检以来，宁海县婚检率逐年下降。县政府虽然出台一系列相关政策，推进免费婚孕期保健服务和免费优生检测，并将参加婚前保健作为提高农村孕产妇住院分娩补助的条件之一，但是参加婚检人数仍然不容乐观，并出现“一低一高”现象，即婚检率全市最低，新生儿缺陷发生率全市最高，直接影响了未来宁海人口素质。据了解，为了提高全县婚检率，2010 年县妇幼保健院曾将婚检点设到民政局婚姻登记处，婚检率有所上升。但由于受民政局房屋条件限制，开展的婚检项目非常有限，婚检质量得不到保障，造成漏诊、误诊等医疗纠纷，影响新婚男女参加婚检的积极性。因此，2013 年 4 月撤除了在民政局设置的简易婚检点，婚检率更是直线下降。2013 年浙江省的平均婚检率达到了 91.16%以上，宁波市的婚检率为 89.35%，宁海县虽经多方努力，婚检率只有 85.01%，但真正符合婚检要求的完整婚检率还不到 60%，宁海县婚检率在宁波市处于最低水平，新生儿出生缺陷发生率却为宁波市最高。2013 年宁波市新生儿出生缺陷发生率为 9‰，而宁海县为 16‰。目前浙江省绝大多数县市区基本建立了婚登、婚检一站式服务，宁波 11 个县（市）区，仅宁海未建立婚登、婚检一站式服务。因此直接影响宁海县婚检率的提高。提高婚前检查率是一个全社会的系统工程，需要政府的保障和多部门的协作和配合，综合治理刻不容缓。为此建议：建设宁海县婚育综合服务中心。政府要积极出资，建立计生服务、婚姻登记、免费婚检和家庭婚姻咨询等一站式服务，提高婚前保健服务质量和效率，普及优生优育知识，降低新生儿出生缺陷率，同时为新婚夫妇将来的家庭婚姻经营出谋划策。应尽快建立宁海县婚育综合服务中心，地点可以考虑在新的公共卫生中心或计生服务站内设置。成立婚育健康服务领导小组。建议成立由县政府办牵头，县民政、财政、卫生、计生、妇联等部门参加的联席会议及联席会议办公室，负责协调县婚育服务中心的相关事宜，加强对县婚育服务中心工作的监督检查，并把婚检工作纳入部门考核。落实各部门职责，并纳入部门绩效考核内容。县妇联要建立婚育综合服务工作联席会议制度，牵头召开每季一次以上的联席会议，积极帮助服务中心解决存在的困难和问题。计生部门要提供有关人口、家庭、计划生育的咨询服务，参与婚前保健宣传资料的编写和修订，配合搞好婚前保健服务的宣传。并通过社区计划生育网络，广泛宣传婚前保健和婚前医学检查的重要性、必要性。卫生部门要制定婚前保健服务工作规范，做好婚前保健资料的编写和制作工作，加强质量控制和业务管理，提高婚前保健服务水平，推行人性化服务，并核发免费婚检补助经费。民政婚姻登记部门要按照“一站式”服务的要求，开展婚姻登记服务。在婚姻登记过程中，负责对婚姻登记对象进行宣传教育，组织和引导准备结婚的男女双方到婚检处进行婚检。宣传部门要利用媒体的优势，开展内容丰富、形式多样的免费婚检宣传，营造“健康婚配、家庭幸福、社会和谐”的良好社会氛围。财政部门要将婚检所需经费纳入政府财政预算，及时落实经费，加强婚检经费的监督与管理。人口素质直接关系一个国家和地区的综合竞争力，降低出生缺陷发生是提高人口素质的第一关口，婚前检查是预防出生缺陷的第一道防线，县婚育综合服务中心的成立，必将进一步落实免费婚检等婚育保健服务，有力提高全县出生人口素质。

高层电梯使用存在安全隐患应引起重视 2015年4月，政协委员反映，宁海县安装电梯的高层住宅从2005年开始迅速增加，现有部分电梯接近15年的使用年限，已发生多次安全事故。可以预见，未来几年，老旧电梯的安全问题会逐渐爆发，应引起重视。据了解，宁海县共有2291台电梯，投入使用时间15年以上的有73台，10—15年的有211台，5—10年的有800台。按国家相关标准的最低规定，一台电梯运行6万次允许出现5次故障。相对而言，运行十年以上的电梯出故障的概率更大一点，一部电梯服役15年以上属于面临淘汰的老旧电梯。随着经济社会的快速发展和城镇化的加快推进，电梯数量每年以超过20%的速度增加，电梯安全责任不够明确、公众安全乘梯意识不够强、电梯维护保养不够到位、老旧电梯更新改造相对滞后等问题进一步凸显，特别是公共领域电梯长时段、大客流、高负荷的使用，给安全造成更大的风险。为此建议：把好电梯的安装质量关。一是把好电梯质量关，选择有质量认证标志，安全性能和质量好、市场公认度高的品牌。二是把好电梯安装质量关，规范电梯安装行为，严禁电梯安装层层分包，确保安装质量，消除由于电梯安装不良存在的先天隐患，提高电梯的使用寿命。重视电梯的日常使用和维护保养。物业公司要负起管理职责，引导业主承担电梯安全使用的义务，特别是对业主在房屋装修过程中野蛮使用电梯的行为要进行监管。物业公司或业主机构，对维保单位维保质量和施工安全进行有效的监督，电梯故障要及时通知维保单位维修，避免电梯带病运行。相关部门要对物业公司以低价中标的形式选择电梯维保单位、变相签订虚假维保合同等造成电梯使用安全隐患的事件进行查处。三是提高应急救援能力。建立健全以电梯使用单位为应急救援责任主体、维护保养单位为应急救援主力、社会公共救援力量为应急救援补充的电梯应急救援体系。明确应急救援反应时间，电梯维保单位设立24小时值班电话，接到电梯困人警情后，城区抵达时间不超过30分钟，其他地区不超过1小时。规范使用单位的反应措施，小区物业应经常性开展电梯应急预案演练，提高员工对电梯困人等突发事件的快速反应。四是完善电梯应急处置服务平台。落实电梯维修更新资金。充分利用先期的维修基金。电梯属于全体业主共有的固定资产，小区物业接手后有一笔由业主上交的维修基金，只要经过一定的手续审批，应该能使用一部分维修基金用于电梯维修费用开支，并做到公开规范使用。电梯属于民生工程，对小区住宅电梯给予政策上的补助优惠。如对住宅电梯定期年检费用给予减免，或者县财政给予一定比例的财政补助。部分电梯已到更新年限，有关部门应及时出台指导性意见，引导业主和物业单位落实更新资金的筹集办法，使电梯能及时更新。

关于合理选址建设107公交线终点场站的建议 2016年7月，政协委员反映，城区107公交车终点站延伸至辛岭工业园后，在很大程度上满足了园区企业员工及周边村民的出行需求，有效解决了在园区上下班高峰期“乘车难、行路难”的问题。但该站点仍存在一些问题亟须进一步解决。公交终点站存在安全隐患。目前107公交终点站实际上是一个临时停靠点，仅有一个站牌，缺乏候车处、停车场、卫生间等相应的配套设施，导致公交车辆调头、停放、上下客和乘客候车等杂乱无序，易引发交通安全事故。另外，驾驶员缺乏休息调整的场所，容易造成疲劳驾驶，存在严重的安全隐患。终点站位置离居民生活区较远。目前107公交终点站的位置在得力集团南大门，距离最近的双水村有2公里路程，同工业园区内的大多数公司距离也在1公里以上。这导致绝大多数园区企业员工及周边村民需步行15分钟以上才能到达车站，不利于群众出行。特别是附近村的村民由于没有公交车通到村里，无法就近乘车，对107公交站设置到那么远的地方怨声载道。为此，委员建议：按便民原则规划建设107公交终点场站。从方便园区企业员工及周边村民出行的角度出发，合理选址建设107公交终点场站，并对107公交线路做适当调整，尽可能缩短群众步行路程。完善新站点的配套设施。建设终点站的停车场、休息室、卫生间等基础服务设施，构建安全有序的候车环境，消除安全隐患。

关于建立陶瓷博物馆丰富县居民文化生活的建议　2017年9月，政协委员反映：宁海县居民陈先林个人建立的陶瓷博物馆即将拆迁，馆内4.7万余件藏品面临无处存放的窘境。这些藏品中不乏佳品、精品，部分藏品年代久远，具有较高的历史、科学和艺术价值。目前，该馆表示愿意将藏品无偿进行展览，以回报社会。为此建议：帮助落实过渡场地，安放博物馆藏品。宁海县陶瓷博物馆位于桃源街道竹口村，由于搬迁后藏品无处安置导致未能及时拆迁，迫切需要另找场地过渡，希望政府能够帮助落实一个仓库，暂时将藏品封存。将十里红妆博物馆的部分场地用于陶瓷展览。可考虑对县十里红妆博物馆场地进行充分利用，将部分场地作为存放及展览这些藏品的场所。县岔路镇虎头有数处越窑遗址，与上林湖越窑为同一体系，具有打造越窑博物馆的独特优势。建议提前规划，待条件成熟时，在岔路打造越窑博物馆，将馆藏的400余件越窑藏品用于免费展览，丰富全县居民文化生活。

关于引入专业培训团队帮助提升青少年竞技水平的建议　2017年11月，县政协委员反映：近期，国青足球训练团队入驻宁海县跃龙中学，为宁海县引进了国家级运动健将伦志明（1985年代表亚洲参加苏联举办的世界青年锦标赛）等3名专业足球教练，以及6名外省籍专业青少年足球队员，该团队还与高洪波、高仲勋等足球国脚达成初步合作意向。目前，县教育局已经帮助解决了6名队员的学籍问题，团队受到了学校师生的普遍欢迎。委员们认为，引入专业培训团队是培养宁海县青少年体育人才、提升青少年竞技水平的有益尝试，值得大力推广。为此建议：鼓励学校与专业团队合作，发展特色体育项目。专业团队入驻学校，可以弥补学校在相关体育教学方面教学力量不足的缺憾，帮助提升体育教师教学水平，更可以激发学生体育兴趣，为全县体育教学质量的整体提升奠定扎实基础。希望宁海县教育局鼓励学校根据实际发展特色体育，开展与专业训练团队之间的合作，推动全县青少年体育工作快速发展。进一步加大政策扶持力度，提高各方积极性。完善以政府投入为主、多渠道筹集青少年体育经费为辅的投入保障机制，加大对体育特色项目学校的支持，明确相关部门的扶持政策，给各方看得到的实惠，以提高其积极性，如给予优秀教练适当补贴、明确获奖学校奖励标准等。对现有资源进行整合利用，降低投入成本，发展青少年特色体育，需要耗费大量人力物力，建议对县内资源进行充分利用，将现有场地、设备等以无偿或低价的方式交给团队训练使用，缓解学校硬件不足的问题，降低政府投入成本。

第六篇　团结联谊

团结是人民政协两大主题之一。宣传、贯彻党和国家关于统一祖国的方针政策，做好团结联谊工作，为建设祖国和促进祖国统一做出贡献，这是人民政协义不容辞的职责。县八届政协以来，遵照全国政协章程规定，在组织委员和各界人士的学习活动，促进祖国统一，开展海内外团结联谊活动等做了大量工作。为使特定对象的联谊活动经常化，联络感情、凝聚人心，积极开展政协之友社活动、进行诗书画交流、抢救宁海平调活动，为进一步巩固和发展爱国统一战线，调动一切积极因素，团结一切可以团结的力量，构建和谐宁海做出了贡献。

第一章　促进祖国统一

宣传国家关于统一祖国的方针政策，积极开展同台湾同胞、港澳同胞和海外侨胞的联系，关心他们在家乡的亲属并维护其合法权益，促进祖国统一大业，是政协工作的重要内容。宁海现有侨资企业 63 家，归侨侨眷 1.93 万人，留学人员 0.38 万人，海外华侨华人 1.31 万人，港澳同胞 0.51 万人，分布在美国、日本、加拿大、新西兰、德国、英国、新加坡等 20 多个国家和地区。他们关心祖国统一和家乡经济发展。县八届政协以来，充分发挥优势，巩固和发展爱国统一战线，开展多种形式的团结联谊活动，调动一切积极因素，促进祖国统一事业。

重视政协委员思想政治引领。组织政协委员和各界人士学习习近平新时代中国特色社会主义思想，学习党的统一战线理论和中央台湾工作会议精神，认真贯彻落实祖国统一政策，坚定不移地执行党的重大决策，牢固树立政治意识、大局意识、核心意识和看齐意识。宣传党中央“和平统一，一国两制”的基本方针，学习祖国统一政策和侨务政策，加强“三胞”联谊活动。通过各种座谈会、报告会，深入开展调研活动，视察台胞企业，向委员宣讲统战理论，组织留学生家属联谊等一系列的学习活动，使广大政协委员认识上进一步提高，行动上更加自觉，充分认识到要为祖国统一、振兴中华民族、实现“中国梦”而扎实履行好政协委员职能，为国家统一、祖国强盛努力做好工作，担负起政协委员在祖国统一工作中的责任，做出自己的贡献。

加强与港澳台同胞、海外侨胞的联谊联络。组织政协委员和企业家赴港澳台进行经贸和文化交流，与在港澳台的宁海人士开展联谊联络活动，广泛宣传家乡的发展成就、对外开放取得的成果、招商引资优惠政策和良好的投资环境，邀请他们到宁海考察、投资。2007 年 11 月，县政协副主席项松春带团赴台湾进行经贸考察；2008 年 4 月，副主席赵秀萍带团赴台湾进行经贸情况的考察交流活动；2010 年 4 月，主席杨加和带团赴美国、加拿大进行工贸考察；8月，副主席杨象轮赴南非、埃及进行工贸考察活动；2011年5月，副主席尤玲娟赴港进行联谊活动；6月，副主席张水仙赴法国、俄罗斯等地进行考察交流；2013年9月，主席尤玲娟带领经贸考察团赴美国进行经贸考察活动，促进经济文化交流与合作，为宁海经济社会发展发挥重要作用。会同侨联、台联和留联会等有关团体，广泛走访、接待港澳台同胞和海外侨胞，摸清侨台属思想动态，帮助解决实际困难，宣传党中央对台政策和侨务政策，为祖国统一出力。县八届政协以来，会同县委统战部及留联会等团体，累计走访慰问侨界人士450余户，接待海外华侨、港澳台同胞及亲属3100余人次。每逢祖国传统佳节，都举办“三胞”友人及侨、台属与各界人士参与的联谊会，组织召开港澳台同胞、海外侨胞眷属座谈会，广泛宣传《中华人民共和国反分裂国家法》，深刻揭露“台独”分子分裂祖国的阴谋，统一思想认识。有的台属向台湾的亲友写信宣传祖国统一政策，要为中华民族伟大复兴的中国梦努力作为。发挥政协联系面广的优势，宣传宁海，介绍宁海的投资环境，努力做好牵线搭桥工作，鼓励政协委员积极参与对外招商引资工作，帮助政协委员企业在创新发展中拓宽视野，协同有关部门引进资金累计达1.2亿美元。

第二章　联谊联络

多种形式的联谊联络活动，是政协加强与参加单位和个人的联系，促进密切交往、沟通心声，不断提高委员参政议政能力和积极性的有效活动形式。县八届政协以来的联谊活动，主要有各种形式的茶话会、联谊会、来访接待和出访考察活动，内容丰富，形式多样。大量生动活泼的联谊活动，增进了政协与委员、委员与委员之间的情谊，调动了委员在政治协商、民主监督、参政议政等方面的积极性。

茶话联谊

2007年9月25日，县政协、县委统战部在宁海开元新世纪大酒店开元厅联合举办了2007年中秋茶话会。茶话会由县政协副主席、县委统战部部长潘作飞主持，县领导林静国、王剑侯、杨加和、徐光宪、蒋裕伦、王劳旺、项松春、赵秀萍、张水仙、杨象轮，县政协秘书长朱行开出席。全县各民主党派、工商联、无党派人士、人民团体和社会各界人士的代表，县八届政协常委，县政协老领导，在宁海的省市政协委员，镇、街道政协工委副主任，政协之友社理事，政协、统战机关及其他有关县级机关单位负责人等200余人参加茶话会。这次中秋茶话会的主题是“欢度中秋佳节，共建和谐宁海”。政协主席杨加和在会上致辞。他说，2007年是县八届政协的开局之年，也是坚持科学发展观，建设和谐新宁海的落实之年。县政协在中共宁海县委的正确领导下，围绕中心，服务大局，认真履行职能。政协各参加单位、广大政协委员积极履行职责，为全县经济、政治、文化、社会的全面发展做出了自己应有的贡献。县委统战部与侨联、台联、留联会、海外联谊会等组织发挥各自优势，广交海内外朋友，为全县扩大对外交往、加快外向型经济发展和促进祖国和平统一发挥了积极的作用。当前，人民政协事业和统一战线工作正处在历史最好时期之一，既面临重大机遇，又面临新的挑战。我们一定要高举社会主义和爱国主义两面旗帜，认真贯彻落实中央、省、市和县委的各项部署和要求，发扬优良传统，坚持在继承中创新，在创新中继承，不断在贯彻科学发展的新思路、促进社会和谐的新实践、拓展关注民生的新渠道、构建协商民主的新平台、实现履行职能的新提高上动脑筋、下功夫，促进政党关系、民族关系、宗教关系、阶层关系、海内外同胞关系的和谐，努力把县人民政协事业和统一战线工作推上新的台阶。

2008 年 9 月 10 日，县政协和县委统战部在影都百花厅隆重举行中秋文艺晚会，全体政协委员和社会各界人士 600 余人共聚一堂，喜迎中秋佳节。宁波市政协副主席张明华、中共宁海县委书记王剑侯和县政协主席杨加和在晚会上分别讲话和致辞，隆重纪念改革开放 30 周年和宁海政协成立 25 周年。王剑侯代表中共宁海县委、县人民政府向全县政协委员、各民主党派、工商联、无党派人士、人民团体和社会各界人士，致以节日的问候和诚挚的祝福。他指出，县政协自 1983 年成立以来，紧紧围绕县委、县政府的中心工作，组织广大政协委员，认真履行政治协商、民主监督、参政议政职能，为巩固和扩大新时期爱国统一战线组织，为全县民主政治建设做了大量卓有成效的工作，在推进全县经济社会发展方面发挥了不可替代的作用。当前宁海县的发展既面临难得的机遇，又经受严峻的考验，新形势、新任务对政协工作提出了新的更高的要求。县政协要继续高举爱国主义、社会主义旗帜，坚持团结和民主主题，汇聚力量，协调关系，认真履行职能，积极为推进宁海经济社会的创新突破发展献计出力。张明华在讲话中充分肯定了宁海政协的工作，希望宁海党政领导能够继续支持政协工作，进一步为政协履行职能营造良好的环境。他表示，市政协将进一步加强与县（市、区）政协联系，积极促进县（市、区）政协履行职能的制度化、规范化和程序化建设。杨加和在致辞中说，今后，县政协将高举中国特色社会主义伟大旗帜，坚持与时俱进、勇于创新，始终把促进发展作为政协工作的第一要务，把维护广大人民群众的根本利益作为政协工作的出发点和落脚点，充分发挥政协的重要作用，以创造性的工作谱写人民政协和统一战线事业的新篇章，为全县的经济、政治、文化和社会建设做出新的贡献。

2009 年 9 月 27 日，县政协、县委统战部纪念人民政协成立 60 周年暨 2009 年中秋招待会在新世纪大酒店举行。县八届政协常委会组成人员和社会各界人士 240 余人共聚一堂，庆祝中华人民共和国和宁海县建设取得巨大成就，回顾政协光辉历程，共庆中秋佳节。县领导王剑侯、褚银良、戴霖军、杨加和、谢群华、王建云、葛建满、金伟平、何学军、王劳旺、项松春、赵秀萍、潘作飞、张水仙、杨象轮和县政协秘书长骆再松出席招待会。县委书记王剑侯和县政协主席杨加和分别致辞。杨加和说，县委书记王剑侯的讲话充分肯定了宁海县政协的工作，这对县政协组织和全体政协委员做好政协工作是一大勉励和鼓舞。县政协各参加单位以及统一战线中的各界人士在中共宁海县委的领导下，要坚持和完善中国共产党领导的多党合作和政治协商制度，发展壮大爱国统一战线，坚持科学发展观，大力弘扬求真务实精神，继续发挥委员主体作用和自身优势，认真履行政协职能，广泛团结各界群众，努力做好方方面面工作，积极投身于宁海县建设和发展的大潮，为全县经济发展和社会和谐再作新贡献，再谱新篇章。

2010 年 9 月 15—16 日，县政协、县委统战部分四组在开元新世纪大酒店、太平洋国际大酒店联合举行了 2010 年中秋茶话会，共庆中秋佳节。县四套班子领导王剑侯、戴霖军、杨加和、徐光宪、俞小勋、褚孟形、王建云、林惠明、王劳旺、尤永成、项松春、赵秀萍、潘作飞、杨象轮，县政协秘书长骆再松出席了茶话会。各民主党派、工商联、人民团体、无党派人士和其他社会各界代表人士，县八届政协常委会组成人员，县政协老领导，在宁海的省市政协委员、政协界别召集人，镇（街道）政协工委负责人，政协联谊组织负责人，政协、统战部机关及其他有关县级机关单位负责人 200 余人应邀与会。中秋茶话会分组举行，务实新颖，为更多与会人士提供了现场发言的机会，大家欢聚一堂，畅所欲言，与会人士围绕如何构建和谐社会、不断推进“三个突破年”这个主题深入探讨，积极建言献策，为县委县政府了解社情民意、继续做好今后各项工作而深入言说、直抒胸臆，发言踊跃，成果丰硕。

2011 年 9 月 7 日，县政协和县委统战部联合举行中秋茶话会。各民主党派、工商联、人民团体、无党派人士和社会各界人士代表，县八届政协常委会组成人员，县政协老领导，在宁海的省市政协委员，政协界别召集人，镇（街道）政协工委负责人，政协联谊组织负责人，政协、统战部机关及其他有关县级机关单位负责人 200 余人欢聚一堂，共叙友情，共话发展。县委书记王剑侯代表县委、县政府向大家致以节日的问候和良好的祝愿。他向与会人员通报了全县上半年取得的成绩。他指出，全县政协统战组织和广大政协委员、各界人士是最值得信赖、最值得依靠、最值得重托的力量。希望大家以更宽的视野、更高的境界、更大的气魄，紧紧围绕经济发展和社会管理创新，牢牢把握民主团结主题，认真履行三大职能，不断促进政协、统战工作与经济社会发展相融共进。希望大家齐心协力、群策群力，共同为宁海的发展做出新的更大的贡献。县政协党组副书记、县政协副主席尤玲娟说，回顾历史，我们由衷感到欣慰和自豪，展望未来，人民政协和统一战线事业任重而道远、大有可为。因此，县政协各参加单位以及统一战线中的各界人士要紧紧围绕县委总体部署，积极履行政协职能，充分发挥统战组织的重要作用，谱写宁海县人民政协和统一战线事业的新篇章，为宁海的经济、政治、文化、社会建设和实现祖国和平统一做出新的贡献。茶话会上，各界别人士代表作了发言，充分肯定 2011 年以来宁海县在县委、县政府领导下经济社会各项事业所取得的成绩，并表示今后在各自岗位上再接再厉，做出新的更大贡献。会上，大家还观看了文艺表演。

2012 年 9 月 27 日，县政协会同县委统战部在金海开元名都大酒店举行中秋茶话会。县领导卞吉安、褚银良、林坚、林惠明、赵秀萍、尤永成和社会各界代表人士 210 余人应邀出席。茶话会由县政协主席尤玲娟主持。县委书记卞吉安致辞，向全县政协委员、各民主党派、工商联、无党派人士、人民团体和社会各界人士，向关心支持家乡建设的宁海籍海内外人士，致以节日的问候和诚挚的祝福，希望全县政协统战组织和广大政协委员、各界人士，紧紧围绕改革发展大局，牢牢把握民主与团结两大主题，认真履行三大职能，不断促进政协统战工作与经济社会发展相融共进。在贯彻落实县委、县政府重大决策部署上发挥更大作用，充分发挥智慧和力量。在履行职能上发挥更大作用，不断提高参政议政水平；在推进经济社会持续健康协调发展上发挥更大作用，持续形成强大的发展合力；在构建和谐社会上发挥更大作用，积极营造良好的发展氛围。与会各界代表人士纷纷发言，表示要在县委领导下，奋发作为，为宁海经济社会的更大发展和进步献计出力。茶话会还邀请县内外文艺人员和政协委员表演了文艺节目。

2013 年 9 月 17 日，县政协会同县委统战部在大观文化园召开中秋联谊会，出席会议的有各民主党派、工商联、人民团体、无党派人士、社会各界人士代表，在宁海的省市政协委员，曾担任县历届政协正副主席的老领导，政协之友社理事，政协书画院、平调研究会和跃龙诗社有关负责人，县直部门单位有关负责人和镇、街道政协工委负责人共 300 余人。县领导卞吉安、褚银良、戴霖军、褚孟形、林坚、林惠明、赵秀萍、尤永成应邀出席。中秋联谊会由县政协主席尤玲娟主持。县委书记卞吉安作了讲话，并对做好政协统战工作提出了希望和要求。联谊会上县政协慈善爱心基金进行募捐活动，县慈善总会会长曹善军接受了县政协各界别认捐的爱心款。会上大家欣赏了《梦圆宁海》等文艺节目。

2014 年 9 月 5 日，县政协会同县委统战部举行庆祝人民政协成立 65 周年暨 2014 年中秋茶话会。各民主党派、工商联、人民团体、无党派人士、政协老领导和社会各界人士代表 200 余人欢聚一堂，共叙友情、共谋发展。县领导褚银良、杨勇、戴霖军、尤玲娟、林坚、邬汝跃、潘作飞、张水仙、杨象轮、王鸿飞，县政协秘书长顾海飞出席茶话会。县委书记褚银良代表县委、县政府向大家致以节日问候和诚挚祝福，并介绍了全县 1 月至 7 月的经济和社会发展情况，希望全县政协统战组织、广大政协委员和各界人士进一步增强政治意识、大局意识和担当意识，牢牢把握民主与团结两大主题，认真履行三大职能，不断促进政协、统战工作与经济社会发展相融共进。县政协主席尤玲娟致辞，回顾了人民政协走过的 65 年光辉历程。对长期关心支持县政协工作的各位领导、社会各界人士表示衷心感谢。并表示，坚持把贯彻“围绕中心、服务大局”的基本工作原则与宁海实际结合起来，着力增强人民政协的地方特色；坚持把增进团结与扩大民主结合起来，着力增进人民政协事业的独特优势；坚持把发扬政协传统与致力开拓创新结合起来，不断拓展政协工作新领域。会上大家还观看了文艺表演。

2015年9月25日，县政协、县委统战部在开元新世纪大酒店召开中秋茶话会。各民主党派、工商联、人民团体、无党派人士、社会各界人士代表和县政协老领导共200余人参加。应邀出席的县领导有褚银良、杨勇、戴霖军、林坚等。会议由县政协主席尤玲娟主持。县委书记褚银良作了热情洋溢的讲话，向大家表达了良好的祝愿，同时，介绍了1月至8月宁海经济社会发展情况和今后发展的美好前景。他说，所有成绩的取得，是全县广大干部群众和衷共济、团结奋斗的结果，也是全县政协委员和社会各界人士支持参与、共同担当的结果。当前宁海的发展已进入新阶段、正面临着新挑战，希望大家进一步增强政治意识和大局意识，始终与党委政府保持方向一致、目标一致、工作一致，始终围绕中心、服务大局，充分发挥人才荟萃、智力密集、联系广泛的优势，团结一切积极力量，调动一切积极因素，最大限度地凝聚起建设“两美”宁海的强大合力，为实现跨越发展做出更大贡献。会上，大家欣赏了文艺节目。

2016年9月12日，县政协、县委统战部在金海开元名都大酒店一楼名都厅召开中秋茶话会。出席会议的有县政协常委会组成人员和各民主党派、工商联、人民团体、无党派人士、社会各界人士代表，在宁海的省市政协委员，曾担任县历届政协正副主席的老领导，政协之友社理事，政协书画院、平调研究会和跃龙诗社有关负责人，县直部门有关负责人和镇、街道政协工委负责人共300余人。县领导褚银良、杨勇、林坚、王军海、林惠明、赵秀萍、尤永成应邀出席。县委书记褚银良作了讲话。会议由县政协主席尤玲娟主持，她说，2016年以来，在县委的领导和市政协的指导下，县政协坚持团结和民主两大主题，紧紧围绕中心工作，紧扣改革发展主线，把牢政治方向，履行政协职能，发挥自身优势，扎实推进协商民主在宁海的生动实践，聚焦党政所想、群众所盼、政协所能，精准履职，创新履职，有效履职，积极为建设“两美”宁海、实现追赶跨越贡献智慧和力量。先后开展补齐实体经济发展中的人才短板、推进特色小镇建设、加快养老服务产业发展等工作的专题调研和协商，扎实开展“五水共治”“两路两侧”等专项民主监督活动，扩大了“社区协商厅”的覆盖面，新增委员联络站，当好党委政府与群众的“连心桥”，做好解疑释惑、“活血化瘀”和凝心聚力工作，并取得了很好效果。会上各界代表人士作了发言，大家欣赏了文艺节目。

2017年9月30日，县政协会同县委统战部在大观文化园举行中秋茶话会。各民主党派、工商联、人民团体、无党派人士、社会各界人士代表，在宁海的省市政协委员，曾担任县历届政协正副主席的老领导，政协之友社理事，政协书画院、平调研究会、跃龙诗社负责人，县直有关部门负责人共300余人欢聚一堂，共叙深厚情谊、共谋家乡发展。县领导杨勇、林坚、尤玲娟、李贵军、王军海、娄黛敏、方勤、赵秀萍、王鸿飞、邬汝跃、尤永成、杨象轮、华祥平、何建春、童青燕，县政协秘书长蒋善琪出席茶话会。县委书记杨勇代表县委、县政府向大家致以节日的问候和诚挚的祝福。他说，当前，宁海正处于追赶跨越的机遇期、改革创新的关键期、政通人和的黄金期，大家要聚焦“早日跻身全国强县第一方阵”的奋斗目标，展现才华、展现风采、展现作为，与党委政府同频共振，与各界群众同气连枝，与宁海发展同舟共济，共创宁海更加美好的明天。要善于创新，不断拓展政协工作新领域，使履职更有动力、干事更有活力。要善谋大事，真正做到“懂政协、会协商、善议政”。要善聚人心，为宁海经济社会追赶跨越发展，努力画大同心圆，凝聚强大向心力，汇聚更多同行者，形成广泛正能量。县政协主席尤玲娟说，当前，宁海正奋进在早日跻身全国强县第一方阵的过程中，面临发展新形势，需要全县上下团结一心，奋发有为、携手并进、攻坚克难。县政协将紧紧围绕党委政府的中心工作，紧扣党委政府的重大决策部署，坚定方向，把准定位，进一步发挥政协优势，认真履行职能，助推中心工作，真正以事业担使命、以民主聚共识、以团结增力量，营造改革发展良好氛围。希望全县政协委员和各民主党派、工商联、无党派人士、各人民团体精诚团结，始终与党委政府合心合力合拍，为推动宁海高水平建成小康社会、早日跻身全国强县第一方阵凝聚共识、凝聚智慧、凝聚力量。茶话会上，各界别人士代表作了发言，大家还观看了文艺表演。

纪念活动

2007 年 3 月 8 日，迎来了第 97 个国际劳动妇女节。为感谢女委员们的辛勤劳动和加强联系沟通，县政协举办了政协女委员庆“三八”妇女节联谊活动，数十名女委员欢聚一堂，展歌喉、做游戏、话发展，快乐地庆祝着自己的节日。近几年来，县政协坚持团结和民主两大主题，紧紧围绕全县工作大局，认真履行政治协商、民主监督、参政议政职能，为生态型经济强县和现代化中等城市建设做出了新的贡献，政协事业也得到不断发展。而各界女委员更是巾帼不让须眉，在做好本职工作的同时，发挥自身的优势和特点，认真履行职能，积极参加县政协组织开展的调研、视察、助学、助医等活动，积极反映人民群众关心的热点、难点问题，为繁荣妇女事业、维护妇女儿童权益、促进全县经济社会各项事业的发展献计献策，充分发挥了“半边天”的作用，赢得了社会各界的广泛赞誉。会上，县政协副主席赵秀萍对各界女委员提出了希望和要求。她希望女委员们要充分认识到自己肩负的政治使命和社会责任，不断提高自己的能力和水平，把立足点放得更高，把视野放得更宽，努力完善、丰富和提高自己，为构建和谐宁海做出新贡献。

2008 年 4 月 25 日，宁海县举行纪念中共中央“五一口号”发布 60 周年座谈会，全县各民主党派、无党派代表人士和政协各界别负责人共聚一堂，回顾历史，畅谈未来。县政协副主席项松春主持会议，副主席赵秀萍、潘作飞出席座谈会。县政协副主席、县委统战部部长潘作飞在座谈会上作了中心发言。1948 年 4 月 30 日，中国共产党发布了纪念“五一”劳动节口号，提出“各民主党派、各人民团体、各社会贤达迅速召开政治协商会议，讨论并实现召集人民代表大会，成立民主联合政府”，得到了各民主党派、各人民团体、海外华侨团体和无党派代表人士的热烈响应。由此开启了伟大的人民政协事业，中国的民主政治建设和政党建设也由此揭开了新的篇章。与会人员表示，重温党领导的多党合作发展历史，就是要始终坚持中国共产党的领导，就是要进一步巩固和发展多党合作事业。在今后工作中，要加强自身建设，不断提高参政议政能力和民主监督水平，为宁海发展建言献策，继续在多党合作的道路上谱写出新的辉煌篇章。

2008 年 12 月 4 日，县政协召开各民主党派、人民团体、无党派人士和社会各界代表人士参加的纪念改革开放 30 周年暨县政协成立 25 周年座谈会，县政协主席杨加和，副主席项松春、赵秀萍、潘作飞、张水仙出席会议。座谈会上，大家从不同行业、不同角度，畅谈了改革开放三十年来，祖国、家乡及个人发生的巨大变化。大家认为，改革开放三十年来，城乡面貌发生了历史性的巨变，人民政协事业也在改革开放的伟大实践中蓬勃发展。县政协成立 25 年以来，在中共宁海县委的领导下，高举团结与民主主题，围绕中心，服务大局，政协各项工作取得了明显的成效，为促进宁海经济社会又好又快发展做出了积极的贡献。县政协主席杨加和在讲话中指出，面对新时期新形势新任务，人民政协事业要进一步开创新局面，关键在于深入学习实践科学发展观，继续解放思想，坚持改革创新，紧紧围绕贯彻执行中共十七大和十七届三中全会作出的各项工作部署，把促进科学发展作为政协履行职能的第一要务，积极为转变发展方式建言献策。坚持履职为民，促进社会和谐和发展。高举团结与民主主题，努力做好凝心聚力工作。深入学习人民政协理论，推进政协工作创新发展。全面加强自身建设，适应政协工作的新发展。

2011 年 7 月 1 日，县政协机关召开全体党员会议暨庆祝中国共产党成立 90 周年座谈会。县政协机关全体党员及离退休党员干部参加本次座谈会，县政协副主席项松春、杨象轮，秘书长骆再松，黄正智、麻绍星、陈英考、杨加和等原政协领导出席座谈会。会议向与会党员传达了县委组织部下发的《关于在全县开展万名党员同宣誓活动的通知》，随后，与会人员一起观看了宁海电视台播放的《光辉历程》纪录片，重温了中国共产党在宁海斗争、发展的历史及宁海经济、社会发展情况，并参加了万名党员同宣誓活动。全体与会党员还学习《人民日报》社论《选择，奋斗在复兴的征程上》，观看“庆祝中国共产党成立 90 周年大会”的电视实况直播。会上，与会党员就中国共产党成立 90 周年的光辉历程纷纷发表自己的意见，他们一致认为，中国共产党在这 90 年里，通过艰苦卓绝的斗争，将中国建设成了一个独立、自由、民主、统一和富强的国家，促进了经济的发展，极大地提高了人民的生活水平，只有坚持中国共产党的领导，才能使国家更加富强，人民生活更加美好。与会党员还就党的建设提出自己的意见和建议。

2017 年 3 月，县政协会同有关部门联合举办的首届“女性健康节”——“关爱环卫女工”活动启动。县政协副主席尤永成出席。在现场，环卫女工们排队领取健康登记卡参加体检。体检项目包括内科、妇科、乳腺、血压和心电图等。来自县妇幼保健院的医务人员为每一位参检的环卫女工建立档案，给予她们关于女性健康方面的指导建议。在本次“女性健康节”公益活动期间，县妇幼保健院还组织相关专家团队到乡镇、到村居、到企业，为生活在基层、劳动在一线的妇女，提供免费体检、健康讲座、名医坐诊等一系列服务。

横向联谊

加强政协之间的联谊联络，积极开展交流与协作，是人民政协工作深入发展、相互学习、相互借鉴、共同提高的需要。县八届政协以来，积极参与和兄弟政协之间的工作交流，广交朋友、广泛联谊，成为开展统一战线工作的重要内容，对推动政协工作的开展、提高政协工作水平起到重要的作用。

全国部分县（市、区）政协工作横向联系会。县政协在全国部分县市区政协工作联系会上就加强自身建设、发挥政协优势、履行政协职能等问题作交流学习。2007 年 6 月 11 日，全国十五县市区政协工作横向联系会第二十九次会议在青岛市黄岛区召开，出席代表百余人汇聚一堂，共商新形势下政协工作发展大计。县政协副主席项松春、秘书长朱行开和提案委部分委员参加此次会议，全体代表认真学习《中共中央关于加强人民政协工作的意见》，并联系各地实际，围绕如何做好新形势下政协工作进行交流探讨。县政协着重就“提高提案工作质量，服务经济社会发展”这个主题进行交流发言。2007 年 11 月 13 日，全国十五县（市、区）政协工作横向联系会第三十次会议在广西壮族自治区南宁市江南区召开，县政协副主席张水仙、杨象轮等出席会议。与会代表就如何贯彻落实《中共中央关于加强人民政协工作的意见》进行了交流探讨。县政协在会上作《服务大局、履职尽责，不断提升政协工作水平》的发言。2008 年 6 月 22 日，全国十六县市区政协工作横向联系会第三十一次会议在云南省晋宁县召开，县政协主席杨加和带队出席会议，并在会上作履行政协职能的交流发言。2008 年 11 月 17 日，全国十七县（市、区）政协工作横向联系会在广州市番禺区召开。县政协副主席赵秀萍带队出席会议。会上就发挥政协优势，认真履行政治协商、民主监督、参政议政职能等问题进行交流发言，取长补短促进政协履职水平。2009 年 10 月 27 日，全国十七县（市、区）政协工作横向联系会在福建省厦门市同安区召开，县政协副主席张水仙带队出席会议，会上就新时期政协工作进行交流发言，学习借鉴有益经验，探讨政协工作新思路，联席会议成为各成员单位加强联系、交流工作、增进友谊、共同提高的平台。2010 年 6 月 14 日，全国部分县（市、区）政协工作横向联系会在上海市闵行区召开，县政协副主席赵秀萍带队出席会议。会上各兄弟单位进行了工作交流，增进了友谊，达到相互学习提高的目的。2010 年 10 月 12 日，全国十七县（市、区）政协工作横向联系会在江苏省江都市召开，县政协主席杨加和、秘书长骆再松出席会议，会上就发挥政协优势、认真履行职能等问题进行交流发言。2011 年 5 月 24 日，全国十七县（市、区）政协工作横向联系会在四川省成都市温江区召开，县政协副主席项松春带队出席会议。大会进行了各兄弟县（市、区）交流发言，达到了增进友谊、共同提高的目的。2012 年 5 月 14 日至 17 日，全国十七县（市、区）政协工作横向联系会第三十九次会议在沈阳市东陵区举行。县政协副主席杨象轮带队出席会议，会上作了交流发言。2013 年 6 月 5

日至7日，全国十九县（市、区）政协工作横向联系会第四十一次会议在宁海县召开。出席这次会议的有四川省新津县政协、浙江省海宁市政协、徐州市铜山区政协、青岛市黄岛区政协、四川省都江堰市政协、南宁市江南区政协、云南省晋宁县政协、广州市番禺区政协、江苏省东台市政协、厦门市同安区政协、扬州市江都区政协、济南市历下区政协、成都市温江区政协、沈阳市东陵区政协、浙江省上虞市政协、广州市花都区政协、乌鲁木齐市沙依巴克区政协、青岛市李沧区政协和宁海县政协100余人。会议主题是认真贯彻落实中共十八大精神，研究探讨做好新时期政协工作的新途径、新方法，各地政协围绕各自的特色工作开展交流。宁波市政协副主席陈炳水，县委副书记、县长褚银良，县政协副主席邬汝跃、张水仙、杨象轮、王鸿飞和秘书长骆再松出席会议，县政协主席尤玲娟主持会议。县委副书记、县长褚银良向大会致欢迎辞，宁波市政协副主席陈炳水到会讲话。会议进行了交流发言，增进了各兄弟政协的沟通了解和团结友谊。宁海县政协作了《践行协商民主 助推科学发展》的交流发言。2013年10月10日至12日，全国十九县（市、区）政协工作横向联系会第四十二次会议在四川省新津县召开，县政协主席尤玲娟、副主席潘作飞等一行出席会议，会上县政协作了履行政协职能的经验交流。2017年5月23日至26日，全国十九县（市、区）政协工作横向联系会在四川省都江堰市召开，县政协副主席杨象轮带队出席会议，并作了工作交流发言。

随着改革开放不断深入与发展，全国政协组织之间的交流学习活动逐渐增加。县八届政协以来，共接待全国各省市县区政协的来访组团210余批次，学习交流和接待内容比较广泛。2007年5月20日，九届全国政协副主席王文元考察宁海湾旅游度假区东海云顶等旅游资源的开发工作。2008年11月19日，十届全国政协副主席张怀西在省市政协领导陪同下，到宁海进行考察活动。2009年10月5日，全国政协副主席厉无畏在市政协主席王卓辉等陪同下，到宁海县视察调研指导工作。2010年5月19日，全国政协副主席李金华在省市领导陪同下参观了江南民间艺术馆。2007年3月，省政协常务副主席梁平波到宁海县考察“十里红妆”。4月，省政协副主席李青到宁海县考察非物质文化遗产管理与保护工作。5月，省政协副主席张蔚文到宁海县调研指导工作。2008年5月，省政协副主席王永昌到宁海县进行发展海洋经济调研。2013年10月，省政协副主席陈小平到宁海视察江南民间艺术馆。2014年2月，省政协副主席陈加元到宁海检查“五水共治”工作情况，同年6月，省政协副主席孙文友到宁海调研统战工作情况。2015年10月，省政协副主席陈艳华视察宁海“两路两侧”“四边三化”专题整治工作情况。同年11月，广西壮族自治区政协副主席彭钊到宁海调研现代渔业发展情况。2016年7月，省政协主席乔传秀到宁海调研湾区开发和保护工作情况。2017年5月，省政协副主席陈艳华到宁海县监督调研小城镇环境综合整治工作。同年7月，省政协副主席孙文友一行到宁海县监督调研“最多跑一次”改革举措落实情况。同年11月，省政协副主席郑继伟一行到宁海县调研传统文化保护与传承工作。

为了广交朋友，相互学习各地政协工作的先进经验，县政协有关专委会和政协机关，外出学习交流，考察调研，先后到台州、舟山、嘉兴、杭州、西安、成都、南京等地学习兄弟单位工作经验，考察交流政协机关建设、城市建设和旅游资源开发利用等工作。

第三章　政协之友

宁海县政协之友社是1988年1月经中共宁海县委批准成立的爱国统一战线性质的联谊团体，是县政协和老委员联系的纽带。全国人大常委会副委员长周谷城为宁海县政协之友社题写了社名。政协之友社办公用房在跃龙街道徐霞客大道38号。

组织沿革

宁海县政协之友社是由宁海县政协领导，由历届退下来的省、市、县政协委员和长期从事政协统战工作的离退休干部及社会有关人士组成。设理事长1名，副理事长和理事若干名，共同组成理事会，主持政协之友社日常工作。县政协之友社随县政协同步换届。县八届政协以来，至2017年已历经3届。

第六届理事会（2007.4—2012.4）

名誉理事长　黄正智　麻绍星　陈英考

名誉理事　张位胜　曹善军　葛　斌　王式淡　童时彬　薛惠珍（女）　朱旦华（女）　柴国平　马光明　葛福明

理事长　项松春

副理事长　朱行开　叶新水　任校章　徐建国

理事　干富伟　汤兆夫　吴晓奎　应大松　苏小方　周连方　俞世识　娄培宗　胡成梁　章以忠　童遵义

社员　干富伟　马光明　孔岳南　王昌良　王必孚　王式淡　王蕊芳（女）　叶新水　任校章　朱旦华（女）　朱行开　汤兆夫　余生辉　吴晓奎　应大松　张位胜　李爱康（女）　杨清山　苏小方　陈良栋　陈明纲　陈英考　周连方　周德宏　范　杰　俞世识　姚冬娥（女）　娄培宗　胡成梁　赵功远　项松春　夏才法　徐建国　柴国平　秦　明　袁哲飞　顾茂恩　曹品元　曹善军　章以忠　麻绍星　黄正智　程行茂　童时彬　童泽欧　童遵义　葛　斌　葛福明　谢时强　薛惠珍（女）

第七届理事会（2012. 4—2017. 4）

名誉理事长　黄正智　麻绍星　陈英考　杨加和

名誉理事　项松春　张位胜　曹善军　王式淡　薛惠珍（女）　童时彬　朱旦华（女）　葛福明　马光明　柴国平　葛　斌

理事长　邬汝跃

副理事长　骆再松　任校章　徐建国

理事　王必月　王伟平　王昌良　叶新水　任治江　张亚明　杨定为　苏小方　娄培宗　蒋　敏　韩向民（女）

社员　干富伟　孔岳南　王必孚　吴晓奎　应大松　李爱康（女）　陈明纲　赵功远　周连方　周德宏　袁哲飞　曹品元　章以忠　程行茂　童遵义　谢时强

第八届理事会（2017. 4—　　）

名誉理事长　黄正智　麻绍星　陈英考　杨加和

名誉理事　张位胜　曹善军　项松春　薛惠珍（女）　童时彬　朱旦华（女）　葛福明　马光明　柴国平　葛　斌　潘作飞　张水仙（女）

理事长　邬汝跃

常务副理事长　徐建国

副理事长　蒋善琪　任校章

理事　叶新水　吕国平　邬雷科　苏小方　张德浩　陈　平　周武军　俞伟平　徐和开　蒋　敏　谢常夫

社员　干富伟　王必月　王伟平　王秋芬（女）　厉志宏　任治江　杨定为　吴晓奎　张亚明　张勤昌　周连方　葛珍瑜（女）　韩向民（女）　童遵义

以学习为抓手，增进共识。宁海县政协之友社发扬自我学习、自我教育的传统，采取自学与集中学习、听专题报告会与开展座谈讨论、参加政协相关会议与活动等形式，认真组织社员开展学习，帮助社员更好地了解国内外形势和改革发展稳定的大局，使社员的思想认识与时俱进，更坚定了走中国特色社会主义发展道路的信心和决心。一是重视对科学发展观，中共十七届、十八届、十九届历次全会精神和习近平总书记新时代中国特色社会主义思想的学习，加强了对新时期国内外形势、时事政治和全县发展形势的学习掌握。二是参与了“创先争优”“两学一做”教育实践活动。政协之友社协同政协办公室，专门召开部分党员社员“创先争优”“两学一做”活动学习座谈会，向社员传达开展教育活动的精神与进展情况。社员中的共产党员积极响应，投身“创先争优”和“两学一做”活动。

三是政协之友社理事会部分成员分别列席政协全会和常委会议，参加有关视察考察活动，增强了政协之友社的凝聚力与影响力。四是为了便于社员了解形势和加强自学，每年为社员订阅《联谊报》，定期下发《宁海政协》。

以奉献为动力，发挥余热。县政协之友社的社员都是曾经奋战在宁海经济社会建设各条战线上的代表人士，虽已退休或退居二线，但仍然关心着宁海的经济社会发展。县政协之友社十分注重发挥社员的自身优势和专业特长，鼓励社员通过政协大舞台积极建言献策，反映社情民意，充分发挥余热。认真参政议政。县政协之友社理事会成员列席政协全会，围绕县政协常委会工作报告和提案工作报告，县政府工作报告以及其他有关报告，认真讨论，踊跃发言，真诚地提出意见和建议，受到了有关方面的重视。积极反映社情民意。县政协之友社注重发挥社员贴近基层、贴近群众、贴近实际的优势，发动社员深入开展调查研究，认真了解情况，反映群众的意愿。社员们反映了许多社情民意，内容涉及经济建设、社会事务、城乡建设管理、社会治安、改善民生等方方面面，许多意见受到了县领导及县级有关部门的高度重视。如县政协办公室2010年编发的《要加强对我县水域生态保护的力度》社情民意，就得益于社员的及时反映。该社情民意引起了县委县政府的高度重视，县长褚银良专门作了批示，要求相关部门开展整治工作。参与各类社会公益活动。县政协之友社鼓励社员们结合自身特点，热心投入到慈善募捐、扶贫帮困、结对助学、关心下一代等公益事业中，以实际工作付出和无私奉献回报社会。此外，在“5·12”汶川地震等特大自然灾害时，社员们纷纷伸出援手，为灾区捐款捐物，充分体现了社员们心系灾区、情系灾民、心手相连、守望相助的社会责任感和“国家有难，匹夫有责”的优良传统。

以联谊为纽带，凝聚人心。为了使社员通过联谊活动进一步拓宽视野，知情明政，扩大交往，增进友谊，县政协之友社在县政协和其他有关部门的大力支持下，组织开展了各种联谊、参观活动。组织集体参观活动。县政协之友社先后组织部分社员参观了上海世博会、江西三清山、奉化溪口、杭州、舟山等地和宁海伍山石窟、慈云佛学院、越溪王干山、梅林河洪长寿村等景区和新农村建设，让社员们切身感受到了祖国和家乡日新月异的变化。开展联谊活动。在改革开放30周年、新中国成立60周年、人民政协成立60周年、中国共产党成立90周年和辛亥革命100周年的纪念活动中，县政协之友社组织社员积极参加各类庆祝、纪念活动，鼓励他们各显身手，献计献艺。做好尊老敬老工作。每年为每位社员送上生日蛋糕，组织社员开展医疗健康咨询活动，平时对部分高龄或患病住院、在家休养的社员进行慰问。县政协之友社通过组织丰富多彩、形式多样的敬老娱乐活动，为社员们提供了舒展身心的平台，增强彼此间的沟通与了解，营造了团结和谐、生机活泼的良好氛围。

跃龙诗社于2005年11月成为县政协之友社分机构。县诗词楹联学会第四次、政协之友社跃龙诗社第十一次会议选举产生跃龙诗社第十一届理事会，选举张晓邦为跃龙诗社社长。

2013年9月，县诗词楹联学会第五次、政协之友社跃龙诗社第十二次会员代表大会选举产生跃龙诗社第十二届理事会，选举汪超英为跃龙诗社社长。诗社办公地址在跃龙街道西门城楼。

跃龙诗社自2007年来，先后出版了《宁海楹联集成》《徐霞客游线景观诗》《宁海竹枝词》《宁海当代诗词选》《满天霞蔚唱升平》《诗咏宁海三百首》《宁海当代诗词精选》等。会员个人的诗词集出版的有：张晓邦的《蹄痕录》《捕风集》，汪超英的《书香阁诗钞》，叶显瑾的《蔬香楼吟草》，胡小豪的《眠牛山集》，任序亦的《咸草诗词选》，胡家馈的《斜阳吟草》《野老吟草》《田旭诗词联选》，陈兴汉的《杨溪晚唱》，黄稀的《俚歌晚唱》，王美蓉的《所思楼吟稿》《潭影集》，陈云枫的《拂尘录》，娄宗恕的《梁皇山画联》，丁从康的《恋青集》，胡全标的《潮起黄墩》等。跃龙诗社坚持每年分夏冬二期出版内部刊物《跃龙诗声》，2009年6月，诗社又在宁海新闻网下的“文峰论坛”开设了诗词版块“跃龙诗声”。2017年跃龙诗社有会员133人，其中中华诗词学会会员23人，浙江省诗词与楹联学会会员33人。跃龙诗社为宁海县成功创建“中华诗词之乡”做出了积极贡献。

附：

宁海县政协之友社章程

（2012年9月5日宁海县政协之友社七届一次会议通过）

第一章 总 则

第一条 宁海县政协之友社是中国人民政治协商会议宁海县委员会领导下的统一战线性质的联谊团体。

第二条 本社以邓小平理论和“三个代表”重要思想为指导，全面贯彻落实科学发展观，通过各项活动，为进一步巩固和发展爱国统一战线服务，为构建社会主义和谐社会作贡献。

第三条 按照“发挥优势，量力适度，自愿宽松”的原则，组织会员开展各项活动。

1. 学习党和国家的方针政策、法律法规及时事政治；
2. 开展联谊活动，联络感情，增进友谊，促进社会和谐；
3. 根据会员爱好和兴趣，开展有益于精神文明、身心健康的活动；
4. 从实际出发，组织参观考察活动，了解社情，反映民意，积极建言献策。

第二章 社 员

第四条 下列人员，由本人申请，经政协之友社理事会批准，可吸收为本社社员。

1. 在宁海的浙江省和宁波市政协退下来的委员；
2. 宁海县政协退下来的部分常委会组成人员和专委会主任、副主任；
3. 曾长期从事政协、统战工作的离退休干部和有关人士；
4. 因政协之友社工作需要安排的其他有关人员。

社员每届任期五年，任期满三届及以上人员不再安排为新一届政协之友社社员。

第三章　社员的权利和义务

第五条　社员有下列权利：

1. 本社的选举权、被选举权和表决权；
2. 对本社各项工作建议和监督权；
3. 参加本社组织的活动；
4. 入社自愿、退社自由。

第六条　社员有下列义务：

1. 遵守本社章程和有关规定；
2. 完成本社交办的工作任务。

第四章　组织机构和负责人

第七条　本社的权力机构为社员大会。社员大会负责制定和修改章程，选举产生理事会理事长、副理事长和理事，审议理事会的工作报告和决定其他重要事项。

第八条　理事会为社员大会的执行机构，在社员大会闭会期间，主持之友社日常工作，对社员大会负责。理事会由理事长、副理事长、理事组成。理事会设理事长一名，副理事长若干名，理事若干名。

第九条　本社设名誉理事长和名誉理事各若干名，由理事长提名，理事会聘任。

第十条　理事会人选，由上一届理事会议协商提名，由社员大会选举产生，任期五年，可连选连任。任期不超过三届。

第十一条　社员大会每年召开一次，由理事会决定和负责召开。理事会议每半年召开一次，由理事长或受理事长委托的副理事长负责召开。理事长会议可根据需要适时召开。

第十二条　本社活动经费由县政协专项经费列支。

第五章　附　　则

第十三条　本章程经县政协之友社七届一次会议通过后施行。

第十四条　本章程的解释权属本社理事会。

第四章　诗书画缘

宁海书画院是在宁海县政协常委会领导下，团结、联系书法、美术爱好者从事书画艺术的社团组织。人员以政协委员及社会各界爱好书画的知名人士为主组成。宁海书画院以“书画联谊、广交朋友、繁荣艺术、提高水平、扩大影响”为宗旨，团结联系县内外书画艺术工作者，继承和弘扬书画艺术优秀传统，促进书画艺术交流，繁荣书画艺术创作，提高书画艺术水平，推进社会主义文明建设，为宁海的书画事业发展作出贡献。

组织沿革

县八届政协至十届政协期间，宁海书画院进行了三次换届，分别成立了书画院五届理事会、六届理事会、七届理事会。

2007 年 5 月，宁海书画院召开第五届成员大会，听取和审议了第四届理事会工作报告，讨论修改了政协书画院章程，选举产生了第五届理事会组成人员。

第五届理事会

名誉院长　吴昌卿　应大松

顾　　问　王蕊芳（女）

院　　长　陈　平

副 院 长　陈林干　朱贤东　楼明月　朱开益

秘 书 长　陈明纲

副秘书长　胡　强

理　　事　王　琛　应伟建

成　　员　胡云泉　杨象富　陈　龙　王利华　邵一涛　吴宇鸿　胡建东　杨浩毅　王　巍　邵永宁　潘以超

2012 年 9 月，宁海书画院召开第六届成员大会，听取和审议了第五届理事会工作报告，讨论修改了政协书画院章程，选举产生了第六届理事会组成人员。

第六届理事会

顾　　问　吕益军　吴昌卿　王蕊芳（女）应大松

院　　长　陈　平

副 院 长　陈林干　朱贤东　楼明月　朱开益

秘 书 长　陈明纲

副秘书长　胡　强

理　　事　王　琛　应伟建　胡云泉　杨象富

成　　员　陈　龙　王利华　吴宇鸿　胡建东　杨浩毅　王　巍（画）　邵永宁　潘以超　王　巍（书）　王苍龙　陈　滨　陈伟明　俞伟文　夏智友　林慧芳（女）　朱咪咪（女）

2017 年 5 月，宁海书画院召开第七届成员大会，听取和审议了第六届理事会工作报告，讨论修改了政协书画院章程，选举产生了第七届理事会组成人员。

第七届理事会

顾　　问　吴昌卿　王蕊芳（女）　应大松　楼明月　朱开益　陈　平　吕国平
院　　长　胡　军
副 院 长　黄　珂　陈林干　朱贤东　王　琛　王苍龙
秘 书 长　陈明纲
副秘书长　胡　强　周　毅
理　　事　胡　强　应伟建　胡云泉　杨象富　陈　滨　王　巍（书）
成　　员　陈　龙　王利华　吴宇鸿　胡建东　杨浩毅　赵华姣　王　巍（画）
　　　　　邬永宁　潘以超　陈伟明　俞伟文　陈振海　夏智友　林慧芳（女）
　　　　　朱咪咪（女）　胡英娣（女）　杨岳斌　赖云标　杨亚林　王子文
　　　　　金　燕（女）　赵安炉　仇秋国

书画活动

书画院坚持以书画为媒进行书画联谊，走出去、请进来，内外交流，增进友谊，有效落实爱国统一战线工作，弘扬和发展书画的艺术性活动，拓展和创新爱国统一战线工作，把大团结、大联合工作贯彻和渗透于书画的艺术性活动中。2007 年 5 月，书画院组织全体成员到西溪水库采风写生。画家们泼墨挥毫，给西溪水库留下了一幅幅美丽的图画和充满生机的书法作品。同年 12 月，书画院 20 余人到宁海国华电厂参观，并现场创作书画。2008 年 4 月，镇海区政协副主席周永芳带领书画院画家到宁海进行书画交流活动，并参观了潘天寿艺术中心。同年，县政协副主席赵秀萍带队组织部分会员到慈溪、嘉兴等书画院交流学习，进一步陶冶了书画家们的情操，激发了书画家们的创作热情。2009 年，书画院为宁海水务集团创作书画作品。2010 年 5 月，宁海图书馆新馆落成，13 位书画院画家为新馆创作作品 40 余幅，增强图书馆文化氛围，提升文化内涵。2010 年 11 月，宁波市政协系统首届书画展在潘天寿艺术中心开幕，县书画院承担了许多展出工作。12 月，赴绍兴、武义开展书画交流活动。2011 年 5 月，县政协书画院有关人员在副主席赵秀萍带领下，参加在慈溪市举行的第二届宁波市政协系统书画作品巡回展。2011 年 12 月，县政协书画院有关人员参加在鄞州区举行的宁波市政协系统第三届书画作品展。2012 年参加在奉化市举办的宁波市政协系统第四届书画作品展，至 2017 年，已连续 10 次参加巡回展，赠送主办单位 10 幅书画作品。2013 年 9 月，在宁海县政协成立三十周年之际，书画院挑起承办大型书画展览的重担。书画院全体成员积极响应，以主人翁的姿态主动献计出力，除全体书画家积极创作 30 余幅作品外，还发动全县书画爱好者参与该活动。经过认真评选，选展书画作品 80 余幅。2015 年 3 月 10 日，为县卫生和计划生育局举办的廉政书画展进行主题创作，书画院主要创作骨干 15 人参加，共创作了书画作品 60 余幅。2015 年 3 月 27 日，书画院 10 余名成员受邀参加第四届宁波油菜花节暨第十二届宁海桑洲品茶节，并在现场创作助兴活动氛围。2015 年 11 月，参加宁海、奉化、象山书画院创作交流会，举办了书画展和现场笔会。除此以外，书画家们还积极参加省里的“兰亭奖”、市里的“天一奖”中小学生书法比赛工作。书法家们做到事前面上辅导，事中集中强化辅导、点评，为宁海县在省、市比赛中取得好成绩做出了积极贡献。2017 年是潘天寿 120 周年诞辰，书画院把创作精品作为献礼，在中国美术家协会主办的第二届全国综合材料绘画双年展中，王琛《大地的伤痕》、周毅《记忆的碎片》两幅作品入选。2017 年 6 月在浙江省美术家协会主办的剿灭劣 V 类水“浙江省美术作品展”中，陈滨、周毅、张剑平等人作品入选展出。2017 年 9 月，浙江省第八届花鸟画展在杭州开幕，书画院陈林干、朱开益、胡云泉、邬永宁、王巍、陈龙等人作品入展，其中邬永宁作品《壶中仙境》获优秀奖。2017 年 12 月，浙江省第二届综合艺术大展在丽水开幕，书画院王琛、周毅、张剑平三人作品入选展出。书画院还坚持服务社会、服务大众，长期坚持为老年大学书画班上课，坚持每年与社区结对，上街或下村书写春联，免费赠送给群众，深受欢迎。

书画成果

宁海书画院坚持以习近平总书记在文艺工作座谈会上的讲话精神为指导，大力倡导以人民为中心的创作导向，在创作与研究等方面取得明显成效，全体书画家走出宁海，积极参加国家和省、市级各类展览，对面向全国展现宁海文化形象起到了积极的推动作用，经常有一批画师的作品入展全国、省、市的书画展，并频频获奖。如“全国花鸟画艺术大展”中胡云泉作品入展，吴昌卿获铜奖；全国“秦皇岛之夏”第一届大字书画艺术展中胡云泉作品获二等奖；陈林干作品入展“全国第八届书法篆刻展”与首届“小榄杯全国县镇书法大赛”；陈明纲作品入展“第三届中国岩彩画展”与“中国残疾人优秀书画作品展”；胡强作品入展“纪念邓小平 100 周年诞辰”全国大型书法展；应伟建作品入展中国玉协举办的“行书展”；杨象富作品入展中国玉协培训班创作成果展。在“全省首届书法美术摄影展”中王蕊芳作品获老年组银奖；2007 年 5 月，胡强的篆刻作品入展由中国文联、中国书协联合举办的当代篆刻艺术展；7 月，在浙江省第二届反腐倡廉书画作品展中，吴昌卿、陈林干、朱贤东、陈明纲、胡强、应伟建、王巍等的书画作品获优秀奖；9 月，陈林干、吴昌卿、朱开益、陈明纲、陈龙、邬永宁 6 人作品入展“百花向阳”浙江省花鸟画特展，陈林干获金奖；在宁波市 2007 年中青年书画摄影主题创作比赛中，王蕊芳书法作品特邀展出，胡强获三等奖，朱贤东、应伟建、杨象富获优秀奖；10 月，杨象富书法作品入选浙江省第四届中青年书法篆刻展，11 月入展浙江省第二届“温泉杯”书法大展；12 月，在北京美术馆举办宁波、温州小幅美术作品展，陈林干、朱开益、吴昌卿、胡云泉、吴宇鸿等人的 10 幅作品入展，并入编画集；在“人文浙江　美术解读”浙江省首届美术精品创作展中，宁海县吴昌卿、陈明纲、朱开益 3 人的花鸟作品和陈林干的山水画作品入展，并入编大型画集，宁波全市仅有10人获此殊荣；12月，在宁海潘天寿艺术中心举办宁海八人中国画展，王琛、朱开益、吴宇鸿、吴昌卿、胡云泉、陈林干、陈明纲、应伟建等八人的100余幅精品展出并印刷了大型挂历，获得一致好评。2008年1月，在宁波市反腐倡廉书画作品展中，吴昌卿、陈明纲、朱贤东3人获二等奖，陈林干、王巍、朱开益3人获三等奖，楼明月、胡强、应伟建等人获优秀奖，应大松、杨象富等6人书法作品入展；在省书协主办的第六届全浙书法大展中，王蕊芳作品入展；8月，陈滨的作品入选全国体育美展；10月，在宁波市政协书画院举办的书画展中，书画院14幅作品入展，并多人获奖。2009年1月，胡强篆刻作品入选全国第六届篆刻艺术展；9月，王巍书法作品入选全国第二届青年书法作品展，朱贤东、胡强、应大松、邬永宁、王巍等5人书法作品入展宁波市庆祝新中国成立六十周年书法篆刻作品展；10月，王蕊芳、胡强、应伟建3人的书法篆刻作品入选浙江省书法精英展；为庆祝中华人民共和国成立60周年，浙江省展出60余幅花鸟画作品，朱开益榜上有名。2010年，在浙江省第五届中青年书法展中，胡强、王巍作品入展；在第七届全浙书法大展中，朱贤东、王巍、王苍龙作品入展，王蕊芳、胡强作品入选；在浙东书风第二届全国书法大赛中，王巍获金奖；在宁波市“清风和韵”反腐倡廉书画摄影大赛中，王巍获一等奖，胡强获优秀奖，王蕊芳获荣誉奖；在浙江省第三届反腐倡廉书画摄影展中，王蕊芳书法作品获优秀奖；5月，应伟建、吴宇鸿、胡建东3人展在潘天寿艺术中心举办，共展出创作和写生作品80余幅；在浙江省群艺馆举办的“群星奖”展览中，陈林干获银奖，并被邀请参加宁波市14人联展。2011年，为庆祝中国共产党成立90周年，宁波市文联在宁波美术馆举办书画摄影展，陈林干的《油茶》和陈明纲的《龙孙脱颖》作品入展，陈林干并获三等奖；3月，王巍书法作品入展全国首届手卷书法展；4月，浙江人民美术出版社出版《宁波优秀美术作品选》，宁海县陈林干、陈明纲、陈滨榜上有名；5月，王蕊芳书法作品入展“万山红遍”浙江书法展，胡强、吴宇鸿、王苍龙篆刻作品入展“万山红遍”第三届浙江篆刻大展；为推动宁海、昆山两地文艺事业交流与发展，6月在江苏昆山侯北人美术馆举办了“湖海情怀”宁海县9人中国画作品展，陈明纲、朱开益、陈林干、杨浩毅、胡云泉、王琛、王巍、胡建东、应伟建9人的近百幅作品参展，并出版了画集；“宁海景观”诗词书法展在潘天寿艺术中心举办，书画院书法家为百首诗词创作书法并展出；7月，在浙江省美术家协会举办的“红色经典”浙江省庆祝中国共产党成立90周年美术作品展中，陈明纲的《革命老区展新颜》入展；为庆祝中国共产党成立90周年，浙江省举办全省职工艺术大展，陈林干获铜奖，陈明纲入选展出；同年，县美协中国画艺委会在潘天寿艺术中心举办宁海人画宁海，书画院画家全体参加；其间，朱开益还多次举办个人展览；10月，陈滨作品入选全国教师美展。2012年6月，在《水墨映辉　韵源中华》宁波中国画、水彩作品赴澳门邀请展中，朱开益、陈林干、陈明纲、王琛、胡云泉、杨浩毅、陈滨7人的作品参展，陈滨的《瞬间的记忆》入选第七届中国体育美术作品展。

7月，在庆祝建军85周年宁波军民书画展中，杨亚林篆刻作品获三等奖，林慧芳的作品获三等奖，朱开益的作品获优秀奖，陈明纲的作品入展。2013年，《强其骨》宁海县当代中国画家作品展，吴昌卿、陈明纲、朱开益、陈林干、陈伟明、邬永宁、潘以超、杨浩毅、胡云泉、王琛、陈龙、王巍、胡建东、吴宇鸿、应伟建、陈滨、林慧芳等参加，相关作品出版画集。《精进丹青》保国寺建寺一千周年，邀请宁海县陈林干、吕益军、杨象富、俞伟文、王琛、朱开益、杨浩毅、吴宇鸿、吴昌卿、应伟建、陈龙、陈明纲、胡云泉作画。2014年，“陈林干画展”在宁波市美术馆隆重开幕，展出作品150幅，部分作品多次在各地展出。2015年6月，陈滨作品入选浙江省第十四届水彩、水粉画展，《静待花开—10》获“浙江省首届水彩画写生作品展”优秀奖，王琛参加在张家港举办的《中国当代艺术邀请展》。11月28日，奉化、宁海、象山书画创作交流会在奉化召开，宁海县20余幅作品在会上展出。12月，陈滨作品入选“融合　拓展”浙江省油画展。在宁波市司法局、市文联、市普法办联合举办的“美丽中国梦　法在我心中”市民法治书画作品展中，书画院成员的多幅作品参展，其中俞伟文、赖云标的书法作品分别获得一、二等奖。第七届浙江省中青年书法篆刻展中，俞伟文、赖云标的作品入展，杨象富作品入选。由杭州市国画院、浙江省中国画协会共同主办的《荷风桂雨》中国画展，宁海县吴昌卿、陈明纲、朱开益三位画师的6幅作品展出，并入编画册。宁波市文联组织“一带一路”中国画展，宁海县陈林干、朱开益、陈明纲、胡云泉、杨浩毅、应伟建等作品入展。胡云泉还参加了市文联组织的文化援疆活动。2016年7月，“翰墨情”陈明纲水墨画作品展在鄞州区文化艺术馆举办。2017年4月7日，“梦笔生花”吴昌卿中国画展、“彭墙无语”朱开益中国画展举办，同时在宁波美术馆分别展出作品100余幅。12月，“梦笔生花　吴昌卿中国画作品展”在三门县文化馆开幕。9月5日，陈林干中国画作品安徽展在合肥市亚明美术馆展出作品105幅。同年，陈林干、王琛赴美国美术交流和作品展，同时还被宁波市文联推荐在中央电视台作专题报道。

加强自我宣传，出版个人书画集，努力提高书画家社会知名度。书画院吴昌卿、朱开益、陈明纲、陈林干、王琛、胡云泉、胡强、陈滨、应伟建等书画家已经先后出版书画集，2012年《王蕊芳书法作品集》由浙江人民美术出版社出版、2014年《陈林干作品集》由浙江人民美术出版社出版、2014年《拂尘界》应伟建折扇作品集出版、2016年《翰墨情》陈明纲水墨画作品集出版。

附：

宁海书画院章程

（2017年5月宁海书画院第七届成员大会通过）

第一章　总　　则

第一条　本院经中共宁海县委批准定名为“宁海书画院”。它是在中国人民政治协商会议宁海县委员会领导下的从事中国书画艺术（包括篆刻）活动的文艺性组织。

第二条 本院的宗旨是以邓小平理论、“三个代表”重要思想、科学发展观和习近平重要系列讲话为指导，团结联系本县海内外书画艺术工作者，促进书画艺术交流，繁荣书画艺术创作，提高书画艺术水平，推动我县文化强县建设，为建设社会主义和谐社会服务。

第三条 本院的工作和活动，按照“自愿、量力、宽松、可行”的原则而开展。主要活动内容与要求：

（一）建立与海内外宁海籍书画家的联系，加强与外地书画界的交流。

（二）组织和指导本院成员进行创作，并举行专题性的研讨会和其他学习活动。

（三）主持或参与著名宁海籍书画家的有关纪念活动。

（四）收藏古今名家的书画作品。

（五）不定期举办本院成员的书画展览，包括综合展、联展、个人展，必要时编印书画作品集。

（六）开展联络联谊活动，增进友谊，促进和谐。

第二章 组成成员

第四条 本县书画界的历届政协委员与具有较高书画造诣的各界人士，均可申请参加本院，申请者应由二位本院成员介绍，经理事会批准收为本院成员。为有利于开展活动，成员的年龄原则上不超过七十周岁。

第五条 书画界中享有较高声誉的在外地工作或港澳台及海外生活的宁海籍人士，如本人提出申请，经理事会研究决定，可特邀为本院的成员；可聘请担任本院荣誉职务。

第三章 成员的权利和义务

第六条 本院成员有下列权利：

1. 本院的选举权和被选举权；

2. 参加本院活动和对工作提出意见、建议；

3. 在创作中享有本院提供的帮助；

4. 入院自愿、退院自由。

第七条 本院成员有下列义务：

1. 遵守本院章程、执行决议；

2. 积极参加本院工作，认真完成本院交办的各项工作任务。

第四章 组织机构和负责人

第八条 本院的权力机构为本院成员大会。成员大会负责制定和修改章程，选举产生院长、副院长、秘书长和理事，审议理事会的工作报告和决定及其他重要事项。

第九条 理事会为成员大会的执行机构，在成员大会闭会期间，领导书画院开展日常工作，对成员大会负责。理事会由院长、副院长、秘书长、理事组成。理事会设院长 1 名，副院长若干名，秘书长1名，理事若干名。理事会议和院长会议可根据工作、活动需要适时召开。

第十条 本院设名誉院长、顾问若干名，副秘书长若干名，由院长提名，理事会聘任。

第十一条 理事会人选，由上一届理事会议和县政协主席会议协商提名，由成员大会选举产生，任期五年，可连选连任。

第五章 经 费

第十二条 经费来源

（一）社会各界捐赠、募集。

（二）本院实行有偿服务收入。

（三）县政协适当补助。

第六章 附 则

第十三条 本章程经本院第七届成员大会通过后施行。

第十四条 本章程的解释权属本院理事会。

第五章 平调研究

宁海县平调研究会成立于1995年5月，是县政协领导下从事戏曲艺术研究的社团组织，由热爱宁海平调的海内外人士和积极支持宁海平调的社会团体、经济组织为成员，其宗旨是加强宁海各界人士同港澳台同胞、海外侨胞的联系和合作，弘扬民族传统文化，促进全国地方剧种之一的宁海平调的保护和发展，为宁海的精神文明建设作贡献。平调研究会的办公地点在徐霞客大道38号。

第一届理事会组成：

名誉会长 毛翼虎 娄林忠 麻绍星 储功彭 朱水娣（女） 戴秀庭 金其康（台湾）

顾　　问 胡登跳

会　　长 黄正智

副 会 长 张位胜 袁哲飞 童子俊

秘 书 长 袁哲飞（兼）

副秘书长 任校章 徐建国 张建国

名誉理事 金明儒（台湾） 胡 飞（台湾） 陈系宏（香港） 林金辉 徐正益

理　　事　干富伟　王兴满　王万里　沈煜生　胡小豪　柳梅成　陈　涛　麻承照
　　　　　黄永清　张伯民　屠绍国　冯允千　叶世国　严再望　顾茂恩

研究会下设理论、剧目、音乐、表演、综合5个专业组。

1996年11月，决定增设常务理事会，由会长、副会长和常务理事组成。

常务理事　黄正智　张位胜　袁哲飞　童子俊　葛为义　任校章　徐建国　陈忠杰
　　　　　张建国

2016年4月，宁海县平调研究会在金海豪生大酒店召开会员代表大会暨第二届理事会换届会议，产生第二届理事会组成人员。

第二届理事会组成：

名誉会长　尤玲娟（女）　黄正智　金明儒（台湾）　王根荣（台湾）

会　　长　杨象轮

副 会 长　吕国平　娄新科　袁哲飞

秘 书 长　袁哲飞（兼）

副秘书长　周武军　任校章　陈珍莹（女）　潘海英（女）

理　　事　严再望　胡利民　夏永盛　唐洁妃（女）　屠绍国　薛巧萍（女）

研究活动

平调研究会本着理论研究和促进宁海平调的抢救、保护、发展、繁荣为宗旨，积极开展理论研究，大力弘扬优秀民族文化，有效保护宁海地方剧种，积极推动全县文化强县建设。2007年以来，分别由黄正智会长、袁哲飞副会长等人撰写理论文章在《今日宁海》《宁海史志》《宁海政协》等报纸刊物上发表。如黄正智写的《落实县委〈会议纪要〉，开发保护宁海平调》文章，提出要保护国家级非物质文化遗产——宁海平调，要做好三项工作，要充分认识宁海平调是国务院首批公布的国家级非物质文化遗产，必须不断地进行再教育、再认识，使宁海平调的开发保护工作成为各级各部门的领导和广大人民群众的自觉行动，齐心协力开发保护好宁海平调。宁海平调是我国具有独特艺术特色的地方剧种，具有浓厚乡土味的艺术精华，已经在国内外有一定的知名度，但必须清醒地认识到，仍然存在着濒危的可能，面临的深层次问题要引起高度重视。宁海平调的开发保护，不仅是保护“非遗”，而且是建设文明强县和文化强县的重要内容，要进一步加强领导，为宁海平调的开发保护提供有力保障；要在机制、扶助、规划、改革方面，切实有效地落实县委纪要中的措施。要切实抓好平调人才队伍的培养建设，要深化改革，促进平调剧团和越剧团联动发展。要改革分配制度，保护好宁海平调的“台柱”，培养新人，不断促进艺术人才组合的后继有人。副会长袁哲飞在《宁海政协》发表《宁海平调的抢救和传承》《努力推进平调艺术传承发展》

等文章，为振兴宁海平调、开拓新局面谱写新篇章做贡献。研究会的研究活动，助推了宁海平调的保护和传承。为了弘扬和发展宁海平调，平调研究会于2007年10月制作和出版了影像DVD资料片：《护花记——抢救宁海平调纪实》《平调研究会颁奖大会上演出融入平调“耍牙”的越剧〈见判〉》《金莲斩蛟》《难忘的回忆》及《艺无止境》（上、中、下集）。在2013年，平调研究会制作了录像片《宁海平调宁海行暨荣获中国文联“山花奖”颁奖仪式》。

建言献策

平调研究会保护、发展和繁荣宁海平调，积极向县委、县人大、县政府、县政协及有关部门建言献策，主动当好参谋。自2007年以来，先后以报告、建议信件、提案等形式提出建议意见20多件，为政府部门制订保护发展和繁荣宁海平调的政策提供了依据，不少意见建议得到了县委、县人大、县政府、县政协及有关部门的充分肯定、重视、支持和采纳，并把许多建议或批给有关单位和部门加以落实，或在有关文件、规定及工作部署中得以体现。如2011年的《关于保护宁海平调的再建议》，时任县委书记王剑侯作了批示，2012年的《关于宁海平调（越）剧团改革的构想》，时任县委书记卞吉安作了批示。研究会在抢救非物质文化遗产——宁海平调工作中，起到了党委和政府的参谋与助手作用。

文化交流

应台湾演出机构邀请，经文化部、国台办批准，2008年4月9日，宁海平调（越）剧团赴台湾文化交流演出，为期10天，会长黄正智，副会长袁哲飞随团访台。在台湾亚洲大学、明台高级中学、大甲幼儿园演出宁海平调，并在台北市宁波同乡会慰问演出。这次文化交流演出活动，在台湾引起了很大的反响，得到了台湾同胞的赞扬。演出期间，与旅台同胞进行了广泛接触，共叙友情，增进友谊，联络感情，促进团结联谊。为了感谢支持和关心宁海平调抢救工作的台湾友人，带去了由平调研究会精心设计、印有宁海平调“耍牙”剧照、由江西景德镇烧制的精美粉彩料边花篮瓶。2011年1月10日，县政协平调研究会会同县委宣传部、县文广新闻出版局举办了2011年新春平调演唱会，演出平调《鸳鸯带》选段、《百里诸侯坐大堂》、《赏带》、《狸猫换太子》选段、《三请樊梨花》、《唐诗四首》等11个曲目，得到广大观众好评。

编辑文集

为了全面、翔实地记述平调研究会在保护、抢救、传承、弘扬宁海县古老地方剧种宁海平调的工作历程，本着以证说史、以史为鉴、总结经验、再振平调的理念和原则，县政协办公室、县平调研究会组织力量，编撰《抢救宁海平调》一书，并于2015年4月，由中国文史出版社出版。中共宁海县委书记褚银良、县人民政府县长杨勇、县人大常委会主任戴霖军为该书题词，县政协主席尤玲娟为该书作序。全书记录了近20年时间，宁海平调研究会抢救、保护、传承古老的宁海地方戏、全国非物质文化遗产宁海平调的全过程。该书由宁海县平调研究会会长黄正智主编，副会长、秘书长袁哲飞，副秘书长任校章，理事屠绍国为副主编。《抢救宁海平调》一书出版后，向省市县档案馆、全县中小学图书馆、农村图书室和县直机关各单位赠阅图书，为宣传、保护、弘扬、传承宁海平调做出了贡献。

附：

浙江省宁海县平调研究会章程

（1997年修订）

第一章　总　　则

第一条　本会旨在加强宁海各界人士同港澳同胞、台湾同胞、海外侨胞、外籍华人的联系和合作，为继承和弘扬中华民族的传统文化，使我国传统的高雅的文化艺术得到不断的发展，特别是要大力促进我国地方剧种之一的宁海平调的发展，使它更好地为提高全民族的思想道德素质和繁荣经济服务，为建设富强、民主、文明的社会主义现代化的国家做出贡献。

第二条　本会是政协宁海县委员会领导下从事戏曲艺术研究的团体，由热爱祖国、热爱家乡、热爱宁海平调的海内外人士和积极支持宁海平调的社会团体、经济组织自愿参加而组成。

第三条　本会以海内外人士捐赠的资金建立基金，以基金的利息，用于奖励为研究和发展宁海平调戏曲艺术作出卓著成绩的团体或个人。

第四条　本会的主要任务：一、积极开展宁海平调的理论研究，为继承、发展宁海平调打好深厚的理论基础。二、继续挖掘整理和加工提高宁海平调的传统剧目、曲目，丰富宁海平调的艺术宝库，保持宁海平调艺术的生命力。三、积极扶助宁海平调剧目、曲目的演唱活动，丰富群众的文化生活。四、要不断创作优秀的平调剧目和曲目，努力提高宁海平调的艺术水平，使宁海平调走出宁海，开展对外的文化交流。五、做好文化搭桥、艺术牵线的工作，加强与港澳同胞、台湾同胞、海外侨胞、外籍华人的联系和合作，为繁荣民族文化和发展经济做出贡献。

第二章　会　　员

第五条　凡是热心支持宁海平调戏曲艺术，积极为本会捐赠资金者，均为本会的会员或名誉会员，其中在县境外的为名誉会员。

凡是热爱宁海平调戏曲艺术，在平调理论的研究，或在平调传统剧目、曲目的挖掘整理，或在促进平调戏曲艺术的振兴方面有一定成绩者，均可申请为本会的会员。

本会的会员入会自愿，退会自由，会员（不含名誉会员）在届满内，不参加本会的活动，不履行会员的义务，视为自动退会。

第六条　本会会员均可参加本会组织的一切活动，享受本会赠阅的书刊和其他资料。

第七条 本会会员，有维护本会利益和发展本会事业的义务，也有对本会各项工作提出意见、建议和批评的权利。

第三章 组织机构

第八条 本会的最高权力机构是理事会。理事会由会长、副会长、秘书长、常务理事和理事组成。理事会设会长一名、副会长若干名、秘书长一名、常务理事和理事若干名。理事会成员由本会的上届会长会议提名推荐，经会员选举产生，任期三年，连选连任。

第九条 本会设名誉会长、顾问和名誉理事，聘请对支持本会工作有卓著成绩的海内外人士担任。

第十条 本会的会员大会，不定期召开，由常务理事会决定并主持。理事会议，每半年召开一次，由会长会议决定并主持。常务理事会议，每季度召开一次，由会长会议决定并主持。会长会议，由会长或会长委托的副会长召开并主持。

本会的重要日常工作，由常务理事会负责处理。

第四章 财务、会计、审计

第十一条 本会基金，建立账户，按照国家规定的财务制度办理。

第十二条 本户基金，一般的费用开支，由会长审批。颁发奖金，其奖励对象和奖金金额，由会长会议提出建议，经常务理事会或理事会讨论决定。

第十三条 理事会成员在任职期间，一律不计报酬。

第十四条 本会基金，每年一次向会员作财务报告，接受审查和监督，必要时由理事会决定对财务进行审计。

第十五条 本会章程，修改时需经本会会员大会或理事会审议通过。

第十六条 本会会址，设在浙江省宁海县政协内。

第六章 服务社会

县八届政协以来，充分发挥联系面广、人才荟萃的优势，积极开展多种形式服务社会、服务公益，收到很好社会效益。发挥人才优势，开展下乡服务。2007 年 9 月 14 日，县政协医卫界和民进宁海支部组织部分专家医生，赴深甽镇大洋山村开展送医下乡活动。县政协副主席、县委统战部部长潘作飞参加了活动。专家医生们热情地听取群众的咨询，耐心细致给患者诊断病情，测量血压、做 B 超、开处方、免费送药。当天前来求医的群众络绎不绝，活动一直持续到了上午 11 点多。据统计，前来求医及健康咨询的大洋村村民共有 100 多人，发放药品数十种，药品金额达2000多元，送医下乡活动得到了当地群众的好评。2008年3月2日，县政协教文卫体和文史委组织部分医卫界政协委员和专家来到桥头胡街道慈云佛学院开展义诊活动。县妇幼保健院、县中医院抽调了9名主治医师以上的医生及1名专职护师组成医疗队，其中有内、外、五官、结石、妇产和中医等各专科，还携带了超声设备等。当天的活动共为100余名宗教界人士进行了义诊。县政协组织开展此次活动是利用人才优势，发挥医卫界政协委员作用的一次实践，同时也是对落实中共中央提出的促进宗教关系和谐发展的一个具体体现。2009年1月，县政协组织文体界政协委员到胡陈乡梅山村开展送文化下乡活动，政协书画家们为村民们送上一副副春联，受到村民的欢迎。2009年12月3日，县政协组织医卫界部分专家，有内科、外科、儿科、妇产科等，自带有关医疗器械，到茶院乡东腾村开展送医下乡活动，义务为当地村民治病。当天诊疗村民80余人，免费发放药品近2000元。2010年11月16日，县政协医卫界政协委员组织中医院、第一医院、城关医院有关医生，有内外科、妇儿科、心血管科的专家，带着有关医疗器械，来到胡陈乡梅山村为村民义务治病。先后为该村100多名患病村民开出处方，免费送药，政协送医下乡受到村民们的好评。2011年10月25日，县政协组织医卫界政协委员和县第一医院、中医医院。组成医疗小分队，到桃源街道浦西社区为群众义务治病。先后为当地群众义务治病100余人次，免费发放药品1000多元，受到当地群众好评。2012年10月22日，县政协组织医卫界部分专家医生，到黄坛镇弘杨村开展送医下乡活动。当天为村民义诊100多人，免费发放价值7000元的常用药品，义诊活动受到村民的热烈欢迎。2013年9月29日，作为庆祝县政协成立30周年系列活动之一的委员送服务下乡活动在桑洲镇文化中心举行。县政协组织经科委、教文卫体委、社法委的数十位具有法律、科技、金融、卫生等方面专业技能的委员参与此次活动，开展为当地群众送医、送科技、送法律、送文化的服务活动。活动中治病诊疗450余人次，免费送出药品价值1.5万余元，前来咨询法律、金融问题的群众达700余人次，委员下乡服务受到了当地群众的欢迎与好评。县政协主席尤玲娟、副主席杨象轮参加了此次活动。同时，尤玲娟主席一行还前往桑洲镇六合村外山周自然村、外岗村、下洋周村等地看望慰问了6名困难群众，向他们每人送上1000元慰问金。2014年7月，县政协组织有专业特长的委员赴黄坛镇双峰片，参加宁海同心假日学校的志愿者服务活动，义务担任教学任务，取得了较好教学效果，切实发挥了爱心接力棒作用，受到社会广泛好评。2015年10月11日，县政协教文卫体和文史资料委员会组织部分医卫界专家，会同深甽镇政协工委、县农业银行相关负责人一起，到深甽镇望海岗村，冒着大雨送医服务。为开展好这次送医下乡活动，来自县第一医院、县中医院、县城关医院、县妇幼保健医院和县疾控中心的10名县政协医卫界专家组成医疗队，在望海岗村民家中坐堂会诊，开设内科、外科、妇科、B超等专家门诊为前来门诊治病的村民提供热情的服务，宣传卫生常识，细致地询问病情，仔细地检查，提供优质服务。同时，县政协还为他们送去了30床羽绒被及其他生活用品。其间，县政协主席尤玲娟组织政协委员医卫界专家为岔路镇梅花村开展“送医送光明”活动，受到当地群众欢迎。2017年10月26日，县政协组织界别委员、专业技术人员会同有关单位到强蛟镇，开展以“学习贯彻中共十九大共创美好新生活”为主题的“送文化、卫生、科技、教育、法律、体育”惠民服务活动。县政协主席尤玲娟，副主席邬汝跃、尤永成、杨象轮、童青燕，秘书长蒋善琪参加活动。活动现场，7位来自内科、中医科等不同科室的医疗专家为群众送去了义诊服务；各界别政协委员积极发挥自身职能优势，送去了15项具体服务，受到了群众的热烈欢迎。县政协主席尤玲娟深入活动现场，看望了参与“六送”的政协委员和技术人员，还慰问了当地的困难户。发挥智力优势，开展精准服务。每年县政协都组织各界别的委员专家，进企业、进基层、去农村，开展有效服务。2007年下半年，组织委员走访企业，进行技术咨询服务、举办经济法规宣讲培训。2008年5月，教育界政协委员和民进宁海支部成员到力洋中学开展送教活动。2009年组织农林界专家去农村传授农产品种植新技术、提供农技资料，开展养殖、种植业技术咨询。2010年9月，农林界政协委员组织有关专家到长街镇进行科技服务。2011年6月，政协新闻社科界组织法律专家进社区，工商联界组织文艺人员进企业，受到社会好评。2012年11月组织科技界委员进企业进行科普宣传。2013年6月组织金融、法律专业方面的委员到深甽为群众送服务。2014年12月，组织书画院书画家上街为群众送春联。2015年，县政协组织20多名专家到长街隔洋塘村，上门为农户送科技服务。隔洋塘村是宁海县唯一的海岛村，农技专家到村后为村民的橘园管理、橘树生长传知识、讲管理、开药方，免费提供600株新品种柑橘苗进行试种，受到了当地群众的欢迎。同年，县政协开展“送科技、文化、卫生、法律”进社区活动，为东海社区居民开展科技、法律咨询，并免费送出4000余元药物。2016年11月，县政协和市政协联动开展“三下乡”惠民服务活动，分赴西店卫生院、西店中学、香岩小学、香石村等地开展活动。在西店卫生院，政协委员专家分室坐诊，耐心倾听病人讲述自己病情，为他们细心认真地会诊，免费为病人开具处方。在香岩小学，委员们与学生亲切对话，对学生展示的作品进行讲评和鼓励。在香石村为村民宣传科普知识，进行法律咨询、农业生产知识讲解，委员们还带领红十字会人员走访慰问了该镇3户困难家庭并送去棉被、布胶鞋等生活用品，宁海平调越剧团还为该镇送上了平调《金莲斩蛟》和越剧《五女拜寿》等表演。在这次惠民服务活动中赠送了1套公园健身器材、2副篮球架、60套中小学教材、1万元常用药品、5.5万元慰问物资。发挥政协自身优势，组织广大政协委员开展社会公益活动。八届政协期间，组织委员累计捐款5000余万元做公益事业。九届政协期间，发动委员捐款捐物、结对帮扶、结对助学、防台救灾的款项达8000余万元。十届政协着力开展结对扶贫、助学等活动。同时，县政协还建立了慈善爱心基金，开展扶贫帮困，服务社会。2013年创立的县政协慈善爱心基金是县政协委员为集中开展扶危济困活动，为委员奉献爱心搭建的慈善平台，委员捐款总额达230余万元。县政协慈善爱心基金面向社会，始终致力于各项救灾、扶贫帮困、结对助学、新农村建设、“五水共治”等社会公益事业，受益人数已达300多人。广大政协委员对慈善爱心基金募捐活动积极响应、大力支持、踊跃捐资，彰显委员情系群众、宽仁博爱的胸怀，展示了政协委员济人于困苦、助人于危难的品德风范，传递了政协委员的正能量。

第七篇　文史资料

政协文史资料工作是人民政协工作的重要组成部分，是统一战线工作的重要内容，也是一项重要的文化建设事业，发挥出重要的存史、资政、团结、育人的作用。收集、整理出版文史资料，要以“三亲”（亲历、亲见、亲闻）回忆为主，把留在人们手中、藏在人们心里的史料，变成可看、可读、可赏的精神物质，以史作文、以文载史、文史并茂，奉献给社会，为社会主义精神文明建设做出贡献。县八届政协以来，共征集文史资料120余篇，编辑刊印和出版宁海文史资料9本，计150余万字，这些史料既丰富了本地的文史资料库，弥补档案文献之不足，又拓展了政协与社会各界和海外人士的交流与联系，展现出人民政协独特的魅力。

第一章　史料征集

2007年，县政协教文卫体和文史资料委员会为加强对已出版的宁海文史资料《童保喧日记》的阅读理解，收集整理了如何正确评价童保喧的资料。整理了三门湾开发的史料。2008年，收集、整理了童保喧120周年诞辰的各界人士的纪念文章。2009年，创办了《宁海政协》季刊，期刊中开设了“文史天地”栏目，征集了国家非物质文化遗产——宁海平调的抢救、保护、利用、发展的有关资料、文章和意大利索租三门湾遭拒等史料。2010年，县政协教文卫体和文史资料委员会征集4位政协委员有关资料，推荐入选宁波市政协《勇立潮头》专辑。为庆祝辛亥革命100周年，开展了有关史料征集。《宁海政协》“文史天地”栏目征集了《宁海古县城到底在哪儿》和《方孝孺女儿殉节在宁海淮河》等有关史料，及亭旁农民起义领导人的有关资料。同年，中国楹联学会发起编辑《中国对联集成》，县政协教文卫体和文史资料委员会决定编辑出版《宁海楹联集成》，确定宁海范围内的人、地、事、物的各类对联作品，均为入编对象。宁海县人文积淀深厚，对联遗存蔚为可观。楹联大多保存在古今建筑物内，成为该建筑物的附件，诸如亭台楼阁、祠堂庙宇、石碑古墓等名胜古迹，加上一些地名联、名人挽联等。在遗存的民间手抄本、宗谱等里，也有许多楹联，诸如喜庆哀挽、婚丧嫁娶、逢年过节、盛会典礼、进屋乔迁等民间习俗，少不了楹联点缀，其内容是多方面的，收集、整理宁海历史楹联，所涉领域有地方使节、历史文献、姓氏族谱、印刷联书、古今报刊、名胜古迹、字画碑刻、手抄笔记、民间传说以及图书馆等，所涉内容有胜景、亭台、馆阁、桥梁、厂矿、农耕、商店、寺观、庙宇、祠堂、故居、陵墓、戏台、春联、婚庆、寿庆、格言、赠贺、哀挽、巧谐等，对所收集整理作品，予以分类编排。编纂一部涵盖宁海古今的对联集成，是弘扬国粹，挽救、保护非物质文化遗产，发展楹联文化，促进楹联创作繁荣的需要，是建设文化强县的需要。2011年，在辛亥革命百年庆典到来之前，县政协教文卫体和文史资料委员会研究、征集当年辛亥革命时期宁海优秀儿女的史料，他们或追随革命先行者孙中山、黄兴，或独树一帜，以拯救民族为己任，敢为天下先，为推翻腐朽的清朝做出了贡献。他们中有些人在光复炮火中奋勇杀敌献出了年轻的生命，还有的人为保卫辛亥革命的果实而壮烈牺牲。他们高举孙中山民主革命旗帜，为民族独立、振兴中华献出了毕生精力甚至宝贵生命。其中，有与秋瑾、徐锡麟、陶成章共同战斗的光复会的老会员叶颂清，起义军临时总司令、浙江临时都督童保暄，还有薛炯、叶颂贤、章镜波、葛振、尤芬等。他们在当时表现出来的救国救民和敢于奋斗、勇于牺牲的精神继续激励着后人，他们的历史功绩永垂史册。宁海人在辛亥革命时期、在中国民主革命史上放射着夺目的光彩，为革命传统教育、爱国主义教育提供了丰富的历史素材。2012 年，县政协教文卫体和文史资料委员会和政协之友社跃龙诗社，为创建宁海文化强县，宣传宁海，编辑《宁海当代诗词选》，挖掘资源，寻找线索，征集史料，收集乡人贤达的诗词作品 134 人、3479 首，这些作品既有可读性，又有史料珍藏性，是一笔宝贵的文化财富。2014 年，县政协教文卫体和文史资料委员会研究、征集方孝孺的有关史料。宁海中学退休教师谢时强，积多年之功，从方孝孺六七十万字的诗文中，追寻他的行迹动态，倾听他的内心独白。随时抄录诗文语段，加以注释，加以解说，形成方孝孺的年谱，以先生自述的形式，按年编排，编成方孝孺自述编年一书。跃龙诗社为传承优秀传统文化，弘扬时代精神，广大诗友用诗人的无限深情，为家乡这块热土，为乡贤的赤血丹心而讴歌。诗社从其社员大量讴歌家乡灵山秀水、历史人文的古体诗作品中，撷取 77 位诗友近年来的 300 余篇诗词作品集结成册，有助广大群众更加了解家乡、更加享受家乡，从而进一步激发起热爱家乡、建设家乡的热情。2015 年，在中国人民纪念抗日战争暨世界反法西斯战争胜利 70 周年之时，县政协教文卫体和文史资料委员会开展宁海抗日史料的收集和整理工作，对于揭露日本帝国主义侵华罪行，教育人民勿忘国耻，振奋民族精神，是非常重要的。编印的《宁海抗日史汇》全面反映宁海遭受日本侵略的苦难史和奋起反抗的斗争史，同时也是一部进行爱国主义教育和革命传统教育的生动教材。2016 年，跃龙诗社参考、借鉴传统诗词选本的宗旨和经验，在当代宁海数以万计的诗词中，精选其佳作，采撷菁华，并加以点评，编印了《宁海当代诗词精选》。

第二章　编辑出版

县八届政协以来，重视对所征集的文史资料，编辑专集出版，奉献社会。

2007 年，编辑出版《如何认识和评价童保暄》（文史资料第七辑）。童保暄是辛亥革命时期浙江的重要人物，在2006年经整理出版了《童保暄日记》后，因为日记不同于回忆录，为了全面正确地阅读日记，理解日记内容，对童保暄有一个完整的评价，由应大松编辑出版。

2010年，参加市政协《勇立潮头》专辑编辑，征集4位县政协委员资料入选。

2011年，编辑出版《中国对联集成·宁海卷》。全书共分情理编、景观编、节令编、行业编、庆吊编、居宝编、宗教编、其他编和楹联作者简介。共收集古今对联3000余副，不乏方孝孺、潘天寿等大家遗作，有很高的艺术价值。基本上囊括宁海楹联的精品，既反映了宁海地方特色，又保存了宁海珍贵的古典文化遗产，填补了宁海文化发展史上的一个空白。《中国对联集成·宁海卷》由应可军主编，全书22万字，由宁波出版社出版发行。

同年，搜集整理、出版《辛亥革命时期宁海人》，该书比较全面系统地介绍了50多位宁海籍烈士在辛亥革命时期所做出的杰出贡献，该书资料翔实、记述真切、观点鲜明、评价清晰，具有较高的历史价值，基本反映了宁海籍辛亥革命烈士的群像。他们在当时所表现出来的救国救民和敢于奋斗、勇于献身精神，将继续鼓励世人。该书由应可军主编，宁波出版社出版，全书16万字。

2012年，收集、整理宁海籍诗人的诗词作品，编辑出版《宁海当代诗词选》（上、下）册，由中国文联出版社出版，展示了宁海县自新中国成立以来的诗词风貌，为宣传宁海、打造宁海，创建文化强县，增添了一曲清新的乐章。

2014年，编注出版《方孝孺自述编年》一书，该书是从方孝孺1200篇（首）、六七十万字的诗文中，抄录诗文语段、加以注释、解说，编成方孝孺自述性的年谱，这对我们更好地阅读方孝孺、了解方孝孺、理解方孝孺、继承方孝孺精神，提供了一个有价值的文本。该书由谢时强编注，全书分8卷，共35万字，由中国文史出版社出版。

同年，跃龙诗社编辑出版了《诗咏宁海二百首》。该书收集了77位诗友的300余篇诗词作品而成，体裁以五言绝律、七言绝律、词、曲先后排列。全书计13.7万字，由中国电影出版社出版发行。

2015年，在县政协平调研究会成立20周年之际，为了全面、翔实地记述研究会工作历程，本着“以证说史、以史为鉴、总结经验、再振平调”的理念和原则，编撰出版了《抢救宁海平调——宁海平调研究会抢救宁海平调纪实》一书，全书共五章，由题词、卷首彩照、序言、概述、大事记和宁海平调——文艺百花园中的奇葩，平调研究会的成立，平调研究会的实验剧团，扶持专业文艺团体——宁海平调（越）剧团，宁海平调论文选及附录等组成，计40万字，由黄正智主编，中国文史出版社出版。

同年，编辑出版《宁海抗日史汇》，分上、下两册，全书共65篇，计20万字。该书全面收集了抗战时期宁海境内遭受的损失，人员伤亡情况及宁海人民抗战的英雄事迹。为进一步研究宁海的抗日历史，提供翔实的史料，也可让更多的民众深入了解宁海的抗日历史，有着十分重要的历史意义和现实意义。该书由张立平主编。

2016年，编辑出版《宁海当代诗词精选》。由政协之友社跃龙诗社精选录用了本地当代122位诗人共309首（阕）诗词，并加评点。该书是诗词爱好者的贵品，也是为宁海县创建“中华诗词之乡”的一份特殊礼物。全书计9万字，由杭州出版社出版。

县政协文史资料出版情况表

表7-1

编序	出版时间	书　名	字数（万字）	备注
1	2007年	如何认识和评价童保喧	4	—
2	2011年	宁海楹联集成	22	宁波出版社出版
3	2011年	辛亥革命时期宁海人	16	宁波出版社出版
4	2012年	宁海当代诗词选（上下）	40	中国文联出版社出版
5	2014年	方孝孺自述编年	35	中国文史出版社出版
6	2014年	诗咏宁海三百首	13.7	中国电影出版社出版
7	2015年	抢救宁海平调	40	中国文史出版社出版
8	2015年	宁海抗日史汇（上下）	20	—
9	2016年	宁海当代诗词精选	9	杭州出版社出版

《宁海政协》“文史天地”栏目

宁海平调抢救与传承（2009年）——袁哲飞

意大利索租三门湾遭拒（2009年）——竺桂良

关于亭旁暴动的几点考证（2010年）——李　黎

前童小学是台属游击队伍的发祥地（2010年）——童道金等

沧桑长街（2010年）——方　牧

宁海的茶（2010年）——王兴满

宁海古县城到底在哪儿（2010年）——陈有西

方孝孺女儿殉节在宁海淮河（2010年）——薛家栓

宁海的水（2010年）——王兴满

东区剿匪散记（2010年）——黄　稀

为国建功昭日水　青史不该湮其名（2010年）——楼明月

辛亥革命的宁海英杰（2011年）——薛家栓

辛亥革命宁海籍军官薛炯（2011年）——薛家栓

辛亥革命志士叶颂清（2011年）——叶　柱

辛亥革命老人徐定涛、程关英夫妇事略（2011年）——应可军

宁海的辛亥革命志士（2011年）——应可军

读《晋祠周柏图》谈陈树人与孙中山（2011 年）——王艾村
乱世中的中流砥柱——童保喧不平凡的一生（2012 年）——应大松
明代第一大臣——方孝孺（2013 年）——应大松
胡三省与“三”的情缘（2013 年）——胡克均
剿灭顽匪任小青（2014 年）——严　伟
惯匪洪乃良伏法（2014 年）——严　伟
光绪《宁海县志》析疑（2014 年）——谢时强
王锡桐和王锡彤（2014 年）——薛家栓
蒋如琮：游走在历史刀锋上的活动家（2014 年）——岁月风云
铁肩担道义　叶沛婴诞生 110 周年纪念（2014 年）——叶　柱
茶山剿海匪（2015 年）——严　伟
古代倭寇入侵宁海的史实（2015 年）——应大松
宁海抗日大事记（2015 年）——张立平
岵岫岭伏击战（2016 年）——严　伟
浙江省宁海中学初建纪实（2016 年）——谢时强
方孝孺灭十族考证（2016 年）——石　墨
潘天寿三题（2016 年）——谢时强
抗日功臣叶溙诞生百周年纪念（2017 年）——叶　柱
为国捐躯　浩气长存（2017 年）——严　伟

第八篇　政协委员

宁海县各届政协委员由各党派、团体、各界人士协商提名，经上一届主席会议审议同意后，由政协常委会协商决定。每届任期，八届以后为5年。主席、副主席、秘书长和常务委员会成员，由全体会议选举产生。主席、副主席、秘书长载入简介。另记有在宁海的浙江省和宁波市政协委员名录。

第一章　主席会议成员简介

政协主席会议由主席、副主席、秘书长组成。宁海县第八、九、十届共有主席2名，副主席12名，秘书长5名。现分职务按任职先后作简单介绍。

政协主席简介：

杨加和　县政协第八届委员会主席（任期：2007年2月至2011年1月），男，汉族，1950年11月出生，浙江省宁海县人，高中文化程度，中国共产党党员。

1972年1月参加工作，历任县党建工作队队员、山头公社党委委员、副书记、副主任，胡陈港工程指挥部党委委员，县农专队队长，中共宁海县委常委，县化肥厂工程指挥部总指挥、党委书记，县委常委、城关镇党委书记，县委委员、县委农工部部长，县纪委副书记，县政协党组成员、副主席兼秘书长，县人大常委会副主任、党组成员兼县双盘涂围垦工程指挥部总指挥、党组书记，县人大常委会副主任、党组副书记，县政协党组副书记、党组书记。

尤玲娟　县政协第九、十届委员会主席（任期：2012年2月至今），第八届委员会副主席（任期：2011年1月至2012年2月主持政协工作）。女，汉族，1961年8月出生，浙江省宁海县人，大学文化程度，中国共产党党员。

1982年6月参加工作，历任宁海县峡山公社（乡）妇联副主任、主任，宁海县峡山乡副乡长兼妇联主任，县委党校首届干部中专班学员，宁海县桥头胡镇党委委员、妇联主任，宁海县大佳何乡党委委员，宁波大学成人教育学院外贸经济专业大专班学员，宁海县西店镇副镇长，宁海县西店镇党委副书记、副镇长，宁海县黄坛镇党委副书记、镇长，宁海县黄坛镇党委书记兼镇人大主席，宁海县副县长，县政协副主席、党组副书记，政协主席、党组书记。

政协副主席简介：

项松春　县政协第八届委员会副主席（任期：2007年2月至2012年1月，驻会），男，汉族，1952年10月出生，浙江省宁海县人，高中文化程度，中国共产党党员。

1970年11月参加工作。历任战士、班长、排长、副连长、连长，宁海县人武部参谋、科长，宁海县人武部军事科科长（正科级），宁海县人武部副部长、部长，宁海县县长助理（副县级），县政协党组副书记。

赵秀萍 县政协第八届委员会副主席（任期：2007年2月至2012年1月，驻会），女，汉族，1963年1月出生，浙江省宁海县人，大学文化程度，中国民主促进会会员。

1981年12月参加工作。历任宁海财税局工作人员，杭州财政职工中等专业职业学校学员，县财税局干部、国有资产管理（企财）股副股长、企财科科长，县妇联副主席，1996年3月任县五届政协常委，1998年2月和2003年2月分别当选为县六届、七届政协副主席，县审计局副局长，民进宁海支部主委。高级会计师。

潘作飞 县政协第八、九届委员会副主席（任期：2004年2月至2016年3月，九届驻会），男，汉族，1956年3月出生，浙江省宁海县人，大专文化程度，中国共产党党员。

1979年6月参加工作。历任宁海县社队企业管理局统计员、经管股股长，宁波市委党校党政干部培训班学员，县农调队队长，县统计局副局长、农调队队长，县委办公室秘书、调研科科长（副局级），县委政策研究室副主任、主任兼县委办公室副主任，县委组织部副部长，县委统战部部长，县政协党组成员。

张水仙 县政协第八、九届委员会副主席（任期：2007年2月至2017年2月，八届驻会），女，1957年9月出生，福建省蒲田县人，大学文化程度，中国共产党党员。

1974年5月参加工作。历任毛屿公社毛屿大队党支部副书记，宁海针织厂工人、团支部书记、车间主任、技术科科长，厂党支部副书记、厂党支部书记，浙江电视大学学员，宁海县二轻工业总公司干部、企管科副科长、副经理、党委委员，经理、党委书记，县经委主任、党委书记，县经贸局局长、党委书记兼粮食局局长，县政协党组成员、机关党组书记，县政协办公室主任，县委统战部部长。

杨象轮 县政协第八、九、十届委员会副主席（任期：2007年2月至2019年5月，驻会），男，汉族，1959年4月出生，大学文化程度，中国共产党党员。

1978年4月参加工作。历任回浦乡上桥中学教师，黄坛乡政府干部、副乡长，西溪乡党委书记，黄坛乡党委书记，黄坛区农办主任，县农经委生产综合科科长，黄坛水库除险加固扩建工程指挥部党委委员、办公室主任，县计生委副主任、党组成员，县劳动局副局长、党组副书记兼社保局局长，县土地局局长、党组书记，城关镇党委副书记、镇长，县政府党组成员（正处级），县蛇蟠涂围垦工程建设工作领导小组副组长兼办公室主任，县蛇蟠涂围垦工程指挥部总指挥、党委书记，县政协党组成员，县蛇蟠涂、县下洋涂围垦工程指挥部总指挥，县蛇蟠涂下洋涂围垦工程指挥部党委书记，宁海抽水蓄能电站建设政策处理指挥部总指挥。

王鸿飞 县政协第九届委员会副主席（任期：2012年2月至2017年2月），男，汉族，

1970年4月出生，浙江省宁海县人，研究生文化程度，中国民主建国会会员。

1990年8月参加工作，历任宁海县渔政站干部（1993年8月—1994年7月经批准停薪留职一年；1994年9月—1995年6月苏州农校学习日语；1995年6月—1996年1月受农业部派遣赴日本福冈县水产海洋中心水产进修），宁海县水产局技术推广站副站长，宁海县外经贸局副局长（2001年5月—2002年4月挂职任宁波市工商局外资处、商广处处长助理），宁海县外经贸局副局长、县招商局副局长，县旅游局局长，宁海县风景旅游管理局局长。民建宁海支部主委。

邬汝跃　县政协第九、十届委员会副主席（任期：2011年12月至今，驻会），男，汉族，1966年7月出生，浙江省宁海县人，大学文化程度，中国共产党党员。

1987年8月参加工作，历任宁海县农调队干部，宁海县政府办公室干部、经济科副科长，宁海县委办公室干部、副主任科员、机要秘书、副主任，宁海报社总编兼任党组书记，宁海县西店镇党委书记兼镇人大主席，宁海县政府办公室主任、党组书记，宁海县副县长、县政府党组成员，县政协党组成员、副书记。

潘红月　县政协第九届委员会副主席（任期：2016年1月至2017年2月，驻会），女，1968年5月出生，汉族，浙江省宁海县人，大学文化程度，中国共产党党员。

1984年12月参加工作，历任宁海县茶院乡党委副书记、纪委书记，大佳何镇党委副书记、镇长、党委书记、人大主席，黄坛镇党委书记，县委党校党委书记、副校长、县行政学院副院长（兼），县纪委副书记，宁波市纪委案管室（申复室）主任（副局长级），县政协党组成员。

尤永成　县政协第十届委员会副主席（任期：2017年2月至今，驻会），男，1966年1月出生，汉族，浙江省宁海县人，大学文化程度，中国民主同盟盟员。

1986年8月参加工作，历任宁波市建筑设计院干部；宁海县二建公司工程师室副主任、主任，副经理；宁海县城乡建委规划科副科长、科长；宁海县旧城改造办公室建设科科长、副主任；梅林镇副镇长，县规划局局长（副科级）、局长（正科级），宁海县副县长，上海黄浦区半淞园路街道办事处副主任（挂职），宁海县副县长。民盟宁海总支主委。

华祥平　县政协第十届委员会副主席（任期：2017年2月，驻会），男，1965年6月出生，汉族，浙江省宁海县人，大学文化程度，中国共产党党员。

1982年9月参加工作，历任宁海县财政局干部，城关镇党委委员、副镇长，桃源街道办事处副主任，县政府办公室党组成员、副主任，县外经贸局局长、党组书记，县招商局局长，县侨联副主席（兼），县交通（运输）局局长、党委书记，县委办公室主任，县政协党组成员。

何建春　县政协第十届委员会副主席（任期：2017年2月至今，驻会），男，1974年3月出生，汉族，浙江省宁海县人，研究生文化程度，无党派人士。

1995年8月参加工作，历任宁海县招商中心副主任、招商局副局长，县外经贸局副局长，西店镇副镇长，县监察局副局长，宁海县科技局局长。

童青燕 县政协第十届委员会副主席（任期：2017年2月至今，驻会），女，1966年2月出生，汉族，浙江省宁海县人，大学文化程度，无党派人士。

1988年8月参加工作，历任宁海县规划局干部、科长、副局长，县人大常委会城建环保工委主任。

政协秘书长简介

朱行开 县政协第八届委员会秘书长（任期：2007年2月至2008年1月），男，汉族，1959年5月出生，浙江省宁海县人，大专文化程度，中国共产党党员。

1976年8月参加工作。历任力洋田交朱学校、五七学校教师，宁波师范专科学校余姚教学点学员，胡陈中学教师，县人大办公室干部、科长（副处级），县人大教科文卫工作委员会副主任，县农机总站副站长、党组成员，强蛟镇党委副书记、镇长、党委书记兼镇人大主席，县委办公室副主任、党史研究室主任，县委党校副校长、党委书记兼县行政学院副院长，县政协党组成员、县政协办公室主任、政协机关党组书记。

石道伟 县政协第八届委员会秘书长（任期：2008年2月至6月），县政协第九届委员会秘书长（2016年1月至12月），男，1965年6月出生，汉族，浙江省宁海县人，大学文化程度，中国共产党党员。

1983年11月参加工作，历任西店镇党委委员、人武部部长，党委副书记、副镇长，桑洲镇党委副书记、镇长，党委书记、人大主席，西店镇党委书记，县政协秘书长、党组成员，办公室主任、机关党组书记，宁海经济开发区管委会主任、党工委书记，宁海经济开发区科技园区管委会主任、党工委书记，县国土资源局局长、党委副书记，县国土资源局局长、党委书记，县政协党组成员、办公室主任、机关党组书记。

骆再松 县政协第八届委员会、第九届委员会秘书长（任期：2009年2月至2013年7月），男，1958年4月出生，汉族，浙江省宁海县人，大专文化程度，中国共产党党员。

1975年3月参加工作，历任宁海县薛岙学校教师，慈溪师范学校学员，横山中学教师，温州师范专科学校学员，峡山中学副校长，桥头胡中学副教导，县委组织部干部、科长，茶院乡党委副书记、乡长，县人大常委会办公室副主任，县政府办公室副主任、党组副书记，县水利局党委书记、局长，县政协机关党组书记、办公室主任。

顾海飞 县政协第九届委员会秘书长（任期：2014年2月至2016年1月），男，1968年3月出生，汉族，浙江省宁海县人，大学文化程度，中国共产党党员。

1990年8月参加工作，历任宁海县西店镇党委委员、副镇长，前童镇党委副书记、镇长、党委书记、人大主席，桥头胡街道党工委书记，跃龙街道党工委书记，县政协党组成员、办公室主任、机关党组书记。

蒋善琪 县政协第十届委员会秘书长（任期：2017年2月至），男，1962年9月出生，汉族，浙江省宁海县人，大学文化程度，中国共产党党员。

1985年1月参加工作，历任宁海县前童镇党委委员，一市镇党委副书记，强蛟镇党委副书记、镇长，县临港开发区管委会副主任、党工委副书记（兼），桥头胡街道党工委书记、人大工委主任，县公共建设管理中心主任、党组书记，县发展和改革局副局长（兼），县教育局局长、党委书记，县政协党组成员、办公室主任、机关党组书记。

第二章　委员名录

宁海县政协从2007年2月至2017年12月，共历3届。

县政协第八届委员会（2007年2月至2012年2月）

主　　席：杨加和

副 主 席：项松春　赵秀萍（女）　潘作飞　张水仙（女）　杨象轮

秘 书 长：朱行开

常务委员：

王　坚　王必月　王伟平　王贤飞　王昌良　王秋芬（女）　王爱明　王鸿飞　王维明　叶玉葵（女）　叶亚珍（女）　叶信礼　田永敏　冯建伟　任治江　邬岳伟　刘尚才　杨定为　何建春　何晓道　汪超英　张　琼　张亚明　陈　平　陈昌凯　陈维贵　胡金学　赵宏仁　顾初青　夏慧辉　徐和开　郭瑞沅　屠伟勤　韩向民（女）　葛文耀　释有圆　游坚波　戴　正

2008年1月22日，县政协八届四次常委会议同意朱行开辞去县八届政协秘书长职务，同意陈昌凯辞去县八届政协常务委员职务。2008年2月19日，县政协八届二次全体会议补选石道伟为县政协秘书长，增选王建平为县八届政协常委。2008年6月5日，县政协八届六次常委会议同意石道伟辞去县政协秘书长职务，同意葛文跃辞去县八届政协常委职务。2009年2月10日，县八届政协三次全体会议补选骆再松为县政协秘书长。2009年10月15日，县八届政协十二次常委会议同意王建平、王秋芬（女）辞去县八届政协常委职务。2010年4月20日，县政协八届十五次常委会议同意张琼辞去县八届政协常委职务。2011年1月12日，县八届政协二十次常委会议同意杨加和辞去县八届政协主席职务。县八届政协五次全体会议补选尤玲娟（女）为县八届政协副主席，主持县政协工作。

委　员

中共界：

王昌良　朱行开　任治江　邬雷科　齐荣清　杨加和　杨象轮　张水仙（女）

张亚明　陈　平　项松春　娄培宗　徐和开　潘作飞　潘微琼（女）

无党派人士界：

何建春　陈德仁　钱晓茗（女）　潘再萍（女）

共青团界：

何建阳　张　琼　张微燕（女）　金立泰　周相辉　俞晶晶（女）　蒋万春　蒋迎峰

童　挺

工会界：

王秀元　吕聪丽（女）　汪超英　张　燕（女）　金志军　俞昌斌　葛晓娜（女）

蒋新连　谢敏慧（女）

妇联界：

王　敏（女）　王秋芬（女）　叶再芳（女）　毕茶芽（女）　陈敏莲（女）

胡敏春（女）　赵学群（女）　柴贞素（女）　童颖华（女）

工商联界：

王必月　叶青华　田永敏　邬国贤　邬善林　祁建军　杨浩毅　吴连江　宋根勇

张福云　林海峰　胡仁奎　胡本和　胡金学　胡振飞　徐永棠

科协界：

王伟平　叶伟建　冯永伟　刘聪华（女）　金唯军　郑志华　韩向民（女）

侨联界：

万　中　王亚萍（女）　王再亚（女）　刘继英（女）　杨文红（女）　严福康

陈昌凯　郭寅康　郭瑞远

文艺体育界：

孔立军　刘尚才　严再望　吴和莉（女）　何晓道　应伟建　陈林干　周仁平

胡利民　祝多康　徐培良　唐洁妃（女）　黄才良

科技界：

王维明　华宣兴　杨家兴　张　蓉（女）　陈序康　罗志岳　项大川　胡世军

顾初青　柴春燕（女）　徐伟忠　章兆林　葛文耀

新闻社科界：

王元法　王宁芳（女）　朱汉林　朱作德　李云燕（女）　吴伟宏　张　忌

赵秀萍（女）　夏慧辉　章建斌　蔡玲华（女）　潘家萍

经济界：

王兴利　尤礼忠　尤明杰　尤理谦　石　柔　叶信礼　叶建华　邬岳伟　李时捷
严荐强　吴玉娟（女）　吴生贵　陈远斌　林志强　金宗宝　周　益　胡功宝
胡余标　娄绍泰　娄建明　袁小微（女）　郭海行　屠伟勤　葛海明　葛珊鸿
游坚波

农林界：

王贤飞　王爱明　尤宏伟　冯建伟　李小平　李忠湖　刘林法　陈月芳（女）
陈坚定　陈国盛　陈珍莹（女）　林德跃　夏国铨　戴里平　魏章焕

教育界：

王洁民　叶亚珍（女）　吕国平　安宗光　陈益强　陈焕灿　赵宏仁　徐　勤
葛泽梁　谢敏文（女）　潘永成

医卫界：

王　平　王向慰　王声旺　杨定为　陈冠培　邵　明　胡　军　胡慧滨（女）
钱荣江　戴　正

社会保障与福利界：

叶玉葵（女）　邬金宝　江忠燕（女）　应才广　陈振根　赵志能

宗教少数民族界：

陈维贵　郑英明　胡周霞（女）　傅大吉　释了藏（女）　释有圆　释守平　潘祖清

特邀界：

丁建标　万吉良　王　坚　王万兴　王华芬（女）　王姝允（女）　王贵月（女）
王鸿飞　王福宪　方亚青（女）　孔松彪　石道训　叶显斌　邬伟国　李　捷
吴能达　陈双寅　陈尔彬　陈乾章　陈焕龙　林彩云（女）　周方伟　胡其坤
葛重怀　葛福进　傅红光　傅延功　童东凯　潘剑伟

委员人选增补调整：

2007年6月5日，县政协八届二次常委会议决定增补潘松源为县八届政协委员。2007年10月10日，县政协八届三次常委会议决定增补杨建国、何建强、林祥明、金玲丽（女）、胡建恩、胡爱莲（女）、柴银荣、徐群飞、黄照峰、蒋明阳为县八届政协委员。2008年1月22日，县政协八届四次常委会议决定增补石道伟、王建平、童青燕（女）、柴小卡（女）、吴黎华、卢尚嘉、胡珊红（女）、邬仁宽为县八届政协委员。2009年1月14日，县政协八届八次常委会议决定增补骆再松、俞彩珍（女）、高同裕、夏建方、薛巧萍（女）为县八届政协委员。2009年6月23日，县政协八届十一次常委会议决定增补张德浩为县八届政协委员。2009年10月15日，县政协八届十二次常委会议决定增补范建军、黄才向、江永平、金礼斌、胡志汉、麻昌二、娄晓华（女）、谢宏明、张栅桂（女）、舒静芬（女）、杨向东、赵基贵为县八届政协委员。2010年4月20日，县政协八届十五次常委会议决定增补林仙菊（女）为县八届政协委员。2010 年 12 月 28 日，县政协八届十八次常委会议决定增补尤玲娟（女）为县八届政协委员。2011 年 8 月 25 日，县政协八届二十二次常委会议决定增补王秋芬（女）、薛慧（女）、谢常夫为县八届政协委员。2007 年 10 月 10 日，陈乾章因工作变动原因辞去委员职务。2009 年 1 月 14 日，丁建标、王再亚（女）因工作变动原因辞去政协委员职务。2009 年 6 月 23 日，金唯军因工作变动原因辞去政协委员职务。2009 年 10 月 15 日，万吉良、傅红光、林彩云（女）、童东凯、陈双寅、王华芬（女）、胡爱莲（女）、吕国平、邵明、章兆林因工作变动等原因辞去政协委员职务。2010 年 12 月 28 日，张珊桂（女）因工作变动原因辞去政协委员职务。

县政协第九届委员会（2012 年 2 月至 2017 年 2 月）

主　席：尤玲娟（女）

副主席：邬汝跃　潘作飞　张水仙（女）　杨象轮　王鸿飞

秘书长：骆再松

常务委员：

王　坚　王为富　王宁芳（女）　王声旺　王贤飞　王照栈　尤飞君　方永杰
叶玉葵（女）　叶亚珍（女）　邬雷科　刘尚才　吴黎华　何建春　汪伟东　陈　平
陈云苍　陈国盛　陈雪强　陈焕灿　陈维贵　林仙菊（女）　胡芳园（女）　胡金学
胡振飞　娄　坚　娄培宗　骆武弘　夏慧辉　钱晓茗（女）　徐和开　葛永土
蒋　敏　蒋震林　释显德（女）　童青燕（女）　谢敏慧（女）　谢常夫

2013 年 1 月 6 日，县政协九届四次常委会议同意王宁芳（女）、林仙菊（女）、谢敏慧（女）辞去常委职务。2013 年 1 月 20 日，县政协九届二次全体会议补选王朝衡、冯宗杰、张燕（女）、金玲丽（女）、高剑峰、蒋思才、蔡玲华（女）为县九届政协常务委员。2013 年 8 月 14 日，县政协九届七次常委会议同意骆再松辞去秘书长职务。2014 年 1 月 13 日，县政协九届九次常委会议同意王照栈、陈维贵辞去常委职务。2014 年 2 月 8 日，县政协九届三次全体会议补选顾海飞为县九届政协秘书长，增选叶挺、胡国恩为县九届政协常务委员。2014 年 9 月 5 日，县政协九届十二次常委会议同意徐和开、陈平、邬雷科辞去常委职务。2014 年 12 月 30 日，县政协九届十四次常委会议同意汪伟东辞去常委职务。2015 年 1 月 11 日，县政协九届四次全体会议增选叶元军、吕国平、周武军、俞伟平、储江为县九届政协常务委员。2016 年 1 月 8 日，县政协九届十八次常委会议同意顾海飞辞去秘书长职务，同意叶挺、陈云苍、高剑锋辞去常务委员职务。2016 年 1 月 25 日，县政协九届五次全体会议补选潘红月（女）为县九届政协副主席、石道伟为县九届政协秘书长。2016 年 7 月 26 日，县政协九届二十一次常委会议同意吕国平、俞伟平辞去常委职务。2012 年 9 月 18 日，县政协九届三次常委会议决定撤销葛永土九届政协常委职务。

委　员

中共界：

王秋芬（女）　尤玲娟（女）　卢美霞（女）　邬汝跃　邬雷科　杨象轮
张水仙（女）　张德浩　陈　平　娄培宗　骆再松　徐和开　蒋　敏　谢常夫
潘作飞　潘微琼（女）　薛　慧（女）

无党派人士界：

王鸿飞　冯宗杰　龚　慧（女）　蒋震林　童青燕（女）　潘再萍（女）

共青团（青联）界：

王贺瑶（女）　王照栈　邬海峰　陈丽丽（女）　郑志会　胡芳园（女）　胡海东
娄文斌　高　虹（女）　葛春琴（女）

工会界：

王盛利　尤晓群（女）　邬永飞　李　静（女）　张　燕（女）　林红泽　罗晓杰
金玲玲（女）　娄　坚　谢敏慧（女）

妇联界：

叶再芳（女）　刘亚平（女）　陈敏莲（女）　赵学群（女）　赵苗青（女）
胡敏春（女）　俞彩珍（女）　施美玲（女）　钱晓茗（女）　麻伟芳（女）

工商联界：

王荐檩　叶青华　叶浓娟（女）　祁建军　严荐强　苏海兵　宋根勇　张勤昌
张福云　张赛芝（女）　金　茜（女）　金礼平　胡也国　胡金学　胡振飞
胡道申　葛永土　潘富军　潘富荣　戴建钢

科协界：

叶伟建　刘聪华（女）　张　蓉（女）　陈云苍　金唯军　胡满华　高同裕

侨联界：

王亚萍（女）　刘继英（女）　杨文红（女）　张君亮　陈青红（女）
林仙菊（女）　林珊素（女）　郭正杰　郭悦芳（女）　郭锦锦　葛文枝　谢宏明

文艺体育界：

王　琛　王为富　王伟军　刘尚才　吴和莉（女）　应伟建　林启群　周仁平
胡利民　胡雷鸣　祝多康　黄　雍　蒋英娜（女）　薛巧萍（女）

科技界：

方永杰　何建春　杨家兴　陈雪强　罗志岳　金佩瑾　郑志华　赵基贵　祝伟亚（女）
柴春燕（女）　徐伟忠　鲍　薇（女）

新闻社科界：

王元法　王宁芳（女）　朱作德　张　琼　陈　勇　陈　隽（女）　林　应（女）

胡宁燕（女） 袁丹宁 夏慧辉 葛珍瑜（女） 谢静思（女） 蔡玲华（女）

经济界：

尤飞君 尤清森 方永华 叶建华 冯宗田 吕永楚 邬仁宽 孙伟荣 吴世尧 张源彬 李时捷 汪伟东 陈耿峰 林华东 林志强 林海亚（女） 金成伟 段建强 骆武弘 袁小微（女） 柴小卡（女） 柴银荣 徐天坤 徐金宏 黄雪松 屠桂芳（女） 童国顺 潘吉裕

农林界：

王伟群（女） 王贤飞 尤宏伟 仇永平 冯健君 叶显焦 任清达 刘林法 安建伟 陈国年 陈国盛 陈珍莹（女） 邵敏秋（女） 林光成 周相辉 夏国铨 徐天勇 戴里平

教育界：

叶亚珍（女） 陈国宽 陈益强 陈焕灿 赵宏仁 娄群亚（女） 祝菊红（女） 倪逢勇 徐建利（女） 舒静芬（女） 潘永成 潘伟春（女）

医卫界：

王　平 王声旺 叶信画 杨向东 陈庥秀（女） 金玲丽（女） 周连娣（女） 胡　军 胡慧滨（女） 章根华 章惠彬（女）

社会保障与福利界：

叶玉葵（女） 江忠燕（女） 吴能军 陈振根 陈晓琴（女） 胡远海 薛海涛

宗教少数民族界：

任建平 陈维贵 胡周霞（女） 傅大吉 释有圆 释显德（女） 潘祖清

特邀界：

王　坚 王　巍 王育邦 王姝允（女） 王能选 石道训 田谷鸣 叶亦金 冯军工 冯岳定 江永平 严志军 李　元 李　捷 吴能达 吴黎华 何健军 张　展 杨建国 陈开才 林　红（女） 林学东 周少华 周平永 郑有能 胡爱平 施柏方 钱卫挺 董宜春 傅延功 童东凯 潘剑伟

委员人选增补调整：

2013 年 8 月 14 日，县政协九届七次常委会议决定增补顾海飞为县九届政协委员，接受骆再松因工作变动原因辞去县九届政协委员职务。2014 年 9 月 5 日，县政协九届十二次常委会议决定接受徐和开、陈平、邬雷科辞去常委、委员职务，同意张德浩、王秋芬（女）、杨敏杰、李元辞去委员职务，增补吕国平、周武军、章哲、葛永照、潘海东为县九届政协委员。2014 年 12 月 30 日，县政协九届十四次常委会议同意林海亚（女）、王能选、卢华强、张畅芳（女）、周平永、褚孔村辞去九届政协委员职务，增补王家冕、俞伟平、赵肇丰、蒋亚蓉（女）、顾振武、伍正明、苏朝阳、宋海兴、高为民、蒋伟君为县九届政协委员。2015 年 6 月 30 日，县政协九届十六次常委会议增补王斯苗、吕宁、潘中南为县九届政协委员。2016 年 1 月 8 日，县政协九届十八次常委会议增补石道伟、胡春霞（女）、黄珂、潘红月（女）、虞武君、陈海中、葛民越、胡钢、葛明星、叶小杰、宋亲要、王启堂、何称松、陈晗波、金益、胡小锋为九届政协委员，同意顾海飞、葛珍瑜、顾一冰、叶亦金、吕宁、陈模曹、徐振标、章哲、潘中南辞去九届政协委员职务。2016 年 7 月 26 日，县政协九届二十一次常委会议增补胡军、褚孟法、郑文英（女）为县九届政协委员。2016 年 12 月 20 日，县政协九届二十三次常委会议增补蒋善琪为县九届政协委员。

届内潘祖清委员、潘剑伟委员去世，葛永土、江永平撤销委员职务。

县政协第十届委员会（2017 年 2 月—　　　）

主　席：尤玲娟（女）

副主席：邬汝跃　尤永成　杨象轮　华祥平　何建春　童青燕（女）

秘书长：蒋善琪

常务委员：

王　琛　王声旺　王贤飞　王雪莲（女）　方永杰　叶元军　叶玉葵（女）　冯　坚

刘巧丽（女）　刘永夫　刘尚才　李　静（女）　励蓉蓉（女）　张　燕（女）

陈庆宇　陈珍莹（女）　陈益强　陈海中　陈焕苗　金玲丽（女）　周武军　胡　军

胡　钢　胡芳园（女）　胡金学　娄　坚　娄培宗　骆武弘　夏慧辉　高　虹（女）

郭琴华（女）　章开望　葛　军　葛永照　蒋　敏　蒋思才　储　江　释有圆

鲍　薇（女）　褚孟法　蔡玲华（女）　裴东良　戴　正

2017 年 10 月 30 日，县政协十届三次常委会议同意蒋敏辞去县十届政协常委、委员职务。

委　员

中共界：

王家冕　尤玲娟（女）　叶元军　华祥平　邬汝跃　杨象轮　陈庆宇　周武军

胡　军　胡春霞（女）　娄培宗　黄　珂　蒋　敏　蒋善琪　褚孟法　潘微琼（女）

无党派人士界：

王浓浓（女）　陈丽绒（女）　郑昌庆　项莉莉（女）　胡晓莉（女）

娄姣敏（女）　章开望　裴东良

共青团（青联）界：

卢学伟　叶　勇　邬泽霖　应　剑　胡芳园（女）　徐　瑾（女）　高　虹（女）

葛华军　潘晓燕（女）　魏彬强

工会界：

王盛利　尤晓群（女）　李　静（女）　李芬娥（女）　陈　炯　金玲玲（女）

郑莲亚（女）　娄　坚　钱朝晖　郭　宇

妇联界：

王　瑶（女）　王文静（女）　毕樱子（女）　刘巧丽（女）　苏林贝（女）
励蓉蓉（女）　吴晓玲（女）　金　燕（女）　赵苗青（女）　麻静霞（女）

工商联界：

王青其　王祖毅　王海娼（女）　孔伟军　叶　吉　叶国柱　冯　坚　邬宗海
刘武星　祁建军　苏海兵　张赛芝（女）　陈焕苗　季占春　胡连根　胡金学
顾振武　葛德飞　谢瑞环

科协界：

王央苗　张哲元　陈海中　陈海姣（女）　金唯军　徐娇嫩（女）　高云峰
郭琴华（女）

侨联界：

王　景（女）　石东鑫　杨文红（女）　陈青红（女）　陈明亮　桂　枫　郭正杰
郭清清（女）　蒋思才　楼肖青（女）

文艺体育界：

王　琛　王伟军　尤才彬　刘尚才　杨建伟　吴满绒（女）　应伟建　林启群
周　毅　胡利民　祝多康　黄　雍　蒋英娜（女）　薛巧萍（女）

科技界：

马明刚　方永杰　叶　倩（女）　何建春　罗　健　娄宝娟（女）　郭丹丹（女）
葛为芬（女）　鲍　薇（女）　潘文杰

新闻社科界：

王银燕（女）　朱作德　张　琼　张绍强　陈　隽（女）　金海萍（女）
胡宁燕（女）　夏慧辉　黄　胜　葛建标　董安民　谢静思（女）　蔡玲华（女）

经济界：

王　单（女）　王　锐　王　鹏　尤清森　叶元超　朱才兴　邬福军　阮吉义
何生彬　沈丹君（女）　张　燕（女）　陆沿良　陈刚满　林倩霞（女）　竺　宇
郑高伟　赵广月　胡　钢　胡小军　胡仁宝　段建强　骆武弘　徐天坤　郭海涛
屠桂芳（女）　储　江　储琳芬（女）　童宁平

农林界：

王伟群（女）　王茂强　王贤飞　仇强强　冯健君　冯智迪　刘正谷　刘林法
安建伟　严根全　陈国年　郁懋楠　季恩情　金福君　章小荣（女）
葛　军　蒋善亚（女）

教育界：

王永平　王雪莲（女）　叶华巧（女）　吕柳飞　邬亚丽（女）　杨婵娟（女）

张艳云（女）　陈　滨　陈国宽　陈益强　周　霞（女）　徐建利（女）

医卫界：

王声旺　王雪峰　龙裔宁　叶小杰　叶信画　陈庥秀（女）　金玲丽（女）

胡慧滨（女）　柳　红（女）　章根华　章惠彬（女）

社会保障与福利界：

叶玉葵（女）　吉　珉　吴能军　陆红霞（女）　陈晓琴（女）　周必正　葛永照

薛海涛

宗教少数民族界：

兰文聪　任建平　刘永夫　宋亲要　释有圆　释达照　释明臻（女）

特邀界：

王芦放　王姝允（女）　王斯苗　尤永成　冯岳定　严志军　杨光勇　吴　忠

吴莉华（女）　陈　威　陈英杰　陈珍莹（女）　陈海永　陈晗波　林学东　金　益

周绍宏　周俏敏（女）　郑文英（女）　娄晓华（女）　娄筱庆（女）　夏智友

徐伟忠　徐旭东　翁海锋　葛体员　葛铮铮　童青燕（女）　潘伟春（女）　戴　正

委员人选增补调整：

2017 年 10 月 30 日，县政协十届三次常委会议决定增补胡卿（女）、徐兴友、顾长安、叶亦健、朱自权、李海啸、董宜春为县十届政协委员，同意应剑、董安民、王斯苗、娄晓华（女）、夏智友辞去县十届政协委员职务。2018 年 1 月 10 日，县政协十届四次常委会议决定增补胡余亨、贺恒超、俞照东、祝伟亚（女）、王卫红（女）、金杰波、邬海燕（女）、葛斌俊为县十届政协委员，同意叶元超、何生彬、竺宇、杨光勇、徐旭东辞去县十届政协委员职务。

第三章　在宁海的省市政协委员名录

在宁海的浙江省第十届政协委员（2007 年 1 月至 2012 年 2 月）

何晓道

在宁海的宁波市第十三届政协委员（2007 年 2 月至 2012 年 2 月）

杨加和　潘作飞　沈平绒（女）　胡道申　王洁民　金海萍（女）　叶信礼　胡寿南

魏章焕

在宁海的宁波市第十四届政协委员（2012 年 2 月至 2017 年 2 月）

尤玲娟（女）　张水仙（女）　沈平绒（女）　胡寿南　魏章焕　王朝阳　胡仁宝

在宁海的宁波市第十五届政协委员（2017 年 2 月—　　）

尤玲娟（女）　娄黛敏（女）　金玲丽（女）　王朝阳　魏章焕　蔡文斌　储　江　张　琼　卢学伟　胡仁保　陈焕苗　胡寿南

丛　录

一、文件辑录

中共宁海县委关于加强和完善人民政协政治协商的意见

（2009 年 11 月 18 日）

为深入贯彻党的十七大精神、十七届四中全会和《中共中央关于加强人民政协工作的意见》（中发〔2006〕5 号），全面落实科学发展观，根据《中共浙江省委关于加强和完善人民政协政治协商促进科学民主决策的意见》（浙委〔2009〕60 号）、《中共宁波市委关于加强和完善人民政协政治协商的意见》（甬党〔2009〕13 号），结合我县实际，现就进一步加强和完善人民政协的政治协商，推进政治协商的制度化、规范化、程序化建设，提出如下意见。

一、政治协商的基本原则

（一）坚持党委总揽全局、协调各方的原则。人民政协的政治协商是中国共产党领导的多党合作的重要体现，是党和国家实行科学民主决策的重要环节，是党提高执政能力的重要途径，是发展社会主义民主、建设社会主义政治文明的重要内容。各级党委要高度重视人民政协的政治协商，善于运用并不断完善政治协商这一重要民主形式，认真实施人民政协的政治协商，不断推进决策的科学化、民主化。

（二）坚持在决策之前和决策执行过程中进行协商的原则。把政治协商纳入决策程序，在决策前就全县的大政方针以及经济、政治、文化和社会生活中的重要问题，通过政协进行充分民主协商，广泛听取政协参加单位和政协委员的意见建议。加强决策执行过程中的协商，认真听取政协委员的意见建议，适时调整和完善有关决策内容，及时解决执行过程中出现的新问题。

（三）坚持民主协商、求同存异的原则。县委、县政府是政治协商的主体，在协商活动中要充分发扬民主，广开言路，集中民智，广纳良策，鼓励和支持政协就重大问题提出意见建议、反映社情民意和信息，畅通社会利益表达渠道，通过协商增进共识，努力形成民主团结、生动活泼、安定和谐的政治局面。

二、政治协商的主要内容

1. 县党代表大会、县委全委会的重要决定。

2. 县政府工作报告、财政预决算报告和县法院、县检察院工作报告，重要的政府政策。

3. 全县国民经济和社会发展中长期规划和重大建设项目。

4. 行政区划和县级城乡建设总体规划方案及其重大调整。

5. 县委、县政府机构改革和重大体制改革方案。

6. 县人大常委会、县政府、县政协领导成员和县法院、县检察院主要领导成员的建议人选。

7. 民主党派参加人民政协工作的共同性事务和县政协内部的重要事务以及有关统一战线的其他重要问题。

8. 县委、县政府、县政协认为有必要进行协商的其他重要问题。

三、政治协商的主要形式

（一）会议协商。县委、县政府及有关部门通过县政协全体会议、常务委员会会议、主席会议、常务委员专题协商会、政协党组受党委委托召开的会议、秘书长会议、各专门委员会会议等形式进行协商讨论，听取意见建议。

县政协全体会议是县政协履行政治协商的最高形式，一般每年举行一次。政协常务委员会会议和主席会议是政协全体会议闭会期间的主要协商形式，常务委员会会议一般每季度举行一次，主席会议一般每月举行一次。其他形式的会议协商，可根据需要不定期举行。

（二）书面协商。县委、县政府及有关部门以书面形式征求县政协的意见；县政协以建议案、提案等书面形式，向县委、县政府及有关部门提出意见和建议。

（三）恳谈协商。县委、县政府领导或有关部门负责人以约请面谈的形式，同县政协领导或县政协专门委员会负责人、县政协委员进行恳谈，沟通情况，交换意见。

四、政治协商的主要程序

（一）协商议题的提出和确定。协商建议议题由县委、县政府及有关部门提出，也可以由县政协党组提出。会议协商的议题，一般于每年 11 月底前，由县委办公室、县政府办公室发出通知，要求有关部门（单位）提出下一年度需要提交县政协进行协商的议题建议；12 月底前，由县委办公室主任主持召开县委办公室、县政府办公室、县政协办公室主任联席会议，研究提出年度政治协商议题方案，经县政协党组会议、主席会议讨论后，报县委确定。临时动议的议题，由动议部门直接向县委办公室、县政府办公室提出，报县委、县政府主要负责同志审定。书面协商的议题，由县委、县政府及有关部门或县政协，根据实际需要确定。恳谈协商的议题，由县委、县政府或有关部门与县政协商定。

（二）协商活动的准备。协商议题确定后，县委、县政府及有关部门要为县政协提供了解情况、掌握政策的必要条件。需要协商的文件和相关材料，有关方面一般应在会前 15 个工作日送交县政协。县政协党组要认真制订具体协商方案，围绕协商议题，组织县政协委员深入开展调查研究，积极建言献策。

（三）协商活动的组织。县政协党组根据县委的要求，按照政协章程和有关规定安排协商活动。县委、县政府有关领导以及相关部门负责人要积极参加县政协的政治协商活动，并就协商的议题作出具体说明，开展双向交流，认真听取意见。县委办公室和县政府办公室应对有关领导和相关部门负责人参加协商活动作出妥善安排。属年度计划安排的协商会议，县政协应提前10个工作日通知与会人员；临时安排的协商会议议题（除人事协商议题外），应提前5个工作日通知与会人员。

（四）协商意见的报送。县政协要认真综合整理协商会议上提出的意见和建议，以建议案等形式，及时报送县委、县政府。

（五）协商意见的处理。县委、县政府及有关部门要及时研究县政协建议案、提案等提出的意见和建议，一般应以书面形式向县政协反馈采纳落实情况。县政协全体会议、常委会会议、主席会议协商后形成的建议案、重点提案，县委、县政府主要负责同志要亲自阅批，落实办理部门并及时反馈。列入政治协商的事项，在提交县委、县政府决策时，应附上县政协报送的协商意见。

五、政治协商的组织领导

（一）高度重视人民政协的政治协商工作。县委要从贯彻落实科学发展观、发展社会主义民主政治、促进决策科学化民主化的高度，进一步加强和改善对人民政协政治协商工作的领导，把政治协商纳入决策程序，摆上重要议事日程，列为重要工作内容，加强督促检查。县委、县政府主要领导亲自过问，联系领导切实负起责任，其他领导及有关部门负责人根据需要参加县政协会议，主动通报相关情况，认真听取协商意见。要严格按照规定的内容和程序进行政治协商，不能以通报情况的形式代替政治协商，不能以个别征求意见代替应当以组织形式进行的政治协商。不断创新和完善协商机制，深入研究政治协商理论，明确政治协商的内涵，进一步探索政治协商的有效形式，努力提高政治协商的实效。

（二）充分发挥县政协党组在政治协商中的作用。政协党组是党在政协中的派出机构，在政治协商工作中肩负着领导、组织、协调的重要责任。县政协党组要在县委的领导下，认真做好政治协商的具体部署、协调安排和组织实施工作。根据年度政治协商计划，研究提出政治协商的议题内容、时间安排、形式选择的建议，充分做好协商会议的各项准备工作，确保参会人员的到会率，努力提高协商会议效率。

（三）党委和政府要为政协知情明政、履行政治协商职能创造条件。县委常委会会议和有关重要会议，邀请县政协党组书记列席；县政府全体会议、常务会议和有关重要会议，应视情邀请县政协有关领导和专门委员会负责人列席；县法院、县检察院及政府部门召开的有关重要会议，可视需要邀请县政协有关人员列席。组织好政治协商的新闻宣传，努力营造政治协商的良好舆论环境。

中共宁海县委
关于加强人民政协民主监督的意见

（2014 年 11 月 26 日）

为深入贯彻落实党的十八大和十八届三中、四中全会精神，充分发挥人民政协作为协商民主重要渠道作用，围绕团结和民主两大主题，推进民主监督制度化、规范化、程序化建设，根据《中国人民政治协商会议章程》、《中共中央关于加强人民政协工作的意见》（中发〔2006〕5 号）、《中共浙江省委关于加强人民政协民主监督的意见》（浙委发〔2013〕35 号）和《中共宁波市委关于加强人民政协民主监督的意见》（甬党发〔2014〕19 号）精神，结合我县实际，现就加强人民政协民主监督提出如下意见。

一、民主监督基本原则

（一）坚持党的领导，把握方向。始终坚持党委的统一领导，认真贯彻党委的决策部署，推动各项工作的落实。

（二）坚持围绕中心，服务大局。紧紧围绕党委、政府重大决策部署和经济社会发展的重点难点问题开展监督，寓监督于服务支持之中，努力为推动科学发展、促进社会和谐凝聚起强大的正能量。

（三）坚持反映民意，维护民利。必须把人民利益放在第一位，真诚倾听群众呼声，真实反映群众愿望，真情关心群众疾苦，真心维护群众合法利益，促进党委、政府做好保障和改善民生工作。

（四）坚持发扬民主，注重协商。发扬求同存异、体谅包容、民主协商、平等议事精神。切实维护政协委员的民主权利，广开言路、畅所欲言，充分讨论、交换意见。

（五）坚持实事求是，客观公正。着眼于改进工作、助推发展，发扬求真务实精神，深入调查研究，客观分析问题，如实反映情况，开展建设性的监督活动，提出意见建议。

二、民主监督主要内容

（一）法律、法规和规章的实施情况。

（二）党和国家重大方针政策及县委、县政府重大决策部署的贯彻执行情况。

（三）国民经济和社会发展规划及年度计划、城乡规划、财政预算、重大改革方案的制定和执行情况。

（四）政府重大投资项目、民生工程、生态文明建设和环境保护工作的实施情况。

（五）关系人民群众切身利益的民生问题及人民群众关注的热点、难点问题的处置解决情况。

（六）党政部门、司法机关及其工作人员依法执政、依法行政、公正司法、执政为民、工作作风、效能建设、廉洁从政的情况。

（七）政协组织和政协委员开展调研、视察提出的意见建议，政协建议案、政协委员提案、社情民意信息的办理落实情况。

（八）参加政协的单位和个人遵守政协章程和执行政协决议的情况。

（九）其他需要监督的重要问题。

三、民主监督主要形式

（一）会议协商监督。召开政协全体会议、常委会议、主席会议、专题政治协商会议、专门委员会会议以及对口协商会议、界别协商会议、提案办理协商会议，通过建议案、协商纪要、大会发言、分组讨论、面对面沟通交流、意见建议等形式，向县委、县政府提出意见建议。

（二）专项民主监督。按照县委统一部署或经县委同意，每年选择一两个事关改革发展稳定的重大问题或人民群众反映强烈的热点难点问题，组织政协委员综合运用调研视察、座谈走访、问卷调查、公开听证、明察暗访等多种方式开展监督，召开相关会议提出意见、批评和建议。

（三）民主评议监督。根据县委统一部署或经县委同意，选择社会各界比较关注、与人民群众切身利益密切相关的党政部门、司法机关或专项工作，组织委员开展民主评议活动，提出民主评议报告。

（四）民主监督小组（员）监督。按照县委统一部署或经县委同意，政协遴选部分委员在党政部门、司法机关及有关单位建立委员民主监督小组；应邀推荐政协委员担任特约监督员、行风监督员，对有关部门（单位）及其工作人员工作情况进行经常性监督，定期提出民主监督建议书。

（五）提案监督。通过政协提案，对党政部门、司法机关及其工作人员的工作提出意见建议；运用督办全体会议提案、重点提案和重要提案，集中办理专题类提案，加强提案办理协商，开展提案办理“回头看”，民主评议提案办理工作、逐步公开提案和提案办理答复意见等方式，对提案落实情况进行监督。

（六）委员视察监督。对经济社会发展的重大项目、重点工程和人民群众普遍关注的重大民生工程有计划地组织常委会议视察、主席会议视察、界别视察、专委会视察等视察活动，发现和反映问题，向县委、县政府提出意见建议。

（七）反映社情民意监督。畅通政协反映社情民意信息的渠道，向县委、县政府反映社会基本情况和人民群众的意见愿望，推动人民群众最关心最直接最现实的利益问题的解决。

（八）参加党政部门组织的监督。根据县委、县政府统一部署，参加党政部门组织的调查和检查活动。

（九）联合监督。与新闻媒体等就社会普遍关注的热点问题，开展联合监督。

（十）其他形式监督。通过协商交流会、委员恳谈会、委员约谈会、网络议政会、界别活动、委员举报、媒体专题栏目等形式开展民主监督。

四、建立健全民主监督工作机制

（一）建立健全知情明政机制。坚持邀请政协领导和机关、专委会负责人列席县委、县政府及其部门重要会议制度，以及党政领导、部门负责人应邀参加政协会议、通报情况、听取意见制度，每半年向政协委员通报经济社会发展情况、重大决策部署。纪检监察机关、人民法院、人民检察院和党政有关部门要定期向政协通报相关情况。认真组织政协委员开展多种形式的学习教育活动，及时了解把握党和国家重大方针政策，县委、县政府重大决策和经济社会发展趋势。

（二）建立健全沟通协商机制。政协民主监督的选题，可由县委、县政府提出明确要求，或由政协组织根据县委、县政府全局工作部署，有针对性地向县委、县政府提出民主监督选题建议，县委、县政府要认真研究、及时回复。按照中央和省、市委文件规定，须经政协协商的重要决定、重要报告、重要项目、重大事项、重要人事等内容，要及时提请政协协商。政协制定民主监督具体实施方案过程中，要及时与受监督单位进行沟通协商。坚持和完善县委办公室、县人大办公室、县政府办公室、县政协办公室主任联席会议制度，协调解决工作中遇到的具体问题。党政部门要与对口联系的政协专门委员会、界别保持联系，经常沟通意见、交流信息。

（三）建立健全民主评议机制。民主评议工作由政协主席会议组织实施，也可由政协主席会议授权相关专委会、界别开展。民主评议程序包括动员部署、调研视察、会议评议、整改总结等环节。政协要在会议评议阶段后形成民主评议意见书提交被评议部门，相关部门要积极配合评议工作、研究整改措施，原则上在 2 个月内落实整改。整改总结阶段结束后，政协在 1 个月内就民主评议工作形成民主评议报告，报送县委办公室、县政府办公室、县纪委和县委组织部，作为提案办理工作年终目标考核等的重要依据。

（四）建立健全民主监督小组机制。民主监督小组在政协主席会议领导下开展工作。民主监督小组任期为一届，每年每个民主监督小组确定一个监督单位。民主监督小组应邀列席部门重要会议、阅读相关文件，根据需要开展专项调研、检查，提出民主监督建议书。

（五）建立健全提案监督机制。坚持和完善政协提案由县委办公室、县政府办公室、县政协办公室联合交办的制度；坚持和完善政府领导领办、政协领导督办重点提案，政协专委会督办重要提案的制度；深入开展提案办理民主评议、提案办理协商、提案办理“回头看”等工作；探索开展政协界别督办界别提案、集中办理专题类提案等工作；建立政协委员评价部门提案办理工作、部门评价提案质量的工作机制，切实提高提案质量和办理成效，县委、县政府要把提案办理工作纳入目标管理，实施年度考核。

（六）建立健全委员视察监督机制。积极探索完善委员视察选题、视察组织方式、视察报告审签以及视察成果转化形式。逐渐规范常委会议视察、主席会议视察、界别视察、专委会视察程序，不断提高委员视察监督成效。

（七）建立健全政协界别监督机制。各级各部门要支持政协界别开展民主监督活动，鼓励各界别采用界别提案、界别大会发言、界别社情民意、界别专题议政会等形式进行民主监督，探索建立和完善以界别为主体的专项督查机制。

（八）建立健全办理反馈机制。县委、县政府、县政协及有关部门要研究建立反馈意见办理情况跟踪督办制度，认真办理政协民主监督的意见建议，对政协建议案、专项集体民主监督报告，民主监督建议书、民主评议报告等书面民主监督意见要在3个月内书面反馈办理结果。政府要按规定期限及时向政协通报民主监督意见建议办理情况，政协要将县委、县政府及其有关部门办理答复情况及时告知有关参加单位或委员，党政督查部门要加强工作督查。

（九）建立健全权利保障机制。党政部门、司法机关、企事业单位要切实尊重和保障政协组织、政协委员履行民主监督职能的权利。绝不允许发生对政协组织和政协委员进行打击报复的行为。对阻挠政协民主监督的，政协可建议县委、县政府追究有关单位和个人的责任。

五、切实加强对民主监督的领导

（一）高度重视支持、自觉接受政协民主监督。各级党（工）委要按照总揽全局、协调各方的原则，切实加强和改善对政协民主监督工作的领导，确保政协民主监督工作正确的政治方向。要把政协民主监督作为完善权力运行制约机制的重要环节，摆上重要议事日程，把重视支持和自觉接受政协民主监督列入县委、县政府及其部门的督查内容。推进政协民主监督与党内监督、人大监督、法律监督和舆论监督相结合。要加强政协民主监督制度建设，确保政协民主监督有章可循、按章办事，提高政协民主监督制度化、规范化、程序化、科学化水平。

（二）积极为政协民主监督创造良好条件。政府要把政协民主监督工作经费列入本级财政预算。党政部门、司法机关和有关单位要主动支持配合，积极为政协组织、政协委员调研视察、协商交流、了解情况、查阅资料、走访座谈等提供方便。政协委员所在单位要为委员参加监督活动提供必要保障。

（三）着力提高政协民主监督能力水平。政协党组要切实发挥在政协民主监督工作中的领导核心作用，找准协商、监督、参与、合作的结合点，周密细致做好民主监督的组织、协调和实施，确保民主监督规范、有序、富有成效地开展。充分发挥各民主党派、工商联和无党派人士民主监督的积极性，发挥政协专门委员会、界别组的组织平台作用。切实加强对政协委员的培训、服务和管理，不断提高政协委员的政治素质、履职能力和监督水平。继续探索政协民主监督的新形式、新载体、新方法，不断丰富和完善人民政协民主监督，切实增强民主监督实效。

（四）大力宣传政协民主监督成效。县委宣传部门和新闻媒体要高度重视宣传政协民主监督工作，积极营造良好舆论氛围。政协常委会工作报告、提案工作报告要有专门章节向政协大会报告民主监督工作的开展和实际成果，对积极参与民主监督工作并取得显著成效的政协委员、界别、监督小组予以表扬。

中共宁海县委
关于印发《加强人民政协政治协商的办法》的通知

各乡镇党委、街道党工委，县直及省、市属各单位党组织：

现将《加强人民政协政治协商的办法》印发给你们，请结合实际，认真贯彻执行。

中共宁海县委

2014 年 11 月 26 日

加强人民政协政治协商的办法

第一条 为深入贯彻落实党的十八大和十八届三中、四中全会精神，进一步推进协商民主广泛多层制度化发展，根据《中国人民政治协商会议章程》、《中共中央关于加强人民政协工作的意见》（中发〔2006〕5 号）、《中共浙江省委关于加强和完善人民政协政治协商促进科学民主决策的意见》（浙委〔2009〕60 号）和《中共宁波市委加强人民政协政治协商的办法》（甬党发〔2014〕18 号），结合我县实际，现就加强人民政协政治协商工作制定本办法。

第二条 中国共产党领导的多党合作和政治协商制度是我国的一项基本政治制度。政治协商作为这一制度的重要组成部分，是中国共产党领导的多党合作的重要体现，是我国社会主义民主的重要形式，是党和国家实行科学民主决策的重要环节，是党提高执政能力的重要途径。

第三条 以邓小平理论、"三个代表" 重要思想、科学发展观为指导，深入贯彻习近平总书记系列重要讲话精神，推进政治协商的制度化、规范化、程序化，丰富和完善社会主义协商民主的内容和形式，广开言路、集思广益，增进理解、扩大共识，形成团结民主、活跃和谐的政治局面，不断推进我县治理体系和治理能力现代化。

第四条 政治协商的基本原则

（一）坚持党委总揽全局、协调各方的原则，由党委统一部署、协调并认真组织实施。

（二）坚持把政治协商纳入决策程序，就重大问题在决策之前和决策执行过程中进行协商的原则，做到对重大问题的协商在县委决策之前、县人大常委会通过之前、县政府实施之前。加强重大问题在决策执行过程中的协商。

（三）坚持民主协商、平等议事、求同存异、增进共识的原则，发扬民主，鼓励各种意见充分表达和沟通。

第五条 政治协商的主要内容

（一）县党代会、县委全委会的重要决定。

（二）县委、县政府作出的有关经济、政治、文化、社会和生态文明建设的重要决议、决定、意见。

（三）加强党的建设包括党风廉政建设和反腐败等工作。

（四）国民经济和社会发展中长期规划。

（五）县政府工作报告、计划及财政预决算报告、县人民法院和县人民检察院工作报告。

（六）机构改革和重大体制改革方案，城市总体规划、交通规划、生态规划、区域规划、行政区划等重大调整。

（七）县人大常委会、县政府、县政协领导成员和县人民法院、县人民检察院主要领导的建议人选。

（八）事关民生和经济社会发展全局的重大问题、政府重大项目，应对各类重大突发事件和公共危机的预案和实施方案。

（九）各民主党派、工商联参加政协工作的共同性事务，县政协内部的重要事务及有关爱国统一战线的其他重要问题。

（十）县委、县政府、县政协认为有必要进行协商的其他重要问题。

第六条　政治协商的主要形式

（一）会议协商

1. 县政协全体会议。一般每年举行一次。听取和审议县政协常务委员会工作报告、提案工作情况报告；选举县政协常务委员会组成人员；协商讨论县政府工作报告、国民经济和社会发展计划报告、财政预决算报告，县人民法院、县人民检察院工作报告等内容。县委、县人大、县政府领导和有关部门负责人出席会议开、闭幕会，参加会议的分组讨论、大会发言、专题协商和协商交流，听取意见建议，共商发展大计。

2. 县政协常务委员会会议。一般每季度举行一次。专题协商讨论县委提出的或同意县政协党组提出的事关经济、政治、文化、社会和生态文明建设的年度协商议题，听取县委、县政府领导和有关部门负责人就协商议题所作的说明，提出意见和建议，开展专题协商议政；审议县政协常务委员会工作中的重大事项，审议提交县政协全体会议的文稿。与协商议题有关的县委、县政府领导和有关部门负责人到会通报情况，听取意见，共同协商。

3. 县政协主席会议。一般每月举行一次。审议拟提请县政协常务委员会协商的议题；安排协商活动，决定协商形式和内容；协商讨论事关经济、政治、文化、社会和生态文明建设的重要问题。与协商议题有关的县委、县政府领导和有关部门负责人视情到会通报情况，听取意见。

4. 专题协商会。县政协党组受县委委托按照县委确定的主题，组织相关界别委员开展协商讨论，提出意见建议。着重就我县经济社会发展中的重大问题和人民群众普遍关心的重要问题、委托县政协组织开展协商交流、民主评议活动，加强沟通，听取意见，改进工作。

5. 县政协秘书长会议。一般每月举行一次。讨论拟提请主席会议审议的全体会议和常务委员会会议的有关材料；对参加政协的各党派、无党派人士、各人民团体共同关心的问题进行协商讨论，向主席会议提出意见和建议；协商讨论政协和各民主党派、工商联共同性事务及重要活动安排。

（二）恳谈协商。县政协就当前经济社会发展的重大问题和涉及群众切身利益的实际问题，组织举行政协委员恳谈会，与协商议题有关的党委、政府领导和有关部门负责人到会通报情况并与委员恳谈交流。党委、政府领导和有关部门负责人以约请面谈的形式，同县政协领导和县政协专委会负责人、政协委员进行恳谈，沟通情况，交换意见。县政协领导和专委会负责人以委员约谈会的形式，围绕县委、县政府的中心工作和社会各界普遍关心的热点、难点问题，开展反映社情民意活动。

（三）书面协商。党委把重要文件（草案）以书面形式征求县政协意见，县政协集中各民主党派、工商联和各界代表人士的意见以书面形式反馈给党委；县政协也可就各民主党派、工商联和各界代表人士关心的重要问题以建议案、提案、社情民意信息、信息专报等书面形式向党委提出协商意见和建议。

（四）对口协商。党委、政府有关部门要加强与县政协专委会的对口联系，就起草制订的涉及我县经济社会发展的重要决策、重点工作、重大项目，人民群众普遍关注的热点难点问题，县政协专委会年度工作计划及调研视察等内容开展协商讨论，党委、政府有关部门可邀请对口联系的县政协专委会进行对口协商，也可邀请与协商议题相关的多个专委会进行对口协商。

（五）界别协商。党委、政府有关部门要主动加强与县政协相关界别的沟通联系，选择党政重视、群众关心、界别所长的议题，与界别开展协商议政。县政协可定期组织召开界别座谈会，邀请党政部门负责人参加，倾听界别声音，汇聚界别智慧，转化为决策参考。一个界别单独或几个界别联合可就界别委员既关注又熟悉的议题开展协商议政，邀请党政部门负责人到会听取意见建议。县政协专委会要积极为界别协商创造条件、提供服务。

（六）提案办理协商。坚持各民主党派和工商联重要集体提案由党政主要领导批办，重点提案由副县长领办的制度。完善县政协领导分工督办重点提案、专委会协助督办重要提案的多层次提案督办格局，进一步拓展提案办理协商的广泛性和实效性。开展重点提案高层督办协商、同类提案集中专题协商、热点提案定期协商、难点提案个别协商等，通过会议座谈、调研、走访、电话信函、网络等多种形式加强与委员的交流协商，增强提案办理协商的质量和实效。此外，要积极拓展协商民主形式，提高协商成效。

第七条　政治协商的主要程序

（一）协商议题的提出和确定。在广泛征求意见的基础上，协商建议议题由党委、政府和有关部门提出，也可由县政协党组提出。会议协商的议题，一般于每年 11 月前，由县委办公室、县政府办公室发出通知，要求有关部门提出下一年度需要提交县政协进行协商的议题建议；12 月底前，由县委办公室主任主持召开县委办公室、县政府办公室、县政协办公室主任联席会议，研究提出年度政治协商议题方案，经县政协党组会议、主席会议讨论，报县委审定后形成政治协商年度计划予以印发。未列入年度协商计划议题，由动议部门直接向县委办公室、县政府办公室提出，报县委、县政府主要负责人审定后，在协商前15个工作日内报送县政协党组。

（二）协商活动的准备。党委、政府和有关部门要为政协开展协商活动提供了解情况、掌握政策的必备条件，支持政协做好与协商相关的专题调研、委员视察、咨询通报等工作。协商议题确定后，应提前15个工作日通知县政协。会议协商的议题，有关方面应在会前7个工作日将需要协商的文件和相关材料送交县政协。为保证协商质量，县政协要认真制定具体协商方案，围绕协商议题，组织委员深入开展调查研究，积极建言献策。

（三）协商活动的组织。县政协党组根据县委的要求，按照政协章程和有关规定安排协商活动。党委、政府领导和相关部门负责人要积极参加县政协的政治协商活动，并就协商的议题作出具体说明。开展双向交流，认真听取意见。县委办公室、县政府办公室应对有关领导和相关部门负责人参加协商活动作出妥善安排。属年度计划安排的协商会议，县政协应提前7个工作日通知与会人员；临时安排的协商会议议题，应提前5个工作日通知与会人员（人事协商议题除外）。

（四）协商成果的整理与报送。县政协机关要根据协商议题的专题调研报告内容，并结合协商提出的意见建议，认真汇总整理，形成县政协全体会议、常委会会议、主席会议建议案或其他书面形式的协商意见，及时报送县委、县政府及有关部门。

（五）协商成果的办理与反馈。建立健全协商成果办理与反馈制度。要把重大事项经过政治协商纳入县委、县政府及其办事机构办文办会的必经程序和重要内容，凡是经过协商的重要议题，在提交县委和县政府决策时，应当附上协商意见。县委和县政府主要负责人要亲自阅批县政协全体会议、常委会议、主席会议建议案和重要提案等，明确办理部门和办理要求。县委、县政府和有关部门要认真研究协商成果提出的意见建议，应于报送之日起3个月内以书面形式向县政协反馈采纳落实情况。

第八条 建立政治协商督办落实机制。由县委办公室主任牵头建立政治协商督办落实联席会议制度，召集县委办公室、县政府办公室、县政协办公室等部门定期召开会议，研究、沟通和协调政治协商的组织实施、跟进落实、督办反馈等工作，视情组织检查政治协商的落实情况。并以县委办公室名义发文通报。

第九条 建立县委和县政府重大事项决策协商信息公开制度。由县委办公室和县政府办公室或委托县政协办公室及时向公众公布协商的议题、时间和协商意见建议的办理情况。

第十条 各级党（工）委要高度重视人民政协的政治协商工作，进一步加强组织领导，把政治协商摆上重要议事日程，列为重要工作内容，加强督促检查。严格按照规定的内容和程序进行政治协商，不能以通报情况的形式代替政治协商，不能以个别征求意见代替应当以组织形式进行的政治协商。乡镇（街道）党（工）委要积极探索协商民主在基层的实践，支持镇（街道）政协工委工作，建立重大项目票决前通报制度。县政协党组要在县委的领导下，认真做好政治协商的具体部署、协商安排和组织实施工作。认真组织政治协商的新闻宣传，努力营造良好舆论环境。

中国人民政治协商会议宁海县委员会提案工作条例

（2012 年 9 月政协第九届宁海县委员会常务委员会第三次会议通过）

第一章　总　　则

第一条　为进一步发挥人民政协提案（以下简称提案）在履行政治协商、民主监督、参政议政职能中的重要作用，根据《中国人民政治协商会议章程》和有关规定，参照《中国人民政治协商会议全国委员会提案工作条例》《中国人民政治协商会议浙江省委员会提案工作条例》《中国人民政治协商会议宁波市委员会提案工作条例》，结合我县实际，制定本条例。

第二条　提案是政协委员和参加政协的各党派、各人民团体、政协各界别以及政协各专门委员会（以下统称提案者），向政协全体会议或者常务委员会提出的，经提案审查委员会或提案委员会审查立案后，交承办单位办理的书面意见和建议。

提案是履行人民政协职能的一个重要方式，是坚持和完善中国共产党领导的多党合作和政治协商制度的一种重要载体，是发扬中国特色社会主义民主的重要形式，是协助中国共产党和国家机关实现决策民主化、科学化的一条重要渠道。

第三条　提案工作以马克思列宁主义、毛泽东思想、邓小平理论和“三个代表”重要思想为指导，深入贯彻落实科学发展观，坚持走中国特色社会主义道路，遵循“长期共存、互相监督、肝胆相照、荣辱与共”的方针，充分发扬民主，广开言路，调动一切积极因素，为推进改革开放和社会主义现代化建设、推进祖国和平统一大业、维护世界和平与促进共同发展服务。

第四条　提案工作坚持围绕中心、服务大局、提高质量、讲求实效的方针，切实加强制度化、规范化、程序化和信息化建设，提高提案质量、办理质量和服务质量。

第五条　提案工作是人民政协的一项全局性工作。政协委员和参加政协的各党派、各人民团体以及政协各界别、各专门委员会，应当充分利用提案的方式履行职能。

第六条　政协全体会议听取和审议常务委员会关于提案工作情况的报告，听取提案审查委员会、提案委员会关于提案收集和初审情况的报告。

第七条　每届政协第一次会议成立提案审查委员会，由主任、副主任和委员若干人组成，成员从本届政协委员中产生，由第一次会议预备会议决定。负责第一次会议期间提案的审查立案工作，并向全体会议报告提案收集和初审情况。

第二章　提案委员会

第八条　每届政协第一次全体会议闭会后，经常务委员会会议审议通过，提案审查委员会作为提案委员会列入专门委员会序列，在常务委员会和主席会议领导下，负责提案工作，每届任期五年。提案委员会正副主任的调整，由常务委员会决定；委员的调整，由主席会议决定。

第九条　提案委员会的职责：

（一）向政协全体会议、常务委员会会议、主席会议报告工作；

（二）制定政协全体会议期间提案工作方案和提案委员会年度工作计划；

（三）组织征集提案，做好知情明政服务；

（四）对收到的提案审查立案，协商确定承办单位，并及时协助交办。对交办不准确的，及时协商重新交办；

（五）加强闭会期间的提案征集工作，视情将政协参政议政重要成果和反映社情民意重要信息转化为提案，并及时交办提案；

（六）对提案办理工作进行检查和督促，对办理不符合要求的，及时商请承办单位重新办理；

（七）对提案进行综合分析，采取多种形式向中共宁海县委、县人民政府及有关部门反映重要意见和建议；

（八）组织重点提案、民主党派工商联重要集体提案的遴选与督办；

（九）推进提案工作信息化建设，构建网络交流咨询服务平台，提高提案者对提案办理全过程的参与；

（十）通过新闻媒体、网络等途径公开征集提案线索，组织提案工作的宣传报道，逐步推动提案工作公开化，提高提案工作的社会参与度；

（十一）加强与中共宁海县委办公室、县人大常委会办公室、县人民政府办公室以及各承办单位的联系，推动提案的办理；

（十二）建立提案办理质量评价体系，推进办理工作民主评议活动和目标管理考核，不断提高提案办理质量和实效；

（十三）组织提案工作学习研讨，制定完善提案工作制度规范，开展提案工作理论研究；

（十四）组织优秀提案、提案优秀承办件和先进承办单位、先进个人的评选表彰；

（十五）加强与政协委员和县各民主党派、有关人民团体以及政协各界别、其他专门委员会的联系与协作，发挥政协的整体作用；

（十六）接受省市政协提案委员会的指导，加强与兄弟县（市、区）政协提案委员会的联系和工作交流。

第十条　提案委员会全体会议一般每季度举行一次，必要时可以临时召集；提案委员会主任会议根据工作需要举行。

第三章　提案的提出

第十一条　提案的提出方式：

（一）县政协委员和在宁海的全国、省、市政协委员，可以个人名义或者联名方式提出提案；

（二）参加政协的各党派、各人民团体，可以本党派、团体名义提出提案，也可联合提出提案；

（三）县政协各界别，可以本界别或者联合名义提出提案；

（四）县政协各专门委员会，可以本专门委员会名义提出提案。

第十二条 提案的基本要求：

（一）提案应当坚持严肃性、科学性、可行性，围绕贯彻落实国家大政方针和我县经济建设、政治建设、文化建设、社会建设以及生态文明建设的重要问题，人民群众关心的问题建言献策；

（二）提案须一事一案，实事求是，简明扼要，做到有情况、有分析、有具体的建议；

（三）委员联名提出的提案，发起人应作为第一提案人，签名列于首位；以界别或联合名义提出的提案，须由召集人签名；以党派、人民团体、政协专门委员会名义提出的提案，须由该组织主要负责人签名并加盖公章；

（四）提案必须按照规定的格式提交。

第十三条 提案可以在政协全体会议期间提出，也可以在闭会期间提出。

第十四条 提案者应当重视在闭会期间提出提案。可将有关调研成果或者政协全体会议、常务委员会会议、专题协商会议上的发言按照要求转化为提案。

第四章 提案的审查和处理

第十五条 提案审查委员会、提案委员会本着尊重和维护提案者的民主权利、保证提案质量的原则，对收到的提案进行审查，符合本条例第三章规定的，予以立案。

经审查立案的提案，应当根据提案的内容和单位的职责分工确定承办单位。凡涉及两个或两个以上承办单位办理的提案，应当确定主要办理单位和会同办理单位或者分别办理单位。

对超出一事一案基本要求，内容繁杂，无法确定承办单位的提案，应当商请提案者重新修改完善。

对内容相同且符合立案标准的提案，作并案处理，原提案第一提案者均为并案后提案的第一提案者。并案处理情况应当及时告知提案者。

第十六条 有下列情形之一的，不予立案：

（一）涉及党和国家秘密的；

（二）国家明令禁止的；

（三）中共党员对党内有关组织、人事安排等方面有意见的；

（四）民主党派成员反映本组织内部问题的；

（五）执纪执法机关正在审查的违纪违法问题；

（六）进入民事、刑事、行政诉讼程序或者行政复议、仲裁程序，尚未结案的；

（七）属于纯学术研讨的；

（八）为本人或亲属解决个人问题的；

（九）宣传、推介具体作品、产品的；

（十）指名举报的；

（十一）内容空泛、没有具体建议的；

（十二）超越本县职权范围的；

（十三）其他不宜立案的。

未予立案的，应当及时通知提案者。所提意见和建议视不同情况以其他方式转送有关部门研究处理或参考。在征得提案者同意的情况下，也可以作撤案处理。

第十七条 对涉及我县全局问题的重大提案，提案委员会可以提请主席会议审议通过后，以建议案形式向有关方面提出。

第十八条 提案经审查立案后，应当及时交办。政协全体会议期间的提案，通过召开提案交办会议，按分级负责、归口管理的原则，集中送交有关单位承办；闭会期间的提案，由提案委员会与交办机关协商，送交有关单位承办。承办单位对办理主体有异议的，应当在提案交办后十五日内向交办机关提出调整意见，不得搁置或自行转送其他单位。承办主体的调整由交办机关和提案委员会协商确定。

第五章 提案的办理

第十九条 提案承办单位根据国家法律、法规、政策和中共宁海县委、县人民政府有关规定办理提案，并向提案者在规定的时限内作出书面答复。

（一）提案办理工作应当健全制度，严格程序，创新方式，保证质量，做到有组织，有领导，有专人负责。

（二）提案办理工作应当认真负责，注重实效。凡是有条件解决的，要集中力量及时落实；承诺列入计划解决的，应当明确解决落实的具体时限和预期目标，及时向提案者反馈有关情况；确实无法采纳的，要实事求是地说明原因，作出明确的解释。

（三）承办单位收到提案后，一般应在三个月内进行办理答复。如确因问题复杂、办理难度大的提案，经交办机关和县政协提案委员会同意，可适当延长办复时间，但延长时间最长不得超过三个月，不满意提案需重新办理，期限不得超过一个月。

（四）承办单位应当主动加强与提案者的沟通，在正式答复前必须同提案者进行面商，扩大提案者对办理工作的参与，共商解决问题的办法，并征询提案者对办理复文的意见。办理各党派、人民团体、政协各界别和各专门委员会提案，在书面答复前，承办单位主要领导应当与提案单位负责人或召集人进行面商，并经集体研究后作出答复。提案的答复应当按规定的格式行文，须承办单位负责人审签并加盖公章。

（五）涉及两个或两个以上单位会同办理的提案，主要办理单位应当负责做好牵头办理工作，主动与会办单位协商。会办单位收到提案后，应当在一个月内将会办意见函告主办单位，由主办单位答复提案者，并积极参与主办单位牵头组织的面商、座谈、视察等活动；分别办理的提案，由各承办单位分别答复提案者。

（六）在办理提案过程中，提案者可以通过提案委员会向承办单位了解有关提案办理情况，对办理工作提出意见，参与提案的督办。

（七）委员联名的提案，办理复文寄送第一提案人；界别或联合名义的提案，办理复文寄送召集人；各党派、人民团体、政协各专门委员会的提案，办理复文寄送提案单位。中共党委部门承办的提案，办理复文抄送中共宁海县委办公室；政府部门承办的提案，办理复文抄送县人民政府办公室。所有办理复文均须抄送县政协提案委员会。

（八）提案答复后，如因情况变化，原表示要采纳和解决的问题不能兑现或延期落实的，承办单位应当主动函告提案者，说明缘由，同时抄告交办机关和县政协提案委员会。

（九）提案者在收到办理复文和提案委员会寄发的提案办理情况征询意见表后，应当在规定时期内作出反馈，并将反馈意见表寄回提案委员会。如提案者对办理情况不满意并有合理意见的，提案委员会应建议承办单位重新研究、办理，并再次行文答复。

（十）年承办提案五件以上及承办重点提案的单位，提案办理完成后，要求写出办理工作的总结报中共宁海县委办公室、县人民政府办公室和县政协提案委员会。

第二十条 重点提案和民主党派工商联重要集体提案应当由承办单位主要负责人牵头进行重点办理。承办单位还可以结合本单位工作重点，选择若干提案，作为本单位的重点办理提案。原则上各党派、人民团体、政协各界别和各专门委员会的提案应列入承办单位重点办理提案。

第二十一条 承办单位应当建立提案办理工作落实反馈制度，及时将办理工作的进展情况和答复承诺事项的落实情况报告交办机关和县政协提案委员会。对于提案中的重要意见建议，要以适当方式报送上级部门和有关领导。

第六章 提案的督办

第二十二条 提案的督办在县政协常务委员会和主席会议领导下，由县政协办公室统筹协调，各专门委员会分工协作，提案委员会组织实施。

第二十三条 对反映党和政府亟待解决、人民群众普遍要求改进的问题的，对推动工作有重要作用并具有较强可行性的提案，可以选做重点提案；对其中在推动落实中国共产党领导的多党合作和政治协商制度、协助党委政府实现决策民主化科学化方面具有突出作用的民主党派、工商联集体提案，可以选作民主党派工商联重要集体提案。

第二十四条 重点提案和民主党派工商联重要集体提案在广泛征求意见的基础上研究确定。提案委员会应当就重点提案和民主党派工商联重要集体提案的遴选与督办，加强与中共宁海县委办公室、县人民政府办公室、各民主党派、工商联、人民团体、政协各专门委员会和相关部门的联系与协作，并建立重点提案公示制度。

第二十五条 经主席会议审议通过的重点提案，由宁海县人民政府领导根据工作分工领办，由主席会议或主席、副主席分工进行重点督办，有关专门委员会协助督办。可以采用政协相关专门委员会、提案者、承办单位相结合的协商座谈、实地考察、专题研究、走访等方式，推动办理工作，保证办理质量。对提案中当年不能解决的重要问题，承办单位应及时提出具体办理方案，分步予以实施；提案委员会要跟踪督办，促进落实。政协各专门委员会可根据对口的原则，选择若干重要提案进行督办。民主党派工商联重要集体提案，由县政协报送中共宁海县委主要领导批阅，提案委员会跟踪督办。

第二十六条　对于各党派、人民团体、政协各界别、政协各专门委员会的提案和其他重要提案，提案委员会应当有选择地报送政协主席、副主席，并可以提出督办建议；对于提案中的主要意见和建议，提案委员会可以通过《重要提案选编》等方式报送有关领导。

第二十七条　对于未按期办复的提案，提案委员会应当及时催办。对于办理答复中承诺解决而没有兑现，或列入计划解决的重要问题，提案委员会要跟踪督办。每年在提案基本办结后，由县政协办公室会同有关单位组织开展提案办理工作联合督办和民主评议等活动。

第二十八条　每年提案办理结束后，县政协常务委员会采取不同形式听取县政府等承办单位的提案办理情况通报。

第七章　提案工作的评选和表彰

第二十九条　对于优秀提案、提案优秀承办件和先进承办单位、先进个人，应当予以表彰和奖励。

第三十条　优秀提案、提案优秀承办件的评选和表彰应当充分发扬民主，广泛征求意见。评选结果经提案委员会初选后，报请主席会议审定。优秀提案和提案优秀承办件的评选表彰每年组织一次，按照相应规定执行。

第三十一条　县政协办公室应当会同中共宁海县委办公室、县人民政府办公室，对办理提案认真负责并取得显著成绩的先进承办单位和先进个人给予联合评选表彰。先进承办单位和先进个人的评选表彰每年组织一次，按照相应规定执行。

第八章　附　　则

第三十二条　本条例经县政协常务委员会会议审议通过后实行。

第三十三条　本条例由县政协提案委员会负责解释。

政协领导走访委员制度

（2015 年 3 月 27 日政协第九届宁海县委员会第 39 次主席会议通过）

第一条　走访政协委员是密切联系委员的基本工作方法之一，能增强政协凝聚力，充分调动委员参政议政的积极性，为了解和反映情况提供更多的渠道。为加强与政协委员经常性联系，根据《中国人民政治协商会议章程》，结合县政协实际，制定本制度。

第二条　把走访委员列入政协工作的议事日程，每年政协主席、副主席及党组成员重点走访委员中有代表性的党派负责人及其所在单位，走访常委及其所在单位，走访在社会上有较大影响的委员及其所在单位，确保对每位委员在一届中联系走访一次以上。办公室做好统筹协调和落实工作。

第三条 走访委员时，向委员通报县政协工作开展情况及全县经济建设和社会发展的主要情况，为委员知情参政创造条件。了解委员的学习、工作、生活情况，听取委员及所代表的界别呼声、建议和要求，收集情况，帮助委员协调解决存在的问题、困难，听取他们对政协工作的意见和要求。

第四条 走访委员所在的单位，主要了解委员在本单位的工作、学习和生活的情况；向委员所在单位通报委员在政协参政议政的情况，加强政协组织与委员所在单位的沟通，促使其所在单位更加支持委员参加政协活动。

第五条 对走访中委员提出的意见、建议，要及时整理上报有关领导和部门；同时，追踪反馈所提意见与建议的采纳、落实情况；对委员先进事迹要及时做好宣传报道。

第六条 对走访中涉及国家机密以及有关诉讼、揭发检举、个人隐私等方面问题要注意保密。

第七条 认真开展走访委员活动，力戒形式主义；联系走访应采取登门入户、交流谈心等方式进行，并做好走访登记。

第八条 本制度经主席会议通过后实行。

二、领导讲话与报告摘录

在政协第八届宁海县委员会第一次会议上的讲话

中共宁海县委书记　林静国

（2007 年 2 月 3 日）

各位委员、同志们：

中国人民政治协商会议第八届宁海县委员会第一次会议今天隆重开幕了。这是继中共宁海县第十二次代表大会之后召开的又一次重要会议，是全县人民政治生活中的一件大事。在此，我代表中共宁海县委，向大会的召开表示热烈的祝贺！向出席会议的各位委员和同志们表示诚挚的问候！

过去的四年，是我们高举邓小平理论和“三个代表”重要思想伟大旗帜，不断开拓创新，各项工作取得新进展的四年；是我们战胜各种困难，经受各种严峻考验，不断胜利前进的四年。四年来，县委坚持以科学发展观统领全局，紧紧围绕“构筑现代化中等城市，建设生态型经济强县”的总体目标，深入实施“五五举措”，团结带领全县上下，真抓实干，克难奋进，经济、政治、文化、社会和党的建设全面推进，跻身全国“双百强”行列，经济社会实现了又好又快发展。2006 年，全县生产总值预期达到 161.5 亿元；财政收入达到 21.3 亿元，四年实现双翻番；全社会固定资产投资从 2002 年的 28.6 亿元增加到 2006 年的 72.2 亿元；城镇居民人均可支配收入和农民人均纯收入分别达到 18437 元和 7542 元，年均增长 13.6%和 12.2%。这些成绩的取得，是我们正确贯彻执行党的路线、方针、政策的结果，是全县上下艰苦奋斗、扎实工作、共同努力的结果，其中也凝聚着县政协和广大政协委员的辛劳和汗水。

四年来，县政协在县委的领导下，坚持以经济建设为中心，自觉服从和服务于全县工作大局，认真履行政治协商、民主监督、参政议政职能。就“十一五”规划编制等事关全县政治、经济、社会生活中一些重大问题和行政村规模调整等重大决策开展政治协商；就事关人民群众切身利益的社会治安、劳动保障、城区管理、殡葬改革等重要问题开展专项民主评议和政情交流活动；就乡镇行政区划调整、统筹城乡发展、提升工业经济综合竞争力、加快现代服务业发展、加强新农村建设、优化经济发展环境、推进平安宁海和法治宁海建设等重大事项开展调查研究，提出参政议政的意见建议。重视反映社情民意，协助县委、县政府做好理顺情绪、协调关系、化解矛盾和维护稳定工作。充分发挥自身优势，积极开展与海内外各界人士的联谊联络活动，为宁海招商引资工作牵线搭桥。不断加强自身建设，努力提高政协委员和政协机关干部的整体素质和履行职责的能力。总之，县政协的工作是卓有成效的，为促进我县经济社会发展，巩固和发展爱国统一战线做出了新的贡献，县委是满意的。在此，我代表中共宁海县委，向长期以来关心和支持宁海经济社会发展的广大政协委员和各民主党派、工商联、人民团体、社会各界人士表示衷心的感谢，并致以诚挚的敬意！

今后五年，是我县加快发展的关键时期，也是推进和谐社会建设的重要时期。县第十二次党代会已经明确提出了建设和谐新宁海的宏伟目标。摆在我们面前的任务十分艰巨，需要全县上下齐心协力，团结奋进，共同为建设和谐新宁海做出贡献。

借此机会，我代表中共宁海县委提几点希望和要求：

一、认清形势，珍惜荣誉，进一步增强做好政协工作的责任感和使命感

人民政协是中国人民爱国统一战线的组织，是中国共产党领导的多党合作和政治协商的重要机构，是我国政治生活中发扬社会主义民主的重要形式。随着改革开放和社会主义市场经济的发展，新情况、新问题层出不穷，客观上要求党必须从执政兴国的高度出发，公平、公正地代表各个阶层、各个方面、各个利益群体的利益，高度重视和正确调整改革中的利益格局，切实维护和实现社会公平，确保国家的长治久安和社会的和谐发展。人民政协的重要地位，决定了它可以依托自身的特点和优势，在团结稳定的前提下发扬民主，在发扬民主的过程中巩固和发展团结稳定的政治局面。在全面建设小康社会、加快推进社会主义现代化的新的发展阶段，必须大力加强人民政协工作，充分发挥人民政协的作用。因此，广大政协委员要珍惜荣誉，认清肩负的使命，增强责任意识，尽心尽责当好各界群众的代表，认认真真履行好委员职责，扎扎实实做好本职工作，为我县实现经济社会又好又快发展，推进和谐新宁海建设做出应有的贡献。

二、围绕中心，服务大局，进一步发挥政协的职能作用

县政协要把促进发展作为履行职能的第一要务，认真履行政治协商、民主监督、参政议政职能。要充分发挥政协人才荟萃、智力密集的优势，紧紧抓住经济社会发展和事关民生的重大问题，深入开展调查研究，力争拿出一批既有深度，又有可操作性的调研成果，努力做到建言建在点子上，立论立在关键处，为县委、县政府提供有前瞻性、创造性和建设性的意见建议。要加强民主监督工作，敢于监督，善于监督，提高民主监督的组织化程度和社会影响力，不断推进民主政治建设。要不断创新工作思路和方法，坚持大团结大联合，搞好政协内部的协调，促进参加政协的各党派、团体和社会各界人士的团结合作。要发挥各专委会的基础性作用和界别的桥梁纽带作用，深入基层，调研民意，了解和掌握更多的新情况、新问题。要坚持以人为本，进一步畅通反映社情民意的渠道，更多地关注弱势群体利益，把维护最广大人民群众的根本利益作为政协一切工作的出发点和落脚点。要积极探索新形势下加强团结和民主工作的新形式、新内容，加强与新的社会阶层、港澳台人士以及海外侨胞的联系，把更多的爱国人士、有识人士、有志之士团结起来，努力维护政通人和、安定团结的发展环境，为建设和谐新宁海凝心聚力。

三、加强领导，注重落实，进一步推进履行职能的制度化规范化程序化

政协工作是党的工作的重要组成部分，要按照《中共中央关于加强人民政协工作的意见》要求，进一步加强和改善党对政协工作的领导。要不断深化对政协工作重要性的认识，切实把政协工作纳入重要议事日程，适时听取政协工作汇报，认真研究和努力帮助解决政协工作中的主要难题。要认真对待政协的意见和建议，加强同民主党派和党外人士的联系。要按照有关规定，认真抓好政协机关干部的培养、使用和交流。县政府要积极支持政协开展工作，对需要协商的问题，主动同政协进行协商，并认真对待政协委员提出的意见和建议。对政协召开的一些重要会议和开展的考察、调研、视察等活动，要积极配合，努力解决政协工作中的实际困难，为他们履行职能创造必要的条件。县政协要以提高综合素质为基础，提高履职能力为重点，提高工作效能为主题，促进全面发展为目标，着力抓好自身建设，努力发挥好政协党组的领导核心作用，常委会、主席会议的集体领导作用，专委会的基础作用，政协委员的主体作用，界别小组的纽带作用和政协机关的服务保障作用。县委、县政府职能部门和各乡镇、街道要进一步贯彻落实《中共宁海县委关于进一步推进人民政协履行职能制度化规范化程序化建设的实施意见》精神，配合和支持政协开展履行职能的各项活动，重视发挥所在单位政协委员的作用，支持和保障他们履行职责，努力在全县上下进一步形成“党委重视、政府支持、政协主动、各方配合”的良好工作局面，不断推进政协履行职能的制度化、规范化、程序化。

各位委员、同志们，今后五年，是我县提前基本实现现代化，建设和谐新宁海的关键时期，我们的事业任重而道远，任务艰巨而光荣。我们一定要以更加强烈的历史责任感和时代紧迫感，按照“三个代表”重要思想的要求，全面贯彻落实科学发展观，解放思想、实事求是，开拓创新、扎实工作，以优异的成绩迎接党的十七大胜利召开，为建设和谐新宁海而努力奋斗！

最后，预祝大会取得圆满成功！

政协第七届宁海县委员会常务委员会工作报告（摘录）

（2007 年 2 月 3 日在县政协第八届委员会第一次会议上）

宁海县政协主席　杨加和

工 作 回 顾

一、围绕中心，服务大局，有序开展政治协商。

围绕“十一五”规划编制开展协商。“十一五”规划编制事关全县经济社会的全面协调可持续发展，意义重大。县政协高度重视这项工作，及时召开主席会议，听取有关情况通报。组织各专委会加强对口联系和调研，通过发调查问卷、召开座谈会、走访委员等形式，广泛收集各界人士的意见建议。在此基础上，召开了“十一五”规划专题协商会。委员们围绕“十一五”的目标定位、增强自主创新能力、加强社会主义新农村建设、加快发展社会各项事业、加强民主法治建设、完善社会保障体系等方面提出了许多建设性意见建议，为制定《宁海县国民经济和社会发展第十一个五年总体规划纲要》发挥了重要作用。

围绕政府工作报告和其他报告开展协商。在一年一次的政协全会上，委员们围绕政府工作报告和其他报告，以会议发言、小组讨论等形式，就“三农”问题、扶强做大中小企业、发展现代服务业、统筹城乡发展、生态县建设、“平安宁海”建设、政府自身建设、国民经济和社会发展主要指标安排、重点实事工程项目安排等方面开展深入的协商讨论。县委、县政府领导到会听取意见建议，与委员们一起共商我县改革发展稳定大计。四年来，先后提出了 240 余条建议，为县委、县政府科学决策提供了参考意见。

围绕事关群众切身利益的其他重要事项开展协商。四年来，以主席协商会的形式，先后围绕污水处理费征收、高中段学校向城区集聚、城市规划区农居布点等问题，城市中心区建设、温泉三期开发、城区停车场、溪南片和城中片建设等专项规划，旧城改造拆迁安置、目标管理考核、行政村规模调整、县和乡镇换届工作、财政预算执行和调整等方案进行协商讨论，取得了良好效果，促进了有关部门的工作。

二、积极探索，拓展渠道，有效实施民主监督。

认真实施民主评议。2005 年 6 月，对我县的殡葬改革工作组织了一次民主评议活动，在肯定我县殡葬改革取得显著成效的同时，指出这项工作中存在的新问题，提出了深化和完善这项工作的建议。县委、县政府及时吸纳政协的评议意见，于同年11月开展了坟墓专项再整治活动，较好地巩固了殡葬改革成果。2006年8月，针对县劳动和社会保障局、卫生局、民政局的社会保险、新型农村合作医疗、社会救助等工作进行了专项民主评议，提出了要构建新型农村养老保险制度、不断完善新型农村合作医疗制度、进一步做好社会救助工作等建议，引起了有关部门的重视，并在相关工作中得到了落实。

积极开展政情交流。2004年，围绕社会治安和城区管理工作，分别召开界别委员座谈会，广泛收集有关社情民意，于10月召开了政情交流会。县公安局、建设局负责人分别通报了工作情况，并就预防青少年犯罪、打击“两抢一盗”、加强出租房和外来人口管理等问题与委员进行面对面的交流，为相关问题的解决起到了较好的促进作用。交流会在报纸、电视上报道后，社会反响良好。

精心组织委员视察。先后组织委员对西溪水库、临港开发区、自来水厂二期、污水处理厂、广电中心、兴海路、蛇蟠涂围垦、东门拆迁、甬台温铁路、国华宁海电厂、循环经济示范区等重点实事工程进行视察，督促有关责任单位加强领导，加大施工力度，促进重点实事工程的年度计划按时完成。另外，还先后组织委员对创建国家级生态县、省级文明县城、教育强县、平安社区以及新农村建设、土地管理等工作进行了视察，针对各项工作中的薄弱环节，提出了切实可行的意见建议，推动了有关工作的落实。

注重反映社情民意。加强与委员的联系与沟通，采取走访委员和召开委员约谈会等有效形式，听取委员反映群众的要求、愿望和呼声，及时整理并报送有关领导。四年来，共反映社情民意信息400余条。不少社情民意，如“挖掘电力企业潜力，缓解电力供需矛盾”“集中模具加工，创建生态城市”“统筹城乡基础设施建设，实现村村通电话”“加强网吧监管力度”等社情民意报送后，引起了有关部门的重视，使有关问题得到了较好解决。

重视发挥特约监督员作用。推荐了40余位政协委员分别担任纪检、组织、法院、教育、公安、财税、土地、城建、交通、卫生、环保、工商等部门的行风监督员和检察院人民监督员，对有关部门的工作积极行使民主监督职责，推进了机关效能建设和党风行风建设，促进了各部门行使职权的公开、公平、公正。

三、发挥优势，集中民智，积极开展参政议政。

认真开展全会参政议政发言。组织各专委会、党派、团体和委员们分别围绕饮用水安全、专业合作经济组织培育、医疗保障、失地人员保障、劳动力转移培训、溪流治理、最佳人居环境建设、未成年人思想道德建设、平安社区建设、文化产业管理、发展基础教育等课题，认真开展调研，撰写了54篇调研报告，先后在全体会议上作了参政议政发言，提出了具有针对性、可操作性的对策措施，为我县经济、政治、文化和社会建设积极建言献策。

精心组织常委会专题议政活动。坚持选择经济社会发展中具有综合性、全局性、前瞻性的课题，深入开展调研。四年来，先后组织开展了乡镇行政区划调整、水资源可持续开发利用、优化经济发展环境、统筹城乡发展、社会治安综合治理、国有资产增值保值、加快现代服务业发展、推进新农村建设、加强和谐社区建设等课题调研，并召开专题常委会议，进行参政议政发言，形成建议案，为县委、县政府决策提供了重要参考。2006年2月至4月，围绕“提升我县工业经济竞争力”“统筹城乡水务网建设和管理”两个课题，深入开展调研，提出了大力培育和扶持中小企业发展、加大政府对企业技术创新的支持力度、千方百计突破土地制约瓶颈与加强原水开发和保护、加大投入力度、加大基础设施建设、理顺管理和营运机制等建议。县委、县政府及时研究，加大体制改革力度，成立了宁海县水务集团有限公司，对城乡水务实施统筹建设和一体化管理。对工业经济的有关建议也得到了县政府分管领导的充分肯定，并在相关工作中得到了采纳。同年6月至8月，县政协围绕“统筹城乡卫生事业发展”课题，对全县的卫生事业发展状况进行了深入调研，形成了《创新机制，统筹发展城乡卫生事业》的调研报告，并召开第十七次常委会议，提出意见建议，为县政府出台《关于进一步加快发展卫生事业的意见》和《宁海县“十一五”区域卫生规划》起到了积极作用。另外，“法治宁海”建设调研报告中的不少意见建议，在县委出台的有关文件中也得到了采纳。

开好主席会议开展专题议政活动。把主席会议专题议政作为履行职能的经常性工作，每年坚持有计划地约请有关党政部门负责人通报工作，并针对各部门工作中的薄弱环节，积极建言献策。为了更好地知情问政，相关专委会一般都在各部门通报工作前，深入了解有关情况，并形成书面发言材料，提出有针对性的意见建议。2006年，主席会议先后约请县国土资源局、县农林局、县海洋渔业局、县发展和改革局、县纪委、县环保局、县委统战部、县旅游局等单位负责人通报了土地管理工作、绿色农产品基地建设工作、水产品基地建设工作、上半年国民经济运行情况、全县党风廉政建设和反腐败工作、生态县创建工作、宗教侨务对台工作、旅游工作，对取得的成绩予以充分肯定，对存在的问题提出意见和改进措施，增进了相互了解，促进了相关工作。

充分发挥提案在参政议政中的作用。政协各参加单位和广大政协委员以提案的形式，积极建言献策，共提出提案690件。在县委、县政府高度重视和支持下，各承办单位积极配合，认真办理提案，提案的落实率不断提高。据统计，政协提案被有关单位采纳或部分采纳的占交办提案的80%以上，一批群众关心的问题得到了妥善解决，提案在政协履行职能中的作用得到了较好发挥。

注重发挥委组的基础作用。各专委会及工作小组充分发挥自身优势，深入开展视察调研活动，共形成33份调研报告，许多意见建议被有关部门及时采纳，并在工作中得到落实。镇、街道政协工委围绕本地的中心工作，通过召开座谈会、听取情况通报和开展视察、调研等活动，积极反映群众意见，为推动当地经济社会发展出谋划策。各界别小组和联络组也根据自己的特点，认真开展“送医、送文化、送科技”三下乡等活动，活跃了政协工作。

积极配合和参与市政协在宁海的有关调研活动。2003 年，主动参与了宁波市政协“促进宁波南部地区全面建设小康社会若干对策研究”课题的调研，积极为宁波南部地区统筹发展建言献策。2005 年，协助市政协开展课题成果采纳情况督查调研，并在市政协全会上以提案的形式为加快宁波南部地区发展建言献策。市委、市政府采纳政协建议，进一步加大了对宁波南部地区的扶持力度，使我县经济和社会各项事业发展得到了实惠。

四、团结合作，广泛联谊，为和谐社会建设凝心聚力。

加强同各党派、团体的联系与合作。注重发挥各党派、团体在政协工作中的重要作用，经常开展走访各党派、团体活动，交流工作，就共同关心的问题与他们开展联合调研、视察，大力支持他们以集体提案、大会发言等形式参政议政，为和谐社会建设献计出力。

充分发挥委员在构建和谐社会中的作用。积极组织委员参加调研、视察活动，为委员知情问政、参政议政搭好平台。利用政协委员和人民群众联系密切的优势，积极做好协调关系、化解矛盾、凝聚人心工作，把各方面的力量进一步凝聚到建设生态型经济强县和现代化中等城市的目标上来。开展“五个一”活动，鼓励委员在本职岗位上建功立业，引导委员积极参加防台救灾、扶贫帮困、助学助医活动。据不完全统计，四年来，委员累计捐款达 2000 多万元。

加强与港澳台同胞、海外侨胞的联系。组织政协委员和企业家赴港台进行经贸和文化交流，与在港台的宁海人士开展联络联谊活动，广泛宣传我县对外开放取得的成果、招商引资优惠政策和良好的投资环境，盛情邀请他们前来宁海考察、投资。会同侨联、台联和留联会等有关团体，广泛走访、接待港澳台同胞和海外侨胞。四年来，累计走访慰问侨界人士 70 余户，接待海外华侨、港澳台同胞及亲属 800 余人次。组织召开港澳台同胞、海外侨胞眷属座谈会，广泛宣传《中华人民共和国反分裂国家法》，深刻揭露“台独”分子分裂祖国的阴谋，统一思想，增进共识。积极宣传党的民族宗教政策，引导宗教与社会主义社会相适应。鼓励政协委员积极参与对外招商引资工作，四年来，协同有关部门引进资金累计达 4000 余万美元。

积极开展各类联谊、交流活动。充分利用传统节日，组织中秋联谊会、春节茶话会等活动，叙友情、谋发展、话统一，努力增进社会各界人士的团结和友谊。加强与各地政协的联系和交流，举办了全国十四县市区政协工作横向联系会第 27 次会议，努力学习各地政协履行职能的好做法、好经验，不断改进自身工作。认真做好文史工作，《宁海政协志》编纂工作进展顺利，整理出版了《童保暄日记》。平调研究会积极开展平调抢救工作，为宁海平调列入全国第一批非物质文化遗产名录发挥了积极作用。政协之友社、书画院、跃龙诗社等也开展了富有特色的联谊活动，进一步扩大了政协的团结面。

五、重视学习，完善制度，切实加强自身建设。

深化理论学习和研究，提高履行职能的能力和水平。县政协党组和机关党组认真开展党的先进性教育活动，组织机关干部认真学习邓小平理论和“三个代表”重要思想，深刻领会中共十六大和十六届三中、四中、五中、六中全会精神，认真贯彻落实中共中央关于多党合作和人民政协工作的两个5号文件精神，坚定不移地执行党的重大决策，把握好政协工作的正确政治方向。同时，组织学习胡锦涛总书记在庆祝人民政协成立55周年大会上的讲话、政协章程和省、市政协工作会议精神，使全体委员和政协机关干部进一步明确自己的社会责任和历史使命，牢固树立参政为民、服务大局的理念。鼓励政协机关干部和委员围绕履行职能的重点和难点开展理论研究，在《人民政协报》《联谊报》等报纸杂志上发表了20余篇理论文章，受到了各地政协的关注。

制订和完善规章制度，推进政协履行职能“三化”建设。2005年，省、市相继召开政协工作会议，对人民政协履行职能“三化”建设的总体要求，政治协商、民主监督、参政议政的主要内容、形式、基本程序和方法都作了明确规定。县委根据省、市政协工作会议精神，及时召开全县政协工作会议，制订了《关于进一步推进人民政协履行职能制度化规范化程序化的实施意见》。县政协制订完善了《全体会议工作规则》《常委会议工作规则》《主席会议工作规则》《专委会通则》《提案工作条例》等规章制度，县政协办公室会同县委办公室、县政府办公室发出了《关于进一步完善县委、县政府职能部门与政协专委会对口联系制度的通知》，为政协履行职能“三化”建设奠定了坚实的基础。在制定、完善各项规章制度的基础上，县政协注重抓好落实，使政协工作更加规范有序开展。

加强自身建设，提高服务水平。大力加强常委会自身建设，在县委的重视和县政府的支持下，结合机构改革，把政协内设机构调整为“一办四委”，配齐配强了各专委会正副主任。加强机关建设，以创建“学习型、研究型、服务型”机关为抓手，积极开展机关效能建设，进一步转变机关作风，努力提高机关的工作效率和服务水平。注重机关干部的培养、选拔和交流，努力锻造一支高素质的政协工作干部队伍。加强委员队伍建设，注重对委员开展统一战线和人民政协理论、知识的培训，及时对极个别违法违纪的政协委员进行处置，取消其委员资格，对因工作调动不能履行职责的委员作出调整，并增补部分委员，进一步优化了委员结构，维护了政协委员的良好形象。

基本经验和体会

一、坚持党的领导，努力形成良好的工作格局，是政协工作顺利开展的根本保证。

四年来，我们注意把好工作定位，自觉接受中共宁海县委的领导，把工作的着力点放到推进党政中心工作上；坚持当好参谋助手，及时向县委汇报上级政协的重要指示和有关会议精神；注重找准工作切入点，把政协工作融入党政工作的大局中去，力求把政协工作干得更好，干得更能体现政协特色。实践使我们体会到，形成“党委领导、政府支持、政协主动、各方配合”的良好工作格局，切实把坚持党的领导同发扬人民民主结合起来，牢牢把握政协工作的正确方向，才能保证政协工作的顺利开展。

二、坚持团结和民主两大主题，积极为促进科学发展与构建和谐社会服务，是政协履行职能的基本原则。

四年来，我们始终坚持把促进科学发展作为履行职能的第一要务，把凝心聚力、推动和谐社会建设作为根本任务，把实现和维护最广大人民的根本利益作为出发点和落脚点；始终坚持在参与中支持、在支持中服务、在服务中监督，与县委、县政府合心、合力、合拍。实践使我们体会到，只有围绕主题履行职能，服务大局致力发展，选准工作的结合点、共振点和切入点，才能真正地把政协工作融入县委、县政府的全局工作中去，融入县全面建设小康社会、构建社会主义和谐社会的伟大进程中去，人民政协才能真正有为有位。

三、坚持与时俱进的时代精神，不断创新履行职能的方式和载体，是政协工作取得新发展的有效途径。

四年来，我们坚持在前进中开拓，在开拓中前进，创造性地开展工作，如推出了政情交流会这一民主监督新形式，进一步完善了民主评议政府部门专项工作，坚持每年集中力量搞好两次常委会专题调研，根据界别特点邀请委员参与政协组织的调研视察活动和列席有关会议，实行提案办理面商制等。由于在履行职能的活动形式、组织方法、工作方式上不断创新，政治协商、民主监督、参政议政工作取得了新成效，“三化”建设迈出了新步伐。实践使我们体会到，只有坚持解放思想、实事求是、与时俱进、不断创新，才能使人民政协事业在全局发展中同步前进。

四、坚持不断健全工作机制，推进政协履行职能“三化”进程，是政协切实加强自身建设的重要抓手。

四年来，县政协围绕“三化”建设的重点、难点问题，不断研究新情况，总结新经验，积极为县委制订有关具体实施办法建言献策；立足自身，进一步健全完善工作机制，初步形成了政协工作制度体系；加强督查，防止制度虚置，推动“三化”建设不断取得实实在在的成效。实践使我们体会到，只有切实加强具体层面上的制度建设，明确各项工作的内容、形式和程序，形成履行职能的长效机制，才能使政协在社会主义民主政治建设中发挥更大的作用。

对八届政协的工作建议

一、要在促进科学发展上多献良策。

县政协要坚持从自身的优势和特点出发，把工作的主要精力放到对经济社会的发展趋势和全局的把握上，放到对改革发展稳定深层次矛盾的分析上，放到对全面建设小康社会、加快推进社会主义现代化建设的综合性、全局性、前瞻性问题的对策研究上，坚持以人为本，把促进科学发展作为政协履行职能的第一要务，围绕转变经济增长方式、增强科技自主创新能力、促进区域和城乡协调发展、加强生态县建设等重大课题，开展深入的调查研究。在履行职能中，要紧紧围绕县委、县政府的中心工作，坚持“有所为有所不为”的原则，紧紧抓住那些对推动全局发展有重大影响的问题，集中全力实施突破，为县委、县政府的科学决策提供重要参考。

二、要在促进和谐社会建设上多做贡献。

县政协要进一步密切与各党派、团体和各界人士的联系与沟通，支持和鼓励他们在政协的各种会议上发表意见建议，积极为他们开展视察调研、提出提案、反映社情民意创造条件，不断把政协内部方方面面的积极性、主动性和创造性调动起来，努力维护融洽和谐、生动活泼的政治局面。要主动开展对港澳台同胞和海外侨胞的联络联谊工作，不断扩大爱国统一战线，为祖国的统一大业不懈努力。要逐步建立以利益协调为核心的协商和对话机制，在政协的各种会议上，积极引导各党派、各团体、各阶层正确对待各种利益关系，求同存异，通过平等协商达成共识。要充分利用调研、视察的机会，在深入群众，深入基层，广集民情、民意和民智的同时，做好党的路线、方针、政策和法律法规的宣传工作，引导广大群众正确认识形势，自觉维护安定和谐的社会环境。要积极引导群众通过合法途径表达愿望和诉求，协助县委、县政府做好协调关系、理顺情绪和凝聚人心工作，促进社会的和谐稳定。

三、要在实现和维护人民群众的根本利益上多办实事。

县政协要充分发挥包容各界、联系广泛、代表性强的优势，坚持以人为本，倾听民意，关注民生，把实现和维护人民群众的根本利益作为政协工作的出发点和落脚点。要切实发挥好联系群众的桥梁纽带作用，进一步畅通反映社情民意的渠道，推动委员联系社会各界，如实、及时、准确地向县委、县政府反映民情民意。要努力营造良好的民主氛围，不断扩大政协工作的社会开放度，提高政协工作的社会参与度，使社会各阶层和不同利益群体的利益诉求在政协这个舞台上能够得到充分表达。要不断加大为民建言的力度，时刻把群众的安危冷暖挂在心上，高度重视改革发展进程中出现的各种矛盾和问题，积极协助县委、县政府解决好扩大就业、完善社会保障体系、理顺收入分配关系、发展社会事业等关系群众切身利益的问题，切实做到情为民所系、利为民所谋。要继续开展“五个一”活动，从群众最关心、最现实、最直接的问题入手，积极撰写提案，反映社情民意，为群众诚心诚意办实事，尽心竭力解难事，坚持不懈做好事，真正把“人民政协为人民”的理念体现到履行职能的各项工作中去。

四、要在推进社会主义民主政治建设上多下功夫。

县政协要坚定不移地坚持中共宁海县委的领导，从自身的特点和优势出发，组织好各民主党派、人民团体、无党派人士和各族各界人士有序参与政治生活，促进政治参与的组织化、有序化。要按照时代赋予的责任和要求，在规范政治协商的程序、提高民主监督的组织化程度、创新参政议政的方式上积极探索，努力推进民主政治建设。要充分发挥政协各参加单位和广大政协委员的作用，努力开辟和畅通各界群众表达意见的途径和渠道，把各方面的利益诉求和愿望引导到社会主义民主和法治的轨道上来。要根据实际需要邀请有关社会人士参加政协的专题调研和视察活动。要做好群众来信来访工作，保证社会各方面的意见和愿望能得到顺畅表达，为经济社会发展减少阻力，增加助力，形成合力。

五、要在切实加强自身建设上多出实招。

要充分发挥政协党组的领导核心作用，把政协领导班子建设成为政治坚定、作风民主、恪尽职守、清正廉洁、团结坚强、奋发有为的领导集体，不断增强自身的凝聚力和吸引力，团结和带领全体委员履行职责，共同把政协工作做好。要进一步加强同各民主党派、人民团体和无党派人士的联系，完善定期走访、通报情况、工作协调制度。要根据界别特点和优势，建立界别活动制度，健全界别活动机制，积极探索发挥界别作用的方法和途径。要组织好委员的学习和培训，促进委员不断提高自身素质。要继续开展“学习型、研究型、服务型”机关创建活动，充分发挥专委会的职能作用和机关的服务保障作用，加强对镇、街道政协工委的工作指导。要强化政协干部队伍建设，努力造就一支政治坚定、作风优良、知识丰富、业务熟练的高素质政协干部队伍。

在政协第九届宁海县委员会第一次会议闭幕式上的讲话

中共宁海县委书记　卞吉安

（2012 年 2 月 18 日）

各位委员、同志们：

政协宁海县九届一次会议，经过全体委员和与会同志的共同努力，圆满完成了各项议程，就要胜利闭幕了。会议期间，大家以高度的政治责任感和使命感，以高昂的参政议政热情，认真履行职责，积极建言献策，提出了许多宝贵的意见和建议，讨论通过了《关于县政协委员履行职责的若干规定》，选举产生了新一届县政协领导班子。这次大会开得很成功，是一次民主求实、团结鼓劲的大会，是一次凝聚力量、共谋发展的大会。在此，我代表中共宁海县委，对大会的圆满成功表示热烈的祝贺！

在过去的五年里，县政协八届委员会紧紧围绕改革、发展、稳定大局，始终突出团结和民主两大主题，积极开展“协商、协调、协助、协作”等工作，全面履行政治协商、民主监督、参政议政职能，为推进我县经济社会又好又快发展做出了重要的贡献。县委对县政协近年来的工作是满意的，对县政协取得的成绩是充分肯定的。在此，我代表中共宁海县委，向关心和支持宁海经济社会发展的广大政协委员和各民主党派、工商联、人民团体、社会各界人士表示衷心的感谢！

今后五年，是我县加快转型升级，实现科学发展、跨越发展的关键时期。县第十三次党代会提出了“务实创新，开放统筹，建设滨海生态县、打造人居幸福地”的宏伟目标，努力“让更大多数人过上更幸福的生活”，这既是全县人民的美好期望，也是时代赋予我们的崇高责任。在新的形势下，政协的任务将更加繁重，履行职能的要求也将更加严格。我们一定要继续保持和发扬优良传统，更好地发挥政协组织“协调关系、汇聚力量、建言献策、服务大局”的作用，充分调动各方面的积极性、主动性、创造性，努力形成建设滨海生态县、打造人居幸福地的强大合力。在此，我代表县委，对政协工作提几点希望和要求：

一、围绕中心，服务大局，为科学发展献计出力

加快发展始终是我县经济社会发展最为紧迫的任务，也是人民政协履行职能的第一要务。县政协要紧紧围绕发展大局，统筹思考和谋划工作，体现政协工作特点，找准工作切入点，发挥“人才库”和“智囊团”作用，通过“有为”实现“有位”。一是要紧扣中心。始终做到与县委、县政府目标同向、工作同步，与大局和中心“同频共振”。要“善思发展之策、善谋改革之计、善建利民之言”，紧盯项目开发、城市建设、统筹发展、环境创优、和谐共建等工作，组织力量，深入调研，努力使社会各界的意见和建议，融入党委、政府的决策中去，化为指导和推动经济社会发展的措施。二是要创新思路。坚持以科学发展观为指导，不断更新观念，遵循规律，使所建之言、所立之论更加科学合理、切实可行。要以创新的胆识、创新的形象、创新的作为，拓宽政治协商的新领域，探索民主监督的新形式，创造参政议政的新途径，形成促进工作的新机制，真正做到“团结合作有位、政治协商有方、民主监督有力、参政议政有为”。三是要务求实效。坚持脚踏实地，真抓实干，真正使“协商、监督”与“支持、服务”紧密结合起来，做到“在参与中支持、在支持中服务、在服务中监督”，把政协具有的独特优势，转化为推动发展的强大动力，以实实在在的工作业绩，体现履职成效，树立政协形象，展示委员风采。

二、发扬民主，增进团结，为和谐发展凝心聚力

懂得团结群众是大智慧，能够团结群众是大本事。县政协要始终高扬团结民主的大旗，把各方面的思想和认识统一好，把各方面的智慧和力量凝聚好，把各方面的利益和需求协调好，汇聚全县力量共同开创宁海美好的未来。一是要进一步发扬民主作风。积极畅通民主渠道，丰富民主形式，努力营造“知无不言、言无不尽、融洽和谐、生动活泼”的良好氛围，努力使各方面的意见和建议、要求和愿望在政协这个平台上得到充分表达，使政治协商、民主监督、参政议政的过程真正成为发扬民主的过程，最大限度地调动和保护各方面的主动性、积极性。二是要进一步密切联系群众。经常深入基层、深入群众，了解他们的情况，倾听他们的呼声，反映他们的要求，理顺情绪，鼓舞士气，着力解决事关群众切身利益的问题，最大限度地消除不和谐因素。适时掌握民情，积极反映民意，充分集中民智，协助党委、政府把民情民意了解得更清晰、真切，把政策制定得更实际、确切，把工作做得更细致、贴切，努力为宁海统筹发展、和谐发展创造良好环境。三是要进一步加强团结协作。充分发挥政协组织在沟通感情、联络友谊、凝聚人心等方面的独特优势，深交老朋友，广交新朋友，积极开展多层次、多渠道、多形式的联谊工作，切实加强项目对接、引资引智和牵线搭桥等工作，共同推动宁海加快发展。

三、搭建平台，积极作为，为跨越发展尽心尽力

人民政协工作是县委全局工作中的重要组成部分，在全县跨越发展的进程中起着不可替代的作用。一是要高度重视政协工作。县委将进一步加强和改善对政协工作的领导，把最广泛的爱国统一战线巩固好、发展好，把中国共产党领导的多党合作和政治协商制度坚持好、完善好，把人民政协的独特优势运用好、发挥好，推动人民政协更加富有成效地开展工作。要把政协工作纳入重要议事日程，统筹研究解决政协工作中遇到的重大问题，为人民政协履行职能、开展工作搭建平台、创优条件。二是要切实加强政协自身建设。县政协要按照章程独立负责、协调一致开展工作，进一步推进履行职能的制度化、规范化和程序化建设，切实提高工作水平和质量，努力做到在促进发展上有新贡献，在凝聚人心上有新作为，在协商监督上有新特色，在参政议政上有新成果，在自身建设上有新面貌。广大政协委员要不辱使命，不负众望，带头解放思想，带头更新观念，带头创新创业，带头展示形象。三是要大力支持政协开展工作。各级各部门要鼎力支持政协工作，切实加强与政协的联系，自觉接受政协民主监督，对政协提出的建议、提案，反映的社情民意，要认真办理，并主动关心和帮助政协解决一些实际困难和问题，真正让政协和政协委员“政治有地位、建言有机会、出力有舞台”，在全社会进一步营造重视、支持政协工作的良好氛围。

各位委员、同志们，众志乘长风，同心创伟业。新形势、新任务催人奋进，人民政协肩负着新的使命，新一届政协必将有新的作为。我们一定要始终坚持“务实创新、开放统筹”的要求，紧紧围绕“建设滨海生态县、打造人居幸福地”的目标，进一步解放思想、和衷共济，抢抓机遇、共谋发展，为推动宁海经济社会科学发展、跨越发展做出新的更大的贡献！

政协第八届宁海县委员会常务委员会工作报告（摘录）

（2012 年 2 月 14 日在县政协第九届委员会第一次会议上）

宁海县政协主席　尤玲娟

八届政协工作回顾

一、着眼全局，突出重点，政治协商广泛深入

全体会议整体协商。围绕县第十二次党代会确定的奋斗目标和工作任务，认真听取和讨论县政府工作报告以及其他报告，组织参政议政大会发言，开展全体委员视察重点实事工程建设，组织联组讨论。委员们以高度的政治责任感和使命感，反映各界呼声，提出了许多有分量、有价值的意见建议，内容涉及经济发展、“三农”工作、教育文化卫生、人口资源环境、旅游开发、平安宁海、城市建设和管理等各个方面，共谋宁海发展良策。

常委会议专题协商。精心选择议题，协商内容广泛。深入开展调研，召开常委会议，先后就国民经济运行情况、党风廉政建设和反腐败工作、重点实事工程建设、新型农村合作医疗、节能减排、“十二五”规划等 25 项关系宁海发展的重要问题进行专题协商讨论，提出对策建议 136 条。这些协商意见，得到县委、县政府领导的充分肯定，很多意见建议被采纳并进入县委、县政府及有关部门决策程序。

主席会议重点协商。主席会议协商有计划，有重点，不断深化。加强统筹协调，有计划安排重要协商议题和协商活动。五年来，主席会议围绕财政预决算、国民经济和社会发展主要指标等内容开展协商讨论，积极建言献策，体现了“重大问题协商在党委决策之前、人大通过之前、政府实施之前”的政治协商工作要求。2011 年，围绕《中共宁海县委关于加强和创新社会管理的决定》开展协商讨论，就生态文明建设、社会治安综合管理和城区交通安全等方面提出了建议。

二、关注民生，反映民意，民主监督积极有力

提案工作重落实。五年来，共收到提案781件，同比增加13.5%，审查立案760件，提案数量明显增加，质量明显提升，落实率明显提高。积极探索提案征集、办理、落实和反馈的新途径、新方法，制定《关于进一步加强和改进提案办理工作的若干意见》并由县府办转发，出台《提案办理民主评议实施办法》，规范全县党政机关办理程序，逐步形成联合办理、整体推进、协调高效的工作机制。坚持主席、副主席分工督办重点提案，每年就提案落实情况开展专项监督，提案落实率逐年提高，五年来，承办单位已经落实和列入计划落实率达到80.5%，2011年达到85.2%，提案工作不断取得新成效。

政情交流重评议。通过政情交流和民主评议、政情通报、行风评议、特邀监督等形式，加强民主监督。开好政情交流和民主评议会，先后就食品药品安全、两城联创、保增促调政策落实情况、社会保障和救助、菜篮子和水电气等群众关注的热点问题，与相关部门负责人进行面对面交流；坚持通过常委会议、主席会议、政情通报会等多种方式，听取政情通报，咨情知政；积极配合机关效能建设、卫生县城创建等活动，组织委员参与评议、督查等工作；发挥特邀监督员的作用，担任各行业各单位特邀监督员的50多位委员，积极参加视察、检查、评议以及暗访活动，有效开展民主监督。

视察活动重实效。把组织委员视察作为加强民主监督的一种有效手段。五年来，按照“小型、专题、实效”的原则，分别就县重点实事工程、平安宁海、大森林大景区建设等工作开展各类视察118次。察实情、促工作、重实效，肯定成绩实事求是，反映问题直言不讳，促使相关部门提高工作效率，转变工作作风，提升服务水平。

社情民意重民智。建立健全信息工作网络，坚持委员约谈制度，扩大信息来源，挖掘信息深度，提高信息质量，为党政领导了解民情、掌握民意发挥了积极作用。五年来，共向上级政协报送信息125条，向县委、县政府报送《社情民意》32期，其中《要大力制止孕妇剖腹产比率过大趋势》《反思高铁事故后的三点建议》等21件信息被全国政协和市政协录用，《高度重视解决农民卖橘难问题》《开通中考成绩网上查询系统的建议》等26件信息获县主要领导批示。2011年，县政协再次荣获市政协反映社情民意信息工作先进单位。

三、服务发展，建言献策，参政议政成效明显

常委会坚持把调查研究作为参政议政的基础性工作来抓。五年来，共完成专题调研课题31个，形成专题调研报告52份。促进调研成果进入党政决策程序，成为县委、县政府决策的依据，为党委、政府科学决策服务。

为服务大局资政谋策。选择事关宁海发展、远景规划的问题，开展了大量专题调研活动。围绕农业现代化建设课题，开展广泛深入调研，向县委、县政府报送了《关于构建现代农业体系，促进新农村建设的建议案》；围绕优化城区教育布局课题开展调研，形成建议案，为教育、规划等部门编制城区教育布局规划起到了重要参考作用；围绕优化政区设置和加强农村公共服务体系建设等课题开展调研，为我县制定“十二五”规划和远景目标提供参考；围绕发展山区经济、农房“两改”和水资源利用等重要课题开展调研，提出了一系列意见建议，为我县经济社会发展大局做出应有贡献。

为经济发展建言立论。为积极应对国际金融危机的影响，更好地保增长、调结构、抓改革、促稳定，围绕提升开发区建设管理水平、节能减排、增强工业经济竞争力、促进中小微企业发展、加强电镀城管理、促进校企合作等课题开展调研，形成了一批调研成果。在《增强工业经济竞争力，提高工业化水平》调研报告中提出设立县长质量奖、加快宁东园区开发、推广变频节能技术、加快国家级循环经济示范区的申报和建设，在《关于促进中小企业发展的对策建议》中提出着力缓解企业融资难题、积极推进企业转型升级等建议。这些建议引起县委、县政府高度重视，被吸收到我县出台的创业创新50条、扶持中小企业21条等政策举措中，帮助企业度过金融危机，促进我县经济平稳较快发展。

为民生民利献计出力。切实把实现好、维护好、发展好最广大人民的根本利益作为人民政协工作的出发点和落脚点。围绕城区交通管理、小区物业管理和卫生事业发展等民生民利事项开展专题调研，为改善民生、提高人民群众生活质量做了大量富有成效的工作。围绕五大溪流治理，2011年，常委会组建调研组，深入相关县直部门和乡镇（街道）实地调研，经过充分论证，提出了科学规划合理建设、维护溪流自然生态原貌、设置专门机构、制定有效政策和开展综合治理等意见建议。《人民政协报》对我县重视小流域治理工作作了专题报道，县政府主要领导为此作了批示，并对政协调研工作表示了充分肯定。

四、把握主题，促进和谐，统一战线日益巩固

常委会坚持把促进社会和谐作为履职的目标，求同存异、增进共识、加强团结、发扬民主，努力促进社会和谐稳定。

发挥党派团体在政协中的作用。坚持发扬民主作风，畅通民主渠道，调动和发挥各民主党派、人民团体的积极性。建立和健全与民主党派、人民团体的联系制度，加强相互沟通，促进合作共事，使各民主党派、人民团体在政协组织中的作用得以充分发挥。重视民主党派成员、人民团体提出的提案，不断加大督办力度。五年来，民主党派和人民团体共提出提案63件，这些提案都得到较好落实。

不断扩大与各界人士的沟通联系。进一步活跃联谊交友工作，拓宽与各界人士的沟通渠道。每年举办中秋茶话会、座谈会等活动，加强与各界人士的联络，激发全体委员和各界人士的爱国爱乡热情；会同县委统战部门走访归侨侨眷，累计接待海外侨胞、港澳台同胞及其亲属380余人次，为他们探亲访祖、投资考察等做好联络接待工作；加强文史资料工作，发挥文史资料在团结海内外各界人士中的特殊纽带作用。2011年，编辑出版了《宁海楹联集成》和《辛亥革命时期的宁海人》等书籍。支持政协之友社、书画院、平调研究会和跃龙诗社开展活动，发挥他们在团结联谊方面的优势和作用。

精心组织系列节庆和文化活动。组织委员和各界人士开展纪念人民政协成立60周年、中国共产党建党90周年、辛亥革命100周年等重要活动，弘扬中华民族团结爱国、英勇奋斗的精神和统一战线的光荣传统；开展纪念改革开放30周年和县政协成立25周年系列活动，话团结、促友谊、谋发展；承办首届宁波市政协系统书画作品巡回展和知名诗人走宁海写宁海活动，组织参加省“兰亭奖”及市“天一奖”书法大赛，开展文化交流，为弘扬传统文化做出了努力。

五、创先争优，夯实基础，履职能力不断加强

自身建设的力度和成效，决定着政协履行职能的质量和水平。常委会通过开展系列主题学习实践活动，切实加强政协自身建设，不断提升履职能力。

致力提高委员履职水平。建立健全政协委员学习制度，不断深化学习内容，组织全体委员集中学习培训，深刻理解人民政协的性质、地位和作用，正确认识新时期政协工作的重要性以及委员职责。五年来，坚持以会代训、专题培训、为委员赠订报刊和印发学习资料等形式，引导委员自学。通过学习培训，全体委员增强了做好人民政协工作的信心和责任感，提高了为民履职的能力和水平。

努力拓展委员履职平台。搭建委员横向互动、上下联动平台，加强与政协委员的联系，为委员提供高效优质服务。五年来，政协机关与镇（街道）政协工委通过走访联谊、组织委员调研视察等形式开展活动86次，为委员解决各种实际问题200余个。广大委员在做好本职工作的同时，积极开展“三下乡”、抗震救灾、扶贫帮困、结对助学等公益活动。据不完全统计，五年来，全县政协委员累计捐款捐物达3000余万元。加强政协宣传工作，建立宣传网络，展示委员风采。市级以上新闻媒体采用县政协稿件96篇，其中被省、国家级报刊采用15篇。

着力提升政协机关形象。抓载体促素质提升，以争创学习型机关为载体，机关学习做到年有计划、季有专题、月有安排，形成了“在工作中学习，在学习中提高”的良好氛围，努力做到学以增智、学以立德、学以致用。抓活动促作风建设，组织开展“三思三创”等主题教育实践活动，改进机关作风，机关干部团结协作，求真务实，争创新业绩。抓管理促工作落实，修订完善工作制度，建立政务公开机制，机关工作效率和服务质量有了新提高。县政协办公室多次被评为机关党建工作先进单位。

主要经验和体会

一、坚持党的领导，是做好政协工作的根本保证

我县政协事业不断取得新发展，最重要的就是自觉坚持和维护中共宁海县委的坚强领导，保持正确的政治方向。县委按照总揽全局、协调各方的原则，把政协工作纳入党委重要议事日程，研究部署政协工作。召开全县政协工作会议，出台《关于加强和完善人民政协政治协商的意见》等文件，为政协工作开展创造良好环境。积极参加县政府与县政协工作联系对接会，发挥政协参政议政作用。县政协党组自觉把政协工作融入全县工作大局，坚持重要问题、重要工作向县委报告请示。全县形成“党委重视、政府支持、政协主动、各方配合、社会关注”人民政协事业发展的生动局面。

二、推动科学发展，是做好政协工作的第一要务

常委会始终把推动科学发展作为履行职能的第一要务，围绕县委、县政府的中心工作，紧紧抓住影响全县经济社会发展的宏观性、战略性、前瞻性问题，深入开展专题调研，认真组织协商讨论，为推动宁海经济社会跨越发展提供智力支持。五年来，开展了一系列调查研究，向县委、县政府提出了一大批高质量提案和建议案，在服务发展上发挥了应有的作用。实践证明，只有始终围绕党委、政府的中心工作，坚持科学发展，与县委、县政府思想上同心同德，目标上同心同向，工作上同心同行，政协工作才能大有作为。

三、创新工作思路，是做好政协工作的不竭动力

常委会在坚持和发扬优良传统的同时，积极探索履行职能的新形式、新举措，不断推动“三在前”政治协商制度的落实，初步形成了全体会议整体协商、常委会议专题协商、主席会议重点协商、专委会对口协商的协商格局。不断改进调查研究工作，坚持“少而精、专而深”的原则，每年选择几个事关全局的课题，集中精力做深做透，提高调研质量，促进成果转化。创新主席会议议政形式，将主席会议延伸到乡镇（街道），深入到部门单位，丰富议政内容，推动工作落实。不断探索民主监督方式，形成了运用视察、提案、评议、反映社情民意相结合的民主监督新形式，增强了监督的实效。实践证明，只有坚持创新和发展，政协工作才会充满活力。

四、促进社会和谐，是做好政协工作的重要责任

人民政协作为最广泛的爱国统一战线组织，具有政治上的巨大包容性和组织上的广泛代表性，体现了中华民族和衷共济、兼容并蓄的优良传统。在工作中，常委会把“长期共存、互相监督、肝胆相照、荣辱与共”的方针体现在政治合作之中，把民主协商、平等议事、求同存异、体谅包容的原则贯穿于履行职能的始终，把协调关系、化解矛盾、理顺情绪、增进共识的工作作为凝心聚力的重点，调动一切积极因素，团结一切可以团结的力量，共同致力于和谐宁海建设。实践证明，只有营造团结民主的良好氛围，调动各界人士的积极性，凝聚社会各方的力量和智慧，政协工作才会更有成效。

五、发挥委员作用，是做好政协工作的必然要求

政协委员是政协工作的主体。常委会充分发挥委员主体作用，不断创新活动形式，拓展活动渠道，最大限度地把委员的积极性、主动性、创造性调动起来，形成履行职能的强大合力。急委员所急，想委员所想，在履职上支持委员，在工作上帮助委员，在生活上关心委员，积极为委员排忧解难，增强政协组织的凝聚力、号召力和影响力，全体委员同心谋求发展，合力共建和谐，携手为全县经济社会发展尽职尽责。实践证明，政协工作的潜力在委员，实力在委员，活力也在委员。只有切实维护委员民主权利，尊重委员首创精神，发挥委员主体作用，政协工作才能保持蓬勃生机。

今后五年的工作建议

一、坚定正确政治方向，为发展社会主义民主政治做出新贡献

继续认真学习中国特色社会主义理论体系，学习贯彻胡锦涛总书记在庆祝人民政协成立60周年大会上的重要讲话和中共十八大会议精神，不断深化对新时期人民政协使命和责任的认识，不断增进对中国特色社会主义的政治认同和思想认同。坚持推进社会主义核心价值体系建设，努力做到在加强学习中凝聚共识、在把握大局中明确方向、在深化认识中推动实践。自觉把党的基本理论、基本路线、基本纲领、基本经验贯彻落实到政协工作中去，倍加珍惜、自觉维护中国共产党领导的多党合作和政治协商制度。不断加强同民主党派合作共事，推进中国特色社会主义民主政治建设，形成政治环境宽松、民主氛围浓厚、团结和谐稳定的良好局面，坚定不移地走中国特色社会主义政治发展道路。

二、增强服务大局意识，为推动科学发展做出新贡献

始终坚持围绕中心、服务大局的工作原则，深刻认识今后五年宁海发展的主线，切实把推动科学发展作为人民政协履行职能的第一要务。选准政协工作与中心工作的最佳结合点和切入点，着眼发展，胸怀全局，把履行职能的着力点放在对实现全面、协调、可持续发展的思考上，把工作重点放在破解制约宁海经济社会发展的难点重点上。充分发挥政协智力密集、人才荟萃的优势，努力增强建言献策的主动性、预见性、针对性。围绕县委提出的加快推进新型工业化、新型城市化、全域生态化总体要求，着力在加快经济转型、推进城乡统筹、创新社会管理等方面，深入开展调查研究，协商建言，促进县委、县政府科学决策和民主决策，推动各项重大政策举措落到实处。

三、坚持真情为民履职，为提升民生幸福做出新贡献

更加注重以人为本，以民为先。注重群众幸福感的提升，坚持把增进民生福祉贯穿经济社会发展始终，为解决人民群众最关心、最直接、最现实的问题献计出力。要把建设经济发达、城乡宜居、生态优美、社会和谐的幸福美丽新家园，作为政治协商的重要议题、民主监督的重要内容、参政议政的重要任务，努力促进劳动就业、社会保障、医疗卫生、教育文化、收入分配、食品安全等有关民生问题得到有效解决。要更加关注困难群众的生产生活，充分发挥政协优势，广泛发动社会各界力量，组织开展“察民情、汇民意、解民困”为民办实事办好事活动，充分体现政协组织和政协委员的社会责任。

四、突出团结民主主题，为建设和谐宁海做出新贡献

坚持发扬民主、增进团结、协调关系、化解矛盾的优良传统，努力为促进政党关系、民族关系、宗教关系、阶层关系、海内外同胞关系的和谐发挥积极作用。继续坚持民主协商、平等议事、求同存异、体谅包容的原则，不断拓展各民主党派和无党派人士在人民政协履行职能的平台，大力支持他们通过人民政协开展参政议政、民主监督活动。认真贯彻党和国家的民族政策和宗教政策，广泛团结少数民族和宗教界人士，密切与社会各阶层人士的联系，关注不同阶层的利益诉求，重视新社会阶层人士工作，切实维护弱势群体的利

益，团结和鼓励各阶层人士共同致力于推进经济社会不断向前发展。进一步拓宽与港澳台侨各界人士的联系渠道，支持他们参与建设宁海、推进祖国和平统一大业。

五、加强政协自身建设，为提高科学化水平做出新贡献

努力适应人民政协事业发展的新形势新要求，把提高自身素质和能力放在更加突出的位置。要增强政协界别的专长作用，强化界别民意通道功能，活跃界别履职活动，反映界别意见，表达界别愿望，发扬界别民主；要增强专委会的基础作用，加强与有关部门的对口联系，指导委员和界别小组通过调研、视察、学习、考察、联谊等活动，不断提高专委会的工作水平；要突出委员的主体作用，全体委员要牢固树立“以作为求地位，以贡献求支持，以创新求发展”的理念，做到想作为、敢作为、会作为、善作为，继续在委员中开展“五个一”活动，运行委员服务管理系统，完善委员履职情况考核考评制度；要发挥好政协机关的服务作用，持之以恒地推进政协机关的思想建设、作风建设、制度建设、廉政建设和干部队伍建设，努力在以科学理论指导、科学制度保障、科学方法推动工作上取得实效，把政协工作和政协机关建设提高到一个新的水平。

在政协第十届宁海县委员会第一次会议闭幕式上的讲话

中共宁海县委书记　杨　勇

（2017 年 2 月 19 日）

各位委员、同志们：

政协第十届宁海县委员会第一次会议，圆满完成了各项议程，今天就要胜利闭幕了。会议期间，各位委员和列席同志以饱满的政治热情、高度的责任感和使命感，集中精力履行职责，紧扣大局参政议政，充分体现了心系宁海、热爱宁海的真挚情感，充分表达了建设宁海、发展宁海的拳拳之心。这是一次团结和谐、提神鼓劲、开拓进取的大会。在此，我代表中共宁海县委，对会议的圆满成功，对新一届县政协领导班子的成功当选，表示热烈的祝贺！对出席会议的新一届政协委员，表示亲切的问候和良好的祝愿！

回顾过去的五年，我们既经历了奋斗的艰辛，更收获了发展的喜悦，全县经济社会发展呈现出良好态势，各项工作取得全面进步。这是全县上下团结拼搏、砥砺前行的结果，也是县政协以及各民主党派、工商联、无党派人士和社会各界人士尽职尽责、积极作为的结果。五年来，第九届县政协高举团结民主的大旗，通过开展政治协商、民主监督、参政议政工作，在协调关系、汇聚力量、建言献策、推动发展、促进和谐等方面发挥了重要作用，为宁海全局做出了重大贡献。在此，我代表中共宁海县委，向第九届政协主席班子、常务委员会及全体政协委员表示衷心感谢！

各位委员、同志们，今天的宁海，已经站在了一个新的历史起点上，目标催人奋进，任务艰巨而光荣。今天的宁海，天时、地利、人和，心齐、气顺、劲足，我们要倍加珍惜当前的良好局面，以舍我其谁的担当、干则必成的信念、众志成城的姿态，唱好不负时代使命、不负人民重托的宁海发展大合唱，奋力谱写新的华彩篇章。

唱好宁海发展大合唱，必须把牢正确的政治方向，步调一致向前进。中国共产党领导的多党合作和政治协商制度，是历史的选择、是人民的选择，是中国基本政治制度的特有优势。坚持中国共产党的领导，不忘初心，方得始终；不忘本来，才能开辟未来。我们要牢固树立“四个意识”，坚定“四个自信”，自觉维护以习近平同志为核心的党中央权威，用坚定的信念和使命站岗，用强烈的责任和担当守望，沿着正确的方向、踩着坚实的步伐奋勇前行。我们要积极秉承肝胆相照、荣辱与共的光荣传统，风雨同舟，携手同行，坚守共同的梦想，坚定不变的追求，坚持真挚的情怀，彰显忠诚履职的政协本色。我们要始终坚持工作一盘棋，同唱一个调，心往一处想，劲往一处使，以更有力度的参政，汇成推动发展的满满精气神，以更有热度的协商，聚起社会和谐的满满正能量，以更有温度的建言，撑起造福人民的满满获得感。

盛会起宏图，群情向未来。今后五年是我县全面落实“十三五”规划，在更高水平上全面建成小康社会的关键时期。新形势、新任务对政协工作提出了新的更高要求，也为政协事业的发展提供了新的机遇。政协各参加单位和广大政协委员要始终坚持党的领导，坚定正确的政治方向。要牢固树立“四个意识”特别是核心意识、看齐意识，毫不动摇地坚持中国共产党的领导，毫不动摇地维护以习近平同志为核心的党中央权威，毫不动摇地坚持中国特色民主政治道路。要全面贯彻党的十八大和十八届三中、四中、五中、六中全会和习近平总书记系列重要讲话精神，认真落实县第十四次党代会部署要求，真正做到与党委思想同心、目标同向、行动同步。

要紧扣改革发展大局，认真履行政协职能。人民政协要更好发挥作为协商民主重要渠道和专门协商机构的重要作用，坚持发展第一要务不动摇，把创新的氛围造得更浓，把富民的举措抓得更实，使发展趋向、工作导向、奋斗指向更加鲜明、更加突出、更加集中；要充分发挥政协人才荟萃、联系广泛的优势，进一步发扬民主，集思广益，调动各方面的积极因素；要坚持以人为本，把关注民生、保障民生、改善民生作为履行职能的重要内容，协助党委、政府解决好人民群众最关心、最直接、最现实的利益问题，让民生幸福更有“质感”、更有“温度”；要时刻保持强烈的责任意识、机遇意识、忧患意识，以更加开放的思维理念、更加执着的拼搏精神、更加务实的工作作风，在政协岗位尽忠职守，认真履职，向全县人民交上一份满意的答卷。

新形势催人奋进，新使命鼓舞人心。从这个春天起步，向梦想出发，人民政协使命光荣，责任重大，任务艰巨。全县政协各参加单位和广大政协委员将肩负起时代和历史赋予的光荣使命，认真贯彻中央各项方针政策，认真落实县委重大决策部署，努力在巩固共同思想政治基础上有新进步，在推动追赶跨越、美丽崛起上有新贡献，在化解矛盾、促进和谐上有新作为，在健全社会主义协商民主制度上有新探索，为宁海早日跻身全国强县第一方阵做出新的更大的贡献！

政协第九届宁海县委员会常务委员会工作报告（摘录）

（2017 年 2 月 15 日在县政协第十届委员会第一次会议上）

宁海县政协主席　尤玲娟

五年工作回顾

一、围绕中心，致力发展，服务大局作用进一步发挥

高度关注重要规划制定。着眼我县经济社会发展中全局性、综合性、前瞻性问题进行调研，为县委、县政府科学决策提供参考。围绕“十三五”规划的制定，召开主席议政会、常委会议，听取编制情况通报，进行专题协商讨论，并向政府部门反馈意见和建议。组织力量调研“三门湾宁海重点区域开发”课题，形成建议案报送县政府，被吸纳到三门湾区域发展规划中。2016 年 5 月，国家发改委、住建部公布《长江三角洲城市群发展规划》后，及时组织民盟宁海基层委员会就“主动对接宁波都市圈，打造甬台同城发展先行区”课题开展调研，为宁海抢占发展先机提供决策参考。五年来，常委会还就宁海县域总体规划修编、旅游业“十三五”发展规划等事关宁海长远发展的战略问题协商建言，提出了一大批高质量的意见建议，在党政部门制定有关政策文件、重要规划和部门工作中得到较好体现。

大力推进经济转型升级。围绕模具、现代物流、生物医药和新能源汽车产业发展等课题进行专题协商，为突破传统优势产业发展瓶颈，培育壮大战略性新兴产业献智献策。为助推“中国制造 2025”国家战略在宁海落实，组建“实体经济发展中的人才短板”课题调研组，撰写了关于企业家、白领、蓝领人才队伍建设的三篇调研报告，提出“要注重发挥企业家群体在经济转型中的主体作用”“高度重视蓝领队伍建设”等建议，被吸纳到《宁海县“十三五”人才发展规划》中，《滋养企业家精神　提升宁波制造精气神》调研报告还在市政协“找短板补短板，我为宁波‘十三五’规划落实建一言”征文中获得第二名。就民间投资低迷影响经济发展的问题，组织委员开展专题调研，形成《拉动民间有效投资　助推经济社会发展》调研报告，被市委办公厅作为调研信息录用，县委主要领导作出批示，要求县政府认真研究落实。积极响应全县重大项目攻坚突破行动，开展“我为推进重大项目献良策”、助推“双清”行动等活动。五年来，常委会还就金融环境优化、旅游产业提升、电子商务发展等主题调研协商，相关成果为我县优化服务环境、加快产业转型升级提供了重要参考。

精心谋策城乡统筹发展。紧盯加快城镇化建设主题，2013 年形成《以培育中心村为支点　推进新型城镇化建设》调研报告，提出“单列用地指标，破解土地制约”“社区化建设中心村，强化公共服务建设”等建议，被县政府吸收在《宁海县加快推进城镇化建设“十个一”工程实施意见》中，2014 年再次组织视察调研，对协商建议的办理落实情况开展“回头看”，较好地推动了我县新型城镇化建设。围绕新农村建设，就打造美丽

乡村、加大农业综合开发投入、加快农村金融普惠发展等方面提出的20多条建议，都在新农村建设的相关文件中得到体现。其中构建现代农业经营体系的建议，还被全国政协批转到农业部办理；加大力度保护传统村落的建议，直接推动有关部门编制保护规划、设立专项保护资金。五年来，常委会还就城乡公交一体化、城市精细化管理、农业排涝水、乡村休闲旅游发展等问题开展视察监督，提出了许多针对性、操作性较强的意见建议。

全力参与生态文明建设。积极参与省、市政协开展的“三级政协联动，助推‘五水共治’专项民主监督”系列活动，2014年以来共组织委员开展“百名委员同行，共推‘五水共治’”“宁海江河四季访”等各类活动74次，督查河道126条，提出意见建议105条。政协委员为“五水共治”捐款2000多万元。《推动水源地生态补偿长效机制建设的建议》得到省、市领导批示，直接促使宁波市生态补偿标准作出调整。紧扣环境整治提升主题，将“综合环境整治提升”作为重点调研课题，形成有关水环境和大气治理、城乡环卫保洁、农村“两违”治理等5篇调研报告，相关建议得到党委政府重视。把开展“关注森林”活动作为工作重点，连续五年调研森林植被保护与恢复情况，并在2015年召开政情交流会，为我县成功创建省级森林城市做出积极贡献。五年来，常委会还就“三改一拆”、近海生态保护、河道采砂整治等工作开展调研视察，为我县擦亮国家生态县招牌、打造生态名城出谋划策。

二、以人为本，倾力民生，履职为民宗旨进一步彰显

尽力为民建言多谋民利。围绕教育、养老、食品安全等重要民生问题积极建言。在教育事业发展方面，召开“城区教育均衡发展”政情交流会，提出“落实好中小学布点专项规划”“建立城乡一体化教师轮岗机制”等建议，成为县政府教育均衡化发展决策中的重要内容；开展“学前教育普惠发展”调研，召开常委会专题协商，与有关部门负责同志进行恳谈交流。在养老事业发展方面，召开专题协商会，提出“推进医养服务信息化建设”“推广抱团养老新模式”等建议。在食品安全方面，连续两年进行专题调研，并对县农林局、县海洋渔业局、县市场监管局等部门开展专项民主监督。五年来，常委会还就“三车”整治、医疗卫生事业发展、保障房建设、特种设备监管等问题议政监督，提出涉及民生的各类提案319件，有力推动了相关工作的落实。

积极反映社情汇聚民意。发挥反映社情民意工作在政协服务民生中的重要作用，建立8个委员联络站，定期安排委员收集民情民意。五年来，共向上级政协和县委、县政府反映社情民意信息305条，被全国政协录用6条，市委、市政协录用51条，得到领导批示14次，促进了有关民生问题的解决。《城区部分公园设施落后影响居民锻炼休闲》的信息报送后，县政府高度重视，投入近500万元对一休公园、银菊公园进行了全面改造，赢得群众广泛好评。《穿镇道路十字路口急需安装红绿灯》信息刊送后，县政府安排专项资金在乡镇主要道口开展交通信号灯建设，有力提升了群众出行的安全感。

真情服务基层助解民忧。以回报社会、奉献爱心为己任，广泛开展各类送温暖献爱心“惠民生”活动。2013年创立县政协慈善爱心基金，委员捐款总额达到229万元。几年来依托基金收益相继开展了“金秋助学”“关爱孤寡老人”“助残救困”等多项慈善公益活动，受益人数达300多人。五年来，组织200多名各界别委员、专业技术人员上高山、下海岛、进社区，开展“送文化、送卫生、送科技、送教育、送法律、送体育”等活动。组织委员和机关干部开展志愿服务，帮助群众解决实际困难，积极参与“党群同心圆”，开展各类志愿服务300多次，认领“微心愿”100多个，机关干部与24户困难家庭结对帮扶。关心留守儿童，助力同心公益，每年暑期组织委员到“宁海同心假日学校”义务上课。

三、协调关系，凝聚力量，团结民主氛围进一步浓厚

切实加强党派团体合作。进一步坚持和完善联系走访民主党派、工商联和无党派人士制度，及时沟通情况，主动征求对政协工作的意见建议。安排民主党派、工商联和无党派人士在政协重要会议上发表见解和主张，注重加强课题调研、专项集体民主监督等履职联动，高度重视他们撰写的提案和社情民意，鼓励和优先安排大会发言。五年来，县各民主党派、工商联和无党派人士共提出集体提案53件，在县九届政协历次全会上提交大会发言稿15篇，切实发挥了在政协工作中的重要作用。

广泛开展联络联谊工作。加强与港澳台同胞、海外侨胞的联系和交往，积极参与香港宁海同乡会返乡考察投资活动。建立县政协领导班子与宗教界人士联系制度，经常性走访宗教界人士，发挥他们在构建和谐社会中的独特作用。加强同省、市及兄弟政协的交流，举办参与全国部分县（市、区）政协工作交流会，积极协助各级政协在我县的调研考察。开展异地商会联谊工作，为在外宁海人返乡创业牵线搭桥。举办庆祝人民政协成立65周年、县政协成立30周年等重大纪念活动，会同县委统战部举办中秋茶话会，进一步加深与各界人士及海内外同胞的友谊。参与开展徐霞客游线申世遗和标志地认证相关工作，促进徐霞客游线开发保护。

认真做好文史资料工作。编辑出版《方孝孺自述编年》《诗咏宁海三百首》《抢救宁海平调》《宁海抗日史汇》等文史资料，征集委员治水、历史文化名人等“三亲”史料，启动《宁海县政协志》的编纂工作。编印《宁海政协》季刊，充分展示各界别和广大委员履职成果。大力宣传社会主义核心价值观，牵头组织“万人共写文明语”活动。精心组织参与省“兰亭奖”、市“天一奖”中小学生书法比赛，每年选送优秀作品参加市政协系统书画作品巡回展，进一步扩大对外文化交流。支持政协之友社、书画院、平调研究会等社团开展团结联谊活动。跃龙诗社广泛开展诗教进农村、进社区、进学校活动，为我县获得“浙江诗词之乡”“中华诗词之乡”打下扎实基础。

四、务实创新，注重质效，政协工作活力进一步激发

有效拓展协商议政渠道。认真贯彻县委召开的全县政协工作会议精神，积极推动政协协商民主渠道建设。2015 年建立季度协商制度，分别就“体育产业发展”“行政审批制度改革”“特色小镇建设”等主题进行协商，为县委、县政府开展相关工作提供参考。创设“社区协商厅”，开展社区事务协商，邀请相关部门主要负责人与社区群众面对面协商，现场研究解决方案，居民反映的 20 多个“老大难”问题得到妥善解决。人民网、《人民政协报》、《宁波日报》等媒体对这一创新做法进行了报道。目前，“社区协商厅”协商范围已扩大到 16 个社区，成为宁海政协密切联系群众、帮助解决群众困难的桥梁。

注重创新民主监督方式。组建民主监督组，入驻党政部门开展专项民主监督。2014 年以来，组织 181 名委员分别入驻县农办、县住建局、县安监局等 15 个单位，开展监督活动 67 次，形成《民主监督意见书》15 份，支持部门更好地开展工作。建立询政制度，2015 年首次召开“依法治县”询政会，帮助政府部门寻找法治宁海建设短板，引起社会广泛关注。探索联动监督机制，与党政监督部门一起就“四边三化”“两路两侧”以及重大项目推进等工作进行联合督查，使政协民主监督的力度不断加大；与新闻媒体开展合作，对城乡环境整治、“八线八区”整治等工作进行监督，在社会上产生了较大影响。《建立联动监督机制　提升民主监督实效》在全国政协工作信息中刊出，相关做法入选 2015 年度浙江省政协工作创新案例。

不断完善提案工作机制。县委、县政府高度重视政协提案工作，每年政协全会后，都及时召开提案交办会议，县政府领导每年都领办重点提案。县政协常委会议听取政府系统提案办理情况通报，主席会议坚持督办重点提案，并及时修订完善相关规章制度。创新提案办理协商方式，开展即提即办协商、重点提案办理协商和重点部门提案办理“三见面”协商。推进提案办理网络平台建设，为提、办、服务三方全程参与提案工作拓展新渠道。开展提案办理工作民主评议，坚持提案办理“回头看”，完善与县委、县政府督查室的联合督办机制，不断推动提案办理工作取得实效。五年来立案的 898 件提案，经过承办单位认真办理，面商率、办复率达到 100%，落实率 50%以上，委员满意度 98%以上，反映的一大批问题得到落实解决，为促进我县经济社会发展做出了积极贡献。

五、健全机制，夯实基础，政协自身建设进一步加强

着重抓好思想理论建设。始终把思想理论建设放在首要位置，坚持理论联系实际的学风，充分利用各种学习载体，深入学习党的理论、人民政协理论以及习近平总书记的系列重要讲话精神，准确把握党的重大战略决策部署及对政协工作的新要求，使之贯彻落实到政协履职的各个方面。扎实开展党的群众路线教育、“三严三实”、“两学一做”等教育实践活动，着力解决干部作风建设方面存在的突出问题，提高新形势下做好群众工作的能力。严格贯彻落实中央八项规定和政协相关规章制度。

着力强化委员主体作用。在县委重视下，成立委员工作委员会，完善委员服务管理体制。建立健全委员履职数据库和工作档案，修订出台《关于委员履行职责的若干规定》，完善委员考核、退出和激励机制，五年来表彰优秀委员 48 人，劝退 2 人。高度重视委员履职能力提升，认真做好委员培训工作。积极开展“三争三为”“勇于担当、善于履职”等教育实践活动，为委员搭建更多知情明政、建言出力的平台。五年来，委员参与各类视察、调研、民主监督等活动3200多人次，提出个人提案646件，在政协工作中的主体作用得到进一步彰显。

扎实提升机关服务水平。加强政协机关建设，努力在完善机制、强化服务、提升效能上下功夫，进一步增强政协机关的责任意识、大局意识和服务意识，提高政协机关的综合能力和服务水平。对走访委员、下基层送服务等16个方面的工作制度进行梳理，重新制定《政协领导走访委员制度》《加强和改进调查研究工作的意见》等12项制度，使政协履职工作进一步制度化、规范化、程序化。重视专委会在政协工作中的基础性作用，建立完善专委会联系界别、委员和政府部门制度。

五年工作经验和体会

——只有始终坚持中国共产党的领导，政协作用才能有效发挥。五年来，我们坚定不移地贯彻执行中央和省委、市委关于加强政协工作的方针政策，始终坚持在中共宁海县委的坚强领导下开展工作，主动请示报告重大事项、重要工作，加强与党政部门对口联系。县委把政协工作纳入全局统筹谋划，确保政协政治有地位、建言有机会、出力有舞台、工作有作为。实践证明，只有始终坚持中国共产党的领导，始终保持与党委思想同心、目标同向、工作同行，政协事业才能沿着正确的政治方向前进，政协作用才能确保得到有效发挥。

——只有把协商民主贯穿政协履职全过程，政协特点才能充分体现。五年来，我们准确把握人民政协作为协商民主重要渠道和专门协商机构作用，进一步增强责任感、使命感，明确履职方向，改进履职方式，认真制定年度协商计划，精心组织协商议政活动，努力营造既畅所欲言、各抒已见，又理性有度、合法依章的良好协商氛围，使政协协商民主过程真正成为促进科学决策、民主决策的过程。实践证明，只有在政协履职全过程、各环节中体现协商民主，提高政协协商民主的水平和实效，才能更好地彰显政协的独特优势和不可替代的作用。

——只有将政协事业融入宁海追赶跨越的大局中，政协发展才能拥有广阔空间。五年来，我们牢固树立大局意识，把服务发展大局作为履职之要，把履职重点放在事关我县长远发展战略性问题的思考谋划上，放在转型升级重点工作的协同推进上，放在生态保护绿色发展的举措研究上，共同为宁海改革发展凝聚最强正能量、画好最美同心圆。实践证明，只有紧扣建设“两美”宁海的目标任务，切实做到党政工作推进到哪里，政协工作就跟进到哪里，力量就汇聚到哪里，才能真正做到精准作为。

——只有将民生改善作为履职的出发点和落脚点，政协工作才能接地气有作为。五年来，我们始终坚持以人民群众利益为重，紧紧围绕教育、医疗卫生、社会保障等涉及群众切身利益的问题，深入调查研究，积极建言献策；引导和组织委员真诚倾听群众呼声，真实反映群众愿望，真情关心群众疾苦，积极协助党委政府做好知民情、解民忧、暖民心工作。实践证明，只有不断增强宗旨意识，主动将政协工作触角向基层群众延伸，努力为保障和改善民生履职尽责，切实做到人民政协为人民，政协工作才能更加出彩、赢得群众更多点赞。

——只有坚持以改革创新精神推动工作实践，政协事业才能永葆生机活力。五年来，我们不断强化政协履职科学化水平，认真探索富有宁海特色、政协特点的履职方式。通过创新协商议政方式，扩大政协工作的影响力；通过创新提案工作方式，提高提办双方的积极性；通过创新调研视察方式，增强议政建言的针对性和可操作性。实践证明，只有始终保持蓬勃朝气，总结实践经验，探索发展规律，推进改革创新，才能使政协事业发展不断注入动力、增加活力。

今后五年工作建议

一、加强学习，筑牢根基，坚定正确政治方向

始终秉承和发扬注重学习的优良传统，自觉加强思想政治建设，不断增强做好政协工作的使命感和政治责任感。坚持把及时认真学习贯彻中共十九大精神作为重大政治任务摆在突出位置，进一步深入学习贯彻习近平总书记系列重要讲话精神，积极引导政协各参加单位和广大政协委员，把坚持和发展中国特色社会主义作为巩固共同思想政治基础的主轴，坚定不移地同以习近平同志为核心的中共中央保持高度一致。要把学习贯彻县第十四次党代会精神，与增进思想共识、谋划发展思路、履行职责要求紧密结合，切实把思想和行动统一到县委的决策部署和要求上来，紧紧围绕县委确定的目标任务履职尽责。

二、着眼全局，开拓创新，深化协商民主建设

深刻把握社会主义协商民主新要求，充分发挥协商民主重要渠道作用，更好地发挥政协在推进民主政治建设中的独特作用。加强与县委、县政府的工作对接，制订并落实好年度协商计划，围绕党政关注重点、改革发展难点、群众关切热点献计出力。注重协商民主的多样性、广泛性和层次性，既要充分运用政协全会、常委会、主席议政会等协商形式，又要注重搭建“小而精”的协商平台。完善季度协商制度，在选题、形式、参与面等方面进行探索改进，挖掘协商深度，提升协商质效。扩大“社区协商厅”协商范围，推进基层协商民主建设。充分发挥专委会、界别在协商民主中的活力和作用，开展形式更多样、内容更丰富、人员更专业的对口协商、界别协商，着力打造协商民主实践新亮点、新品牌。坚持提案工作提质增效的基本方向，加大提案办理协商力度，继续开展对承办部门的民主评议、走访督办，不断提升提案办理满意率、落实率。

三、循序渐进，突出重点，强化民主监督实效

充分认识新形势下人民政协民主监督的性质和地位，坚持以支持服务的理念做好民主监督工作，准确把握支持中心工作、服务社会发展的着力点，精选监督角度，做到尽职不越位、帮忙不添乱。加强与省、市两级政协的联动配合，就“五水共治”“四边三化”“两路两侧”等专题性工作开展专项集体民主监督。常态化做好民主监督组派驻工作，进一步健全完善长效工作机制，切实帮助被派驻单位找准问题、改进工作。主动顺应时代要求，积极拓展内容和途径，进一步推进民主监督与党政监督、舆论监督、群众监督的有机结合，努力提升民主监督实效。切实运用会议、视察、提案、民主评议等形式开展监督，不断激发广大委员参与民主监督的积极性。

四、深入调研，精准建言，提升参政议政水平

按照“党政所需、群众所盼、政协所能”的原则，坚持问题导向，选取一批有价值、有影响的课题开展调查研究，深入实际掌握情况，集合众智提出建议，为助推经济社会发展、帮助群众解决实际问题当好“智库”。进一步改进调研作风，注重建言质量，努力在说准、说对、说得管用上下功夫，不断提高建言献策的精准化水平。围绕县党代会提出的“五优并进”战略，着重就科技创新、产业优化、生态名城建设、两湾明珠打造等重点课题开展调查研究，协助党委政府破解改革发展难题。更加注重为民代言、为民建言，围绕民生优享战略，着重就教育均衡化、医疗卫生体系建设、居民住房保障等民生热点协商议政，努力使参政议政的履职成果更广泛、更直接地惠及于民。及时跟踪了解县九届政协以来调研成果的转化落实情况，根据新常态下出现的新情况、新问题，选择重点再调研、再建言。继续做好社情民意信息工作，广泛收集民意民智，发挥信息工作在服务民生、资政建言方面的积极作用。

五、把握主题，增进共识，凝聚各界强大合力

始终把握团结和民主两大主题，努力做好增进团结、汇聚力量、促进和谐的工作。认真搞好各党派团体和各界人士在政协的合作共事，切实加强同民族宗教界人士的沟通联系，积极探索新的社会阶层人士参加政协活动的方式方法，进一步密切同港澳台同胞和海外侨胞的联谊交往。立足政协开展群众工作的有利条件，坚持以人民为中心的履职立场，持续开展系列“惠民生”活动，认真反映群众意愿，切实维护群众利益，以实际行动增强群众获得感、幸福感。积极参与社会管理创新，协助党委政府做好解疑释惑、化解矛盾、维护稳定的工作。继续加强文史资料征集编辑出版工作，支持政协之友社、政协书画院、平调研究会及跃龙诗社开展丰富多彩的活动，充分发挥政协社团在大团结大联谊中的作用。

六、多措并举，锤炼队伍，提高履职尽责能力

巩固好党的群众路线、“三严三实”、“两学一做”教育实践活动成果，深入查找政协履职和自身建设存在的问题，研究落实补齐短板具体措施。按照政协“五位一体”自身建设的要求，健全运行机制，更好地发挥专委会的作用，加强对界别活动的组织协调，不断提高履职效能。按照习近平总书记关于提升“四种能力”和“懂政协、会协商、善议政，守纪律、讲规矩、重品行”的重要指示，从严加强委员队伍建设，优化委员服务、强化委员管理，切实发挥委员在政协工作中的主体作用。严格按照县委打造“三勇”铁军的要求锤炼政协干部队伍，努力提升政协机关的服务能力和水平。

编后记

编史修志，是中国文化的优良传统。志书，以其“存史、资政、教化”的作用，历来为人们所重视。县政协于2008年出版的《宁海县政协志》，系统梳理了县政协从1983年成立至2006年的历史，为我们认识和了解宁海县政协事业的发展提供了可靠的依据，给我们留下了一份珍贵的史料，也为我们编纂《宁海县政协志（2007—2017）》提供了有益的借鉴。

《宁海县政协志（2007—2017）》编纂工作始于2016年，全志跨越三届，时间为10周年。这10年是宁海县人民政协事业不断实现创新发展的重要历史阶段，为这段历史留下记录，意义十分重大。经编写人员的努力，志稿于2018年整合汇总完成了60余万字的初稿。为使志书客观真实，符合原貌，对初稿进行了反复补充、修改，广泛征求意见，处理了重复交叉，进行系统校正，几易其稿，形成了送审稿送政协领导审阅后，又进行大幅度的修改订正，删繁就简，规范行文，提高记述层次，形成了评审稿进行评审后，又进行了修改、再加工，全志定稿，送出版社进行三审三校。

《宁海县政协志（2007—2017）》的编写工作得到了县委、县政府的大力支持，编写过程中，县政协领导十分重视，提上议事日程，经常过问，研究解决编写工作中遇到的困难和问题。政协机关各科室密切配合、大力支持，政协办公室同志在繁忙的工作之余对初稿、送审稿和评审稿进行了认真仔细的分审、阅读、修改、把关，提出了宝贵的意见建议，保证了志书的质量。同时，在志书的编写过程中，也得到了众多人士的关心和帮助，在此，谨向所有关心、支持编纂工作的单位和个人表示衷心的感谢!

编纂工作，虽尽了努力，但限于学识、水平和经验不足，如有疏漏、欠妥、差错之处，恳请专家和广大读者批评指正。

编　者

2021年4月